U0593188

证券期货业标准

Compilation of Standards of the Securities and Futures Industry

（2018—2019）

全国金融标准化技术委员会证券分技术委员会
中证信息技术服务有限责任公司 编

经济管理出版社
ECONOMY & MANAGEMENT PUBLISHING HOUSE

图书在版编目（CIP）数据

证券期货业标准汇编 . 2018-2019 / 全国金融标准化技术委员会证券分技术委员会，中证信息技术服务有限责任公司编 . —北京：经济管理出版社，2020.6

ISBN 978-7-5096-7189-4

Ⅰ. ①证… Ⅱ. ①全… ②中… Ⅲ. ①证券市场 – 行业标准 – 汇编 – 中国 –2018~2019 ②期货市场 – 行业标准 – 汇编 – 中国 –2018~2019 Ⅳ. ① F832.5–65

中国版本图书馆 CIP 数据核字（2020）第 098874 号

组稿编辑：杨国强
责任编辑：杨国强　张瑞军
责任印制：黄章平
责任校对：张晓燕　陈　颖

出版发行：经济管理出版社
（北京市海淀区北蜂窝 8 号中雅大厦 A 座 11 层 100038）
网　　址：www.E-mp.com.cn
电　　话：（010）51915602
印　　刷：北京晨旭印刷厂
经　　销：新华书店
开　　本：880mm × 1230mm/16
印　　张：51
字　　数：1299 千字
版　　次：2020 年 6 月第 1 版　2020 年 6 月第 1 次印刷
书　　号：ISBN 978-7-5096-7189-4
定　　价：298.00 元

《证券期货业标准汇编（2018—2019）》编委会

编写说明

一、全国金融标准化技术委员会证券分技术委员会（以下简称“证标委”）于2003年12月由国家标准化管理委员会批准组建。成立17年来，在中国证监会的领导下，已制定了50多项证券期货领域的国家标准和行业标准。证标委先后于2014年出版了《证券期货业标准汇编（2003—2013）》，2016年出版了《证券期货业标准汇编（2014—2015）》，2018年出版了《证券期货业标准汇编（2016—2017）》，为保持汇编的连续性，证标委将继续整理2018—2019年发布并实施的10项标准，出版《证券期货业标准汇编（2018—2019）》。

二、《证券期货业标准汇编（2018—2019）》篇目共由四个部分组成，内容依次为：（一）基础编码类；（二）接口标准类；（三）技术管理类；（四）信息安全类。

三、《证券期货业标准汇编（2018—2019）》的出版工作由证标委组织开展，中证信息技术服务有限责任公司负责具体实施。

四、《证券期货业标准汇编（2018—2019）》的编辑工作得到了中国证监会的关心和指导，同时也得到了行业机构的大力支持。对本书存在的不足之处，诚请得到批评和改进意见，使证券期货业标准文件汇编工作日臻完善。

前　言

标准是国家的质量基础设施，在推动供给侧改革和质量的提升，促进社会经济高质量发展中发挥着引领性、支撑性的作用。党中央、国务院高度重视标准化工作，指出“政府要加强发展战略、规划、政策、标准等制定和实施”，将标准化工作提升到国家战略层面，大力实施标准化战略。

2018 年和 2019 年，是我国标准化发展历程上具有重要意义的两年。2018 年，新修订的《中华人民共和国标准化法》正式实施，新的标准化法全面落实国务院《深化标准化工作改革方案》精神和各项举措，为改革提供法律依据和制度保障，优化标准体系，完善标准化工作机制，充分发挥了标准在提升质量、推动创新、促进发展等方面的作用。2019 年，市场监管总局印发《贯彻实施〈深化标准化工作改革方案〉重点任务分工（2019—2020 年）》，全国金融标准化技术委员会证券分技术委员会（以下简称“证标委”）认真贯彻落实重点领域的标准化建设，积极开展证券期货业标准公开，为行业机构及相关人员提供更加便捷高效的服务。

资本市场作为我国社会主义市场经济的重要组成部分，在国民经济中的地位日益重要，制定和实施证券期货业标准，提高行业标准化水平，有利于推动资本市场健康稳定发展。证标委在中国证监会的领导下，在国家标准化管理委员会、全国金融标准化技术委员会的指导下，认真贯彻落实党中央、国务院决策部署，以国家深化标准化工作改革为契机，扎实推进证券期货业标准化工作，取得了显著成效。一是以行业需求为导向，聚焦编码、数据模型、接口、技术管理、信息安全等重点领域，集中力量推进标准制定和发布，为资本市场发展提供有力的技术支撑。二是强化中国资本市场标准网建设，实现证券期货业标准公开，提升标准管理信息化水平。三是深入参与国际标准化工作，推动证券期货业标准国际标准提案，加强宣传我国资本市场技术成果，提升国际影响力和话语权。

证券期货业标准作为资本市场的重要技术支撑，在规范市场发展、加强监管等方面发挥着越来越重要的作用。《证券期货业标准汇编（2018—2019）》的出版发行，将极大地方便证标委委员、行业机构和相关人员查阅使用，有效促进证券期货业标准的贯彻实施和推广应用。

contents | 目　录 |

证券期货业标准汇编（2018—2019）

一、基础编码类

二、接口标准类

三、技术管理类

四、信息安全类

一、基础编码类

◆ 证券及相关金融工具　金融工具分类（CFI 编码） GB/T 35964—2018

ICS 03.060
A11

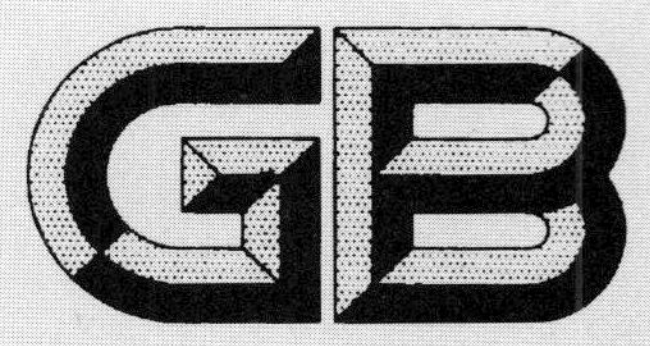

中华人民共和国国家标准

GB/T 35964—2018/ISO 10962：2015

证券及相关金融工具 金融工具分类（CFI 编码）

Securities and related financial instruments—
Classification of financial instruments(CFI code)
(ISO 10962:2015, IDT)

2018-02-06 发布　　　　2018-09-01 实施

中华人民共和国国家质量监督检验检疫总局
中国国家标准化管理委员会　发布

目　次

前 言

本标准按照 GB/T 1.1—2009 给出的规则起草。

本标准使用翻译法等同采用 ISO 10962：2015《证券及相关金融工具 金融工具分类（CFI 编码）》。

与本标准规范性引用的国际文件有一致性对应关系的我国文件如下：

——GB/T 12406-2008 表示货币和资金的代码（ISO 4217：2001，IDT）

——GB/T 21076-2007 证券及相关金融工具 国际证券识别编码体系（ISO 6166：2001，MOD）

本标准做了下列编辑性修改：

——增加了资料性附录 NA“国内金融工具 CFI 编码分类示例”。

本标准由中国人民银行提出。

本标准由全国金融标准化技术委员会（SAC/TC180）归口。

本标准起草单位：中国证监会信息中心、中国证监会市场部、中国证监会期货部、中证信息技术服务有限责任公司、上海证券交易所、深圳证券交易所、郑州商品交易所、中国证券登记结算公司、全国中小企业股份转让系统公司、上海金融期货信息技术有限公司、中央国债登记结算公司、银行间市场清算所股份有限公司。

本标准主要起草人：张野、刘铁斌、三春玲、周云晖、许鑫、贾石、高红洁、孙宏伟、王璇、张宇翔、张婷、吴韶平、周晓、段其国、薛娜、梁馨宁、刘英、吕晓明、骆晶、何松洋。

引　言

金融工具分类（Classification of Financial Instruments，CFI）编码的制定是为了解决金融行业关注的诸多问题。随着跨境交易的增长，提高市场参与者之间信息交流的需求已迫在眉睫。

许多证券业核心问题都可归结为证券相关信息获取能力的匮乏，这主要是由于缺乏一致的和统一的金融工具分类方法。过去二十年间，创新型金融工具的爆发式增长导致信息交流问题已越发严重。

许多市场参与者使用相同的术语来描述特征显著不同的金融工具。当市场参与者进行跨国交易时，这一问题会更加复杂。他们往往会遇到对于相同的术语，其他国家描述金融工具的特征与自己国家描述的不同的情况。若使用不同语言描述术语，由于翻译的问题，市场参与者会遇到相同的术语用来描述不同的金融工具，这种情况也能造成误导。

此外，交易商及本国市场参与者在构建金融工具方式上的不同也对国外市场参与者造成了困惑。当然通过认真分析，通常也会发现其他国家金融工具的许多特点是与本国金融工具相类似的，但是实际上大多数的市场参与者都没有足够的时间和资源来完成这种详尽的分析。

市场参与者面临的另一个问题是未能采用统一的方法对证券产品进行分类。市场参与者所持有资产的各个分析报告通常出自不同来源，这些来源的报告会将同一金融工具划分至不同类别。这不仅对阅读者在比较金融工具时造成影响，也会产生信用方面的问题。当需要衡量金融工具业绩表现时，持有者更需要一种合适统一的分类方法以获得真实的比较结果。

解决方案主要有两个方面：一方面，通过建立一系列类别编码，对含有相似特征的金融工具进行明确的划分；另一方面，制定金融工具术语词汇表及其常见释义，使市场参与者能容易理解所使用的金融工具术语及意义。

采用 CFI 编码将带来以下益处：

——CFI 编码的制定将提高市场中金融服务交易的效率、可靠性，相关数据的一致性和透明度。对金融工具分类使用一致性和结构性的标准分类方法有利于满足监管报告的要求。

——CFI 编码体系提供的编码集合能适用于让电子数据环境中的所有市场参与者进行电子通信。例如资产投资组合的持有人在阅读不同来源的分析报告时使用相同的分类体系。所属群组与属性相同的金融工具进行比较时可信度更高。

——CFI 编码范围和覆盖面的扩大也鼓励市场参与者利用其他的国际标准，尤其是国际证券识别编码（ISIN）。

——CFI 编码将提高对金融工具特性和分类的解读能力，有助于引导投资者更好地了解其所投资的金融工具，有利于活跃市场并提高市场的流动性。更重要的是，这些编码将使用网络技术展示在网站上，有益于互联网发行、互联网交易和互联网结算的发展。

证券及相关金融工具　金融工具分类（CFI 编码）

1　范围

本标准规定了金融工具的分类编码和定义，分类编码系统可应用于国际现行的金融系统中。本标准中金融工具的分类原则既可适用于国际间交易的金融工具分类，也可适用于各国内部的金融工具分类。“金融工具”一词不仅包含了传统的证券，同时也包含了近些年在不同市场上出现的创新型金融产品（而且金融工具创新的趋势未来仍会持续下去）。

本标准是为国际证券行业的监管及交易的实际应用而制定。至今为止，世界各国证券的监管和交易都是独立进行，对本国以外并不产生影响。因此，本标准的应用也是由各国相关机构，如各国股票交易所、银行、经纪人、监管机构以及其他相关证券机构自行决定的。

原则上，CFI 编码本身反映了发行的金融工具在其不变期内所定义的特征。但是，某些变动也能导致为原来预期的金融工具重新分配新的 CFI 编码，这些变动的情况包括股东大会决议的表决权或所有权的变动等。

2　规范性引用文件

下列文件对于本文件的应用是必不可少的。凡是注日期的引用文件，仅所注日期的版本适用于本文件。凡是不注日期的引用文件，其最新版本（包括所有的修改单）适用于本文件。

ISO 4217 表示货币和资金的代码（Code for the representation of currencies and funds）。

ISO 6166 证券及相关金融工具 国际证券识别编码体系［Securities and related financial instruments — International securities identification numbering system，（ISIN）］。

3　原则与规定

3.1

维护编码可管控性的同时，CFI 编码尽可能地提供了关于金融工具的最详尽的描述信息。CFI 编码定义的一个重要原则就是根据对应的金融工具本质特性，而非根据在特定国家惯用的名称或术语决定产品如何分类，这是因为在特定国家惯用的金融工具的名称或术语在其他国家可能是另有所指。这条原则避免了由于使用不同语言描述金融工具所造成的混乱及重复，同时允许各国市场间对金融工具进行客观的比较。

3.2

CFI 编码由 6 位字母组成。字母 A，B，C，D，E，F，G，H，I，J，K，L，M，N，O，P，Q，R，S，T，U，V，W，X，Y，Z 可供分配，以下两个字母有特殊含义，因此不能重定义：

X 不适用 / 不明确的：对于未知的信息，当不适用分配编码时，用字母“X”表示；

M 其他类（混合型）。

每个字母的意义仅在其所属的分类或分组中有效。

3.3

第一位字母代表分类和种类间区分的最高级别，例如权益、集合投资工具、债务工具等。

3.4

第二位字母代表每个类别下的具体细分组，如“权益”类别又被细分为：

—— 普通 / 一般股票；

—— 优先 / 优惠股票；

—— 可转换普通 / 一般股票；

—— 可转换优先 / 优惠股票；

—— 有限合伙份额；

—— 权益类存托凭证；

—— 结构性金融工具（参与性）；

—— 其他类（混合型）。

在“债券工具”类别中，又分组为“普通债券”“可转换债券”“附权证的债券”“中期票据”“货币市场工具”“结构性工具（资本保护）”“结构性工具（非资本保护）”“按揭债券”“资产支持债券”“市政债券”“债务工具类存托凭证”“其他类（混合型）”等具体产品种类。完整的各级分类详见第 5 章。

3.5

最后四个字母显示的是适用于每个分组的最相关的属性。投票权、所有权 / 转移 / 销售限制、缴交股款状况和形式对于权益是有用的信息，而这些特性在期权中是不存在的，期权中含有其他属性，如期权类型、标的资产、交割方式、标准 / 非标准或触发条件。

4　CFI 编码的分配

4.1　概述

CFI 编码分配原则遵循本标准第 3 章的原则与规定。

当一个金融工具使用 ISO 6166 定义时，相应的 ISIN 编码分配机构也会为这个金融工具分配 CFI 编码。这个 CFI 编码被视为官方的 CFI 编码。

对于没有分配 ISIN 编码的金融工具，CFI 编码可被使用者按照本标准衍生得出。

为满足用户群体的需求，应及时分配 CFI 编码。

注：国际金融工具 CFI 编码示例参见附录 A，国内金融工具 CFI 编码示例参见附录 NA。

4.2　现有 CFI 编码和未分配 CFI 编码的金融产品

根据早期版本分配的现存且有效 CFI 编码应根据最新版本的规则进行转化。

目前未分配 CFI 编码的金融工具应根据最新版本的规则进行分配。

5　编码和定义

5.1　产品类别

CFI 编码首位字母可表示如下类别：

E 权益

C 集合投资工具

D 债务工具

R 权利（权利资格）

O 上市期权

F 期货

S 互换

H 非上市和复合上市期权

I 现货产品

J 远期产品

K 交易策略

L 融资

T 参考性金融工具

M 其他类（混合型）

为增强后面各章条的易读性，CFI 编码中的字母彼此都由连字符分隔，星号（*）可代表不同字母的占位符。

5.2 权益 -E-*-*-*-*-

5.2.1 描述

代表在某经济实体或资产组合中所有者权利的金融工具。

权益类别可分为以下组类：

S 普通 / 一般股票

P 优先 / 优惠股票

C 可转换普通 / 一般股票

F 可转换优先 / 优惠股

L 有限合伙份额

D 权益类存托凭证

Y 结构性金融工具（参与性）

M 其他类（混合型）

5.2.2 普通 / 一般股票 -E-S-*-*-*-*-

普通股票持有人一般具有投票表决并获得派发股息的权利。在清算时，普通股票持有人在债权人以及优先 / 优惠股票持有人之后取得剩余资产。

表 1 普通 / 一般股票 CFI 编码属性

第一级属性	**表决权**（指赋予股票持有人的表决权力）		
	V	普通表决权（每股有一票表决权）	-E-S-**V**-*-*-*-
	N	无表决权（持股人不具有表决权）	-E-S-**N**-*-*-*-
	R	限制表决权（持股人每股表决权可允许不足一票）	-E-S-**R**-*-*-*-
	E	扩大表决权（持股人每股表决权多于一票）	-E-S-**E**-*-*-*-
第二级属性	**所有权 / 转让权 / 出售权限制**（股票所有权或转让权受特殊条件约束，其中包括各个国家的特殊限制条件）		
	T	有转让限制	-E-S-*-**T**-*-*-
	U	无转让限制（不受约束的）	-E-S-*-**U**-*-*-
第三级属性	**缴交股款状况**		
	O	无偿取得股份	-E-S-*-*-**O**-*-
	P	非足额缴款	-E-S-*-*-**P**-*-
	F	足额缴款	-E-S-*-*-**F**-*-
第四级属性	**形式**（可转让性，流通性）		
	B	不记名（股票所有人姓名或机构名称并不登记在发行人或登记机构的账目上）	-E-S-*-*-*-**B**-
	R	记名（股票所有人姓名或机构名称记载在发行人或其登记机构的账目上，并且该股票只能由已登记的所有人背书后转让给受让人）	-E-S-*-*-*-**R**-
	N	记名 / 不记名（股票同时以记名和不记名的形式发行，且两种形式的股票识别编码相同）	-E-S-*-*-*-**N**-
	M	其他类（混合型）	-E-S-*-*-*-**M**-

5.2.3　优先 / 优惠股票 –E–P–*–*–*–*–

优先 / 优惠股票持有人相对于其他类型股票持有人有优先获得派发股息的权利。在清算时，优先 / 优惠股票持有人在公司债权人之后，而先于普通股票持有人取得剩余资产。

表 2　优先 / 优惠股票 CFI 编码属性

第一级属性	表决权（见 5.2.2）		
	V	普通表决权	–E–P–**V**–*–*–*–
	N	无表决权	–E–P–**N**–*–*–*–
	R	限制表决权	–E–P–**R**–*–*–*–
	E	扩大表决权	–E–P–**E**–*–*–*–
第二级属性	**赎回方式**（股份赎回条款）		
	R	可赎回（股份可被发行者和 / 或持有者赎回）	–E–P–*–**R**–*–*–
	E	可展期（发行者或者持有者能推迟赎回日期）	–E–P–*–**E**–*–*–
	T	可赎回 / 可展期（发行者和 / 或持有者可在固定日期赎回或推迟赎回股票）	–E–P–*–**T**–*–*–
	G	可交换（股票可与另一发行人的股票交换）	–E–P–*–**G**–*–*–
	A	可赎回 / 可交换 / 可展期（发行者和 / 或持有者可在固定日期赎回或推迟赎回股票，或与另一发行人发行的股票交换）	–E–P–*–**A**–*–*–
	C	可赎回 / 可交换（发行者和 / 或持有者能在固定日期赎回股票，或与另一发行人发行的股票交换）	–E–P–*–**C**–*–*–
	N	不可赎回（股票没有固定的赎回日期）	–E–P–*–**N**–*–*–
第三级属性	**收益类型**（指股票持有人可获得的股息收益）		
	F	固定利率收益（股票持有人可定期获得事先约定的固定收益）	–E–P–*–*–**F**–*–
	C	累积固定利率收益（股票持有人可定期获得事先约定的固定收益，若某一年度未付清优先股的股息，则日后在能向普通股可分红前，应首先补发优先股的股息）	–E–P–*–*–**C**–*–
	P	参与收益（优先股 / 优惠股持有人，除优先获得既定比率的股息外，还可与普通股持有人共同参与随后的股息及资产分配）	–E–P–*–*–**P**–*–
	Q	累积参与收益（在特定条件下，股票持有人可获得超出事先约定收益率的股息。若某一年度未付清优先股的股息，则日后在能向普通 / 一般股可分红前，应首先补发优先股的股息）	–E–P–*–*–**Q**–*–
	A	可调 / 可变利率收益（股息率为定期设置，通常跟踪某种收益率进行调整）	–E–P–*–*–**A**–*–
	N	正常利率收益（优先股持有者与普通 / 一般股持有者享有同样的股息，但享有其他特权，例如：公司破产清算时优先分取剩余资产）	–E–P–*–*–**N**–*–
	U	拍卖利率收益（股息通过拍卖结果而调整，例如减价拍卖）	–E–P–*–*–**U**–*–
第四级属性	**形式**（见 5.2.2）		
	B	不记名	–E–P–*–*–*–**B**–
	R	记名	–E–P–*–*–*–**R**–
	N	记名 / 不记名	–E–P–*–*–*–**N**–
	M	其他类（混合型）	–E–P–*–*–*–**M**–

5.2.4 可转换普通 / 一般股票 -E-C-*-*-*-*-

普通 / 一般股票可由持有人行使选择权以约定比率转换成其他证券。此转换权利为永续有效或仅限于特定时期内有效。

表 3 可转换普通 / 一般股票 CFI 编码属性

第一级属性	**表决权**（见 5.2.2）		
	V	普通表决权	-E-C-**V**-*-*-*-
	N	无表决权	-E-C-**N**-*-*-*-
	R	限制表决权	-E-C-**R**-*-*-*-
	E	扩大表决权	-E-C-**E**-*-*-*-
第二级属性	**所有权 / 转让权 / 出售权限制**（见 5.2.2）		
	T	有转让限制	-E-C-*-**T**-*-*-
	U	无转让限制（不受约束的）	-E-C-*-**U**-*-*-
第三级属性	**缴交股款状况**		
	O	无偿取得股份	-E-C-*-*-**O**-*-
	P	非足额缴款	-E-C-*-*-**P**-*-
	F	足额缴款	-E-C-*-*-**F**-*-
第四级属性	**形式**（见 5.2.2）		
	B	不记名	-E-C-*-*-*-**B**-
	R	记名	-E-C-*-*-*-**R**-
	N	记名 / 不记名	-E-C-*-*-*-**N**-
	M	其他类（混合型）	-E-C-*-*-*-**M**-

5.2.5 可转换优先 / 优惠股票 -E-F-*-*-*-*-

优先 / 优惠股票可由持有人行使选择权以约定比率转换成其他证券，一般是转换为普通 / 一般股票。此转换权利可为永续有效或仅限于特定时期内有效。

表 4 可转换优先 / 优惠股票 CFI 编码属性

第一级属性	**表决权**（见 5.2.2）		
	V	普通表决权	-E-F-**V**-*-*-*-
	N	无表决权	-E-F-**N**-*-*-*-
	R	限制表决权	-E-F-**R**-*-*-*-
	E	扩大表决权	-E-F-**E**-*-*-*-
第二级属性	**赎回方式**（见 5.2.3）		
	R	可赎回	-E-F-*-**R**-*-*-
	E	可展期	-E-F-*-**E**-*-*-
	T	可赎回 / 可展期	-E-F-*-**T**-*-*-
	G	可交换	-E-F-*-**G**-*-*-
	A	可赎回 / 可交换 / 可展期	-E-F-*-**A**-*-*-
	C	可赎回 / 可交换	-E-F-*-**C**-*-*-
	N	不可赎回	-E-F-*-**N**-*-*-

续表

第三级属性	收益类型（见 5.2.3）		
	F	固定利率收益	-E-F-*-*-**F**-*-
	C	累积固定利率收益	-E-F-*-*-**C**-*-
	P	参与收益	-E-F-*-*-**P**-*-
	Q	累积参与收益	-E-F-*-*-**Q**-*-
	A	可调 / 可变利率收益	-E-F-*-*-**A**-*-
	N	正常利率收益	-E-F-*-*-**N**-*-
	U	拍卖利率收益	-E-F-*-*-**U**-*-
第四级属性	形式（见 5.2.2）		
	B	不记名	-E-F-*-*-*-**B**-
	R	记名	-E-F-*-*-*-**R**-
	N	记名 / 不记名	-E-F-*-*-*-**N**-
	M	其他类（混合型）	-E-F-*-*-*-**M**-

5.2.6　有限合伙份额 -E-L-*-*-*-*-

有限合伙企业是一种类似于普通合伙的企业组织形式，有限合伙企业由一个或多个有限合伙人（Limited Partners，LPs）和一个或多个普通合伙人（General Partners，GPs）组成。

类似公司股东，有限合伙人也只承担有限责任，也就是说，有限合伙人以其认缴的出资额为限对合伙企业债务承担责任，且有限合伙人不能参与合伙企业事务管理。普通合伙人根据有限合伙人的投资额，向其支付相对等的分红。投资分红的具体条款一般由合伙协议详细约定。

表 5　有限合伙份额 CFI 编码属性

第一级属性	表决权（见 5.2.2）		
	V	普通表决权	-E-L-**V**-*-*-*-
	N	无表决权	-E-L-**N**-*-*-*-
	R	限制表决权	-E-L-**R**-*-*-*-
	E	扩大表决权	-E-L-**E**-*-*-*-
第二级属性	所有权 / 转让权 / 出售权限制（见 5.2.2）		
	T	有转让限制	-E-L-*-**T**-*-*-
	U	无转让限制（不受约束的）	-E-L-*-**U**-*-*-
第三级属性	缴交股款状态		
	O	无偿取得股份	-E-L-*-*-**O**-*-
	P	非足额缴	-E-L-*-*-**P**-*-
	F	足额缴款	-E-L-*-*-**F**-*-
第四级属性	形式（见 5.2.2）		
	B	不记名	-E-L-*-*-*-**B**-
	R	记名	-E-L-*-*-*-**R**-
	N	记名 / 不记名	-E-L-*-*-*-**N**-
	M	其他类（混合型）	-E-L-*-*-*-**M**-

5.2.7 权益类存托凭证 -E-D-*-*-*-*-

存托凭证是为了在其他司法管辖区行使证券交易所有权的凭证。存托凭证被广泛用于在司法权限内的股份交易，而不是用于原始股票的发行领域。

表 6 权益类存托凭证 CFI 编码属性

第一级属性	**工具依属**（表示本表中所提供金融工具的所有权）		
	S	普通 / 一般股票	-E-D-**S**-*-*-*-
	P	优先 / 优惠股票	-E-D-**P**-*-*-*-
	C	可转换普通 / 一般股票	-E-D-**C**-*-*-*-
	F	可转换优先 / 优惠股票	-E-D-**F**-*-*-*-
	L	有限合伙份额	-E-D-**L**-*-*-*-
	M	其他类（混合型）	-E-D-**M**-*-*-*-
第二级属性	**标的资产的赎回 / 兑换方式**		
	导则：对于基础工具为普通 / 一般股票或有限合伙份额时，只可用 N（不可赎回）和 X（不适用 / 不明确的），其他所有值均可被其他基础工具使用		
	R	可赎回	-E-D-*-**R**-*-*-
	N	不可赎回	-E-D-*-**N**-*-*-
	B	可转换	-E-D-*-**B**-*-*-
	D	可转换 / 可赎回	-E-D-*-**D**-*-*-
	X	不适用 / 不明确的	-E-D-*-**X**-*-*-
第三级属性	**收益类型**（见 5.2.3）		
	F	固定利率收益	-E-D-*-*-**F**-*-
	C	累积固定利率收益	-E-D-*-*-**C**-*-
	P	参与收益	-E-D-*-*-**P**-*-
	Q	累积参与收益	-E-D-*-*-**Q**-*-
	A	可调 / 可变利率收益	-E-D-*-*-**A**-*-
	N	正常利率收益	-E-D-*-*-**N**-*-
	U	拍卖利率收益	-E-D-*-*-**U**-*-
	D	股息	-E-D-*-*-**D**-*-
第四级属性	**形式**（见 5.2.2）		
	B	不记名	-E-D-*-*-*-**B**-
	R	记名	-E-D-*-*-*-**R**-
	N	记名 / 不记名	-E-D-*-*-*-**N**-
	M	其他类（混合型）	-E-D-*-*-*-**M**-

5.2.8 结构性金融工具（参与性）-E-Y-*-*-*-*-

结构性金融工具是一种基于低执行价期权（基值低于期货股息贴现值）的组合，通常是将标的资产投资产品或低价行使价期权与其他期权组合的金融产品，这种组合提供可预期的支付属性。

表 7　结构性金融工具（参与性）CFI 编码属性

第一级属性	类型		
	A	跟踪证明书【参与标的资产的建设；反映基础价格的变动接近 1∶1（根据转换比率和相关费用调整）；风险与标的资产的直接投资相关】	–E–Y–**A**–*–*–*–
	B	优胜证明书【参与标的资产的建设；不成比例的优胜性能高于执行期权；1∶1 反映了标的资产波动（通过调整转换率和其他相关费用），风险与标的资产的直接投资相关】	–E–Y–**B**–*–*–*–
	C	奖金证明书【参与标的资产的建设；假如没有突破障碍，最小赎回值等于票面价值；如果障碍突破，则产品变为跟踪证明书；更高风险多重的标的资产（最严重）会考虑到更高的奖金等级或者较低的障碍；风险的减少与标的资产中的直接投资相关】	–E–Y–**C**–*–*–*–
	D	优异奖金证明书【参与标的资产的投资；假如没有突破障碍，最小赎回值等于票面价值；如果障碍突破，则产品变为优胜证明书；更高风险多重的标的资产（最严重）会考虑到更高的奖金等级或者较低的障碍；风险的减少与标的资产中的直接投资相关】	–E–Y–**D**–*–*–*–
	E	双赢证明书【参与标的资产的投资；收益与标的资产的涨跌相关；下跌的标的资产价格转换为利润接近与障碍；假如没有突破障碍，最小赎回值等于票面价格；如果障碍突破，则产品变为跟踪证明书；更高风险等级、多重的标的资产（最严重）会考虑到更高的奖金等级或者较低的障碍；风险的减少与标的资产中的直接投资相关】	–E–Y–**E**–*–*–*–
	M	其他类（混合型）	–E–Y–**M**–*–*–*–
第二级属性	分配（表示结构性金融工具的现金分配）		
	D	股息支付（基于结构性金融工具的策略）	–E–Y–*–**D**–*–*–
	Y	无支付	–E–Y–*–**Y**–*–*–
	M	其他类（混合型）	–E–Y–*–**M**–*–*–
第三级属性	还款（表示结构性金融工具的还款方式）		
	F	现金还款	–E–Y–*–*–**F**–*–
	V	实物还款	–E–Y–*–*–**V**–*–
	E	结算时确定（由结算时间决定）	–E–Y–*–*–**E**–*–
	M	其他类（混合型）	–E–Y–*–*–**M**–*–
第四级属性	标的资产（表示参与结构性金融工具的标的资产类型）		
	B	篮子组合（为达到明确的投资目标而对多种股票进行组合）	–E–Y–*–*–*–**B**–
	S	权益	–E–Y–*–*–*–**S**–
	D	债务工具	–E–Y–*–*–*–**D**–
	G	衍生品（期权、期货、互换、现货、远期、交易策略、融资）	–E–Y–*–*–*–**G**–
	T	商品	–E–Y–*–*–*–**T**–
	C	货币（指定汇率）	–E–Y–*–*–*–**C**–
	I	指数（指数的性能）	–E–Y–*–*–*–**I**–
	N	利率（基于未来的利率水平的特定值）	–E–Y–*–*–*–**N**–
	M	其他类（混合型）	–E–Y–*–*–*–**M**–

5.2.9　其他类（混合型）–E–M–X–X–X–*–

不符合 5.2.2~5.2.8 的任何一类的权益。

表 8　其他类（混合型）CFI 编码属性

第一级属性	X	不适用 / 不明确的	–E–M–X–X–X–*–
第二级属性	X	不适用 / 不明确的	–E–M–X–X–X–*–
第三级属性	X	不适用 / 不明确的	–E–M–X–X–X–*–
第四级属性	流通类型（见 5.2.2）		
	B	不记名	–E–M–X–X–X–**B**–
	R	记名	–E–M–X–X–X–**R**–
	N	记名 / 不记名	–E–M–X–X–X–**N**–
	M	其他类（混合型）	–E–M–X–X–X–**M**–

5.3　集合投资工具 –C–*–*–*–*–

5.3.1　描述

一种代表资产份额的证券，集中投资者的资产并交由管理公司运作。该管理公司的股票资本与该项资产无关，同时也不包含任何以信托、共同基金、国际证监会组织、证券投资基金、可变资本投资公司、固定资产投资公司等形式发行的股份、份额。

集合投资工具（Collective Investment Vehicles，CIVs）分为以下几类：

I 标准（普通）投资基金 / 共同基金

H 对冲基金

B 房地产投资信托基金（Real Estate Investment Trusts，REIT）

E 交易型开放式指数基金（Exchange Traded Funds，EIF）

S 养老基金

F 基金中基金

P 私募股权基金

M 其他类（混合型）

5.3.2　标准（普通）投资基金 / 共同基金 –C–I–*–*–*–*–

一种由众多投资者出资组成的投资产品，用于投资股票、债券、货币市场工具等类似资产的证券。

表 9　标准（普通）投资基金 / 共同基金 CFI 编码属性

第一级属性	封闭式 / 开放式（标明其份额是否可交易或基金是否可持续接受申购、赎回份额）		
	C	封闭式（其份额在有组织的交易所或场外出售，通常不可赎回）	–C–I–**C**–*–*–*–
	O	开放式（基金永久向公众开放申购、赎回份额并导致资本增减）	–C–I–**O**–*–*–*–
	M	其他类（混合型）	–C–I–**M**–*–*–*–
第二级属性	分红政策（标明基金的一般分红政策）		
	I	收益基金（基金定期派发其投资收益）	–C–I–*–**I**–*–*–
	G	累积基金（基金一般将其投资收益再投资）	–C–I–*–**G**–*–*–
	J	混合基金（基金投资收益部分派发，部分再投资）	–C–I–*–**J**–*–*–
第三级属性	资产（标明基金所投资的资产标的）		
	R	房地产	–C–I–*–*–**R**–*–

续表

	B	债务工具（基金投资于债券无论是否到期）	-C-I-*-*-B-*-
	E	权益	-C-I-*-*-E-*-
	V	可转换证券	-C-I-*-*-V-*-
	L	混合（基金投资于不同资产）	-C-I-*-*-L-*-
	C	商品	-C-I-*-*-C-*-
	D	衍生品	-C-I-*-*-D-*-
	F	除去商品类的具有参考性的金融工具	-C-I-*-*-F-*-
	K	信用【一种借方收到有价物品（货物、服务或现金）并约定在未来某日偿还贷方的合同，一般附带利息；集合投资工具通常投资于第三方信用；信用不能像债权证券那样自由转让】	-C-I-*-*-K-*-
	M	其他类（混合型）	-C-I-*-*-M-*-
第四级属性	**证券类型及投资者限制**		
	S	股份（个人和 / 或合格 / 机构 / 专业投资者）	-C-I-*-*-*-S-
	Q	合格投资者股份（仅限合格 / 机构 / 专业投资者）	-C-I-*-*-*-Q-
	U	份额（个人和 / 或合格 / 机构 / 专业投资者）	-C-I-*-*-*-U-
	Y	合格投资者份额（仅限合格 / 机构 / 专业投资者）	-C-I-*-*-*-Y-

5.3.3 对冲基金 -C-H-*-X-X-X-

一种追求总回报并通常只对合格投资者开放的投资基金。

表 10 对冲基金 CFI 编码属性

第一级属性	**投资策略**（描述对冲基金核心策略特性的投资过程）		
	D	方向性【方向性中两个最大组成部分是全球宏观和商品交易顾问（Commodity Trading Advisor，CTA）/ 管理期货；全球宏观是一种基于汇率、商品、权益、固定收益及期货、现货市场价格方向的方向性策略；商品交易顾问 / 管理期货是一种只基于所有资产类别的期货合同的策略】	-C-H-**D**-X-X-X-
	R	相对价值套利（该策略关注各类金融资产和商品间的套利关系；它们经常利用杠杆并规避市场风险，尽管套利风险也可很大）	-C-H-**R**-X-X-X-
	S	选股（该策略主要以权益为主，包括长期 / 短期股权策略；基金经理试图建立多 / 空仓组合来获取优越的股票组合，以此获利并减少系统性市场风险）	-C-H-**S**-X-X-X-
	E	事件驱动（一种投资策略组合，关注那些因公司交易或其他如破产等事件影响，价值可能将发生变动的证券）	-C-H-**E**-X-X-X-
	A	套利（经济和金融上，套利是指利用两个或多个市场的价差，利用价格的不平衡完成一组相互匹配的交易，所获取的收益就是市场间的价格差）	-C-H-**A**-X-X-X-
	N	多策略基金（多策略是许多不同投资策略的集合，经理应该保持大约 25% 的份额分属两种或多种不同的策略）	-C-H-**N**-X-X-X-
	L	资产支持贷款（该策略是根据公司的资产为其提供贷款，包括被商业银行视为信用不足的公司；贷款的规模由债务人的资产担保因而直接由资产价格决定）	-C-H-**L**-X-X-X-
	M	其他类（混合型）	-C-H-**M**-X-X-X-
第二级属性	X	不适用 / 不明确的	-C-H-*-**X**-X-X-
第三级属性	X	不适用 / 不明确的	-C-H-*-X-**X**-X-
第四级属性	X	不适用 / 不明确的	-C-H-*-X-X-**X**-

5.3.4 房地产投资信托基金（REIT）-C-B-*-*-X-*-

房地产投资信托基金（Real Estate Investment Trust，REIT）是一家房地产公司向公众发行股份/单位并通过房产或抵押贷款直接投资于房地产。

表 11 房地产投资信托基金 CFI 编码属性

第一级属性	封闭式/开放式（见 5.3.2）		
	C	封闭式	-C-B-**C**-*-X-*-
	O	开放式	-C-B-**O**-*-X-*-
	M	其他类（混合类）	-C-B-**M**-*-X-*-
第二级属性	分红政策（见 5.3.2）		
	I	收益基金	-C-B-*-**I**-X-*-
	G	累积基金	-C-B-*-**G**-X-*-
	J	混合基金	-C-B-*-**J**-X-*-
第三级属性	X	不适用/不明确的	-C-B-*-*-**X**-*-
第四级属性	证券类型及投资者限制（见 5.3.2）		
	S	股份	-C-B-*-*-X-**S**-
	Q	合格投资者股份	-C-B-*-*-X-**Q**-
	U	份额	-C-B-*-*-X-**U**-
	Y	合格投资者份额	-C-B-*-*-X-**Y**-

5.3.5 交易型开放式指数基金（ETF）-C-E-*-*-*-*-

交易型开放式指数基金（Exchange Traded Funds，ETF）是一种类似股票一样在交易所交易的投资基金。ETF 持有股票、商品或债券等资产，并在交易日期间以接近其资产净值的价格交易。大部分 ETF 跟踪一个指数，如股票、债券或商品指数。

表 12 交易型开放式指数基金 CFI 编码属性

第一级属性	封闭式/开放式（见 5.3.2）		
	C	封闭式	-C-E-**C**-*-*-*-
	O	开放式	-C-E-**O**-*-*-*-
	M	其他类（混合类）	-C-E-**M**-*-*-*-
第二级属性	分红政策（见 5.3.2）		
	I	收益基金	-C-E-*-**I**-*-*-
	G	累积基金	-C-E-*-**G**-*-*-
	J	混合基金	-C-E-*-**J**-*-*-
第三级属性	资产（见 5.3.2）		
	R	房地产	-C-E-*-*-**R**-*-
	B	债券、债务工具	-C-E-*-*-**B**-*-
	E	权益	-C-E-*-*-**E**-*-
	V	可转换证券	-C-E-*-*-**V**-*-
	L	混合	-C-E-*-*-**L**-*-
	C	商品	-C-E-*-*-**C**-*-

续表

	D	衍生品	–C–E–*–*–**D**–*–
	F	除去商品类的具有参考性的金融工具	–C–E–*–*–**F**–*–
	K	信用	–C–E–*–*–**K**–*–
	M	其他类（混合型）	–C–E–*–*–**M**–*–
第四级属性	**证券类型**（见 5.3.2）		
	S	股份	–C–E–*–*–*–**S**–
	U	份额	–C–E–*–*–*–**U**–

5.3.6　养老基金 –C–S–*–*–*–*–

养老基金由金融中介为公司及其雇员运营。养老基金是一种常见的资产池，旨在实现长期稳健的增长。

表 13　养老基金 CFI 编码属性

第一级属性	**封闭式 / 开放式**		
	C	封闭式（该养老基金仅支持特定雇员的养老金计划）	–C–S–**C**–*–*–*–
	O	开放式（该养老基金支持至少一份无成员限制的养老金计划）	–C–S–**O**–*–*–*–
	M	其他类（混合类）	–C–S–**M**–*–*–*–
第二级属性	**策略 / 风格**		
	B	平衡型 / 保守型	–C–S–*–**B**–*–*–
	G	成长型	–C–S–*–**G**–*–*–
	L	生命特征型（根据成员年龄段而变动的策略）	–C–S–*–**L**–*–*–
	M	其他类（混合类）	–C–S–*–**M**–*–*–
第三级属性	**类型**		
	R	固定福利	–C–S–*–*–**R**–*–
	B	固定缴费	–C–S–*–*–**B**–*–
	M	其他类（混合型）	–C–S–*–*–**M**–*–
第四级属性	**证券类型**（见 5.3.2）		
	S	股份	–C–S–*–*–*–**S**–
	U	份额	–C–S–*–*–*–**U**–

5.3.7　基金中基金 –C–F–*–*–*–*–

基金中基金是一种直接投资于其他投资基金而非股票、债券或其他证券的集合投资工具。

表 14　基金中基金 CFI 编码属性

第一级属性	**封闭式 / 开放式**（见 5.3.2）		
	C	封闭式	–C–F–**C**–*–*–*–
	O	开放式	–C–F–**O**–*–*–*–
	M	其他类（混合类）	–C–F–**M**–*–*–*–
第二级属性	**分红政策**（见 5.3.2）		
	I	收益基金	–C–F–*–**I**–*–*–
	G	累积基金	–C–F–*–**G**–*–*–

续表

	J	混合基金	–C–F–*–**J**–*–*–
第三级属性	**基金类型**（标明该基金所投资的基金类型）		
	I	标准（普通）投资基金 / 共同基金	–C–F–*–*–**I**–*–
	H	对冲基金	–C–F–*–*–**H**–*–
	B	房地产投资信托基金（REIT）	–C–F–*–*–**B**–*–
	E	交易型开放式指数基金（ETF）	–C–F–*–*–**E**–*–
	P	私募股权基金	–C–F–*–*–**P**–*–
	M	其他类（混合型）	–C–F–*–*–**M**–*–
第四级属性	**证券类型和投资者限制**（见 5.3.2）		
	S	股份	–C–F–*–*–*–**S**–
	Q	合格投资者股份	–C–F–*–*–*–**Q**–
	U	份额	–C–F–*–*–*–**U**–
	Y	合格投资者份额	–C–F–*–*–*–**Y**–

5.3.8 私募股权基金 –C–P–*–*–*–*–

私募股权基金一般结构为有限合伙或有限责任公司（投资者是有限合伙人），由普通合伙人管理。

表 15 私募股权基金 CFI 编码属性

第一级属性	**封闭式 / 开放式**（见 5.3.2）		
	C	封闭式	–C–P–**C**–*–*–*–
	O	开放式	–C–P–**O**–*–*–*–
	M	其他类（混合型）	–C–P–**M**–*–*–*–
第二级属性	**分红政策**（见 5.3.2）		
	I	收益基金	–C–P–*–**I**–*–*–
	G	累积基金	–C–P–*–**G**–*–*–
	J	混合基金	–C–P–*–**J**–*–*–
第三级属性	**资产**（见 5.3.2）		
	R	房地产	–C–P–*–*–**R**–*–
	B	债务工具	–C–P–*–*–**B**–*–
	E	权益	–C–P–*–*–**E**–*–
	V	可转换证券	–C–P–*–*–**V**–*–
	L	混合	–C–P–*–*–**L**–*–
	C	商品	–C–P–*–*–**C**–*–
	D	衍生品	–C–P–*–*–**D**–*–
	F	具有参考性的金融工具（除去商品）	–C–P–*–*–**F**–*–
	K	信用	–C–P–*–*–**K**–*–
	M	其他类（混合型）	–C–P–*–*–**M**–*–
第四级属性	**证券类型和投资者限制**（见 5.3.2）		
	S	股份	–C–P–*–*–*–**S**–
	Q	合格投资者股份	–C–P–*–*–*–**Q**–

续表

	U	份额	-C-P-*-*-*-**U**-
	Y	合格投资者份额	-C-P-*-*-*-**Y**-

5.3.9　其他类（混合型）-C-M-X-X-X-*-

不符合 5.3.2~5.3.8 中任何一组描述的集合投资工具。

表 16　其他类（混合型）CFI 编码属性

第一级属性	**X**	**不适用 / 不明确的**	-C-M-**X**-X-X-*-
第二级属性	**X**	**不适用 / 不明确的**	-C-M-X-**X**-X-*-
第三级属性	**X**	**不适用 / 不明确的**	-C-M-X-X-**X**-*-
第四级属性	**证券类型和投资者限制**（见 5.3.2）		
	S	股份	-C-M-X-X-X-**S**-
	Q	合格投资者股份	-C-M-X-X-X-**Q**-
	U	份额	-C-M-X-X-X-**U**-
	Y	合格投资者份额	-C-M-X-X-X-**Y**-

5.4　债务工具 -D-*-*-*-*-

5.4.1　描述

按特定条款证明发行者应付持有者资金的金融工具。债务工具可以划分成以下几组：

B 普通债券

C 可转换债券

W 附权证的债券

T 中期票据

Y 货币市场工具

S 结构性工具（资本保护）

E 结构性工具（无资本保护）

G 按揭债券

A 资产支持证券

N 市政债券

D 债券工具类存托凭证

M 其他类（混合型）

5.4.2　普通债券 -D-B-*-*-*-*-

任何付息或者折价证券的发行人有义务向债券持有者支付合同规定的款项，并到期偿还本金。

表 17　普通债券 CFI 编码属性

第一级属性	**利息或现金支付方式**		
	F	固定利率（在发行时确定所有支付的利息并且整个存续期利息保持不变）	-D-B-**F**-*-*-*-
	Z	零息 / 贴现（期间不支付利息；收取的利息为到期价值与获取时支出的差异）	-D-B-**Z**-*-*-*-

续表

	V	变动利率（债券生命周期内利率可调整，包括累进 / 累退利率，浮动利率，保值利率）	–D–B–**V**–*–*–*–
	C	现金支付（这一属性仅适用于伊斯兰债务凭证；伊斯兰债券意味着一类投资者归集他们的财富并按伊斯兰教法的原则进行投资，赚取利润，将其按比例分配）	–D–B–**C**–*–*–*–
	K	实物支付（使用其他资产而不是现金支付利息）	–D–B–**K**–*–*–*–
第二级属性	**担保或排名**（表明在发行人没有能力结算的情形下，这一债券发行是否能够有额外抵押）		
	指南：价值 **N**（高级），**O**（次高级），**Q**（次级）和 **J**（次次级）应当只可用于无抵押证券。**P**（消极担保）应当只可用于非高级或者非次级的无抵押证券。**U**（无抵押）仅可适用于不符合前述情况的无抵押券		
	T	政府担保（债务工具由国家、省、地方政府、管辖权、代理机构担保）	–D–B–*–**T**–*–*–
	G	联保【除了发行人，债务工具由一实体（例如公司）担保；且不是国家或者省政府担保】	–D–B–*–**G**–*–*–
	S	抵押（利用特定资产承诺担保义务的债务问题，例如房屋抵押贷款或者应收款）	–D–B–*–**S**–*–*–
	U	无抵押 / 无担保（发行人的直接义务仅取决于它的总体信用）	–D–B–*–**U**–*–*–
	P	消极担保（发行人承诺不进行任何可能减少债务安全的资产抵押）	–D–B–*–**P**–*–*–
	N	高级（适用于在发行人破产清算时排在次高级、次级以及次次级之前的高级债务）	–D–B–*–**N**–*–*–
	O	次高级（适用于在发行人破产清算时排在次级以及次次级之前的次高级债务）	–D–B–*–**O**–*–*–
	Q	次级（适用于在发行人破产清算时排在次次级之前的次级债务）	–D–B–*–**Q**–*–*–
	J	次次级（适用于在发行人破产清算时为次次级的债务）	–D–B–*–**J**–*–*–
	C	超国家（指超出任何一个国家的范围或边界的组织，如两个或两个以上的中央银行或两个或两个以上的中央政府，超国家的例子包括联合国、欧盟、欧洲投资银行和世界银行）	–D–B–*–**C**–*–*–
第三级属性	**赎回 / 偿还**（表明发行人的偿付条款）		
	F	固定到期日（本金在到期日时全部偿还）	–D–B–*–*–**F**–*–
	G	固定到期日附发行人赎回选择权条款（债券可在到期日前被赎回）	–D–B–*–*–**G**–*–
	C	固定到期日附持有人赎回选择权条款（债券持有者可要求在到期日前实现债券的兑付）	–D–B–*–*–**C**–*–
	D	固定到期日附偿还及赎回条款	–D–B–*–*–**D**–*–
	A	分期偿还计划（定期支付导致的本金减少）	–D–B–*–*–**A**–*–
	B	分期偿还计划附发行人赎回选择权条款（债券未清偿头寸被赎回可导致本金减少）	–D–B–*–*–**B**–*–
	T	分期偿还计划附持有人赎回选择权条款	–D–B–*–*–**T**–*–
	L	分期偿还计划附发行人和持有人赎回选择权条款	–D–B–*–*–**L**–*–
	P	永续债券（债券工具没有固定到期日，且仅在发行人破产清算时进行赎回）	–D–B–*–*–**P**–*–
	Q	永续债券附发行人赎回选择权条款（发行人可在未来某个时期赎回债券）	–D–B–*–*–**Q**–*–
	R	永续债券附持有人赎回选择权条款（债券持有者可在未来某个时期将债券卖回给发行人）	–D–B–*–*–**R**–*–
	E	可展期	–D–B–*–*–**E**–*–
第四级属性	**形式**（见 5.2.2）		
	B	不记名	–D–B–*–*–*–**B**–
	R	记名	–D–B–*–*–*–**R**–
	N	记名 / 不记名	–D–B–*–*–*–**N**–
	M	其他类（混合型）	–D–B–*–*–*–**M**–

5.4.3　可转换债券 -D-C-*-*-*-*-

一种能转换成其他证券的债券。

表 18　可转换债券 CFI 编码属性

第一级属性	**利息类型**（见 5.4.2）		
	F	固定利率	-D-C-**F**-*-*-*-
	Z	零息 / 贴现	-D-C-**Z**-*-*-*-
	V	变动利率	-D-C-**V**-*-*-*-
	K	实物支付	-D-C-**K**-*-*-*-
第二级属性	**担保或排名**（见 5.4.2）		
	指南：价值 **N**（高级），**O**（次高级），**Q**（次级）和 **J**（次次级）可只用于无抵押证券。**P**（消极担保）可只用于非高级或者非次级的无抵押证券。**U**（无抵押）可只适用于不符合前述情况的无抵押债券		
	T	政府担保	-D-C-*-**T**-*-*-
	G	联保	-D-C-*-**G**-*-*-
	S	抵押	-D-C-*-**S**-*-*-
	U	无抵押 / 无担保	-D-C-*-**U**-*-*-
	P	消极担保	-D-C-*-**P**-*-*-
	N	高级	-D-C-*-**N**-*-*-
	O	次高级	-D-C-*-**O**-*-*-
	Q	次级	-D-C-*-**Q**-*-*-
	J	次次级	-D-C-*-**J**-*-*-
	C	超国家	-D-C-*-**C**-*-*-
第三级属性	**赎回 / 偿还**（见 5.4.2）		
	F	固定到期日	-D-C-*-*-**F**-*-
	G	固定到期日附发行人赎回选择权条款	-D-C-*-*-**G**-*-
	C	固定到期日附持有人赎回选择权条款	-D-C-*-*-**C**-*-
	D	固定到期日附偿还及赎回条款	-D-C-*-*-**D**-*-
	A	分期偿还计划	-D-C-*-*-**A**-*-
	B	分期偿还计划附发行人赎回选择权条款	-D-C-*-*-**B**-*-
	T	分期偿还计划附持有人赎回选择权条款	-D-C-*-*-**T**-*-
	L	分期偿还计划附发行人和持有人赎回选择权条款	-D-C-*-*-**L**-*-
	P	永续债券	-D-C-*-*-**P**-*-
	Q	永续债券附发行人赎回选择权条款	-D-C-*-*-**Q**-*-
	R	永续债券附持有人赎回选择权条款	-D-C-*-*-**R**-*-
	E	可展期	-D-C-*-*-**E**-*-
第四级属性	**形式**（见 5.2.2）		
	B	不记名	-D-C-*-*-*-**B**-
	R	记名	-D-C-*-*-*-**R**-
	N	记名 / 不记名	-D-C-*-*-*-**N**-
	M	其他类（混合型）	-D-C-*-*-*-**M**-

5.4.4 附权证的债券 -D-W-*-*-*-*-

一个债券在发行时提供一个或者多个权证作为发行计划的一部分，这些权证赋予债券持有者以特定价格购买指定证券的权利，通常是债券发行人的普通股。

表 19 附权证的债券 CFI 编码属性

第一级属性	利息类型（见 5.4.2）		
	F	固定利率	-D-W-**F**-*-*-*-
	Z	零息 / 贴现	-D-W-**Z**-*-*-*-
	V	变动利率	-D-W-**V**-*-*-*-
	K	实物支付	-D-W-**K**-*-*-*-
第二级属性	**担保或排名**（见 5.4.2）		
	指南：价值 **N**（高级），**O**（次高级），**Q**（次级）和 **J**（次次级）可只用于无抵押证券。**P**（消极担保）可只用于非高级或者非次级的无抵押证券。**U**（无抵押）可只适用于不符合前述情况的无抵押债券		
	T	政府担保	-D-W-*-**T**-*-*-
	G	联保	-D-W-*-**G**-*-*-
	S	抵押	-D-W-*-**S**-*-*-
	U	无抵押 / 无担保	-D-W-*-**U**-*-*-
	P	消极担保	-D-W-*-**P**-*-*-
	N	高级	-D-W-*-**N**-*-*-
	O	次高级	-D-W-*-**O**-*-*-
	Q	次级	-D-W-*-**Q**-*-*-
	J	次次级	-D-W-*-**J**-*-*-
	C	超国家	-D-W-*-**C**-*-*-
第三级属性	**赎回 / 偿还**（见 5.4.2）		
	F	固定到期日	-D-W-*-*-**F**-*-
	G	固定到期日附发行人赎回选择权条款	-D-W-*-*-**G**-*-
	C	固定到期日附持有人赎回选择权条款	-D-W-*-*-**C**-*-
	D	固定到期日附偿还及赎回条款	-D-W-*-*-**D**-*-
	A	分期偿还计划	-D-W-*-*-**A**-*-
	B	分期偿还计划附发行人赎回选择权条款	-D-W-*-*-**B**-*-
	T	分期偿还计划附持有人赎回选择权条款	-D-W-*-*-**T**-*-
	L	分期偿还计划附发行人和持有人赎回选择权条款	-D-W-*-*-**L**-*-
	P	永续债券	-D-W-*-*-**P**-*-
	Q	永续债券附发行人赎回选择权条款	-D-W-*-*-**Q**-*-
	R	永续债券附持有人赎回选择权条款	-D-W-*-*-**R**-*-
	E	可展期	-D-W-*-*-**E**-*-
第四级属性	**形式**（见 5.2.2）		
	B	不记名	-D-W-*-*-*-**B**-
	R	记名	-D-W-*-*-*-**R**-
	N	记名 / 不记名	-D-W-*-*-*-**N**-
	M	其他类（混合型）	-D-W-*-*-*-**M**-

5.4.5　中期票据 -D-T-*-*-*-*-

根据发行人的请求，通过一个或多个承销商根据系列发行计划协议发行的可转让债务工具。该计划规定了该票据的条款和条件。

表 20　中期票据 CFI 编码属性

第一级属性	**利息类型**（见 5.4.2）		
	F	固定利率	-D-T-**F**-*-*-*-
	Z	零息 / 贴现	-D-T-**Z**-*-*-*-
	V	变动利率	-D-T-**V**-*-*-*-
	K	实物支付	-D-T-**K**-*-*-*-
第二级属性	**担保或排名**（见 5.4.2）		
	指南：价值 **N**（高级），**O**（次高级），**Q**（次级）和 J（次次级）可只用于无抵押证券。**P**（消极担保）可只用于非高级或者非次级的无抵押证券。**U**（无抵押）可只适用于不符合前述情况的无抵押债券		
	T	政府担保	-D-T-*-**T**-*-*-
	G	联保	-D-T-*-**G**-*-*-
	S	抵押	-D-T-*-**S**-*-*-
	U	无抵押 / 无担保	-D-T-*-**U**-*-*-
	P	消极担保	-D-T-*-**P**-*-*-
	N	高级	-D-T-*-**N**-*-*-
	O	次高级	-D-T-*-**O**-*-*-
	Q	次级	-D-T-*-**Q**-*-*-
	J	次次级	-D-T-*-**J**-*-*-
	C	超国家	-D-T-*-**C**-*-*-
第三级属性	**赎回 / 偿还**（见 5.4.2）		
	F	固定到期日	-D-T-*-*-**F**-*-
	G	固定到期日附发行人赎回选择权条款	-D-T-*-*-**G**-*-
	C	固定到期日附持有人赎回选择权条款	-D-T-*-*-**C**-*-
	D	固定到期日附偿还及赎回条款	-D-T-*-*-**D**-*-
	A	分期偿还计划	-D-T-*-*-**A**-*-
	B	分期偿还计划附发行人赎回选择权条款	-D-T-*-*-**B**-*-
	T	分期偿还计划附持有人赎回选择权条款	-D-T-*-*-**T**-*-
	L	分期偿还计划附发行人和持有人赎回选择权条款	-D-T-*-*-**L**-*-
	P	永续债券	-D-T-*-*-**P**-*-
	Q	永续债券附发行人赎回选择权条款	-D-T-*-*-**Q**-*-
	R	永续债券附持有人赎回选择权条款	-D-T-*-*-**R**-*-
	E	可展期	-D-T-*-*-**E**-*-
第四级属性	**形式**（见 5.2.2）		
	B	不记名	-D-T-*-*-*-**B**-
	R	记名	-D-T-*-*-*-**R**-
	N	记名 / 不记名	-D-T-*-*-*-**N**-
	M	其他类（混合型）	-D-T-*-*-*-**M**-

5.4.6 货币市场工具 -D-Y-*-*-X-*-

发行时指定短暂存续期的金融工具，例如国库券、商业票据和市政货币市场工具。

表 21 货币市场工具 CFI 编码属性

第一级属性	**利息类型**（见 5.4.2）		
	F	固定利率	-D-Y-**F**-*-X-*-
	Z	零息 / 贴现	-D-Y-**Z**-*-X-*-
	V	变动利率	-D-Y-**V**-*-X-*-
	K	实物支付	-D-Y-**K**-*-X-*-
第二级属性	**担保或排名**（见 5.4.2）		
	指南：价值 **N**（高级），**O**（次高级），**Q**（次级）和 **J**（次次级）可只用于无抵押证券。**P**（消极担保）可只用于非高级或者非次级的无抵押证券。**U**（无抵押）可只适用于不符合前述情况的无抵押债券		
	T	政府担保	-D-Y-*-**T**-X-*-
	G	联保	-D-Y-*-**G**-X-*-
	S	抵押	-D-Y-*-**S**-X-*-
	U	无抵押 / 无担保	-D-Y-*-**U**-X-*-
	P	消极担保	-D-Y-*-**P**-X-*-
	N	高级	-D-Y-*-**N**-X-*-
	O	次高级	-D-Y-*-**O**-X-*-
	Q	次级	-D-Y-*-**Q**-X-*-
	J	次次级	-D-Y-*-**J**-X-*-
	C	超国家	-D-Y-*-**C**-X-*-
第三级属性	**X**	**不适用 / 不明确的**	-D-Y-*-*-**X**-*-
第四级属性	**形式**（见 5.2.2）		
	B	不记名	-D-Y-*-*-X-**B**-
	R	记名	-D-Y-*-*-X-**R**-
	N	记名 / 不记名	-D-Y-*-*-X-**N**-
	M	其他类（混合型）	-D-Y-*-*-X-**M**-

5.4.7 结构性工具（资本保护）-D-S-*-*-*-*-

资本保护的结构性工具是提供投资者使用不同的方法和大量不对称偿付属性的标的资产。由一家或多家相关实体作为产品的基础。在相关实体没有发生信用事件的情形下，债券到期时基于有条件资本保护的金额可以赎回。有条件的资本保护仅适用于名义本金而不适用于购买价格。资本担保结构化工具最普遍的功能如下：名义本金（Notional Amount）可被拆分成零息债券，为到期日前提供资金担保。并且，此零息债券面值（即到期日时的担保金现值）与名义本金之间的差额可用于期权表现要素的结构化，此类期权可支付某种已约定的结构性金融工具（参与性）。

表 22 结构性工具（资本保护）CFI 编码属性

第一级属性	类型		
	A	参与时的资本保护证明【到期日最小赎回额等于资本保护金额；资本保护被定义为名义数量的百分比（例如 100%）；资本保护仅针对名义本金，与购买价格无关；在产品存续期内，该产品价值可低于它的资本保护价值；参与条款为标的资产价格超过行权价格时参与】	-D-S-**A**-*-*-*-
	B	资本保护可转换证明【到期日最小赎回额等于资本保护金额；资本保护被定义为名义本金的百分比（例如 100%）；资本保护仅针对名义数量，与购买价格无关；在产品存续期内，该产品价值可低于它的资本保护价值；参与条款为标的资产价格超过转换价格时参与；可能存在票面利息支付】	-D-S-**B**-*-*-*-
	C	障碍参与资本保护证明【到期日最小赎回额等于资本保护金额；资本保护被定义为名义本金的百分比（例如 100%）；资本保护仅针对名义本金，与购买价格无关；在产品存续期，该产品价值可低于它的资本保护价值；参与条款为标的资产价格超过其行权价格并达到障碍值时参与；一旦阻碍被破坏，折扣支付将可能发生；有限的潜在收益】	-D-S-**C**-*-*-*-
	D	付息资本保护证明【到期日最小赎回额等于资本保护金额；资本保护被定义为名义本金的百分比（例如 100%）；资本保护仅针对名义本金，与购买价格无关；在产品存续期，该产品价值可低于它的资本保护价值；票面利息取决于标的资产的发展；定期付息有望】	-D-S-**D**-*-*-*-
	M	其他类（混合型）	-D-S-**M**-*-*-*-
第二级属性	分红（见 5.2.8）		
	F	固定利率支付	-D-S-*-**F**-*-*-
	D	红利支付	-D-S-*-**D**-*-*-
	V	变动利率支付	-D-S-*-**V**-*-*-
	Y	无支付	-D-S-*-**Y**-*-*-
	M	其他类（混合型）	-D-S-*-**M**-*-*-
第三级属性	偿还（见 5.2.8）		
	F	固定现金偿还（仅限于保护的资本水平）	-D-S-*-*-**F**-*-
	V	变动现金偿还（保护的资本水平以及额外的基于标的资产的绩效资本）	-D-S-*-*-**V**-*-
	M	其他类（混合型）	-D-S-*-*-**M**-*-
第四级属性	标的资产（见 5.2.8）		
	B	篮子组合	-D-S-*-*-*-**B**-
	S	权益	-D-S-*-*-*-**S**-
	D	债务工具	-D-S-*-*-*-**D**-
	T	商品	-D-S-*-*-*-**T**-
	C	货币（特指汇率）	-D-S-*-*-*-**C**-
	I	指数（指数的表现）	-D-S-*-*-*-**I**-
	N	利率（基于利率未来水平的特定数量）	-D-S-*-*-*-**N**-
	M	其他类（混合型）	-D-S-*-*-*-**M**-

5.4.8 结构性工具（无资本保护）-D-E-*-*-*-*-

一个无资本保护的结构性工具是指一个与标的股票相连的短期票据。该证券提供稳定的票面利息支付现金流。到期赎回的现金流取决于标的资产的基本表现和最终固定情况：在无违约的情况下，如标的资产价格未触及障碍线，或触及障碍线但收于行权价格之上，债券将按面额赎回；如标的资产价格触及障碍线，且收于行权价格之下，则标的资产将被交割或需支付现金补偿。按不同产品的属性，能提供息票或对标的资产的折价。在无违约的情况下，标的资产表现不影响付息。

表 23　结构性工具（无资本保护）CFI 编码属性

第一级属性	类型		
	A	折价证明【到期日，标的资产的价格宜低于行权价之下，持有者将获得标的资产或一笔现金补偿。折价证明赋予投资者以较低价格购买标的资产的权利，对应期权的买入－开立策略。与直接投资标的资产相比，折价证明的风险较低。标的资产的风险越高（最严重），折价越高。其收益有上限（顶）。】	–D–E–**A**–*–*–*–
	B	障碍折价证明【标的资产价格未触及障碍线，投资者将获最大赎回金额。障碍折价证明赋予投资者以较低价格购买标的资产的权利，由于设置了障碍线，投资者获得最大赎回金额的概率更大，因此其折价低于折价证明。触及障碍线后，障碍折价证明等同于折价证明。与直接投资标的资产相比，障碍折价证明的风险较低。其收益有上限。标的资产的风险越高（最严重），折价越高，或障碍线越低。】	–D–E–**B**–*–*–*–
	C	反式可转债【到期日，标的资产的价格宜低于行权价之下，投资者将获得标的资产或一笔现金补偿；标的资产价格宜高于行权价之上，投资者将获得债券的面额与票面利息。无论标的资产表现如何，票面利息都将按期支付。与直接投资标的资产相比，反式可转债的风险较低。标的资产的风险越高（最严重），票面利息越高。其收益有上限（顶）】	–D–E–**C**–*–*–*–
	D	障碍反式可转债【标的资产价格宜永远未触及障碍线，投资者将获得债券的面额与票面利息。由于设置了障碍线，投资者获得最大赎回金额的概率更大，因此其票面利息低于反式可转债。触及障碍线后，障碍反式可转债等同于反式可转债。无论标的资产表现如何，票面利息都将按期支付。与直接投资标的资产相比，障碍反式可转债的风险较低。标的资产的风险越高（最严重），票面利息越高或障碍线越低。其收益有上限（顶）】	–D–E–**D**–*–*–*–
	E	快速证明【观察期内，标的资产交易价格宜高于行权价，持有人有权以名义价格加上额外的票面利息将之提前赎回；快速证明在提供提前赎回机会的同时，也有机会获得具有吸引力的收益率。与直接投资标的资产相比，快速证明风险较低。标的资产的风险越高（最严重），多标的资产的票面利息越高或障碍线越低。其收益有上限（顶）】	–D–E–**E**–*–*–*–
	M	其他类（混合型）	–D–E–**M**–*–*–*–
第二级属性	**分红**（见 5.2.8）		
	F	固定利率支付	–D–E–*–**F**–*–*–
	D	红利支付	–D–E–*–**D**–*–*–
	V	可变利率支付	–D–E–*–**V**–*–*–
	Y	无支付	–D–E–*–**Y**–*–*–
	M	其他类（混合型）	–D–E–*–**M**–*–*–
第三级属性	**偿还**（见 5.2.8）		
	R	现金偿还（若未触及障碍线，取决于标的资产的价格）	–D–E–*–*–**R**–*–
	S	资产偿还	–D–E–*–*–**S**–*–
	C	现金与资产偿还	–D–E–*–*–**C**–*–
	T	现金或资产偿还	–D–E–*–*–**T**–*–
	M	其他类（混合型）	–D–E–*–*–**M**–*–
第四级属性	**标的资产**（见 5.2.8）		

续表

	B	篮子组合	-D-E-*-*-*-**B**-
	S	权益	-D-E-*-*-*-**S**-
	D	债务工具	-D-E-*-*-*-**D**-
	T	商品	-D-E-*-*-*-**T**-
	C	货币（特指汇率）	-D-E-*-*-*-**C**-
	I	指数（指数的表现）	-D-E-*-*-*-**I**-
	N	利率（基于未来利率水平的特定数额）	-D-E-*-*-*-**N**-
	M	其他类（混合型）	-D-E-*-*-*-**M**-

5.4.9 按揭债券 -D-G-*-*-*-*-

按揭债券（Mortgage-Backed Securities，MBS）是偿还债务的现金流来自于抵押贷款资产池的一种债务凭证，最常见于住宅物业。抵押贷款通常由政府、地方政府或私有法人机构首先从银行、抵押贷款公司和其他发起人处购买并汇集成资产池，再以该资产池所产生的现金流为支持发行有价证券，即为证券化的过程。

表 24 按揭债券 CFI 编码属性

第一级属性	**利息类型**（见 5.4.2）		
	F	固定利率	-D-G-**F**-*-*-*-
	Z	零息 / 贴现	-D-G-**Z**-*-*-*-
	V	变动利率	-D-G-**V**-*-*-*-
第二级属性	**担保或排名**（见 5.4.2）		
	指南：价值 **N**（高级），**O**（次高级），**Q**（次级）和 **J**（次次级）可只用于无抵押证券。**P**（消极担保）可只用于非高级或者非次级的无抵押证券。**U**（无抵押）可只适用于不符合前述情况的无抵押债券		
	T	政府担保	-D-G-*-**T**-*-*-
	G	联保	-D-G-*-**G**-*-*-
	S	抵押	-D-G-*-**S**-*-*-
	U	无抵押 / 无担保	-D-G-*-**U**-*-*-
	P	消极担保	-D-G-*-**P**-*-*-
	N	高级	-D-G-*-**N**-*-*-
	O	次高级	-D-G-*-**O**-*-*-
	Q	次级	-D-G-*-**Q**-*-*-
	J	次次级	-D-G-*-**J**-*-*-
	C	超国家	-D-G-*-**C**-*-*-
第三级属性	**赎回 / 偿还**（见 5.4.2）		
	F	固定到期日	-D-G-*-*-**F**-*-
	G	固定到期日附发行人赎回选择权条款	-D-G-*-*-**G**-*-
	C	固定到期日附持有人赎回选择权条款	-D-G-*-*-**C**-*-
	D	固定到期日附偿还及赎回条款	-D-G-*-*-**D**-*-
	A	分期偿还计划	-D-G-*-*-**A**-*-
	B	分期偿还计划附发行人赎回选择权条款	-D-G-*-*-**B**-*-

续表

	T	分期偿还计划附持有人赎回选择权条款	–D–G–*–*–**T**–*–
	L	分期偿还计划附发行人和持有人赎回选择权条款	–D–G–*–*–**L**–*–
	P	永续债券	–D–G–*–*–**P**–*–
	Q	永续债券附发行人赎回选择权条款	–D–G–*–*–**Q**–*–
	R	永续债券附持有人赎回选择权条款	–D–G–*–*–**R**–*–
	E	可展期	–D–G–*–*–**E**–*–
第四级属性	**形式**（见 5.2.2）		
	B	不记名	–D–G–*–*–*–**B**–
	R	记名	–D–G–*–*–*–**R**–
	N	记名 / 不记名	–D–G–*–*–*–**N**–
	M	其他类（混合型）	–D–G–*–*–*–**M**–

5.4.10 资产支持债券 –D–A–*–*–*–*–

资产支持债券是除房地产相关贷款或抵押外的其他类基础资产所产生现金流为支持发行的有价证券。

表 25 资产支持债券 CFI 编码属性

第一级属性	**利息类型**（见 5.4.2）		
	F	固定利率	–D–A–**F**–*–*–*–
	Z	零息 / 贴现	–D–A–**Z**–*–*–*–
	V	变动利率	–D–A–**V**–*–*–*–
第二级属性	**担保或排名**（见 5.4.2）		
	指南：价值 **N**（高级），**O**（次高级），**Q**（次级）和 **J**（次次级）可只用于无抵押证券。**P**（消极担保）可只用于非高级或者非次级的无抵押证券。**U**（无抵押）可只适用于不符合前述情况的无抵押债券		
	T	政府担保	–D–A–*–**T**–*–*–
	G	联保	–D–A–*–**G**–*–*–
	S	抵押	–D–A–*–**S**–*–*–
	U	无抵押 / 无担保	–D–A–*–**U**–*–*–
	P	消极担保	–D–A–*–**P**–*–*–
	N	高级	–D–A–*–**N**–*–*–
	O	次高级	–D–A–*–**O**–*–*–
	Q	次级	–D–A–*–**Q**–*–*–
	J	次次级	–D–A–*–**J**–*–*–
	C	超国家	–D–A–*–**C**–*–*–
第三级属性	**赎回 / 偿还**（见 5.4.2）		
	F	固定到期日	–D–A–*–*–**F**–*–
	G	固定到期日附发行人赎回选择权条款	–D–A–*–*–**G**–*–
	C	固定到期日附持有人赎回选择权条款	–D–A–*–*–**C**–*–
	D	固定到期日附偿还及赎回条款	–D–A–*–*–**D**–*–
	A	分期偿还计划	–D–A–*–*–**A**–*–

续表

	B	分期偿还计划附发行人赎回选择权条款	–D–A–*–*–**B**–*–
	T	分期偿还计划附持有人赎回选择权条款	–D–A–*–*–**T**–*–
	L	分期偿还计划附发行人和持有人赎回选择权条款	–D–A–*–*–**L**–*–
	P	永续债券	–D–A–*–*–**P**–*–
	Q	永续债券附发行人赎回选择权条款	–D–A–*–*–**Q**–*–
	R	永续债券附持有人赎回选择权条款	–D–A–*–*–**R**–*–
	E	可展期	–D–A–*–*–**E**–*–
第四级属性	**形式**（见 5.2.2）		
	B	不记名	–D–A–*–*–*–**B**–
	R	记名	–D–A–*–*–*–**R**–
	N	记名 / 不记名	–D–A–*–*–*–**N**–
	M	其他类（混合型）	–D–A–*–*–*–**M**–

5.4.11 市政债券 -D-N-*-*-*-*-

由国家、省、市或者地方政府发行的证券，不包括应被分类为债务—货币市场工具的市政货币市场证券（见条款 5.4.6）。

表 26 市政债券 CFI 编码属性

第一级属性	**利息类型**（见 5.4.2）		
	F	固定利率	–D–N–**F**–*–*–*–
	Z	零息 / 贴现	–D–N–**Z**–*–*–*–
	V	变动利率	–D–N–**V**–*–*–*–
第二级属性	**担保或排名**（见 5.4.2）		
	指南：价值 **N**（高级），**O**（次高级），**Q**（次级）和 **J**（次次级）可只用于无抵押证券。**P**（消极担保）可只用于非高级或者非次级的无抵押证券。**U**（无抵押）可只适用于不符合前述情况的无抵押债券		
	T	国家担保（低于主权或国家政府的所有级别）	–D–N–*–**T**–*–*–
	G	联保	–D–N–*–**G**–*–*–
	S	抵押	–D–N–*–**S**–*–*–
	U	无抵押 / 无担保	–D–N–*–**U**–*–*–
	P	消极担保	–D–N–*–**P**–*–*–
	N	高级	–D–N–*–**N**–*–*–
	O	次高级	–D–N–*–**O**–*–*–
	Q	次级	–D–N–*–**Q**–*–*–
	J	次次级	–D–N–*–**J**–*–*–
	C	超国家	–D–N–*–**C**–*–*–
第三级属性	**赎回 / 偿还**（见 5.4.2）		
	F	固定到期日	–D–N–*–*–**F**–*–
	G	固定到期日附发行人赎回选择权条款	–D–N–*–*–**G**–*–
	C	固定到期日附持有人赎回选择权条款	–D–N–*–*–**C**–*–
	D	固定到期日附偿还及赎回条款	–D–N–*–*–**D**–*–

续表

	A	分期偿还计划	–D–N–*–*–**A**–*–
	B	分期偿还计划附发行人赎回选择权条款	–D–N–*–*–**B**–*–
	T	分期偿还计划附持有人赎回选择权条款	–D–N–*–*–**T**–*–
	L	分期偿还计划附发行人和持有人赎回选择权条款	–D–N–*–*–**L**–*–
	P	永续债券	–D–N–*–*–**P**–*–
	Q	永续债券附发行人赎回选择权条款	–D–N–*–*–**Q**–*–
	R	永续债券附持有人赎回选择权条款	–D–N–*–*–**R**–*–
	E	可展期	–D–N–*–*–**E**–*–
第四级属性	**形式**（见 5.2.2）		
	B	不记名	–D–N–*–*–*–**B**–
	R	记名	–D–N–*–*–*–**R**–
	N	记名 / 不记名	–D–N–*–*–*–**N**–
	M	其他类（混合型）	–D–N–*–*–*–**M**–

5.4.12 债券类存托凭证 -D-D-*-*-*-*-

存托凭证是证明在其他司法管辖区交易的金融工具所有权的证券。债务类存托凭证广泛应用于债券在原发行区域之外的其他区域进行交易的情形。

表 27 债券类存托凭证 CFI 编码属性

第一级属性	**工具依属**（见 5.2.7）		
	B	债券	–D–D–**B**–*–*–*–
	C	可转换债券	–D–D–**C**–*–*–*–
	W	附权证的债券	–D–D–**W**–*–*–*–
	T	中期票据	–D–D–**T**–*–*–*–
	Y	货币市场工具	–D–D–**Y**–*–*–*–
	G	按揭债券	–D–D–**G**–*–*–*–
	A	资产支持证券	–D–D–**A**–*–*–*–
	N	市政债	–D–D–**N**–*–*–*–
	M	其他类（混合型）	–D–D–**M**–*–*–*–
第二级属性	**利息类型**（见 5.4.2）		
	F	固定利率	–D–D–**F**–*–*–*–
	Z	零息 / 贴现	–D–D–**Z**–*–*–*–
	V	变动利率	–D–D–**V**–*–*–*–
	C	现金支付	–D–D–**C**–*–*–*–
第三级属性	**担保或排名**（见 5.4.2）		
	指南：价值 **N**（高级），**O**（次高级），**Q**（次级）和 **J**（次次级）可只用于无抵押证券。**P**（消极担保）可只用于非高级或者非次级的无抵押证券。**U**（无抵押）可只适用于不符合前述情况的无抵押债券		
	T	政府担保	–D–D–*–**T**–*–*–
	G	联保	–D–D–*–**G**–*–*–
	S	抵押	–D–D–*–**S**–*–*–

续表

	U	无抵押 / 无担保	–D–D–*–**U**–*–*–
	P	消极担保	–D–D–*–**P**–*–*–
	N	高级	–D–D–*–**N**–*–*–
	O	次高级	–D–D–*–**O**–*–*–
	Q	次级	–D–D–*–**Q**–*–*–
	J	次次级	–D–D–*–**J**–*–*–
	C	超国家	–D–D–*–**C**–*–*–
第四级属性	**赎回 / 偿还**（见 5.4.2）		
	F	固定到期日	–D–D–*–*–**F**–*–
	G	固定到期日附发行人赎回选择权条款	–D–D–*–*–**G**–*–
	C	固定到期日附持有人赎回选择权条款	–D–D–*–*–**C**–*–
	D	固定到期日附偿还及赎回条款	–D–D–*–*–**D**–*–
	A	分期偿还计划	–D–D–*–*–**A**–*–
	B	分期偿还计划附发行人赎回选择权条款	–D–D–*–*–**B**–*–
	T	分期偿还计划附持有人赎回选择权条款	–D–D–*–*–**T**–*–
	L	分期偿还计划附发行人和持有人赎回选择权条款	–D–D–*–*–**L**–*–
	P	永续债券	–D–D–*–*–**P**–*–
	Q	永续债券附发行人赎回选择权条款	–D–D–*–*–**Q**–*–
	R	永续债券附持有人赎回选择权条款	–D–D–*–*–**R**–*–
	E	可展期	–D–D–*–*–**E**–*–

5.4.13　其他类（混合型）–D–M–*–X–X–*–

不符合以上 5.4.2~5.4.12 部分描述的债券工具。

表 28　其他类（混合型）CFI 编码属性

第一级属性	**类型**		
	B	银行贷款（银行以获取利息而借出的金钱的数量，通常是在特定一段时间内的抵押证券）	–D–M–**B**–X–X–*–
	C	本票（由一方书面承诺或根据需要或在未来某指定日期内支付给另一方的确定的数额）	–D–M–**C**–X–X–*–
	M	其他类（混合型）	–D–M–**M**–X–X–*–
第二级属性	X	**不适用 / 不明确的**	–D–M–*–**X**–X–*–
第三级属性	X	**不适用 / 不明确的**	–D–M–*–X–**X**–*–
第四级属性	**形式**（见 5.2.2）		
	B	不记名	–D–M–*–X–X–**B**–
	R	记名	–D–M–*–X–X–**R**–
	N	记名 / 不记名	–D–M–*–X–X–**N**–
	M	其他类（混合型）	–D–M–*–X–X–**M**–

5.5 权利（权利资格）-R-*-*-*-*-

5.5.1 描述

赋予持有人按约定条款认购或取得特定资产的权利的金融工具。

现将权利（权利资格）分为以下几类：

A 分配（额外）权利

S 认购权利

P 购买权利

W 权证

F 迷你期货凭证 / 固定杠杆凭证

D 权利类存托凭证

M 其他类（混合型）

5.5.2 分配（额外）权利 -R-A-X-X-X-*-

一种分配给当前证券持有人的特权，赋予他们免费取得新证券的权利。

表 29 分配（额外）权利 CFI 编码属性

第一级属性	X	不适用 / 不明确的	-R-A-**X**-X-X-*-
第二级属性	X	不适用 / 不明确的	-R-A-X-**X**-X-*-
第三级属性	X	不适用 / 不明确的	-R-A-X-X-**X**-*-
第四级属性	形式（见 5.2.2）		
	B	不记名	-R-A-X-X-X-**B**-
	R	记名	-R-A-X-X-X-**R**-
	N	记名 / 不记名	-R-A-X-X-X-**N**-
	M	其他类（混合型）	-R-A-X-X-X-**M**-

5.5.3 认购权利 -R-S-*-X-X-*-

赋予原证券持有人以一般低于现价的价格认购新证券的权利。

表 30 认购权利 CFI 编码属性

第一级属性	资产（标明权利持有人被赋予获得某种资产的权利）		
	S	普通 / 一般股票	-R-S-**S**-X-X-*-
	P	优先 / 优惠股票	-R-S-**P**-X-X-*-
	C	普通 / 一般可转换股票	-R-S-**C**-X-X-*-
	F	优先 / 优惠可转换股票	-R-S-**F**-X-X-*-
	B	债券	-R-S-**B**-X-X-*-
	I	组合工具	-R-S-**I**-X-X-*-
	M	其他类（混合型）	-R-S-**M**-X-X-*-
第二级属性	X	不适用 / 不明确的	-R-S-*-**X**-X-*-
第三级属性	X	不适用 / 不明确的	-R-S-*-X-**X**-*-
第四级属性	形式（见 5.2.2）		

续表

	B	不记名	–R–S–X–X–X–**B**–
	R	记名	–R–S–X–X–X–**R**–
	N	记名 / 不记名	–R–S–X–X–X–**N**–
	M	其他类（混合型）	–R–S–X–X–X–**M**–

5.5.4 购买权利 –R–P–*–X–X–*–

一种反收购措施，即赋予面临被收购的股票持有人，以远低于正常市值的价格购买公司股份，或购买进行收购的股票持有人其所占公司股份的权利。

表 31　购买权利 CFI 编码属性

第一级属性	**资产**（见 5.5.3）		
	S	普通 / 一般股票	–R–P–**S**–X–X–*–
	P	优先股 / 优惠股票	–R–P–**P**–X–X–*–
	C	普通 / 一般可转换股票	–R–P–**C**–X–X–*–
	F	优先 / 优惠可转换股票	–R–P–**F**–X–X–*–
	B	债券	–R–P–**B**–X–X–*–
	I	组合工具	–R–P–**I**–X–X–*–
	M	其他类（混合型）	–R–P–**M**–X–X–*–
第二级属性	**X**	**不适用 / 不明确的**	–R–P–*–**X**–X–*–
第三级属性	**X**	**不适用 / 不明确的**	–R–P–*–X–**X**–*–
第四级属性	**形式**（见 5.2.2）		
	B	不记名	–R–P–X–X–X–**B**–
	R	记名	–R–P–X–X–X–**R**–
	N	记名 / 不记名	–R–P–X–X–X–**N**–
	M	其他类（混合型）	–R–P–X–X–X–**M**–

5.5.5 权证 –R–W–*–*–*–*–

允许持有人在特定时期以约定价格取得特定数量的金融工具、商品、货币或其他资产的金融工具。

表 32　权证 CFI 编码属性

第一级属性	**标的资产**（指权证持有人有权取得的标的资产类型）		
	B	篮子组合（权证持有人有权取得一组资产）	–R–W–**B**–*–*–*–
	S	权益类（权证持有人有权取得其权益）	–R–W–**S**–*–*–*–
	D	债券或利率类（权证持有人有权取得债券）	–R–W–**D**–*–*–*–
	T	商品类（权证持有人有权取得约定商品）	–R–W–**T**–*–*–*–
	C	货币类（权证持有人有权按约定汇率取得指定数量的某种货币）	–R–W–**C**–*–*–*–
	I	指数类（权证持有人有权基于指数表现获取约定金额）	–R–W–**I**–*–*–*–
	M	其他类（混合型）	–R–W–**M**–*–*–*–
第二级属性	**类型**（指权证是由标的资产发行人发行或由第三方发行）		
	T	股本权证（由标的资产发行人发行）	–R–W–*–**T**–*–*–

续表

	N	无备兑权证（由第三方非权证关联的标的证券发行人发行；权证发行人不备有全部权证执行兑现时所需的足额关联证券）	–R–W–*–**N**–*–*–
	C	备兑权证（由第三方非权证关联的标的证券发行人发行；权证发行人备有全部权证执行兑现时所需的足额关联证券）	–R–W–*–**C**–*–*–
第三级属性	**认购 / 认沽**（指权证是否允许其持有人以约定条款认购或认沽指定的标的资产）		
	C	认购（多数情况下，权证允许其持有人在指定的时期内，以约定的价格认购指定的标的资产）	–R–W–*–*–**C**–*–
	P	认沽（权证允许其持有人在指定的时期内以约定的价格沽卖指定的标的资产）	–R–W–*–*–**P**–*–
	B	认购及认沽（皆不具有认购及认沽特征的权证，或同时具有认购及认沽特征的权证）	–R–W–*–*–**B**–*–
第四级属性	**执行方式**		
	E	欧式（权证只能在到期日前的指定时期内执行，这个指定时期通常为某一天）	–R–W–*–*–*–**E**–
	A	美式（权证能在到期日或者之前任何时间行使）	–R–W–*–*–*–**A**–
	B	百慕大式（百慕大式权证仅能在预定的各个日期执行，通常为每月）	–R–W–*–*–*–**B**–
	M	其他类（混合型）	–R–W–*–*–*–**M**–

5.5.6 迷你期货凭证 / 固定杠杆凭证 –R–F–*–*–*–*–

迷你期货兼有开放式凭证与杠杆期权的结构。迷你期货没有固定期限，因而可在没有期限约束情况下实现杠杆。迷你期货的价格总是与其内在价值对应，即资金投入加买卖差价。为构成杠杆效应而付出的资金代价是每日资金投入的偏移量，从而免去额外的费用支出。投资者只需支付他们实际利用的资金开销。与期权不同的是，波动性等因素不会影响迷你期货价格。

表 33　迷你期货凭证 / 固定杠杆凭证 CFI 编码属性

第一级属性	**标的资产**（见 5.2.8）		
	B	篮子组合	–R–F–**B**–*–*–*–
	S	权益类	–R–F–**S**–*–*–*–
	D	债务工具 / 利率类	–R–F–**D**–*–*–*–
	T	商品类	–R–F–**T**–*–*–*–
	C	货币类	–R–F–**C**–*–*–*–
	I	指数类	–R–F–**I**–*–*–*–
	M	其他类（混合型）	–R–F–**M**–*–*–*–
第二级属性	**障碍依据类型**（标明工具障碍是取决于标的水平还是工具交易价格水平）		
	T	基于标的的障碍（在产品生命周期内，一旦障碍标的水平被突破，工具即刻失效）	–R–F–*–**T**–*–*–
	N	基于工具的障碍（在产品生命周期内，一旦障碍工具交易价格水平被突破，工具即刻失效）	–R–F–*–**N**–*–*–
	M	其他类（混合型）	–R–F–*–**M**–*–*–
第三级属性	**认购 / 认沽**（指权证是否允许其持有人以约定条款认购或认沽指定的标的资产）		
	C	认购（多数情况下，权证允许其持有人在指定的时期内，以约定的价格认购指定的标的资产）	–R–F–*–*–**C**–*–
	P	认沽（权证允许其持有人在指定的时期内以约定的价格沽卖指定的标的资产）	–R–F–*–*–**P**–*–
	M	其他类（混合型）	–R–F–*–*–**M**–*–

续表

第四级属性	执行方式（见 5.5.5）		
	E	欧式	–R–F–*–*–*–**E**–
	A	美式	–R–F–*–*–*–**A**–
	B	百慕大式	–R–F–*–*–*–**B**–
	M	其他类（混合型）	–R–F–*–*–*–**M**–

5.5.7 权利类存托凭证 -R-D-*-X-X-*-

存托凭证是一种可使工具持有权在其他司法管辖区交易的证券。存托凭证的大范围使用使得权利的交易可在原始授权地之外的其他司法辖区内进行。

表 34 权利类存托凭证 CFI 编码属性

第一级属性	工具依属（见 5.2.7）		
	A	分配权利	–R–D–**A**–X–X–*–
	S	认购权利	–R–D–**S**–X–X–*–
	P	购买权利	–R–D–**P**–X–X–*–
	W	权证	–R–D–**W**–X–X–*–
	M	其他类（混合型）	–R–D–**M**–X–X–*–
第二级属性	X	不适用 / 不明确的	–R–D–*–**X**–X–*–
第三级属性	X	不适用 / 不明确的	–R–D–*–X–**X**–*–
第四级属性	形式（见 5.2.2 条款）		
	B	不记名	–R–D–*–X–X–**B**–
	R	记名	–R–D–*–X–X–**R**–
	N	记名 / 不记名	–R–D–*–X–X–**N**–
	M	其他类（混合型）	–R–D–*–X–X–**M**–

5.5.8 其他类（混合型）-R-M-X-X-X-X-

无法归入 5.5.2~5.5.7 中任一组的权利类型。

表 35 其他类（混合型）CFI 编码属性

第一级属性	X	不适用 / 不明确的	–R–M–**X**–X–X–X–
第二级属性	X	不适用 / 不明确的	–R–M–X–**X**–X–X–
第三级属性	X	不适用 / 不明确的	–R–M–X–X–**X**–X–
第四级属性	X	不适用 / 不明确的	–R–M–X–X–X–**X**–

5.6 上市期权 -O-*-*-*-*-

5.6.1 描述

允许投资人在未来一段时间按事先确定的价格或价格计算方式买入或卖出资产的合约。不能归为上市期权分类的见 5.9。

上市期权类别可分为以下种类：

C 买入期权

P 卖出期权

M 其他类（混合型）

5.6.2 买入期权 -O-C-*-*-*-*-

赋予买卖双方在未来一段时间内，按事先约定的价格或价格计算方式，具有购买标的交易资产品种的权利而非义务的交易合作。买入期权的交易资产品种卖出者在买入者要求行权时，宜履行义务。

表 36 买入期权 CFI 编码属性

第一级属性	执行方式（见 5.5.5）		
	E	欧式	-O-C-**E**-*-*-*-
	A	美式	-O-C-**A**-*-*-*-
	B	百慕大式	-O-C-**B**-*-*-*-
第二级属性	标的资产（指期权持有人有权获得的标的资产类型）		
	B	篮子组合	-O-C-*-**B**-*-*-
	S	股票类	-O-C-*-**S**-*-*-
	D	债务工具类	-O-C-*-**D**-*-*-
	T	商品类	-O-C-*-**T**-*-*-
	C	货币类	-O-C-*-**C**-*-*-
	I	指数类	-O-C-*-**I**-*-*-
	O	期权类	-O-C-*-**O**-*-*-
	F	期货类	-O-C-*-**F**-*-*-
	W	互换类	-O-C-*-**W**-*-*-
	N	利率类	-O-C-*-**N**-*-*-
	M	其他类（混合型）	-O-C-*-**M**-*-*-
第三级属性	交割方式（指以现金方式还是其标的资产结算的期权）		
	P	实物（衍生合同中，期权执行是通过收据或交付实际标的工具的交割方式而不是通过现金结算）	-O-C-*-*-**P**-*-
	C	现金（期权交割以现金方式或收取净现金量的方式，而不是由双方支付或交付的方式交割）	-O-C-*-*-**C**-*-
	N	无本金交割远期外汇（基于不可兑换或极少交易货币，利用外汇远期创建的合成期权进行交割）	-O-C-*-*-**N**-*-
	E	行权时决定（应在执行期权时选择标的物的交割方式）	-O-C-*-*-**E**-*-
第四级属性	标准化 / 非标准化（指出合同是否标准化）		
	S	标准化（期权的标的物、行权价格，到期日合约股数均符合标准要求，并在指定交易所交易）	-O-C-*-*-*-**S**-
	N	非标准化（期权在交易所交易，其交割方式或到期条件均不符合标准要求）	-O-C-*-*-*-**N**-

5.6.3 卖出期权 -O-P-*-*-*-*-

赋予买卖双方在未来一段时间内，按事先约定的价格或价格计算方式，具有卖出标的交易资产品种的权利而非义务的交易合作。卖出期权的交易资产品种买入者在卖出者要求行权时，宜履行义务。

表 37 卖出期权 CFI 编码属性

第一级属性	执行方式（见 5.5.5）		
	E	欧式	-O-P-**E**-*-*-*-

续表

	A	美式	–O–P–**A**–*–*–*–
	B	百慕大式	–O–P–**B**–*–*–*–
第二级属性	**标的资产**（指期权持有人有权出售的标的资产类型）		
	B	篮子组合	–O–P–*–**B**–*–*–
	S	股票类	–O–P–*–**S**–*–*–
	D	债务工具类	–O–P–*–**D**–*–*–
	T	商品类	–O–P–*–**T**–*–*–
	C	货币类	–O–P–*–**C**–*–*–
	I	指数类	–O–P–*–**I**–*–*–
	O	期权类	–O–P–*–**O**–*–*–
	F	期货类	–O–P–*–**F**–*–*–
	W	互换类	–O–P–*–**W**–*–*–
	N	利率类	–O–P–*–**N**–*–*–
	M	其他类（混合型）	–O–P–*–**M**–*–*–
第三级属性	**交割方式**（见 5.6.2）		
	P	实物	–O–P–*–*–**P**–*–
	C	现金	–O–P–*–*–**C**–*–
	N	不可交割	–O–P–*–*–**N**–*–
	E	行权时决定	–O–P–*–*–**E**–*–
第四级属性	**标准化 / 非标准化**（见 5.6.2）		
	S	标准化	–O–C–*–*–*–**S**–
	N	非标准化	–O–C–*–*–*–**N**–

5.6.4　其他类（混合型）-O-M-X-X-X-X-

不适用于 5.6.2~5.6.3 所述分类的期权。

表 38　其他类（混合型）CFI 编码属性

第一级属性	**X**	**不适用 / 不明确的**	–O–M–**X**–X–X–X–
第二级属性	**X**	**不适用 / 不明确的**	–O–M–X–**X**–X–X–
第三级属性	**X**	**不适用 / 不明确的**	–O–M–X–X–**X**–X–
第四级属性	**X**	**不适用 / 不明确的**	–O–M–X–X–X–**X**–

5.7　期货 -F-*-*-*-*-X-

5.7.1　描述

合约双方按协商后的价格在未来某一时间约定进行买卖交割在交易所或受管市场上市的交易合约。包括受管市场的远期合约。

期货类别可分为以下种类：

F 金融期货

C 商品期货

5.7.2 金融期货 -F-F-*-*-*-X-

基于不包括商品的标的资产的期货合约。

表 39 金融期货 CFI 编码属性

第一级属性	标的资产（指合约双方可进行买卖交割的标的资产交易品种）		
	B	篮子组合	-F-F-**B**-*-*-X-
	S	股票 - 权益类	-F-F-**S**-*-*-X-
	D	债务工具类	-F-F-**D**-*-*-X-
	C	货币类	-F-F-**C**-*-*-X-
	I	指数类	-F-F-**I**-*-*-X-
	O	期权类	-F-F-**O**-*-*-X-
	F	期货类	-F-F-**F**-*-*-X-
	W	互换类	-F-F-**W**-*-*-X-
	N	利率类	-F-F-**N**-*-*-X-
	V	股票分红类	-F-F-**V**-*-*-X-
	M	其他类（混合型）	-F-F-**M**-*-*-X-
第二级属性	**交割方式**（指明期货的结算用现金或者标的资产交付）		
	P	实物	-F-F-*-**P**-*-X-
	C	现金	-F-F-*-**C**-*-X-
	N	不可交割	-F-F-*-**N**-*-X-
第三级属性	**标准化 / 非标准化**（见 5.6.2）		
	S	标准化	-F-F-*-*-**S**-X-
	N	非标准化	-F-F-*-*-**N**-X-
第四级属性	X	**不可用 / 不明确的**	-F-F-*-*-*-**X**-

5.7.3 商品期货 -F-C-*-*-*-X-

基于批量商品货物的期货。

表 40 商品期货 CFI 编码属性

第一级属性	标的资产（见 5.7.2）		
	E	矿产资源（金属、贵金属、煤炭、石油、天然气）	-F-C-**E**-*-*-X-
	A	农业（含林、渔、畜、谷物、奶制品、玉米、可可、大豆、糖、咖啡）	-F-C-**A**-*-*-X-
	I	工业产品（建筑、制造）	-F-C-**I**-*-*-X-
	S	服务（交通运输、通信、贸易）	-F-C-**S**-*-*-X-
	N	环境（含碳相关、减排、天气）	-F-C-**N**-*-*-X-
	P	聚丙烯产品（含塑料）	-F-C-**P**-*-*-X-
	H	可生能源（含电、可再生能源、任何通过网络或供应商提供的能量 / 能源）	-F-C-**H**-*-*-X-
	M	其他类（混合型）	-F-C-**M**-*-*-X-
第二级属性	**交割方式**（见 5.7.2）		
	P	实物	-F-C-*-**P**-*-X-
	C	现金	-F-C-*-**C**-*-X-
	N	不可交割	-F-C-*-**N**-*-X-

续表

第三级属性	标准化 / 非标准化（见 5.6.2）		
	S	标准化	–F–C–*–*–**S**–X–
	N	非标准化	–F–C–*–*–**N**–X–
第四级属性	X	不适用 / 不明确的	–F–C–*–*–*–**X**–

5.8 互换 –S–*–*–*–*–

5.8.1 描述

双方之间同意互换周期性现金流的协议或合约。各种资产类别均能进行交换，如下所示。

互换交易能分为以下几个品种：

R 利率

T 商品

E 权益

C 信用

F 外汇

M 其他类（混合型）

5.8.2 利率 –S–R–*–*–*–*

利率互换是一种契约，根据名义本金，双方同意从固定利率到浮动利率、浮动利率到固定利率或浮动利率到浮动利率，在约定期间内的确定日期交换利率现金流。

表 41　利率 CFI 编码属性

第一级属性	标的资产		
	A	基差互换（浮动利率 – 浮动利率）【基于不同的浮动利率或价格，双方之间进行的现金流利率掉期（即一方支付名义本金乘以约定的浮动利率，作为交换，接收来自另一方基于相同名义本金乘以另一个约定浮动利率的定期支付）】	–S–R–**A**–*–*–*–
	C	固定利率 – 浮动利率互换【一方（固定利率支付者）同意在约定期限内的确定日期基于固定利率乘以名义本金向另一方（浮动利率支付方）进行固定支付（固定方），作为交换，接收来自浮动利率支付者基于浮动利率指数乘以相同名义本金（大多数情况下）的定期支付（浮动方），相同名义本金是固定利率支付的基础】	–S–R–**C**–*–*–*–
	D	固定利率 – 固定利率互换（双方支付固定利率的一种利率互换，超出互换约定范围，双方无法获得这种利率互换；例如，如果一方使用不同的本国货币，但要在另一方国家货币中借钱；通常情况下，固定利率 – 固定利率互换采用零息利率互换形式或交叉货币互换形式）	–S–R–**D**–*–*–*–
	G	通货膨胀率指标【一方（固定利率支付方）基于固定利率乘以名义本金向另一方（浮动利率支付方）进行定期支付的一种利率互换，作为交换，接收基于通货膨胀率指标乘以相同名义本金的定期支付，该相同名义本金是固定利率支付的基础】	–S–R–**G**–*–*–*–
	H	隔夜指数掉期（Overnight Index Swap，OIS）【一方（固定利率支付者）基于固定利率乘以名义本金向另一方（浮动利率支付者）进行定期支付的一种利率互换，作为换取接收基于隔夜利率指数乘以相同名义本金的定期支付，该相同名义本金是固定利率支付的基础】	–S–R–**H**–*–*–*–
	Z	零息【按照到期数据一次性而不是周期性清算固定利率现金流的一种利率互换；另一方支付（可能基于浮动利率或固定利率）将遵循典型的互换支付时间表】	–S–R–**Z**–*–*–*–

续表

	M	其他类（混合型）	-S-R-**M**-*-*-*-
第二级属性	**名义本金**（表明互换的面值是这种互换支付现金流的基础）		
	C	恒定型互换（整个合约有效期内名义本金保持不变）	-S-R-*-**C**-*-*-
	I	增长型互换（在整个合约寿命期内，名义本金增加）	-S-R-*-**I**-*-*-
	D	分期摊还互换（在整个合约寿命期内，名义本金减少）	-S-R-*-**D**-*-*-
	Y	自定义互换（自定义的名义分步计划互换）	-S-R-*-**Y**-*-*-
第三级属性	**单一或多种货币互换**（指明互换是单一或多种货币）		
	S	单一货币互换	-S-R-*-*-**S**-*-
	C	交叉货币（多种货币）互换	-S-R-*-*-**C**-*-
第四级属性	**交割方式**（见 5.6.2）		
	C	现金	-S-R-*-*-*-**C**-
	P	实物	-S-R-*-*-*-**P**-

5.8.3 商品 -S-T-*-*-X-*-

商品互换是一种衍生合约，合约的价值来源于标的商品或商品指数。商品衍生工具能通过实物或现金方式进行结算。主要标的物包括金属、农产品和能源。

表 42 商品 CFI 编码属性

第一级属性	**标的资产**		
	J	能源【标的物为能源相关产品或衍生能源相关产品的交换，包括电力、可再生能源或通过供应者公共网络输送的任何电力 / 能源、柴油燃料、燃料油、柴油、汽油、取暖油、喷气燃料、煤油、天然气、石油（布伦特、塔皮斯、迪拜、西得克萨斯轻油）】	-S-T-**J**-*-X-*-
	K	金属（标的物为铝、铜、金、铅、镍、铂、银、锡、锌等贵金属或工业金属进行的交换）	-S-T-**K**-*-X-*-
	A	农产品（大宗商品包括林业、渔业、牲畜、谷物、奶制品、玉米、可可、大豆、糖、咖啡）	-S-T-**A**-*-X-*-
	N	环保（包括碳相关物质、减排、天气）	-S-T-**N**-*-X-*-
	G	运费（关于特定商品是运费指数路径的一种交换）	-S-T-**G**-*-X-*-
	P	聚丙烯制品	-S-T-**P**-*-X-*-
	S	肥料（氨、磷酸二铵、钾、硫、尿素和硝酸铵）	-S-T-**S**-*-X-*-
	T	纸制品（新闻纸、纸板、纸浆、废纸）	-S-T-**T**-*-X-*-
	I	指数（标的参考实体是商品指数的一种交换）	-S-T-**I**-*-X-*-
	Q	多种商品（参考多种商品基本类型的一种交换）	-S-T-**Q**-*-X-*-
	M	其他类（混合型）	-S-T-**M**-*-X-*-
第二级属性	**回报或支出触发条件**（用于确定合约价值额的方法）		
	C	差价合约（以现金结算的总回报掉期或交易双方同意在合约到期时，合约的开放价格与标的收盘价之间的差额）	-S-T-*-**C**-X-*-
	T	总回报【一种标的资产从一方（总回报买方）转移到另一方（总回报卖方）的总回报；总回报卖方在参考资产的市场价值中考虑负面变化的风险，并向买方（如参考资产的票息、资本收益或股息）支付任何良性循环现金流】	-S-T-*-**T**-X-*-
第三级属性	**X**	**不适用 / 不明确的**	-S-T-*-*-**X**-*-
第四级属性	**交割方式**（见 5.6.2）		

续表

	C	现金	–S–T–*–*–X–**C**–
	P	实物	–S–T–*–*–X–**P**–
	E	结算时决定（在结算的时候决定）	–S–T–*–*–X–**E**–

5.8.4　权益 -S-E-*-*-X-*-

权益互换是一种衍生合约，在这种合约中，支付涉及标的资产（如股份、权益组合或指数）价值变化。权益回报支付人在收到标的并附加股息的金额中，向权益回报接收人支付任何增加额。权益回报接收人在收到标的并附加资本成本的价值中，向权益回报支付人支付任何减少额。

表 43　权益 CFI 编码属性

第一级属性	**标的资产**		
	S	单一股票（单一名称证券）	–S–E–**S**–*–X–*–
	I	指数（针对特定期限与先前同意重设的日期，基于在一个或多个股票指数中的比例变化，现金流进行相互交换的一种股票指数互换；这种互换采用现金结算，并基于名义本金金额）	–S–E–**I**–*–X–*–
	B	篮子组合【一种定制的标的资产合成组合，针对特定场外交易衍生工具（Over-The-Counter，OTC），交易当事人同意该标的资产组合】	–S–E–**B**–*–X–*–
	M	其他类（混合型）	–S–E–**M**–*–X–*–
第二级属性	**回报或支出触发条件**（见 5.8.3）		
	P	价格（价格收益股票掉期，类似于一种总回报掉期，除了股息没有通过买方之外）	–S–E–*–**P**–X–*–
	D	股利（一种双方定期合约，一方将支付每个时间间隔的利率，另一方将支付收到的股息总额，并作为选择的标的资产支出）	–S–E–*–**D**–X–*–
	V	方差【利用一定时期内标的价格变动的方差（即波动平方）作为收益计算依据的远期掉期交易】	–S–E–*–**V**–X–*–
	L	波动性（证券或标的资产价格变动；它是资产价格在给定时间内预期波动的衡量标准；它通常由每日价格变动的年度标准差来衡量）	–S–E–*–**L**–X–*–
	T	总回报	–S–E–*–**T**–X–*–
	C	差价合约	–S–E–*–**C**–X–*–
	M	其他类（混合型）	–S–E–*–**M**–X–*–
第三级属性	**X**	**不适用 / 不明确的**	–S–E–*–*–**X**–*–
第四级属性	**交割方式**（见 5.8.3）		
	C	现金	–S–E–*–*–X–**C**–
	P	实物	–S–E–*–*–X–**P**–
	E	结算时决定	–S–E–*–*–X–**E**–

5.8.5　信用 -S-C-*-*-*-*-

信用违约互换是一种双边合约，一方（保护卖方）同意向另一方（保护买方）进行支付，信用事件宜发生于违反标的时，标的可能是一项特定债务（参考债务）、一个特定债务发行人（参考实体）、一篮子参考实体和 / 或参考债务，或信用指数（参考指数）。

表 44 信用 CFI 编码属性

第一级属性	标的资产		
	U	单一名称（基本风险是单一参考实体或参考债务）	-S-C-**U**-*-*-*-
	V	指数规范组块（一种基于信用违约掉期指数的合成抵押债务证券，每项信贷将参考标的信用违约掉期指数损失分布的不同部分；每项信贷在本金和利息流出抵押池上具有优先权，并且传统上分成年资上升水平）	-S-C-**V**-*-*-*-
	I	指数【标准信用衍生品指数家族，其中标的参考实体为确定的特定地理区域一篮子信用（例如，亚洲、欧洲、北美洲等）和/或信用评级水平（比如新兴市场、高收益、投资等级等）；标准期限内信用违约指数贸易和参考实体很明显易转换成现款；将定期重新评估参考投资组合，以维持这种状况】	-S-C-**I**-*-*-*-
	B	篮子组合（一种合成信用衍生品，其中基本参考实体是一种定制投资组合，其构成部分已获得交易当事人之认可）	-S-C-**B**-*-*-*-
	M	其他类（混合型）	-S-C-**M**-*-*-*-
第二级属性	回报或支出触发条件		
	C	信用违约	-S-C-*-**C**-*-*-
	T	总回报	-S-C-*-**T**-*-*-
	M	其他类（混合型）	-S-C-*-**M**-*-*-
第三级属性	潜在发行人类型		
	C	企业【潜在风险是企业（私营部门实体）】	-S-C-*-*-**C**-*-
	S	主权【潜在风险是主权，例如，国家主权；因此，投资者的风险是，一个国家不能（能够）偿付其债务；这里包括超国家机构】	-S-C-*-*-**S**-*-
	L	地方政府（直辖市或地方政府管理局）	-S-C-*-*-**L**-*-
第四级属性	交割方式（见 5.6.2）		
	C	现金	-S-C-*-*-*-**C**-
	P	实物	-S-C-*-*-*-**P**-
	A	拍卖（在一组确定的交割债务上进行独立管理的综合拍卖过程，该债务设置一个最终参考价格，能用于促进信用事件后所有涵盖的交易之现金结算）	-S-C-*-*-*-**A**-

5.8.6 外汇 -S-F-*-X-X-*-

外汇互换是交易双方在规定的时间内以另一种货币兑换某一特定货币金额的外汇协议，并在约定的时间内按约定的汇率进行即期或远期交割。

表 45 外汇 CFI 编码属性

第一级属性	标的资产		
	A	即期－远期掉期交易（涉及即期结算日两种货币之间以合约开始时双方约定的固定利率进行兑换的交易，该合约涵盖两种货币之兑换；以及两种货币之间在以后日期以合约开始时双方约定的固定利率进行的反向兑换，该合约涵盖两种货币之兑换）	-S-F-**A**-X-X-*-
	C	远期－远期掉期交易（涉及未来特定日期两种货币之间以合约开始时双方约定的固定利率进行兑换的交易，该合约涵盖两种货币之兑换；以及两种货币之间在更远的未来日期以合约开始时双方约定的固定利率进行的反向兑换，例如在 3 个月远期日至 6 个月远期日之间的掉期交易，该合约涵盖两种货币之兑换）	-S-F-**C**-X-X-*-
	M	其他类（混合型）	-S-F-**M**-X-X-*-
第二级属性	X	不适用/不明确的	-S-F-*-**X**-X-*-

续表

第三级属性	X	不适用 / 不明确的	–S–F–*–X–**X**–*–
第四级属性	交割方式		
	P	实物（在结算日的交易货币交割）	–S–F–*–X–X–**P**–
	N	无本金交割（在交易结算日，如果结算金额为正值，则货币买方将货币结算中的金额支付给货币卖方；如果金额是负值，则货币卖方将支付给货币买方）	–S–F–*–X–X–**N**–

5.8.7 其他类（混合型）-S-M-*-X-X-*-

不符合 5.8.2~5.8.6 组描述的其他掉期交易。

表 46 其他类（混合型）CFI 编码属性

第一级属性	标的资产		
	P	商业地产（或房地产衍生品）【标的是商业地产的一种衍生品；房地产衍生品大多以掉期形式，如果回报为正，则一方按指数支付另一方，否则另一方支付 LIBOR（伦敦银行同业拆借利率的形式）】	–S–M–**P**–X–X–*–
	M	其他类（混合型）	–S–M–**M**–X–X–*–
第二级属性	X	不适合 / 不明确的	–S–M–*–**X**–X–*–
第三级属性	X	不适合 / 不明确的	–S–M–*–X–**X**–*–
第四级属性	交割方式（见 5.6.2）		
	C	现金	–S–M–*–X–X–**C**–
	P	实物	–S–M–*–X–X–**P**–

5.9 非上市期权和复合上市期权 -H-*-*-*-*-

5.9.1 描述

该分类包括场外交易期权、非上市期权和不属于上市期权类别（见 5.6 章）中的上市期权。期权赋予了持有者在未来一段时间按照约定的价格或价格计算方式买入或卖出标的资产的权利。

非上市或复合上市期权可分为以下种类：

R 利率

T 商品

E 权益

C 信用

F 外汇

M 其他类（混合型）

5.9.2 利率 -H-R-*-*-*-*-

任何基于利率期权的衍生品，期权持有者在未来一段时间内，以特定利率交换的权利而非义务。

表 47 利率 CFI 编码属性

第一级属性	标的资产（见 5.8.2）		
	A	基本互换（浮动 – 浮动）	–H–R–**A**–*–*–*–
	C	固定 – 浮动	–H–R–**C**–*–*–*–
	D	固定 – 固定	–H–R–**D**–*–*–*–

续表

	G	通货膨胀率指数	–H–R–**G**–*–*–*–
	H	隔夜指数互换	–H–R–**H**–*–*–*–
	O	期权	–H–R–**O**–*–*–*–
	R	远期（在约定的日期双方以交换两种利率的方式交易）	–H–R–**R**–*–*–*–
	F	期货	–H–R–**F**–*–*–*–
	M	其他类（混合型）	–H–R–**M**–*–*–*–
第二级属性	**期权类型**		
	A	欧式买方期权【指持有者（买家）有权以双方预先协定的价格在期权到期日当天行使期权，购买一个特定资产（利率产品）】	–H–R–*–**A**–*–*–
	B	美式买方期权【指持有者（买家）有权以双方预先协定的价格可以在到期日或之前任一交易日行使期权，购买一个特定资产（利率产品）】	–H–R–*–**B**–*–*–
	C	百慕大买方期权【指持有者（买家）有权以双方预先协定的价格可以在期权有效期内某几个特定日期执行期权，购买一个特定资产（利率产品）】	–H–R–*–**C**–*–*–
	D	欧式卖方期权【指持有者（买家）有权以双方预先协定的价格在期权到期日当天行使期权，卖出一个特定资产（利率产品）】	–H–R–*–**D**–*–*–
	E	美式卖方期权【指持有者（买家）有权以双方预先协定的价格可以在到期日或之前任一交易日行使期权，卖出一个特定资产（利率产品）】	–H–R–*–**E**–*–*–
	F	百慕大卖方期权【指持有者（买家）有权以双方预先协定的价格可以在期权有效期内某几个特定日期执行期权，卖出一个特定资产（利率产品）】	–H–R–*–**F**–*–*–
	G	欧式任选期权【指持有者（买家）有权以双方预先协定的价格在期权到期日当天行使期权，购买或卖出一个特定资产（利率产品）】	–H–R–*–**G**–*–*–
	H	美式任选期权【指持有者（买家）有权以双方预先协定的价格可以在到期日或之前任一交易日行使期权，买入或卖出一个特定资产（利率产品）】	–H–R–*–**H**–*–*–
	I	百慕大任选期权【指持有者（买家）有权以双方预先协定的价格可以在期权有效期内某几个特定日期执行期权，买入或卖出一个特定资产（利率产品）】	–H–R–*–**I**–*–*–
第三级属性	**估值方法或触发条件**		
	V	普通期权（所有条约都是标准化的）	–H–R–*–*–**V**–*–
	A	亚式期权（执行价格和结算价格是在既定时间内标的资产的平均值，在对价格进行平均时，能采用算术平均或几何平均）	–H–R–*–*–**A**–*–
	D	数字期权（如果满足价内期权或者支付条件，则期权在规定时间内收益可预测；通常可称为“二元期权”或者“非有即无期权”）	–H–R–*–*–**D**–*–
	B	障碍期权（指在其最终生效结果取决于标的资产的价格过程；对于一个“触碰失效期权”，在标的资产的市价触及预先设定的障碍线时该期权即失效；对于一个“触碰生效期权”，在标的资产的市价触及预先设定的障碍线时该期权即生效）	–H–T–*–*–**B**–*–
	G	数字障碍期权（该期权嵌入在障碍期权；该期权有各种变体；例如：下降出局期权，在到期前的任何时间，标的资产价格等于或高于某个障碍价格时会有收益；同样，如果标的资产价格低于障碍价格，则该期权自动到期无效）	–H–T–*–*–**G**–*–
	L	回顾式期权（该期权建设了市场进入时间的不确定性；有两个类型：固定和浮动；固定期权执行取决于购买期，浮动期权执行取决于成熟期）	–H–T–*–*–**L**–*–
	P	其他路径相关期权（合同期间，该期权支付直接与标的资产的价格模式相关）	–H–T–*–*–**P**–*–
	M	其他类（混合型）	–H–T–*–*–**M**–*–
第四级属性	**交割方式**（见 5.6.2）		
	C	现金	–H–R–*–*–*–**C**–
	P	实物	–H–R–*–*–*–**P**–
	E	行权时决定	–H–R–*–*–*–**E**–

5.9.3 商品 -H-T-*-*-*-*-

任何基于商品期权的衍生品，期权持有者在未来一段时间内，以特定价格或价格计算方式买入或卖出特定商品资产的权力。

表 48 商品 CFI 编码属性

第一级属性	**标的资产**（见 5.8.3）		
	J	能源	–H–T–**J**–*–*–*–
	K	金属	–H–T–**K**–*–*–*–
	A	农业	–H–T–**A**–*–*–*–
	N	环保	–H–T–**N**–*–*–*–
	G	运费	–H–T–**G**–*–*–*–
	P	聚丙烯产品	–H–T–**P**–*–*–*–
	S	肥料	–H–T–**S**–*–*–*–
	T	纸制品	–H–T–**T**–*–*–*–
	I	指数（一种标的的参考实体是商品指数的期权）	–H–T–**I**–*–*–*–
	Q	混合商品	–H–T–**Q**–*–*–*–
	O	期权	–H–T–**O**–*–*–*–
	R	远期	–H–T–**R**–*–*–*–
	F	期货	–H–T–**F**–*–*–*–
	W	互换	–H–T–**W**–*–*–*–
	M	其他类（混合型）	–H–T–**M**–*–*–*–
第二级属性	**期权类型**（见 5.9.2）		
	A	欧式买方期权	–H–T–*–**A**–*–*–
	B	美式买方期权	–H–T–*–**B**–*–*–
	C	百慕大买方期权	–H–T–*–**C**–*–*–
	D	欧式卖方期权	–H–T–*–**D**–*–*–
	E	美式卖方期权	–H–T–*–**E**–*–*–
	F	百慕大卖方期权	–H–T–*–**F**–*–*–
	G	欧式任选期权	–H–T–*–**G**–*–*–
	H	美式任选期权	–H–T–*–**H**–*–*–
	I	百慕大任选期权	–H–T–*–**I**–*–*–
第三级属性	**估值方法或触发条件**（见 5.9.2）		
	V	普通期权	–H–R–*–*–**V**–*–
	A	亚式期权	–H–R–*–*–**A**–*–
	D	数字（二元）期权	–H–R–*–*–**D**–*–
	B	关卡期权	–H–T–*–*–**B**–*–
	G	数字关卡期权	–H–T–*–*–**G**–*–
	L	回望期权	–H–T–*–*–**L**–*–
	P	其他路径相关期权	–H–T–*–*–**P**–*–
	M	其他类（混合型）	–H–T–*–*–**M**–*–
第四级属性	**交割方式**（见 5.6.2）		
	C	现金	–H–R–*–*–*–**C**–

续表

	P	实物	-H-R-*-*-*-**P**-
	E	行权时决定	-H-R-*-*-*-**E**-

5.9.4 权益 -H-E-*-*-*-*-

任何标的资产为权益工具的期权（例如：股票、存托凭证、交易型开放式指数基金、指数、组合）。

表 49 权益 CFI 编码属性

第一级属性	**标的资产**		
	S	单一股票（一种可以购买或出售单一股票的合约期权）	-H-E-**S**-*-*-*-
	I	指数（一种可以购买或出售特定权益指数的合约期权）	-H-E-**I**-*-*-*-
	B	篮子组合（一种可根据若干标的权益工具的加权平均数行权的合约期权）	-H-E-**B**-*-*-*-
	O	期权	-H-E-**O**-*-*-*-
	R	远期	-H-E-**R**-*-*-*-
	F	期货	-H-E-**F**-*-*-*-
	M	其他类（混合型）	-H-E-**M**-*-*-*-
第二级属性	**期权类型**（见 5.9.2）		
	A	欧式买方期权	-H-E-*-**A**-*-*-
	B	美式买方期权	-H-E-*-**B**-*-*-
	C	百慕大买方期权	-H-E-*-**C**-*-*-
	D	欧式卖方期权	-H-E-*-**D**-*-*-
	E	美式卖方期权	-H-E-*-**E**-*-*-
	F	百慕大卖方期权	-H-E-*-**F**-*-*-
	G	欧式任选期权	-H-E-*-**G**-*-*-
	H	美式任选期权	-H-E-*-**H**-*-*-
	I	百慕大任选期权	-H-E-*-**I**-*-*-
第三级属性	**估值方法或触发条件**（见 5.9.2）		
	V	普通期权	-H-R-*-*-**V**-*-
	A	亚式期权	-H-R-*-*-**A**-*-
	D	数字（二元）期权	-H-R-*-*-**D**-*-
	B	关卡期权	-H-T-*-*-**B**-*-
	G	数字关卡期权	-H-T-*-*-**G**-*-
	L	回望期权	-H-T-*-*-**L**-*-
	P	其他路径相关期权	-H-T-*-*-**P**-*-
	C	现金	-H-R-*-*-*-**C**-
	M	其他类（混合型）	-H-T-*-*-M-*-
第四级属性	**交割方式**（见 5.6.2）		
	P	实物	-H-R-*-*-*-**P**-
	E	行权时决定	-H-R-*-*-*-**E**-

5.9.5 信用 -H-C-*-*-*-*-

可购买或出售一个信用产品的期权，一方（保护卖方）同意向另一方（保护买方）进行支付，信用事件宜发生于违反标的时，标的可能是一项特定债务（参考债务）、一个特定债务发行人（参考实体）、一篮子参考实体和/或参考债务，或信用指数（参考指数）。

表 50 信用 CFI 编码属性

第一级属性	标的资产		
	U	单一名称的信用违约互换（信用违约互换是单一参考实体或参考债务）	–H–C–**U**–*–*–*–
	V	指数组块类信用违约互换【一种基于信用违约互换指数的合成抵押债务证券，每项信贷将参考标的信用违约互换指数损失分布的不同部分；每项信贷在本金和利息流出抵押池上具有优先权，并且传统上分成年资上升水平】	–H–C–**V**–*–*–*–
	I	指数类信用违约互换【标准信用衍生品指数家族，其中标的参考实体为确定的特定地理区域一篮子信用（例如，亚洲、欧洲、北美洲等）和/或信用评级水平（比如新兴市场、高收益、投资等级等）；标准期限内信用违约指数贸易和参考实体很明显易转换成现款；将定期重新评估参考投资组合，以维持这种状况】	–H–C–**I**–*–*–*–
	W	互换	–H–C–**B**–*–*–*–
	M	其他类（混合型）	–H–C–**M**–*–*–*–
第二级属性	**期权类型**（见 5.9.2）		
	A	欧式买方期权	–H–C–*–**A**–*–*–
	B	美式买方期权	–H–C–*–**B**–*–*–
	C	百慕大买方期权	–H–C–*–**C**–*–*–
	D	欧式卖方期权	–H–C–*–**D**–*–*–
	E	美式卖方期权	–H–C–*–**E**–*–*–
	F	百慕大卖方期权	–H–C–*–**F**–*–*–
	G	欧式任选期权	–H–C–*–**G**–*–*–
	H	美式任选期权	–H–C–*–**H**–*–*–
	I	百慕大任选期权	–H–C–*–**I**–*–*–
第三级属性	**估值方法或触发条件**（见 5.9.2）		
	V	普通期权	–H–R–*–*–**V**–*–
	A	亚式期权	–H–R–*–*–**A**–*–
	D	数字（二元）期权	–H–R–*–*–**D**–*–
	B	关卡期权	–H–T–*–*–**B**–*–
	G	数字关卡期权	–H–T–*–*–**G**–*–
	L	回望期权	–H–T–*–*–**L**–*–
	P	其他路径相关期权	–H–T–*–*–**P**–*–
	M	其他类（混合型）	–H–T–*–*–**M**–*–
第四级属性	**交割方式**（见 5.6.2）		
	C	现金	–H–R–*–*–*–**C**–
	P	实物	–H–R–*–*–*–**P**–
	E	行权时决定	–H–R–*–*–*–**E**–

5.9.6 外汇 -H-F-*-*-*-*-

可购买或出售一个外汇合约的期权，交易双方在规定的时间内以另一种货币兑换某一特定货币金额的外汇协议，并在约定的时间内按约定的汇率进行即期或远期交割。

表 51 外汇 CFI 编码属性

第一级属性	标的资产		
	R	远期	-H-F-**R**-*-*-*-
	F	期货	-H-F-**F**-*-*-*-
	T	即期（即期外汇交易双发在即期交易日以另一种货币兑换某一特定货币金额）	-H-F-**T**-*-*-*-
	V	波动性（见 5.8.4）	-H-F-**V**-*-*-*-
	M	其他类（混合型）	-H-F-**M**-*-*-*-
第二级属性	期权的模式和类型（见 5.9.2）		
	A	欧式买方期权	-H-F-*-**A**-*-*-
	B	美式买方期权	-H-F-*-**B**-*-*-
	C	百慕大买方期权	-H-F-*-**C**-*-*-
	D	欧式卖方期权	-H-F-*-**D**-*-*-
	E	美式卖方期权	-H-F-*-**E**-*-*-
	F	百慕大卖方期权	-H-F-*-**F**-*-*-
	G	欧式任选期权	-H-F-*-**G**-*-*-
	H	美式任选期权	-H-F-*-**H**-*-*-
	I	百慕大任选期权	-H-F-*-**I**-*-*-
第三级属性	估值方法或触发条件（见 5.9.2）		
	V	普通期权	-H-R-*-*-**V**-*-
	A	亚式期权	-H-R-*-*-**A**-*-
	D	数字（二元）期权	-H-R-*-*-**D**-*-
	B	关卡期权	-H-T-*-*-**B**-*-
	G	数字关卡期权	-H-T-*-*-**G**-*-
	L	回望期权	-H-T-*-*-**L**-*-
	P	其他路径相关期权	-H-T-*-*-**P**-*-
	M	其他类（混合型）	-H-T-*-*-**M**-*-
第四级属性	交割方式（见 5.6.2）		
	C	现金	-H-R-*-*-*-**C**-
	P	实物	-H-R-*-*-*-**P**-
	E	行权时决定	-H-R-*-*-*-**E**-
	N	无本金交割	-H-F-*-*-*-**N**-

5.9.7 其他类（混合型）-H-M-*-*-*-*-

不符合 5.9.2~5.9.6 组描述的其他期权。

表 52 其他类（混合型）CFI 编码属性

第一级属性	标的资产（见 5.8.7）		
	P	商业财产（或财产衍生品）	-H-M-**P**-*-*-*-

续表

	M	其他类（混合型）	–H–M–**M**–*–*–*–
第二级属性	期权的模式和类型（见 5.9.2）		
	A	欧式买方期权	–H–M–*–**A**–*–*–
	B	美式买方期权	–H–M–*–**B**–*–*–
	C	百慕大买方期权	–H–M–*–**C**–*–*–
	D	欧式卖方期权	–H–M–*–**D**–*–*–
	E	美式卖方期权	–H–M–*–**E**–*–*–
	F	百慕大卖方期权	–H–M–*–**F**–*–*–
	G	欧式任选期权	–H–M–*–**G**–*–*–
	H	美式任选期权	–H–M–*–**H**–*–*–
	I	百慕大任选期权	–H–M–*–**I**–*–*–
第三级属性	**估值方法或触发条件**（见 5.9.2）		
	V	普通期权	–H–R–*–*–**V**–*–
	A	亚式期权	–H–R–*–*–**A**–*–
	D	数字（二元）期权	–H–R–*–*–**D**–*–
	B	关卡期权	–H–T–*–*–**B**–*–
	G	数字关卡期权	–H–T–*–*–**G**–*–
	L	回望期权	–H–T–*–*–**L**–*–
	P	其他路径相关期权	–H–T–*–*–**P**–*–
	M	其他类（混合型）	–H–T–*–*–**M**–*–
第四级属性	**交割方式**（见 5.6.2 和 5.8.5）		
	C	现金	–H–R–*–*–*–**C**–
	P	实物	–H–R–*–*–*–**P**–
	E	行权时决定	–H–R–*–*–*–**E**–
	N	无本金交割	–H–M–*–*–*–**N**–
	A	拍卖	–H–M–*–*–*–**A**–

5.10 现货产品 -I-*-*-X-X-*-

5.10.1 描述

在现货市场进行交易的合约，其买卖是基于对市场资产的惯例用现金且立即交付的。

现货产品分为如下类别：

F 外汇

T 商品

5.10.2 外汇 -I-F-X-X-X-P-

结算时交付约定的外币的现货合约。

表 53 外汇 CFI 编码属性

第一级属性	**X**	不适用 / 不明确的	–I–F–**X**–X–X–P–
第二级属性	**X**	不适用 / 不明确的	–I–F–X–**X**–X–P–

续表

第三级属性	X	不适用 / 不明确的	–I–F–X–X–**X**–P–
第四级属性	交割方式		
	P	实物	–I–F–X–X–X–**P**–

5.10.3 商品 –I–T–*–X–X–X–

结算时实物交付大宗商品的现货合约。

表 54 商品 CFI 编码属性

第一级属性	标的资产（现货合约标的资产的类型分别是买方收到，卖方提供，见 5.8.3）		
	A	农产品	–I–T–**A**–X–X–X–
	J	能源	–I–T–**J**–X–X–X–
	K	贵金属	–I–T–**K**–X–X–X–
	N	环境（碳信用及类似产品）	–I–T–**N**–X–X–X–
	P	聚丙烯制品	–I–T–**P**–X–X–X–
	S	肥料	–I–T–**S**–X–X–X–
	T	纸质	–I–T–**T**–X–X–X–
	M	其他类（混合型）	–I–T–**M**–X–X–X–
第二级属性	X	不适用 / 不明确的	–I–T–*–**X**–X–X–
第三级属性	X	不适用 / 不明确的	–I–T–*–X–**X**–X–
第四级属性	X	不适用 / 不明确的	–I–T–*–X–X–**X**–

5.11 远期 –J–*–*–X–*–*–

5.11.1 描述

双方达成的关于在未来特定时间以特定价格购买或出售标的资产的合约，该合约无法互换或上市交易。

远期交易可以分为以下几种类型：

E 权益

F 外汇

C 信用

R 利率

T 商品

5.11.2 权益 –J–E–*–X–*–*–

买卖股票、股权指数或篮子股票的远期合约。

表 55 权益 CFI 编码属性

第一级属性	标的资产（是指远期合约买方将分别购买的标的股票产品类型，而卖方将在未来特定日期以特定价格卖出这种产品）		
	S	单一股票（单股股票）	–J–E–**S**–X–*–*–
	I	指数（构成指数的工具）	–J–E–**I**–X–*–*–

续表

	B	篮子组合（一种确定的篮子工具）	–J–E–**B**–X–*–*–
	O	期权	–J–E–**O**–X–*–*–
	F	期货	–J–E–**F**–X–*–*–
第二级属性	X	不适用 / 不明确的	–J–E–*–**X**–*–*–
第三级属性	回报或支出触发条件（如果合约价值与标的资产价格不同，则用于确定合约价值的一种方法）		
	C	差价合约	–J–E–*–X–**C**–*–
	S	点差交易【针对标的资产到期价格（或持有人希望抛售的价格）乘以约定的每点波动额，标的资产参考价格中由价格波动确定支出】	–J–E–*–X–**S**–*–
	F	标的资产的远期价格	–J–E–*–X–**F**–*–
第四级属性	交割方式		
	C	现金（合约将在到期日以现金方式进行结算支付）	–J–E–*–X–*–**C**–
	P	实物	–J–E–*–X–*–**P**–

5.11.3 外汇 -J-F-*-X-*-*-

买卖外汇的远期合约。

表 56 外汇 CFI 编码属性

第一级属性	标的资产		
	T	即期（见 5.9.6）	–J–F–**T**–X–*–*–
	R	远期	–J–F–**R**–X–*–*–
	O	期权	–J–F–**O**–X–*–*–
	F	期货	–J–F–**F**–X–*–*–
第二级属性	X	不适合 / 不明确的	–J–F–*–X–*–*–
第三级属性	回报或支出触发条件（见 5.11.2）		
	C	差价合约	–J–F–*–X–**C**–*–
	S	点差交易	–J–F–*–X–**S**–*–
	F	标的资产远期价格	–J–F–*–X–**F**–*–
第四级属性	交割方式		
	C	现金	–J–F–*–X–*–**C**–
	P	实物	–J–F–*–X–*–**P**–
	N	非交割方式（以第三种货币面额而不是合约中的外汇货币作为现金结算的合约）	–J–F–*–X–*–**N**–

5.11.4 信用 -J-C-*-X-*-*-

买卖信用产品的远期合约。

表 57 信用产品 CFI 编码属性

第一级属性	标的资产（见 5.8.5 和 5.9.5）		
	A	单一名称	–J–C–**A**–X–*–*–
	I	指数	–J–C–**I**–X–*–*–
	B	篮子组合	–J–C–**B**–X–*–*–
	C	单一名称信用违约互换	–J–C–**C**–X–*–*–

续表

	D	指数上信用违约掉期	–J–C–**D**–X–*–*–
	G	一篮子信用违约掉期	–J–C–**G**–X–*–*–
	O	期权	–J–C–**O**–X–*–*–
第二级属性	**X**	**不适合 / 不明确的**	–J–C–*–**X**–*–*–
第三级属性	**回报或支出触发条件**（见 5.11.2）		
	S	点差交易	–J–C–*–X–**S**–*–
	F	标的资产远期价格	–J–C–*–X–**F**–*–
第四级属性	**交割方式**（见 5.6.2）		
	C	现金	–J–C–*–X–*–**C**–
	P	实物	–J–C–*–X–*–**P**–

5.11.5　利率 –J–R–*–X–*–*–

买卖金融利率产品的远期合约。

表 58　利率 CFI 编码属性

第一级属性	**标的资产**		
	I	利率指数	–J–R–**I**–X–*–*–
	O	期权	–J–R–**O**–X–*–*–
	M	其他类（混合型）	–J–R–**M**–X–*–*–
第二级属性	**X**	**不适合 / 不明确的**	–J–R–*–**X**–*–*–
第三级属性	**回报或支出触发条件**（见 5.11.2）		
	S	点差交易	–J–R–*–X–**S**–*–
	F	标的资产远期价格	–J–R–*–X–**F**–*–
第四级属性	**交割方式**（见 5.6.2）		
	C	现金	–J–R–*–X–*–**C**–
	P	实物	–J–R–*–X–*–**P**–

5.11.6　商品 –J–T–*–X–*–*–

买卖商品资产的远期合约。

表 59　商品 CFI 编码属性

第一级属性	**标的资产**（见 5.8.3）		
	A	农业	–J–T–**A**–X–*–*–
	B	篮子组合	–J–T–**B**–X–*–*–
	G	运费	–J–T–**G**–X–*–*–
	I	指数	–J–T–**I**–X–*–*–
	J	能源	–J–T–**J**–X–*–*–
	K	金属	–J–T–**K**–X–*–*–
	N	环保	–J–T–**N**–X–*–*–
	P	聚丙烯产品	–J–T–**P**–X–*–*–
	S	肥料	–J–T–**S**–X–*–*–

续表

	T	纸制品	-J-T-**T**-X-*-*-
	M	其他类（混合型）	-J-T-**M**-X-*-*-
第二级属性	**X**	**不适合 / 不明确的**	-J-T-*-X-*-*-
第三级属性	**回报或支出触发条件**（见 5.11.2）		
	C	差价合约	-J-T-*-X-**C**-*-
	F	标的资产远期价格	-J-T-*-X-**F**-*-
第四级属性	**交割方式**（见 5.6.2）		
	C	现金	-J-T-*-X-*-**C**-
	P	实物	-J-T-*-X-*-**P**-

5.12　交易策略 -K-*-X-X-X-X-

5.12.1　描述

本节定义了交易策略的衍生分类。交易策略是一种双向或多向的，即时生效的金融衍生工具。

交易策略可以划分成以下几类：

R 利率

T 商品

E 权益

C 信用

F 外汇

Y 组合

M 其他类（混合型）

5.12.2　利率 -K-R-X-X-X-X-

利率衍生策略是一种双向或多向的，即时生效的利率合约，两方约定在某个时间段内，在约定的日期变更指定的金额的利率，利率的变化可以是从固定利率到浮动利率，也可以是从浮动利率到固定利率，或者从浮动利率到另一个浮动利率。

表 60　利率 CFI 编码属性

第一级属性	**X**	**不适用 / 不明确的**	-K-R-**X**-X-X-X-
第二级属性	**X**	**不适用 / 不明确的**	-K-R-X-**X**-X-X-
第三级属性	**X**	**不适用 / 不明确的**	-K-R-X-X-**X**-X-
第四级属性	**X**	**不适用 / 不明确的**	-K-R-X-X-X-**X**-

5.12.3　商品 -K-T-X-X-X-X-

商品衍生策略是一种双向或多向的，即时生效的商品合同，合同的价值来源于标的商品或商品指数。商品衍生策略可能是实物或现金结算，合同标的主要包括金属、农产品和能源。

表 61　商品 CFI 编码属性

第一级属性	X	不适用 / 不明确的	-K-T-**X**-X-X-X-
第二级属性	X	不适用 / 不明确的	-K-T-X-**X**-X-X-
第三级属性	X	不适用 / 不明确的	-K-T-X-X-**X**-X-
第四级属性	X	不适用 / 不明确的	-K-T-X-X-X-**X**-

5.12.4　权益 -K-E-X-X-X-X-

权益衍生策略是一种双向或多向的，即时生效的股权合同，其支付物与标的资产（如股票、一篮子股票或指数）的价值变化相关。权益回报支付方需要向权益回报接收方支付包括股息在内的标的资产的增值部分。权益回报接收方需要向权益回报支付方支付包括本金在内的标的资产的减值部分。

表 62　权益 CFI 编码属性

第一级属性	X	不适用 / 不明确的	-K-E-**X**-X-X-X-
第二级属性	X	不适用 / 不明确的	-K-E-X-**X**-X-X-
第三级属性	X	不适用 / 不明确的	-K-E-X-X-**X**-X-
第四级属性	X	不适用 / 不明确的	-K-E-X-X-X-**X**-

5.12.5　信用 -K-C-X-X-X-X-

信贷衍生策略是一种双向或多向的，即时生效的信用违约合同，一方（信用卖方）同意在发生信用违约事件时向另一方（信用买方）支付赔偿金，信用违约事件宜发生于违反标的时，标的可能是一个特定的债务（参考义务），特定债务发行人（参考实体），一篮子参考实体和 / 或参考义务，或信用指数（参考指数）。

表 63　信用 CFI 编码属性

第一级属性	X	不适用 / 不明确的	-K-C-**X**-X-X-X-
第二级属性	X	不适用 / 不明确的	-K-C-X-**X**-X-X-
第三级属性	X	不适用 / 不明确的	-K-C-X-X-**X**-X-
第四级属性	X	不适用 / 不明确的	-K-C-X-X-X-**X**-

5.12.6　外汇 -K-F-X-X-X-X-

外汇衍生策略是一种双向或多向的，即时生效的外汇兑换协议，双方约定即时或在未来某日，以约定好的汇率将指定数量的一种货币兑换成另一种货币。

表 64　外汇 CFI 编码属性

第一级属性	X	不适用 / 不明确的	-K-F-**X**-X-X-X-
第二级属性	X	不适用 / 不明确的	-K-F-X-**X**-X-X-
第三级属性	X	不适用 / 不明确的	-K-F-X-X-**X**-X-
第四级属性	X	不适用 / 不明确的	-K-F-X-X-X-**X**-

5.12.7　组合 -K-Y-X-X-X-X-

组合衍生策略是一种双向或多向的，即时生效的合同，包含多类不同的资产配置。

表 65　组合 CFI 编码属性

第一级属性	X	不适用 / 不明确的	–K–Y–**X**–X–X–X–
第二级属性	X	不适用 / 不明确的	–K–Y–X–**X**–X–X–
第三级属性	X	不适用 / 不明确的	–K–Y–X–X–**X**–X–
第四级属性	X	不适用 / 不明确的	–K–Y–X–X–X–**X**–

5.12.8　其他类（混合型）-K-M-X-X-X-X-

所有不在上述 5.12.2~5.12.7 中描述的衍生策略均可归类为其他类。

表 66　其他类（混合型）CFI 编码属性

第一级属性	X	不适用 / 不明确的	–K–M–**X**–X–X–X–
第二级属性	X	不适用 / 不明确的	–K–M–X–**X**–X–X–
第三级属性	X	不适用 / 不明确的	–K–M–X–X–**X**–X–
第四级属性	X	不适用 / 不明确的	–K–M–X–X–X–**X**–

5.13　融资 -L-*-*-*-X-*-

5.13.1　描述

融资是借贷双方之间的一种抵押贷款协议，其中贷方（暂时）借出基础（标的）资产，借入方通过提供现金或其他可接受的抵押品做担保（证券或其他资产）。根据融资交易的具体类型，可同时确定在协议规定的未来某一日期发生反向交易的逆向协议。

融资可分为以下种类：

L 融资租赁

R 回购协议

S 证券借贷

5.13.2　融资租赁 -L-L-*-X-X-*-

一方以固定价格或溢价（即租赁率）向对方借出商品。在合同结束时，借出方应取回商品，且其收益分别与商品的市场价格波动或者溢价相关。

表 67　融资租赁 CFI 编码属性

第一级属性	标的资产（见 5.8.3）		
	A	农业	–L–L–**A**–X–X–*–
	B	篮子组合	–L–L–**B**–X–X–*–
	J	能源	–L–L–**J**–X–X–*–
	K	金属	–L–L–**K**–X–X–*–
	N	环境	–L–L–**N**–X–X–*–
	P	聚丙烯制品	–L–L–**P**–X–X–*–
	S	化肥	–L–L–**S**–X–X–*–
	T	纸制品	–L–L–**T**–X–X–*–
	M	其他类（混合型）	–L–L–**M**–X–X–*–

续表

第二级属性	X	**不适用 / 不明确的**	–L–L–*–**X**–X–*–
第三级属性	X	**不适用 / 不明确的**	–L–L–*–X–**X**–*–
第四级属性	**交割方式**（见 5.6.2）		
	C	现金	–L–L–*–X–X–**C**–
	P	实物	–L–L–*–X–X–**P**–

5.13.3 回购协议 -L-R-*-*-X-*-

双方同时确定出售和回购协议，其中一方同意出售证券或现金，另一方借款人以抵押品交换。回购条款通常是以特定的价格，在协议规定的未来某一日期购回相同或等同的证券。在协议期内，证券的所有权发生了转移。

表 68 回购协议 CFI 编码属性

第一级属性	**标的资产**（用于担保回购协议的基础抵押品）		
	G	一般抵押品（回购协议以一批优质流动资产为担保，或者是抵押回购交易系统或中央对手方规定的抵押证券的组合；根据卖方决定，证券可替换为其他可接受的证券）	–L–R–**G**–*–X–*–
	S	特定担保抵押品（回购协议以约定的特定证券作为担保，不可替换）	–L–R–**S**–*–X–*–
	C	现金抵押品	–L–R–**C**–*–X–*–
第二级属性	**终止**（终止协议条款）		
	F	弹性（协议期限在 120 天内的任意期限）	–L–R–*–**F**–X–*–
	N	隔夜（协议期限为一天）	–L–R–*–**N**–X–*–
	O	开放（协议无固定终止日期）	–L–R–*–**O**–X–*–
	T	条款（在协议开始时指定天数）	–L–R–*–**T**–X–*–
第三级属性	X	**不适用 / 不明确的**	–L–R–*–*–**X**–*–
第四级属性	**交割方式**（协议开始时抵押品的交付方法）		
	D	货银对付（在证券结算系统中，借方抵押品交付与贷方资金交付同时进行）	–L–R–*–*–X–**D**–
	H	扣押（借方持有抵押品隔离客户账户，被扣押给贷方）	–L–R–*–*–X–**H**–
	T	第三方（借方将抵押品交付给清算银行或托管人的贷方账户中）	–L–R–*–*–X–**T**–

5.13.4 证券借贷 -L-S-*-*-X-*-

双方达成一致协议，其中一方（贷方）同意向另一方（借方）借出现金或证券，借方以担保品附加借贷费作为交换。贷方依然保留所借出证券的权利（如，贷款期间可产生股息 / 利息支付及其他公司行为）。

表 69 证券借贷 CFI 编码属性

第一级属性	**标的资产**（可用于担保借贷协议所使用或替换的抵押品）		
	C	现金抵押品	–L–S–**C**–*–X–*–
	G	政府债券	–L–S–**G**–*–X–*–
	P	公司债券	–L–S–**P**–*–X–*–
	T	可转换债券	–L–S–**T**–*–X–*–
	E	权益	–L–S–**E**–*–X–*–

续表

	L	信用证	–L–S–**L**–*–X–*–
	D	存款证书	–L–S–**D**–*–X–*–
	W	权证	–L–S–**W**–*–X–*–
	K	货币市场工具	–L–S–**K**–*–X–*–
	M	其他类（混合型）	–L–S–**M**–*–X–*–
第二级属性	**终止**（见 5.13.3）		
	N	隔夜	–L–S–*–**N**–X–*–
	O	开放	–L–S–*–**O**–X–*–
	T	条款	–L–S–*–**T**–X–*–
第三级属性	X	**不适用 / 不明确的**	–L–S–*–*–**X**–*–
第四级属性	**交割方式**（见 5.13.3）		
	D	货银对付	–L–S–*–*–X–**D**–
	F	纯券过户（仅要求借方交付抵押品，无需支付相应的款项）	–L–S–*–*–X–**F**–
	H	扣押	–L–S–*–*–X–**H**–
	T	第三方	–L–S–*–*–X–**T**–

5.14 参考性金融工具 -T-*-*-*-*-X-

5.14.1 描述

表示作为其他金融融资工具的一个参考。

参考性金融工具可分以下种类：

C 货币

T 商品

R 利率

I 指数

B 篮子组合

D 股票股利

M 其他类（混合型）

5.14.2 货币 -T-C-*-X-X-X-

货币以实体通货方式显示，包括硬币和纸币，通常由政府发行在一个经济体中流通。

表 70 货币 CFI 编码属性

第一级属性	**类型**		
	N	国家货币（货币或法定货币由一国的中央银行或金融管理局发行；根据 ISO4217 国家货币大多用于在本国的金融交易）	–T–C–**N**–X–X–X–
	L	传统货币（国家货币不再是法定货币）	–T–C–**L**–X–X–X–
	C	金币（由贵金属制作而成，用于价值储藏或投资，而不是用于日常商贸）	–T–C–**C**–X–X–X–
	M	其他类（混合型）	–T–C–**M**–X–X–X–
第二级属性	X	**不适用 / 不明确的**	–T–C–*–**X**–X–X–

续表

第三级属性	X	不适用 / 不明确的	-T-C-*-X-**X**-X-
第四级属性	X	不适用 / 不明确的	-T-C-*-X-X-**X**-

5.14.3 商品 -T-T-*-X-X-X-

在商业中用于与其他同种类型商品做交换的基础物品。商品通常被用作生产其他物品或服务的投入品。

表 71 商品 CFI 编码属性

第一级属性	商品种类		
	E	矿产资源（金属、贵金属、煤炭、石油、天然气）	-T-T-**E**-X-X-X-
	A	农产品（大宗商品包括林业、渔业、牲畜、谷物、奶制品、玉米、可可、大豆、糖、咖啡）	-T-T-**A**-X-X-X-
	I	工业产品（建筑、制造）	-T-T-**I**-X-X-X-
	S	服务（交通运输、通信、贸易）	-T-T-**S**-X-X-X-
	N	环境保护（包括煤炭、减排、气候）	-T-T-**N**-X-X-X-
	P	聚丙烯生产（包括塑料）	-T-T-**P**-X-X-X-
	H	可生资源（包括电力、可再生能源或其他通过有效途径传递的能源）	-T-T-**H**-X-X-X-
	M	其他类（混合型）	-T-T-**M**-X-X-X-
第二级属性	X	不适用 / 不明确的	-T-T-*-**X**-X-X-
第三级属性	X	不适用 / 不明确的	-T-T-*-X-**X**-X-
第四级属性	X	不适用 / 不明确的	-T-T-*-X-X-**X**-

5.14.4 利率 -T-R-*-*-X-X-

利率是借款人需向贷款人为所借金钱支付的代价。

表 72 利率 CFI 编码属性

第一级属性	利率种类		
	N	名义利率（剔除通货膨胀因素之前的利率）	-T-R-**N**-*-X-X-
	V	浮动利率（随时波动的利率）	-T-R-**V**-*-X-X-
	F	固定利率（在借贷期内不作调整的利率）	-T-R-**F**-*-X-X-
	R	实际利率（剔除通货膨胀因素之后的利率）	-T-R-**R**-*-X-X-
	M	其他类（混合型）	-T-R-**M**-*-X-X-
第二级属性	计算频率		
	D	按天	-T-R-*-**D**-X-X-
	W	按周	-T-R-*-**W**-X-X-
	N	按月	-T-R-*-**N**-X-X-
	Q	按季度	-T-R-*-**Q**-X-X-
	S	按半年度	-T-R-*-**S**-X-X-
	A	按年	-T-R-*-**A**-X-X-
	M	其他类（混合型）	-T-R-*-**M**-X-X-

续表

第三级属性	X	不适用 / 不明确的	–T–R–*–*–**X**–X–
第四级属性	X	不适用 / 不明确的	–T–R–*–*–X–**X**–

5.14.5 指数 -T-I-*-*-*-X-

指数表示其构成成分的数值，指示常作为给定市场或行业基准的金融或经济表现的晴雨表。

表 73 指数 CFI 编码属性

第一级属性	资产分类		
	E	权益	–T–I–**E**–*–X–X–
	D	债务工具	–T–I–**D**–*–X–X–
	F	集合投资工具	–T–I–**F**–*–X–X–
	R	不动产	–T–I–**R**–*–X–X–
	T	商品	–T–I–**T**–*–X–X–
	C	货币	–T–I–**C**–*–X–X–
	M	其他类（混合型）	–T–I–**M**–X–X–X–
第二级属性	加权方式（金融工具指数的权重类型）		
	P	价格加权（市场指数中每个成分根据自身价格多对应的比例组成指数，指数中成分股根据报价按比例组成）	–T–I–*–**P**–*–X–
	C	市值加权（指数中每个成分根据自身市值所对应的比例组成指数）	–T–I–*–**C**–*–X–
	E	平均加权（平均加权指数是指在投资组合中每个股票和指数基金中有相同的权重或者同样重要）	–T–I–*–**E**–*–X–
	F	修正市值加权（修改后的市值加权指数是平均权重和市值权重之间的混合权重，它类似于总市值，只有一个主要的不同点是：最大的股票上限是总股票指数权重的百分之一，并且超过的权重在限值内将被平分）	–T–I–*–**F**–*–X–
	M	其他权重（混合型）	–T–I–*–**M**–*–X–
第三级属性	收益类型		
	P	价格收益（一份投资组合所获得的收益率，收益通过投资组合的资产增值来估算，收入由投资组合中的资产而来，忽略利息及分红）	–T–I–*–*–**P**–X–
	N	净额收益（一份投资组合所获得的收益率，收益通过指数组成部分的所有现金净额分配来估算，现金净额分配在扣除税款之后）	–T–I–*–*–**N**–X–
	G	总额收益（一份投资组合所获得的收益率，收益通过指数组成部分的所有现金总额分配来估算）	–T–I–*–*–**G**–X–
	M	其他类（混合型）	–T–I–*–*–**M**–X–
第四级属性	X	不适用 / 不明确的	–T–I–*–*–*–**X**–

5.14.6 篮子组合 -T-B-*-X-X-X-

为达到特定的投资目的而将一系列证券进行的组合。

表 74 篮子组合 CFI 编码属性

第一级属性	组成成分		
	E	权益	–T–B–**E**–X–X–X–
	D	债务工具	–T–B–**D**–X–X–X–
	F	集合投资工具	–T–B–**F**–X–X–X–

续表

	I	指数	–T–B–**I**–X–X–X–
	T	商品	–T–B–**T**–X–X–X–
	C	货币	–T–B–**C**–X–X–X–
	M	其他类（混合型）	–T–B–**M**–X–X–X–
第二级属性	**X**	不适用 / 不明确的	–T–B–*–**X**–X–X–
第三级属性	**X**	不适用 / 不明确的	–T–B–*–X–**X**–X–
第四级属性	**X**	不适用 / 不明确的	–T–B–*–X–X–**X**–

5.14.7 股票股利 -T-D-*-X-X-X-

关于特定基础股票的股息支付。

表 75 股票股利 CFI 编码

第一级属性	权益类型		
	S	普通 / 一般股票	–T–D–**S**–X–X–X–
	P	优先 / 优惠股票	–T–D–**P**–X–X–X–
	C	可转换普通 / 一般股票	–T–D–**C**–X–X–X–
	F	可转换优先股 / 优惠股票	–T–D–**F**–X–X–X–
	L	有限合伙份额	–T–D–**L**–X–X–X–
	K	集合投资工具	–T–D–**K**–X–X–X–
	M	其他类（混合型）	–T–D–**M**–X–X–X–
第二级属性	**X**	不适用 / 不明确的	–T–D–*–**X**–X–X–
第三级属性	**X**	不适用 / 不明确的	–T–D–*–X–**X**–X–
第四级属性	**X**	不适用 / 不明确的	–T–D–*–X–X–**X**–

5.14.8 其他类（混合型）-T-M-*-*-X-*-

不属于 5.14.2~5.14.7 的其他参考性工具。

表 76 其他类（混合型）CFI 编码属性

第一级属性	**X**	不适用 / 不明确的	–T–M–**X**–X–X–X–
第二级属性	**X**	不适用 / 不明确的	–T–M–X–**X**–X–X–
第三级属性	**X**	不适用 / 不明确的	–T–M–X–X–**X**–X–
第四级属性	**X**	不适用 / 不明确的	–T–M–X–X–X–**X**–

5.15 其他类（混合型）-M-*-*-*-X-*-

5.15.1 描述

不属于以上类别定义的金融工具。

其他类（混合型）可分为以下种类：

C 组合金融工具

M 其他资产（混合型）

5.15.2 组合金融工具 -M-C-*-*-X-*-

不同金融工具可以被打包成一个整体产品（也被称为主要证券产品）进行发行和交易。组合金融工具能在存续期内拆分和单独交易。在这种情况下，应对每个设计的金融工具分配 CFI 编码。

表 77　组合金融工具 CFI 编码属性

第一级属性	组成成分		
	S	股票组合（具有不同特性）	-M-C-**S**-*-X-X-
	B	债券组合（具有不同特性）	-M-C-**B**-*-X-X-
	H	股票和债券	-M-C-**H**-*-X-X-
	A	股票和权证	-M-C-**A**-*-X-X-
	W	权证和权证（或多权证）	-M-C-**W**-*-X-X-
	U	基金单元和其他成分	-M-C-**U**-*-X-X-
	M	其他类（混合型）	-M-C-**M**-*-X-X-
第二级属性	所有权或转让权 / 出售限制（见 5.2.2）		
	T	有转让限制	-M-C-*-**T**-X-*-
	U	无转让限制（不受约束的）	-M-C-*-**U**-X-*-
第三级属性	**X**	不适用 / 不明确的	-M-C-*-*-**X**-X-*-
第四级属性	流通类型（见 5.2.2）		
	B	不记名	-M-C-*-*-X-**B**-
	R	记名	-M-C-*-*-X-**R**-
	N	记名 / 不记名	-M-C-*-*-X-**N**-
	M	其他类（混合型）	-M-C-*-*-X-**M**-

5.15.3 其他资产 -M-M-*-X-X-X-

以下是不符合分组定义的其他资产。

表 78　其他资产 CFI 编码属性

第一级属性	细化分组		
	R	不动产契约（代表财产所有权）	-M-M-**R**-*-X-X-
	I	保险政策	-M-M-**I**-*-X-X-
	E	托管凭证（银行保证期权卖方的标的资产存于银行，并且如果行使期权时标的资产可以随时交割）	-M-M-**E**-*-X-X-
	T	贸易金融工具（基于商品和服务证券化的运作的资产）	-M-M-**T**-*-X-X-
	N	碳信用（代表有权排放二氧化碳的证书或许可证）	-M-M-**N**-*-X-X-
	P	贵金属凭证	-M-M-**P**-*-X-X-
	S	其他场外交易类衍生产品	-M-M-**S**-*-X-X-
	M	其他类（混合型）	-M-M-**M**-*-X-X-
第二级属性	**X**	不适用 / 不明确的	-M-M-*-**X**-X-X-
第三级属性	**X**	不适用 / 不明确的	-M-M-*-X-**X**-X-
第四级属性	**X**	不适用 / 不明确的	-M-M-*-X-X-**X**-

附录 A
（资料性附录）
分类示例

A.1 CFI 编码：ESVUFR

CFI 编码 ESVUFR 示例见图 A.1。

Equities	Shares	Voting	Unrestricted	Fully paid	Registered
权益	股票	普通表决权	无转让限制	足额缴款	记名
分类	分组	第一级属性	第二级属性	第三级属性	第四级属性

图 A.1 CFI 编码 ESVUFR 示例

国际金融工具 CFI 编码示例见表 A.1。

表 A.1 CFI 国际编码示例

序号	分类 / 分组	ISIN 编码	CFI 编码		发行人或说明
1	权益 / 普通 / 一般股票	US4592001014	ESVUFR		International Business Machines（IBM）Corp
			E	权益	
			S	普通股	
			V	普通表决权	
			U	无转让限制（不受约束的）	
			F	足额缴款	
			R	记名	
2	权益 / 优先 / 优惠股票	CA2572332054	EPNRAR		Dominion Citrus Ltd
			E	权益	
			P	优先 / 优惠股票	
			N	无表决权	
			R	可赎回	
			A	可调 / 可变利率收益	
			R	记名	

续表

序号	分类 / 分组	ISIN 编码	CFI 编码		发行人或说明
3	权益 / 可转换普通 / 一般股票	CA9894163000	ECNUFR		Zenmac Zinc Limited
			E	权益	
			C	可转换普通 / 一般股票	
			N	无表决权	
			U	无转让限制（不受约束的）	
			F	足额缴款	
			R	记名	
4	权益 / 可转换优先 / 优惠股票	ES0171743042	EFNRQB		Promotora de Informaciones，S.A.
			E	权益	
			F	可转换优先 / 优惠股票	
			N	无表决权	
			R	可赎回	
			Q	累积参与收益	
			B	不记名	
5	权益 / 权益类存托凭证	US92857W3088	EDSNDR		Vodafone Group
			E	权益	
			D	权益类存托凭证	
			S	普通 / 一般股票	
			N	不可赎回	
			D	股息	
			R	记名	
6	权益 / 结构性金融工具（参与性）	CH0141512266	EYAYFB		Vontobel Finanical Products Ltd
			E	权益	
			Y	结构性金融工具（参与性）	
			A	跟踪证明书	
			Y	无支付	
			F	现金还款	
			B	资产组合	
7	集合投资工具 / 标准（普通）投资基金 / 共同基金	LU0742737264	CIOILQ		JPMorgan Asset Mgmt（Europe）S.A.R.L.
			C	集合投资工具	
			I	标准（普通）投资基金 / 共同基金	
			O	开放式	
			I	收益基金	
			L	混合	
			Q	合格投资者股份	

续表

<table>
<tr><th>序号</th><th>分类 / 分组</th><th>ISIN 编码</th><th colspan="2">CFI 编码</th><th>发行人或说明</th></tr>
<tr><td rowspan="7">8</td><td rowspan="7">集合投资工具 / 房地产投资信托基金（REIT）</td><td rowspan="7">IT0004105273</td><td colspan="2">CBCIXU</td><td rowspan="7">Fondo Delta Immobiliare</td></tr>
<tr><td>C</td><td>集合投资工具</td></tr>
<tr><td>B</td><td>标准（普通）投资基金 / 共同基金</td></tr>
<tr><td>C</td><td>开放式</td></tr>
<tr><td>I</td><td>收益基金</td></tr>
<tr><td>X</td><td>混合</td></tr>
<tr><td>U</td><td>合格投资者股份</td></tr>
<tr><td rowspan="7">9</td><td rowspan="7">集合投资工具 / 交易型开放式指数基金（ETF）</td><td rowspan="7">CH0017142719</td><td colspan="2">CEOIEU</td><td rowspan="7">UBS ETF（CH）SMI（R）</td></tr>
<tr><td>C</td><td>集合投资工具</td></tr>
<tr><td>E</td><td>交易型开放式指数基金（ETF）</td></tr>
<tr><td>O</td><td>开放式</td></tr>
<tr><td>I</td><td>收益基金</td></tr>
<tr><td>E</td><td>权益</td></tr>
<tr><td>U</td><td>单位</td></tr>
<tr><td rowspan="7">10</td><td rowspan="7">债务工具 / 普通债券</td><td rowspan="7">TRSFBAH31618</td><td colspan="2">DBVUFB</td><td rowspan="7">Fenerbahce Futbol A.S.</td></tr>
<tr><td>D</td><td>债务工具</td></tr>
<tr><td>B</td><td>普通债券</td></tr>
<tr><td>V</td><td>变动利率</td></tr>
<tr><td>U</td><td>无抵押 / 无担保</td></tr>
<tr><td>F</td><td>固定到期日</td></tr>
<tr><td>B</td><td>不记名</td></tr>
<tr><td rowspan="7">11</td><td rowspan="7">债务工具 / 可转换债券</td><td rowspan="7">CH0227342232</td><td colspan="2">DCZNFR</td><td rowspan="7">Swiss Life Holding AG</td></tr>
<tr><td>D</td><td>债务工具</td></tr>
<tr><td>C</td><td>可转换债券</td></tr>
<tr><td>Z</td><td>零息 / 贴现</td></tr>
<tr><td>N</td><td>高级</td></tr>
<tr><td>F</td><td>固定到期日</td></tr>
<tr><td>R</td><td>记名</td></tr>
<tr><td rowspan="7">12</td><td rowspan="7">债务工具 / 中期票据</td><td rowspan="7">IT0004992787</td><td colspan="2">DTFSEB</td><td rowspan="7">Intesa Sanpaolo Spa</td></tr>
<tr><td>D</td><td>债务工具</td></tr>
<tr><td>T</td><td>中期票据</td></tr>
<tr><td>F</td><td>固定利率</td></tr>
<tr><td>S</td><td>抵押</td></tr>
<tr><td>E</td><td>可展期</td></tr>
<tr><td>B</td><td>不记名</td></tr>
</table>

续表

<table>
<tr><th>序号</th><th>分类 / 分组</th><th>ISIN 编码</th><th colspan="2">CFI 编码</th><th>发行人或说明</th></tr>
<tr><td rowspan="7">13</td><td rowspan="7">债务工具 / 货币市场工具</td><td rowspan="7">TRFDZFKK1410</td><td colspan="2">DYZUXB</td><td rowspan="7">Deniz Faktoring A.S.</td></tr>
<tr><td>D</td><td>债务工具</td></tr>
<tr><td>Y</td><td>货币市场工具</td></tr>
<tr><td>Z</td><td>零息 / 贴现</td></tr>
<tr><td>U</td><td>无抵押 / 无担保</td></tr>
<tr><td>X</td><td>不适用 / 不明确的</td></tr>
<tr><td>B</td><td>不记名</td></tr>
<tr><td rowspan="7">14</td><td rowspan="7">债务工具 / 结构性工具（资本保护）</td><td rowspan="7">IT0004798606</td><td colspan="2">DSCYVI</td><td rowspan="7">Banca Imi Spa</td></tr>
<tr><td>D</td><td>债务工具</td></tr>
<tr><td>S</td><td>结构性工具（资本保护）</td></tr>
<tr><td>C</td><td>障碍参与资本保护证明</td></tr>
<tr><td>Y</td><td>无支付</td></tr>
<tr><td>V</td><td>变动现金偿还</td></tr>
<tr><td>I</td><td>指数</td></tr>
<tr><td rowspan="7">15</td><td rowspan="7">债务工具 / 结构性工具（无资本保护）</td><td rowspan="7">US06053M1870</td><td colspan="2">DEBYRB</td><td rowspan="7">Bank of America Corporation</td></tr>
<tr><td>D</td><td>债务工具</td></tr>
<tr><td>E</td><td>结构性工具（无资本保护）</td></tr>
<tr><td>B</td><td>障碍参与资本保护证明</td></tr>
<tr><td>Y</td><td>无支付</td></tr>
<tr><td>R</td><td>现金偿还</td></tr>
<tr><td>B</td><td>资产组合</td></tr>
<tr><td rowspan="7">16</td><td rowspan="7">权利 / 分配权利</td><td rowspan="7">ES0673516938</td><td colspan="2">RAXXXB</td><td rowspan="7">Repsol，S.A.</td></tr>
<tr><td>R</td><td>权利</td></tr>
<tr><td>A</td><td>分配权利</td></tr>
<tr><td>X</td><td>不适用 / 不明确的</td></tr>
<tr><td>X</td><td>不适用 / 不明确的</td></tr>
<tr><td>X</td><td>不适用 / 不明确的</td></tr>
<tr><td>B</td><td>不记名</td></tr>
<tr><td rowspan="7">17</td><td rowspan="7">权利 / 权证</td><td rowspan="7">CH0109449626</td><td colspan="2">RWSTCB</td><td rowspan="7">UBS Inc.</td></tr>
<tr><td>R</td><td>权利</td></tr>
<tr><td>W</td><td>权证</td></tr>
<tr><td>S</td><td>权益类</td></tr>
<tr><td>T</td><td>股本权证</td></tr>
<tr><td>C</td><td>认购</td></tr>
<tr><td>B</td><td>百慕大式</td></tr>
</table>

续表

序号	分类 / 分组	ISIN 编码	CFI 编码		发行人或说明
18	权利 / 迷你期货凭证 / 固定杠杆凭证	CH0047611212	RFITCA		Bank Vontobel AG
			R	权利	
			F	迷你期货凭证 / 固定杠杆凭证	
			I	指数类	
			T	基于标的的障碍	
			C	认购	
			A	美式	
19	上市期权 / 卖出期权	ESOAOO799361	OPEFCS		MEFF Sociedad Rectora del Mercado de Productos Derivados，S.A.
			O	上市期权	
			P	卖出期权	
			E	欧式	
			F	期货类	
			C	现金	
			S	标准化	
20	期货 / 金融期货	ESOB00024918	FFVCSX		MEFF Sociedad Rectora del Mercado de Productos Derivados，S.A.
			F	期货	
			F	金融期货	
			V	股票分红类	
			C	现金	
			S	标准化	
			X	不可用 / 不明确的	
21	期货 / 商品期货	IT0011626253	FCHCSX		Cassa di Compensazione e Garanzia Spa
			F	期货	
			C	商品期货	
			H	可生能源	
			C	现金	
			S	标准化	
			X	不可用 / 不明确的	
22	互换 / 利率	暂无	SRCCSC		Interest Rate Swap of fixed vs.floating rate
			S	互换	
			R	利率	
			C	固定利率 – 浮动利率互换	
			C	恒定型互换	
			S	单一货币互换	
			C	现金	

续表

序号	分类 / 分组	ISIN 编码	CFI 编码		发行人或说明
23	互换 / 信用	暂无	SCUCCP		Credit Default Swap on single name corporate
			S	互换	
			C	信用	
			U	单一名称	
			C	信用违约	
			C	企业	
			P	实物	
24	非上市期权和复合上市期权 / 商品	暂无	HTJDVP		Commodity option on oil
			H	非上市期权和复合上市期权	
			T	商品	
			J	能源	
			D	欧式卖方期权	
			V	普通期权	
			P	实物	
25	非上市期权和复合上市期权 / 权益	暂无	HEIBVC		Option on an equity index
			H	非上市期权和复合上市期权	
			E	权益	
			I	指数	
			B	美式买方期权	
			V	普通期权	
			C	现金	
26	参考性金融工具 / 货币	CH0002758082	TCNXXX		Swiss National Bank
			T	参考性金融工具	
			C	货币	
			N	国家货币	
			X	不适用 / 不明确的	
			X	不适用 / 不明确的	
			X	不适用 / 不明确的	
27	参考性金融工具 / 商品	ESOS00000257	TTHXXX		BME Clearing，S.A.
			T	参考性金融工具	
			T	商品	
			H	可生资源	
			X	不适用 / 不明确的	
			X	不适用 / 不明确的	
			X	不适用 / 不明确的	

续表

序号	分类 / 分组	ISIN 编码	CFI 编码		发行人或说明
28	参考性金融工具 / 指数	CH0009980894	TIECPX		Swiss Market Index SMI
			T	参考性金融工具	
			I	指数	
			E	权益	
			C	市值加权	
			P	价格收益	
			X	不适用 / 不明确的	
29	参考性金融工具 / 股票股利	IT0004909971	TDSXXX		Borsa italiana Spa
			T	参考性金融工具	
			D	股票股利	
			S	普通 / 一般股票	
			X	不适用 / 不明确的	
			X	不适用 / 不明确的	
			X	不适用 / 不明确的	
30	其他类（混合型）/ 组合金融工具	XS0985879260	MCHTXR		Matel Holdings Limited and Magyar Telecom BV
			M	其他类（混合型）	
			C	组合金融工具	
			H	股票和债券	
			T	有转让限制	
			X	不适用 / 不明确的	
			R	记名	
31	其他类（混合型）/ 其他资产	CH0013483877	MMIXXX		Schweizerische Mobiliar Lebensver-sicherungs-Ge-sellschaft
			EM	其他类（混合型）	
			SM	其他资产	
			VI	保险政策	
			UX	不适用 / 不明确的	
			FX	不适用 / 不明确的	
			RX	不适用 / 不明确的	

附录 NA
（资料性附录）
国内金融工具 CFI 编码分类示例

国内金融工具 CFI 编码示例见表 NA.1。

表 NA.1　CFI 国内编码示例

序号	金融工具全称	简称	ISIN 编码	CFI 编码	说明
1	上海浦东发展银行股份有限公司人民币普通股	浦发银行	CNE0000011B7	ESVUFR	E：权益 S：普通股 V：普通表决权 U：无转让限制（不受约束的） F：足额缴款 R：记名
2	华能新能源股份有限公司 H 股	华能新能源	CNE100000WS1	ESVUFR	E：权益 S：普通股 V：普通表决权 U：无转让限制（不受约束的） F：足额缴款 R：记名
3	上证 50 交易型开放式指数证券投资基金[a]	50ETF	CNE000001LM6	CEOIFU	C：集合投资工具 E：交易型开放式指数基金 O：开放式 I：收益基金 F：具有参考性的金融工具（除去商品） U：单位
4	中欧中小盘股票型证券投资基金	中欧小盘	CNE100000R75	CIOIES	C：集合投资工具 I：标准（普通）投资基金 / 共同基金 O：开放式 I：收益基金 E：权益 S：股份
5	2011 年记账式贴现（五期）国债	11 贴现国债 05	CND100004JQ6	DNZTFR	D：债务工具 N：市政债券 Z：零息 / 贴现 T：国家担保 F：固定到期日 R：记名
6	上海国际港务（集团）股份有限公司 2011 年度第一期中期票据	11 上海港 MTN1	CND100004JM5	DTFUFR	D：债务工具 T：中期票据 F：固定利率 U：无抵押 / 无担保 F：固定到期日 R：记名

续表

序号	金融工具全称	简称	ISIN 编码	CFI 编码	说明
7	中国民生银行股份有限公司可转换公司债券	民生转债	CND100006MS1	DCFGFR	D：债务工具 C：可转换债券 F：固定利率债券 G：联保 F：固定到期日 R：记名
8	宝钢 JTB1	宝钢 JTB1	CNR000000000	RWSCCE	R：权利 W：权证 S：权益类 C：备兑权证 C：认购 E：欧式
9	优质强筋小麦期货 2013 年 1 月合约	强麦期货 1301	CNF100000WV2	FCAPSX	F：期货 C：商品期货 A：农业 P：实物 S：标准化 X：不适用 / 不明确的
10	上证 180 指数	上证 180	CNM000000183	TIECPX	T：参考性金融工具 I：指数 E：权益 C：市值加权 P：价格收益 X：不适用 / 不确定的
11	上证 50ETF 期权合约	上证 50ETF 期权	暂无	HEIGVP	H：非上市期权和复合上市期权 E：权益 I：指数 G：欧式任选期权 V：普通期权 P：实物
a 国内现行交易型开放式指数基金（Exchange traded funds，ETF）是指投资特定指数所对应组合证券或其他基金合同约定投资标的投资基金，其基金份额以组合证券、现金或基金合同约定的其他对价进行申购、赎回，并在交易所上市交易					

二、接口标准类

- 证券期货业数据模型　第 1 部分：抽象模型设计方法　JR/T 0176.1—2019
- 期货市场客户开户数据接口　JR/T 0160—2018
- 证券发行人行为信息内容格式　JR/T 0163—2018
- 证券期货业场外市场交易系统接口　第 1 部分：行情接口　JR/T 0155.1—2018
- 证券期货业场外市场交易系统接口　第 2 部分：订单接口　JR/T 0155.2—2018
- 证券期货业场外市场交易系统接口　第 3 部分：结算接口　JR/T 0155.3—2018
- 证券期货业机构内部企业服务总线实施规范　JR/T 0159—2018

ICS 03.060
A11

JR

中华人民共和国金融行业标准

JR/T 0176.1—2019

证券期货业数据模型 第1部分：抽象模型设计方法

Securities and futures industry data model—
Part 1: abstract model design method

2019－11－18发布　　2019－11－18实施

中国证券监督管理委员会　发布

目　次

前　言

JR/T 0176《证券期货业数据模型》分为 8 个部分：

——第 1 部分：抽象模型设计方法；

——第 2 部分：逻辑模型公共部分 行业资讯模型；

——第 3 部分：证券公司逻辑模型；

——第 4 部分：基金公司逻辑模型；

——第 5 部分：期货公司逻辑模型；

——第 6 部分：证券交易所逻辑模型；

——第 7 部分：期货交易所逻辑模型；

——第 8 部分：监管机构逻辑模型。

本部分为 JR/T 0176 的第 1 部分。

本部分依据 GB/T 1.1–2009 给出的规则起草。

本部分由全国金融标准化技术委员会证券分技术委员会（SAC/TC180/SC4）提出。

本部分由全国金融标准化技术委员会（SAC/TC180）归口。

本部分起草单位：中国证券监督管理委员会信息中心、中国证券监督管理委员会证券基金机构监管部、中证信息技术服务有限责任公司、中国期货市场监控中心有限责任公司、申万宏源证券有限公司、中证机构间报价系统股份有限公司、中软国际科技服务有限公司、深圳市致远速联信息技术有限公司、上海吉贝克信息技术有限公司、上海立信维一软件有限公司。

本部分主要起草人：张野、刘铁斌、周云晖、谢晨、罗黎明、孙宏伟、黄璐、汪萌、张春艳、王辉、曹雷、陈楠、富子祺、乔蔚、黄文璐、朱旭、刘佳、李光涛、刘国勇、杨诚、李婷婷、李海、杨洪峰。

引　　言

证券期货业数据化程度相对较高，机构多、类型广、交易方式多样，机构内及机构间数据交换频繁、业务发展迅速，为提高数据交换效率、规范行业机构数据应用系统建设、提升行业数据标准化水平，证券期货行业组织开展了行业数据模型建设工作，旨在清晰描述整个市场的数据流向、数据名称、数据定义、结构类型、代码取值和关联关系等，为行业机构内部系统建设和机构间数据交换提供指导。本部分是证券期货业数据模型系列标准的第一部分：抽象模型设计方法，基于此方法能够形成一套符合监管规范的模型框架，以及一套依据监管规则提炼形成的行业数据字典。相关成果是行业数据模型的重要组成，是行业标准的数据审核依据，是行业逻辑模型的映射基础，对于规范行业数据语言、推进行业数据治理、辅助行业监管科技建设等都具有十分重要的意义。

证券期货业数据模型
第1部分：抽象模型设计方法

1 范围

本部分规定了证券期货业抽象模型设计方法，包括总体设计架构、整体设计方法、公共部分设计方法、交易部分设计方法、监管部分设计方法、信息披露部分设计方法、元语定义以及产出物说明。

本部分适用于证券期货行业抽象模型建设工作。

2 规范性引用文件

下列文件对于本文件的应用是必不可少的。凡是注有日期的引用文件，仅所注日期对应的版本适用于本文件。凡是未注日期的引用文件，其最新版本（包括所有的修改单）适用于本文件。

《企业会计准则》财政部会计司

3 术语和定义

下列术语和定义适用于本文件。

3.1 业务

3.1.1

抽象模型 abstract model

以证券期货行业相关法律法规、部门规章、业务规则、指导性文件等为依据，采用自顶向下的梳理方法，对资本市场各类业务活动进行遍历，对关键业务流程和数据要素进行识别而形成的一系列具有通用性、稳定性和扩展性的数据集合。

3.1.2

主体 identity

参与资本市场业务的主要对象。

注：包括机构、个人及产品。

3.1.3

品种 variety

参与资本市场业务的各类金融工具及服务等。

3.1.4

财务 finance

各类机构参与资本市场业务过程中涉及的资金活动及资金关系。

3.1.5

交易 trading

各类主体参与资本市场业务所涉及的转让行为。

3.1.6

监管 regulation

主管部门依照法律法规，统一监督管理全国证券期货市场、维护市场秩序、保障其合法运行的行为。

3.1.7

信息披露 information disclosure

披露主体将其自身的财务变化、经营状况等信息和资料向监管部门和交易所报告，并向社会公开或公告的行为。

3.1.8

行为 behavior

各类市场主体在交易、监管、信息披露过程中的一系列动作。

3.1.9

过程 process

行为发展所经过的环节。

3.1.10

监管对象 regulation object

主管部门依法负责监管的对象。

3.1.11

监管主题 regulation theme

对监管对象的某一方面或某一领域的监管职责。

3.1.12

监管方式 regulation method

对监管对象的某个监管主题所采用的监管手段或措施。

注：包含现场检查、行政许可等。

3.1.13

监管业务 regulation business

对监管对象的某个监管主题进行监管的具体工作内容。

注：包括法规制定、行政许可、稽查处罚、日常监管、宏观监管和内部管理。

3.1.14

监管过程 regulation process

对监管对象的某个监管主题采用某种监管方式进行监管的过程。

3.2 数据

3.2.1

元语 meta semantic

数据的描述信息。

3.2.2

实体关系图 entity-relationship diagram

以图形方式描述数据模型实体关系的一种方法。

注：实体关系图简称 ER 图。

3.2.3

数据字典 data dictionary

对标准中涉及的各类数据进行定义或描述的数据集合。

3.2.4

原子数据 atomic data

独立的、不可再分的最小数据单元。

3.2.5

复合数据 compound data

由原子数据通过某种关系组合或加工而成的数据。

3.2.6

可复用数据表 reusable table

由原子数据或复合数据组成的，在多个业务环节中被共同使用的数据集。

3.2.7

语义独立的数据表 semantic specified table

由原子数据或复合数据组成的描述某一特定业务逻辑的数据集。

3.2.8

驼峰命名法 camel-case

混合使用大小写字母为变量和函数命名的方法。

4 总体设计架构

抽象模型遵循“1+3+N”的总体设计架构如图 1 所示。其中：

——“1”是指抽象模型的行业公共部分，包括主体、品种、财务三个主题及其他公共部分。行业公共部分可以被“交易”“监管”“披露”中至少两条业务主线复用，且自身保持语法、语义一致。

——“3”是指以“交易”“监管”“披露”三条业务主线分别梳理形成的模型，三组模型彼此耦合度不高，组间个性化部分允许出现同名不同义的冲突情况，不要求在语法语义上保持一致。每组模型再分为该业务范畴内的公共部分及覆盖其下应用系统的专用数据模型。其中公共部分可以在该业务范畴内被共用，应在组内保持语义、语法一致。

——“N”是指在每个业务主线梳理形成的模型中，特定应用系统的专用数据模型，该部分的数据和表为某一应用特有的，只在该应用中被使用，与业务主线中其他应用的模型不复用。每个“N”中涉及的数据、表在语法、语义上不要求一致。

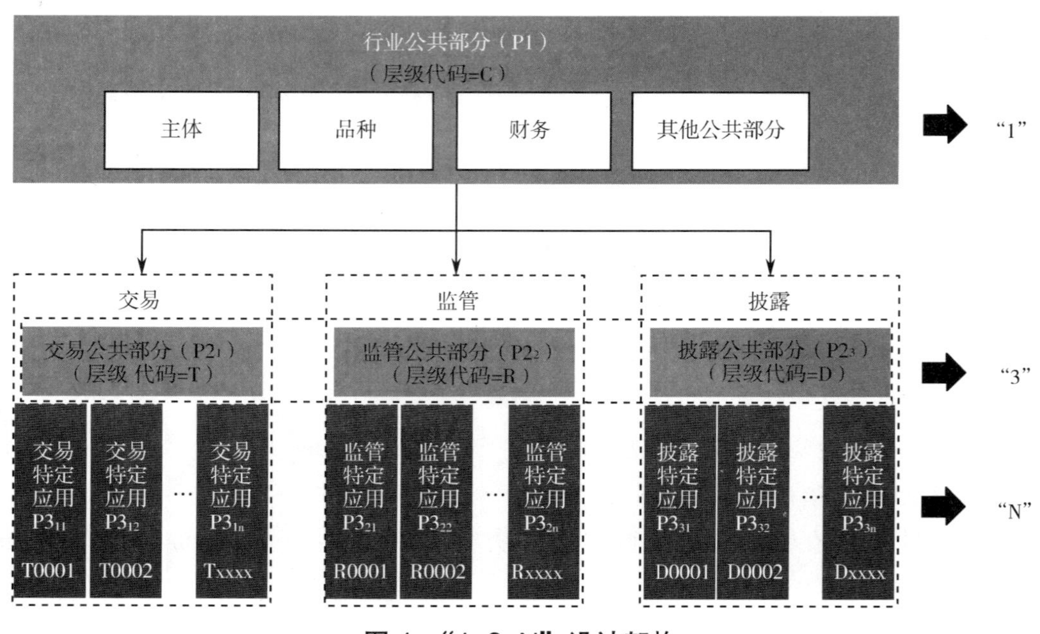

图 1 “1+3+N”设计架构

“1+3+N”的设计模式可以表达为：

$$SDOM=P1+\sum_{i=1}^{3}\left(P2_i+\sum_{j=1}^{n_i}P3_{ij}\right)$$

式中：

SDOM ——抽象模型；

P1 ——∈{主体，品种，财务，其他公共部分}；

$P2_i$ —— $\begin{cases}\text{交易公共部分，i=1}\\\text{监管公共部分，i=2}\\\text{披露公共部分，i=3}\end{cases}$

$P3_{ij}$ ——j 代表每个业务主线下，特定应用系统的专用数据模型。

5 整体设计方法

抽象模型整体采用“主体 - 行为 - 关系”（Identity-Behavior-Relevance，IBR）设计方法进行设计，即以主体（Identity）为核心，外延其各类市场行为（Behavior），并总结其中的相关关系

（Relevance），抽取、划分形成一系列针对特定业务场景和应用的数据表，最终形成数据模型总体框架。具体内容如图2所示。

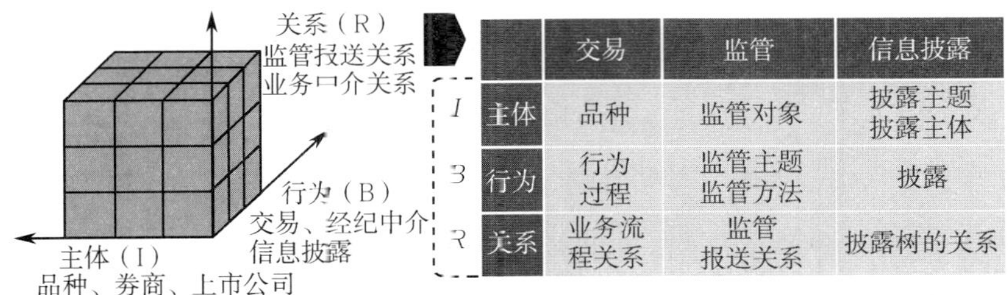

图2 IBR方法论

6 公共部分设计方法

抽象模型的公共部分主要包括品种、主体、财务三个主题，具体设计方法如下：

a） 品种主题。参照GB/T 35964-2018，结合国内资本市场实际情况调整、补充品种分类体系，经过补充实体、属性、代码等进一步细化，形成品种主题模型。

b） 主体主题。结合资本市场实际，依据最新发布的法规文件，梳理形成的主体分类体系，并补充实体、属性、代码等，形成主体主题模型。

c） 财务主题。依据《企业会计准则》，结合资本市场在信息披露、交易和监管领域的实际应用梳理形成财务报表体系，并补充实体、属性、代码等，形成财务主题模型。

7 交易部分设计方法

7.1 概述

抽象模型交易部分采用的是“证券品种－过程－行为”（Securities-Process-Behavior，SPB）设计方法，首先根据公共部分的品种主题筛选待梳理的品种。其次根据各品种梳理业务主干流程，对流程图中各个交易环节进行归纳和抽取，整理出行为列表；将各个行为按照交易前、中、后的各个过程进行切分，形成各品种的行为过程二维图。针对行为过程二维图中行为，梳理业务流程的环节和各环节的产出，形成业务流程的泳道图；细化业务流程泳道图中的产出物涉及的数据项，明确数据项的定义及属性信息。将数据项按主题归并提炼形成数据对象，数据对象及其之间的关系以实体关系图的形式表达，形成理论数据模型。最后通过现实系统的数据模型对理论模型进行回归验证及完善。具体梳理步骤如图3所示。

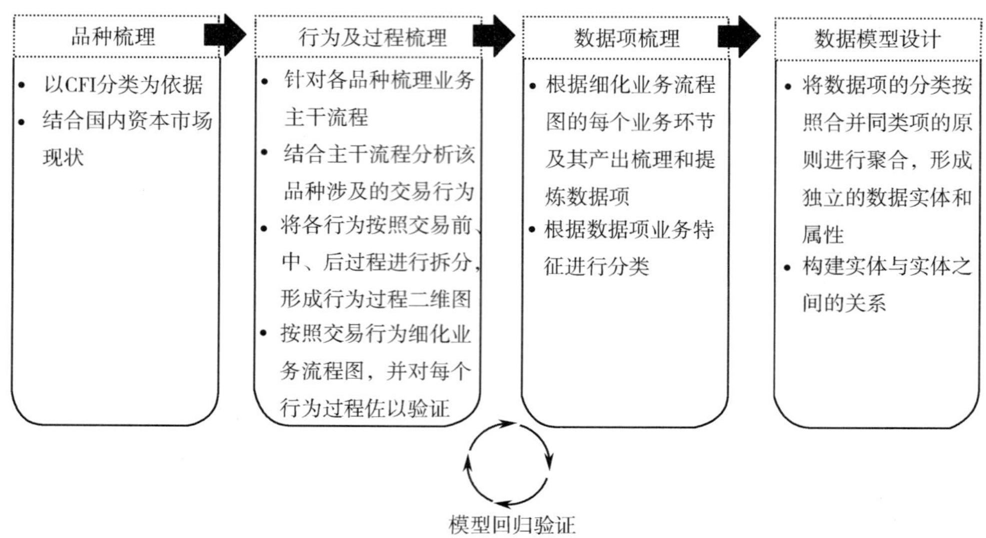

图 3　SPB 梳理方法

7.2　行为及过程梳理

针对每个品种所涉及的业务主干流程进行梳理，以融资融券为例，具体行为及过程梳理步骤如下：

a）按照投资者融资买入、投资者融券卖出、证券公司提供服务三条主干流程进行分析，形成三大主干流程图，梳理结果示例如图 4 所示。

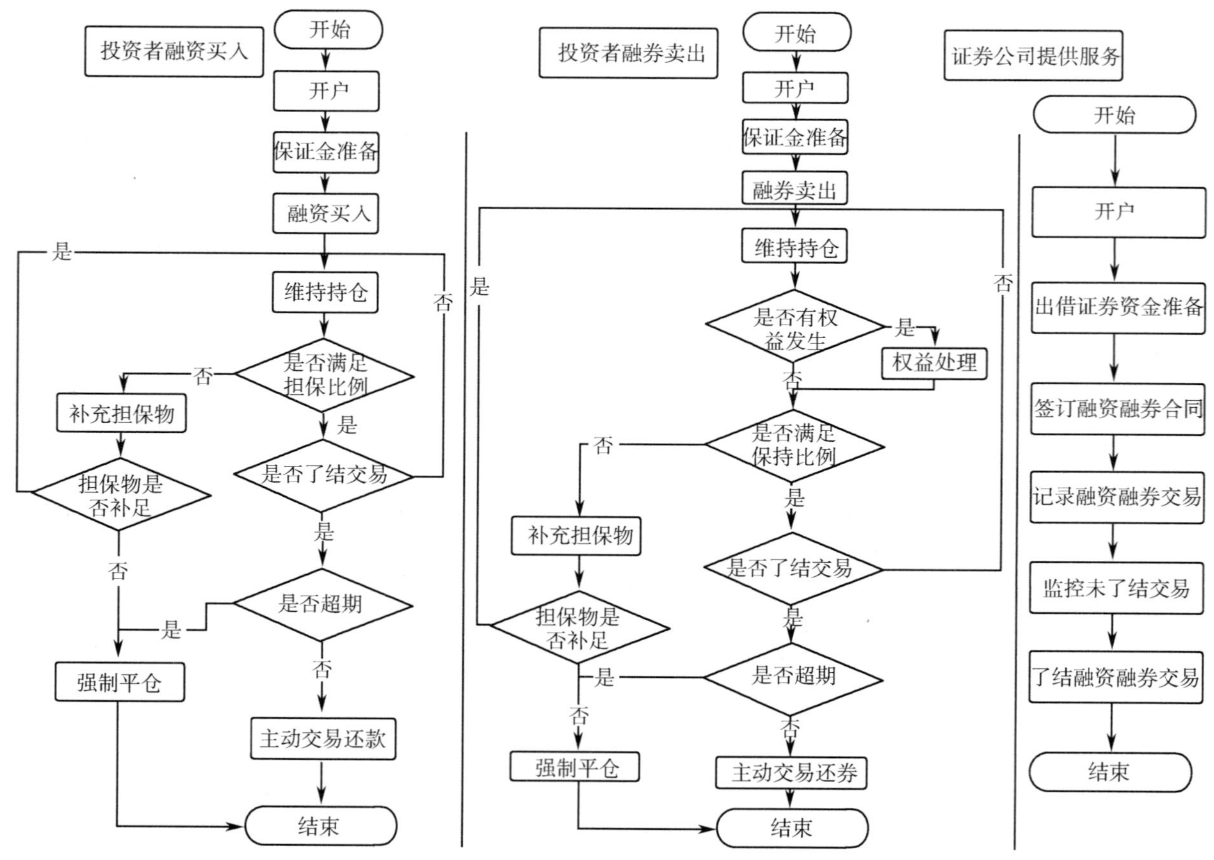

图 4　主干流程样例

b）对主干流程图中的各个交易环节进行归纳和抽取，整理出各品种涉及的行为列表；在归纳和抽取过程中需保证每个行为的独立性，行为与行为之间不应存在包含关系。梳理结果示例如图 5 所示。

行为 交易全过程		开销户	资金准备	信用交易					信用非交易						强制平仓	维持担保比例	权益处理
				融资买入	融券卖出	买券还券	卖券还款	信用账户普通交易	直接还款	直接还券	担保证券划入	担保证券划出	券源划转	余券划转			
投资者融资买入	开户																
	保证金准备																
	融资买入																
	维持持仓																
	补充担保物																
	强制平仓																
	主动交易还款																
投资者融券卖出	开户																
	保证金准备																
	融券卖出																
	维持持仓																
	权益处理																
	补充担保物																
	强制平仓																
	主动交易还券																
证券公司提供服务	开户																
	出借证券资金准备																
	签订融资融券合同																
	记录融资融券交易																
	监控未了结交易																
	了结融资融券交易																

图 5　行为列表样例

c）对每个行为按照交易前、交易中和交易后的时序进行切分，识别出各行为涉及的基本操作，最终形成该品种的行为过程二维矩阵图。梳理结果示例如图 6 所示。

行为

融资融券			开销户	资金准备	信用交易					信用非交易						强制平仓	维持担保比例	权益处理
					融资买入	融券卖出	买券还券	卖券还款	担保证券普通交易	直接还款	直接还券	担保证券划入	担保证券划出	券源划转	余券划转			
交易前	信用账户准备		√															
	保证金准备			√														
交易中	委托				√	√	√	√	√									
	成交				√	√	√	√	√									
交易后	登记	申请								√	√	√	√	√	√	√		√
		过户			√	√	√	√	√		√	√	√	√	√	√		√
	结算	清算	√		√	√	√	√	√	√	√	√	√	√	√	√	√	√
		交收	√		√	√	√	√	√	√	√	√	√	√	√	√	√	√

过程

图 6　行为过程二维图样例

d）在行为过程二维矩阵图形成后，参照相关业务流程及规则定义梳理出具体的细化流程图，便于后续进行数据项梳理及提炼。梳理结果示例如图 7 所示。

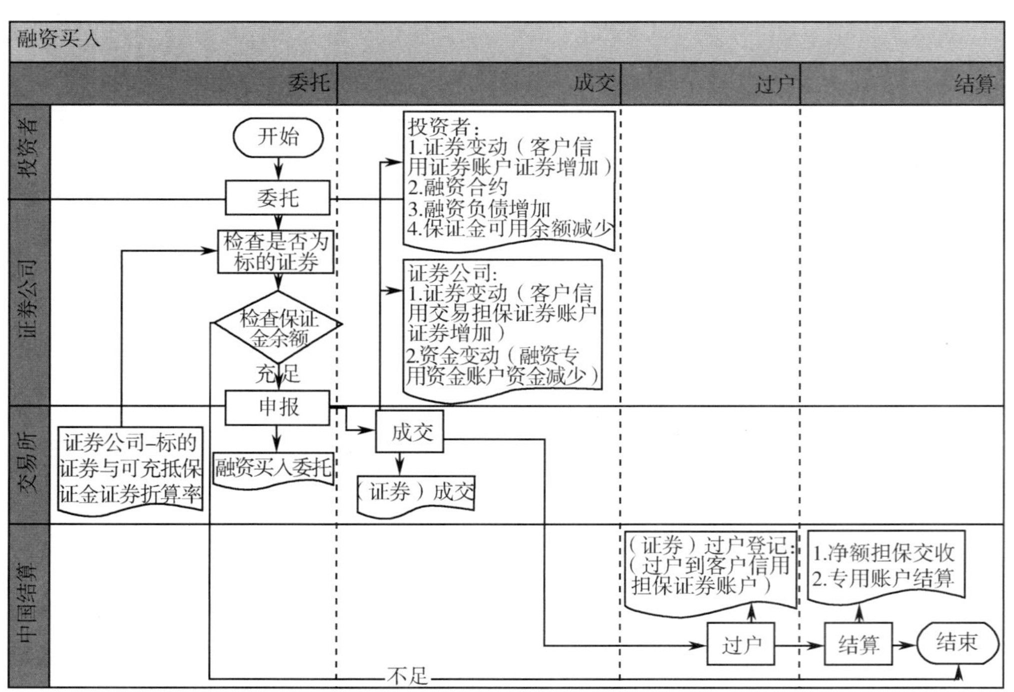

图 7　业务流程图样例

7.3 数据项梳理

参照业务流程图，对每个业务环节梳理和提炼数据项，并根据数据项的业务特征进行分类。梳理结果示例如图 8 所示。

品种	行为	过程	业务环节	业务数据类	数据项中文名称	数据项英文名称	数据层次	复合类型	详细定义	取值与公式	是否引用代码表	数据类型	数据长度	参考资料	备注
融资融券	融资买入	成交	成交	（融资融券）成交	证券成交编号		原子数据								
				（融资融券）成交	成交日期		原子数据								
				（融资融券）成交	成交时间		原子数据								
				（融资融券）成交	证券交易代码		原子数据								
				（融资融券）成交	买方证券账户编码		原子数据								
				（融资融券）成交	买方证券委托编号		原子数据								
				（融资融券）成交	证券交易单元标识		原子数据								
				（融资融券）成交	卖方证券账户编码		原子数据								
				（融资融券）成交	卖方证券委托编号		原子数据								
				（融资融券）成交	成交价格		原子数据								
				（融资融券）成交	成交数量		原子数据								
				（融资融券）成交	成交金额		原子数据								
融资融券	融资买入	成交	成交	融资买入合约	融资开仓单据号码		原子数据								
				融资买入合约	发生日期		原子数据								
				融资买入合约	发生时间		原子数据								
				融资买入合约	证券公司编码		原子数据								

图 8 数据项提取样例

7.4 数据模型设计

数据模型设计步骤如下：

a） 针对全部业务流程中梳理出的数据项分类，按照合并同类项的原则进行聚合，形成独立的数据实体；

b） 根据业务的关联度，构建实体与实体之间的关系；

c） 以实体关系图的形式对模型进行描述和表达。

模型设计结果示例如图 9 所示。

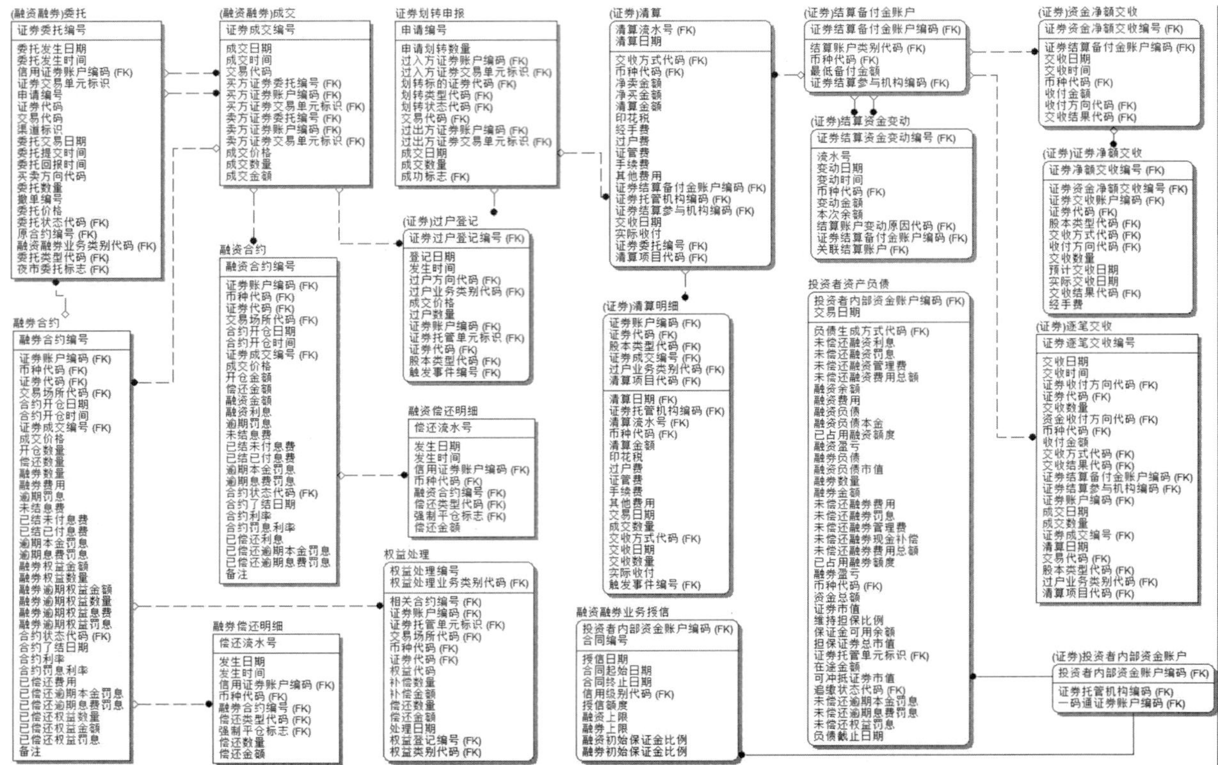

说明：

——● 标识关系，当一个外键从父实体迁移到子实体的主键区域，在两个实体之间就形成了一个标识关系，标识关系用连接两个实体间的实线表示

◇----● 非标识关系，当一个外键从父实体迁移到子实体的非主键区域，在两个实体之间就形成了一个非标识关系，非标识关系用连接两个实体间的虚线表示

图 9　融资融券实体关系

7.5　模型验证

以现有的业务系统作为回归验证的对象，检查模型对业务系统全部数据范围的涵盖情况。主要考察模型符合实际业务的情况，包括对现有业务的覆盖情况和对未来业务的兼容性，通过实际系统对理论模型进行验证。

8　监管部分设计方法

8.1　概述

监管部分主要采用“监管主题 / 监管方式”（Theme/Method，T/M）方法，以相关法律法规为基础，遵循有法可依的原则，构建监管模型。

8.2　方法描述

依照法律法规，对监管对象（如会计师事务所）、监管主题（如获取证券期货业资格）、监管方式

（如行政许可）进行三维分析，并在此基础上梳理出对应监管流程及相关信息，从而得出监管模型。

监管数据梳理空间 =T × M，其中，T=I × B × V。

其中，T（Theme），监管主题

M（Method），监管方式

I（Identity），监管主体

B（Business），监管业务

V（Variety），品种

T/M 方法的原理如图 10 所示。

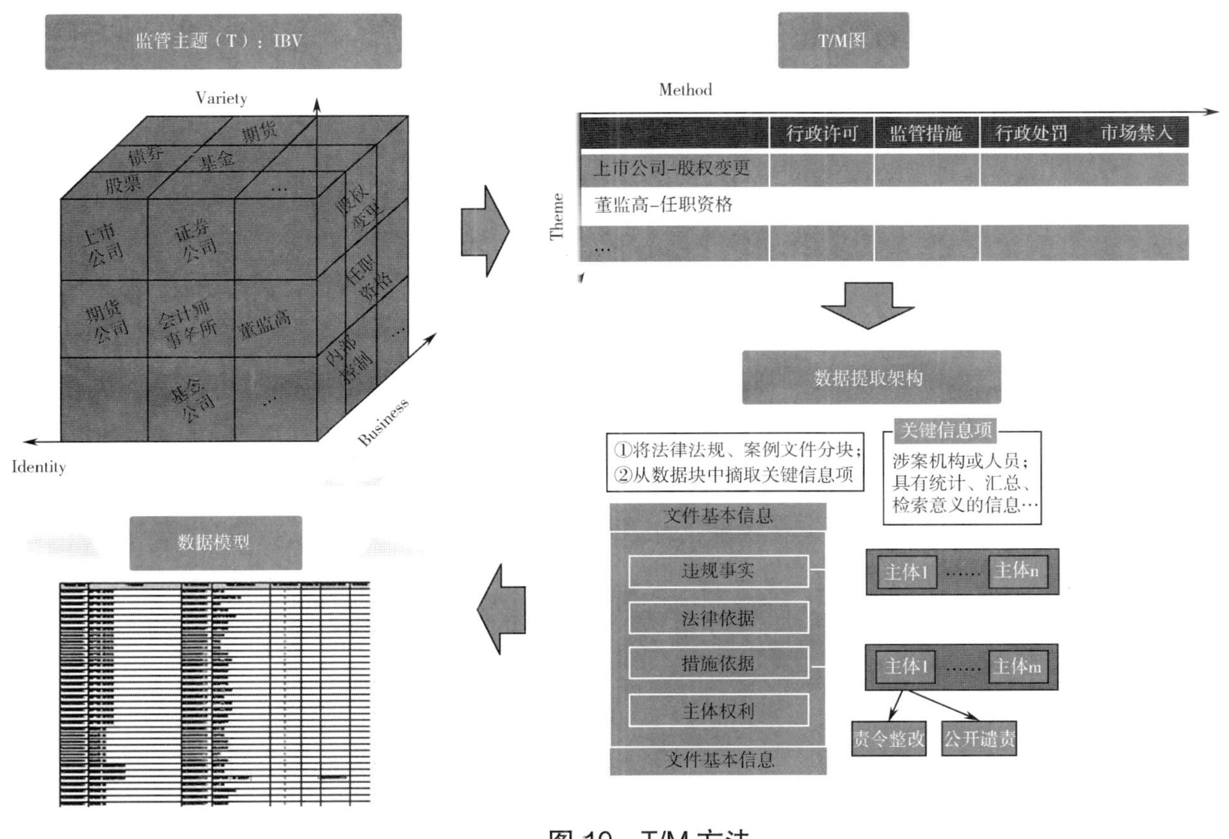

图 10　T/M 方法

8.3　步骤简述

T/M 梳理方法用四个步骤梳理出监管模型：

a）参考行业抽象模型主体部分梳理监管主体（I），针对每个主体梳理相应监管业务（B）及涉及品种（V），I × B × V 交汇的点即为监管主题（T）；

b）按事前、事中、事后梳理监管方式（M）；

c）T 与 M 正交展开遍历，针对 T × M 的每个项，根据法律法规及详细案例梳理监管流程，并依据数据提取架构找出每个流程相关数据集；

d）根据模型设计方法，按每个监管方式，提取公共的流程和公共的数据表、数据项。

8.4 模型验证

考察监管部分模型符合实际业务的情况，包括对现有业务的覆盖情况和对未来业务的兼容性。

以数个有代表性的业务为例，对模型进行检验，检查该业务在模型中的体现情况，业务中涉及的数据项、数据对象的整理提炼情况。

9 信息披露部分设计方法

9.1 概述

信息披露部分主要采用 T4R（Templete Reflect Refine Recombine Regress，T4R）方法。该方法是采用基于信息披露模板的模型梳理方法，包括模板（Templete）、映射（Reflect）、提炼（Refine）、重组（Recombine）、回归（Regress）五个重要环节。其中模板是信息披露的基础，映射基于模板制定出语义独立的数据表，进一步提炼出原子、复合数据及可复用数据表，重组后进行逻辑推演和测试验证，经多次迭代后形成最终的披露信息模型。各环节的关系如图 11 所示。

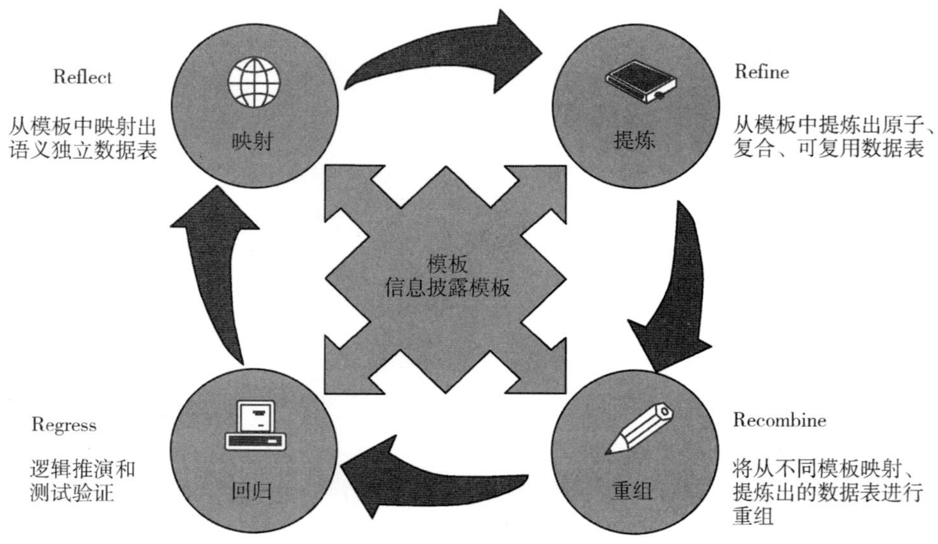

图 11　披露模型各环节关系

9.2 模板（Template）

模板是信息披露内容的具体体现，构建模板，首先以统一的主体和品种分类为依据，结合主体和品种运行周期，分别整理归纳和信息披露有关的法律法规，将梳理出的信息披露业务规则和要求进行规范后形成的文档即为信息披露模板，如图 12 所示。

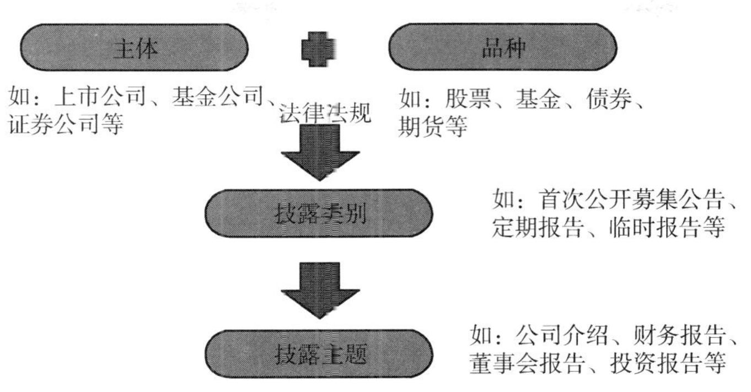

图 12 信息披露模板

模板用于全程指导后续的信息披露流程的各个环节应用。通常情况下，一种信息披露业务对应一个信息披露模板，模板由标题、段落、文字和表格构成，既对业务科目作出了定义，也对业务科目产生的场景进行了描述。

模板中的业务科目和表格可被复用，业务含义相同的科目和完全一致的表格，按照先提出先定义的原则，只定义一次，后续定义的模板只对此科目进行引用，而不进行重复定义。模板是信息披露模型梳理和创建的起点和依据，通过后续的建模方法，完成信息披露模板和标准到信息模型的转换。

9.3 映射 (Reflect)

在选定信息披露模板后，对模板的结构进行梳理，定义出语义独立数据表，以及数据表间的多层次构成关系。如：一般企业上市公司年报包括董事会报告、监事会报告、财务报告等，其中财务报告包括审计报告、财务报表、财务报表附注等。

语义独立数据表可面向应用进行建模指导，它可由其他语义独立数据表、可复用数据表、复合数据、原子数据共同组成。以一般企业合并财务报表为例，根据业务梳理出的具体组成，如图 13 所示。

语义独立数据表编码	语义独立数据表中文名称	成员数据编码	成员数据中文名称	成员数据层次	数据重定义说明
D4FR101100	财务报表（一般企业合并）	D4FR101110	资产负债表（一般企业合并）	4	沿用
D4FR101110	资产负债表（一般企业合并）	C3FR100010	资产负债表	3	沿用
D4FR101110	资产负债表（一般企业合并）	C3FR100050	报告信息表	3	沿用
D4FR101110	资产负债表（一般企业合并）	D1FR000123	报告数据日期	1	沿用
D4FR101110	资产负债表（一般企业合并）	D1FR000084	资产负债表一般企业合并标识	1	沿用
D4FR101110	资产负债表（一般企业合并）	D2FR000001	货币资金	2	沿用
D4FR101110	资产负债表（一般企业合并）	D2FR000002	结算备付金	2	沿用
D4FR101110	资产负债表（一般企业合并）	D2FR000003	拆出资金	2	沿用
D4FR101110	资产负债表（一般企业合并）	D2FR000005	应收票据	2	沿用
D4FR101110	资产负债表（一般企业合并）	D2FR000006	应收账款	2	沿用
D4FR101110	资产负债表（一般企业合并）	D2FR000007	预付款项	2	沿用

图 13 一般企业合并财务报表组成样例

9.4 提炼（Refine）

9.4.1 通用维度的设计

提炼原子数据的工作，是在每个模板内根据披露信息的业务含义，提炼出不需要再分的最小数据单元。

在信息披露的规范要求中，对于数据的报表类型、数据状态、分级类别等背景信息，采用通用维度的形式标注，同一份报告中不同背景信息的数据通过通用维度加以标注和区分。

在模型定义中对于多背景信息的原子数据、复合数据采用“原子或复合数据 [维度]”的形式标注。例如：基金信息披露中“下属分级基金的基金简称”的通用维度标注形式，如图 14 所示。

基金名称[12]	（0009）		
基金简称	（0011）		
基金主代码[13]	（0012）		
基金代码[14]	（0014）/（0015）		
基金动作方式[15]	（0017）		
基金合同生效日	（0018）		
基金管理人	（0186）		
基金托管人	（0213）		
报告期末基金份额总额	（1702）		
基金合同存续期	（0023）		
基金份额上市的证券交易所（若有[16]）	（0120）		
上市日期（若有）	（0121）		
下属分组基金的基金简称[17]	（0011）	（0011）	（0011）
下属分级基金的交易代码	（0012）/ （0014）/ （0015）	（0012）/ （0014）/ （0015）	（0012）/ （0014）/ （0015）
报告期末下属分级基金的份额总额	（1702）	（1702）	（1702）

→ D5FD000110 [D5GD030000]

图 14 “下属分级基金的基金简称”通用维度设计

9.4.2 原子数据梳理

根据以下原则对原子数据的粒度适当性进行判断：

——财务类数据以财务报表及财务报表附注中的独立财务科目以及相关的独立概念为原子数据；

——非财务数据选择具有统计与分析价值的概念作为原子数据，当一个概念理论上可细分但其细分概念不具有统计与分析价值的时候，则不再细分；

——当信息披露相关法律法规明确列举一项需披露的内容时，该项内容至少应被定义为一个原子数据，如有进一步细分的必要时可定义为复合数据。

注：上述细分原则中列举的财务类数据，由于大多数可由计算得到，因此可能被定义为复合数据。

原子数据样例如图 15 所示。

*编码	*中文名称	*英文名称	详细定义	*数据层次	复合类型	取值与公式	枚举值编码	*数据类型	格式定义	*层级代码	引用类别	被引用项编码	引用说明
D5GD010000	报表类型	Report Type	报表类型	1			DIM7100	E		C			
D5GD020000	数据状态	Data Status	数据状态	1			DIM7200	E		C			
D5GD030000	分级类别	Classification Dype	分组类别	1			DIM7300	E		C			
D5GD040000	所有者权益维度	Equity Member	所有者权益维度	1			DIM7400	E		C			
D5GD040100	归属于母公司所有者权益维度	Equity Attribuable To Owners Of Parent Member	归属于母公司所有者权益维度	1			DIM7410	E		C			

图 15　原子数据样例

9.4.3　复合数据梳理

复合数据的梳理工作方法是在原子数据梳理的基础上，把可以通过计算、构成以及其他因素加工而成的数据识别出来，确定为复合数据。

财务数据以复合数据为主。

复合数据样例如图 16 所示。

基础属性								技术属性		
*编码	*中文名称	英文名称	数据层次	*复合类型	*详细定义	取值与公式	引用代码编号	*数据类型	数据长度	格式定义
D2FR000001	货币资金	Bank Balances And Cash	2	计算类复合	企业会计准则 33 号《合并财务报表》			N	(38.4)	
D2FR000002	结算备付金	Settlement Reserve	2	计算类复合	企业会计准则 30 号《财务报表列报》			N	(38.4)	
D2FR000003	拆出资金	Due From Banks And Other Financial Instiutions	2	计算类复合	企业会计准则 30 号《财务报表列报》			N	(38.4)	
D2FR000004	交易性金融资产	Financial Assels Held For Trading	2	计算类复合	企业会计准则 33 号《合并财务列表》			N	(38.4)	
D2FR000005	应收票据	Notes Receivable	2	计算类复合	企业会计准则 30 号《财务报表列报》			N	(38.4)	
D2FR000006	应收账款	Accotnts Rceeivable	2	计算类复合	企业会计准则 30 号《财务报表列报》			N	(38.4)	
D2FR000007	预付款项	Advances To Suppliers	2	计算类复合	企业会计准则 30 号《财务报表列报》			N	(38.4)	
D2FR000008	应收保费	Premium Receivable	2	计算类复合	企业会计准则 30 号《财务报表列报》			N	(38.4)	
D2FR000009	应收分保账款	Amounts Due From Reinsurers	2	计算类复合	企业会计准则 30 号《财务报表列报》			N	(38.4)	
D2FR000010	应收分保合同准备金	Reinsurance Contract Reserve Receivable	2	计算类复合	企业会计准则 30 号《财务报表列报》			N	(38.4)	
D2FR000011	应收利息	Interest Receivable	2	计算类复合	企业会计准则 30 号《财务报表列报》			N	(38.4)	
D2FR000012	应收股利	Dividends Receivable	2	计算类复合	企业会计准则 30 号《财务报表列报》			N	(38.4)	
D2FR000013	其他应收款	Other Receivables	2	计算类复合	企业会计准则 30 号《财务报表列报》			N	(38.4)	
D2FR000014	买入返售金融资产	Financial Assets Purchased Under Agreements To Resell	2	计算类复合	企业会计准则 30 号《财务报表列报》			N	(38.4)	
D2FR000015	存货	Inventories	2	计算类复合	企业会计准则 30 号《财务报表列报》			N	(38.4)	
D2FR000016	一年内到期的非流动资产	Current Portion Of Non Current Assets	2	计算类复合	企业会计准则 30 号《财务报表列报》			N	(38.4)	

图 16　复合数据样例

9.4.4　可复用数据表梳理

可复用数据表梳理工作是在相同主体或相同类别的模板范围内，对每个模板内容进行分析，对相关的语义上独立的数据表进行抽象与归纳，提炼出逻辑上可复用的数据表。

在数据提炼阶段，暂不考虑跨披露主体和模板的复用问题，关注重点在于单一模板内的可复用性。在信息披露实践中会出现同一内容在多处表现的情况，在单一模板内的原子数据和复合数据不能出现重复定义的情况。

可复用数据表样例如图 17 所示。

* 编码	* 中文名称	* 英文名称	* 详细定义	* 数据层次	* 层级代码	引用类别	被引用项编码	引用说明
T5FR100010	资产负债表	Balance Sheet	资产负债表	3	C			
T5FR100020	利润表	Income Statement	利润表	3	C			
T5FR100030	现金流量表	Cash Flow Statements	现金流量表	3	C			
T5FR100040	所有者权益表	Statement Of Changes In Equity	所有者权益表	3	C			
T5FR100050	报告信息表	Report Information	报告信息相关信息表	3	C			

图 17　可复用数据表样例

9.5　重组（Recombine）

从模板映射出语义独立数据表，提炼出原子数据、复合数据、可复用数据表后，不同披露主题、产品的披露模板中仍然存在一定的共性内容，应对比其共性内容进一步识别和提炼可复用的数据表，识别业务含义相同的原子数据和复合数据，替换模型中的相应元数据定义，使得同一业务含义的数据只定义一次。

从模板映射和提炼出来的可复用数据表、语义独立的数据表均属于根据模板梳理的“展示”层面的模型，这些表和原子数据、复合数据的对应关系也属于“展示”层面，实际存储层面应根据数据之间的关系对这些数据进行重新组织，确定原子数据、复合数据的表存储结构，并确定表间关系以及主键。

9.6　回归（Regress）

对于已经分析得出的信息披露模型，应对其进行回归验证。信息披露模型回归验证方法包括逻辑推演和测试验证两种方式：

a） 逻辑推演：深入分析信息披露业务的原始需求，罗列信息披露业务的场景与流程，推演信息披露模型对现有业务需求的适用性，以及对未来可能业务需求的兼容性；

b） 测试验证：通过搭建原型测试系统，测试验证模型对典型信息披露业务的场景与流程的适应性，覆盖典型信息披露业务的全部数据范围以及数据之间的关系，能够方便、高效地承载信息披露业务的数据与应用。

通过回归验证的内容，纳入最终的信息披露模型。未能通过回归验证的内容，应重新按照梳理方法进行梳理，直至通过回归验证。

9.7　步骤简述

披露部分模型设计步骤如下：

a） 针对全部模板中梳理出的数据项分类，按照合并同类项的原则进行聚合，形成独立的数据实体；

b）根据业务的关联度，构建实体与实体之间的关系；

c）模型以图形加表格的形式作为主要的描述方法。

10 元语定义

10.1 各层次数据元语定义

10.1.1 数据元语定义

数据包括原子数据和复合数据，数据元语包括基础属性及技术属性和复合逻辑属性两大类，其中原子数据具有基础属性及技术属性，复合数据具有复合逻辑属性，数据元语及元语描述如表 1 所示。

表 1 数据基础属性及技术属性

元语类别	元语	元语描述
基础属性	编码 [a]	XXXXXXXXXX： 第一位：字符型，长度 1 位，代表数据和表分类（D 数据，T 表） 第二位：字符型，长度 1 位，用于梳理过程中分配给不同的小组以便协同工作，“0” 分配给公共主题，“1” 和 “2” 分配给交易组主题，“3” 和 “4” 分配给监管组，“5” 和 “6” 分配给披露组，其他暂不使用 第三到十位：字符型，长度 8 位，由字母和数字组成，表示顺序编码
	中文名称 [a]	X[100] 字符型，长度不超过 100
	英文名称 [a]	X[300] 字符型，长度不超过 300 使用驼峰命名法，即：每个单词的首字母大写，只允许出现大小写字母、数字和 “_”（英文下划线）填写此项
	详细定义	X[1000] 字符型，长度不超过 1000 用于对该原子数据进行详细的描述 对于约定俗成的常识概念，可以不填写
	数据层次 [a]	X[1] 字符型，长度 1 位，含义如下： —1 表示原子数据 —2 表示复合数据
	复合类型	X[1] 字符型，长度 1 位，含义如下： —1 结构性复合 —2 计算类复合 —3 离散型复合 （对于复合数据此项为必填项）
	取值与公式	X[1000] 字符型，长度不超过 1000 用于表示数据的统计口径、取值范围、枚举类型等 （对于复合数据此项为必填项）
	枚举值编码	X[7] 字符型，应符合表 7 代码表编码元语描述。（当数据项为代码时，此项为必填项）

续表

元语类别	元语	元语描述
技术属性	数据类型[a]	X[1] 字符型，长度 1 位 如：C 字符型、B 布尔型、N 数值型、D 日期型、T 日期时间型、E 枚举型 数据类型定义应符合附录 A
	格式定义	针对某种特定数据类型的格式定义和约束 如：D 日期型 [YYYYMMDD]
	层级代码[a]	X[5] 字符型，长度 5 位，含义如下： 用于表示模型中的层次 —C 代表行业公共部分;—T 代表交易公共部分 —R 代表监管公共部分;—D 代表披露公共部分 T0001–T9999 代表某一交易类特定的应用编码 R0001–R9999 代表某一监管类特定的应用编码 D0001–D9999 代表某一披露类特定的应用编码 应用编码和应用名称由交易、监管、披露分别对各自部分进行维护
	引用类别	X[1] 字符型，长度 1 位，含义如下： 用于描述该数据引用其他数据的类别 —1 具象引用 —2 应用引用 —3 同义引用 引用类别定义应符合附录 B
	被引用项编码	XXXXXXXXXX 字符型，应符合表 1 中对编码的元语描述 当引用类别非空时，此项必填
	引用说明	X[1000] 字符型，长度不超过 1000 用于表示数据间引用关系的说明
	参考数据级别	X[10] 字符型，长度不超过 10，含义如下： 用于表示数据的定级，即数据重要程度的标识，一般使用等级描述标识进行描述 —1 4 级（极高）：数据主要用于行业内大型或特大型机构中的重要业务使用，一般针对特定人员公开，且仅为应知悉的对象访问或使用 —2 3 级（高）：数据用于重要业务使用，一般针对特定人员公开，且仅为应知悉的对象访问或使用 —3 2 级（中）：数据用于一般业务使用，一般针对受限对象公开，一般指内部管理且不宜广泛公开的数据 —4 1 级（低）：数据一般可被公开或可被公众获知、使用
a 为必填项		

复合逻辑属性用于说明复合数据项与原子数据项之间的一对多的逻辑关系，如表 2 所示。

表 2　数据复合逻辑属性

元语类别	元语	元语描述
复合逻辑属性	复合数据编码[a]	按照“基础属性 – 编码”
	复合关系序号[a]	X[1] 数字型，长度 1 位，编号为 1–9，用于表示某一复合属性下的每一种复合关系，每个复合数据的关系序号不连续
	中文名称	按照“基础属性 – 中文名称”。

续表

元语类别	元语	元语描述
复合逻辑属性	成员数据编码[a]	按照"基础属性－编码" 用于建立复合数据与成员（原子或复合）数据之间的对应关系
	成员数据中文名称	按照"基础属性－中文名称"
a 为必填项		

10.1.2 表元语定义

表包括可复用数据表和语义独立数据表，表元语包括基础属性、组成属性、表内关系属性和表间关系属性，表元语及元语描述如表 3 所示。

表 3 表基础属性

元语类别	元语	元语描述
基础属性	编码[a]	XXXXXXXXXX 第一位：字符型，长度 1 位，代表数据和表分类（D 数据，T 表） 第二位：字符型，长度 1 位，用于梳理过程中分配给不同的小组以便协同工作，"0"分配给公共主题，"1"和"2"分配给交易组主题，"3"和"4"分配给监管组，"5"和"6"分配给披露组，其他暂不使用 第三到十位：字符型，长度 8 位，由字母和数字组成，表示顺序编码
	中文名称[a]	X[100] 字符型，长度不超过 100
	英文名称[a]	X[100] 字符型，长度不超过 100
	详细定义[a]	X[1000] 字符型，长度不超过 1000 用于对该表进行详细的描述
	数据层次[a]	X[1] 字符型，长度 1 位，含义如下： —3 表示可复用数据表 —4 表示语义独立数据表
	层级代码[a]	X[5] 字符型，长度 5 位，含义如下： 用于表示模型中的层次 —C 代表行业公共部分 —T 代表交易公共部分 —R 代表监管公共部分 —D 代表披露公共部分 T0001–T9999 代表某一交易类特定的应用编码 R0001–R9999 代表某一监管类特定的应用编码 D0001–D9999 代表某一披露类特定的应用编码 应用编码和应用名称由交易、监管、披露分别对各自部分进行维护
	引用类别	X[1] 字符型，长度 1 位，含义如下： 用于描述该数据表引用其他数据表的类别 —4 继承 引用类别定义应符合附录 B
	被引用项编码	XXXXXXXXXX 字符型，应符合表 3 中对编码的元语描述 当引用类别非空时，此项必填

续表

元语类别	元语	元语描述
基础属性	引用说明	X[1000] 字符型，长度不超过 1000 用于表示数据间引用关系的说明
a 为必填项		

组成属性表用于描述表的组成成员，以及成员与其他被引用项之间的关系表，如表 4 所示。数据表可由原子数据、复合数据或者被引用的表组合而成。

表 4　表组成属性

元语类别	元语	元语描述
组成属性	数据表编码[a]	按照“基础属性 – 编码”
	中文名称[a]	按照“基础属性 – 中文名称”
	成员数据编码[a]	按照“基础属性 – 编码” 用于建立可复用数据表与成员（原子、复合或可复用）数据之间的对应关系
	成员数据中文名[a]	按照“基础属性 – 中文名称”
	成员数据层次[a]	X[1] 字符型，长度 1 位，含义如下： —1 原子数据 —2 复合数据 —3 可复用数据表 —4 语义独立数据表
	引用类别	X[1] 字符型，长度 1 位，含义如下： 用于表示该数据表的组成成员与被引用项之间的关系 —1 具象引用 —2 应用引用 —3 同义引用 引用类别定义应符合附录 B
	被引用项编码	XXXXXXXXXX 字符型，应符合表 1 中对编码的元语描述；当引用类别非空时，此项必填
	引用说明	X[1000] 字符型，长度不超过 1000 用于描述引用关系
a 为必填项		

表内关系属性用于描述各表内的各数据之间的关系，如表 5 所示。

表 5　表内关系属性

元语类别	元语	元语描述
表内关系属性	数据表编码[a]	按照“基础属性 – 编码”
	中文名称[a]	按照“基础属性 – 中文名称”
	表内关系序号[a]	X[2] 为顺序号，由 00–99 每个数据表的关系序号不连续
	表内关系说明[a]	X[1000] 字符型，长度不超过 1000 用于对表内逻辑关系进行详细的描述
a 为必填项		

表间关系属性用于描述表与表之间的关系，如表6所示。

表6 表间关系属性

元语类别	元语	元语描述
表间关系属性	数据表编码[a]	按照"基础属性－编码"
	中文名称[a]	按照"基础属性－中文名称"
	表间关系序号[a]	X[2]为顺序号，∃00–99 每个数据表的关系序号不连续
	表间关系说明[a]	X[1000] 字符型，长度不超过1000 用于对表间逻辑关系进行详细的描述
a为必填项		

10.2 代码元语定义

代码用于描述某些在取值上具有枚举特征的原子数据、复合数据的取值范围及内容。代码分为公共代码和交易、监管及信息披露专用代码，代码表元语包括基础属性及代码取值属性两部分，代码表基础属性如表7所示。

表7 代码表基础属性

元语类别	元语	元语描述
基础属性	代码表编码[a]	XXXXXXX 第一位到第三位：字符型，长度3位，固定为"DIM"用于标识代码类数据表 第四位到第七位：数值型，长度4位，顺序编号，由0001–9999；公共代码可用区间为0001–0999，交易类可用区间为1000–3999，监管类可用区间为4000–6999，信息披露类可用区间为7000–9999
	中文名称[a]	X[100] 字符型，长度不超过100
	上级代码表编码[a]	
	代码表说明[a]	X[1000] 字符型，长度不超过1000 用于该代码表的描述
	参照标准	代码定义参考的相关标准或文件
	备注	X[1000] 字符型，长度不超过1000 用于说明代码及其取值的适用范围及其他关系说明
a为必填项		

代码取值属性如表8所示。

表8 代码取值属性

元语类别	元语	元语描述
取值属性	代码表编码[a]	XXXXXXX 第一位到第三位 字符型，长度3位，固定为"DIM"用于标识代码类数据表； 第四位到第七位：数值型，长度4位，顺序编号，由0001–9999；公共代码可用区间为0001–0999，交易类可用区间为1000–3999，监管类可用区间为4000–6999，信息披露类可用区间为7000–9999

续表

元语类别	元语	元语描述
取值属性	代码表中文名称[a]	X[100] 字符型，长度不超过 100
	代码取值编码[a]	X[10] 长度 10 位，用于描述代码表中各取值 采用分级编码，每两位表示一个层级，由 01-99
	代码取值描述[a]	X[100] 字符型，长度不超过 100 用于该代码的取值的含义
	备注	X[1000] 字符型，长度不超过 1000 用于说明代码取值的适用范围及其他关系说明
a 为必填项		

11 产出物说明

根据抽象模型设计方法论，以元语定义为基础，按照公共、交易、监管、披露四个部分梳理形成了数据模型产出成果，包括实体、属性、代码等。这些模型产出成果通过专门的数据模型管理平台进行存储及管理，并提供了浏览、查询、修改、删除、评审等功能。证券期货业数据模型管理平台的访问地址为 http：//sdom.csisc.cn。

附录 A
（规范性附录）
数据类型

A.1　字符型：C

字符型（Character）数据是不具备计算能力的文字数据类型，用字母 C 表示。

字符型数据包括中文字符、英文字符、数字字符和其他 ASC Ⅱ字符及其他不同语种的字符。

A.2　布尔型：B

布尔型（Boolean）数据表示条件的有效性，用字母 B 表示。

它的值只有两个：false（假）和 true（真）。false 的序号为 0，true 的序号是 1。

A.3　数值型：N

数值型（Numeric）数据是表示数量、可以进行数值运算的数据类型，用字母 N 表示。

数值型数据由数字、小数点、正负号和表示乘幂的字母 E 组成。

A.4　日期型：D

日期型（Date）数据是表示日期的数据类型，到年 / 月 / 日，用字母 D 表示。

A.5　时间型：T

时间型（Time）数据是表示时间的数据类型，到时 / 分 / 秒，用字母 T 表示。

A.6　枚举型：E

枚举型（Enum）数据是指将变量的值一一列出来，变量的值只限于列举出来的值的范围，用字母 E 表示。

附录 B
（规范性附录）
引用类别

B.1 具象引用

引用项与被引用项名称不同、语义的核心内容相同、语法相同，被引用项的取值范围在引用项的取值范围进行了缩小。

语法涉及计算公式、数据类型、格式定义，语义涉及取值范围、详细定义。

B.2 应用引用

引用项与被引用项名称不同、语义上限定了特别的应用场景、语法相同，引用项与被引用项计算方式及基本公式相同。

B.3 同义引用

引用项与被引用项名称不同、语义完全一致、语法相同。

B.4 继承引用

用于描述两个数据表之间的关系，二者语义不同；引用项必须包含被引用项的所有元语定义及成员，并增加了被引用项所没有的元语定义及成员。

参考文献

[1] GB/T 35964—2018 证券及相关金融二具　金融工具分类（CFI 编码）
[2] JR/T 0124—2014 金融机构编码规范

ICS 03.060
A11

JR

中华人民共和国金融行业标准

JR/T 0160—2018

期货市场客户开户数据接口

Futures market account data interface

2018-09-27发布　　2018-09-27实施

中国证券监督管理委员会　发布

目　次

前　　言

本标准依据 GB/T 1.1—2009 中的规则起草。

本标准由中国期货市场监控中心有限责任公司提出。

本标准由全国金融标准化技术委员会（SAC/TC180）归口。

本标准起草单位：中国证券监督管理委员会信息中心、中国期货市场监控中心有限责任公司、上海期货信息技术有限公司。

本标准主要起草人：张野、刘铁斌、周云晖、刘叶青、李向东、鄢强、谢晨、刘世源、余薇、林琳、刘涛、石晶晶、齐向明、袁彦明。

期货市场客户开户数据接口

1 范围

本标准规定了期货市场客户资料数据在各参与主体之间交换的接口定义，包括数据字典和报文结构。

本标准适用于期货市场客户资料交换时的系统接口、界面、数据库设计和软件开发。

2 规范性引用文件

下列文件对于本文件的应用是必不可少的。凡是注日期的引用文件，仅所注日期的版本适用于本文件。凡是不注日期的引用文件，其最新版本（包括所有的修改单）适用于本文件。

GB/T 2260—2002 中华人民共和国行政区划代码。

GB/T 2659—2000 世界各国和地区名称代码。

GB/T 4754—2011 国民经济行业分类。

GB 11643—1999 公民身份证号码。

GB/T 12402—2000 经济类型分类与代码。

GB/T 12406—2008 货币和资金的代码。

GB/T 14805.1—2007 行政、商业和运输业电子数据交换（EDIFACT）应用级语法规则（语法版本号：4，语法发布号：1）第 1 部分：公用的语法规则。

GB/T 18793—2002 信息技术 可扩展置标语言（XML）1.0。

GB 32100—2015 法人和其他组织统一社会信用代码编码规则。

JR/T 0124—2014 金融机构编码规范。

3 术语和定义

GB/T 14805.1—2007 界定的以及下列术语和定义适用于本文件。为了便于使用，以下重复列出了 GB/T 14805.1 中的某些术语和定义。

3.1

报文 message

一个已标识、命名和结构化的在功能上相互关联的段的集合，它涵盖某一特定交易类型的需求（如发票），并在报文规范中说明。一个报文用报文头开始，用报文尾结束。在传送中，报文是一个具体的、符合报文规范的段的有序集合。

[GB/T 14805.1—2007，4.66]

3.2

数据表 data table

一个语义独立数据表，是由原子数据、复合数据或可复用数据表组合而成的集合，用于描述某一特定业务场景。

[证券期货业数据模型（SDOM）4.2.1.3 可复用数据表]

3.3

字段 segment

业务上独立的，并从行业模型构建的角度不需要再分的最小数据单元。

[证券期货业数据模型（SDOM）4.2.1.1 原子数据]

4 缩略语

下列缩略语适用于本文件。

XML 可扩展置标语言（Extensible Markup Language）。

5 概述

期货市场开户数据是期货市场开户机构为客户申请期货市场交易编码、注销交易编码、修改客户资料等业务报送的数据。这些数据由开户机构向开户系统运管机构报送，开户系统运管机构进行校验和审查后转发至期货交易所，期货交易所对数据进行处理后将数据处理结果返回开户系统运管机构，开户系统运管机构把处理结果数据返回开户机构，如图 1 所示。

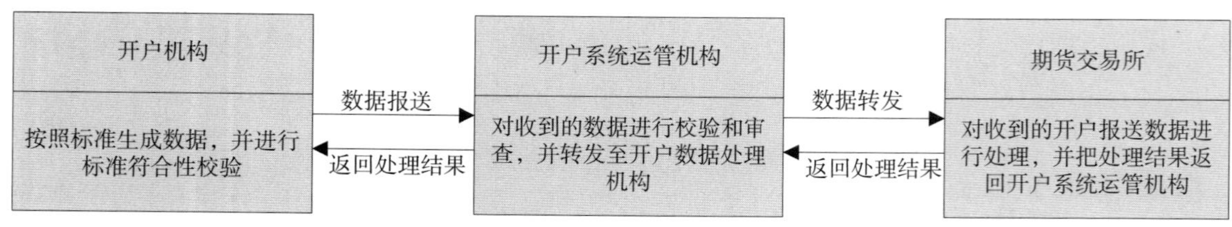

图 1　业务流程

本标准规定的报文由数据表组成，而数据表由字段组成。

6 数据表规范

6.1 属性定义

期货市场开户数据表通过7项属性进行描述，即“序号”“字段标识”“字段中文名”“字段类型”“字段长度”“是否可为空”和“取值代码”。各项属性说明如下：

a） 序号：标识数据表的字段个数。

b） 字段标识：数据表的字段名称，使用英文单词或者英文缩写标识。

c） 字段中文名：字段标识对应的中文字段名。

d） 字段类型：字段类型规定的数据见表1。

e） 字段长度：数据表字段允许的字段最大长度。

f） 是否可为空：数据表字段是否可为空使用Y或N标识。Y表示可为空，N表示不可为空。

g） 取值说明：数据表字段的取值范围，数据格式或者数据来源。

表1 字段类型

标识符	数据类型及描述	示例
C	字符串 字段长度为x，表示该字段最长为x	证件类型代码，C，2
Date	日期，格式为YYYY-MM-DD	2013-01-01
N	数值型 只有一个参数时，如N（n），表示所定义的数字最大可设置n整数；有两个参数时，如N（n，m），表示所定义的数字最大是n位，其中包含m位小数	N（24） N（38，6）

期货市场开户数据表根据其期货交易编码类型代码的不同，分为5类，即个人客户，一般单位客户，交易所自营会员，特殊单位客户，资产管理客户（见表2）。表2对这五种数据表从“期货交易编码类型代码”“期货交易编码类型代码标识”“说明”，和“代码表取值”四个方面进行了描述。其中：

a） 期货交易编码类型代码标识指期货交易编码类型代码对应的英文标识代码。

b） 期货交易编码类型代码指期货交易编码类型代码对应的中文名称。

c） 说明指期货交易编码类型代码对应的中文解释说明。

d） 代码表取值指期货交易编码类型代码在附录A中DM007代码表中的取值。

表2 期货交易编码类型代码定义

期货交易编码类型代码标识	期货交易编码类型代码	说明	值域
G1	个人客户	期货行业个人投资者相关的账户开户业务，包括境内个人客户，绿卡客户，境外个人客户等	见本标准中规定的DM007代码1
G2	一般单位客户	期货行业除金融机构外的一般单位投资者的账户开户业务	见本标准中规定的DM007代码2
G3	交易所自营会员	直接在交易所开户的客户，不通过期货公司开户。本标准暂不涉及	见本标准中规定的DM007代码3

续表

期货交易编码类型代码标识	期货交易编码类型代码	说明	值域
G4	特殊单位客户	期货行业的金融机构投资者的账户开户业务	见本标准中规定的 DM007 代码 4
G5	资产管理客户	期货行业资产管理投资者的账户开户业务。包括一对一资管和一对多资管，其中一对一资管包括资管个人，资管一般单位和资管特法	见本标准中规定的 DM007 代码 5

6.2 客户信息数据

6.2.1 个人客户数据

数据表标识：person_info。

数据表名称：个人客户数据表。

期货交易编码类型代码标识：G1。

数据表说明：个人客户规定的数据如表 3 所示。

表 3 个人客户数据

序号	字段标识	字段中文名	字段类型	字段长度	是否可为空	取值说明
1	clientregion	客户开户地域代码	C	1	Y	见本标准中规定的 DM006 代码
2	foreignclientmode	客户开户模式代码	C	2	Y	见本标准中规定的 DM007 代码
3	clienttype	期货交易编码类型代码	C	1	N	见本标准中规定的 DM008 代码
4	futuresid	期货客户编码	C	16	Y	
5	csdcno	现货市场投资者识别编码	C	20	Y	
6	exchangeid	交易场所代码	C	1	N	见本标准中规定的 DM003 代码
7	companyid	机构编码	C	8	N	见本标准中规定的 DM004 代码
8	fincompanyid	金融机构编码	C	20	N	取值为 JR/T 0124-2014 中的机构编码
9	excompanyid	期货会员编码	C	8	N	
10	exclientidtype	期货投保标志	C	1	N	见本标准中规定的 DM005 代码
11	exclientid	交易所期货客户编码	C	16	Y	开户数据处理机构返回给数据报送机构的期货市场期货客户编码
12	agencyregid	境外经营机构编码	C	10	Y	
13	exagencyregid	期货交易所分配的境外中介机构代码	C	10	Y	
14	clientname	客户名称	C	100	N	
15	nationality	客户国家代码	C	3	N	取值为 GB/T 2659-2000 中规定的 3 字母代码
16	province	客户省代码	C	50	Y	取值为 GB/T 2260-2002 中规定的前两位代码
17	city	市代码	C	50	Y	取值为 GB/T 2260-2002 中规定的前四位代码
18	idtype	证件类型代码	C	2	N	见本标准规定的 DM001 代码
19	id_original	原始输入的证件号码	C	50	N	GB 11643-1999 规定的居民身份号码

续表

序号	字段标识	字段中文名	字段类型	字段长度	是否可为空	取值说明
20	id_transformed	转换后的证件号码	C	50	N	
21	birthday	出生日期	Date	10	N	
22	gender	性别代码	C	1	Y	见本标准中规定的 DM011 代码
23	workunit	任职机构名称	C	100	Y	
24	position	担任职务	C	100	Y	
25	workproperty	个人客户的单位性质代码	C	10	Y	见本标准中规定的 DM012 代码
26	classify	投资者类型代码	C	10	N	见本标准中规定的 DM009 代码
27	compclientid	期货客户保证金账户编码	C	20	N	
28	opendate	开户日期	Date	10	Y	
29	phone_countrycode	联系电话区号－国家代码	C	10	N	取值为电话号码中的国家代码
30	phone_areacode	电话区号－区域代码	C	10	Y	如填写手机号码，“区号”应填写“0”
31	phone_number	区内电话号码	C	30	N	
32	addr_zipcode	邮政编码	C	10	N	
33	addr_country	联系地址国家代码	C	10	N	取值为 GB/T 2659–2000 中规定的 3 字母代码
34	addr_province	联系地址省代码	C	50	N	取值为 GB/T 2260–2002 中规定的前两位代码
35	addr_city	联系地址市代码	C	50	N	取值为 GB/T 2260–2002 中规定的前四位代码
36	addr_address	详细地址描述	C	100	N	
37	email	电子邮箱	C	100	Y	
38	order_name	指定下单人姓名	C	100	N	
39	order_idtype	指定下单人证件类型代码	C	2	N	
40	order_id	指定下单人证件号码	C	50	N	
41	order_nationality	指定下单人国家代码	C	3	Y	取值为 GB/T 2659–2000 中规定的 3 字母代码
42	order_province	指定下单人省代码	C	50	Y	取值为 GB/T 2260–2002 中规定的前两位代码
43	order_city	指定下单人市代码	C	50	Y	取值为 GB/T 2260–2002 中规定的前四位代码
44	order_email	指定下单人电子邮箱	C	100	Y	
45	order_phone_countrycode	指定下单人电话区号－国家代码	C	10	N	
46	order_phone_areacode	指定下单人电话区号－区域代码	C	10	Y	
47	order_phone_number	指定下单人区内电话号码	C	30	N	
48	order_addr_zipcode	指定下单人邮政编码	C	10	N	
49	order_addr_country	指定下单人联系地址国家代码	C	10	N	取值为 GB/T 2659–2000 中规定的 3 字母代码

续表

序号	字段标识	字段中文名	字段类型	字段长度	是否可为空	取值说明
50	order_addr_province	指定下单人联系地址中省代码	C	50	N	取值为 GB/T 2260-2002 中规定的前两位代码
51	order_addr_city	指定下单人联系地址市代码	C	50	N	取值为 GB/T 2260-2002 中规定的前四位代码
52	order_addr_address	指定下单人详细地址描述	C	100	N	
53	fund_name	资金调拨人姓名	C	100	N	
54	fund_idtype	资金调拨人证件类型代码	C	2	N	见本标准规定的 DM001 代码
55	fund_id	资金调拨人证件号码	C	50	N	
56	fund_nationality	资金调拨人国家代码	C	3	N	取值为 GB/T 2260-2002 中规定的前两位代码
57	fund_province	资金调拨人省代码	C	50	Y	取值为 GB/T 2260-2002 中规定的前四位代码
58	fund_city	资金调拨人市代码	C	50	N	
59	fund_email	资金调拨人电子邮箱	C	100	Y	
60	fund_phone_countrycode	资金调拨人电话区号 – 国家代码	C	10	N	
61	fund_phone_areacode	资金调拨人电话区号 – 区域代码	C	10	Y	
62	fund_phone_number	资金调拨人区内电话号码	C	30	N	
63	fund_addr_zipcode	资金调拨人邮政编码	C	10	N	
64	fund_addr_country	资金调拨人联系地址国家代码	C	10	N	取值为 GB/T 2659-2000 中规定的 3 字母代码
65	fund_addr_province	资金调拨人联系地址省代码	C	50	Y	取值为 GB/T 2260-2002 中规定的前两位代码
66	fund_addr_city	资金调拨人联系地址中市代码	C	50	N	取值为 GB/T 2260-2002 中规定的前四位代码
67	fund_addr_address	资金调拨人详细地址描述	C	100	N	
68	bill_name	结算单确认人姓名	C	100	N	
69	bill_idtype	结算单确认人证件类型代码	C	2	N	见本标准规定的 DM001 代码
70	bill_id	结算单确认人证件号码	C	50	N	
71	bill_nationality	结算单确认人国家代码	C	3	N	取值为 GB/T 2659-2000 中规定的 3 字母代码
72	bill_province	结算单确认人省代码	C	50	Y	取值为 GB/T 2260-2002 中规定的前两位代码
73	bill_city	结算单确认人市代码	C	50	N	取值为 GB/T 2260-2002 中规定的前四位代码
74	bill_email	结算单确认人电子邮箱	C	100	Y	
75	bill_phone_countrycode	结算单确认人电话区号 – 国家代码	C	10	N	
76	bill_phone_areacode	结算单确认人联系电话区号 – 区域代码	C	10	Y	

续表

序号	字段标识	字段中文名	字段类型	字段长度	是否可为空	取值说明
77	bill_phone_number	结算单确认人区内电话号码	C	30	N	
78	bill_addr_zipcode	结算单确认人邮政编码	C	10	N	
79	bill_addr_country	结算单确认人联系地址国家代码	C	10	N	取值为 GB/T 2659-2000 中规定的 3 字母代码
80	bill_addr_province	结算单确认人联系地址省代码	C	50	Y	取值为 GB/T 2260-2002 中规定的前两位代码
81	bill_addr_city	结算单确认人联系地址市代码	C	50	N	取值为 GB/T 2260-2002 中规定的前四位代码
82	bill_addr_address	结算单确认人详细地址描述	C	100	N	

6.2.2 一般单位客户数据

数据表标识：organ_info。

数据表名称：一般单位客户数据表。

期货交易编码类型代码标识：G2。

数据表说明：一般单位客户规定的数据如表 4 所示。

表 4 一般单位客户数据

序号	字段标识	字段中文名	字段类型	字段长度	是否可为空	取值代码
1	clientregion	客户开户地域代码	C	1	Y	见本标准中规定的 DM006 代码
2	foreignclientmode	客户开户模式代码	C	2	Y	见本标准中规定的 DM007 代码
3	clienttype	期货交易编码类型代码	C	1	N	见本标准中规定的 DM008 代码
4	futuresid	期货客户编码	C	16	Y	
5	csdcno	现货市场投资者识别编码	C	20	Y	
6	exchangeic	交易场所代码	C	1	N	见本标准中规定的 DM003 代码
7	companyid	机构编码	C	8	N	见本标准中规定的 DM004 代码
8	fincompanyid	金融机构编码	C	20	N	取值为 JR/T 0124-2014 中的机构编码
9	excompanyid	期货会员编码	C	8	N	
10	exclientidtype	期货投保标志	C	1	N	见本标准中规定的 DM005 代码
11	exclientid	交易所期货客户编码	C	16	Y	开户数据处理机构返回给数据报送机构的期货市场期货客户编码
12	agencyregid	境外经营机构编码	C	10	Y	
13	exagencyregid	期货交易所分配的境外中介机构代码	C	10	Y	
14	clientname	客户名称	C	100	N	
15	idtype	证件类型代码	C	2	N	见本标准规定的 DM001 代码
16	nocid	主体识别代码	C	50	N	GB 32100-2015 规定的组织结构代码证号或 18 位统一社会信用代码、税务登记证号 / 纳税 ID、营业执照号码、境外身份证明文件等号码

续表

序号	字段标识	字段中文名	字段类型	字段长度	是否可为空	取值代码
17	licenseno	营业执照号码	C	30	N	GB 32100-2015 规定的组织结构代码证号或 18 位统一社会信用代码、税务登记证号 / 纳税 ID、营业执照号码、境外身份证明文件等号码
18	compclientid	期货客户保证金账户编码	C	20	N	
19	organtype	单位性质代码	C	10	N	见本标准中规定的 DM012 代码
20	taxno	税务登记证号码	C	32	N	
21	registry_currency	注册币种	C	3	Y	取值为 GB/T 12406-2008 中规定的字母代码
22	registrycapital	注册资本金额	N	38	N	
23	businessperiod	经营期限	C	10	Y	
24	registry_addr_country	注册地址国家代码	C	3	Y	取值为 GB/T 2659-2000 中规定的 3 字母代码
25	registry_addr_province	注册地址的省代码	C	50	Y	取值为 GB/T 2260-2002 中规定的前两位代码
26	registry_addr_city	注册地址市代码	C	50	Y	取值为 GB/T 2260-2002 中规定的前四位代码
27	registry_addr_address	注册地址	C	100	Y	
28	classify	投资者类型代码	C	10	N	见本标准中规定的 DM009 代码
29	opendate	开户日期	Date	10	Y	
30	contactperson	联系人	C	100	N	
31	phone_countrycode	电话区号 - 国家代码	C	10	N	取值为电话号码中的国家代码
32	phone_areacode	电话区号 - 区域代码	C	10	Y	
33	phone_number	区内电话号码	C	30	N	
34	addr_zipcode	邮政编码	C	10	N	
35	fax_countrycode	传真国家代码	C	10	Y	取值为电话号码中的国家代码
36	fax_areacode	传真电话区号 - 区域代码	C	10	Y	
37	fax_number	传真号码	C	30	Y	
38	email	单位客户电子邮箱	C	100	Y	
39	website	单位客户网址	C	100	Y	
40	addr_country	联系地址国家代码	C	10	N	取值为 GB/T 2659-2000 中规定的 3 字母代码
41	addr_province	联系地址省代码	C	50	N	取值为 GB/T 2260-2002 中规定的前两位代码
42	addr_city	联系地址市代码	C	50	N	取值为 GB/T 2260-2002 中规定的前四位代码
43	addr_address	详细地址描述	C	100	Y	
44	hasboard	组织架构	C	1	Y	
45	legalperson	法人代表姓名	C	100	N	
46	legal_birthday	法人代表出生日期	Date	10	Y	

续表

序号	字段标识	字段中文名	字段类型	字段长度	是否可为空	取值代码
47	legal_nationality	法人代表国家代码	C	3	Y	取值为 GB/T 2260-2002 中规定的前两位代码
48	legal_province	法人代表省代码	C	50	Y	取值为 GB/T 2260-2002 中规定的前四位代码
49	legal_city	法人代表市代码	C	50	Y	
50	legal_addr_zipcode	法人代表邮政编码	C	10	Y	
51	legal_idtype	法人代表证件类型代码	C	2	Y	见本标准规定的 DM001 代码
52	legal_id	法人代表证件号码	C	50	Y	
53	auth_name	开户代理人姓名	C	100	N	
54	auth_idtype	开户代理人证件类型代码	C	2	N	见本标准规定的 DM001 代码
55	auth_id	开户代理人证件号码	C	50	N	
56	auth_nationality	开户代理人国家代码	C	3	Y	取值为 GB/T 2659-2000 中规定的 3 字母代码
57	auth_province	开户代理人省代码	C	50	Y	取值为 GB/T 2260-2002 中规定的前两位代码
58	auth_city	开户代理人市代码	C	50	Y	取值为 GB/T 2260-2002 中规定的前四位代码
59	auth_email	开户代理人电子邮箱	C	100	Y	
60	auth_phone_countrycode	开户代理人电话区号－国家代码	C	10	N	取值为电话号码中的国家代码
61	auth_phone_areacode	开户代理人电话区号－区域代码	C	10	Y	如填写手机号码，“区号”应填写“0”
62	auth_phone_number	开户代理人区内电话号码	C	30	N	
63	auth_addr_zipcode	开户代理人邮政编码	C	10	N	
64	auth_addr_country	开户代理人联系地址国家代码	C	10	N	取值为 GB/T 2659-2000 中规定的 3 字母代码
65	auth_addr_province	开户代理人联系地址省代码	C	50	N	取值为 GB/T 2260-2002 中规定的前两位代码
66	auth_addr_city	开户代理人联系地址市代码	C	50	N	取值为 GB/T 2260-2002 中规定的前四位代码
67	auth_addr_address	开户代理人详细地址描述	C	100	Y	
68	industryid	行业类别代码	C	12		GB/T 4754-2011 中规定的代码
69	order_name	指定下单人姓名	C	100	N	
70	order_idtype	指定下单人证件类型代码	C	2	N	
71	order_id	指定下单人证件号码	C	50	N	
72	order_nationality	指定下单人国家代码	C	3	Y	取值为 GB/T 2659-2000 中规定的 3 字母代码
73	order_province	指定下单人省代码	C	50	Y	取值为 GB/T 2260-2002 中规定的前两位代码
74	order_city	指定下单人市代码	C	50	Y	取值为 GB/T 2260-2002 中规定的前四位代码

续表

序号	字段标识	字段中文名	字段类型	字段长度	是否可为空	取值代码
75	order_email	指定下单人电子邮箱	C	100	Y	
76	order_phone_countrycode	指定下单人电话区号－国家代码	C	10	N	
77	order_phone_areacode	指定下单人电话区号－区域代码	C	10	Y	
78	order_phone_number	指定下单人区内电话号码	C	30	N	
79	order_addr_zipcode	指定下单人邮政编码	C	10	N	
80	order_addr_country	指定下单人联系地址国家代码	C	10	N	取值为 GB/T 2659–2000 中规定的 3 字母代码
81	order_addr_province	指定下单人联系地址省代码	C	50	N	取值为 GB/T 2260–2002 中规定的前两位代码
82	order_addr_city	指定下单人联系地址市代码	C	50	N	取值为 GB/T 2260–2002 中规定的前四位代码
83	order_addr_address	指定下单人详细地址描述	C	100	N	
84	fund_name	资金调拨人姓名	C	100	N	
85	fund_idtype	资金调拨人证件类型代码	C	2	N	见本标准规定的 DM001 代码
86	fund_id	资金调拨人证件号码	C	50	N	
87	fund_nationality	资金调拨人国家代码	C	3	N	取值为 GB/T 2260–2002 中规定的前两位代码
88	fund_province	资金调拨人省代码	C	50	Y	取值为 GB/T 2260–2002 中规定的前四位代码
89	fund_city	资金调拨人市代码	C	50	N	取值为 GB/T 2260–2002 中规定的前四位代码
90	fund_email	资金调拨人电子邮箱	C	100	Y	
91	fund_phone_countrycode	资金调拨人电话区号－国家代码	C	10	N	
92	fund_phone_areacode	资金调拨人电话区号－区域代码	C	10	Y	
93	fund_phone_number	资金调拨人区内电话号码	C	30	N	
94	fund_addr_zipcode	资金调拨人邮政编码	C	10	N	
95	fund_addr_country	资金调拨人联系地址国家代码	C	10	N	取值为 GB/T 2659–2000 中规定的 3 字母代码
96	fund_addr_province	资金调拨人联系地址省代码	C	50	Y	取值为 GB/T 2260–2002 中规定的前两位代码
97	fund_addr_city	资金调拨人联系地址中市代码	C	50	N	取值为 GB/T 2260–2002 中规定的前四位代码
98	fund_addr_address	资金调拨人详细地址描述	C	100	N	
99	bill_name	结算单确认人姓名	C	100	N	
100	bill_idtype	结算单确认人证件类型代码	C	2	N	见本标准规定的 DM001 代码
101	bill_id	结算单确认人证件号码	C	50	N	

续表

序号	字段标识	字段中文名	字段类型	字段长度	是否可为空	取值代码
102	bill_nationality	结算单确认人国家代码	C	3	N	取值为 GB/T 2659-2000 中规定的 3 字母代码
103	bill_province	结算单确认人省代码	C	50	Y	取值为 GB/T 2260-2002 中规定的前两位代码
104	bill_city	结算单确认人市代码	C	50	N	取值为 GB/T 2260-2002 中规定的前四位代码
105	bill_email	结算单确认人电子邮箱	C	100	Y	
106	bill_phone_countrycode	结算单确认人电话区号 - 国家代码	C	10	N	
107	bill_phone_areacode	结算单确认人电话区号 - 区域代码	C	10	Y	
108	bill_phone_number	结算单确认人区内电话号码	C	30	N	
109	bill_addr_zipcode	结算单确认人邮政编码	C	10	N	
110	bill_addr_country	结算单确认人联系地址国家代码	C	10	N	取值为 GB/T 2659-2000 中规定的 3 字母代码
111	bill_addr_province	结算单确认人联系地址省代码	C	50	Y	取值为 GB/T 2260-2002 中规定的前两位代码
112	bill_addr_city	结算单确认人联系地址市代码	C	50	N	取值为 GB/T 2260-2002 中规定的前四位代码
113	bill_addr_address	结算单确认人详细地址描述	C	100	N	

6.2.3　特殊单位客户数据

数据表标识：specialorgan_info。

数据表名称：特殊单位客户数据表。

期货交易编码类型代码标识：G4。

数据表说明：特殊单位客户规定的数据如表 5 所示。

表 5　特殊单位客户数据

序号	字段标识	字段中文名	字段类型	字段长度	是否可为空	取值代码
1	clienttype	期货交易编码类型代码	C	1	N	见本标准中规定的 DM008 代码
2	futuresid	期货客户编码	C	16	Y	
3	csdcno	现货市场投资者识别编码	C	20	Y	
4	exchangeid	交易场所代码	C	1	N	见本标准中规定的 DM003 代码
5	companyid	机构编码	C	8	N	见本标准中规定的 DM004 代码
6	fincompanyid	金融机构编码	C	20	N	取值为 JR/T 0124-2014 中的机构编码
7	excompanyid	期货会员编码	C	8	N	
8	clientname	特殊单位客户名称	C	100	N	
9	clientname_eng	特殊单位客户英文名称	C	100	N	

续表

序号	字段标识	字段中文名	字段类型	字段长度	是否可为空	取值代码
10	legalperson	法人代表	C	100	N	客户《营业执照》上的法定代表人
11	legal_idtype	法人代表证件类型代码	C	2	N	见本标准规定的 DM001 代码
12	legal_id	法人代表证件号码	C	50	N	
13	legal_phone_countrycode	法人代表电话区号－国家代码	C	10	N	取值为电话号码中的国家代码
14	legal_phone_areacode	法人代表电话区号－区域代码	C	10	Y	如填写手机号码，“区号”应填写“0”
15	legal_phone_number	法人代表区内电话号码	C	30	N	
16	licenseno	营业执照号码	C	30	N	与该客户《营业执照》（正本）上的注册号一致；客户证照为“三证（或五证）合一”的《营业执照》，证照号码为“统一社会信用代码”的，填写“统一社会信用代码”。合格境外机构投资者或人民币合格境外机构投资者填写证券投资业务许可证编码，持有《经营证券期货业务许可证》的，填写该证件记载的境外机构编号
17	nocid	主体识别代码	C	50	N	GB 32100–2015 规定的组织结构代码证号或 18 位统一社会信用代码、税务登记证号 / 纳税 ID、营业执照号码、境外身份证明文件等号码
18	nocid_extracode	附加码	C	50	N	根据业务要求填写
19	organtype	单位性质代码	C	10	N	见标准中规定的 DM012 代码
20	registry_currency	注册币种	C	3	N	取值为 GB/T 12406–2008 中规定的字母代码
21	registrycapital	注册资本金额	N	38	N	
22	addr_zipcode	邮政编码	C	10	N	
23	registry_addr_country	注册地址国家代码	C	10	N	取值为 GB/T 2659–2000 中规定的 3 字母代码
24	registry_addr_province	注册地址的省代码	C	50	N	取值为 GB/T 2260–2002 中规定的前两位代码
25	registry_addr_city	注册地址市代码	C	50	N	取值为 GB/T 2260–2002 中规定的前四位代码
26	registry_addr_address	注册地址	C	100	Y	
27	addr_country	联系地址国家代码	C	10	N	取值为 GB/T 2659–2000 中规定的 3 字母代码
28	addr_province	联系地址省代码	C	50	N	取值为 GB/T 2260–2002 中规定的前两位代码
29	addr_city	联系地址市代码	C	50	N	取值为 GB/T 2260–2002 中规定的前四位代码
30	addr_address	详细地址描述	C	100	Y	
31	classify	投资者类型代码	C	10	N	见本标准中规定的 DM009 代码
32	opendate	开户日期	Date	10	Y	

续表

序号	字段标识	字段中文名	字段类型	字段长度	是否可为空	取值代码
33	ledger_manage_name	分户管理资产名称	C	100	N	根据业务要求填写
34	capital_scale	账户规模	N	38	Y	
35	compclientid	期货客户保证金账户编码	C	20	N	
36	exclientidtype	期货投保标志	C	1	N	见本标准中规定的 DM005 代码
37	exclientid	交易所期货客户编码	C	16	N	
38	exclientidrefname	交易所期货客户编码对应名称	C	100	N	
39	directional_asset_clienttype	定向资产管理期货交易编码类型代码	C	1	Y	见本标准中规定的 DM020 代码
40	ledger_manage_bank	银行编码	C	100	N	见本标准中规定的 DM002 代码
41	ledger_manage_bankacc	银行账户编码	C	32	N	
42	invest_variety	投资品种	C	100	Y	
43	invest_scale	投资比例	C	100	Y	
44	duration_startdate	存续期起始日期	Date	10	Y	
45	duration_enddate	存续期截止日期	Date	10	Y	
46	ledger_contact	分户管理资产负责人姓名	C	100	N	
47	leg_idtype	分户管理资产负责人证件类型代码	C	2	N	见本标准规定的 DM001 代码
48	leg_id	分户管理资产负责人证件号码	C	50	N	
49	leg_phone_countrycode	分户管理资产负责人电话区号－国家代码	C	10	N	取值为电话号码中的国家代码
50	leg _phone_areacode	分户管理资产负责人电话区号－区域代码	C	10	Y	如填写手机号码，“区号”应填写“0”
51	leg _phone_number	分户管理资产负责人区内电话号码	C	30	N	
52	has_share_holders	是否有份额持有人	C	1	N	
53	has_fund_mgr	是否有基金经理	C	1	N	
54	fund_mgr_name	基金经理姓名	C	100	Y	
55	fund_mgr_idtype	基金经理证件类型代码	C	2	Y	
56	fund_mgr_id	基金经理证件号码	C	50	Y	
57	fund_mgr_countrycode	基金经理电话区号－国家代码	C	10	Y	取值为电话号码中的国家代码
58	fund_mgr_areacode	基金经理电话区号－区域代码	C	10	Y	如填写手机号码，“区号”应填写“0”
59	fund_mgr_phone	基金经理区内电话号码	C	30	Y	
60	fund_mgr_addr_country	基金经理联系地址国家代码	C	20	Y	取值为 GB/T 2659-2000 中规定的 3 字母代码
61	fund_mgr_addr_province	基金经理联系地址省代码	C	50	Y	取值为 GB/T 2260-2002 中规定的前两位代码

续表

序号	字段标识	字段中文名	字段类型	字段长度	是否可为空	取值代码
62	fund_mgr_addr_city	基金经理联系地址市代码	C	50	Y	取值为 GB/T 2260-2002 中规定的前四位代码
63	fund_mgr_addr	基金经理详细地址描述	C	100	Y	
64	has_invest_adv	是否有投资顾问	C	1	N	
65	invest_adv_name	投资顾问姓名	C	100	Y	
66	invest_adv_idtype	投资顾问证件类型代码	C	2	Y	
67	invest_adv_id	投资顾问证件号码	C	50	Y	
68	invest_adv_countrycode	投资顾问电话区号－国家代码	C	10	Y	取值为电话号码中的国家代码
69	invest_adv_areacode	投资顾问电话区号－区域代码	C	10	Y	如填写手机号码，“区号”应填写“0”
70	Invest_adv_phone	投资顾问区内电话号码	C	30	Y	
71	invest_adv_addr_country	投资顾问联系地址国家代码	C	20	Y	取值为 GB/T 2659-2000 中规定的 3 字母代码
72	invest_adv_addr_province	投资顾问联系地址省代码	C	50	Y	取值为 GB/T 2260-2002 中规定的前两位代码
73	invest_adv_addr_city	投资顾问联系地址市代码	C	50	Y	取值为 GB/T 2260-2002 中规定的前四位代码
74	invest_adv_addr	投资顾问详细地址描述	C	100	Y	
75	auth_name	开户代理人姓名	C	100	N	
76	auth_idtype	开户代理人证件类型代码	C	2	N	见本标准规定的 DM001 代码
77	auth_id	开户代理人证件号码	C	50	N	
78	auth_phone_countrycode	开户代理人电话区号－国家代码	C	10	N	取值为电话号码中的国家代码
79	auth_phone_areacode	开户代理人电话区号－区域代码	C	10	Y	如填写手机号码，“区号”应填写“0”
80	auth_phone_number	开户代理人区内电话号码	C	30	N	
81	auth_addr_zipcode	开户代理人邮政编码	C	10	N	
82	auth_addr_country	开户代理人联系地址国家代码	C	10	N	取值为 GB/T 2659-2000 中规定的 3 字母代码
83	auth_addr_province	开户代理人联系地址省代码	C	50	N	取值为 GB/T 2260-2002 中规定的前两位代码
84	auth_addr_city	开户代理人联系地址市代码	C	50	N	取值为 GB/T 2260-2002 中规定的前四位代码
85	auth_addr_address	开户代理人详细地址描述	C	100	Y	
86	department_name	开户营业部名称	C	100	Y	
87	department_code	期货营业部编码	C	8	Y	
88	has_trustee	是否有托（保）管人	C	1	N	
89	trustee_name	托（保）管人名称	C	100	Y	
90	industryid	行业类别代码	C	12		GB/T 4754-2011 中规定的代码
91	order_name	指定下单人姓名	C	100	N	

续表

序号	字段标识	字段中文名	字段类型	字段长度	是否可为空	取值代码
92	order_idtype	指定下单人证件类型代码	C	2	N	
93	order_id	指定下单人证件号码	C	50	N	
94	order_nationality	指定下单人国家代码	C	3	Y	取值为 GB/T 2659-2000 中规定的 3 字母代码
95	order_province	指定下单人省代码	C	50	Y	取值为 GB/T 2260-2002 中规定的前两位代码
96	order_city	指定下单人市代码	C	50	Y	取值为 GB/T 2260-2002 中规定的前四位代码
97	order_email	指定下单人电子邮箱	C	100	Y	
98	order_phone_countrycode	指定下单人电话区号-国家代码	C	10	N	
99	order_phone_areacode	指定下单人电话区号-区域代码	C	10	Y	
100	order_phone_number	指定下单人区内电话号码	C	30	N	
101	order_addr_zipcode	指定下单人邮政编码	C	10	N	
102	order_addr_country	指定下单人联系地址国家代码	C	10	N	取值为 GB/T 2659-2000 中规定的 3 字母代码
103	order_addr_province	指定下单人联系地址省代码	C	50	N	取值为 GB/T 2260-2002 中规定的前两位代码
104	order_addr_city	指定下单人联系地址市代码	C	50	N	取值为 GB/T 2260-2002 中规定的前四位代码
105	order_addr_address	指定下单人详细地址描述	C	100	N	
106	fund_name	资金调拨人姓名	C	100	N	
107	fund_idtype	资金调拨人证件类型代码	C	2	N	见本标准规定的 DM001 代码
108	fund_id	资金调拨人证件号码	C	50	N	
109	fund_nationality	资金调拨人国家代码	C	3	N	取值为 GB/T 2260-2002 中规定的前两位代码
110	fund_province	资金调拨人省代码	C	50	Y	取值为 GB/T 2260-2002 中规定的前四位代码
111	fund_city	资金调拨人市代码	C	50	N	取值为 GB/T 2260-2002 中规定的前四位代码
112	fund_email	资金调拨人电子邮箱	C	100	Y	
113	fund_phone_countrycode	资金调拨人电话区号-国家代码	C	10	N	
114	fund_phone_areacode	资金调拨人电话区号-区域代码	C	10	Y	
115	fund_phone_number	资金调拨人区内电话号码	C	30	N	
116	fund_addr_zipcode	资金调拨人邮政编码	C	10	N	
117	fund_addr_country	资金调拨人联系地址国家代码	C	10	N	取值为 GB/T 2659-2000 中规定的 3 字母代码
118	fund_addr_province	资金调拨人联系地址省代码	C	50	Y	取值为 GB/T 2260-2002 中规定的前两位代码

续表

序号	字段标识	字段中文名	字段类型	字段长度	是否可为空	取值代码
119	fund_addr_city	资金调拨人联系地址中市代码	C	50	N	取值为 GB/T 2260–2002 中规定的前四位代码
120	fund_addr_address	资金调拨人详细地址描述	C	100	N	
121	bill_name	结算单确认人姓名	C	100	N	
122	bill_idtype	结算单确认人证件类型代码	C	2	N	见本标准规定的 DM001 代码
123	bill_id	结算单确认人证件号码	C	50	N	
124	bill_nationality	结算单确认人国家代码	C	3	N	取值为 GB/T 2659–2000 中规定的 3 字母代码
125	bill_province	结算单确认人省代码	C	50	Y	取值为 GB/T 2260–2002 中规定的前两位代码
126	bill_city	结算单确认人市代码	C	50	N	取值为 GB/T 2260–2002 中规定的前四位代码
127	bill_email	结算单确认人电子邮箱	C	100	Y	
128	bill_phone_countrycode	结算单确认人电话区号 – 国家代码	C	10	N	
129	bill_phone_areacode	结算单确认人电话区号 – 区域代码	C	10	Y	
130	bill_phone_number	结算单确认人区内电话号码	C	30	N	
131	bill_addr_zipcode	结算单确认人邮政编码	C	10	N	
132	bill_addr_country	结算单确认人联系地址国家代码	C	10	N	取值为 GB/T 2659–2000 中规定的 3 字母代码
133	bill_addr_province	结算单确认人联系地址省代码	C	50	Y	取值为 GB/T 2260–2002 中规定的前两位代码
134	bill_addr_city	结算单确认人联系地址市代码	C	50	N	取值为 GB/T 2260–2002 中规定的前四位代码
135	bill_addr_address	结算单确认人详细地址描述	C	100	N	

6.2.4 资产管理客户数据

数据表标识：asset_info。

数据表名称：资产管理客户数据表。

期货交易编码类型代码标识：G5。

数据表说明：资产管理客户规定的数据如表 6 所示。

表 6 资产管理客户数据

序号	字段标识	字段中文名	字段类型	字段长度	是否可为空	取值代码
1	clientregion	客户开户地域代码	C	1	Y	见本标准中规定的 DM006 代码
2	clienttype	期货交易编码类型代码	C	1	N	见本标准中规定的 DM008 代码
3	futuresid	期货客户编码	C	16	Y	

续表

序号	字段标识	字段中文名	字段类型	字段长度	是否可为空	取值代码
4	csdcno	现货市场投资者识别编码	C	20	Y	
5	exchangeid	交易场所代码	C	1	N	见本标准中规定的 DM003 代码
6	companyid	机构编码	C	8	N	见本标准中规定的 DM004 代码
7	fincompanyid	金融机构编码	C	20	N	取值为 JR/T 0124-2014 中的机构编码
8	excompanyid	期货会员编码	C	8	N	
9	exclientidtype	期货投保标志	C	1	N	见本标准中规定的 DM005 代码
10	exclientid	交易所期货客户编码	C	16	Y	
11	clientname	客户名称	C	100	N	
12	nationality	客户国家代码	C	3	Y	取值为 GB/T 2659-2000 中规定的 3 字母代码
13	idtype	证件类型代码	C	2	N	见本标准规定的 DM001 代码
14	id_original	原始输入的证件号码	C	50	Y	GB 11643-1999 规定的居民身份号码
15	id_transformed	转换后的证件号码	C	50	Y	GB 11643-1999 规定的居民身份号码
16	birthday	出生日期	Date	10	Y	
17	gender	性别代码	C	1	Y	见标准中规定的 DM011 代码
18	nocid	主体识别代码	C	50	Y	GB 32100-2015 规定的组织结构代码证号或 18 位统一社会信用代码、税务登记证号 / 纳税 ID、营业执照号码、境外身份证明文件等号码
19	nocid_extracode	附加码	C	50	Y	
20	licenseno	营业执照号码	C	30	Y	GB 32100-2015 规定的组织结构代码证号或 18 位统一社会信用代码、税务登记证号 / 纳税 ID、营业执照号码、境外身份证明文件等号码
21	compclientid	期货客户保证金账户编码	C	20	N	
22	organtype	单位性质代码	C	10	Y	见标准中规定的 DM012 代码
23	registry_currency	注册币种	C	3	Y	取值为 GB/T 12406-2008 中规定的字母代码
24	registrycapital	注册资本金额	N	38	Y	
25	legalperson	法人代表	C	60	Y	
26	classify	投资者类型代码	C	10	Y	见本标准中规定的 DM009 代码
27	opendate	开户日期	Date	10	Y	
28	contactperson	联系人	C	60	Y	
29	phone_countrycode	电话区号 – 国家代码	C	10	Y	取值为电话号码中的国家代码
30	phone_areacode	电话区号 – 区域代码	C	10	Y	
31	phone_number	区内电话号码	C	30	Y	
32	addr_zipcode	邮政编码	C	10	Y	
33	addr_country	联系地址国家代码	C	10	Y	取值为 GB/T 2659-2000 中规定的 3 字母代码

续表

序号	字段标识	字段中文名	字段类型	字段长度	是否可为空	取值代码
34	addr_province	联系地址省代码	C	20	Y	取值为 GB/T 2260-2002 中规定的前两位代码
35	addr_city	联系地址市代码	C	20	Y	取值为 GB/T 2260-2002 中规定的前四位代码
36	addr_address	详细地址描述	C	100	Y	
37	assetmgr_clienttype	资产管理期货交易编码类型代码	C	1	N	见本标准中规定的 DM013 代码
38	assetmgr_type	资产管理业务类型代码	C	1	N	见本标准中规定的 DM014 代码
39	ledger_manage_name	资管账户名称中分户管理资产名称	C	100	N	
40	assetmgr_fund	委托资金	N	（36，2）	N	
41	assetmgr_starttime	起始委托时间	C	10	N	
42	assetmgr_expirytime	终止委托时间	C	10	N	
43	assetmgr_mgr_name	资管业务负责人姓名	C	100	N	
44	assetmgr_mgr_phone_countrycode	资管业务负责人电话区号－国家代码	C	10	N	取值为电话号码中的国家代码
45	assetmgr_mgr_phone_areacode	资产管理业务负责人电话区号－区域代码	C	10	N	
46	assetmgr_mgr_phone_number	资产管理业务负责人区内电话号码	C	30	N	
47	assetmgr_idtype	资产管理业务负责人证件类型代码	C	1	N	见本标准规定的 DM001 代码
48	assetmgr_id	资产管理业务负责人证件号码	C	30	N	
49	has_share_holders	是否有份额持有人信息	C	1	N	
50	has_fund_mgr	是否有基金经理	C	1	N	
51	fund_mgr_name	基金经理姓名	C	100	Y	
52	fund_mgr_idtype	基金经理证件类型代码	C	2	Y	见本标准规定的 DM001 代码
53	fund_mgr_id	基金经理证件号码	C	50	Y	
54	fund_mgr_countrycode	基金经理电话区号－国家代码	C	10	Y	取值为电话号码中的国家代码
55	fund_mgr_areacode	基金经理电话区号－区域代码	C	10	Y	
56	fund_mgr_phone	基金经理区内电话号码	C	30	Y	
57	fund_mgr_addr_country	基金经理联系地址国家代码	C	20	Y	取值为 GB/T 2659-2000 中规定的 3 字母代码
58	fund_mgr_addr_province	基金经理联系地址省代码	C	50	Y	取值为 GB/T 2260-2002 中规定的前两位代码
59	fund_mgr_addr_city	基金经理联系地址市代码	C	50	Y	取值为 GB/T 2260-2002 中规定的前四位代码
60	fund_mgr_addr	基金经理详细地址描述	C	100	Y	

续表

序号	字段标识	字段中文名	字段类型	字段长度	是否可为空	取值代码
61	has_invest_adv	是否有投资顾问	C	1	N	
62	invest_adv_name	投资顾问姓名	C	100	Y	
63	invest_adv_idtype	投资顾问证件类型代码	C	2	Y	见本标准规定的 DM001 代码
64	invest_adv_id	投资顾问证件号码	C	50	Y	
65	invest_adv_countrycode	投资顾问电话区号－国家代码	C	10	Y	取值为电话号码中的国家代码
66	invest_adv_areacode	投资顾问电话区号－区域代码	C	10	Y	
67	invest_adv_phone	投资顾问区内电话号码	C	30	Y	
68	invest_adv_addr_country	投资顾问联系地址国家代码	C	20	Y	取值为 GB/T 2659-2000 中规定的 3 字母代码
69	invest_adv_addr_province	投资顾问联系地址省代码	C	50	Y	取值为 GB/T 2260-2002 中规定的前两位代码
70	invest_adv_addr_city	投资顾问联系地址市代码	C	50	Y	取值为 GB/T 2260-2002 中规定的前四位代码
71	invest_adv_addr	投资顾问详细地址描述	C	100	Y	
72	clientregion	客户开户地域代码	C	1	Y	见本标准中规定的 DM006 代码
73	industryid	行业类别代码	C	12		GB/T 4754-2011 中规定的代码
74	order_name	指定下单人姓名	C	100	N	
75	order_idtype	指定下单人证件类型代码	C	2	N	
76	order_id	指定下单人证件号码	C	50	N	
77	order_nationality	指定下单人国家代码	C	3	Y	取值为 GB/T 2659-2000 中规定的 3 字母代码
78	order_province	指定下单人的省代码	C	50	Y	取值为 GB/T 2260-2002 中规定的前两位代码
79	order_city	指定下单人的市代码	C	50	Y	取值为 GB/T 2260-2002 中规定的前四位代码
80	order_email	指定下单人电子邮箱	C	100	Y	
81	order_phone_countrycode	指定下单人电话区号－国家代码	C	10	N	
82	order_phone_areacode	指定下单人电话区号－区域代码	C	10	Y	
83	order_phone_number	指定下单人区内电话号码	C	30	N	
84	order_addr_zipcode	指定下单人邮政编码	C	10	N	
85	order_addr_country	指定下单人联系地址国家代码	C	10	N	取值为 GB/T 2659-2000 中规定的 3 字母代码
86	order_addr_province	指定下单人联系地址省代码	C	50	N	取值为 GB/T 2260-2002 中规定的前两位代码
87	order_addr_city	指定下单人联系地址市代码	C	50	N	取值为 GB/T 2260-2002 中规定的前四位代码
88	order_addr_address	指定下单人详细地址描述	C	100	N	

续表

序号	字段标识	字段中文名	字段类型	字段长度	是否可为空	取值代码
89	fund_name	资金调拨人姓名	C	100	N	
90	fund_idtype	资金调拨人证件类型代码	C	2	N	见本标准规定的 DM001 代码
91	fund_id	资金调拨人证件号码	C	50	N	
92	fund_nationality	资金调拨人国家代码	C	3	N	取值为 GB/T 2260-2002 中规定的前两位代码
93	fund_province	资金调拨人的省代码	C	50	Y	取值为 GB/T 2260-2002 中规定的前四位代码
94	fund_city	资金调拨人的市代码	C	50	N	取值为 GB/T 2260-2002 中规定的前四位代码
95	fund_email	资金调拨人电子邮箱	C	100	Y	
96	fund_phone_countrycode	资金调拨人电话区号-国家代码	C	10	N	
97	fund_phone_areacode	资金调拨人电话区号-区域代码	C	10	Y	
98	fund_phone_number	资金调拨人区内电话号码	C	30	N	
99	fund_addr_zipcode	资金调拨人邮政编码	C	10	N	
100	fund_addr_country	资金调拨人联系地址国家代码	C	10	N	取值为 GB/T 2659-2000 中规定的 3 字母代码
101	fund_addr_province	资金调拨人联系地址省代码	C	50	Y	取值为 GB/T 2260-2002 中规定的前两位代码
102	fund_addr_city	资金调拨人联系地址市代码	C	50	N	取值为 GB/T 2260-2002 中规定的前四位代码
103	fund_addr_address	资金调拨人详细地址描述	C	100	N	
104	bill_name	结算单确认人姓名	C	100	N	
105	bill_idtype	结算单确认人证件类型代码	C	2	N	见本标准规定的 DM001 代码
106	bill_id	结算单确认人证件号码	C	50	N	
107	bill_nationality	结算单确认人国家代码	C	3	N	取值为 GB/T 2659-2000 中规定的 3 字母代码
108	bill_province	结算单确认人的省代码	C	50	Y	取值为 GB/T 2260-2002 中规定的前两位代码
109	bill_city	结算单确认人的市代码	C	50	N	取值为 GB/T 2260-2002 中规定的前四位代码
110	bill_email	结算单确认人电子邮箱	C	100	Y	
111	bill_phone_countrycode	结算单确认人电话区号-国家代码	C	10	N	
112	bill_phone_areacode	结算单确认人电话区号-区域代码	C	10	Y	
113	bill_phone_number	结算单确认人区内电话号码	C	30	N	
114	bill_addr_zipcode	结算单确认人邮政编码	C	10	N	

续表

序号	字段标识	字段中文名	字段类型	字段长度	是否可为空	取值代码
115	bill_addr_country	结算单确认人联系地址国家代码	C	10	N	取值为 GB/T 2659-2000 中规定的 3 字母代码
116	bill_addr_province	结算单确认人联系地址省代码	C	50	Y	取值为 GB/T 2260-2002 中规定的前两位代码
117	bill_addr_city	结算单确认人联系地址市代码	C	50	N	取值为 GB/T 2260-2002 中规定的前四位代码
118	bill_addr_address	结算单确认人详细地址描述	C	100	N	

6.3 公共数据

6.3.1 银行账户数据

数据表标识：bankacc。

数据表名称：银行账户数据表。

数据表说明：银行账户数据规定的数据如表 7 所示。

表 7 银行账户数据

序号	字段标识	字段中文名	字段类型	字段长度	是否可为空	取值代码
1	accountname	银行账户名称	C	100	N	
2	bankid	银行编码	C	2	N	见本标准中规定的 DM002 代码
3	accountno	银行账户编码	C	30	N	
4	branchname	银行账户开户网点名称	C	60	N	

6.3.2 参考证件数据

数据表标识：referencedoc。

数据表名称：参考证件数据表。

数据表说明：参考证件数据规定的数据如表 8 所示。

表 8 参考证件数据

序号	字段标识	字段中文名	字段类型	字段长度	是否可为空	取值代码
1	idtype	参考证件类型代码	C	2	N	见本标准规定的 DM001 代码
2	docid	参考证件号码	C	50	N	GB 32100-2015 规定的组织结构代码证号或 18 位统一社会信用代码、税务登记证号 / 纳税 ID、营业执照号码、境外身份证明文件等号码

6.3.3 交易所附加问题数据

数据表标识：question。

数据表名称：交易所附加问题数据表。

数据表说明：交易所附加问题数据规定的数据如表 9 所示。

表 9　交易所附加问题数据

序号	字段标识	字段中文名	字段类型	字段长度	是否可为空	取值代码
1	question_id	问题编号	C	4	N	
2	content	问题内容	C	50	N	
3	option_id	选项编号	C	8	N	
4	option_content	选项说明	C	50	N	
5	is_selected	是否选中标志	C	1	N	本选项对客户是否有效，如果有效为 1，无效为 0，自由解答问题则本字段无效

6.3.4　期货账户对应现货账户数据

数据表标识：ledgerrefgoodsacc。

数据表名称：期货账户对应现货数据表。

数据表说明：期货账户对应现货账户数据规定的数据如表 10 所示。

表 10　期货账户对应现货数据

序号	字段标识	字段中文名	字段类型	字段长度	是否可为空	取值代码
1	accounttype	证券账户类别代码	C	1	N	见本标准中规定的 DM010 代码
2	bankaccount	现货账户	C	30	N	

6.3.5　企业经营范围数据

数据表标识：businessrange。

数据表名称：企业经营范围数据表。

数据表说明：企业经营范围数据规定的数据如表 11 所示。

表 11　企业经营范围数据

序号	字段标识	字段中文名	字段类型	字段长度	是否可为空	取值代码
1	industryid	企业经营范围	C	2	N	参见 GB/T 4754-2011

6.3.6　份额持有人数据

数据表标识：share_holder。

数据表名称：份额持有人数据表。

数据表说明：份额持有人数据规定的数据如表 12 所示。

表 12　份额持有人数据

序号	字段标识	字段中文名	字段类型	字段长度	是否可为空	取值代码
1	share_holder_type	份额持有人类别代码	C	1	N	见本标准中规定的 DM018 代码
2	share_holder_name	名称	C	100	N	
3	share_holder_idtype	证件类型代码	C	2	N	见本标准中规定的 DM001 代码
4	share_holder_id	证件号码	C	50	N	
5	share_holding_ratio	持有份额（占比）	N	（5，2）	N	
6	share_holding_amount	持有份额（金额）	N	（38，6）	N	
7	product_mgr_name	产品管理机构名称	C	100	Y	

续表

序号	字段标识	字段中文名	字段类型	字段长度	是否可为空	取值代码
8	Product_code	产品编码	C	50	Y	
9	product_scale	产品规模	N	（38，9）	Y	

6.4 报文分类

本标准根据期货交易编码类型代码来分类报文数据，同一期货交易编码类型代码的不同业务类型报文数据接口一致。期货市场开户数据的业务类型通过 4 项属性来描述，即“业务类型标识”“业务类型”“业务类型取值”“期货交易编码类型代码”。

说明：

——业务类型标识：业务类型对应的英文标识代码。

——业务类型：业务类型对应的中文意义，详细业务类型定义见表 13。

——值域：业务类型的取值范围。

——期货交易编码类型代码：适用该业务类型的期货交易编码类型代码标识。

表 13　业务类型

业务类型标识	业务类型	值域	期货交易编码类型代码
M1	申请交易编码	见本标准中规定的 DM0019 代码 1	G1，G2，G4，G5
M2	撤销交易编码	见本标准中规定的 DM0019 代码 2	G1，G2，G4，G5
M3	修改身份信息	见本标准中规定的 DM0019 代码 3	G1，G2，G4，G5
M4	修改一般信息	见本标准中规定的 DM0019 代码 4	G1，G2，G4，G5
M5	交易所开户报备	见本标准中规定的 DM0019 代码 5	暂无
M6	交易所销户报备	见本标准中规定的 DM0019 代码 6	暂无
M7	补报规范资料	见本标准中规定的 DM0019 代码 7	G1，G2，G4，G5
M8	账户休眠	见本标准中规定的 DM0019 代码 8	G1，G2，G4
M9	账户激活	见本标准中规定的 DM0019 代码 9	G1，G2，G4
M10	解除开仓限制	见本标准中规定的 DM0019 代码 10	G1，G2，G4，G5

6.5 报文命名

文件命名规则如下：

[发送机构编码]_[接收机构编码]_[当日日期]_[文件编号].[文件扩展名]，其中 date 的格式为：YYYYMMDD，sequence 的格式为：8 位序列号，每日从 00000001 开始顺排，当日内不得重复。

说明：

——发送机构编码、接收机构编码：参见 DM003。

——当日日期：8 位字符，数据日期，格式为 YYYYMMDD。

——文件编号：8 位序列号，每日从 00000001 开始顺排，当日内不得重复。

——文件扩展名：数据文件的扩展名，采用 xml 格式。

示例：CFMMC 发给中金所的批量文件，其文件名为：CFMMC_J_20080731_00000001.xml。

6.6 报文结构

报文内容推荐使用 XML 文件格式。数据包和消息体采用 XML 格式描述，数据包和消息体的语法规则应遵循可扩展标记语言（XML）语法规则。

注：XML 语法规则见 GB/T 18793-2002 信息技术可扩展置标语言（XML）1.0。

本标准推荐的 XML 文件使用 GBK 编码格式，报文格式见表 14。

表 14　报文格式

报文格式	解释
< 英文名称 >（n…m）	标签名：< 英文名称 > 可重复次数：n–m 举例：package（1…n），标签名：package，可重复次数：1–n
< 中文名称 >（n…m）	标签名：该中文名称是数据结构体名非标签名，对应的第六章数据字典中的数据表标识 person_info，organ_info，specialorgan_info，asset_info 可重复次数：n–m 举例：客户账户数据（1…1） 如果该报文期货交易编码类型代码标识为 G1，则标签名：person_info，可重复次数：1

一个完整的报文结构见表 15，同一期货交易编码类型代码的不同业务类型报文数据接口一致。报文以 package_list 作为根节点标签，根节点标签下嵌套一层标签，一层标签下嵌套二层标签，二层标签下嵌套三层标签。

说明：

——根节点标签：package_list。

——一层标签：包含版本信息 version，报文发送方 from，报文接收方 to 和 1–n 个报文主体 package。

——二层标签：报文主体 package 下包含收发序列号步长 seqserial，收发序列号 seqno 和进程信息 process。

——三层标签：进程信息 process 下包含各类进程控制信息、客户信息数据和公共数据。

表 15　完整的报文结构

根节点标签	一层标签	二层标签	三层标签	解释
package_list	version（1…1）			报文版本
	from（1…1）			报文发送方
	to（1…1）			报文接收方
	package（1…n）	seqserial（1…1）		收发序列号步长
		seqno（1…1）		收发序列号
		process（1…1）	processid（1…1）	报文进程编码
			processstatus（1…1）	报文进程状态
			processdate（1…1）	报文进程时间
			processtime（1…1）	报文进程时间
			processtype（1…1）	报文进程类型，见本标准中规定的 DM019 代码
			businesstype（1…1）	报文进程业务类型

续表

根节点标签	一层标签	二层标签	三层标签	解释
	package（1…n）	process（1…1）	cfmmcreturncode（1…1）	中国期货市场监控中心返回信息代码
			cfmmcreturnmsg（1…1）	中国期货市场监控中心返回信息
			exreturncode（1…1）	交易所返回信息代码
			exreturnmsg（1…1）	交易所返回信息
			客户信息数据（1…1）	见表 16
			公共数据（1…n）	见表 16

说明：

——数据结构体：表 16 中三层标签中标签名为中文的标签。

——标签名称：客户信息数据的标签名称根据该报文期货交易编码类型代码标识不同，取本标准第六章数据字段 6.2 节客户信息数据中客户信息数据中的客户数据表标识 person_info，organ_info，specialorgan_info，asset_info；公共数据的标签名称见表 16。

——嵌套标签：客户信息数据结构体的嵌套标签取本标准第六章数据字段 6.2 节客户信息数据中客户信息数据中的客户数据表中的相关字段；公共数据的嵌套标签见标签名称取本标准第六章数据字段 6.2 节客户信息数据中公共数据表标识，公共数据的嵌套标签的叶子节点标签取本标准第六章数据字段 6.2 节客户信息数据中公共数据表中的相关字段。

——期货交易编码类型代码：标签适用的期货交易编码类型代码。

表 16　数据结构体

数据结构体	标签名称	嵌套标签	期货交易编码类型代码
客户信息数据	person_info（0…1）	本标准第六章第二节数据信息数据表字段	G1
	organ_info（0…1）		G2
	specialorgan_info（0…1）		G4
	asset_info（0…1）		G5
公共数据	bankacc_list（1…1）	bankacc（1…n）	G1，G2，G4，G5
	businessrange_list（0…1）	businessrange（1…n）	G2，G4，G5
	exchange_spec（0…1）	question（1…n）	G1，G2，G5
	legalreferencedoc_list（0…1）	referencedoc（1…n）	G2
	trusteebankacc_list（0…1）	bankacc（1…n）	G5
	transferbankacc_list（0…1）	bankacc（1…n）	G5
	referencedoc_list（0…1）	referencedoc（1…n）	G1，G5
	ledgerrefgoodsacc_list（0…1）	ledgerrefgoodsacc（1…n）	G4
	share_holder_list（0…1）	share_holder（1…n）	G4，G5

附录 A
（规范性附录）
代码取值及描述

A.1 证件类型代码

代码表标识：DM001。

代码表名称：证件类型代码。

代码表名称字段名：idtype。

代码表说明：可以充分必要地证实身份，具有唯一性的证件的代码。

代码表：代码表见表 A.1。

表 A.1 证件类型代码

代码	名称	说明
1	中国公民身份证	
2	军官证	
3	警官证	
4	士兵证	
5	户口簿	
6	护照	
7	台胞证	
8	台湾居民来往大陆通行证	
9	港澳居民来往内地通行证	
11	驾照	
12	当地纳税 ID	
13	当地社保 ID	
14	当地身份证（港澳除外）	
15	港澳地区永久性居民身份证	
50	组织机构代码证	
51	商业登记证	
X	其他证件	

A.2 银行编码

代码表标识：DM002。

代码表名称：银行编码。

代码表名称字段名：bankid。

代码表说明：各类银行在 CFMMC 统一开户系统中的代码。

代码表：代码表见表 A.2。

表 A.2　银行编码

代码	名称	说明
01	中国工商银行	
02	中国农业银行	
03	中国银行	
04	中国建设银行	
05	中国交通银行	
06	浦发银行	
07	兴业银行	
08	汇丰银行	
09	光大银行	
10	招商银行	
11	中信银行	
12	民生银行	
13	平安银行	
14	农发银行	
15	星展银行	
16	广发银行	
99	其他	政策性银行
98	其他 1	外资银行

A.3　交易场所代码

代码表标识：DM003。

代码表名称：交易场所代码。

代码表名称字段名：exchangeid。

代码表说明：期货交易场所在开户系统中的唯一代码。

代码表：代码表见表 A.3。

表 A.3　交易场所代码

代码	名称	说明
S	上海期货交易所	上期所
Z	郑州商品交易所	郑商所
D	大连商品交易所	大商所
J	中国金融期货交易所	中金所

续表

代码	名称	说明
N	上海国际能源交易中心	能源中心

A.4 机构编码

代码表标识：DM004。

代码表名称：机构编码。

代码表名称字段名：companyid。

代码表说明：期货经营机构在开户系统中的唯一代码。

代码表：代码表见表 A.4。

表 A.4 机构编码

代码	名称	说明
0001	华安期货有限责任公司	华安期货
0002	徽商期货有限责任公司	徽商期货
0003	江信国盛期货有限责任公司	江信国盛
0007	方正中期期货有限公司	方正中期
0008	渤海期货股份有限公司	渤海期货
0009	中金期货有限公司	中金期货
0010	华泰期货有限公司	华泰期货
0012	长江期货有限公司	长江期货
0015	倍特期货有限公司	倍特期货
0016	华西期货有限责任公司	华西期货
0017	瑞达期货股份有限公司	瑞达期货
0018	中电投先融期货股份有限公司	中电投先融
0020	天风期货股份有限公司	天风期货
0021	大连良运期货经纪有限公司	大连良运
0022	银河期货有限公司	银河期货
0023	大通期货经纪有限公司	大通期货
0025	道通期货经纪有限公司	道通期货
0026	德盛期货有限公司	德盛期货
0027	东航期货有限责任公司	东航期货
0028	集成期货股份有限公司	集成期货
0029	华联期货有限公司	华联期货
0030	海航期货股份有限公司	海航期货
0032	华龙期货股份有限公司	华龙期货
0035	格林大华期货有限公司	格林大华
0036	广州期货股份有限公司	广州期货

续表

代码	名称	说明
0037	冠通期货有限公司	冠通期货
0038	混沌天成期货股份有限公司	混沌天成
0051	广发期货有限公司	广发期货
0052	安粮期货股份有限公司	安粮期货
0056	华融期货有限责任公司	华融期货
0057	和融期货有限责任公司	和融期货
0058	河北恒银期货经纪有限公司	河北恒银
0059	华信万达期货股份有限公司	华信万达
0060	国信期货有限责任公司	国信期货
0065	中投天琪期货有限公司	中投天琪
0066	黑龙江时代期货经纪有限公司	黑龙江时代
0068	南证期货有限责任公司	南证期货
0069	大有期货有限公司	大有期货
0070	金信期货有限公司	金信期货
0072	东吴期货有限公司	东吴期货
0073	九州期货有限公司	九州期货
0076	华闻期货有限公司	华闻期货
0077	中信建投期货有限公司	中信建投
0078	宏源期货有限公司	宏源期货
0080	中衍期货有限公司	中衍期货
0081	东方汇金期货有限公司	东方汇金
0083	东海期货有限责任公司	东海期货
0086	江苏东华期货有限公司	江苏东华
0087	弘业期货股份有限公司	弘业期货
0089	锦泰期货有限公司	锦泰期货
0090	文峰期货有限公司	文峰期货
0091	江西瑞奇期货经纪有限公司	江西瑞奇
0093	金鹏期货经纪有限公司	金鹏期货
0095	金瑞期货股份有限公司	金瑞期货
0096	金元期货有限公司	金元期货
0097	津投期货经纪有限公司	津投期货
0100	财达期货有限公司	财达期货
0101	国富期货有限公司	国富期货
0102	江海汇鑫期货有限公司	江海汇鑫
0105	英大期货有限公司	英大期货
0106	迈科期货股份有限公司	迈科期货
0107	美尔雅期货有限公司	美尔雅期货
0108	广州金控期货有限公司	广州金控

续表

代码	名称	说明
0110	南华期货股份有限公司	南华期货
0111	新晟期货有限公司	新晟期货
0112	兴业期货有限公司	兴业期货
0113	国泰君安期货有限公司	国泰君安
0116	福能期货股份有限公司	福能期货
0118	东兴期货有限责任公司	东兴期货
0119	鲁证期货股份有限公司	鲁证期货
0120	和合期货经纪有限公司	和合期货
0121	山西三立期货经纪有限公司	山西三立
0122	民生期货有限公司	民生期货
0123	中辉期货有限公司	中辉期货
0125	长安期货有限公司	长安期货
0126	上海大陆期货有限公司	上海大陆
0127	上海东方期货经纪有限责任公司	上海东方
0128	上海东亚期货有限公司	上海东亚
0129	海通期货股份有限公司	海通期货
0130	华鑫期货有限公司	华鑫期货
0132	铜冠金源期货有限公司	铜冠金源
0133	同信久恒期货有限责任公司	同信久恒
0135	上海东证期货有限公司	上海东证
0136	建信期货有限责任公司	建信期货
0137	光大期货有限公司	光大期货
0138	瑞银期货有限责任公司	瑞银期货
0139	海证期货有限公司	海证期货
0150	通惠期货有限公司	通惠期货
0152	恒泰期货股份有限公司	恒泰期货
0153	上海浙石期货经纪有限公司	上海浙石
0155	上海中财期货有限公司	上海中财
0156	上海中期期货股份有限公司	上海中期
0157	深圳金汇期货经纪有限公司	金汇期货
0158	中信期货有限公司	中信期货
0159	乾坤期货有限公司	乾坤期货
0160	五矿经易期货有限公司	五矿经易
0161	平安期货有限公司	平安期货
0162	招商期货有限公司	招商期货
0163	神华期货有限公司	神华期货
0166	深圳瑞龙期货有限公司	深圳瑞龙
0167	晟鑫期货经纪有限公司	晟鑫期货

续表

代码	名称	说明
0168	北京首创期货有限责任公司	北京首创
0170	国金期货有限责任公司	国金期货
0173	天富期货有限公司	天富期货
0175	天鸿期货经纪有限公司	天鸿期货
0176	华金期货有限公司	华金期货
0177	申银万国期货有限公司	申银万国
0178	创元期货股份有限公司	创元期货
0180	招金期货有限公司	招金期货
0181	国联期货股份有限公司	国联期货
0182	国元期货有限公司	国元期货
0183	鑫鼎盛期货有限公司	鑫鼎盛期货
0185	西部期货有限公司	西部期货
0186	西南期货有限公司	西南期货
0187	国贸期货有限公司	国贸期货
0189	新纪元期货有限公司	新纪元期货
0192	新疆天利期货经纪有限公司	新疆天利
0193	金石期货有限公司	金石期货
0195	山金期货有限公司	山金期货
0196	中州期货有限公司	中州期货
0197	一德期货有限公司	一德期货
0198	中天期货有限责任公司	中天期货
0199	中原期货股份有限公司	中原期货
0200	云晨期货有限责任公司	云晨期货
0201	红塔期货有限责任公司	红塔期货
0202	大地期货有限公司	大地期货
0203	大越期货股份有限公司	大越期货
0205	宝城期货有限责任公司	宝城期货
0206	信达期货有限公司	信达期货
0207	国海良时期货有限公司	国海良时
0208	永安期货股份有限公司	永安期货
0209	新湖期货有限公司	新湖期货
0210	浙商期货有限公司	浙商期货
0212	浙江新世纪期货有限公司	浙江新世纪
0213	中大期货有限公司	中大期货
0216	国都期货有限公司	国都期货
0217	中钢期货有限公司	中钢期货
0218	国投安信期货有限公司	国投安信
0219	中国国际期货有限公司	国际期货

续表

代码	名称	说明
0220	中航期货有限公司	中航期货
0221	中粮期货有限公司	中粮期货
0223	盛达期货有限公司	盛达期货
0226	摩根大通期货有限公司	摩根大通
0227	中融汇信期货有限公司	中融汇信
0228	兴证期货有限公司	兴证期货
0229	华创期货有限责任公司	华创期货
0230	中银国际期货有限责任公司	中银国际
0231	第一创业期货有限责任公司	第一创业
0232	首创京都期货有限公司	首创京都

A.5　期货投保标志

代码表标识：DM005。

代码表名称：期货投保标志。

代码表名称字段名：exclientidtype。

代码表说明：期货客户编码的类型标识。

代码表：代码表见表 A.5。

表 A.5　期货投保标志

代码	名称	说明
1	套保	
2	套利	
3	投机	
4	做市商	预留字段

A.6　客户开户地域代码

代码表标识：DM006。

代码表名称：客户开户地域代码。

代码表名称字段名：clientregion。

代码表说明：客户开户地域代码表。

代码表：代码表见表 A.6。

表 A.6　客户开户地域代码

代码	名称	说明
1	境内客户	

续表

代码	名称	说明
2	港澳台客户	
3	国外客户	使用护照开户
4	在中国永久居留客户	使用外国人永久居留证开户

A.7 客户开户模式代码

代码表标识：DM007。

代码表名称：客户开户模式代码。

代码表名称字段名：foreignclientmode。

代码表说明：境外客户开户的客户开户模式代码表。

代码表：代码表见表 A.7。

表 A.7 客户开户模式代码

代码	名称	说明
1	境内期货公司直接代理境外投资者模式	
2	境外特殊经纪参与者模式	
3	境外中介机构中间介绍模式	预留字段
4	境外中介机构委托代理	
5	境外特殊非经纪参与者模式	

A.8 期货交易编码类型代码

代码表标识：DM008。

代码表名称：期货交易编码类型代码。

代码表名称字段名：clienttype。

代码表说明：期货市场开户客户的不同类型。

代码表：代码表见表 A.8。

表 A.8 期货交易编码类型代码

代码	名称	说明
1	个人客户	自然人客户
2	单位客户	除金融机构外的单位客户
3	自营客户	直接在交易所开户的客户
4	特殊单位客户	金融机构
5	资管客户	资产管理

A.9 投资者类型代码

代码表标识：DM009。

代码表名称：投资者类型代码。

代码表名称字段名：classify。

代码表说明：投资者类型。

代码表：代码表见表 A.9。

表 A.9 投资者类型代码

代码	名称	说明
01	个人	个人
02	单位	单位
0201	金融机构	金融机构
020101	证券公司	证券公司
02010101	证券自营	证券自营
02010102	证券集合理财	证券集合理财
02010103	证券定向理财	证券定向理财
02010104	基金管理业务	基金管理业务
0201010401	封闭式基金	封闭式基金
0201010402	开放式基金	开放式基金
0201010403	保本基金	保本基金
0201010404	ETF	ETF
0201010405	债券基金（短期理财债券基金除外）	债券基金（短期理财债券基金除外）
020102	基金公司	基金公司
02010201	封闭式基金	封闭式基金
02010202	开放式基金（不包括 ETF）	开放式基金（不包括 ETF）
02010203	保本基金	保本基金
02010204	ETF	ETF
02010205	基金专户理财	基金专户理财
02010206	债券基金（短期理财债券基金除外）	债券基金（短期理财债券基金除外）
020103	银行	银行
02010301	银行自营	银行自营
02010302	银行理财	银行理财
020104	社保基金	社保基金
020105	企业年金	企业年金
020106	QFII	QFII
020107	保险公司	保险公司
02010701	保险资产组合	保险资产组合
02010702	基金管理业务	基金管理业务

续表

代码	名称	说明
0201070201	封闭式基金	封闭式基金
0201070202	开放式基金	开放式基金
0201070203	保本基金	保本基金
0201070204	ETF	ETF
0201070205	债券基金（短期理财债券基金除外）	债券基金（短期理财债券基金除外）
020108	信托	信托
02010801	信托公司单一信托产品	信托公司单一信托产品
02010802	信托公司集合信托产品	信托公司集合信托产品
020109	RQFII	RQFII
020110	私募基金管理机构	私募基金管理机构
02011001	私募证券投资基金	私募证券投资基金
02011002	私募股权投资基金	私募股权投资基金
02011003	私募创业投资基金	私募创业投资基金
02011004	私募商品基金	私募商品基金
02011005	其他	其他
020111	期货公司风险管理子公司	期货公司风险管理子公司
02011101	合作套保	合作套保
0202	一般法人	一般法人
020201	财务公司	财务公司
020202	投资、咨询公司	投资、咨询公司
020203	房地产	房地产
020204	工业	工业
020205	农业	农业
020206	商业贸易	商业贸易
020207	多元化集团公司	多元化集团公司
020208	其他	其他

A.10 证券账户类别代码

代码表标识：DM010。

代码表名称：证券账户类别代码。

代码表名称字段名：ledgerefacctype。

代码表说明：证券账户类别代码。

代码表：代码表见表 A.10。

表 A.10　证券账户类别代码

代码	名称	说明
1	沪市 A 股账户	沪市 A 股账户
2	沪市 B 股账户	沪市 B 股账户
3	沪市基金账户	沪市基金账户
4	沪市其他账户	沪市其他账户
5	深市 A 股账户	深市 A 股账户
6	深市 B 股账户	深市 B 股账户
7	深市基金账户	深市基金账户
8	深市其他账户	深市其他账户
9	其他	其他

A.11　性别代码

代码表标识：DM011。

代码表名称：性别代码。

代码表名称字段名：gender。

代码表说明：采用 GB/T 2261.1—2003。

代码表：代码表见表 A.11。

表 A.11　性别代码

代码	名称	说明
0	未知的性别	未知的性别
1	男性	男性
2	女性	女性
5	女性改（变）为男性	女性改（变）为男性
6	男性改（变）为女性	男性改（变）为女性
9	未说明的性别	未说明的性别

A.12　单位性质代码

代码表标识：DM012。

代码表名称：单位性质代码。

代码表名称字段名：organtype。

代码表说明：除代码为 151、400、500、600、700、800 以外的，均采用 GB/T 12402-2000 中规定的代码。

代码表：代码表见表 A.12。

表 A.12　单位性质代码

代码	名称	说明
110	国有企业	
120	集体企业	
130	股份合作企业	
141	国有联营企业	
142	集体联营企业	
143	国有与集体联营企业	
149	其他联营企业	
151	国有独资企业	
159	其他有限责任公司	
160	股份有限公司	
171	私营独资企业	
172	私营合伙企业	
173	私营有限责任公司	
174	私营股份有限公司	
190	其他企业	
210	合资经营企业（港或澳、台资）	
220	合作经营企业（港或澳、台资）	
230	港、澳、台商独资经营企业	
240	港、澳、台商投资股份有限公司	
310	中外合资经营企业	
320	中外合作经营企业	
330	外资企业	
340	外商投资股份有限公司	
400	其他经济组织	
500	国家机关	
600	社会团体	
700	事业单位	
800	国际组织	

A.13　资产管理期货交易编码类型代码

代码表标识：DM013。

代码表名称：资产管理期货交易编码类型代码。

代码表名称字段名：assetmgr_clienttype。

代码表说明：资产管理客户的期货交易编码类型代码。

代码表：代码表见表 A.13。

表 A.13　资产管理期货交易编码类型代码

代码	名称	说明
1	个人资管客户	个人资管客户，一对一资管
2	一般单位资管客户	一般单位资管客户，一对一资管
3	其他	其他（预留字段）
4	特殊单位资管客户	特殊单位资管客户，一对一资管
5	一对多资管客户	特定多个资管客户

A.14　资产管理业务类型代码

代码表标识：DM014。

代码表名称：资产管理业务类型代码。

代码表名称字段名：assetmgrtype。

代码表说明：资产管理业务的类型。

代码表：代码表见表 A.14。

表 A.14　资产管理业务类型代码

代码	名称	说明
1	期货类	资产管理类型为期货类
2	综合类	资产管理类型为综合类

A.15　开户状态代码

代码表标识：DM015。

代码表名称：开户状态代码。

代码表名称字段名：processstatus。

代码表说明：客户在 CFMMC 统一开户系统中不同开户的处理进度。

代码表：代码表见表 A.15。

表 A.15　开户状态代码

代码	名称	说明
-1	开户结果冲突	开户结果冲突，譬如交易所对一个进程先后返回两个不同的处理结果
1	资料编辑中	资料编辑中，此状态进程资料可以被修改
2	资料检查中	资料检查中，此状态进程资料不可被修改
3	资料检查通过	资料检查通过，此状态进程资料不可被修改
4	资料检查失败	资料检查失败，此状态进程资料不可被修改
5	实名审核通过	实名审核通过，此状态进程资料不可被修改
6	实名审核失败	实名审核失败，此状态进程资料不可被修改

续表

代码	名称	说明
7	交易所处理中	交易所处理中，此状态进程资料不可被修改
8	交易所处理成功	交易所处理成功，此状态进程资料不可被修改
9	交易所处理失败	交易所处理失败，此状态进程资料不可被修改
10	进程终止	进程终止，此状态进程资料不可被修改
13	身份信息人工验证	身份信息人工验证，身份验证系统不可以验证时转向人工处理
14	身份自动验证失败	身份自动验证失败

A.16　报文申请类型代码

代码表标识：DM016。

代码表名称：报文申请类型代码。

代码表名称字段名：processtype。

代码表说明：报文申请类型代码表。

代码表：代码表见表 A.16。

表 A.16　报文申请类型代码

代码	名称	说明
1	申请交易编码	申请交易编码
2	撤销交易编码	撤销交易编码
3	修改身份信息	修改身份信息，可以修改客户身份信息客户名称和证件号码，特殊法人还包括组织机构代码附加码，以及客户的一般信息
4	修改一般信息	修改一般信息，除身份信息外的其他信息
5	交易所开户报备	保留字段
6	交易所销户报备	保留字段
7	补报规范资料	补报规范资料，统一开户系统功能上线前直接在交易所开户的客户走此流程
8	账户休眠	账户休眠
9	激活休眠账户	激活休眠账户
10	解除开仓限制	解除开仓限制，补报规范资料后的客户需要解除开仓限制后才可以交易

A.17　报文类型代码

代码表标识：DM017。

代码表名称：报文类型代码。

代码表名称字段名：businesstype。

代码表说明：报文传输过程中不同的阶段代码。

代码表：代码表见表 A.17。

表 A.17　报文类型代码

代码	名称	说明
1	请求	请求
2	应答	应答
3	通知	通知

A.18　份额持有人类别代码

代码表标识：DM018。

代码表名称：份额持有人类别代码。

代码表名称字段名：shareholdertype。

代码表说明：份额持有人类别代码表。

代码表：代码表见表 A.18。

表 A.18　份额持有人类别代码

代码	名称	说明
1	自然人	
2	一般单位	
3	产品	

A.19　业务类型代码

代码表标识：DM019。

代码表名称：业务类型代码。

代码表名称字段名：processtype。

代码表说明：业务类型代码表。

代码表：代码表见表 A.19。

表 A.19　业务类型代码

代码	名称	说明
1	申请交易编码	
2	撤销交易编码	
3	修改身份信息	
4	修改一般信息	
5	交易所开户报备	
6	交易所销户报备	
7	补报规范资料	
8	账户休眠	

续表

代码	名称	说明
9	账户激活	
10	解除开仓限制	

A.20 定向资产管理期货交易编码类型代码

代码表标识：DM020。

代码表名称：定向资产管理期货交易编码类型代码。

代码表名称字段名：directional_asset_clienttype。

代码表说明：定向资产管理期货交易编码类型代码表。

代码表：代码表见表 A.20。

表 A.20 定向资产管理期货交易编码类型代码

代码	名称	说明
1	个人	
2	单位	
3	其他	

ICS 03. 060
A11

JR

中华人民共和国金融行业标准

JR/T 0163—2018

证券发行人行为信息内容格式

Corporate action content and format for china securitie
(ISO 20022-2011-Universal financial industry message scheme, NEQ)

2018 – 09 – 27 发布　　2018 – 09 – 27 实施

中国证券监督管理委员会　发布

目　　次

前　　言

本标准按照 GB/T 1.1—2009 给出的规则起草。

本标准使用重新起草法参考 ISO 20022-2011 编制，与 ISO 20022-2011 的一致性程度为非等效。

本标准由全国金融标准化技术委员会证券分技术委员会（SAC/TC180/SC4）提出。

本标准由全国金融标准化技术委员会（SAC/TC180）归口。

本标准起草单位：中国证券监督管理委员会信息中心、中国证券监督管理委员会证券基金机构监管部、中国证券监督管理委员会上市公司监管部、深圳证券交易所、深圳证券信息有限公司、上海证券交易所、中国证券登记结算有限责任公司、上证所信息网络有限公司、中国工商银行、中国建设银行。

本标准主要起草人：张野、刘铁斌、周云晖、刘叶青、朱翔、曹雷、陈楠、邹胜、程绪兰、喻华丽、田颇、傅德伟、姜小勇、张俊、史学勇、周晓、张兴东、黄长安、陈朝兰、刘晓颖、王雪琳、何哓雷、赵伟、吴继春、史中辉、张亦平、肖懿。

引　　言

证券发行人行为信息不仅关系到证券持有人的权益，而且关系到相关业务参与方的业务处理。例如：分红派息信息，持有人可以通过这些信息判断其是否有权享有本次分红、分红的金额以及除息对自身的影响；同时，因分红派息会引起账户资金的变动，所以还涉及业务参与方资金清算等业务的处理。此外，证券发行人行为信息往往对上市（挂牌）证券的市场价格产生一定影响。

标准化的证券发行人行为信息有助于降低数据检查、校对等人力成本，减少因理解错误、操作失误及疏忽遗漏等带来的人工出错风险，一方面可以降低证券信息服务行业的业务风险和运营成本，另一方面有助于投资机构实现投资管理的自动化，提高业务处理效率。

本标准参考 ISO 20022 证券事件领域中的公司行为通知 <seev.031.001.02> 和公司行为取消通知 <seev.039.001.02> 两类报文规范制定，报文规范基于 XML 格式。本标准通过对这两类报文进行必要的扩展使其更加适用于中国市场，但扩展部分始终遵循 ISO 20022 公司行为报文规范。

本标准给出了适用于中国证券市场的证券发行人行为信息的应用指导规范。本标准的制定有助于提升证券发行人行为领域相关业务的自动化处理能力，有效降低业务处理成本和风险，满足标准化证券发行人行为信息的生成与应用的需要。

证券发行人行为信息内容格式

1 范围

本标准规定了股票、债券、基金、权证等上市（挂牌）证券相关的证券发行人行为通知与证券发行人行为取消通知（简称为“证券发行人行为信息”）的内容与格式，并描述了事件类型及元素的扩展方法。

本标准适用于在信息服务机构、结算机构、托管银行、投资者等相关业务参与方之间传递标准化的证券发行人行为信息。

2 规范性引用文件

下列文件对于本文件的应用是必不可少的。凡是注日期的引用文件，仅所注日期的版本适用于本文件。凡是不注日期的引用文件，其最新版本（包括所有的修改单）适用于本文件。

GB/T 12406-2008　货币和资金的代码。

ISO 3166　国际及其区域名代码（Codes for the Representation of Names of Countries and Their Subdivisions）

ISO 4217　货币和资金的表示代码（Codes for the Representation of Currencies and Funds）

ISO 9362　银行业银行电信报文银行标识代码［Banking-Banking Telecommunication Messages-Business Identifier Code（BIC）］

ISO 10962　证券及相关金融工具 金融工具分类［Securities and Related Financial Instruments-Classification of Financial Instruments（CFI code）］

ISO 15022　证券报文方案（数据域字典）［Securities-Scheme for Messages（Data Field Dictionary）］

ISO 20022　金融业通用报文方案（Universal Financial Industry Message Scheme）

3 术语和定义

下列术语和定义适用于本文件。

3.1

证券发行人行为 corporate action

对证券持有人权益产生影响的事件。

注：行为发起人为证券发行人，该行为可能导致证券发行人的资本结构或财务状况发生改变，例如分红派现、送股转增、配股、增发等。

3.2

证券发行人行为通知 corporate action notification

证券发行人公布的与证券持有人权益相关的各种证券发行人行为事件的通知，包括首次通知、变更通知及提示性通知。

3.3

证券发行人行为取消通知 corporate action cancellation advice

用于告知相关业务参与方之前通知的证券发行人行为事件已被取消的通知。

注：证券发行人行为事件的取消既可能缘于证券发行人的撤回，也可能缘于之前已通知的信息有误。

3.4

报文 message

包含与证券发行人行为相关的且符合特定格式规范的信息。报文由报文头和报文体两部分组成。

3.5

报文头 message header

报文中用以提供传输路径标识和应用处理分类标志的部分，包含发送人、接收人及报文文档信息。

3.6

报文体 message body

报文中用以提供具体数据内容的部分，包含与证券发行人行为具体业务相关的各项信息。报文体是报文的主体部分。

3.7

通用类信息报文体 universal data message body

证券事件领域中的证券发行人行为通知报文和证券发行人行为取消通知报文。

3.8

扩展类信息报文体 supplementary data message body

对中国境内证券市场特有的，且未经通用类信息报文体规范的各项信息。

注：扩展类信息报文体是对证券发行人行为通知信息和证券发行人行为取消通知信息的必要扩展。用户可根据业务需求，按照本标准的扩展规则对业务内容做适当扩展。

3.9

元素 element

证券发行人行为信息中具有独立意义的信息项，包括属性、注释、文本和子元素。

3.10

根元素 message root

XML 文档应包含在一个单一元素中。这个单一元素称为根元素，它包含文档中所有其他信息项。

3.11

信息模块 message building block

根据报文中不同内容板块或功能要求分割而成的一组元素。

3.12

强制性 mandatory

元素在报文中不可缺少。

3.13

可选性 optional

元素在报文中可以出现，也可以不出现。

3.14

实例文件 instance document

根据特定分类信息生成的，包含实际数据的 XML 文档。

4 缩略语

下列缩略语适用于本文件。

ACTV：证券上市，Active Trading Status

ASCII：美国信息互换标准代码，American Standard Code for Information Interchange

BONU：赠送红股，Bonus Issue

BPUT：证券回售，Put Redemption

CHAN：变更，Change

CONV：证券转换，Conversion

DLST：证券退市，Trading Status Delisted

DVCA：现金红利，Cash Dividend

DVSE：股票股利，Stock Dividend

EXWA：权证行权，Warrant Exercise

INTR：利息支付，Interest Payment

ISO：国际标准化组织，International Organization for Standardization

MEET：年度股东大会，Annual General Meeting

MRGR：吸收合并，Merger

PRIO：优先配售，Priority Issue

REDM：证券赎回，Final Maturity

RHDI：配股发行，Intermediate Securities Distribution

SPLF：证券分拆，Stock Split

SPLR：证券合并，Reverse Stock Split

SUSP：暂停交易，Trading Status Suspended

TEND：要约收购，Tender

URI：通用资源标识符，Universal Resource Identifier

UTC：世界标准时间，Universal Time Coordinated

W3C：万维网联盟，World Wide Web Consortium

XMET：临时股东大会，Extraordinary or Special General Meeting

XML：可扩展置标语言，eXtensible Markup Language

Xpath：XML 路径语言，XML Path Language

MT564：报文类型 564- 证券发行人行为通知，Message Type 564-Corporate Action Notification

5 证券发行人行为信息数据类型

5.1 概述

本章定义了六大类数据类型：金额类、日期时间类、标识符类、数量类、比率类以及文本类。数据类型用于限定证券发行人行为信息元素的取值类型及格式，规范元素的范围、长度、精度及样式等。相同类型的元素使用相同的数据类型。

5.2 金额类

金额类（Amount）数据类型用于描述以某种货币计价的金额或价格，包含币种和数量。

币种用元素属性 Ccy 表示，格式为“[A-Z]{3，3}”，用三位大写的 ASCII 码字符表示，货币代码与 GB/T 12406-2008 货币代码的规范一致，如人民币为 CNY。

金额数量用 decimal 表示，可限定总位数和小数位精度。

金额类数据类型有 ActiveCurrencyAnd13DecimalAmount、ActiveCurrencyAndAmount、CurrencyAndAmount、ImpliedCurrencyAndAmount 等，应符合附录 A 的规定。

示例：<PricVal Ccy=”CNY”>4.28</PricVal> 表示人民币 4.28 元。

5.3 日期时间类

日期时间类（DateTime）数据类型用于描述日期、日期+时间、时间、月份四类元素。

日期格式为“YYYY-MM-DD”。

日期+时间格式包括：UTC时间格式（‘YYYY-MM-DDThh：mm：ss.sssZ”）、本地与UTC偏移时间格式（“YYYY-MM-DDThh：mm：ss.sss+/-hh：mm”）以及本地时间格式（“YYYY-MM-DDThh：mm：ss.sss”）。

时间格式包括：UTC时间格式（“hh：mm：ss.sssZ”）、本地与UTC偏移时间格式（“hh：mm：ss.sss+/-hh：mm”）以及本地时间格式（“hh：mm：ss.sss”）。

月份格式为“YYYY-MM”。

日期时间类数据类型有ISODate、ISODateTime、ISOTime、ISOYearMonth等，应符合附录A的规定。

示例1：<Dt>2011-03-09</Dt>表示2011年3月9日。

示例2：<CreDt>2011-11-21T12：30：00Z</CreDt>表示UTC标准时间2011年11月21日12时30分。

示例3：<Mon>2011-03</Mon>表示2011年3月。

5.4 标识符类

标识符类（Identifier）数据类型用于描述状态代码、类型代码、国家代码、是否标识等元素，用布尔（boolean）型、带有格式型或加以范围限定的字符串型（string）数据表示。

标识符类数据类型有ActiveCurrencyCode、AnyBICIdentifier、CurrencyCode、ISINIdentifier等，应符合附录A的规定。

示例1：<Cd>OTHR</Cd>表示其他类型。

示例2：<DfltOptnInd>0</DfltOptnInd>或<DfltOptnInd>false</DfltOptnInd>表示否。

5.5 数量类

数量类（Quantity）数据类型用于描述以小数或整数表示的元素，用decimal表示，可限定总位数和小数位精度。

数量类数据类型有DecimalNumber、Max3Number、Number等，符合附录A的规定。

示例：<Qty1>10.51</Qty1>表示小数10.51。

5.6 比率类

比率类（Rate）数据类型用于描述以百分比或小数比表示的元素，用decimal表示。

比率类数据类型有BaseOneRate、PercentageRate等，应符合附录A的规定。

示例1：<Rt>0.68</Rt>表示比率0.68或68%。

示例2：<Pent>35</Pent>表示比率0.35或35%。

5.7 文本类

文本类（Text）数据类型用于描述以一定长度字符串表示的元素，用string表示，一般限定字符串的最大长度。

文本类数据类型有 Max128Text、Max16Text、Max35Text 等，应符合附录 A 的规定。

示例：<Desc>01 XXX ENTERPRISE BOND</Desc> 表示 2001 年 XXX 企业债券的英文名称。

6 证券发行人行为信息报文体系结构

证券发行人行为信息报文应遵循 W3C XML 1.0 规范，字符编码为 UTF-8，可支持中文字符。

证券发行人行为信息报文应由报文头和报文体两个部分组成。报文头是报文中用以提供传输路径标识和应用处理分类标志的部分，包含发送人、接收人及报文文档信息等。报文体是报文中用以提供具体数据内容的部分，包含与证券发行人行为具体业务相关的信息，如证券发行人行为事件基本情况、详细资料、证券持有人可行使的权利等，它是报文的主体部分。报文体的信息内容可根据业务需要做适当扩展。报文体从信息组织上分为通用类信息报文体和扩展类信息报文体。通用类信息报文体是报文体中包含的 ISO 20022 已经规范的各类信息的部分，目前包括证券发行人行为通知信息和证券发行人行为取消通知信息。扩展类信息报文体用于补充通用类信息报文体未涵盖的信息。扩展类信息报文体按照本标准规范的扩展规则和扩展方法组织。

报文根元素的 XML 标签为 <RequestPayload>，其子元素顺序为报文头根元素 <AppHdr> 和报文体根元素 <Document>。报文头根元素 <AppHdr> 和报文体根元素 <Document> 应处于同一层级，并且报文头根元素 <AppHdr> 位于报文体根元素 <Document> 之前，两者一一对应。扩展类信息报文体整体嵌入通用类信息报文体的 <SplmtryData> 部分。证券发行人行为信息报文体系结构如图 1 所示。

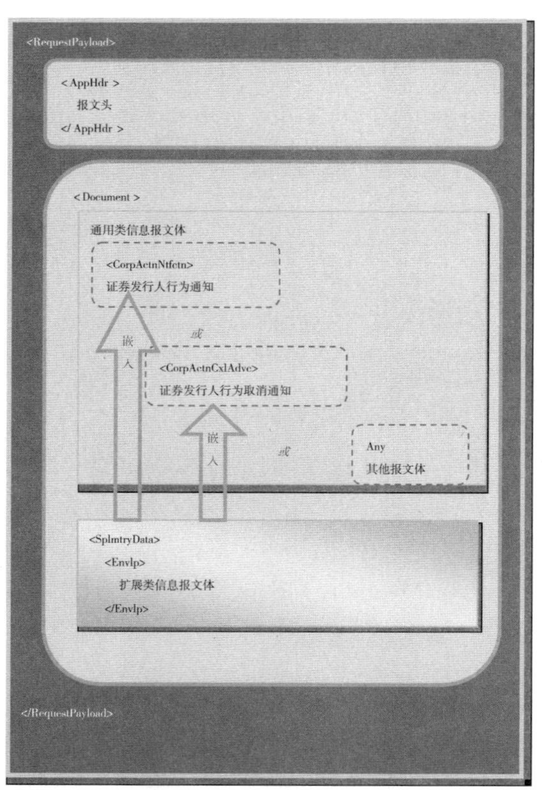

图 1　证券发行人行为信息报文体系结构

7 报文头

报文头包含发送人、接收人及报文文档信息，提供传输路径标识和应用处理分类标志，凭此确定报文对应的业务处理流程并执行相应的业务操作。

报文头 XML 模式定义文件为 head.001.001.01.xsd。

报文头根元素的 XML 标签为 <AppHdr>，其包含的主要信息模块的出现顺序如表 1 所示。

表 1　报文头主要信息模块

XML 标签	英文含义	使用规则	用法说明
<CharSet>	CharacterSet	可选性但不能重复	用于指定报文文本信息使用的字符集
<Fr>	From	强制性且不能重复	用于指定报文的发送方
<To>	To	强制性且不能重复	用于指定报文的接收方
<BizMsgIdr>	BusinessMessageIdentifier	强制性且不能重复	用于指定报文的唯一编号
<MsgDefIdr>	MessageDefinitionIdentifier	强制性且不能重复	用于指定报文类别
<BizSvc>	BusinessService	可选性但不能重复	用于指定报文发送方和接收方约定的业务服务类别
<CreDt>	CreationDate	强制性且不能重复	用于指定报文的创建日期和时间
<CpyDplct>	CopyDuplicate	可选性但不能重复	用于指定该报文是否为转发或重发
<PssblDplct>	PossibleDuplicate	可选性但不能重复	用于指定报文接收方是否已经接收过该报文
<Prty>	Priority	可选性但不能重复	用于指定报文业务处理的优先级
<Sgntr>	Signature	可选性但不能重复	用于包含该报文的数字签名
<Rltd>	Related	可选性但不能重复	用于指定与该报文相关的报文头
注：“不能重复”表示该信息模块不能重复出现			

8 通用类信息报文体

8.1 证券发行人行为通知信息报文体

证券发行人行为通知信息报文体包含证券发行人行为事件的具体内容以及证券持有人相关权利等信息，用于与证券发行人行为通知相关的具体业务处理。它既可用以告知相关业务参与方证券发行人行为事件的详细信息或有关账户信息、可用余额与相关权利等，又可用以提醒其有关事件详情及 / 或告知其对某行为事件尚未作出指令或作出的指令不完整。另外，借助应用报文头（BusinessApplicationHeader）里的相关元素，证券发行人行为通知信息报文体亦可用于重发之前已经发送的报文或向第三方提供或重发报文副本供其参考。

证券发行人行为通知信息报文体 XML 模式定义文件为 seev.031.001.02.xsd。

报文体根元素的 XML 标签为 <Document>，证券发行人行为通知信息报文体对应的元素 XML 标签为 <CorpActnNtfctn>，其包含的主要信息模块的出现顺序如表 2 所示。

表 2　证券发行人行为通知信息报文体主要信息模块

XML 标签	英文含义	使用规则	用法说明
<NtfctnGnlInf>	NotificationGeneralInformation	强制性且不能重复	用于指定报文的通知类型、状态等基本信息
<PrvsNtfctnId>	PreviousNotificationIdentification	可选性但不能重复	用于指定关联报文的编号及关联类型
<InstrId>	InstructionIdentification	可选性但不能重复	用于指定关联指令的编号
<OthrDocId>	OtherDocumentIdentification	可选性但不能重复	用于指定其他关联文档的编号及关联类型
<EvtsLkg>	EventsLinkage	可选性且可以重复	用于指定关联事件的编号及关联类型
<CorpActnGnlInf>	CorporateActionGeneralInformation	强制性且不能重复	用于指定证券发行人行为事件的事件类型、是否含权等一般信息
<AcctDtls>	AccountDetails	强制性且不能重复	用于指定账户信息
<IntrmdtScty>	IntermediateSecurity	可选性但不能重复	用于指定与事件关联的中间证券信息
<CorpActnDtls>	CorporateActionDetails	可选性但不能重复	用于指定事件的相关日期、价格、比率、证券数量等详细信息
<CorpActnOptnDtls>	CorporateActionOptionDetails	可选性且可以重复	用于指定证券持有人对该事件享有何种权利及各自相关的日期、价格、比率、证券数量等详细信息
<AddtlInf>	AdditionalInformation	可选性但不能重复	用于指定事件相关的其他附加信息
<IssrAgt>	IssuerAgent	可选性且可以重复	用于指定代理证券发行人处理该事件的代理机构
<PngAgt>	PayingAgent	可选性且可以重复	用于指定代理证券发行人完成支付过程的代理机构
<SubPngAgt>	SubPayingAgent	可选性且可以重复	用于指定代理证券发行人完成支付过程的次级代理机构
<Regar>	Registrar	可选性但不能重复	用于指定证券登记机构
<RsellngAgt>	ResellingAgent	可选性且可以重复	用于指定证券的转售代理机构
<PhysSctiesAgt>	PhysicalSecuritiesAgent	可选性但不能重复	用于指定证券接收代理机构
<DrpAgt>	DropAgent	可选性但不能重复	用于指定证券分发代理机构
<SlctnAgt>	SolicitationAgent	可选性且可以重复	用于指定证券询价机构
<InfAgt>	InformationAgent	可选性但不能重复	用于指定代理证券发行人发布信息的代理机构
<SplmtryData>	SupplementaryData	可选性且可以重复	用于指定包含证券发行人行为通知元素结构未包含的其他信息。元素结构可来自其他 XML 模式定义文件，从而对证券发行人行为通知报文结构进行扩展和补充
注：“可以重复”表示该信息模块可以重复出现，“不能重复”表示该信息模块不能重复出现			

8.2　证券发行人行为取消通知信息报文体

证券发行人行为取消通知信息报文体用于通知相关业务参与方之前通知的证券发行人行为事件已被取消，取消既可能缘于证券发行人的撤回，也可能缘于之前已通知的信息有误。借助应用报文头（BusinessApplicationHeader）里的相关元素，证券发行人行为取消通知信息报文体亦可用于重发之前已经发送的报文或向第三方提供或重发报文副本供其参考。

证券发行人行为取消通知信息报文体 XML 模式定义文件为 seev.039.001.02.xsd。

报文体根元素的 XML 标签为 <Document>，证券发行人行为取消通知信息报文体对应的元素 XML 标签为 <CorpActnCxlAdvc>，其包含的主要信息模块的出现顺序如表 3 所示。

表 3 证券发行人行为取消通知信息报文体主要信息模块

XML 标签	英文含义	使用规则	用法说明
<CxlAdvcGnlInf>	CancellationAdviceGeneralInformation	强制性且不能重复	用于指定取消通知的取消类型及取消原因等基本信息
<CorpActnGnlInf>	CorporateActionGeneralInformation	强制性且不能重复	用于指定证券发行人行为事件的事件类型、事件是否含权等基本信息
<AcctsDtls>	AccountsDetails	强制性且不能重复	用于指定账户信息
<IssrAgt>	IssuerAgent	可选性且可以重复	用于指定代理证券发行人处理该事件的代理机构
<PngAgt>	PayingAgent	可选性且可以重复	用于指定代理证券发行人完成支付过程的代理机构
<SubPngAgt>	SubPayingAgent	可选性且可以重复	用于指定代理证券发行人完成支付过程的次级代理机构
<Regar>	Registrar	可选性但不能重复	用于指定证券登记机构
<RsellngAgt>	ResellingAgent	可选性且可以重复	用于指定证券的转售代理机构
<PhysSctiesAgt>	PhysicalSecuritiesAgent	可选性但不能重复	用于指定证券接收代理机构
<DrpAgt>	DropAgent	可选性但不能重复	用于指定证券分发代理机构
<SlctnAgt>	SolicitationAgent	可选性且可以重复	用于指定证券询价机构
<InfAgt>	InformationAgent	可选性但不能重复	用于指定代理证券发行人发布信息的代理机构
<SplmtryData>	SupplementaryData	可选性且可以重复	用于指定包含证券发行人行为取消通知元素结构未包含的其他信息。元素结构可来自其他 XML 模式定义文件，从而对证券发行人行为取消通知报文结构进行扩展和补充
注："可以重复"表示该信息模块可以重复出现，"不能重复"表示该信息模块不能重复出现			

9 扩展类信息报文体

扩展类信息报文体是通用类信息报文体未能包含但在中国境内证券市场某些特定业务处理过程中需要使用的其他信息，它是对证券发行人行为通知信息和证券发行人行为取消通知信息的必要扩展。用户可根据业务需求，按照本标准的扩展规则对业务内容做适当扩展。

扩展类信息报文体 XML 模式定义文件为 cn.ca.supl.01.xsd。扩展类信息报文体的具体元素组织结构和用法，以及扩展类信息元素和事件类型应符合附录 B 表 B.1 的规定。

扩展类信息报文体根元素的 XML 标签为 <CNCASDV01>，其包含的主要信息模块的出现顺序如表 4 所示。

表 4 扩展类信息报文体主要信息模块

XML 标签	英文含义	使用规则	用法说明
<CorpActnGnlInfSplmtn>	CorporateActionGeneralInformationSupplementation	可选性但不能重复	用于扩展证券发行人行为事件的基本信息
<EvtTpSplmtn>	EventTypeSupplementation	可选性但不能重复	用于扩展事件类型
<UndrlygSctySplmtn>	UnderlyingSecuritySupplementation	可选性但不能重复	用于扩展标的证券信息
<AcctDtlsSplmtn>	AccountDetailsSupplementation	可选性但不能重复	用于扩展账户信息

续表

XML 标签	英文含义	使用规则	用法说明
<IntrmdtSctySplmtn>	IntermediateSecuritySupplementation	可选性但不能重复	用于扩展与事件关联的中间证券信息
<CorpActnDtlsSplmtn>	CorporateActionDetailsSupplementation	可选性但不能重复	用于扩展证券发行人行为事件详情
<CorpActnDtDtlsSplmtn>	CorporateActionDateDetailsSupplementation	可选性但不能重复	用于扩展证券发行人行为事件相关日期详情
<CorpActnPrdDtlsSplmtn>	CorporateActionPeriodDetailsSupplementation	可选性但不能重复	用于扩展证券发行人行为事件相关期间详情
<CorpActnRateAndAmtDtlsSplmtn>	CorporateActionRateAndAmountDetailsSupplementation	可选性但不能重复	用于扩展证券发行人行为事件相关比率与数量详情
<CorpActnPricDtlsSplmtn>	CorporateActionPriceDetailsSupplementation	可选性但不能重复	用于扩展证券发行人行为事件相关价格详情
<CorpActnSctiesQtySplmtn>	CorporateActionSecuritiesQuantitySupplementation	可选性但不能重复	用于扩展证券发行人行为事件相关证券数
<OptnDtlsSplmtn>	OptionDetailsSupplementation	可选性且可以重复	用于扩展证券持有人对该事件权利的详情
<OptnDtDtlsSplmtn>	OptionDateDetailsSupplementation	可选性且可以重复	用于扩展证券持有人对该事件权利的相关日期详情
<OptnPrdDtlsSplmtn>	OptionPeriodDetailsSupplementation	可选性且可以重复	用于扩展证券持有人对该事件权利的相关期间具体信息
<OptnRateAndAmtDtlsSplmtn>	OptionRateAndAmountDetailsSupplementation	可选性且可以重复	用于扩展证券持有人对该事件权利的相关比率与数量具体信息
<OptnPricDtlsSplmtn>	OptionPriceDetailsSupplementation	可选性且可以重复	用于扩展证券持有人对该事件权利的相关价格详情
<OptnSctiesQtySplmtn>	OptionSecuritiesQuantitySupplementation	可选性且可以重复	用于扩展证券持有人对该事件权利的相关证券数量信息
<SctiesMvmntSplmtn>	SecuritiesMovementSupplementation	可选性且可以重复	用于扩展证券持有人对该事件权利中证券交割相关信息
<CshMvmntDtlsSplmtn>	CashMovementDetailsSupplementation	可选性且可以重复	用于扩展证券持有人对该事件权利中现金变动相关详情
<XtrnlCmntsSplmtn>	ExternalCommentsSupplementation	可选性但不能重复	用于扩展其他备注信息
注："可以重复"表示该信息模块可以重复出现，"不能重复"表示该信息模块不能重复出现			

10 扩展类信息的扩展方法

10.1 扩展分类

本标准可以进行以下三类扩展：

a）报文体扩展。报文体扩展可通过新增报文体结构实现。新增其他报文内容时，宜通过将新的报文结构嵌入报文的报文体部分完成。新增报文体不得改变证券发行人行为信息报文的体系结构。

b）事件类型定义扩展。事件类型定义扩展可通过新增事件类型实现，但宜在现有事件类型中通过扩展信息元素或元素取值来定义新业务。在对事件类型定义进行扩展时，应避免不同事件类型的定义存在重复或歧义，且不应改变现有事件类型所代表的业务。

c）信息元素扩展。信息元素扩展可通过新增信息元素实现，但宜尽量在现有信息元素中通过扩展取值来定义新业务。在对信息元素进行扩展时，不应改变现有信息元素所代表的业务，亦不应改变现有报文的组织结构。

10.2 扩展规则

10.2.1 扩展类信息的元素应与通用类信息的相应元素保持对应性

扩展类信息的元素应与通用类信息的相应元素保持一一对应（见图 2），对应关系通过 Xpath 关联。

图 2　扩展类信息元素与通用类信息元素对应关系

10.2.2 扩展类信息元素 XML 标签的唯一性

10.2.2.1 扩展类元素 XML 标签的唯一性

扩展类元素对应的 XML 标签不得重复。在同一命名空间下，XML 标签是该元素在本标准应用范围内的唯一标识。扩展类元素枚举值的 XML 标签由通用类元素枚举值的 XML 标签加上后缀 Splmtn 构成。

示例：通用类 EventConfirmationStatus 元素枚举值对应的 XML 标签为 EvtConfSts，则扩展类 EventConfirmationStatus 元素枚举值对应的 XML 标签为 EvtConfStsSplmtn。

10.2.2.2 扩展类元素 XML 标签命名规则

扩展类元素 XML 标签的命名规则如下：

a） XML 标签不应包含空格和下划线；

b） XML 标签长度宜介于 2~35 个字符；

c） XML 标签由对应的元素的英文含义缩写组成，且单词首个字母应大写。

10.2.2.3 扩展类元素英文含义缩写原则

对扩展类元素的英文含义进行缩写时，宜参照以下原则：

a） 若英文含义由两个或以上英文单词组成，则 XML 标签也宜相应地由两个或以上英文含义的缩写合并而成，且每个单词对应的缩写应首个字母大写。

示例：<EvtSts> 对应的英文含义为 EventStatus 且 EventStatus 由 Event 和 Status 两个单词组成，Event 的缩写为 Evt，Status 的缩写为 Sts，两者相合并就构成了 <EvtSts>。

b） 若英文含义中任一单词由 4 个以下（包含 4 个）英文字母构成，则与之对应的 XML 标签宜取其整个单词；若 XML 标签对应的英文含义包含的任一单词由 4 个以上英文字母构成，则与之对应的 XML 标签宜取其中的 3~7 个字符。

示例 1：英文含义为 Unit，则对应的 XML 标签为 <Unit>。

示例 2：英文含义为 Conditions，则对应的 XML 标签可为 <Conds>。

c） 若根据英文含义能在表 5 找到其对应的 XML 标签，则应以表 5 为准。若表 5 未能涵盖，则 XML 标签的命名应符合以上第 a）和 b）的规定。

表 5 XML 标签与其对应的英文含义

XML 标签	XML 标签对应的英文含义
Acct	Account
Agt	Agent
Amt	Amount
Bal	Balance
Csh	Cash
Cd	Code
CorpActn	CorporateAction
Dt	Date
Ddln	Deadline
Dtls	Details

续表

XML 标签	XML 标签对应的英文含义
EndDt	EndDate
Elgbl	Eligible
Evt	Event
Fees	Fees
Id	Identification
Ind	Indicator
Inf	Information
Issr	Issuer
Lkg	Linkage
Listg	Listing
Nm	Name
Nb	Number
Prd	Period
Pric	Price
Qty	Quantity
Rate	Rate
Scty	Security
Sts	Status
Splmtry	Supplementary
Tax	Tax
Tm	Time
Tp	Type

10.2.3 事件类型的唯一性

每种事件类型有且仅有一个值，扩展类事件类型不应与通用类事件类型重复定义，且应以 4 个大写英文字母命名。其命名规则如下：

a） 若事件类型对应的英文含义为一个单词，则宜取该单词的前四个字母，例如，英文含义为 Drawing，其对应的事件类型为 DRAW；

b） 若事件类型对应的英文含义为两个单词，则宜各取这两个单词的前两个字母，例如，英文含义为 CompanyOption，其对应的事件类型为 COOP；

c） 若事件类型对应的英文含义为三个单词，则事件类型的第一个字母宜取第一个单词的首字母，事件类型的第二和第三个字母取第二个单词的前两个字母，事件类型的第四个字母取第三个单词的首字母，例如，英文含义为 PayInKind，其对应的事件类型为 PINK；

d） 若事件类型对应的英文含义为四个或四个以上的单词，则宜各取前四个单词的首字母，例如，英文含义为 WithholdingTaxReliefCertification，其对应的事件类型为 WTRC。

元素枚举值的扩展方法亦适用上述规则。

10.2.4 体系结构的统一性

证券发行人行为报文扩展时，保持体系结构的统一性，应至少满足以下三个条件：

a）在对报文进行扩展时，不应改变信息模块在报文中出现的先后顺序，即保持报文头和报文体的原有顺序，但可增加可重复的可选性元素；

b）在对报文进行扩展时，不应改变元素在各信息模块中出现的先后顺序；

c）在对报文进行扩展时，必须出现的元素不应改成可选性出现的元素。

11 模式定义文件之间的关系及应用方法

11.1 命名空间及其前缀

元素或者属性的命名空间的前缀格式为 ns：name，其中 ns 是命名空间的前缀，name 是本地名称。

关于命名空间前缀到实际命名空间的映射，本标准始终与表 6 保持一致。表 6 中的前缀列是非规范性的，命名空间 URI 列是规范性的。

表 6　命名空间和命名空间前缀

前缀	命名空间 URI
缺省	urn：xsd：cn.ca.message.01
cacn	urn：iso：std：iso：20022：tech：xsd：seev.039.001.02
cano	urn：iso：std：iso：20022：tech：xsd：seev.031.001.02
head	urn：iso：std：iso：20022：tech：xsd：head.001.001.01
casupl	urn：xsd：cn.ca.supl.01
xs	http：//www.w3.org/2001/XMLSchema
xsi	http：//www.w3.org/2001/XMLSchema-instance

11.2 XML 模式定义文件

11.2.1 总体说明

证券发行人行为信息报文 XML 模式定义文件包括报文头 XML 模式定义文件（head.001.001.01.xsd）、证券发行人行为通知信息报文体 XML 模式定义文件（seev.031.001.02.xsd）、证券发行人行为取消通知信息报文体 XML 模式定义文件（seev.039.001.02.xsd）、扩展类信息报文体 XML 模式定义文件（cn.ca.supl.01.xsd）和整体报文 XML 模式定义文件（cn.ca.message.01.xsd）。

本标准引用 ISO 20022 的 XML 模式定义文件是 head.001.001.01.xsd、seev.031.001.02.xsd 和 seev.039.001.02.xsd，其命名规则为：

< 业务领域 >.< 报文编号 >.< 变体编号 >.< 版本编号 >.xsd。

其中：

< 业务领域 > 为 XML 结构所应用的领域，如 head 为报文头，seev 为证券；

< 报文编号 > 为 XML 结构在前述业务领域下的具体业务编号，如 seev.031.001.02.xsd 中的 031 代表证券发行人行为通知；

< 变体编号 > 为 XML 结构在前述业务领域下的针对前述具体业务的应用变体编号，如 seev.031.001.02.xsd 中的 001 代表初始变体；

< 版本号 > 为 XML 结构的版本号，如 seev.031.001.02.xsd 中的 02 代表在 001 变体中的第二版。

本标准定义和维护的 XML 模式定义文件是 cn.ca.supl.01.xsd 和 cn.ca.message.01.xsd，其命名规则为：

< 国家代码 >.< 业务代码 >.< 功能代码 >.< 版本号 >.xsd。

其中：

< 国家代码 > 统一为 cn，代表中国；

< 业务代码 > 统一为 ca，代表证券发行人行为；

< 功能代码 > 分别统一为 supl 和 message，分别代表扩展类信息报文体和整体报文；

< 版本号 > 为 XML 模式定义文件发布的版本号，随版本升级而相应调整。

11.2.2 XML 模式定义文件的应用

整体报文 XML 模式定义文件根元素为 <RequestPayload>，其子元素顺序为报文头根元素 <AppHdr> 和报文体根元素 <Document>，元素 <AppHdr> 和 <Document> 定义直接引用报文头和报文体的 XML 模式定义文件的根元素 <AppHdr> 和 <Document>，命名空间来自导入（import）报文头和报文体各自的 XML 模式定义文件的目标命名空间，扩展类信息报文体结构整体嵌入通用类信息报文体的 <SplmtryData> 元素。

扩展类信息报文体 XML 模式定义文件根元素为 <CNCASDV01>，其子元素根据中国证券发行人行为业务处理的特定需要以及按照扩展类信息的扩展规则确定。扩展类信息报文体的组织结构参见第 15 章，相关信息参见附录 B 表 B.1。

整体报文 XML 模式定义文件如下：

```
<?xml version="1.0" encoding="utf-8"?>
<xs:schema xmlns:head="urn:iso:std:iso:20022:tech:xsd:head.001.001.01"
xmlns:cano="urn:iso:std:iso:20022:tech:xsd:seev.031.001.02"
xmlns:cacn="urn:iso:std:iso:20022:tech:xsd:seev.039.001.02"
xmlns="urn:xsd:cn.ca.messages.01" xmlns:easupl="urn:xsd:cn.ca.supl.01"
elementFormDefault="qualified" targetNamespace="urn:xsd:cn.ca.messages.01"
xmlns:xs="http://www.w3.org/2001/XMLSchema">
  <xs:import schemaLocation="head.001.001.01.xsd"
namespace="urn:iso:std:iso:20022:tech:xsd:head.001.001.01" />
  <xs:import schemaLocation="seev.031.001.02.xsd"
namespace="urn:iso:std:iso:20022:tech:xsd:seev.031.001.02" />
  <xs:import schemaLocation="seev.039.001.02.xsd"
namespace="urn:iso:std:iso:20022:tech:xsd:seev.039.001.02" />
  <xs:import schemaLocation="cn.ca.supl.01.xsd" namespace="urn:xsd:cn.ca.supl.01" />
  <xs:element name="RequestPayload">
   <xs:complexType>
    <xs:sequence>
     <xs:element ref="head:AppHdr" />          ———— 位置1
      <xs:choice>
       <xs:element ref="cano:Document" />        ———— 位置2
       <xs:element ref="cacn:Document" />        ———— 位置3
       <xs:element name="Document">
        <xs:complexType>
         <xs:sequence>
          <xs:any maxOccurs="unbounded" namespace="##any" processContents="lax"/>
         </xs:sequence>
        </xs:complexType>
       </xs:element>
      </xs:choice>
    </xs:sequence>
   </xs:complexType>
  </xs:element>
</xs:schema>
```

图 3　整体报文 XML 模式定义文件

整体报文 XML 模式定义文件的定义需要导入报文头 XML 模式定义文件、证券发行人行为通知 XML 模式定义文件、证券发行人行为取消通知 XML 模式定义文件及扩展类信息报文体 XML 模式定义文件。整体报文 XML 模式定义文件中对报文头和报文体的定义直接引用来自报文头和报文体的 XML 模式定义文件的根元素。其中 <xs：element ref="head：AppHdr" /> 定义报文头（如图 3，位置 1 所示），<xs：element ref="cano：Document" /> 定义证券发行人行为通知信息报文体（如图 3，位置 2 所示），<xs：element ref="cacn：Document" /> 定义证券发行人行为取消通知信息报文体（如图 3，位置 3 所示）。证券发行人行为通知信息报文体和证券发行人行为取消通知信息报文体两者为选择关系，表示在实际应用中用户可根据需要生成的报文类型（通知或取消通知）任选其一。

整体报文 XML 模式定义文件中没有元素定义引用扩展类信息报文体 XML 模式定义文件中的元素，但证券发行人行为通知信息报文体和证券发行人行为取消通知信息报文体均包含扩展数据信息模块，以用于嵌入扩展类信息报文体。在报文的生成过程中用扩展类信息报文体的根元素替换通用类信息报文体中的 <SplmtryData> 信息模块子元素 <Envlp> 包含的通配符 <any…/> 元素。扩展类信息报文体的模式验证也直接来自扩展类信息报文体 XML 模式定义文件。

报文 XML 模式定义文件层次关系如图 4 所示。

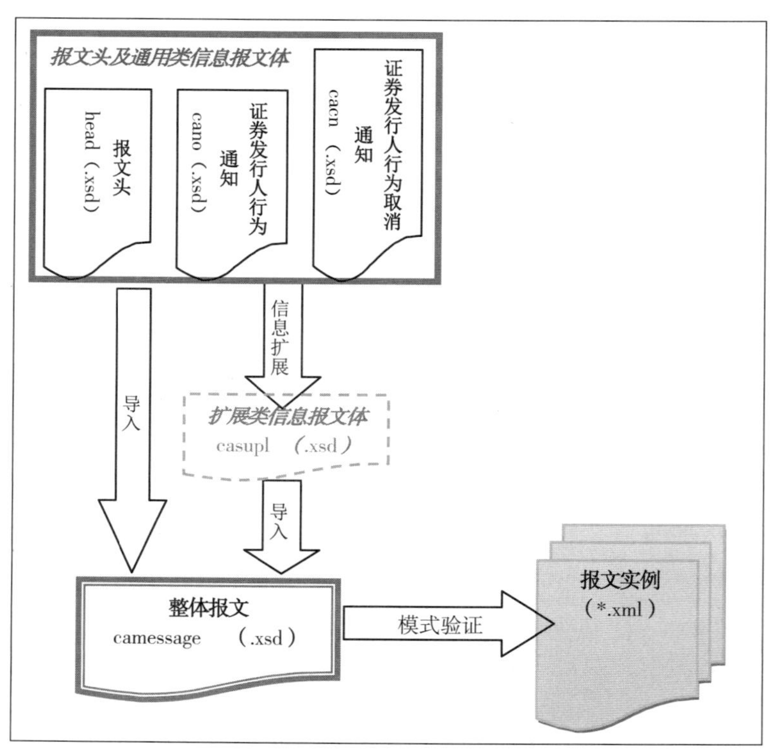

图 4　报文 XML 模式定义文件层次关系

11.3　报文实例

一个证券发行人行为信息报文实例文件对应一条证券发行人行为业务处理报文。报文实例文件是一份格式良好的 XML 文档，符合 W3C XML 1.0 规范，其内容格式应符合整体报文模式定义文件的要求。报文实例的生产过程如图 5 所示。

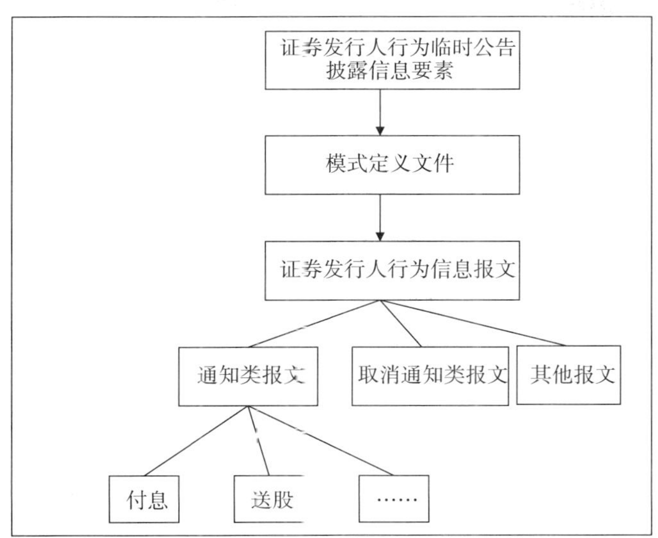

图 5　报文实例生产过程示意

报文实例文件的命名应涵盖事件类型、证券代码及市场代码等信息。为了便于报文的存储及适用于各类业务系统，其命名宜使用 ASCII 字符，不宜使用中文字符。报文实例文件的具体命名规则建议如下：

< 报文事件类型 >_< 证券代码 >_< 市场代码 >_< 报文序号 >.xml。

其中：

< 报文事件类型 > 为报文实例对应证券发行人行为事件业务处理的事件类型；

< 证券代码 > 为报文实例对应标的证券的证券代码；

< 市场代码 > 为证券交易市场代码；

< 报文序号 > 为报文实例对应的公告日期以及当天出现相同事件类型报文的序号。

示例："TEND_AAA_2_2011111801.xml"，"TEND" 表示报文事件类型为要约收购，"AAA" 为证券代码，"2" 表示证券交易市场，"20111118" 为公告日期，"01" 为当天出现相同事件类型报文的序号。TEND_000895_2_2011111801.xml 报文内容如下：

```
<? xml version="1.0" encoding="UTF-8"? >
<RequestPayload xmlns="urn: xsd: cn.camessage.01" xmlns: cacn="urn: iso: std: iso:
    20022: tech: xsd: seev.039.001.02" xmlns: cano="urn: iso: std: iso: 20022: tech: xsd:
    seev.031.001.02" xmlns: casupl="urn: xsd: cn.ca.supl.01" xmlns: head="urn: iso: std: iso:
    20022: tech: xsd: head.001.001.01" xmlns: xsi="http: //www.w3.org/2001/XMLSchema-instance"
    xsi: schemaLocation="urn: xsd: cn.camessage.01 cn.camessage.01.xsd urn: xsd: cn.ca.supl.01
    cn.ca.supl.01.xsd">
    <head: AppHdr>
    <head: Fr>
     <head: OrgId>
        <head: Id>
          <head: OrgId>
```

```
          <head：AnyBIC>SZSICNB0XXX</head：AnyBIC>
        </head：OrgId>
      </head：Id>
    </head：OrgId>
  </head：Fr>
  <head：To>
    <head：OrgId>
      <head：Id>
        <head：OrgId>
          <head：AnyBIC>SZSICNB0XXX</head：AnyBIC>
        </head：OrgId>
      </head：Id>
    </head：OrgId>
  </head：To>
  <head：BizMsgIdr>1338201</head：BizMsgIdr>
  <head：MsgDefIdr>seev.031.001.02</head：MsgDefIdr>
  <head：CreDt>2010-08-03T12：30：00Z</head：CreDt>
</head：AppHdr>
<cano：Document>
  <cano：CorpActnNtfctn>
    <cano：NtfctnGnlInf>
    <cano：NtfctnTp>NEWM</cano：NtfctnTp>
    <cano：PrcgSts>
      <cano：Cd>
        <cano：EvtCmpltnsSts>COMP</cano：EvtCmpltnsSts>
        <cano：EvtConfSts>CONF</cano：EvtConfSts>
      </cano：Cd>
    </cano：PrcgSts>
  </cano：NtfctnGnlInf>
  <cano：CorpActnGnlInf>
    <cano：CorpActnEvtId>AAA7962TEND</cano：CorpActnEvtId>
    <cano：EvtTp>
      <cano：Cd>TEND</cano：Cd>
    </cano：EvtTp>
    <cano：MndtryVlntryEvtTp>
      <cano：Cd>VOLU</cano：Cd>
    </cano：MndtryVlntryEvtTp>
```

```
<cano：UndrlygScty>
  <cano：FinInstrmId>
    <cano：ISIN>CNE000000000</cano：ISIN>
      <cano：Desc>BBB
                A SHARE</cano：Desc>
  </cano：FinInstrmId>
</cano：UndrlygScty>
</cano：CorpActnGnlInf>
<cano：AcctDtls>
<cano：ForAllAccts>
<cano：IdCd>GENR</cano：IdCd>
</cano：ForAllAccts>
<cano：AcctDtls>
<cano：CorpActnDtls>
  <cano：DtDtls>
    <cano：AnncmntDt>
      <cano：Dt>
        <cano：Dt>2011-10-20</cano：Dt>
      </cano：Dt>
    </cano：AnncmntDt>
  </cano：DtDtls>
<cano：EvtStag>
  <cano：Cd>UNAC</cano：Cd>
</cano：EvtStag>
<AddtlInf>
   <Offerr>YYY</Offerr>
</AddtlInf>
</cano：CorpActnDtls>
<cano：CorpActnOptnDtls>
 <cano：OptnNb>001</cano：OptnNb>
 <cano：OptnTp>
   <cano：Cd>CASH</cano：Cd>
 </cano：OptnTp>
 <cano：DfltPrcgOrStgInstr>
    <cano：DfltOptnInd>No</cano：DfltOptnInd>
 </cano：DfltPrcgOrStgInstr>
```

```
<cano: DtDtls>
    <cano: MktDdln>
     <cano: Dt>
       <cano: Dt>2011-12-20</cano: Dt>
     </cano: Dt>
    </cano: MktDdln>
    <cano: RspnDdln>
      <cano: DtCd>
        <cano: Cd>UKWN</cano: Cd>
      </cano: DtCd>
    </cano: RspnDdln>
</cano: DtDtls>
<cano: PrdDtls>
  <cano: ActnPrd>
    <cano: Prd>
      <cano: StartDt>
        <cano: Dt>
          <cano: Dt>2011-11-21</cano: Dt>
            </cano: Dt>
          </cano: StartDt>
          <cano: EndDt>
            <cano: Dt>
              <cano: Dt>2011-12-20</cano: Dt>
          </cano: Dt>
        </cano: EndDt>
      </cano: Prd>
    </cano: ActnPrd>
  </cano: PrdDtls>
  <cano: SctiesMvmntDtls>
    <cano: SctyDtls>
      <cano: FinInstrmId>
        <cano: ISIN>CNE000000000</cano: ISIN>
        <cano: Desc>BBB
                     A SHARE</cano: Desc>
      </cano: FinInstrmId>
    </cano: SctyDtls>
<cano: CdtDbtInd>DBIT</cano: CdtDbtInd>
```

```
    <cano：DtDtls>
      <cano：PmtDt>
        <cano：DtCd>
          <cano：Cd>UKWN</cano：Cd>
        </cano：DtCd>
      </cano：PmtDt>
    </cano：DtDtls>
  </cano：SctiesMvmntDtls>
  <cano：CshMvmntDtls>
    <cano：CdtDbtInd>CRDT</cano：CdtDbtInd>
      <cano：DtDtls>
        <cano：PmtDt>
          <cano：DtCd>
            <cano：Cd>UKWN</cano：Cd>
          </cano：DtCd>
        </cano：PmtDt>
      </cano：DtDtls>
    <cano：PricDtls>
      <cano：GncCshPricRcvdPerPdct>
        <cano：AmtPric>
          <cano：AmtPricTp>ACTU</cano：AmtPricTp>
          <cano：PricVal Ccy="CNY">56</cano：PricVal>
        </cano：AmtPric>
        </cano：GncCshPricRcvdPerPdct>
      </cano：PricDtls>
    </cano：CshMvmntDtls>
    </cano：CorpActnOptnDtls>
    <cano：CorpActnOptnDtls>
      <cano：OptnNb>002</cano：OptnNb>
      <cano：OptnTp>
        <cano：Cd>NOAC</cano：Cd>
      </cano：OptnTp>
      <cano：DfltPrcgOrStgInstr>
        <cano：DfltOptnInd>Yes</cano：DfltOptnInd>
      </cano：DfltPrcgOrStgInstr>
    </cano：CorpActnOptnDtls>
      <cano：AddtlInf>
```

```
      <cano：AddtlTxt>
        <cano：AddtlInf>DUE TO THE CHANGE IN OVERSEAS STAKE IN THE COMPANY
                  BY XXX HOLDINGS LIMITED, YYY HAS BECOME THE DE FACTO
                  CONTROLLER OF THE COMPANY, WHICH TRIGGERS THE TENDER
                  OFFER.
               IN ACCORDANCE WITH THE RELEVANT LAWS, YYY IS LIABLE TO
               PROVIDE THE TENDER OFFER.ACCORDING TO THE TENDER OFFER
               PLAN, THE ACQUIRING PARTY WILL PROVIDE THE PREMIUM PRICE AT
               CNY56.00 PER SHARE TO ALL FLOATING SHAREHOLDERS FOR 294137697
               SHARES OF THE COMPANY.
               THE PERIOD FOR THE OFFER WILL BE THROUGH 20DEC11 FROM
               21NOV11. THE TENDER OFFER IS NOT AIMED TO END THE LISTING
               STATUS OF THE COMPANY.
               TENDER OFFER CODE：990029.</cano：AddtlInf>
      </cano：AddtlTxt>
    </cano：AddtlInf>
    <cano：SplmtryData>
      <cano：Envlp>
         <casupl：CNCASDV01>
           <casupl：CorpActnDtlsSplmtn>
             <casupl：PlcAndNm>/RequestPayload/Document/CorpActnNtfctn/CorpActnDtls</
               casupl：PlcAndNm>
           <PrmpsbcptCd>990029</PrmpsbcptCd>
           </casupl：CorpActnDtlsSplmtn>
        </casupl：CNCASDV01>
      </cano：Envlp>
     </cano：SplmtryData>
    </cano：CorpActnNtfctn>
  </cano：Document>
</RequestPayload>
```


12 证券发行人行为信息应用与实施

12.1 总体说明

本章是中国证券市场证券发行人行为信息应用的业务指导规范。

通过整理 ISO 20022 报文结构尚未涵盖的信息元素，并结合证券发行人行为信息业务处理的实际情况，本标准定义了扩展类信息报文体 XML 模式定义文件及整体报文 XML 模式定义文件，规范了各事件类型证券发行人行为报文的公告来源及报文格式。用户可根据业务需要适当扩展，但扩展部分应符合本标准的扩展规则。

12.2 信息流

一般情况下，证券发行人行为信息流从发行人到达投资者需要经过三个阶段，即信息发布、信息处理及信息使用。

在信息发布阶段，沪深证券交易所、银行间债券市场、开放式基金等市场的证券发行人通过不同的平台披露各种证券发行人行为公告。由于信息量巨大、渠道来源各异、载体形式多样，这些非结构化信息需要经过进一步加工处理才能便于传播及使用。

在信息处理阶段，信息服务机构和账户服务机构对上述非结构化信息进行采集、筛选、分类、加工等工作使之成为结构化数据，其中两大机构对现金分红的处理参见附录 D。为了便于证券发行人行为数据在全球投资者之间进行准确传播，这些数据需要转化为符合国际（行业）标准的报文。账户服务机构所获取的报文，可以是证券交易所直接发布的，也可以是通过信息服务机构转化的，或者是由账户服务机构根据国际（行业）标准自行整理的。

在信息使用阶段，本地账户服务机构把证券发行人行为信息报文发送给其客户（即投资者），或进一步传输给全球账户服务机构，最终到达全球各地的投资者。

整个证券发行人行为信息流程如图 6 所示。

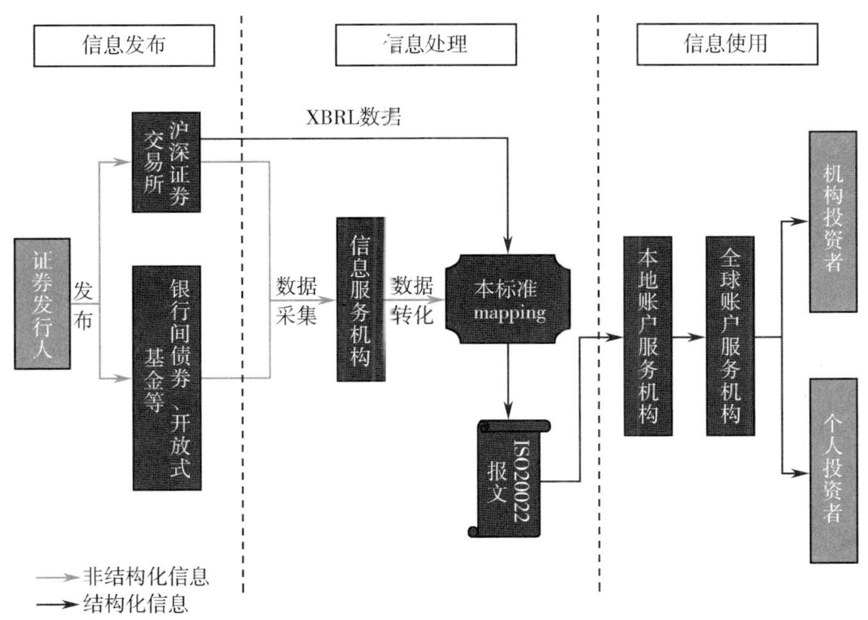

图 6　证券发行人行为信息流程

12.3 报文应用场景

在证券发行人行为信息报文的应用过程中，有可能会出现以下场景：

场景 1：通知

账户服务机构向账户持有人发出一份全新的证券发行人行为通知信息报文（NEWM），用以告知其所持的某一证券所涉及的证券发行人行为事件。随着该证券发行人行为事件具体情况的更新或变更，账户服务机构也许会向账户持有人发出另一份报文（REPL），用以替换原先发出的通知。该场景如图 7 所示。

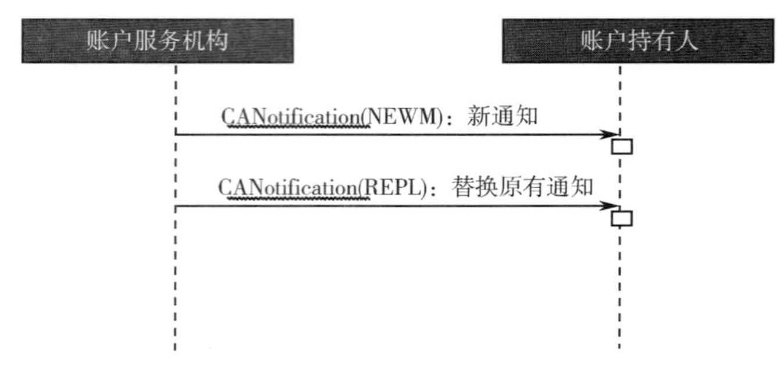

图 7　报文应用场景 1

场景 2：通知及（由于发行人撤回而）取消

账户服务机构向账户持有人发出一份全新的证券发行人行为通知信息报文（NEWM），用以告知其所持的某一证券所涉及的证券发行人行为事件。一旦账户服务机构收到证券发行人通知，得知上述证券发行人行为事件被发行人撤回，账户服务机构应向账户持有人发出另一份报文（WITH），用以取消原先发出的通知并说明取消原因。该场景如图 8 所示。

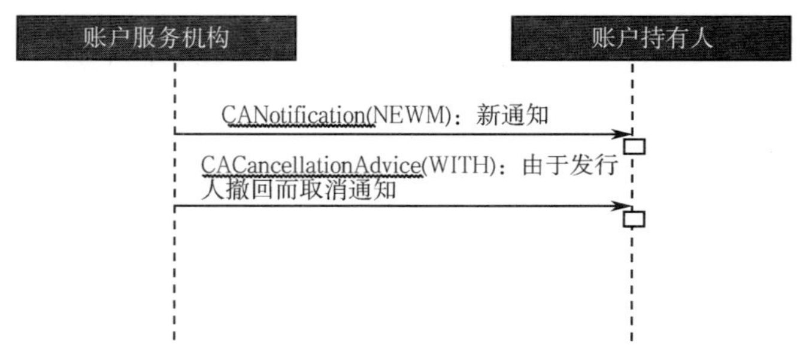

图 8　报文应用场景 2

场景 3：通知及（由于操作错误而）取消

账户服务机构向账户持有人发出一份全新的证券发行人行为通知信息报文（NEWM），用以告知其所持的某一证券所涉及的证券发行人行为事件。一旦账户服务机构发现它错误地发出了上述报文（例如该账户持有人并未持有所涉证券），账户服务机构应向账户持有人发出另一份报文（PROC），用以取消原先发出的通知并说明是由于账户服务机构操作错误而取消。该场景如图 9 所示。

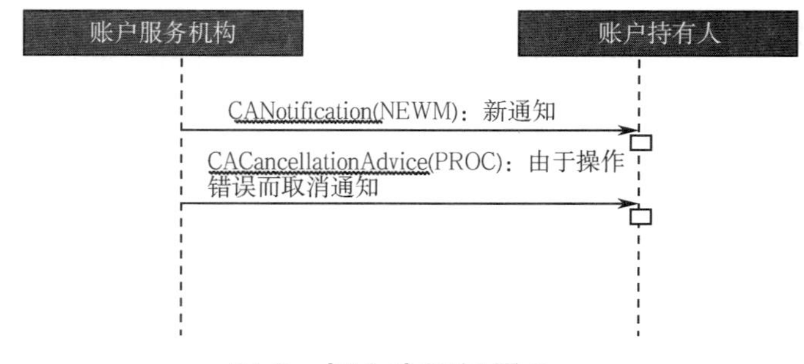

图 9　报文应用场景 3

场景 4：提示

账户服务机构已向账户持有人发出证券发行人行为通知信息报文（NEWM），但是账户持有人并未作出是否行使权益的反馈指令，随着反馈截止时间的临近，账户服务机构可向账户持有人发出一份提示性报文（RMDR），用以提醒账户持有人该证券发行人行为事件的详情、其可行使权益及可供选择。该场景如图 10 所示。

图 10　报文应用场景 4

12.4　报文分类业务指导规范

证券发行人行为原始信息来源于证券发行人披露的各种公告。若从业务处理的角度出发，则需要对证券发行人行为的原始信息进行加工并按照指定格式重新组合，形成直接面向业务的应用报文，以便降低人工干预的风险，提高业务处理的自动化水平及效率。

一则公告并非仅对应一条报文，报文的条数视公告所涉及的具体业务而定。若一则公告对应多笔业务，则应加工成多条应用报文。

根据证券发行人行为信息来源或应用方式的不同，证券发行人行为信息应用报文主要包括以下 20 种事件类型：ACTV、BONU、BPUT、CLEAN、CONV、DLST、DVCA、DVSE、EXWA、INTR、MRGR、PRIO、REDM、RHDI、SPLF、SPLR、SUSP、TEND、MEET、XMET。上述事件类型对应的报文分类业务指导参见附录 C，它给出了以上各事件类型证券发行人行为信息报文的格式，提供了各事件类型的大致公告内容，以及符合本标准规范的 XML 格式报文样例和对应的 ISO 15022 公司行为规范的 MT564 报文样例。

随着证券品种的增加和新业务的开展，事件类型可随之作相应的扩展。证券发行人行为应用报文事件类型与证券发行人信息披露公告的对应关系如表 7 所示。

表 7　事件类型与公告来源对应表

事件类型	对应的公告分类	对应的公告分类编码	说明
ACTV	上市公告书	GA13	包括首发和权证上市
	股份变动及增发上市公告	GD1301	
	股份变动及配股上市公告	GC09	
	可转债上市公告	GE13	
	基金上市公告		
	恢复上市	GM05	

续表

事件类型	对应的公告分类	对应的公告分类编码	说明
BONU	利润分配及公积金转增股本实施公告	GG0120	红股来自公积金转增股本时适用
BPUT	可转债回售公告	GE1701	
	公司债回售公告		
CHAN	公司名称变更公告	GL0130	包括公司名称变更和公司简称变更
	可转债调整转股价格的公告	GE1530	
	实施特别处理公告	GM0101	
	实施警示终止上市风险的特别处理公告	GM0110	
	撤消特别处理公告	GM0120	
	可转债票面利率变更公告		
	权证行权价格变更公告		
CONV	可转债开始转股的公告	GE1501	
	可转债停止转股的公告	GE1520	
	基金转型公告		
DLST	终止上市公告	GM0710	包括股票和权证退市
	债券摘牌公告		
	基金退市公告		
DVCA	利润分配及公积金转增股本实施公告	GG0120	涉及派现时适用
	基金收益分配实施公告		
DVSE	利润分配及公积金转增股本实施公告	GG0120	红股来自未分配利润时适用
EXWA	权证行权公告		
INTR	可转债付息公告	GE2101	
	公司债付息公告		
	国债或地方政府债付息公告		
MRGR	吸收合并实施公告	GH1130	涉及换股时适用
PRIO	增发说明书	GD05	老股东享有优先配售权时适用
	网上发行公告	GD0701	
	可转债募集说明书	GE05	
	可转债网上发行公告	GE0701	
	可转债网上（下）发行公告	GE0720	
	公司债发行公告		
REDM	可转债赎回公告	GE1901	
	可转债到期兑付公告		
	公司债到期兑付公告		
	国债或地方政府债兑付公告		
REDM	基金赎回公告		
RHDI	配股说明书	GC05	
SPLF	基金分拆公告		
SPLR	基金合并公告		
	基金折算公告		

续表

事件类型	对应的公告分类	对应的公告分类编码	说明
SUSP	暂停上市公告	GM0340	
	重大事项停牌公告		
TEND	要约收购报告书摘要	GH0510	
	要约收购报告书	GH0520	
	吸收合并实施公告	GH1130	涉及吸收合并过程中现金选择权或收购请求权实施时适用
MEET	董事会决议召开年度股东大会通知	GJ0101	涉及年度股东大会时适用
	增加股东大会议案公告	GJ0301	
	变更股东大会议案公告	GJ0310	
	变更股东大会时间公告	GJ0320	
	变更股东大会地点公告	GJ0330	
	取消股东大会公告	GJ0340	
	取消股东大会议案公告	GJ0350	
	正常股东大会决议公告	GJ0501	
	增加、变更或否决议案的决议公告	GJ0510	
	股东大会决议被依法撤销	GL2101	
XMET	董事会提议召开临时股东大会的通知	GJ0110	涉及临时股东大会或出资人组会议时适用
	监事会提议召开临时股东大会的通知	GJ0120	
	股东自行提议召开临时股东大会的通知	GJ0130	
	增加股东大会议案公告	GJ0301	
	变更股东大会议案公告	GJ0310	
	变更股东大会时间公告	GJ0320	
	变更股东大会地点公告	GJ0330	
	取消股东大会公告	GJ0340	
	取消股东大会议案公告	GJ0350	
	正常股东大会决议公告	GJ0501	
	增加、变更或否决议案的决议公告	GJ0510	
	股东大会决议被依法撤销	GL2101	
	召开债券持有人会议的通知		
	增加债券持有人会议议案公告		
	变更债券持有人会议议案公告		
	变更债券持有人会议时间公告		
	变更债券持有人会议地点公告		
	取消债券持有人会议公告		
	取消债券持有人会议议案公告		
	正常债券持有人会议决议公告		
	增加、变更或否决债券持有人会议议案的决议公告		
	债券持有人会议决议被依法撤销		
	召开基金持有人会议的通知		

续表

事件类型	对应的公告分类	对应的公告分类编码	说明
XMET	增加基金持有人会议议案公告		
	变更基金持有人会议议案公告		
	变更基金持有人会议时间公告		
	变更基金持有人会议地点公告		
	取消基金持有人会议公告		
	取消基金持有人会议议案公告		
	正常基金持有人会议决议公告		
	增加、变更或否决基金持有人会议议案的决议公告		
	基金持有人会议决议被依法撤销		
注：公告分类及对应的编码参见 JR/T 0021—2004			

13 数据完整性与安全性

证券发行人行为信息的数据完整性和安全性由信息的传输网络和处理机制来保证。本标准只提供证券发行人行为信息的内容和格式规范，不提供此类机制。

14 业务组件

本标准的报文体、通用类信息报文体以及扩展类信息报文体所涉及的业务组件直接引用 ISO 20022 公司行为通知 <seev.031.001.02> 和公司行为取消通知 <seev.039.001.02> 现有的业务组件，同时根据中国市场的使用需要，本标准对扩展类信息报文体的业务组件的数据类型进行了适当扩展，该扩展始终遵循 ISO 20022 关于公司行为业务规范，如表 8 所示。

表 8 扩展的业务元素

组件分类	业务含义（中文）	XML 标签	数据类型
证券发行人行为事件类型	其他事件类型	OtherEvtTp	OtherEventTypeSD1Code
标的证券基本信息	票面金额	DnmtnQty	ActiveCurrencyAnd13DecimalAmount
	付息频率（付息次数）	IntrstPmtNbPerYear	Max3Number
	利差	IntrstRateSprd	DecimalNumber
	每手数量	BrdLotQty	DecimalNumber
	发行人名称（发行机构）	Issr	Max350Text
	结转方式	CryoverMthd	CarryoverMethodSD1Code
证券发行人行为基本信息	议案列表	AgendaList	AgendaListSD1
	议案	Agenda	Max350Text
	会议地点	MeetVenue	Max350Text
	会议名称	MeetNm	Max350Text
	优先配售代码	PrmpsbcptCd	Max16Text

续表

组件分类	业务含义（中文）	XML 标签	数据类型
证券发行人行为的日期	交易系统网络投票日期	CnlnVotViaTrdSytm	ISODate
证券发行人行为的行动期	网络投票期	OnlnVotPrd	PeriodSD1
	触发回售条款的交易期	CondSatsfPrd	PeriodSD1
证券发行人行为的价格	变更前行权价格	PrvsExrcPric	ActiveCurrencyAnd13DecimalAmount
	变更后行权价格	AdjstExrcPric	ActiveCurrencyAnd13DecimalAmount
证券发行人行为的数量	上市流通数量	CircutnQty	DecimalNumber
	总发行数量	TtlIssueQty	DecimalNumber
投资者选择权的信息	转股代码	ConvsCd	Max16Text
	行权代码	ExrcCd	Max16Text
	行权简称	ExrcAbbr	Max16Text

15 消息组件

本标准的报文体及通用类信息报文体以及所涉及的消息组件直接引用 ISO 20022 公司行为通知 <seev.031.001.02> 和公司行为取消通知 <seev.039.001.02> 现有的消息组件。为了使标准更加适用于中国市场，本标准在扩展类信息报文体新增了一个消息组件 CNCASuplDataV01。该消息组件包含的元素如表 9 所示。

表 9 消息组件 CNCASuplDataV01 元素

元素含义（中文）	是否可选	XML 标签	数据类型	出现次数
证券发行人行为信息扩展		CNCANOSDV01	CNCASuplDataV01	[1..1]
证券发行人行为基本信息扩展		CorpActnGnlInfSplmtn	GeneralInformationSD1	[0..1]
扩展元素位置		PlcAndNm	Max350Text	[1..1]
事件类型扩展		EvtTpSplmtn	EventTypeSD1	[0..1]
扩展元素位置		PlcAndNm	Max350Text	[1..1]
其他事件类型		OtherEvtTp	OtherEventTypeSD1Code	[0..1]
标的证券扩展		UndrlygSctySplmtn	UnderlyingSecuritySD1	[0..1]
扩展元素位置		PlcAndNm	Max350Text	[1..1]
票面金额		DnmtnQty	ActiveCurrencyAnd13DecimalAmount	[0..1]
付息频率（付息次数）		IntrstPmtNbPerYear	Max3Number	[0..1]
利差		IntrstRateSprd	DecimalNumber	[0..1]
每手数量		BrdLotQty	DecimalNumber	[0..1]
发行人名称（发行机构）		Issr	Max350Text	[0..1]
结转方式		CryoverMthd	CarryoverMethodSD1Code	[0..1]
账户信息扩展		AcctDtlsSplmtn	AccountDetailsSD1	[0..1]
扩展元素位置		PlcAndNm	Max350Text	[1..1]
中间证券扩展		IntrmdtSctySplmtn	IntermediateSecuritySD1	[0..1]
扩展元素位置		PlcAndNm	Max350Text	[1..1]

续表

元素含义（中文）	是否可选	XML 标签	数据类型	出现次数
证券发行人行为详情扩展		CorpActnDtlsSplmtn	CorporateActionSD1	[0..1]
扩展元素位置		PlcAndNm	Max350Text	[1..1]
议案列表		AgendaList	AgendaListSD1	[0..1]
议案		Agenda	Max350Text	[1..*]
优先配售代码		PrmpsbcptCd	Max16Text	[0..1]
会议地点		MeetVenue	Max350Text	[0..1]
会议名称		MeetNm	Max350Text	[0..1]
证券发行人行为日期详情扩展		CorpActnDtDtlsSplmtn	CorporateActionDateSD1	[0..1]
扩展元素位置		PlcAndNm	Max350Text	[1..1]
交易系统网络投票日期		OnlnVotViaTrdSytm	ISODate	[0..1]
证券发行人行为期间详情扩展		CorpActnPrdDtlsSplmtn	CorporateActionPeriodSD1	[0..1]
扩展元素位置		PlcAndNm	Max350Text	[1..1]
网络投票期		OnlnVotPrd	PeriodSD1	[0..1]
触发回售条款的交易期		CondSatsfPrd	PeriodSD1	[0..1]
证券发行人行为价格详情扩展		CorpActnPricDtlsSplmtn	CorporateActionPriceSD1	[0..1]
扩展元素位置		PlcAndNm	Max350Text	[1..1]
变更前行权价格		PrvsExrcPric	ActiveCurrencyAnd13DecimalAmount	[0..1]
变更后行权价格		AdjstExrcPric	ActiveCurrencyAnd13DecimalAmount	[0..1]
证券发行人行为证券数量扩展		CorpActnSctiesQtySplmtn	CorporateActionQuantitySD1	[0..1]
扩展元素位置		PlcAndNm	Max350Text	[1..1]
上市流通数量		CircutnQty	DecimalNumber	[0..1]
总发行数量		TtlIssueQty	DecimalNumber	[0..1]
证券发行人行为比率与数量详情扩展		CorpActnRateAndAmtDtlsSplmtn	CorporateActionRateSD1	[0..1]
扩展元素位置		PlcAndNm	Max350Text	[1..1]
证券发行人行为选项详情扩展		OptnDtlsSplmtn	CorporateActionOptionSD1	[0..*]
扩展元素位置		PlcAndNm	Max350Text	[1..1]
转股代码		ConvsCd	Max16Text	[0..1]
行权代码		ExrcCd	Max16Text	[0..1]
行权简称		ExrcAbbr	Max16Text	[0..1]
证券持有人对事件权利的相关日期扩展		OptnDtDtlsSplmtn	OptionDateSD1	[0..*]
扩展数据位置		PlcAndNm	Max350Text	[1..1]
证券持有人对该事件权利的相关期间扩展		OptnPrdDtlsSplmtn	OptionPeriodSD1	[0..*]
扩展元素位置		PlcAndNm	Max350Text	[1..1]
证券持有人对该事件权利的相关比率扩展		OptnRateAndAmtDtlsSplmtn	OptionRateSD1	[0..*]
扩展元素位置		PlcAndNm	Max350Text	[1..1]

续表

元素含义（中文）	是否可选	XML 标签	数据类型	出现次数
证券持有人对该事件权利的相关价格扩展		OptnPricDtlsSplmtn	OptionPriceSD1	[0..*]
扩展元素位置		PlcAndNm	Max350Text	[1..1]
证券发行人行为选项证券数量扩展		OptnSctiesQtySplmtn	SecuritiesOptionSD1	[0..*]
扩展元素位置		PlcAndNm	Max350Text	[1..1]
证券变动详情扩展		SctiesMvmntDtlsSplmtn	SecuritiesMovementSD1	[0..*]
扩展元素位置		PlcAndNm	Max350Text	[1..1]
证券变动证券扩展		SctiesMvmntSctySplmtn	SecuritiesMovementSecuritySD1	[0..*]
扩展元素位置		PlcAndNm	Max350Text	[1..1]
现金变动详情扩展		CshMvmntDtlsSplmtn	CashMovementSD1	[0..*]
扩展元素位置		PlcAndNm	Max350Text	[1..1]
其他备注信息		XtrnlCmntsSplmtn	CorporateActionCancellationSD1	[0..1]
扩展位置		PlcAndNm	Max350Text	[1..1]
备注内容		XtrnlCmnts	Max8000Text	[0..1]

注 1："是否可选"列为"是"且处于同一层级的元素，可根据业务需要任选其一使用

注 2："出现次数"列规定了元素出现的最少次数及最多次数。0 代表可以不出现，* 代表不限制出现次数，具体数字对应相应的出现次数

16 组织结构

16.1 总体说明

本章规范了报文头组织结构（见表 10），证券发行人行为通知信息报文体组织结构（见表 11），证券发行人行为取消通知信息报文体组织结构（见表 12），以及扩展类信息报文体组织结构（见表 13）。其中报文头组织结构、证券发行人行为通知信息报文体组织结构和证券发行人行为取消通知信息报文体组织结构直接引自 ISO 20022，扩展类信息报文体组织结构是根据中国市场业务需要，按扩展规则和扩展方法定义而来。

16.2 报文头组织结构

报文头组织结构具体如表 10 所示。

表 10 报文头组织结构

元素含义（中文）	是否可选	XML 标签	数据类型	出现次数
应用报文头，根元素		AppHdr	BusinessApplicationHeaderV01	[1..1]
字符集		CharSet	UnicodeChartsCode	[0..1]
报文发送方		Fr	Party9Choice	[1..1]
机构 ID	{是	OrgId	PartyIdentification42	[1..1]

续表

元素含义（中文）	是否可选	XML 标签	数据类型	出现次数
名称		Nm	Max140Text	[0..1]
邮寄地址		PstlAdr	PostalAddress6	[0..1]
地址类别		AdrTp	AddressType2Code	[0..1]
部门		Dept	Max70Text	[1..1]
分部		SubDept	Max70Text	[1..1]
街道名		StrtNm	Max70Text	[1..1]
楼牌号		BldgNb	Max16Text	[1..1]
邮编		PstCd	Max16Text	[1..1]
城镇名		TwnNm	Max35Text	[1..1]
省 / 地区 / 市 / 县		CtrySubDvsn	Max35Text	[0..1]
国家		Ctry	CountryCode	[0..1]
地址线		AdrLine	Max70Text	[0..1]
ID		Id	Party10Choice	[0..1]
机构 ID	{{ 是	OrgId	OrganisationIdentification7	[0..1]
BIC 号码		AnyBIC	AnyBICIdentifier	[0..1]
其他		Othr	GenericOrganisationIdentification1	[0..1]
ID		Id	Max35Text	[0..1]
方案名称		SchmeNm	OrganisationIdentificationSchemeName1Choice	[0..7]
机构识别代码	{{{ 是	Cd	ExternalOrganisationIdentification1Code	[0..1]
专有代码	是 }}}	Prtry	Max35Text	[1..1]
分配人		Issr	Max35Text	[0..1]
个人 ID	是 }}	PrvtId	PersonIdentification5	[0..*]
出生		DtAndPlcOfBirth	DateAndPlaceOfBirth	[1..1]
出生日期		BirthDt	ISODate	[0..1]
出生省份		PrvcOfBirth	Max35Text	[1..1]
出生城市		CityOfBirth	Max35Text	[1..1]
出生国家		CtryOfBirth	CountryCode	[0..1]
其他		Othr	GenericPersonIdentification1	[1..1]
ID		Id	Max35Text	[0..1]
方案名称		SchmeNm	PersonIdentificationSchemeName1Choice	[1..1]
代码	{{{ 是	Cd	ExternalPersonIdentification1Code	[0..1]
专有代码	是 }}}	Prtry	Max35Text	[1..1]
分配人		Issr	Max35Text	[1..1]
居住国家		CtryOfRes	CountryCode	[0..*]
联系方式		CtctDtls	ContactDetails2	[1..1]
称呼		NmPrfx	NamePrefix1Code	[0..1]
姓名		Nm	Max140Text	[1..1]
电话		PhneNb	PhoneNumber	[1..1]

续表

元素含义（中文）	是否可选	XML 标签	数据类型	出现次数
手机		MobNb	PhoneNumber	[0..1]
传真号		FaxNb	PhoneNumber	[0..1]
电子邮箱		EmailAdr	Max2048Text	[0..1]
其他		Othr	Max35Text	[0..1]
金融机构（分支机构）ID	是}	FIId	BranchAndFinancialInstitutionIdentification5	[1..1]
金融机构 ID		FinInstnId	FinancialInstitutionIdentification8	[1..1]
BICFI 码		BICFI	BICFIIdentifier	[1..1]
清算系统成员 ID		ClrSysMmbId	ClearingSystemMemberIdentification2	[1..1]
清算系统 ID		ClrSysId	ClearingSystemIdentification2Choice	[0..1]
代码	{{是	Cd	ExternalClearingSystemIdentification1Code	[0..1]
专有代码	是}}	Prtry	Max35Text	[0..1]
清算系统成员 ID		MmbId	Max35Text	[0..1]
名称		Nm	Max140Text	[0..1]
邮寄地址		PstlAdr	PostalAddress6	[0..1]
地址类别		AdrTp	AddressType2Code	[1..1]
部门		Dept	Max70Text	[1..1]
分部		SubDept	Max70Text	[0..1]
街道名		StrtNm	Max70Text	[0..1]
楼牌号		BldgNb	Max16Text	[0..1]
邮编		PstCd	Max16Text	[1..1]
城镇名		TwnNm	Max35Text	[1..1]
省 / 地区 / 市 / 县		CtrySubDvsn	Max35Text	[1..1]
国家		Ctry	CountryCode	[0..1]
地址线		AdrLine	Max70Text	[0..1]
其他		Othr	GenericFinancialIdentification1	[0..1]
ID		Id	Max35Text	[1..1]
方案名称		SchmeNm	FinancialIdentificationSchemeName1Choice	[1..1]
机构识别代码	{{是	Cd	ExternalFinancialInstitutionIdentification1Code	[1..1]
专有代码	是}}	Prtry	Max35Text	[1..1]
分配人		Issr	Max35Text	[1..1]
金融机构分支机构 ID		BrnchId	BranchData2	[1..1]
ID		Id	Max35Text	[0..1]
名称		Nm	Max140Text	[0..1]
邮寄地址		PstlAdr	PostalAddress6	[0..1]
地址类别		AdrTp	AddressType2Code	[0..1]
部门		Dept	Max70Text	[0..1]
分部		SubDept	Max70Text	[0..1]
街道名		StrtNm	Max70Text	[0..1]

续表

元素含义（中文）	是否可选	XML 标签	数据类型	出现次数
楼牌号		BldgNb	Max16Text	[0..1]
邮编		PstCd	Max16Text	[0..7]
城镇名		TwnNm	Max35Text	[0..1]
省 / 地区 / 市 / 县		CtrySubDvsn	Max35Text	[1..1]
国家		Ctry	CountryCode	[0..1]
地址线		AdrLine	Max70Text	[1..1]
报文接收方		To	Party9Choice	[1..1]
机构 ID	{ 是	OrgId	PartyIdentification42	[0..1]
名称		Nm	Max140Text	[0..1]
邮寄地址		PstlAdr	PostalAddress6	[0..1]
地址类别		AdrTp	AddressType2Code	[0..1]
部门		Dept	Max70Text	[0..1]
分部		SubDept	Max70Text	[0..1]
街道名		StrtNm	Max70Text	[1..1]
楼牌号		BldgNb	Max16Text	[1..1]
邮编		PstCd	Max16Text	[1..1]
城镇名		TwnNm	Max35Text	[1..1]
省 / 地区 / 市 / 县		CtrySubDvsn	Max35Text	[1..1]
国家		Ctry	CountryCode	[1..1]
地址线		AdrLine	Max70Text	[0..1]
ID		Id	Party10Choice	[0..1]
机构 ID	{{ 是	OrgId	OrganisationIdentification7	[0..1]
BIC 号码		AnyBIC	AnyBICIdentifier	[0..1]
其他		Othr	GenericOrganisationIdentification1	[0..1]
ID		Id	Max35Text	[0..1]
方案名称		SchmeNm	OrganisationIdentificationSchemeName1Choice	[0..1]
机构识别代码	{{{ 是	Cd	ExternalOrganisationIdentification1Code	[0..1]
专有代码	是 }}}	Prtry	Max35Text	[0..7]
分配人		Issr	Max35Text	[1..1]
个人 ID	是 }}	PrvtId	PersonIdentification5	[1..1]
出生		DtAndPlcOfBirth	DateAndPlaceOfBirth	[0..1]
出生日期		BirthDt	ISODate	[0..1]
出生省份		PrvcOfBirth	Max35Text	[0..1]
出生城市		CityOfBirth	Max35Text	[1..1]
出生国家		CtryOfBirth	CountryCode	[1..1]
其他		Othr	GenericPersonIdentification1	[1..1]
ID		Id	Max35Text	[1..1]
方案名称		SchmeNm	PersonIdentificationSchemeName1Choice	[1..1]

续表

元素含义（中文）	是否可选	XML 标签	数据类型	出现次数
代码	{{{ 是	Cd	ExternalPersonIdentification1Code	[1..1]
专有代码	是 }}}	Prtry	Max35Text	[0..1]
分配人		Issr	Max35Text	[0..1]
居住国		CtryOfRes	CountryCode	[0..1]
联系方式		CtctDtls	ContactDetails2	[0..1]
称呼		NmPrfx	NamePrefix1Code	[0..1]
姓名		Nm	Max140Text	[0..1]
电话		PhneNb	PhoneNumber	[0..1]
手机		MobNb	PhoneNumber	[0..1]
传真号		FaxNb	PhoneNumber	[0..7]
电子邮箱		EmailAdr	Max2048Text	[0..1]
其他		Othr	Max35Text	[1..1]
金融机构（分支机构）ID	是 }	FIId	BranchAndFinancialInstitutionIdentification5	[0..1]
金融机构 ID		FinInstnId	FinancialInstitutionIdentification8	[0..*]
BICFI 码		BICFI	BICFIIdentifier	[1..1]
清算系统成员 ID		ClrSysMmbId	ClearingSystemMemberIdentification2	[0..1]
清算系统 ID		ClrSysId	ClearingSystemIdentification2Choice	[1..1]
代码	{{ 是	Cd	ExternalClearingSystemIdentification1Code	[1..1]
专有代码	是 }}	Prtry	Max35Text	[0..1]
清算系统成员 ID		MmbId	Max35Text	[1..1]
名称		Nm	Max140Text	[0..1]
邮寄地址		PstlAdr	PostalAddress6	[1..1]
地址类别		AdrTp	AddressType2Code	[0..1]
部门		Dept	Max70Text	[1..1]
分部		SubDept	Max70Text	[1..1]
街道名		StrtNm	Max70Text	[0..*]
楼牌号		BldgNb	Max16Text	[1..1]
邮编		PstCd	Max16Text	[0..1]
城镇名		TwnNm	Max35Text	[1..1]
省 / 地区 / 市 / 县		CtrySubDvsn	Max35Text	[1..1]
国家		Ctry	CountryCode	[0..1]
地址线		AdrLine	Max70Text	[0..1]
其他		Othr	GenericFinancialIdentification1	[0..1]
ID		Id	Max35Text	[0..1]
方案名称		SchmeNm	FinancialIdentificationSchemeName1Choice	[1..1]
机构识别代码	{{ 是	Cd	ExternalFinancialInstitutionIdentification1Code	[1..1]
专有代码	是 }}	Prtry	Max35Text	[1..1]
分配人		Issr	Max35Text	[1..1]

续表

元素含义（中文）	是否可选	XML 标签	数据类型	出现次数
金融机构分支机构 ID		BrnchId	BranchData2	[0..1]
ID		Id	Max35Text	[0..1]
名称		Nm	Max140Text	[0..1]
邮寄地址		PstlAdr	PostalAddress6	[0..1]
地址类别		AdrTp	AddressType2Code	[0..1]
部门		Dept	Max70Text	[0..1]
分部		SubDept	Max70Text	[1..1]
街道名		StrtNm	Max70Text	[1..1]
楼牌号		BldgNb	Max16Text	[0..1]
邮编		PstCd	Max16Text	[0..1]
城镇名		TwnNm	Max35Text	[0..1]
省 / 地区 / 市 / 县		CtrySubDvsn	Max35Text	[1..1]
国家		Ctry	CountryCode	[1..1]
地址线		AdrLine	Max70Text	[1..1]
报文编号		BizMsgIdr	Max35Text	[0..1]
报文类别		MsgDefIdr	Max35Text	[0..1]
业务类别		BizSvc	Max35Text	[0..1]
创建日期		CreDt	ISONormalisedDateTime	[1..1]
副本 / 重发		CpyDplct	CopyDuplicate1Code	[1..1]
重发可能性		PssblDplct	YesNoIndicator	[1..1]
优先级		Prty	BusinessMessagePriorityCode	[1..1]
签名		Sgntr	SignatureEnvelope	[1..1]
相关应用报文头		Rltd	BusinessApplicationHeader1	[1..1]
字符集		CharSet	UnicodeChartsCode	[0..1]
报文发送方		Fr	Party9Choice	[0..1]
机构 ID	{是	OrgId	PartyIdentification42	[0..1]
名称		Nm	Max140Text	[0..1]
邮寄地址		PstlAdr	PostalAddress6	[0..1]
地址类别		AdrTp	AddressType2Code	[0..1]
部门		Dept	Max70Text	[0..1]
分部		SubDept	Max70Text	[0..1]
街道名		StrtNm	Max70Text	[0..7]
楼牌号		BldgNb	Max16Text	[0..1]
邮编		PstCd	Max16Text	[1..1]
城镇名		TwnNm	Max35Text	[0..1]
省 / 地区 / 市 / 县		CtrySubDvsn	Max35Text	[1..1]
国家		Ctry	CountryCode	[1..1]
地址线		AdrLine	Max70Text	[0..1]

续表

元素含义（中文）	是否可选	XML 标签	数据类型	出现次数
ID		Id	Party10Choice	[0..1]
机构 ID	{{ 是	OrgId	OrganisationIdentification7	[0..1]
BIC 号码		AnyBIC	AnyBICIdentifier	[0..1]
其他		Othr	GenericOrganisationIdentification1	[0..1]
ID		Id	Max35Text	[0..1]
方案名称		SchmeNm	OrganisationIdentificationSchemeName1Choice	[1..1]
机构识别代码	{{{ 是	Cd	ExternalOrganisationIdentification1Code	[1..1]
专有代码	是 }}}	Prtry	Max35Text	[1..1]
分配人		Issr	Max35Text	[1..1]
个人 ID	是 }}	PrvtId	PersonIdentification5	[1..1]
出生		DtAndPlcOfBirth	DateAndPlaceOfBirth	[1..1]
出生日期		BirthDt	ISODate	[0..1]
出生省份		PrvcOfBirth	Max35Text	[0..1]
出生城市		CityOfBirth	Max35Text	[0..1]
出生国家		CtryOfBirth	CountryCode	[0..1]
其他		Othr	GenericPersonIdentification1	[0..1]
ID		Id	Max35Text	[0..1]
方案名称		SchmeNm	PersonIdentificationSchemeName1Choice	[0..1]
代码	{{{ 是	Cd	ExternalPersonIdentification1Code	[0..1]
专有代码	是 }}}	Prtry	Max35Text	[0..7]
分配人		Issr	Max35Text	[1..1]
居住国		CtryOfRes	CountryCode	[1..1]
联系方式		CtctDtls	ContactDetails2	[0..1]
称呼		NmPrfx	NamePrefix1Code	[1..1]
姓名		Nm	Max140Text	[0..1]
电话		PhneNb	PhoneNumber	[1..1]
手机		MobNb	PhoneNumber	[1..1]
传真号		FaxNb	PhoneNumber	[1..1]
电子邮箱		EmailAdr	Max2048Text	[0..1]
其他		Othr	Max35Text	[0..1]
金融机构（分支机构）ID	是 }	FIId	BranchAndFinancialInstitutionIdentification5	[0..1]
金融机构 ID		FinInstnId	FinancialInstitutionIdentification8	[0..1]
BICFI 码		BICFI	BICFIIdentifier	[0..1]
清算系统成员 ID		ClrSysMmbId	ClearingSystemMemberIdentification2	[1..1]
清算系统 ID		ClrSysId	ClearingSystemIdentification2Choice	[1..1]
代码	{{ 是	Cd	ExternalClearingSystemIdentification1Code	[0..1]
专有代码	是 }}	Prtry	Max35Text	[0..1]
清算系统成员 ID		MmbId	Max35Text	[0..1]

续表

元素含义（中文）	是否可选	XML 标签	数据类型	出现次数
名称		Nm	Max140Text	[1..1]
邮寄地址		PstlAdr	PostalAddress6	[1..1]
地址类别		AdrTp	AddressType2Code	[1..1]
部门		Dept	Max70Text	[1..1]
分部		SubDept	Max70Text	[1..1]
街道名		StrtNm	Max70Text	[1..1]
楼牌号		BldgNb	Max16Text	[0..1]
邮编		PstCd	Max16Text	[0..1]
城镇名		TwnNm	Max35Text	[0..1]
省 / 地区 / 市 / 县		CtrySubDvsn	Max35Text	[0..1]
国家		Ctry	CountryCode	[0..1]
地址线		AdrLine	Max70Text	[0..1]
其他		Othr	GenericFinancialIdentification1	[0..1]
ID		Id	Max35Text	[0..1]
方案名称		SchmeNm	FinancialIdentificationSchemeName1Choice	[0..7]
代码	{{ 是	Cd	ExternalFinancialInstitutionIdentification1Code	[0..1]
专有代码	是 }}	Prtry	Max35Text	[1..1]
分配人		Issr	Max35Text	[0..1]
金融机构分支机构 ID		BrnchId	BranchData2	[0..*]
ID		Id	Max35Text	[1..1]
名称		Nm	Max140Text	[0..1]
邮寄地址		PstlAdr	PostalAddress6	[1..1]
地址类别		AdrTp	AddressType2Code	[1..1]
部门		Dept	Max70Text	[0..1]
分部		SubDept	Max70Text	[1..1]
街道名		StrtNm	Max70Text	[0..1]
楼牌号		BldgNb	Max16Text	[1..1]
邮编		PstCd	Max16Text	[0..1]
城镇名		TwnNm	Max35Text	[1..1]
省 / 地区 / 市 / 县		CtrySubDvsn	Max35Text	[1..1]
国家		Ctry	CountryCode	[0..*]
地址线		AdrLine	Max70Text	[1..1]
报文接收方		To	Party9Choice	[0..1]
机构 ID	{ 是	OrgId	PartyIdentification42	[1..1]
名称		Nm	Max140Text	[1..1]
邮寄地址		PstlAdr	PostalAddress6	[0..1]
地址类别		AdrTp	AddressType2Code	[0..1]
部门		Dept	Max70Text	[0..1]

续表

元素含义（中文）	是否可选	XML 标签	数据类型	出现次数
分部		SubDept	Max70Text	[0..1]
街道名		StrtNm	Max70Text	[1..1]
楼牌号		BldgNb	Max16Text	[1..1]
邮编		PstCd	Max16Text	[1..1]
城镇名		TwnNm	Max35Text	[1..1]
省 / 地区 / 市 / 县		CtrySubDvsn	Max35Text	[0..1]
国家		Ctry	CountryCode	[0..1]
地址线		AdrLine	Max70Text	[0..1]
ID		Id	Party10Choice	[0..1]
机构 ID	{{ 是	OrgId	OrganisationIdentification7	[0..1]
BIC 号码		AnyBIC	AnyBICIdentifier	[0..1]
其他		Othr	GenericOrganisationIdentification1	[1..1]
ID		Id	Max35Text	[1..1]
方案名称		SchmeNm	OrganisationIdentificationSchemeName1Choice	[0..1]
机构识别代码	{{{ 是	Cd	ExternalOrganisationIdentification1Code	[0..1]
专有代码	是 }}}	Prtry	Max35Text	[0..1]
分配人		Issr	Max35Text	[1..1]
个人识别	是 }}	PrvtId	PersonIdentification5	[1..1]
出生		DtAndPlcOfBirth	DateAndPlaceOfBirth	[1..1]
出生日期		BirthDt	ISODate	[0..1]
出生省份		PrvcOfBirth	Max35Text	[0..1]
出生城市		CityOfBirth	Max35Text	[0..1]
出生国家		CtryOfBirth	CountryCode	[1..1]
其他		Othr	GenericPersonIdentification1	[1..1]
ID		Id	Max35Text	[1..1]
方案名称		SchmeNm	PersonIdentificationSchemeName1Choice	[1..1]
代码	{{{ 是	Cd	ExternalPersonIdentification1Code	[1..1]
专有代码	是 }}}	Prtry	Max35Text	[1..1]
分配人		Issr	Max35Text	[0..1]
居住国		CtryOfRes	CountryCode	[0..1]
联系方式		CtctDtls	ContactDetails2	[0..1]
称呼		NmPrfx	NamePrefix1Code	[0..1]
姓名		Nm	Max140Text	[0..1]
电话		PhneNb	PhoneNumber	[0..1]
手机		MobNb	PhoneNumber	[0..1]
传真号		FaxNb	PhoneNumber	[0..1]
电子邮箱		EmailAdr	Max2048Text	[0..7]

续表

元素含义（中文）	是否可选	XML 标签	数据类型	出现次数
其他		Othr	Max35Text	[0..1]
金融机构（分支机构）ID	是 }	FIId	BranchAndFinancialInstitutionIdentification5	[1..1]
金融机构 ID		FinInstnId	FinancialInstitutionIdentification8	[0..1]
BICFI 码		BICFI	BICFIIdentifier	[1..1]
清算系统成员 ID		ClrSysMmbId	ClearingSystemMemberIdentification2	[1..1]
清算系统 ID		ClrSysId	ClearingSystemIdentification2Choice	[0..1]
代码	{{ 是	Cd	ExternalClearingSystemIdentification1Code	[0..1]
专有代码	是 }}	Prtry	Max35Text	[0..1]
清算系统成员 ID		MmbId	Max35Text	[0..1]
名称		Nm	Max140Text	[0..1]
邮寄地址		PstlAdr	PostalAddress6	[0..1]
地址类别		AdrTp	AddressType2Code	[1..1]
部门		Dept	Max70Text	[1..1]
分部		SubDept	Max70Text	[1..1]
街道名		StrtNm	Max70Text	[1..1]
楼牌号		BldgNb	Max16Text	[1..1]
邮编		PstCd	Max16Text	[1..1]
城镇名		TwnNm	Max35Text	[0..1]
省 / 地区 / 市 / 县		CtrySubDvsn	Max35Text	[0..1]
国家		Ctry	CountryCode	[0..1]
地址线		AdrLine	Max70Text	[0..1]
其他		Othr	GenericFinancialIdentification1	[0..1]
ID		Id	Max35Text	[0..1]
方案名称		SchmeNm	FinancialIdentificationSchemeName1Choice	[0..1]
机构识别代码	{{ 是	Cd	ExternalFinancialInstitutionIdentification1 Code	[0..1]
专有代码	是 }}	Prtry	Max35Text	[0..7]
分配人		Issr	Max35Text	[1..1]
金融机构分支机构 ID		BrnchId	BranchData2	[1..1]
ID		Id	Max35Text	[0..1]
名称		Nm	Max140Text	[0..1]
邮寄地址		PstlAdr	PostalAddress6	[0..1]
地址类别		AdrTp	AddressType2Code	[1..1]
部门		Dept	Max70Text	[1..1]
分部		SubDept	Max70Text	[1..1]
街道名		StrtNm	Max70Text	[1..1]
楼牌号		BldgNb	Max16Text	[1..1]
邮编		PstCd	Max16Text	[1..1]

续表

元素含义（中文）	是否可选	XML 标签	数据类型	出现次数
城镇名		TwnNm	Max35Text	[0..1]
省 / 地区 / 市 / 县		CtrySubDvsn	Max35Text	[0..1]
国家		Ctry	CountryCode	[0..1]
地址线		AdrLine	Max70Text	[0..1]
报文编号		BizMsgIdr	Max35Text	[0..1]
报文类别		MsgDefIdr	Max35Text	[0..1]
业务类别		BizSvc	Max35Text	[0..1]
创建日期		CreDt	ISONormalisedDateTime	[0..1]
副本 / 重发		CpyDplct	CopyDuplicate1Code	[0..7]
重发可能性		PssblDplct	YesNoIndicator	[0..1]
优先级		Prty	BusinessMessagePriorityCode	[1..1]
签名		Sgntr	SignatureEnvelope	[0..1]
注 1："是否可选"列为"是"且处于同一层级的元素，可根据业务需要任选其一使用 注 2："出现次数"列规定了元素出现的最少次数及最多次数。0 代表可以不出现，* 代表不限制出现次数，具体数字对应相应的出现次数				

16.3 证券发行人行为通知信息报文体组织结构

证券发行人行为通知信息报文体组织结构具体如表 11 所示。

表 11 证券发行人行为通知信息报文体组织结构

元素含义（中文）	是否可选	XML 标签	数据类型	出现次数
证券发行人行为通知，根元素		CorpActnNtfctn	CorporateActionNotificationV02	[1..1]
通知基本信息		NtfctnGnlInf	CorporateActionNotification2	[1..1]
通知类型		NtfctnTp	CorporateActionNotificationType1Code	[1..1]
处理状态		PrcgSts	CorporateActionProcessingStatus1Choice	[1..1]
事件状态	{是	EvtSts	CorporateActionEventStatus1	[1..1]
事件完整性状态		EvtCmpltnsSts	EventCompletenessStatus1Code	[1..1]
事件发生确认状态		EvtConfSts	EventConfirmationStatus1Code	[1..1]
信息仅供参考标识	是}	ForInfOnlyInd	YesNoIndicator	[1..1]
合格余额标识		ElgblBalInd	YesNoIndicator	[0..1]
前次通知 ID		PrvsNtfctnId	DocumentIdentification15	[0..1]
ID		Id	Max35Text	[1..1]
关联类型		LkgTp	ProcessingPosition1Choice	[0..1]
代码	{是	Cd	ProcessingPosition3Code	[1..1]
专有代码	是}	Prtry	GenericIdentification20	[1..1]
ID		Id	Exact4AlphaNumericText	[1..1]
分配人		Issr	Max35Text	[1..1]
方案名称		SchmeNm	Max35Text	[0..1]

续表

元素含义（中文）	是否可选	XML 标签	数据类型	出现次数
相关指令文件 ID		InstrId	DocumentIdentification9	[0..1]
ID		Id	Max35Text	[1..1]
其他文件 ID		OthrDocId	DocumentIdentification13	[0..*]
ID		Id	DocumentIdentification1Choice	[1..1]
账户服务机构文档 ID	{是	AcctSvcrDocId	Max35Text	[1..1]
账户持有人文档 ID	是}	AcctOwnrDocId	Max35Text	[1..1]
其他文件编号		DocNb	DocumentNumber1Choice	[0..1]
报文类型短号	{是	ShrtNb	Exact3NumericText	[1..1]
报文类型长号	是	LngNb	ISO20022MessageIdentificationText	[1..1]
专有文档编号	是}	PrtryNb	GenericIdentification19	[1..1]
ID		Id	Max35Text	[1..1]
分配人		Issr	Max35Text	[1..1]
方案名称		SchmeNm	Max35Text	[0..1]
关联类型		LkgTp	ProcessingPosition1Choice	[0..1]
代码	{是	Cd	ProcessingPosition3Code	[1..1]
专有代码	是}	Prtry	GenericIdentification20	[1..1]
ID		Id	Exact4AlphaNumericText	[1..1]
分配人		Issr	Max35Text	[1..1]
方案名称		SchmeNm	Max35Text	[0..1]
关联事件		EvtsLkg	CorporateActionEventReference1	[0..*]
关联事件 ID		EvtId	CorporateActionEventReference1Choice	[1..1]
关联事件官方 ID	{是	LkdOffclCorpActnEvtId	Max35Text	[1..1]
关联证券发行人行为 ID	是}	LkdCorpActnId	Max35Text	[1..1]
关联类型		LkgTp	ProcessingPosition1Choice	[0..1]
代码	{是	Cd	ProcessingPosition3Code	[1..1]
专有代码	是}	Prtry	GenericIdentification20	[1..1]
ID		Id	Exact4AlphaNumericText	[1..1]
分配人		Issr	Max35Text	[1..1]
方案名称		SchmeNm	Max35Text	[0..1]
证券发行人行为基本信息		CorpActnGnlInf	CorporateActionGeneralInformation22	[1..1]
证券发行人行为事件 ID		CorpActnEvtId	Max35Text	[1..1]
证券发行人行为事件官方 ID		OffclCorpActnEvtId	Max35Text	[0..1]
集体诉讼编号		ClssActnNb	Max35Text	[0..1]
事件处理类型		EvtPrcgTp	CorporateActionEventProcessingTypeChoice	[0..1]
代码	{是	Cd	CorporateActionEventProcessingType1Code	[1..1]
专有代码	是}	Prtry	GenericIdentification20	[1..1]
ID		Id	Exact4AlphaNumericText	[1..1]
分配人		Issr	Max35Text	[1..1]

续表

元素含义（中文）	是否可选	XML 标签	数据类型	出现次数
方案名称		SchmeNm	Max35Text	[0..1]
事件类型		EvtTp	CorporateActionEventType3Choice	[1..1]
代码	{是	Cd	CorporateActionEventType6Code	[1..1]
专有代码	是}	Prtry	GenericIdentification20	[1..1]
ID		Id	Exact4AlphaNumericText	[1..1]
分配人		Issr	Max35Text	[1..1]
方案名称		SchmeNm	Max35Text	[0..1]
强制性/自愿性事件类型		MndtryVlntryEvtTp	CorporateActionMandatoryVoluntary1Choice	[1..1]
代码	{是	Cd	CorporateActionMandatoryVoluntary1Code	[1..1]
专有代码	是}	Prtry	GenericIdentification20	[1..1]
ID		Id	Exact4AlphaNumericText	[1..1]
分配人		Issr	Max35Text	[1..1]
方案名称		SchmeNm	Max35Text	[0..1]
标的证券		UndrlygScty	FinancialInstrumentAttributes19	[1..1]
证券 ID		SctyId	SecurityIdentification14	[1..1]
国际证券识别码		ISIN	ISINIdentifier	[0..1]
其他代码		OthrId	OtherIdentification1	[0..*]
ID		Id	Max35Text	[1..1]
证券标识后缀		Sfx	Max16Text	[0..1]
类型		Tp	IdentificationSource3Choice	[1..1]
代码	{是	Cd	ExternalFinancialInstrumentIdentificationType1Code	[1..1]
专有代码	是}	Prtry	Max35Text	[1..1]
市场描述		Desc	Max140Text	[0..1]
上市地点		PlcOfListg	MarketIdentification2	[0..1]
类型		Tp	MarketTypeFormat1Choice	[1..1]
代码	{是	Cd	MarketType3Code	[1..1]
专有代码	是}	Prtry	GenericIdentification20	[1..1]
ID		Id	Exact4AlphaNumericText	[1..1]
分配人		Issr	Max35Text	[1..1]
方案名称		SchmeNm	Max35Text	[0..1]
ID		Id	MarketIdentification1Choice	[0..1]
市场标识代码	{是	MktIdrCd	MICIdentifier	[1..1]
市场描述	是}	Desc	Max35Text	[1..1]
计息基础		DayCntBsis	InterestComputationMethodFormat1Choice	[0..1]
代码	{是	Cd	InterestComputationMethod2Code	[1..1]
专有代码	是}	Prtry	GenericIdentification20	[1..1]
ID		Id	Exact4AlphaNumericText	[1..1]

续表

元素含义（中文）	是否可选	XML 标签	数据类型	出现次数
分配人		Issr	Max35Text	[1..1]
方案名称		SchmeNm	Max35Text	[0..1]
分类类型		ClssfctnTp	ClassificationType2Choice	[0..1]
CFI 分类	{是	ClssfctnFinInstrm	CFIIdentifier	[1..1]
备用分类	是}	AltrnClssfctn	GenericIdentification19	[1..1]
ID		Id	Max35Text	[1..1]
分配人		Issr	Max35Text	[1..1]
方案名称		SchmeNm	Max35Text	[0..1]
期权种类		OptnStyle	OptionStyle4Choice	[0..1]
代码	{是	Cd	OptionStyle2Code	[1..1]
专有代码	是}	Prtry	GenericIdentification20	[1..1]
ID		Id	Exact4AlphaNumericText	[1..1]
分配人		Issr	Max35Text	[1..1]
方案名称		SchmeNm	Max35Text	[0..1]
计价币种		DnmtnCcy	ActiveOrHistoricCurrencyCode	[0..1]
下期付息日		NxtCpnDt	ISODate	[0..1]
到期日		XpryDt	ISODate	[0..1]
浮动利率确定日		FltgRateFxgDt	ISODate	[0..1]
兑付日		MtrtyDt	ISODate	[0..1]
发行日		IsseDt	ISODate	[0..1]
提前赎回日		NxtCllblDt	ISODate	[0..1]
回售日		PutblDt	ISODate	[0..1]
起息日		DtdDt	ISODate	[0..1]
转换日		ConvsDt	ISODate	[0..1]
年利率		IntrstRate	RateFormat3Choice	[0..1]
比率	{是	Rate	PercentageRate	[1..1]
未指定利率	是}	NotSpcfdRate	RateType5Code	[1..1]
下期利率		NxtIntrstRate	RateFormat3Choice	[0..1]
比率	{是	Rate	PercentageRate	[1..1]
未指定利率	是}	NotSpcfdRate	RateType5Code	[1..1]
索债百分比		PctgOfDebtClm	RateFormat3Choice	[0..1]
比率	{是	Rate	PercentageRate	[1..1]
未指定利率	是}	NotSpcfdRate	RateType5Code	[1..1]
上期因子		PrvsFctr	RateFormat3Choice	[0..1]
比率	{是	Rate	PercentageRate	[1..1]
未指定利率	是}	NotSpcfdRate	RateType5Code	[1..1]
下期因子		NxtFctr	RateFormat3Choice	[0..1]
比率	{是	Rate	PercentageRate	[1..1]

续表

元素含义（中文）	是否可选	XML 标签	数据类型	出现次数
未指定利率	是}	NotSpcfdRate	RateType5Code	[1..1]
最小名义数量		MinNmnlQty	FinancialInstrumentQuantity1Choice	[0..1]
单位	{是	Unit	DecimalNumber	[1..1]
票面金额	是	FaceAmt	ImpliedCurrencyAndAmount	[1..1]
摊余价值	是}	AmtsdVal	ImpliedCurrencyAndAmount	[1..1]
最小行权数量		MinExrcblQty	FinancialInstrumentQuantity1Choice	[0..1]
单位	{是	Unit	DecimalNumber	[1..1]
票面金额	是	FaceAmt	ImpliedCurrencyAndAmount	[1..1]
摊余价值	是}	AmtsdVal	ImpliedCurrencyAndAmount	[1..1]
最小行权倍数		MinExrcblMltplQty	FinancialInstrumentQuantity1Choice	[0..1]
单位	{是	Unit	DecimalNumber	[1..1]
票面金额	是	FaceAmt	ImpliedCurrencyAndAmount	[1..1]
摊余价值	是}	AmtsdVal	ImpliedCurrencyAndAmount	[1..1]
合约规模		CtrctSz	FinancialInstrumentQuantity1Choice	[0..1]
单位	{是	Unit	DecimalNumber	[1..1]
票面金额	是	FaceAmt	ImpliedCurrencyAndAmount	[1..1]
摊余价值	是}	AmtsdVal	ImpliedCurrencyAndAmount	[1..1]
账户详情		AcctDtls	AccountIdentification12Choice	[1..1]
所有账户	{是	ForAllAccts	AccountIdentification10	[1..1]
ID 代码		IdCd	SafekeepingAccountIdentification1Code	[1..1]
账户列表及余额详情	是}	AcctsListAndBalDtls	AccountAndBalance9	[1..*]
保管账户		SfkpgAcct	Max35Text	[1..1]
账户持有人		AcctOwnr	PartyIdentification36Choice	[0..1]
BIC 编码	{是	AnyBIC	AnyBICIdentifier	[1..1]
专有代码	是}	PrtryId	GenericIdentification19	[1..1]
ID		Id	Max35Text	[1..1]
分配人		Issr	Max35Text	[1..1]
方案名称		SchmeNm	Max35Text	[0..1]
保管地点		SfkpgPlc	SafekeepingPlaceFormat2Choice	[0..1]
ID	{是	Id	SafekeepingPlaceTypeAndText2	[1..1]
保管地点类型		SfkpgPlcTp	SafekeepingPlace2Code	[1..1]
ID		Id	Max35Text	[0..1]
国家	是	Ctry	CountryCode	[1..1]
保管地点类型与 ID	是	TpAndId	SafekeepingPlaceTypeAndAnyBICIdentifier1	[1..1]
保管地点类型		SfkpgPlcTp	SafekeepingPlace1Code	[1..1]
ID		Id	AnyBICIdentifier	[1..1]
专有代码	是}	Prtry	GenericIdentification21	[1..1]
类型		Tp	GenericIdentification20	[1..1]

续表

元素含义（中文）	是否可选	XML 标签	数据类型	出现次数
ID		Id	Exact4AlphaNumericText	[1..1]
分配人		Issr	Max35Text	[1..1]
方案名称		SchmeNm	Max35Text	[0..1]
ID		Id	Max35Text	[0..1]
余额		Bal	CorporateActionBalanceDetails1	[0..1]
总合格余额		TtlElgblBal	Quantity3Choice	[0..1]
证券数量格式选择	{是	QtyChc	Quantity4Choice	[1..1]
初始与当前票面金额	{{是	OrgnlAndCurFaceAmt	OriginalAndCurrentQuantities2	[1..1]
正负仓位		ShrtLngPos	ShortLong1Code	[1..1]
票面金额		FaceAmt	ImpliedCurrencyAndAmount	[1..1]
摊余价值		AmtsdVal	ImpliedCurrencyAndAmount	[1..1]
带符号数量	是}}	SgndQty	SignedQuantityFormat2	[1..1]
正负仓位		ShrtLngPos	ShortLong1Code	[1..1]
证券数量		Qty	FinancialInstrumentQuantity1Choice	[1..1]
单位	{{{是	Unit	DecimalNumber	[1..1]
票面金额	是	FaceAmt	ImpliedCurrencyAndAmount	[1..1]
摊余价值	是}}}	AmtsdVal	ImpliedCurrencyAndAmount	[1..1]
专有数量	是}	PrtryQty	ProprietaryQuantity3	[1..1]
正负仓位		ShrtLngPos	ShortLong1Code	[0..1]
证券数量		Qty	DecimalNumber	[1..1]
数量类型		QtyTp	Exact4AlphaNumericText	[1..1]
分配人		Issr	Max35Text	[1..1]
方案名称		SchmeNm	Max35Text	[0..1]
冻结余额		BlckdBal	BalanceFormat1Choice	[0..1]
余额	{是	Bal	SignedQuantityFormat1	[1..1]
正负仓位		ShrtLngPos	ShortLong1Code	[1..1]
证券数量格式选择		QtyChc	Quantity2Choice	[1..1]
证券数量	{{是	Qty	FinancialInstrumentQuantity1Choice	[1..1]
单位	{{{是	Unit	DecimalNumber	[1..1]
票面金额	是	FaceAmt	ImpliedCurrencyAndAmount	[1..1]
摊余价值	是}}}	AmtsdVal	ImpliedCurrencyAndAmount	[1..1]
专有数量	是}}	PrtryQty	ProprietaryQuantity2	[1..1]
证券数量		Qty	DecimalNumber	[1..1]
数量类型		QtyTp	Exact4AlphaNumericText	[1..1]
分配人		Issr	Max35Text	[1..1]
方案名称		SchmeNm	Max35Text	[0..1]
合格余额	是	ElgblBal	SignedQuantityFormat2	[1..1]
正负仓位		ShrtLngPos	ShortLong1Code	[1..1]

续表

元素含义（中文）	是否可选	XML 标签	数据类型	出现次数
证券数量		Qty	FinancialInstrumentQuantity1Choice	[1..1]
单位	{{ 是	Unit	DecimalNumber	[1..1]
票面金额	是	FaceAmt	ImpliedCurrencyAndAmount	[1..1]
摊余价值	是 }}	AmtsdVal	ImpliedCurrencyAndAmount	[1..1]
不合格余额	是 }	NotElgblBal	SignedQuantityFormat2	[1..1]
正负仓位		ShrtLngPos	ShortLong1Code	[1..1]
证券数量		Qty	FinancialInstrumentQuantity1Choice	[1..1]
单位	{{ 是	Unit	DecimalNumber	[1..1]
票面金额	是	FaceAmt	ImpliedCurrencyAndAmount	[1..1]
摊余价值	是 }}	AmtsdVal	ImpliedCurrencyAndAmount	[1..1]
借入余额		BrrwdBal	BalanceFormat1Choice	[0..1]
余额	{ 是	Bal	SignedQuantityFormat1	[1..1]
正负仓位		ShrtLngPos	ShortLong1Code	[1..1]
证券数量格式选择		QtyChc	Quantity2Choice	[1..1]
证券数量	{{ 是	Qty	FinancialInstrumentQuantity1Choice	[1..1]
单位	{{{ 是	Unit	DecimalNumber	[1..1]
票面金额	是	FaceAmt	ImpliedCurrencyAndAmount	[1..1]
摊余价值	是 }}}	AmtsdVal	ImpliedCurrencyAndAmount	[1..1]
专有数量	是 }}	PrtryQty	ProprietaryQuantity2	[1..1]
证券数量		Qty	DecimalNumber	[1..1]
数量类型		QtyTp	Exact4AlphaNumericText	[1..1]
分配人		Issr	Max35Text	[1..1]
方案名称		SchmeNm	Max35Text	[0..1]
合格余额	是	ElgblBal	SignedQuantityFormat2	[1..1]
正负仓位		ShrtLngPos	ShortLong1Code	[1..1]
证券数量		Qty	FinancialInstrumentQuantity1Choice	[1..1]
单位	{{ 是	Unit	DecimalNumber	[1..1]
票面金额	是	FaceAmt	ImpliedCurrencyAndAmount	[1..1]
摊余价值	是 }}	AmtsdVal	ImpliedCurrencyAndAmount	[1..1]
不合格余额	是 }	NotElgblBal	SignedQuantityFormat2	[1..1]
正负仓位		ShrtLngPos	ShortLong1Code	[1..1]
证券数量		Qty	FinancialInstrumentQuantity1Choice	[1..1]
单位	{{ 是	Unit	DecimalNumber	[1..1]
票面金额	是	FaceAmt	ImpliedCurrencyAndAmount	[1..1]
摊余价值	是 }}	AmtsdVal	ImpliedCurrencyAndAmount	[1..1]
抵押留置余额		CollInBal	BalanceFormat1Choice	[0..1]
余额	{ 是	Bal	SignedQuantityFormat1	[1..1]
正负仓位		ShrtLngPos	ShortLong1Code	[1..1]

续表

元素含义（中文）	是否可选	XML 标签	数据类型	出现次数
证券数量格式选择		QtyChc	Quantity2Choice	[1..1]
证券数量	{{ 是	Qty	FinancialInstrumentQuantity1Choice	[1..1]
单位	{{{ 是	Unit	DecimalNumber	[1..1]
票面金额	是	FaceAmt	ImpliedCurrencyAndAmount	[1..1]
摊余价值	是 }}}	AmtsdVal	ImpliedCurrencyAndAmount	[1..1]
专有数量	是 }}	PrtryQty	ProprietaryQuantity2	[1..1]
证券数量		Qty	DecimalNumber	[1..1]
数量类型		QtyTp	Exact4AlphaNumericText	[1..1]
分配人		Issr	Max35Text	[1..1]
方案名称		SchmeNm	Max35Text	[0..1]
合格余额	是	ElgblBal	SignedQuantityFormat2	[1..1]
正负仓位		ShrtLngPos	ShortLong1Code	[1..1]
证券数量		Qty	FinancialInstrumentQuantity1Choice	[1..1]
单位	{{ 是	Unit	DecimalNumber	[1..1]
票面金额	是	FaceAmt	ImpliedCurrencyAndAmount	[1..1]
摊余价值	是 }}	AmtsdVal	ImpliedCurrencyAndAmount	[1..1]
不合格余额	是 }	NotElgblBal	SignedQuantityFormat2	[1..1]
正负仓位		ShrtLngPos	ShortLong1Code	[1..1]
证券数量		Qty	FinancialInstrumentQuantity1Choice	[1..1]
单位	{{ 是	Unit	DecimalNumber	[1..1]
票面金额	是	FaceAmt	ImpliedCurrencyAndAmount	[1..1]
摊余价值	是 }}	AmtsdVal	ImpliedCurrencyAndAmount	[1..1]
抵押置出余额		CollOutBal	BalanceFormat1Choice	[0..1]
余额	{ 是	Bal	SignedQuantityFormat1	[1..1]
正负仓位		ShrtLngPos	ShortLong1Code	[1..1]
证券数量格式选择		QtyChc	Quantity2Choice	[1..1]
证券数量	{{ 是	Qty	FinancialInstrumentQuantity1Choice	[1..1]
单位	{{{ 是	Unit	DecimalNumber	[1..1]
票面金额	是	FaceAmt	ImpliedCurrencyAndAmount	[1..1]
摊余价值	是 }}}	AmtsdVal	ImpliedCurrencyAndAmount	[1..1]
专有数量	是 }}	PrtryQty	ProprietaryQuantity2	[1..1]
证券数量		Qty	DecimalNumber	[1..1]
数量类型		QtyTp	Exact4AlphaNumericText	[1..1]
分配人		Issr	Max35Text	[1..1]
方案名称		SchmeNm	Max35Text	[0..1]
合格余额	是	ElgblBal	SignedQuantityFormat2	[1..1]
正负仓位		ShrtLngPos	ShortLong1Code	[1..1]
证券数量		Qty	FinancialInstrumentQuantity1Choice	[1..1]

续表

元素含义（中文）	是否可选	XML 标签	数据类型	出现次数
单位	{{ 是	Unit	DecimalNumber	[1..1]
票面金额	是	FaceAmt	ImpliedCurrencyAndAmount	[1..1]
摊余价值	是 }}	AmtsdVal	ImpliedCurrencyAndAmount	[1..1]
不合格余额	是 }	NotElgblBal	SignedQuantityFormat2	[1..1]
正负仓位		ShrtLngPos	ShortLong1Code	[1..1]
证券数量		Qty	FinancialInstrumentQuantity1Choice	[1..1]
单位	{{ 是	Unit	DecimalNumber	[1..1]
票面金额	是	FaceAmt	ImpliedCurrencyAndAmount	[1..1]
摊余价值	是 }}	AmtsdVal	ImpliedCurrencyAndAmount	[1..1]
借出余额		OnLnBal	BalanceFormat1Choice	[0..1]
余额	{ 是	Bal	SignedQuantityFormat1	[1..1]
正负仓位		ShrtLngPos	ShortLong1Code	[1..1]
证券数量格式选择		QtyChc	Quantity2Choice	[1..1]
证券数量	{{ 是	Qty	FinancialInstrumentQuantity1Choice	[1..1]
单位	{{{ 是	Unit	DecimalNumber	[1..1]
票面金额	是	FaceAmt	ImpliedCurrencyAndAmount	[1..1]
摊余价值	是 }}}	AmtsdVal	ImpliedCurrencyAndAmount	[1..1]
专有数量	是 }}	PrtryQty	ProprietaryQuantity2	[1..1]
证券数量		Qty	DecimalNumber	[1..1]
数量类型		QtyTp	Exact4AlphaNumericText	[1..1]
分配人		Issr	Max35Text	[1..1]
方案名称		SchmeNm	Max35Text	[0..1]
合格余额	是	ElgblBal	SignedQuantityFormat2	[1..1]
正负仓位		ShrtLngPos	ShortLong1Code	[1..1]
证券数量		Qty	FinancialInstrumentQuantity1Choice	[1..1]
单位	{{ 是	Unit	DecimalNumber	[1..1]
票面金额	是	FaceAmt	ImpliedCurrencyAndAmount	[1..1]
摊余价值	是 }}	AmtsdVal	ImpliedCurrencyAndAmount	[1..1]
不合格余额	是 }	NotElgblBal	SignedQuantityFormat2	[1..1]
正负仓位		ShrtLngPos	ShortLong1Code	[1..1]
证券数量		Qty	FinancialInstrumentQuantity1Choice	[1..1]
单位	{{ 是	Unit	DecimalNumber	[1..1]
票面金额	是	FaceAmt	ImpliedCurrencyAndAmount	[1..1]
摊余价值	是 }}	AmtsdVal	ImpliedCurrencyAndAmount	[1..1]
待接收余额		PdgRctBal	BalanceFormat1Choice	[0..*]
余额	{ 是	Bal	SignedQuantityFormat1	[1..1]
正负仓位		ShrtLngPos	ShortLong1Code	[1..1]
证券数量格式选择		QtyChc	Quantity2Choice	[1..1]

续表

元素含义（中文）	是否可选	XML 标签	数据类型	出现次数
证券数量	{{ 是	Qty	FinancialInstrumentQuantity1Choice	[1..1]
单位	{{{ 是	Unit	DecimalNumber	[1..1]
票面金额	是	FaceAmt	ImpliedCurrencyAndAmount	[1..1]
摊余价值	是 }}}	AmtsdVal	ImpliedCurrencyAndAmount	[1..1]
专有数量	是 }}	PrtryQty	ProprietaryQuantity2	[1..1]
证券数量		Qty	DecimalNumber	[1..1]
数量类型		QtyTp	Exact4AlphaNumericText	[1..1]
分配人		Issr	Max35Text	[1..1]
方案名称		SchmeNm	Max35Text	[0..1]
合格余额	是	ElgblBal	SignedQuantityFormat2	[1..1]
正负仓位		ShrtLngPos	ShortLong1Code	[1..1]
证券数量		Qty	FinancialInstrumentQuantity1Choice	[1..1]
单位	{{ 是	Unit	DecimalNumber	[1..1]
票面金额	是	FaceAmt	ImpliedCurrencyAndAmount	[1..1]
摊余价值	是 }}	AmtsdVal	ImpliedCurrencyAndAmount	[1..1]
不合格余额	是 }	NotElgblBal	SignedQuantityFormat2	[1..1]
正负仓位		ShrtLngPos	ShortLong1Code	[1..1]
证券数量		Qty	FinancialInstrumentQuantity1Choice	[1..1]
单位	{{ 是	Unit	DecimalNumber	[1..1]
票面金额	是	FaceAmt	ImpliedCurrencyAndAmount	[1..1]
摊余价值	是 }}	AmtsdVal	ImpliedCurrencyAndAmount	[1..1]
待接收余额		PdgRcBal	BalanceFormat1Choice	[0..*]
余额	{ 是	Bal	SignedQuantityFormat1	[1..1]
正负仓位		ShrtLngPos	ShortLong1Code	[1..1]
证券数量格式选择		QtyChc	Quantity2Choice	[1..1]
证券数量	{{ 是	Qty	FinancialInstrumentQuantity1Choice	[1..1]
单位	{{{ 是	Unit	DecimalNumber	[1..1]
票面金额	是	FaceAmt	ImpliedCurrencyAndAmount	[1..1]
摊余价值	是 }}}	AmtsdVal	ImpliedCurrencyAndAmount	[1..1]
专有数量	是 }}	PrtryQty	ProprietaryQuantity2	[1..1]
证券数量		Qty	DecimalNumber	[1..1]
数量类型		QtyTp	Exact4AlphaNumericText	[1..1]
分配人		Issr	Max35Text	[1..1]
方案名称		SchmeNm	Max35Text	[0..1]
合格余额	是	ElgblBal	SignedQuantityFormat2	[1..1]
正负仓位		ShrtLngPos	ShortLong1Code	[1..1]
证券数量		Qty	FinancialInstrumentQuantity1Choice	[1..1]
单位	{{ 是	Unit	DecimalNumber	[1..1]

续表

元素含义（中文）	是否可选	XML 标签	数据类型	出现次数
票面金额	是	FaceAmt	ImpliedCurrencyAndAmount	[1..1]
摊余价值	是 }}	AmtsdVal	ImpliedCurrencyAndAmount	[1..1]
不合格余额	是 }	NotElgblBal	SignedQuantityFormat2	[1..1]
正负仓位		ShrtLngPos	ShortLong1Code	[1..1]
证券数量		Qty	FinancialInstrumentQuantity1Choice	[1..1]
单位	{{ 是	Unit	DecimalNumber	[1..1]
票面金额	是	FaceAmt	ImpliedCurrencyAndAmount	[1..1]
摊余价值	是 }}	AmtsdVal	ImpliedCurrencyAndAmount	[1..1]
在途登记余额		OutForRegnBal	BalanceFormat1Choice	[0..1]
余额	{ 是	Bal	SignedQuantityFormat1	[1..1]
正负仓位		ShrtLngPos	ShortLong1Code	[1..1]
证券数量格式选择		QtyChc	Quantity2Choice	[1..1]
证券数量	{{ 是	Qty	FinancialInstrumentQuantity1Choice	[1..1]
单位	{{{ 是	Unit	DecimalNumber	[1..1]
票面金额	是	FaceAmt	ImpliedCurrencyAndAmount	[1..1]
摊余价值	是 }}}	AmtsdVal	ImpliedCurrencyAndAmount	[1..1]
专有数量	是 }}	PrtryQty	ProprietaryQuantity2	[1..1]
证券数量		Qty	DecimalNumber	[1..1]
数量类型		QtyTp	Exact4AlphaNumericText	[1..1]
分配人		Issr	Max35Text	[1..1]
方案名称		SchmeNm	Max35Text	[0..1]
合格余额	是	ElgblBal	SignedQuantityFormat2	[1..1]
正负仓位		ShrtLngPos	ShortLong1Code	[1..1]
证券数量		Qty	FinancialInstrumentQuantity1Choice	[1..1]
单位	{{ 是	Unit	DecimalNumber	[1..1]
票面金额	是	FaceAmt	ImpliedCurrencyAndAmount	[1..1]
摊余价值	是 }}	AmtsdVal	ImpliedCurrencyAndAmount	[1..1]
不合格余额	是 }	NotElgblBal	SignedQuantityFormat2	[1..1]
正负仓位		ShrtLngPos	ShortLong1Code	[1..1]
证券数量		Qty	FinancialInstrumentQuantity1Choice	[1..1]
单位	{{ 是	Unit	DecimalNumber	[1..1]
票面金额	是	FaceAmt	ImpliedCurrencyAndAmount	[1..1]
摊余价值	是 }}	AmtsdVal	ImpliedCurrencyAndAmount	[1..1]
已结算余额		SttlmPosBal	BalanceFormat1Choice	[0..1]
余额	{ 是	Bal	SignedQuantityFormat1	[1..1]
正负仓位		ShrtLngPos	ShortLong1Code	[1..1]
证券数量格式选择		QtyChc	Quantity2Choice	[1..1]
证券数量	{{ 是	Qty	FinancialInstrumentQuantity1Choice	[1..1]

续表

元素含义（中文）	是否可选	XML 标签	数据类型	出现次数
单位	{{{ 是	Unit	DecimalNumber	[1..1]
票面金额	是	FaceAmt	ImpliedCurrencyAndAmount	[1..1]
摊余价值	是 }}}	AmtsdVal	ImpliedCurrencyAndAmount	[1..1]
专有数量	是 }}	PrtryQty	ProprietaryQuantity2	[1..1]
证券数量		Qty	DecimalNumber	[1..1]
数量类型		QtyTp	Exact4AlphaNumericText	[1..1]
分配人		Issr	Max35Text	[1..1]
方案名称		SchmeNm	Max35Text	[0..1]
合格余额	是	ElgblBal	SignedQuantityFormat2	[1..1]
正负仓位		ShrtLngPos	ShortLong1Code	[1..1]
证券数量		Qty	FinancialInstrumentQuantity1Choice	[1..1]
单位	{{ 是	Unit	DecimalNumber	[1..1]
票面金额	是	FaceAmt	ImpliedCurrencyAndAmount	[1..1]
摊余价值	是 }}	AmtsdVal	ImpliedCurrencyAndAmount	[1..1]
不合格余额	是 }	NotElgblBal	SignedQuantityFormat2	[1..1]
正负仓位		ShrtLngPos	ShortLong1Code	[1..1]
证券数量		Qty	FinancialInstrumentQuantity1Choice	[1..1]
单位	{{ 是	Unit	DecimalNumber	[1..1]
票面金额	是	FaceAmt	ImpliedCurrencyAndAmount	[1..1]
摊余价值	是 }}	AmtsdVal	ImpliedCurrencyAndAmount	[1..1]
待转名余额		StrtPosBal	BalanceFormat1Choice	[0..1]
余额	{ 是	Bal	SignedQuantityFormat1	[1..1]
正负仓位		ShrtLngPos	ShortLong1Code	[1..1]
证券数量格式选择		QtyChc	Quantity2Choice	[1..1]
证券数量	{{ 是	Qty	FinancialInstrumentQuantity1Choice	[1..1]
单位	{{{ 是	Unit	DecimalNumber	[1..1]
票面金额	是	FaceAmt	ImpliedCurrencyAndAmount	[1..1]
摊余价值	是 }}}	AmtsdVal	ImpliedCurrencyAndAmount	[1..1]
专有数量	是 }}	PrtryQty	ProprietaryQuantity2	[1..1]
证券数量		Qty	DecimalNumber	[1..1]
数量类型		QtyTp	Exact4AlphaNumericText	[1..1]
分配人		Issr	Max35Text	[1..1]
方案名称		SchmeNm	Max35Text	[0..1]
合格余额	是	ElgblBal	SignedQuantityFormat2	[1..1]
正负仓位		ShrtLngPos	ShortLong1Code	[1..1]
证券数量		Qty	FinancialInstrumentQuantity1Choice	[1..1]
单位	{{ 是	Unit	DecimalNumber	[1..1]
票面金额	是	FaceAmt	ImpliedCurrencyAndAmount	[1..1]

续表

元素含义（中文）	是否可选	XML 标签	数据类型	出现次数
摊余价值	是 }}	AmtsdVal	ImpliedCurrencyAndAmount	[1..1]
不合格余额	是 }	NotElgblBal	SignedQuantityFormat2	[1..1]
正负仓位		ShrtLngPos	ShortLong1Code	[1..1]
证券数量		Qty	FinancialInstrumentQuantity1Choice	[1..1]
单位	{{ 是	Unit	DecimalNumber	[1..1]
票面金额	是	FaceAmt	ImpliedCurrencyAndAmount	[1..1]
摊余价值	是 }}	AmtsdVal	ImpliedCurrencyAndAmount	[1..1]
交易日余额		TradDtPosBal	BalanceFormat1Choice	[0..1]
余额	{ 是	Bal	SignedQuantityFormat1	[1..1]
正负仓位		ShrtLngPos	ShortLong1Code	[1..1]
证券数量格式选择		QtyChc	Quantity2Choice	[1..1]
证券数量	{{ 是	Qty	FinancialInstrumentQuantity1Choice	[1..1]
单位	{{{ 是	Unit	DecimalNumber	[1..1]
票面金额	是	FaceAmt	ImpliedCurrencyAndAmount	[1..1]
摊余价值	是 }}}	AmtsdVal	ImpliedCurrencyAndAmount	[1..1]
专有数量	是 }}	PrtryQty	ProprietaryQuantity2	[1..1]
证券数量		Qty	DecimalNumber	[1..1]
数量类型		QtyTp	Exact4AlphaNumericText	[1..1]
分配人		Issr	Max35Text	[1..1]
方案名称		SchmeNm	Max35Text	[0..1]
合格余额	是	ElgblBal	SignedQuantityFormat2	[1..1]
正负仓位		ShrtLngPos	ShortLong1Code	[1..1]
证券数量		Qty	FinancialInstrumentQuantity1Choice	[1..1]
单位	{{ 是	Unit	DecimalNumber	[1..1]
票面金额	是	FaceAmt	ImpliedCurrencyAndAmount	[1..1]
摊余价值	是 }}	AmtsdVal	ImpliedCurrencyAndAmount	[1..1]
不合格余额	是 }	NotElgblBal	SignedQuantityFormat2	[1..1]
正负仓位		ShrtLngPos	ShortLong1Code	[1..1]
证券数量		Qty	FinancialInstrumentQuantity1Choice	[1..1]
单位	{{ 是	Unit	DecimalNumber	[1..1]
票面金额	是	FaceAmt	ImpliedCurrencyAndAmount	[1..1]
摊余价值	是 }}	AmtsdVal	ImpliedCurrencyAndAmount	[1..1]
转交余额		InTrnsShipmntBal	BalanceFormat1Choice	[0..1]
余额	{ 是	Bal	SignedQuantityFormat1	[1..1]
正负仓位		ShrtLngPos	ShortLong1Code	[1..1]
证券数量格式选择		QtyChc	Quantity2Choice	[1..1]
证券数量	{{ 是	Qty	FinancialInstrumentQuantity1Choice	[1..1]
单位	{{{ 是	Unit	DecimalNumber	[1..1]

续表

元素含义（中文）	是否可选	XML 标签	数据类型	出现次数
票面金额	是	FaceAmt	ImpliedCurrencyAndAmount	[1..1]
摊余价值	是 }}}	AmtsdVal	ImpliedCurrencyAndAmount	[1..1]
专有数量	是 }}	PrtryQty	ProprietaryQuantity2	[1..1]
证券数量		Qty	DecimalNumber	[1..1]
数量类型		QtyTp	Exact4AlphaNumericText	[1..1]
分配人		Issr	Max35Text	[1..1]
方案名称		SchmeNm	Max35Text	[0..1]
合格余额	是	ElgblBal	SignedQuantityFormat2	[1..1]
正负仓位		ShrtLngPos	ShortLong1Code	[1..1]
证券数量		Qty	FinancialInstrumentQuantity1Choice	[1..1]
单位	{{ 是	Unit	DecimalNumber	[1..1]
票面金额	是	FaceAmt	ImpliedCurrencyAndAmount	[1..1]
摊余价值	是 }}	AmtsdVal	ImpliedCurrencyAndAmount	[1..1]
不合格余额	是 }	NotElgblBal	SignedQuantityFormat2	[1..1]
正负仓位		ShrtLngPos	ShortLong1Code	[1..1]
证券数量		Qty	FinancialInstrumentQuantity1Choice	[1..1]
单位	{{ 是	Unit	DecimalNumber	[1..1]
票面金额	是	FaceAmt	ImpliedCurrencyAndAmount	[1..1]
摊余价值	是 }}	AmtsdVal	ImpliedCurrencyAndAmount	[1..1]
已登记余额		RegdBal	BalanceFormat1Choice	[0..1]
余额	{ 是	Bal	SignedQuantityFormat1	[1..1]
正负仓位		ShrtLngPos	ShortLong1Code	[1..1]
证券数量格式选择		QtyChc	Quantity2Choice	[1..1]
证券数量	{{ 是	Qty	FinancialInstrumentQuantity1Choice	[1..1]
单位	{{{ 是	Unit	DecimalNumber	[1..1]
票面金额	是	FaceAmt	ImpliedCurrencyAndAmount	[1..1]
摊余价值	是 }}}	AmtsdVal	ImpliedCurrencyAndAmount	[1..1]
专有数量	是 }}	PrtryQty	ProprietaryQuantity2	[1..1]
证券数量		Qty	DecimalNumber	[1..1]
数量类型		QtyTp	Exact4AlphaNumericText	[1..1]
分配人		Issr	Max35Text	[1..1]
方案名称		SchmeNm	Max35Text	[0..1]
合格余额	是	ElgblBal	SignedQuantityFormat2	[1..1]
正负仓位		ShrtLngPos	ShortLong1Code	[1..1]
证券数量		Qty	FinancialInstrumentQuantity1Choice	[1..1]
单位	{{ 是	Unit	DecimalNumber	[1..1]
票面金额	是	FaceAmt	ImpliedCurrencyAndAmount	[1..1]
摊余价值	是 }}	AmtsdVal	ImpliedCurrencyAndAmount	[1..1]

续表

元素含义（中文）	是否可选	XML 标签	数据类型	出现次数
不合格余额	是 }	NotElgblBal	SignedQuantityFormat2	[1..1]
正负仓位		ShrtLngPos	ShortLong1Code	[1..1]
证券数量		Qty	FinancialInstrumentQuantity1Choice	[1..1]
单位	{{ 是	Unit	DecimalNumber	[1..1]
票面金额	是	FaceAmt	ImpliedCurrencyAndAmount	[1..1]
摊余价值	是 }}	AmtsdVal	ImpliedCurrencyAndAmount	[1..1]
保留余额		OblgtdBal	BalanceFormat1Choice	[0..1]
余额	{ 是	Bal	SignedQuantityFormat1	[1..1]
正负仓位		ShrtLngPos	ShortLong1Code	[1..1]
证券数量格式选择		QtyChc	Quantity2Choice	[1..1]
证券数量	{{ 是	Qty	FinancialInstrumentQuantity1Choice	[1..1]
单位	{{{ 是	Unit	DecimalNumber	[1..1]
票面金额	是	FaceAmt	ImpliedCurrencyAndAmount	[1..1]
摊余价值	是 }}}	AmtsdVal	ImpliedCurrencyAndAmount	[1..1]
专有数量	是 }}	PrtryQty	ProprietaryQuantity2	[1..1]
证券数量		Qty	DecimalNumber	[1..1]
数量类型		QtyTp	Exact4AlphaNumericText	[1..1]
分配人		Issr	Max35Text	[1..1]
方案名称		SchmeNm	Max35Text	[0..1]
合格余额	是	ElgblBal	SignedQuantityFormat2	[1..1]
正负仓位		ShrtLngPos	ShortLong1Code	[1..1]
证券数量		Qty	FinancialInstrumentQuantity1Choice	[1..1]
单位	{{ 是	Unit	DecimalNumber	[1..1]
票面金额	是	FaceAmt	ImpliedCurrencyAndAmount	[1..1]
摊余价值	是 }}	AmtsdVal	ImpliedCurrencyAndAmount	[1..1]
不合格余额	是 }	NotElgblBal	SignedQuantityFormat2	[1..1]
正负仓位		ShrtLngPos	ShortLong1Code	[1..1]
证券数量		Qty	FinancialInstrumentQuantity1Choice	[1..1]
单位	{{ 是	Unit	DecimalNumber	[1..1]
票面金额	是	FaceAmt	ImpliedCurrencyAndAmount	[1..1]
摊余价值	是 }}	AmtsdVal	ImpliedCurrencyAndAmount	[1..1]
未指示余额		UinstdBal	BalanceFormat1Choice	[0..1]
余额	{ 是	Bal	SignedQuantityFormat1	[1..1]
正负仓位		ShrtLngPos	ShortLong1Code	[1..1]
证券数量格式选择		QtyChc	Quantity2Choice	[1..1]
证券数量	{{ 是	Qty	FinancialInstrumentQuantity1Choice	[1..1]
单位	{{{ 是	Unit	DecimalNumber	[1..1]
票面金额	是	FaceAmt	ImpliedCurrencyAndAmount	[1..1]

续表

元素含义（中文）	是否可选	XML 标签	数据类型	出现次数
摊余价值	是}}}	AmtsdVal	ImpliedCurrencyAndAmount	[1..1]
专有数量	是}}	PrtryQty	ProprietaryQuantity2	[1..1]
证券数量		Qty	DecimalNumber	[1..1]
数量类型		QtyTp	Exact4AlphaNumericText	[1..1]
分配人		Issr	Max35Text	[1..1]
方案名称		SchmeNm	Max35Text	[0..1]
合格余额	是	ElgblBal	SignedQuantityFormat2	[1..1]
正负仓位		ShrtLngPos	ShortLong1Code	[1..1]
证券数量		Qty	FinancialInstrumentQuantity1Choice	[1..1]
单位	{{是	Unit	DecimalNumber	[1..1]
票面金额	是	FaceAmt	ImpliedCurrencyAndAmount	[1..1]
摊余价值	是}}	AmtsdVal	ImpliedCurrencyAndAmount	[1..1]
不合格余额	是}	NotElgblBal	SignedQuantityFormat2	[1..1]
正负仓位		ShrtLngPos	ShortLong1Code	[1..1]
证券数量		Qty	FinancialInstrumentQuantity1Choice	[1..1]
单位	{{是	Unit	DecimalNumber	[1..1]
票面金额	是	FaceAmt	ImpliedCurrencyAndAmount	[1..1]
摊余价值	是}}	AmtsdVal	ImpliedCurrencyAndAmount	[1..1]
已指示余额		InstdBal	BalanceFormat1Choice	[0..1]
余额	{是	Bal	SignedQuantityFormat1	[1..1]
正负仓位		ShrtLngPos	ShortLong1Code	[1..1]
证券数量格式选择		QtyChc	Quantity2Choice	[1..1]
证券数量	{{是	Qty	FinancialInstrumentQuantity1Choice	[1..1]
单位	{{{是	Unit	DecimalNumber	[1..1]
票面金额	是	FaceAmt	ImpliedCurrencyAndAmount	[1..1]
摊余价值	是}}}	AmtsdVal	ImpliedCurrencyAndAmount	[1..1]
专有数量	是}}	PrtryQty	ProprietaryQuantity2	[1..1]
证券数量		Qty	DecimalNumber	[1..1]
数量类型		QtyTp	Exact4AlphaNumericText	[1..1]
分配人		Issr	Max35Text	[1..1]
方案名称		SchmeNm	Max35Text	[0..1]
合格余额	是	ElgblBal	SignedQuantityFormat2	[1..1]
正负仓位		ShrtLngPos	ShortLong1Code	[1..1]
证券数量		Qty	FinancialInstrumentQuantity1Choice	[1..1]
单位	{{是	Unit	DecimalNumber	[1..1]
票面金额	是	FaceAmt	ImpliedCurrencyAndAmount	[1..1]
摊余价值	是}}	AmtsdVal	ImpliedCurrencyAndAmount	[1..1]
不合格余额	是}	NotElgblBal	SignedQuantityFormat2	[1..1]

续表

元素含义（中文）	是否可选	XML 标签	数据类型	出现次数
正负仓位		ShrtLngPos	ShortLong1Code	[1..1]
证券数量		Qty	FinancialInstrumentQuantity1Choice	[1..1]
单位	{{ 是	Unit	DecimalNumber	[1..1]
票面金额	是	FaceAmt	ImpliedCurrencyAndAmount	[1..1]
摊余价值	是 }}	AmtsdVal	ImpliedCurrencyAndAmount	[1..1]
受影响余额		AfctdBal	BalanceFormat1Choice	[0..1]
余额	{ 是	Bal	SignedQuantityFormat1	[1..1]
正负仓位		ShrtLngPos	ShortLong1Code	[1..1]
证券数量格式选择		QtyChc	Quantity2Choice	[1..1]
证券数量	{{ 是	Qty	FinancialInstrumentQuantity1Choice	[1..1]
单位	{{{ 是	Unit	DecimalNumber	[1..1]
票面金额	是	FaceAmt	ImpliedCurrencyAndAmount	[1..1]
摊余价值	是 }}}	AmtsdVal	ImpliedCurrencyAndAmount	[1..1]
专有数量	是 }}	PrtryQty	ProprietaryQuantity2	[1..1]
证券数量		Qty	DecimalNumber	[1..1]
数量类型		QtyTp	Exact4AlphaNumericText	[1..1]
分配人		Issr	Max35Text	[1..1]
方案名称		SchmeNm	Max35Text	[0..1]
合格余额	是	ElgblBal	SignedQuantityFormat2	[1..1]
正负仓位		ShrtLngPos	ShortLong1Code	[1..1]
证券数量		Qty	FinancialInstrumentQuantity1Choice	[1..1]
单位	{{ 是	Unit	DecimalNumber	[1..1]
票面金额	是	FaceAmt	ImpliedCurrencyAndAmount	[1..1]
摊余价值	是 }}	AmtsdVal	ImpliedCurrencyAndAmount	[1..1]
不合格余额	是 }	NotElgblBal	SignedQuantityFormat2	[1..1]
正负仓位		ShrtLngPos	ShortLong1Code	[1..1]
证券数量		Qty	FinancialInstrumentQuantity1Choice	[1..1]
单位	{{ 是	Unit	DecimalNumber	[1..1]
票面金额	是	FaceAmt	ImpliedCurrencyAndAmount	[1..1]
摊余价值	是 }}	AmtsdVal	ImpliedCurrencyAndAmount	[1..1]
未受影响余额		UafctdBal	BalanceFormat1Choice	[0..1]
余额	{ 是	Bal	SignedQuantityFormat1	[1..1]
正负仓位		ShrtLngPos	ShortLong1Code	[1..1]
证券数量格式选择		QtyChc	Quantity2Choice	[1..1]
证券数量	{{ 是	Qty	FinancialInstrumentQuantity1Choice	[1..1]
单位	{{{ 是	Unit	DecimalNumber	[1..1]
票面金额	是	FaceAmt	ImpliedCurrencyAndAmount	[1..1]
摊余价值	是 }}}	AmtsdVal	ImpliedCurrencyAndAmount	[1..1]

续表

元素含义（中文）	是否可选	XML 标签	数据类型	出现次数
专有数量	是}}	PrtryQty	ProprietaryQuantity2	[1..1]
证券数量		Qty	DecimalNumber	[1..1]
数量类型		QtyTp	Exact4AlphaNumericText	[1..1]
分配人		Issr	Max35Text	[1..1]
方案名称		SchmeNm	Max35Text	[0..1]
合格余额	是	ElgblBal	SignedQuantityFormat2	[1..1]
正负仓位		ShrtLngPos	ShortLong1Code	[1..1]
证券数量		Qty	FinancialInstrumentQuantity1Choice	[1..1]
单位	{{是	Unit	DecimalNumber	[1..1]
票面金额	是	FaceAmt	ImpliedCurrencyAndAmount	[1..1]
摊余价值	是}}	AmtsdVal	ImpliedCurrencyAndAmount	[1..1]
不合格余额	是}	NotElgblBal	SignedQuantityFormat2	[1..1]
正负仓位		ShrtLngPos	ShortLong1Code	[1..1]
证券数量		Qty	FinancialInstrumentQuantity1Choice	[1..1]
单位	{{是	Unit	DecimalNumber	[1..1]
票面金额	是	FaceAmt	ImpliedCurrencyAndAmount	[1..1]
摊余价值	是}}	AmtsdVal	ImpliedCurrencyAndAmount	[1..1]
中间证券		IntrmdtScty	FinancialInstrumentAttributes17	[0..1]
证券 ID		SctyId	SecurityIdentification14	[1..1]
国际证券识别码		ISIN	ISINIdentifier	[0..1]
其他 ID		OthrId	OtherIdentification1	[0..*]
ID		Id	Max35Text	[1..1]
证券标识后缀		Sfx	Max16Text	[0..1]
类型		Tp	IdentificationSource3Choice	[1..1]
代码	{是	Cd	ExternalFinancialInstrumentIdentificationType1Code	[1..1]
专有代码	是}	Prtry	Max35Text	[1..1]
证券描述		Desc	Max140Text	[0..1]
证券数量		Qty	DecimalNumber	[0..1]
可弃权状态类型		RnncblEntitlmntStsTp	RenounceableEntitlementStatusTypeFormat1Choice	[0..1]
代码	{是	Cd	RenounceableStatus1Code	[1..1]
专有代码	是}	Prtry	GenericIdentification20	[1..1]
ID		Id	Exact4AlphaNumericText	[1..1]
分配人		Issr	Max35Text	[1..1]
方案名称		SchmeNm	Max35Text	[0..1]
碎股处理		FrctnDspstn	FractionDispositionType9Choice	[0..1]
代码	{是	Cd	FractionDispositionType5Code	[1..1]
专有代码	是}	Prtry	GenericIdentification20	[1..1]

续表

元素含义（中文）	是否可选	XML 标签	数据类型	出现次数
ID		Id	Exact4AlphaNumericText	[1..1]
分配人		Issr	Max35Text	[1..1]
方案名称		SchmeNm	Max35Text	[0..1]
中间证券对标的证券比率		IntrmdtSctiesToUndrlygRatio	QuantityToQuantityRatio1	[0..1]
数量 1（分子）		Qty1	DecimalNumber	[1..1]
数量 2（分母）		Qty2	DecimalNumber	[1..1]
市场价格		MktPric	AmountPrice2	[0..1]
数量价格类型		AmtPricTp	AmountPriceType2Code	[1..1]
价格价值		PricVal	ActiveCurrencyAnd13DecimalAmount	[1..1]
到期日		XpryDt	DateFormat16Choice	[1..1]
日期	{是	Dt	ISODate	[1..1]
日期代码	是}	DtCd	DateCode10Choice	[1..1]
代码	{是	Cd	DateType8Code	[1..1]
专有代码	是}	Prtry	GenericIdentification20	[1..1]
ID		Id	Exact4AlphaNumericText	[1..1]
分配人		Issr	Max35Text	[1..1]
方案名称		SchmeNm	Max35Text	[0..1]
过账日		PstngDt	DateFormat16Choice	[1..1]
日期	{是	Dt	ISODate	[1..1]
日期代码	是}	DtCd	DateCode10Choice	[1..1]
代码	{是	Cd	DateType8Code	[1..1]
专有代码	是}	Prtry	GenericIdentification20	[1..1]
ID		Id	Exact4AlphaNumericText	[1..1]
分配人		Issr	Max35Text	[1..1]
方案名称		SchmeNm	Max35Text	[0..1]
交易期间		TradgPrd	Period4	[0..1]
开始日期		StartDt	DateFormat18Choice	[1..1]
日期	{是	Dt	DateAndDateTimeChoice	[1..1]
日期	{{是	Dt	ISODate	[1..1]
日期和时间	是}}	DtTm	ISODateTime	[1..1]
未指定日期	是}	NotSpcfdDt	DateType8Code	[1..1]
结束日期		EndDt	DateFormat18Choice	[1..1]
日期	{是	Dt	DateAndDateTimeChoice	[1..1]
日期	{{是	Dt	ISODate	[1..1]
日期和时间	是}}	DtTm	ISODateTime	[1..1]
未指定日期	是}	NotSpcfdDt	DateType8Code	[1..1]
未指示余额		UinstdBal	BalanceFormat1Choice	[0..1]
余额	{是	Bal	SignedQuantityFormat1	[1..1]

续表

元素含义（中文）	是否可选	XML 标签	数据类型	出现次数
正负仓位		ShrtLngPos	ShortLong1Code	[1..1]
证券数量格式选择		QtyChc	Quantity2Choice	[1..1]
证券数量	{{ 是	Qty	FinancialInstrumentQuantity1Choice	[1..1]
单位	{{{ 是	Unit	DecimalNumber	[1..1]
票面金额	是	FaceAmt	ImpliedCurrencyAndAmount	[1..1]
摊余价值	是 }}}	AmtsdVal	ImpliedCurrencyAndAmount	[1..1]
专有数量	是 }}	PrtryQty	ProprietaryQuantity2	[1..1]
证券数量		Qty	DecimalNumber	[1..1]
数量类型		QtyTp	Exact4AlphaNumericText	[1..1]
分配人		Issr	Max35Text	[1..1]
方案名称		SchmeNm	Max35Text	[0..1]
合格余额	是	ElgblBal	SignedQuantityFormat2	[1..1]
正负仓位		ShrtLngPos	ShortLong1Code	[1..1]
证券数量		Qty	FinancialInstrumentQuantity1Choice	[1..1]
单位	{{ 是	Unit	DecimalNumber	[1..1]
票面金额	是	FaceAmt	ImpliedCurrencyAndAmount	[1..1]
摊余价值	是 }}	AmtsdVal	ImpliedCurrencyAndAmount	[1..1]
不合格余额	是 }	NotElgblBal	SignedQuantityFormat2	[1..1]
正负仓位		ShrtLngPos	ShortLong1Code	[1..1]
证券数量		Qty	FinancialInstrumentQuantity1Choice	[1..1]
单位	{{ 是	Unit	DecimalNumber	[1..1]
票面金额	是	FaceAmt	ImpliedCurrencyAndAmount	[1..1]
摊余价值	是 }}	AmtsdVal	ImpliedCurrencyAndAmount	[1..1]
已指示余额		InstdBal	BalanceFormat1Choice	[0..1]
余额	{ 是	Bal	SignedQuantityFormat1	[1..1]
正负仓位		ShrtLngPos	ShortLong1Code	[1..1]
证券数量格式选择		QtyChc	Quantity2Choice	[1..1]
证券数量	{{ 是	Qty	FinancialInstrumentQuantity1Choice	[1..1]
单位	{{{ 是	Unit	DecimalNumber	[1..1]
票面金额	是	FaceAmt	ImpliedCurrencyAndAmount	[1..1]
摊余价值	是 }}}	AmtsdVal	ImpliedCurrencyAndAmount	[1..1]
专有数量	是 }}	PrtryQty	ProprietaryQuantity2	[1..1]
证券数量		Qty	DecimalNumber	[1..1]
数量类型		QtyTp	Exact4AlphaNumericText	[1..1]
分配人		Issr	Max35Text	[1..1]
方案名称		SchmeNm	Max35Text	[0..1]
合格余额	是	ElgblBal	SignedQuantityFormat2	[1..1]
正负仓位		ShrtLngPos	ShortLong1Code	[1..1]

续表

元素含义（中文）	是否可选	XML 标签	数据类型	出现次数
证券数量		Qty	FinancialInstrumentQuantity1Choice	[1..1]
单位	{{ 是	Unit	DecimalNumber	[1..1]
票面金额	是	FaceAmt	ImpliedCurrencyAndAmount	[1..1]
摊余价值	是 }}	AmtsdVal	ImpliedCurrencyAndAmount	[1..1]
不合格余额	是 }	NotElgblBal	SignedQuantityFormat2	[1..1]
正负仓位		ShrtLngPos	ShortLong1Code	[1..1]
证券数量		Qty	FinancialInstrumentQuantity1Choice	[1..1]
单位	{{ 是	Unit	DecimalNumber	[1..1]
票面金额	是	FaceAmt	ImpliedCurrencyAndAmount	[1..1]
摊余价值	是 }}	AmtsdVal	ImpliedCurrencyAndAmount	[1..1]
证券发行人行为详情		CorpActnDtls	CorporateAction5	[0..1]
日期详情		DtDtls	CorporateActionDate14	[0..1]
公告日		AnncmntDt	DateFormat19Choice	[0..1]
日期	{ 是	Dt	DateAndDateTimeChoice	[1..1]
日期	{{ 是	Dt	ISODate	[1..1]
日期和时间	是 }}	DtTm	ISODateTime	[1..1]
日期代码	是 }	DtCd	DateCode11Choice	[1..1]
代码	{{ 是	Cd	DateType8Code	[1..1]
专有代码	是 }}	Prtry	GenericIdentification20	[1..1]
ID		Id	Exact4AlphaNumericText	[1..1]
分配人		Issr	Max35Text	[1..1]
方案名称		SchmeNm	Max35Text	[0..1]
认证截止日		CertfctnDdln	DateFormat19Choice	[0..1]
日期	{ 是	Dt	DateAndDateTimeChoice	[1..1]
日期	{{ 是	Dt	ISODate	[1..1]
日期和时间	是 }}	DtTm	ISODateTime	[1..1]
日期代码	是 }	DtCd	DateCode11Choice	[1..1]
代码	{{ 是	Cd	DateType8Code	[1..1]
专有代码	是 }}	Prtry	GenericIdentification20	[1..1]
ID		Id	Exact4AlphaNumericText	[1..1]
分配人		Issr	Max35Text	[1..1]
方案名称		SchmeNm	Max35Text	[0..1]
法院获准日		CrtApprvlDt	DateFormat19Choice	[0..1]
日期	{ 是	Dt	DateAndDateTimeChoice	[1..1]
日期	{{ 是	Dt	ISODate	[1..1]
日期和时间	是 }}	DtTm	ISODateTime	[1..1]
日期代码	是 }	DtCd	DateCode11Choice	[1..1]
代码	{{ 是	Cd	DateType8Code	[1..1]

续表

元素含义（中文）	是否可选	XML 标签	数据类型	出现次数
专有代码	是 }}	Prtry	GenericIdentification20	[1..1]
ID		Id	Exact4AlphaNumericText	[1..1]
分配人		Issr	Max35Text	[1..1]
方案名称		SchmeNm	Max35Text	[0..1]
提前截止日		EarlyClsgDt	DateFormat19Choice	[0..1]
日期	{ 是	Dt	DateAndDateTimeChoice	[1..1]
日期	{{ 是	Dt	ISODate	[1..1]
日期和时间	是 }}	DtTm	ISODateTime	[1..1]
日期代码	是 }	DtCd	DateCode11Choice	[1..1]
代码	{{ 是	Cd	DateType8Code	[1..1]
专有代码	是 }}	Prtry	GenericIdentification20	[1..1]
ID		Id	Exact4AlphaNumericText	[1..1]
分配人		Issr	Max35Text	[1..1]
方案名称		SchmeNm	Max35Text	[0..1]
生效日		FctvDt	DateFormat19Choice	[0..1]
日期	{ 是	Dt	DateAndDateTimeChoice	[1..1]
日期	{{ 是	Dt	ISODate	[1..1]
日期和时间	是 }}	DtTm	ISODateTime	[1..1]
日期代码	是 }	DtCd	DateCode11Choice	[1..1]
代码	{{ 是	Cd	DateType8Code	[1..1]
专有代码	是 }}	Prtry	GenericIdentification20	[1..1]
ID		Id	Exact4AlphaNumericText	[1..1]
分配人		Issr	Max35Text	[1..1]
方案名称		SchmeNm	Max35Text	[0..1]
权衡日		EqulstnDt	DateFormat19Choice	[0..1]
日期	{ 是	Dt	DateAndDateTimeChoice	[1..1]
日期	{{ 是	Dt	ISODate	[1..1]
日期和时间	是 }}	DtTm	ISODateTime	[1..1]
日期代码	是 }	DtCd	DateCode11Choice	[1..1]
代码	{{ 是	Cd	DateType8Code	[1..1]
专有代码	是 }}	Prtry	GenericIdentification20	[1..1]
ID		Id	Exact4AlphaNumericText	[1..1]
分配人		Issr	Max35Text	[1..1]
方案名称		SchmeNm	Max35Text	[0..1]
补充信息公告日		FrthrDtldAnncmntDt	DateFormat19Choice	[0..1]
日期	{ 是	Dt	DateAndDateTimeChoice	[1..1]
日期	{{ 是	Dt	ISODate	[1..1]
日期和时间	是 }}	DtTm	ISODateTime	[1..1]

续表

元素含义（中文）	是否可选	XML 标签	数据类型	出现次数
日期代码	是 }	DtCd	DateCode11Choice	[1..1]
代码	{{ 是	Cd	DateType8Code	[1..1]
专有代码	是 }}	Prtry	GenericIdentification20	[1..1]
ID		Id	Exact4AlphaNumericText	[1..1]
分配人		Issr	Max35Text	[1..1]
方案名称		SchmeNm	Max35Text	[0..1]
指数确定日		IndxFxgDt	DateFormat19Choice	[0..1]
日期	{ 是	Dt	DateAndDateTimeChoice	[1..1]
日期	{{ 是	Dt	ISODate	[1..1]
日期和时间	是 }}	DtTm	ISODateTime	[1..1]
日期代码	是 }	DtCd	DateCode11Choice	[1..1]
代码	{{ 是	Cd	DateType8Code	[1..1]
专有代码	是 }}	Prtry	GenericIdentification20	[1..1]
ID		Id	Exact4AlphaNumericText	[1..1]
分配人		Issr	Max35Text	[1..1]
方案名称		SchmeNm	Max35Text	[0..1]
抽签日		LtryDt	DateFormat19Choice	[0..1]
日期	{ 是	Dt	DateAndDateTimeChoice	[1..1]
日期	{{ 是	Dt	ISODate	[1..1]
日期和时间	是 }}	DtTm	ISODateTime	[1..1]
日期代码	是 }	DtCd	DateCode11Choice	[1..1]
代码	{{ 是	Cd	DateType8Code	[1..1]
专有代码	是 }}	Prtry	GenericIdentification20	[1..1]
ID		Id	Exact4AlphaNumericText	[1..1]
分配人		Issr	Max35Text	[1..1]
方案名称		SchmeNm	Max35Text	[0..1]
新兑付日		NewMtrtyDt	DateFormat19Choice	[0..1]
日期	{ 是	Dt	DateAndDateTimeChoice	[1..1]
日期	{{ 是	Dt	ISODate	[1..1]
日期和时间	是 }}	DtTm	ISODateTime	[1..1]
日期代码	是 }	DtCd	DateCode11Choice	[1..1]
代码	{{ 是	Cd	DateType8Code	[1..1]
专有代码	是 }}	Prtry	GenericIdentification20	[1..1]
ID		Id	Exact4AlphaNumericText	[1..1]
分配人		Issr	Max35Text	[1..1]
方案名称		SchmeNm	Max35Text	[0..1]
会议召开日		MtgDt	DateFormat19Choice	[0..1]
日期	{ 是	Dt	DateAndDateTimeChoice	[1..1]

续表

元素含义（中文）	是否可选	XML 标签	数据类型	出现次数
日期	{{ 是	Dt	ISODate	[1..1]
日期和时间	是 }}	DtTm	ISODateTime	[1..1]
日期代码	是 }	DtCd	DateCode11Choice	[1..1]
代码	{{ 是	Cd	DateType8Code	[1..1]
专有代码	是 }}	Prtry	GenericIdentification20	[1..1]
ID		Id	Exact4AlphaNumericText	[1..1]
分配人		Issr	Max35Text	[1..1]
方案名称		SchmeNm	Max35Text	[0..1]
保证金确定日		MrgnFxgDt	DateFormat19Choice	[0..1]
日期	{ 是	Dt	DateAndDateTimeChoice	[1..1]
日期	{{ 是	Dt	ISODate	[1..1]
日期和时间	是 }}	DtTm	ISODateTime	[1..1]
日期代码	是 }	DtCd	DateCode11Choice	[1..1]
代码	{{ 是	Cd	DateType8Code	[1..1]
专有代码	是 }}	Prtry	GenericIdentification20	[1..1]
ID		Id	Exact4AlphaNumericText	[1..1]
分配人		Issr	Max35Text	[1..1]
方案名称		SchmeNm	Max35Text	[0..1]
比例确定日		PrratnDt	DateFormat19Choice	[0..1]
日期	{ 是	Dt	DateAndDateTimeChoice	[1..1]
日期	{{ 是	Dt	ISODate	[1..1]
日期和时间	是 }}	DtTm	ISODateTime	[1..1]
日期代码	是 }	DtCd	DateCode11Choice	[1..1]
代码	{{ 是	Cd	DateType8Code	[1..1]
专有代码	是 }}	Prtry	GenericIdentification20	[1..1]
ID		Id	Exact4AlphaNumericText	[1..1]
分配人		Issr	Max35Text	[1..1]
方案名称		SchmeNm	Max35Text	[0..1]
权益登记日		RcrdDt	DateFormat19Choice	[0..1]
日期	{ 是	Dt	DateAndDateTimeChoice	[1..1]
日期	{{ 是	Dt	ISODate	[1..1]
日期和时间	是 }}	DtTm	ISODateTime	[1..1]
日期代码	是 }	DtCd	DateCode11Choice	[1..1]
代码	{{ 是	Cd	DateType8Code	[1..1]
专有代码	是 }}	Prtry	GenericIdentification20	[1..1]
ID		Id	Exact4AlphaNumericText	[1..1]
分配人		Issr	Max35Text	[1..1]
方案名称		SchmeNm	Max35Text	[0..1]

续表

元素含义（中文）	是否可选	XML 标签	数据类型	出现次数
登记截止日		RegnDdln	DateFormat19Choice	[0..1]
日期	{是	Dt	DateAndDateTimeChoice	[1..1]
日期	{{是	Dt	ISODate	[1..1]
日期和时间	是}}	DtTm	ISODateTime	[1..1]
日期代码	是}	DtCd	DateCode11Choice	[1..1]
代码	{{是	Cd	DateType8Code	[1..1]
专有代码	是}}	Prtry	GenericIdentification20	[1..1]
ID		Id	Exact4AlphaNumericText	[1..1]
分配人		Issr	Max35Text	[1..1]
方案名称		SchmeNm	Max35Text	[0..1]
结果公布日		RsltsPblctnDt	DateFormat19Choice	[0..1]
日期	{是	Dt	DateAndDateTimeChoice	[1..1]
日期	{{是	Dt	ISODate	[1..1]
日期和时间	是}}	DtTm	ISODateTime	[1..1]
日期代码	是}	DtCd	DateCode11Choice	[1..1]
代码	{{是	Cd	DateType8Code	[1..1]
专有代码	是}}	Prtry	GenericIdentification20	[1..1]
ID		Id	Exact4AlphaNumericText	[1..1]
分配人		Issr	Max35Text	[1..1]
方案名称		SchmeNm	Max35Text	[0..1]
分拆截止日		DdlnToSplt	DateFormat19Choice	[0..1]
日期	{是	Dt	DateAndDateTimeChoice	[1..1]
日期	{{是	Dt	ISODate	[1..1]
日期和时间	是}}	DtTm	ISODateTime	[1..1]
日期代码	是}	DtCd	DateCode11Choice	[1..1]
代码	{{是	Cd	DateType8Code	[1..1]
专有代码	是}}	Prtry	GenericIdentification20	[1..1]
ID		Id	Exact4AlphaNumericText	[1..1]
分配人		Issr	Max35Text	[1..1]
方案名称		SchmeNm	Max35Text	[0..1]
税负明细指令截止日		DdlnForTaxBrkdwnInstr	DateFormat19Choice	[0..1]
日期	{是	Dt	DateAndDateTimeChoice	[1..1]
日期	{{是	Dt	ISODate	[1..1]
日期和时间	是}}	DtTm	ISODateTime	[1..1]
日期代码	是}	DtCd	DateCode11Choice	[1..1]
代码	{{是	Cd	DateType8Code	[1..1]
专有代码	是}}	Prtry	GenericIdentification20	[1..1]
ID		Id	Exact4AlphaNumericText	[1..1]

续表

元素含义（中文）	是否可选	XML 标签	数据类型	出现次数
分配人		Issr	Max35Text	[1..1]
方案名称		SchmeNm	Max35Text	[0..1]
暂停交易日		TradgSspdDt	DateFormat19Choice	[0..1]
日期	{是	Dt	DateAndDateTimeChoice	[1..1]
日期	{{是	Dt	ISODate	[1..1]
日期和时间	是}}	DtTm	ISODateTime	[1..1]
日期代码	是}	DtCd	DateCode11Choice	[1..1]
代码	{{是	Cd	DateType8Code	[1..1]
专有代码	是}}	Prtry	GenericIdentification20	[1..1]
ID		Id	Exact4AlphaNumericText	[1..1]
分配人		Issr	Max35Text	[1..1]
方案名称		SchmeNm	Max35Text	[0..1]
无条件接受日		UcondlDt	DateFormat19Choice	[0..1]
日期	{是	Dt	DateAndDateTimeChoice	[1..1]
日期	{{是	Dt	ISODate	[1..1]
日期和时间	是}}	DtTm	ISODateTime	[1..1]
日期代码	是}	DtCd	DateCode11Choice	[1..1]
代码	{{是	Cd	DateType8Code	[1..1]
专有代码	是}}	Prtry	GenericIdentification20	[1..1]
ID		Id	Exact4AlphaNumericText	[1..1]
分配人		Issr	Max35Text	[1..1]
方案名称		SchmeNm	Max35Text	[0..1]
完全满足条件日		WhlyUcondlDt	DateFormat19Choice	[0..1]
日期	{是	Dt	DateAndDateTimeChoice	[1..1]
日期	{{是	Dt	ISODate	[1..1]
日期和时间	是}}	DtTm	ISODateTime	[1..1]
日期代码	是}	DtCd	DateCode11Choice	[1..1]
代码	{{是	Cd	DateType8Code	[1..1]
专有代码	是}}	Prtry	GenericIdentification20	[1..1]
ID		Id	Exact4AlphaNumericText	[1..1]
分配人		Issr	Max35Text	[1..1]
方案名称		SchmeNm	Max35Text	[0..1]
除权除息日		ExDvddDt	DateFormat19Choice	[0..1]
日期	{是	Dt	DateAndDateTimeChoice	[1..1]
日期	{{是	Dt	ISODate	[1..1]
日期和时间	是}}	DtTm	ISODateTime	[1..1]
日期代码	是}	DtCd	DateCode11Choice	[1..1]
代码	{{是	Cd	DateType8Code	[1..1]

续表

元素含义（中文）	是否可选	XML 标签	数据类型	出现次数
专有代码	是 }}	Prtry	GenericIdentification20	[1..1]
ID		Id	Exact4AlphaNumericText	[1..1]
分配人		Issr	Max35Text	[1..1]
方案名称		SchmeNm	Max35Text	[0..1]
官方公告日		OffclAnncmntPblctnDt	DateFormat19Choice	[0..1]
日期	{是	Dt	DateAndDateTimeChoice	[1..1]
日期	{{是	Dt	ISODate	[1..1]
日期和时间	是 }}	DtTm	ISODateTime	[1..1]
日期代码	是 }	DtCd	DateCode11Choice	[1..1]
代码	{{是	Cd	DateType8Code	[1..1]
专有代码	是 }}	Prtry	GenericIdentification20	[1..1]
ID		Id	Exact4AlphaNumericText	[1..1]
分配人		Issr	Max35Text	[1..1]
方案名称		SchmeNm	Max35Text	[0..1]
特别除权除息日		SpclExDt	DateFormat19Choice	[0..1]
日期	{是	Dt	DateAndDateTimeChoice	[1..1]
日期	{{是	Dt	ISODate	[1..1]
日期和时间	是 }}	DtTm	ISODateTime	[1..1]
日期代码	是 }	DtCd	DateCode11Choice	[1..1]
代码	{{是	Cd	DateType8Code	[1..1]
专有代码	是 }}	Prtry	GenericIdentification20	[1..1]
ID		Id	Exact4AlphaNumericText	[1..1]
分配人		Issr	Max35Text	[1..1]
方案名称		SchmeNm	Max35Text	[0..1]
保证参与日		GrntedPrtcptnDt	DateFormat19Choice	[0..1]
日期	{是	Dt	DateAndDateTimeChoice	[1..1]
日期	{{是	Dt	ISODate	[1..1]
日期和时间	是 }}	DtTm	ISODateTime	[1..1]
日期代码	是 }	DtCd	DateCode11Choice	[1..1]
代码	{{是	Cd	DateType8Code	[1..1]
专有代码	是 }}	Prtry	GenericIdentification20	[1..1]
ID		Id	Exact4AlphaNumericText	[1..1]
分配人		Issr	Max35Text	[1..1]
方案名称		SchmeNm	Max35Text	[0..1]
通知对手方有关选择的截止日		ElctnToCtrPtyDdln	DateFormat19Choice	[0..1]
日期	{是	Dt	DateAndDateTimeChoice	[1..1]
日期	{{是	Dt	ISODate	[1..1]
日期和时间	是 }}	DtTm	ISODateTime	[1..1]

续表

元素含义（中文）	是否可选	XML 标签	数据类型	出现次数
日期代码	是 }	DtCd	DateCode11Choice	[1..1]
代码	{{ 是	Cd	DateType8Code	[1..1]
专有代码	是 }}	Prtry	GenericIdentification20	[1..1]
ID		Id	Exact4AlphaNumericText	[1..1]
分配人		Issr	Max35Text	[1..1]
方案名称		SchmeNm	Max35Text	[0..1]
失效日		LpsdDt	DateFormat19Choice	[0..1]
日期	{ 是	Dt	DateAndDateTimeChoice	[1..1]
日期	{{ 是	Dt	ISODate	[1..1]
日期和时间	是 }}	DtTm	ISODateTime	[1..1]
日期代码	是 }	DtCd	DateCode11Choice	[1..1]
代码	{{ 是	Cd	DateType8Code	[1..1]
专有代码	是 }}	Prtry	GenericIdentification20	[1..1]
ID		Id	Exact4AlphaNumericText	[1..1]
分配人		Issr	Max35Text	[1..1]
方案名称		SchmeNm	Max35Text	[0..1]
支付日		PmtDt	DateFormat19Choice	[0..1]
日期	{ 是	Dt	DateAndDateTimeChoice	[1..1]
日期	{{ 是	Dt	ISODate	[1..1]
日期和时间	是 }}	DtTm	ISODateTime	[1..1]
日期代码	是 }	DtCd	DateCode11Choice	[1..1]
代码	{{ 是	Cd	DateType8Code	[1..1]
专有代码	是 }}	Prtry	GenericIdentification20	[1..1]
ID		Id	Exact4AlphaNumericText	[1..1]
分配人		Issr	Max35Text	[1..1]
方案名称		SchmeNm	Max35Text	[0..1]
第三方截止日		ThrdPtyDdln	DateFormat19Choice	[0..1]
日期	{ 是	Dt	DateAndDateTimeChoice	[1..1]
日期	{{ 是	Dt	ISODate	[1..1]
日期和时间	是 }}	DtTm	ISODateTime	[1..1]
日期代码	是 }	DtCd	DateCode11Choice	[1..1]
代码	{{ 是	Cd	DateType8Code	[1..1]
专有代码	是 }}	Prtry	GenericIdentification20	[1..1]
ID		Id	Exact4AlphaNumericText	[1..1]
分配人		Issr	Max35Text	[1..1]
方案名称		SchmeNm	Max35Text	[0..1]
第三方提前截止日		EarlyThrdPtyDdln	DateFormat19Choice	[0..1]
日期	{ 是	Dt	DateAndDateTimeChoice	[1..1]

续表

元素含义（中文）	是否可选	XML 标签	数据类型	出现次数
日期	{{是	Dt	ISODate	[1..1]
日期和时间	是}}	DtTm	ISODateTime	[1..1]
日期代码	是}	DtCd	DateCode11Choice	[1..1]
代码	{{是	Cd	DateType8Code	[1..1]
专有代码	是}}	Prtry	GenericIdentification20	[1..1]
ID		Id	Exact4AlphaNumericText	[1..1]
分配人		Issr	Max35Text	[1..1]
方案名称		SchmeNm	Max35Text	[0..1]
市场追踪结束日		MktClmTrckgEndDt	DateFormat19Choice	[0..1]
日期	{是	Dt	DateAndDateTimeChoice	[1..1]
日期	{{是	Dt	ISODate	[1..1]
日期和时间	是}}	DtTm	ISODateTime	[1..1]
日期代码	是}	DtCd	DateCode11Choice	[1..1]
代码	{{是	Cd	DateType8Code	[1..1]
专有代码	是}}	Prtry	GenericIdentification20	[1..1]
ID		Id	Exact4AlphaNumericText	[1..1]
分配人		Issr	Max35Text	[1..1]
方案名称		SchmeNm	Max35Text	[0..1]
主要原告截止日		LeadPlntffDdln	DateFormat19Choice	[0..1]
日期	{是	Dt	DateAndDateTimeChoice	[1..1]
日期	{{是	Dt	ISODate	[1..1]
日期和时间	是}}	DtTm	ISODateTime	[1..1]
日期代码	是}	DtCd	DateCode11Choice	[1..1]
代码	{{是	Cd	DateType8Code	[1..1]
专有代码	是}}	Prtry	GenericIdentification20	[1..1]
ID		Id	Exact4AlphaNumericText	[1..1]
分配人		Issr	Max35Text	[1..1]
方案名称		SchmeNm	Max35Text	[0..1]
期间详情		PrdDtls	CorporateActionPeriod6	[0..1]
定价期		PricClctnPrd	Period3Choice	[0..1]
期间	{是	Prd	Period4	[1..1]
开始日期		StartDt	DateFormat18Choice	[1..1]
日期	{{是	Dt	DateAndDateTimeChoice	[1..1]
日期	{{{是	Dt	ISODate	[1..1]
日期和时间	是}}}	DtTm	ISODateTime	[1..1]
未指定日期	是}}	NotSpcfdDt	DateType8Code	[1..1]
结束日期		EndDt	DateFormat18Choice	[1..1]
日期	{{是	Dt	DateAndDateTimeChoice	[1..1]

续表

元素含义（中文）	是否可选	XML 标签	数据类型	出现次数
日期	{{{ 是	Dt	ISODate	[1..1]
日期和时间	是 }}}	DtTm	ISODateTime	[1..1]
未指定日期	是 }}	NotSpcfdDt	DateType8Code	[1..1]
期间代码	是 }	PrdCd	DateType8Code	[1..1]
计息期		IntrstPrd	Period3Choice	[0..1]
期间	{ 是	Prd	Period4	[1..1]
开始日期		StartDt	DateFormat18Choice	[1..1]
日期	{{ 是	Dt	DateAndDateTimeChoice	[1..1]
日期	{{{ 是	Dt	ISODate	[1..1]
日期和时间	是 }}}	DtTm	ISODateTime	[1..1]
未指定日期	是 }}	NotSpcfdDt	DateType8Code	[1..1]
结束日期		EndDt	DateFormat18Choice	[1..1]
日期	{{ 是	Dt	DateAndDateTimeChoice	[1..1]
日期	{{{ 是	Dt	ISODate	[1..1]
日期和时间	是 }}}	DtTm	ISODateTime	[1..1]
未指定日期	是 }}	NotSpcfdDt	DateType8Code	[1..1]
期间代码	是 }	PrdCd	DateType8Code	[1..1]
强制收购期		CmplsryPurchsPrd	Period3Choice	[0..1]
期间	{ 是	Prd	Period4	[1..1]
开始日期		StartDt	DateFormat18Choice	[1..1]
日期	{{ 是	Dt	DateAndDateTimeChoice	[1..1]
日期	{{{ 是	Dt	ISODate	[1..1]
日期和时间	是 }}}	DtTm	ISODateTime	[1..1]
未指定日期	是 }}	NotSpcfdDt	DateType8Code	[1..1]
结束日期		EndDt	DateFormat18Choice	[1..1]
日期	{{ 是	Dt	DateAndDateTimeChoice	[1..1]
日期	{{{ 是	Dt	ISODate	[1..1]
日期和时间	是 }}}	DtTm	ISODateTime	[1..1]
未指定日期	是 }}	NotSpcfdDt	DateType8Code	[1..1]
期间代码	是 }	PrdCd	DateType8Code	[1..1]
锁定期		BlckgPrd	Period3Choice	[0..1]
期间	{ 是	Prd	Period4	[1..1]
开始日期		StartDt	DateFormat18Choice	[1..1]
日期	{{ 是	Dt	DateAndDateTimeChoice	[1..1]
日期	{{{ 是	Dt	ISODate	[1..1]
日期和时间	是 }}}	DtTm	ISODateTime	[1..1]
未指定日期	是 }}	NotSpcfdDt	DateType8Code	[1..1]
结束日期		EndDt	DateFormat18Choice	[1..1]

续表

元素含义（中文）	是否可选	XML 标签	数据类型	出现次数
日期	{{ 是	Dt	DateAndDateTimeChoice	[1..1]
日期	{{{ 是	Dt	ISODate	[1..1]
日期和时间	是 }}}	DtTm	ISODateTime	[1..1]
未指定日期	是 }}	NotSpcfdDt	DateType8Code	[1..1]
期间代码	是 }	PrdCd	DateType8Code	[1..1]
索赔期		ClmPrd	Period3Choice	[0..1]
期间	{ 是	Prd	Period4	[1..1]
开始日期		StartDt	DateFormat18Choice	[1..1]
日期	{{ 是	Dt	DateAndDateTimeChoice	[1..1]
日期	{{{ 是	Dt	ISODate	[1..1]
日期和时间	是 }}}	DtTm	ISODateTime	[1..1]
未指定日期	是 }}	NotSpcfdDt	DateType8Code	[1..1]
结束日期		EndDt	DateFormat18Choice	[1..1]
日期	{{ 是	Dt	DateAndDateTimeChoice	[1..1]
日期	{{{ 是	Dt	ISODate	[1..1]
日期和时间	是 }}}	DtTm	ISODateTime	[1..1]
未指定日期	是 }}	NotSpcfdDt	DateType8Code	[1..1]
期间代码	是 }	PrdCd	DateType8Code	[1..1]
因账面记录转账暂停存管期		DpstrySspnsnPrdForBookNtryTrf	Period3Choice	[0..1]
期间	{ 是	Prd	Period4	[1..1]
开始日期		StartDt	DateFormat18Choice	[1..1]
日期	{{ 是	Dt	DateAndDateTimeChoice	[1..1]
日期	{{{ 是	Dt	ISODate	[1..1]
日期和时间	是 }}}	DtTm	ISODateTime	[1..1]
未指定日期	是 }}	NotSpcfdDt	DateType8Code	[1..1]
结束日期		EndDt	DateFormat18Choice	[1..1]
日期	{{ 是	Dt	DateAndDateTimeChoice	[1..1]
日期	{{{ 是	Dt	ISODate	[1..1]
日期和时间	是 }}}	DtTm	ISODateTime	[1..1]
未指定日期	是 }}	NotSpcfdDt	DateType8Code	[1..1]
期间代码	是 }	PrdCd	DateType8Code	[1..1]
因代理存管暂停存管期		DpstrySspnsnPrdForDpstAtAgt	Period3Choice	[0..1]
期间	{ 是	Prd	Period4	[1..1]
开始日期		StartDt	DateFormat18Choice	[1..1]
日期	{{ 是	Dt	DateAndDateTimeChoice	[1..1]
日期	{{{ 是	Dt	ISODate	[1..1]
日期和时间	是 }}}	DtTm	ISODateTime	[1..1]
未指定日期	是 }}	NotSpcfdDt	DateType8Code	[1..1]

续表

元素含义（中文）	是否可选	XML 标签	数据类型	出现次数
结束日期		EndDt	DateFormat18Choice	[1..1]
日期	{{ 是	Dt	DateAndDateTimeChoice	[1..1]
日期	{{{ 是	Dt	ISODate	[1..1]
日期和时间	是 }}}	DtTm	ISODateTime	[1..1]
未指定日期	是 }}	NotSpcfdDt	DateType8Code	[1..1]
期间代码	是 }	PrdCd	DateType8Code	[1..1]
因存管暂停存管期		DpstrySspnsnPrdForDpst	Period3Choice	[0..1]
期间	{ 是	Prd	Period4	[1..1]
开始日期		StartDt	DateFormat18Choice	[1..1]
日期	{{ 是	Dt	DateAndDateTimeChoice	[1..1]
日期	{{{ 是	Dt	ISODate	[1..1]
日期和时间	是 }}}	DtTm	ISODateTime	[1..1]
未指定日期	是 }}	NotSpcfdDt	DateType8Code	[1..1]
结束日期		EndDt	DateFormat18Choice	[1..1]
日期	{{ 是	Dt	DateAndDateTimeChoice	[1..1]
日期	{{{ 是	Dt	ISODate	[1..1]
日期和时间	是 }}}	DtTm	ISODateTime	[1..1]
未指定日期	是 }}	NotSpcfdDt	DateType8Code	[1..1]
期间代码	是 }	PrdCd	DateType8Code	[1..1]
因抵押暂停存管期		DpstrySspnsnPrdForPldg	Period3Choice	[0..1]
期间	{ 是	Prd	Period4	[1..1]
开始日期		StartDt	DateFormat18Choice	[1..1]
日期	{{ 是	Dt	DateAndDateTimeChoice	[1..1]
日期	{{{ 是	Dt	ISODate	[1..1]
日期和时间	是 }}}	DtTm	ISODateTime	[1..1]
未指定日期	是 }}	NotSpcfdDt	DateType8Code	[1..1]
结束日期		EndDt	DateFormat18Choice	[1..1]
日期	{{ 是	Dt	DateAndDateTimeChoice	[1..1]
日期	{{{ 是	Dt	ISODate	[1..1]
日期和时间	是 }}}	DtTm	ISODateTime	[1..1]
未指定日期	是 }}	NotSpcfdDt	DateType8Code	[1..1]
期间代码	是 }	PrdCd	DateType8Code	[1..1]
因分离暂停存管期		DpstrySspnsnPrdForSgrtn	Period3Choice	[0..1]
期间	{ 是	Prd	Period4	[1..1]
开始日期		StartDt	DateFormat18Choice	[1..1]
日期	{{ 是	Dt	DateAndDateTimeChoice	[1..1]
日期	{{{ 是	Dt	ISODate	[1..1]
日期和时间	是 }}}	DtTm	ISODateTime	[1..1]

续表

元素含义（中文）	是否可选	XML 标签	数据类型	出现次数
未指定日期	是 }}	NotSpcfdDt	DateType8Code	[1..1]
结束日期		EndDt	DateFormat18Choice	[1..1]
日期	{{ 是	Dt	DateAndDateTimeChoice	[1..1]
日期	{{{ 是	Dt	ISODate	[1..1]
日期和时间	是 }}}	DtTm	ISODateTime	[1..1]
未指定日期	是 }}	NotSpcfdDt	DateType8Code	[1..1]
期间代码	是 }	PrdCd	DateType8Code	[1..1]
因于代理处提款暂停存管期		DpstrySspnsnPrdForWdrwlAtAgt	Period3Choice	[0..1]
期间	{ 是	Prd	Period4	[1..1]
开始日期		StartDt	DateFormat18Choice	[1..1]
日期	{{ 是	Dt	DateAndDateTimeChoice	[1..1]
日期	{{{ 是	Dt	ISODate	[1..1]
日期和时间	是 }}}	DtTm	ISODateTime	[1..1]
未指定日期	是 }}	NotSpcfdDt	DateType8Code	[1..1]
结束日期		EndDt	DateFormat18Choice	[1..1]
日期	{{ 是	Dt	DateAndDateTimeChoice	[1..1]
日期	{{{ 是	Dt	ISODate	[1..1]
日期和时间	是 }}}	DtTm	ISODateTime	[1..1]
未指定日期	是 }}	NotSpcfdDt	DateType8Code	[1..1]
期间代码	是 }	PrdCd	DateType8Code	[1..1]
因以代理人名义提货暂停存管期		DpstrySspnsnPrdForWdrwlInNmneeNm	Period3Choice	[0..1]
期间	{ 是	Prd	Period4	[1..1]
开始日期		StartDt	DateFormat18Choice	[1..1]
日期	{{ 是	Dt	DateAndDateTimeChoice	[1..1]
日期	{{{ 是	Dt	ISODate	[1..1]
日期和时间	是 }}}	DtTm	ISODateTime	[1..1]
未指定日期	是 }}	NotSpcfdDt	DateType8Code	[1..1]
结束日期		EndDt	DateFormat18Choice	[1..1]
日期	{{ 是	Dt	DateAndDateTimeChoice	[1..1]
日期	{{{ 是	Dt	ISODate	[1..1]
日期和时间	是 }}}	DtTm	ISODateTime	[1..1]
未指定日期	是 }}	NotSpcfdDt	DateType8Code	[1..1]
期间代码	是 }	PrdCd	DateType8Code	[1..1]
因以行号代名提款暂停存管期		DpstrySspnsnPrdForWdrwlInStrtNm	Period3Choice	[0..1]
期间	{ 是	Prd	Period4	[1..1]
开始日期		StartDt	DateFormat18Choice	[1..1]
日期	{{ 是	Dt	DateAndDateTimeChoice	[1..1]
日期	{{{ 是	Dt	ISODate	[1..1]

续表

元素含义（中文）	是否可选	XML 标签	数据类型	出现次数
日期和时间	是 }}}	DtTm	ISODateTime	[1..1]
未指定日期	是 }}	NotSpcfdDt	DateType8Code	[1..1]
结束日期		EndDt	DateFormat18Choice	[1..1]
日期	{{ 是	Dt	DateAndDateTimeChoice	[1..1]
日期	{{{ 是	Dt	ISODate	[1..1]
日期和时间	是 }}}	DtTm	ISODateTime	[1..1]
未指定日期	是 }}	NotSpcfdDt	DateType8Code	[1..1]
期间代码	是 }	PrdCd	DateType8Code	[1..1]
停止过户期		BookClsrPrd	Period3Choice	[0..1]
期间	{ 是	Prd	Period4	[1..1]
开始日期		StartDt	DateFormat18Choice	[1..1]
日期	{{ 是	Dt	DateAndDateTimeChoice	[1..1]
日期	{{{ 是	Dt	ISODate	[1..1]
日期和时间	是 }}}	DtTm	ISODateTime	[1..1]
未指定日期	是 }}	NotSpcfdDt	DateType8Code	[1..1]
结束日期		EndDt	DateFormat18Choice	[1..1]
日期	{{ 是	Dt	DateAndDateTimeChoice	[1..1]
日期	{{{ 是	Dt	ISODate	[1..1]
日期和时间	是 }}}	DtTm	ISODateTime	[1..1]
未指定日期	是 }}	NotSpcfdDt	DateType8Code	[1..1]
期间代码	是 }	PrdCd	DateType8Code	[1..1]
比率与数量详情		RateAndAmtDtls	CorporateActionRate16	[0..1]
年利率		Intrst	RateAndAmountFormat14Choice	[0..1]
比率	{ 是	Rate	PercentageRate	[1..1]
未指定利率	是	NotSpcfdRate	RateValueType7Code	[1..1]
金额	是 }	Amt	ActiveCurrencyAnd13DecimalAmount	[1..1]
征询百分比		PctgSght	RateFormat5Choice	[0..1]
比率	{ 是	Rate	PercentageRate	[1..1]
未指定利率	是 }	NotSpcfdRate	RateType9Code	[1..1]
相关指数		RltdIndx	RateFormat6Choice	[0..1]
比率	{ 是	Rate	PercentageRate	[1..1]
未指定利率	是 }	NotSpcfdRate	RateValueType7Code	[1..1]
差幅		Sprd	RateFormat6Choice	[0..1]
比率	{ 是	Rate	PercentageRate	[1..1]
未指定利率	是 }	NotSpcfdRate	RateValueType7Code	[1..1]
出价增额		BidIntrvl	RateAndAmountFormat14Choice	[0..1]
比率	{ 是	Rate	PercentageRate	[1..1]
未指定利率	是	NotSpcfdRate	RateValueType7Code	[1..1]

续表

元素含义（中文）	是否可选	XML 标签	数据类型	出现次数
金额	是}	Amt	ActiveCurrencyAnd13DecimalAmount	[1..1]
上期因子		PrvsFctr	RateFormat3Choice	[0..1]
比率	{是	Rate	PercentageRate	[1..1]
未指定利率	是}	NotSpcfdRate	RateType5Code	[1..1]
下期因子		NxtFctr	RateFormat3Choice	[0..1]
比率	{是	Rate	PercentageRate	[1..1]
未指定利率	是}	NotSpcfdRate	RateType5Code	[1..1]
再投资折扣率		RinvstmtDscntRateToMkt	RateFormat6Choice	[0..1]
比率	{是	Rate	PercentageRate	[1..1]
未指定利率	是}	NotSpcfdRate	RateValueType7Code	[1..1]
价格详情		PricDtls	CorporateActionPrice17	[0..1]
最高价		MaxPric	PriceFormat19Choice	[0..1]
百分比价格	{是	PctgPric	PercentagePrice1	[1..1]
百分比价格类型		PctgPricTp	PriceRateType3Code	[1..1]
价格价值		PricVal	PercentageRate	[1..1]
数量价格	是	AmtPric	AmountPrice3	[1..1]
数量价格类型		AmtPricTp	AmountPriceType1Code	[1..1]
价格价值		PricVal	ActiveCurrencyAnd13DecimalAmount	[1..1]
未指定价格	是}	NotSpcfdPric	PriceValueType10Code	[1..1]
最低价		MinPric	PriceFormat19Choice	[0..1]
百分比价格	{是	PctgPric	PercentagePrice1	[1..1]
百分比价格类型		PctgPricTp	PriceRateType3Code	[1..1]
价格价值		PricVal	PercentageRate	[1..1]
数量价格	是	AmtPric	AmountPrice3	[1..1]
数量价格类型		AmtPricTp	AmountPriceType1Code	[1..1]
价格价值		PricVal	ActiveCurrencyAnd13DecimalAmount	[1..1]
未指定价格	是}	NotSpcfdPric	PriceValueType10Code	[1..1]
证券数量		SctiesQty	CorporateActionQuantity3	[0..1]
最小行权数量		MinExrcblQty	FinancialInstrumentQuantity1Choice	[0..1]
单位	{是	Unit	DecimalNumber	[1..1]
票面金额	是	FaceAmt	ImpliedCurrencyAndAmount	[1..1]
摊余价值	是}	AmtsdVal	ImpliedCurrencyAndAmount	[1..1]
最小行权倍数		MinExrcblMltplQty	FinancialInstrumentQuantity1Choice	[0..1]
单位	{是	Unit	DecimalNumber	[1..1]
票面金额	是	FaceAmt	ImpliedCurrencyAndAmount	[1..1]
摊余价值	是}	AmtsdVal	ImpliedCurrencyAndAmount	[1..1]
最大数量		MaxQty	FinancialInstrumentQuantity16Choice	[0..1]
单位	{是	Unit	DecimalNumber	[1..1]

续表

元素含义（中文）	是否可选	XML 标签	数据类型	出现次数
票面金额	是	FaceAmt	ImpliedCurrencyAndAmount	[1..1]
摊余价值	是	AmtsdVal	ImpliedCurrencyAndAmount	[1..1]
代码	是}	Cd	Quantity3Code	[1..1]
征询的最小数量		MinQtySght	FinancialInstrumentQuantity16Choice	[0..1]
单位	{是	Unit	DecimalNumber	[1..1]
票面金额	是	FaceAmt	ImpliedCurrencyAndAmount	[1..1]
摊余价值	是	AmtsdVal	ImpliedCurrencyAndAmount	[1..1]
代码	是}	Cd	Quantity3Code	[1..1]
新的每手数量		NewBrdLotQty	FinancialInstrumentQuantity1Choice	[0..1]
单位	{是	Unit	DecimalNumber	[1..1]
票面金额	是	FaceAmt	ImpliedCurrencyAndAmount	[1..1]
摊余价值	是}	AmtsdVal	ImpliedCurrencyAndAmount	[1..1]
新的面额		NewDnmtnQty	FinancialInstrumentQuantity1Choice	[0..1]
单位	{是	Unit	DecimalNumber	[1..1]
票面金额	是	FaceAmt	ImpliedCurrencyAndAmount	[1..1]
摊余价值	是}	AmtsdVal	ImpliedCurrencyAndAmount	[1..1]
基本面额		BaseDnmtn	FinancialInstrumentQuantity1Choice	[0..1]
单位	{是	Unit	DecimalNumber	[1..1]
票面金额	是	FaceAmt	ImpliedCurrencyAndAmount	[1..1]
摊余价值	是}	AmtsdVal	ImpliedCurrencyAndAmount	[1..1]
增量面额		IncrmtlDnmtn	FinancialInstrumentQuantity1Choice	[0..1]
单位	{是	Unit	DecimalNumber	[1..1]
票面金额	是	FaceAmt	ImpliedCurrencyAndAmount	[1..1]
摊余价值	是}	AmtsdVal	ImpliedCurrencyAndAmount	[1..1]
计息天数		IntrstAcrdNbOfDays	Max3Number	[0..1]
息票编号		CpnNb	IdentificationFormat1Choice	[0..*]
短 ID	{是	ShrtId	Exact3UpperCaseAlphaNumericText	[1..1]
长 ID	是	LngId	Max30Text	[1..1]
专有代码	是}	PrtryId	GenericIdentification19	[1..1]
ID		Id	Max35Text	[1..1]
分配人		Issr	Max35Text	[1..1]
方案名称		SchmeNm	Max35Text	[0..1]
凭证提供标识		CertfctnReqrdInd	YesNoIndicator	[0..1]
费用适用标识		ChrgsApldInd	YesNoIndicator	[0..1]
限制标识		RstrctnInd	YesNoIndicator	[0..1]
应计利息标识		AcrdIntrstInd	YesNoIndicator	[0..1]
红利类型		DvddTp	DividendTypeFormat3Choice	[0..1]
代码	{是	Cd	CorporateActionFrequencyType2Code	[1..1]

续表

元素含义（中文）	是否可选	XML 标签	数据类型	出现次数
专有代码	是｝	Prtry	GenericIdentification20	[1..1]
ID		Id	Exact4AlphaNumericText	[1..1]
分配人		Issr	Max35Text	[1..1]
方案名称		SchmeNm	Max35Text	[0..1]
转换类型		CnvsTp	ConversionTypeFormat1Choice	[0..1]
代码	｛是	Cd	ConversionType1Code	[1..1]
专有代码	是｝	Prtry	GenericIdentification20	[1..1]
ID		Id	Exact4AlphaNumericText	[1..1]
分配人		Issr	Max35Text	[1..1]
方案名称		SchmeNm	Max35Text	[0..1]
分配类型		DstrbtnTp	DistributionTypeFormat1Choice	[0..1]
代码	｛是	Cd	DistributionType1Code	[1..1]
专有代码	是｝	Prtry	GenericIdentification20	[1..1]
ID		Id	Exact4AlphaNumericText	[1..1]
分配人		Issr	Max35Text	[1..1]
方案名称		SchmeNm	Max35Text	[0..1]
发行类型		OfferTp	OfferTypeFormat1Choice	[0..*]
代码	｛是	Cd	OfferType1Code	[1..1]
专有代码	是｝	Prtry	GenericIdentification20	[1..1]
ID		Id	Exact4AlphaNumericText	[1..1]
分配人		Issr	Max35Text	[1..1]
方案名称		SchmeNm	Max35Text	[0..1]
可弃权状态类型		RnncblEntitlmntStsTp	RenounceableEntitlementStatusTypeFormat-1Choice	[0..1]
代码	｛是	Cd	RenounceableStatus1Code	[1..1]
专有代码	是｝	Prtry	GenericIdentification20	[1..1]
ID		Id	Exact4AlphaNumericText	[1..1]
分配人		Issr	Max35Text	[1..1]
方案名称		SchmeNm	Max35Text	[0..1]
事件进程		EvtStag	CorporateActionEventStageFormat3Choice	[0..*]
代码	｛是	Cd	CorporateActionEventStage1Code	[1..1]
专有代码	是｝	Prtry	GenericIdentification20	[1..1]
ID		Id	Exact4AlphaNumericText	[1..1]
分配人		Issr	Max35Text	[1..1]
方案名称		SchmeNm	Max35Text	[0..1]
额外业务流程标识		AddtlBizPrcInd	AdditionalBusinessProcessFormat1Choice	[0..*]
代码	｛是	Cd	AdditionalBusinessProcess1Code	[1..1]

续表

元素含义（中文）	是否可选	XML 标签	数据类型	出现次数
专有代码	是}	Prtry	GenericIdentification20	[1..1]
ID		Id	Exact4AlphaNumericText	[1..1]
分配人		Issr	Max35Text	[1..1]
方案名称		SchmeNm	Max35Text	[0..1]
变更类型		ChngTp	CorporateActionChangeTypeFormat1Choice	[0..*]
代码	{是	Cd	CorporateActionChangeType1Code	[1..1]
专有代码	是}	Prtry	GenericIdentification20	[1..1]
ID		Id	Exact4AlphaNumericText	[1..1]
分配人		Issr	Max35Text	[1..1]
方案名称		SchmeNm	Max35Text	[0..1]
中间证券派发类型		IntrmdtScties DstrbtnTp	IntermediateSecuritiesDistributionTypeFormat5Choice	[0..1]
代码	{是	Cd	IntermediateSecurityDistributionType4Code	[1..1]
专有代码	是}	Prtry	GenericIdentification20	[1..1]
ID		Id	Exact4AlphaNumericText	[1..1]
分配人		Issr	Max35Text	[1..1]
方案名称		SchmeNm	Max35Text	[0..1]
资本收益标识		CptlGnInOutInd	CapitalGainFormat1Choice	[0..1]
代码	{是	Cd	EUCapitalGain2Code	[1..1]
专有代码	是}	Prtry	GenericIdentification20	[1..1]
ID		Id	Exact4AlphaNumericText	[1..1]
分配人		Issr	Max35Text	[1..1]
方案名称		SchmeNm	Max35Text	[0..1]
每股应税所得计算		TaxblIncmPerShrClctd	TaxableIncomePerShareCalculatedFormat1Choice	[0..1]
代码	{是	Cd	CorporateActionTaxableIncomePerShareCal-culated1Code	[1..1]
专有代码	是}	Prtry	GenericIdentification20	[1..1]
ID		Id	Exact4AlphaNumericText	[1..1]
分配人		Issr	Max35Text	[1..1]
方案名称		SchmeNm	Max35Text	[0..1]
选择类型		ElctnTp	ElectionTypeFormat1Choice	[0..1]
代码	{是	Cd	ElectionMovementType2Code	[1..1]
专有代码	是}	Prtry	GenericIdentification20	[1..1]
ID		Id	Exact4AlphaNumericText	[1..1]
分配人		Issr	Max35Text	[1..1]
方案名称		SchmeNm	Max35Text	[0..1]
抽签类型		LtryTp	LotteryTypeFormat1Choice	[0..1]

续表

元素含义（中文）	是否可选	XML 标签	数据类型	出现次数
代码	{是	Cd	LotteryType1Code	[1..1]
专有代码	是}	Prtry	GenericIdentification20	[1..1]
ID		Id	Exact4AlphaNumericText	[1..1]
分配人		Issr	Max35Text	[1..1]
方案名称		SchmeNm	Max35Text	[0..1]
凭证类型		CertfctnTp	CertificationTypeFormat1Choice	[0..1]
代码	{是	Cd	CertificationFormatType1Code	[1..1]
专有代码	是}	Prtry	GenericIdentification20	[1..1]
ID		Id	Exact4AlphaNumericText	[1..1]
分配人		Issr	Max35Text	[1..1]
方案名称		SchmeNm	Max35Text	[0..1]
新注册地		NewPlcOfIncorprtn	Max70Text	[0..1]
附加信息		AddtlInf	CorporateActionNarrative3	[0..1]
要约人		Offerr	UpdatedAdditionalInformation3	[0..1]
更新描述		UpdDesc	Max140Text	[0..1]
更新日期		UpdDt	ISODate	[0..1]
附加信息		AddtlInf	Max350Text	[1..1]
新的公司名称		NewCpnyNm	UpdatedAdditionalInformation3	[0..1]
更新描述		UpdDesc	Max140Text	[0..1]
更新日期		UpdDt	ISODate	[0..1]
附加信息		AddtlInf	Max350Text	[1..1]
网址		URLAdr	UpdatedURLInformation	[0..1]
更新描述		UpdDesc	Max140Text	[0..1]
更新日期		UpdDt	ISODate	[0..1]
网址		URLAdr	Max256Text	[1..1]
证券发行人行为选项详情		CorpActnOptnDtls	CorporateActionOption19	[0..*]
选项编号		OptnNb	Exact3NumericText	[1..1]
选项类型		OptnTp	CorporateActionOption2Choice	[1..1]
代码	{是	Cd	CorporateActionOption2Code	[1..1]
专有代码	是}	Prtry	GenericIdentification20	[1..1]
ID		Id	Exact4AlphaNumericText	[1..1]
分配人		Issr	Max35Text	[1..1]
方案名称		SchmeNm	Max35Text	[0..1]
碎股处理		FrctnDspstn	FractionDispositionType1Choice	[0..1]
代码	{是	Cd	FractionDispositionType4Code	[1..1]
专有代码	是}	Prtry	GenericIdentification20	[1..1]
ID		Id	Exact4AlphaNumericText	[1..1]
分配人		Issr	Max35Text	[1..1]

续表

元素含义（中文）	是否可选	XML 标签	数据类型	出现次数
方案名称		SchmeNm	Max35Text	[0..1]
发行类型		OfferTp	OfferTypeFormat1Choice	[0..*]
代码	{是	Cd	OfferType1Code	[1..1]
专有代码	是}	Prtry	GenericIdentification20	[1..1]
ID		Id	Exact4AlphaNumericText	[1..1]
分配人		Issr	Max35Text	[1..1]
方案名称		SchmeNm	Max35Text	[0..1]
选项特性		OptnFeatrs	OptionFeaturesFormat5Choice	[0..*]
代码	{是	Cd	OptionFeatures3Code	[1..1]
专有代码	是}	Prtry	GenericIdentification20	[1..1]
ID		Id	Exact4AlphaNumericText	[1..1]
分配人		Issr	Max35Text	[1..1]
方案名称		SchmeNm	Max35Text	[0..1]
选项可用性状态		OptnAvlbtySts	OptionAvailabilityStatus1Choice	[0..1]
代码	{是	Cd	OptionAvailabilityStatus1Code	[1..1]
专有代码	是}	Prtry	GenericIdentification20	[1..1]
ID		Id	Exact4AlphaNumericText	[1..1]
分配人		Issr	Max35Text	[1..1]
方案名称		SchmeNm	Max35Text	[0..1]
凭证类型		CertfctnTp	BeneficiaryCertificationType1Choice	[0..*]
代码	{是	Cd	BeneficiaryCertificationType2Code	[1..1]
专有代码	是}	Prtry	GenericIdentification20	[1..1]
ID		Id	Exact4AlphaNumericText	[1..1]
分配人		Issr	Max35Text	[1..1]
方案名称		SchmeNm	Max35Text	[0..1]
非定居国家		NonDmclCtry	CountryCode	[0..*]
有效定居国家		VldDmclCtry	CountryCode	[0..*]
币种选择		CcyOptn	ActiveCurrencyCode	[0..1]
默认处理或常设指令		DfltPrcgOrStgInstr	DefaultProcessingOrStandingInstruction1 Ch-oice	[1..1]
默认选项标识	{是	DfltOptnInd	YesNoIndicator	[1..1]
常设指令标识	是}	StgInstrInd	YesNoIndicator	[1..1]
费用适用标识		ChrgsApldInd	YesNoIndicator	[0..1]
凭证标识		CertfctnInd	YesNoIndicator	[0..1]
允许撤回指令标识		WdrwlAllwdInd	YesNoIndicator	[0..1]
允许修改指令标识		ChngAllwdInd	YesNoIndicator	[0..1]
证券 ID		SctyId	SecurityIdentification14	[0..1]
国际证券识别码		ISIN	ISINIdentifier	[0..1]
其他代码		OthrId	OtherIdentification1	[0..*]

续表

元素含义（中文）	是否可选	XML 标签	数据类型	出现次数
ID		Id	Max35Text	[1..1]
证券标识后缀		Sfx	Max16Text	[0..1]
类型		Tp	IdentificationSource3Choice	[1..1]
代码	{是	Cd	ExternalFinancialInstrumentIdentificationType1Code	[1..1]
专有代码	是}	Prtry	Max35Text	[1..1]
证券描述		Desc	Max140Text	[0..1]
日期详情		DtDtls	CorporateActionDate15	[0..1]
早期回复截止日		EarlyRspnDdln	DateFormat19Choice	[0..1]
日期	{是	Dt	DateAndDateTimeChoice	[1..1]
日期	{{是	Dt	ISODate	[1..1]
日期和时间	是}}	DtTm	ISODateTime	[1..1]
日期代码	是}	DtCd	DateCode11Choice	[1..1]
代码	{{是	Cd	DateType8Code	[1..1]
专有代码	是}}	Prtry	GenericIdentification20	[1..1]
ID		Id	Exact4AlphaNumericText	[1..1]
分配人		Issr	Max35Text	[1..1]
方案名称		SchmeNm	Max35Text	[0..1]
补进截止日		CoverXprtnDt	DateFormat19Choice	[0..1]
日期	{是	Dt	DateAndDateTimeChoice	[1..1]
日期	{{是	Dt	ISODate	[1..1]
日期和时间	是}}	DtTm	ISODateTime	[1..1]
日期代码	是}	DtCd	DateCode11Choice	[1..1]
代码	{{是	Cd	DateType8Code	[1..1]
专有代码	是}}	Prtry	GenericIdentification20	[1..1]
ID		Id	Exact4AlphaNumericText	[1..1]
分配人		Issr	Max35Text	[1..1]
方案名称		SchmeNm	Max35Text	[0..1]
承保日		PrtctDt	DateFormat19Choice	[0..1]
日期	{是	Dt	DateAndDateTimeChoice	[1..1]
日期	{{是	Dt	ISODate	[1..1]
日期和时间	是}}	DtTm	ISODateTime	[1..1]
日期代码	是}	DtCd	DateCode11Choice	[1..1]
代码	{{是	Cd	DateType8Code	[1..1]
专有代码	是}}	Prtry	GenericIdentification20	[1..1]
ID		Id	Exact4AlphaNumericText	[1..1]
分配人		Issr	Max35Text	[1..1]
方案名称		SchmeNm	Max35Text	[0..1]
市场截止日		MktDdln	DateFormat19Choice	[0..1]

续表

元素含义（中文）	是否可选	XML 标签	数据类型	出现次数
日期	{是	Dt	DateAndDateTimeChoice	[1..1]
日期	{{是	Dt	ISODate	[1..1]
日期和时间	是}}	DtTm	ISODateTime	[1..1]
日期代码	是}	DtCd	DateCode11Choice	[1..1]
代码	{{是	Cd	DateType8Code	[1..1]
专有代码	是}}	Prtry	GenericIdentification20	[1..1]
ID		Id	Exact4AlphaNumericText	[1..1]
分配人		Issr	Max35Text	[1..1]
方案名称		SchmeNm	Max35Text	[0..1]
回复截止日		RspnDdln	DateFormat20Choice	[0..1]
日期	{是	Dt	DateAndDateTimeChoice	[1..1]
日期	{{是	Dt	ISODate	[1..1]
日期和时间	是}}	DtTm	ISODateTime	[1..1]
日期代码与时间	是	DtCdAndTm	DateCodeAndTimeFormat1	[1..1]
日期代码		DtCd	DateCode4Choice	[1..1]
代码	{{是	Cd	DateType7Code	[1..1]
专有代码	是}}	Prtry	GenericIdentification20	[1..1]
ID		Id	Exact4AlphaNumericText	[1..1]
分配人		Issr	Max35Text	[1..1]
方案名称		SchmeNm	Max35Text	[0..1]
时间		Tm	ISOTime	[1..1]
日期代码	是}	DtCd	DateCode11Choice	[1..1]
代码	{{是	Cd	DateType8Code	[1..1]
专有代码	是}}	Prtry	GenericIdentification20	[1..1]
ID		Id	Exact4AlphaNumericText	[1..1]
分配人		Issr	Max35Text	[1..1]
方案名称		SchmeNm	Max35Text	[0..1]
到期日		XpryDt	DateFormat19Choice	[0..1]
日期	{是	Dt	DateAndDateTimeChoice	[1..1]
日期	{{是	Dt	ISODate	[1..1]
日期和时间	是}}	DtTm	ISODateTime	[1..1]
日期代码	是}	DtCd	DateCode11Choice	[1..1]
代码	{{是	Cd	DateType8Code	[1..1]
专有代码	是}}	Prtry	GenericIdentification20	[1..1]
ID		Id	Exact4AlphaNumericText	[1..1]
分配人		Issr	Max35Text	[1..1]
方案名称		SchmeNm	Max35Text	[0..1]
认购费扣缴日		SbcptCostDbtDt	DateFormat19Choice	[0..1]

续表

元素含义（中文）	是否可选	XML 标签	数据类型	出现次数
日期	{是	Dt	DateAndDateTimeChoice	[1..1]
日期	{{是	Dt	ISODate	[1..1]
日期和时间	是}}	DtTm	ISODateTime	[1..1]
日期代码	是}	DtCd	DateCode11Choice	[1..1]
代码	{{是	Cd	DateType8Code	[1..1]
专有代码	是}}	Prtry	GenericIdentification20	[1..1]
ID		Id	Exact4AlphaNumericText	[1..1]
分配人		Issr	Max35Text	[1..1]
方案名称		SchmeNm	Max35Text	[0..1]
存管机构补进到期日		DpstryCoverXprtnDt	DateFormat19Choice	[0..1]
日期	{是	Dt	DateAndDateTimeChoice	[1..1]
日期	{{是	Dt	ISODate	[1..1]
日期和时间	是}}	DtTm	ISODateTime	[1..1]
日期代码	是}	DtCd	DateCode11Choice	[1..1]
代码	{{是	Cd	DateType8Code	[1..1]
专有代码	是}}	Prtry	GenericIdentification20	[1..1]
ID		Id	Exact4AlphaNumericText	[1..1]
分配人		Issr	Max35Text	[1..1]
方案名称		SchmeNm	Max35Text	[0..1]
期间详情		PrdDtls	CorporateActionPeriod7	[0..1]
定价期		PricClctnPrd	Period3Choice	[0..1]
期间	{是	Prd	Period4	[1..1]
开始日期		StartDt	DateFormat18Choice	[1..1]
日期	{{是	Dt	DateAndDateTimeChoice	[1..1]
日期	{{{是	Dt	ISODate	[1..1]
日期和时间	是}}}	DtTm	ISODateTime	[1..1]
未指定日期	是}}	NotSpcfdDt	DateType8Code	[1..1]
结束日期		EndDt	DateFormat18Choice	[1..1]
日期	{{是	Dt	DateAndDateTimeChoice	[1..1]
日期	{{{是	Dt	ISODate	[1..1]
日期和时间	是}}}	DtTm	ISODateTime	[1..1]
未指定日期	是}}	NotSpcfdDt	DateType8Code	[1..1]
期间代码	是}	PrdCd	DateType8Code	[1..1]
并行交易期		ParllTradgPrd	Period3Choice	[0..1]
期间	{是	Prd	Period4	[1..1]
开始日期		StartDt	DateFormat18Choice	[1..1]
日期	{{是	Dt	DateAndDateTimeChoice	[1..1]
日期	{{{是	Dt	ISODate	[1..1]

续表

元素含义（中文）	是否可选	XML 标签	数据类型	出现次数
日期和时间	是 }}}	DtTm	ISODateTime	[1..1]
未指定日期	是 }}	NotSpcfdDt	DateType8Code	[1..1]
结束日期		EndDt	DateFormat18Choice	[1..1]
日期	{{ 是	Dt	DateAndDateTimeChoice	[1..1]
日期	{{{ 是	Dt	ISODate	[1..1]
日期和时间	是 }}}	DtTm	ISODateTime	[1..1]
未指定日期	是 }}	NotSpcfdDt	DateType8Code	[1..1]
期间代码	是 }	PrdCd	DateType8Code	[1..1]
选项生效期		ActnPrd	Period3Choice	[0..1]
期间	{ 是	Prd	Period4	[1..1]
开始日期		StartDt	DateFormat18Choice	[1..1]
日期	{{ 是	Dt	DateAndDateTimeChoice	[1..1]
日期	{{{ 是	Dt	ISODate	[1..1]
日期和时间	是 }}}	DtTm	ISODateTime	[1..1]
未指定日期	是 }}	NotSpcfdDt	DateType8Code	[1..1]
结束日期		EndDt	DateFormat18Choice	[1..1]
日期	{{ 是	Dt	DateAndDateTimeChoice	[1..1]
日期	{{{ 是	Dt	ISODate	[1..1]
日期和时间	是 }}}	DtTm	ISODateTime	[1..1]
未指定日期	是 }}	NotSpcfdDt	DateType8Code	[1..1]
期间代码	是 }	PrdCd	DateType8Code	[1..1]
指令可撤回期		RvcbltyPrd	Period3Choice	[0..1]
期间	{ 是	Prd	Period4	[1..1]
开始日期		StartDt	DateFormat18Choice	[1..1]
日期	{{ 是	Dt	DateAndDateTimeChoice	[1..1]
日期	{{{ 是	Dt	ISODate	[1..1]
日期和时间	是 }}}	DtTm	ISODateTime	[1..1]
未指定日期	是 }}	NotSpcfdDt	DateType8Code	[1..1]
结束日期		EndDt	DateFormat18Choice	[1..1]
日期	{{ 是	Dt	DateAndDateTimeChoice	[1..1]
日期	{{{ 是	Dt	ISODate	[1..1]
日期和时间	是 }}}	DtTm	ISODateTime	[1..1]
未指定日期	是 }}	NotSpcfdDt	DateType8Code	[1..1]
期间代码	是 }	PrdCd	DateType8Code	[1..1]
权利暂不可获得期		PrvlgSspnsnPrd	Period3Choice	[0..1]
期间	{ 是	Prd	Period4	[1..1]
开始日期		StartDt	DateFormat18Choice	[1..1]
日期	{{ 是	Dt	DateAndDateTimeChoice	[1..1]

续表

元素含义（中文）	是否可选	XML 标签	数据类型	出现次数
日期	{{{ 是	Dt	ISODate	[1..1]
日期和时间	是 }}}	DtTm	ISODateTime	[1..1]
未指定日期	是 }}	NotSpcfdDt	DateType8Code	[1..1]
结束日期		EndDt	DateFormat18Choice	[1..1]
日期	{{ 是	Dt	DateAndDateTimeChoice	[1..1]
日期	{{{ 是	Dt	ISODate	[1..1]
日期和时间	是 }}}	DtTm	ISODateTime	[1..1]
未指定日期	是 }}	NotSpcfdDt	DateType8Code	[1..1]
期间代码	是 }	PrdCd	DateType8Code	[1..1]
账户服务机构指令可撤回期		AcctSvcrRvcbltyPrd	Period3Choice	[0..1]
期间	{ 是	Prd	Period4	[1..1]
开始日期		StartDt	DateFormat18Choice	[1..1]
日期	{{ 是	Dt	DateAndDateTimeChoice	[1..1]
日期	{{{ 是	Dt	ISODate	[1..1]
日期和时间	是 }}}	DtTm	ISODateTime	[1..1]
未指定日期	是 }}	NotSpcfdDt	DateType8Code	[1..1]
结束日期		EndDt	DateFormat18Choice	[1..1]
日期	{{ 是	Dt	DateAndDateTimeChoice	[1..1]
日期	{{{ 是	Dt	ISODate	[1..1]
日期和时间	是 }}}	DtTm	ISODateTime	[1..1]
未指定日期	是 }}	NotSpcfdDt	DateType8Code	[1..1]
期间代码	是 }	PrdCd	DateType8Code	[1..1]
因提款暂停存管期		DpstrySspnsnPrdForWdrwl	Period3Choice	[0..1]
期间	{ 是	Prd	Period4	[1..1]
开始日期		StartDt	DateFormat18Choice	[1..1]
日期	{{ 是	Dt	DateAndDateTimeChoice	[1..1]
日期	{{{ 是	Dt	ISODate	[1..1]
日期和时间	是 }}}	DtTm	ISODateTime	[1..1]
未指定日期	是 }}	NotSpcfdDt	DateType8Code	[1..1]
结束日期		EndDt	DateFormat18Choice	[1..1]
日期	{{ 是	Dt	DateAndDateTimeChoice	[1..1]
日期	{{{ 是	Dt	ISODate	[1..1]
日期和时间	是 }}}	DtTm	ISODateTime	[1..1]
未指定日期	是 }}	NotSpcfdDt	DateType8Code	[1..1]
期间代码	是 }	PrdCd	DateType8Code	[1..1]
比率与数量详情		RateAndAmtDtls	CorporateActionRate15	[0..1]
额外税率		AddtlTax	RateAndAmountFormat14Choice	[0..1]
比率	{ 是	Rate	PercentageRate	[1..1]

续表

元素含义（中文）	是否可选	XML 标签	数据类型	出现次数
未指定利率	是	NotSpcfdRate	RateValueType7Code	[1..1]
金额	是 }	Amt	ActiveCurrencyAnd13DecimalAmount	[1..1]
总股息率		GrssDvddRate	GrossDividendRateFormat5Choice	[0..*]
金额	{ 是	Amt	ActiveCurrencyAnd13DecimalAmount	[1..1]
比率类型金额及状态	是	RateTpAndAmtAndRateSts	RateTypeAndAmountAndStatus1	[1..1]
比率类型		RateTp	RateType13Choice	[1..1]
代码	{{ 是	Cd	GrossDividendRateType1Code	[1..1]
专有代码	是 }}	Prtry	GenericIdentification20	[1..1]
ID		Id	Exact4AlphaNumericText	[1..1]
分配人		Issr	Max35Text	[1..1]
方案名称		SchmeNm	Max35Text	[0..1]
金额		Amt	ActiveCurrencyAnd13DecimalAmount	[1..1]
比率状态		RateSts	RateStatus1Choice	[0..1]
代码	{{ 是	Cd	RateStatus1Code	[1..1]
专有代码	是 }}	Prtry	GenericIdentification20	[1..1]
ID		Id	Exact4AlphaNumericText	[1..1]
分配人		Issr	Max35Text	[1..1]
方案名称		SchmeNm	Max35Text	[0..1]
未指定利率	是 }	NotSpcfdRate	RateType13Code	[1..1]
指数系数		IndxFctr	RateAndAmountFormat14Choice	[0..1]
比率	{ 是	Rate	PercentageRate	[1..1]
未指定利率	是	NotSpcfdRate	RateValueType7Code	[1..1]
金额	是 }	Amt	ActiveCurrencyAnd13DecimalAmount	[1..1]
实际支付利率		IntrstRateUsdForPmt	InterestRateUsedForPaymentFormat5Choice	[0..*]
比率	{ 是	Rate	PercentageRate	[1..1]
金额	是	Amt	ActiveCurrencyAnd13DecimalAmount	[1..1]
比率类型金额及状态	是	RateTpAndAmtAndRateSts	RateTypeAndAmountAndStatus3	[1..1]
比率类型		RateTp	RateType6Choice	[1..1]
代码	{{ 是	Cd	RateType7Code	[1..1]
专有代码	是 }}	Prtry	GenericIdentification20	[1..1]
ID		Id	Exact4AlphaNumericText	[1..1]
分配人		Issr	Max35Text	[1..1]
方案名称		SchmeNm	Max35Text	[0..1]
金额		Amt	ActiveCurrencyAnd13DecimalAmount	[1..1]
比率状态		RateSts	RateStatus1Choice	[0..1]
代码	{{ 是	Cd	RateStatus1Code	[1..1]
专有代码	是 }}	Prtry	GenericIdentification20	[1..1]
ID		Id	Exact4AlphaNumericText	[1..1]

续表

元素含义（中文）	是否可选	XML 标签	数据类型	出现次数
分配人		Issr	Max35Text	[1..1]
方案名称		SchmeNm	Max35Text	[0..1]
未指定利率	是}	NotSpcfdRate	RateType13Code	[1..1]
最大超额认购率		MaxAllwdOvrsbcptRate	RateFormat6Choice	[0..1]
比率	{是	Rate	PercentageRate	[1..1]
未指定利率	是}	NotSpcfdRate	RateValueType7Code	[1..1]
按比例分配率		PrratnRate	RateFormat6Choice	[0..1]
比率	{是	Rate	PercentageRate	[1..1]
未指定利率	是}	NotSpcfdRate	RateValueType7Code	[1..1]
代扣税率		WhldgTaxRate	RateFormat6Choice	[0..1]
比率	{是	Rate	PercentageRate	[1..1]
未指定利率	是}	NotSpcfdRate	RateValueType7Code	[1..1]
涉税率		TaxRltdRate	RateTypeAndAmountAndStatus6	[0..*]
比率类型		RateTp	RateType11Choice	[1..1]
代码	{是	Cd	TaxType4Code	[1..1]
专有代码	是}	Prtry	GenericIdentification20	[1..1]
ID		Id	Exact4AlphaNumericText	[1..1]
分配人		Issr	Max35Text	[1..1]
方案名称		SchmeNm	Max35Text	[0..1]
金额		Amt	ActiveCurrencyAnd13DecimalAmount	[1..1]
比率状态		RateSts	RateStatus1Choice	[0..1]
代码	{是	Cd	RateStatus1Code	[1..1]
专有代码	是}	Prtry	GenericIdentification20	[1..1]
ID		Id	Exact4AlphaNumericText	[1..1]
分配人		Issr	Max35Text	[1..1]
方案名称		SchmeNm	Max35Text	[0..1]
每股红股应税所得		TaxblIncmPerDvddShr	RateTypeAndAmountAndStatus11	[0..*]
比率类型		RateTp	RateType17Choice	[1..1]
代码	{是	Cd	DividendRateType1Code	[1..1]
专有代码	是}	Prtry	GenericIdentification20	[1..1]
ID		Id	Exact4AlphaNumericText	[1..1]
分配人		Issr	Max35Text	[1..1]
方案名称		SchmeNm	Max35Text	[0..1]
金额		Amt	ActiveCurrencyAnd13DecimalAmount	[1..1]
比率状态		RateSts	RateStatus1Choice	[0..1]
代码	{是	Cd	RateStatus1Code	[1..1]
专有代码	是}	Prtry	GenericIdentification20	[1..1]
ID		Id	Exact4AlphaNumericText	[1..1]

续表

元素含义（中文）	是否可选	XML 标签	数据类型	出现次数
分配人		Issr	Max35Text	[1..1]
方案名称		SchmeNm	Max35Text	[0..1]
价格详情		PricDtls	CorporateActionPrice16	[0..1]
现金替代股票的价格		CshInLieuOfShrPric	PriceFormat19Choice	[0..1]
百分比价格	{是	PctgPric	PercentagePrice1	[1..1]
百分比价格类型		PctgPricTp	PriceRateType3Code	[1..1]
价格价值		PricVal	PercentageRate	[1..1]
数量价格	是	AmtPric	AmountPrice3	[1..1]
数量价格类型		AmtPricTp	AmountPriceType1Code	[1..1]
价格价值		PricVal	ActiveCurrencyAnd13DecimalAmount	[1..1]
未指定价格	是}	NotSpcfdPric	PriceValueType10Code	[1..1]
接收的每单位产品的通用现金价格		GncCshPricRcvdPerPdct	PriceFormat20Choice	[0..*]
百分比价格	{是	PctgPric	PercentagePrice1	[1..1]
百分比价格类型		PctgPricTp	PriceRateType3Code	[1..1]
价格价值		PricVal	PercentageRate	[1..1]
数量价格	是	AmtPric	AmountPrice3	[1..1]
数量价格类型		AmtPricTp	AmountPriceType1Code	[1..1]
价格价值		PricVal	ActiveCurrencyAnd13DecimalAmount	[1..1]
未指定价格	是	NotSpcfdPric	PriceValueType8Code	[1..1]
每单位金融工具数量的金额价格	是	AmtPricPerFinInstrmQty	AmountPricePerFinancialInstrumentQuantity3	[1..1]
数量价格类型		AmtPricTp	AmountPriceType1Code	[1..1]
价格价值		PricVal	ActiveCurrencyAnd13DecimalAmount	[1..1]
金融工具数量		FinInstrmQty	FinancialInstrumentQuantity1Choice	[1..1]
单位	{{是	Unit	DecimalNumber	[1..1]
票面金额	是	FaceAmt	ImpliedCurrencyAndAmount	[1..1]
摊余价值	是}}	AmtsdVal	ImpliedCurrencyAndAmount	[1..1]
每单位数量的金额价格	是}	AmtPricPerAmt	AmountPricePerAmount2	[1..1]
数量价格类型		AmtPricTp	AmountPriceType1Code	[1..1]
价格价值		PricVal	ActiveCurrencyAnd13DecimalAmount	[1..1]
金额		Amt	ActiveCurrencyAnd13DecimalAmount	[1..1]
超额认购保证金价格		OverSbcptDpstPric	PriceFormat19Choice	[0..1]
百分比价格	{是	PctgPric	PercentagePrice1	[1..1]
百分比价格类型		PctgPricTp	PriceRateType3Code	[1..1]
价格价值		PricVal	PercentageRate	[1..1]
数量价格	是	AmtPric	AmountPrice3	[1..1]
数量价格类型		AmtPricTp	AmountPriceType1Code	[1..1]
价格价值		PricVal	ActiveCurrencyAnd13DecimalAmount	[1..1]

续表

元素含义（中文）	是否可选	XML 标签	数据类型	出现次数
未指定价格	是}	NotSpcfdPric	PriceValueType10Code	[1..1]
证券数量		SctiesQty	SecuritiesOption15	[0..1]
最大行权数量		MaxExrcblQty	FinancialInstrumentQuantity1Choice	[0..1]
单位	{是	Unit	DecimalNumber	[1..1]
票面金额	是	FaceAmt	ImpliedCurrencyAndAmount	[1..1]
摊余价值	是}	AmtsdVal	ImpliedCurrencyAndAmount	[1..1]
最小行权数量		MinExrcblQty	FinancialInstrumentQuantity1Choice	[0..1]
单位	{是	Unit	DecimalNumber	[1..1]
票面金额	是	FaceAmt	ImpliedCurrencyAndAmount	[1..1]
摊余价值	是}	AmtsdVal	ImpliedCurrencyAndAmount	[1..1]
最小行权倍数		MinExrcblMltplQty	FinancialInstrumentQuantity1Choice	[0..1]
单位	{是	Unit	DecimalNumber	[1..1]
票面金额	是	FaceAmt	ImpliedCurrencyAndAmount	[1..1]
摊余价值	是}	AmtsdVal	ImpliedCurrencyAndAmount	[1..1]
新的每手数量		NewBrdLotQty	FinancialInstrumentQuantity1Choice	[0..1]
单位	{是	Unit	DecimalNumber	[1..1]
票面金额	是	FaceAmt	ImpliedCurrencyAndAmount	[1..1]
摊余价值	是}	AmtsdVal	ImpliedCurrencyAndAmount	[1..1]
新的面额		NewDnmtnQty	FinancialInstrumentQuantity1Choice	[0..1]
单位	{是	Unit	DecimalNumber	[1..1]
票面金额	是	FaceAmt	ImpliedCurrencyAndAmount	[1..1]
摊余价值	是}	AmtsdVal	ImpliedCurrencyAndAmount	[1..1]
前端碎股数量		FrntEndOddLotQty	FinancialInstrumentQuantity16Choice	[0..1]
单位	{是	Unit	DecimalNumber	[1..1]
票面金额	是	FaceAmt	ImpliedCurrencyAndAmount	[1..1]
摊余价值	是	AmtsdVal	ImpliedCurrencyAndAmount	[1..1]
代码	是}	Cd	Quantity3Code	[1..1]
后端碎股数量		BckEndOddLotQty	FinancialInstrumentQuantity16Choice	[0..1]
单位	{是	Unit	DecimalNumber	[1..1]
票面金额	是	FaceAmt	ImpliedCurrencyAndAmount	[1..1]
摊余价值	是	AmtsdVal	ImpliedCurrencyAndAmount	[1..1]
代码	是}	Cd	Quantity3Code	[1..1]
证券变动详情		SctiesMvmntDtls	SecuritiesOption14	[0..*]
证券详情		SctyDtls	FinancialInstrumentAttributes16	[1..1]
证券 ID		SctyId	SecurityIdentification14	[1..1]
国际证券识别码		ISIN	ISINIdentifier	[0..1]
其他 ID		OthrId	OtherIdentification1	[0..*]
ID		Id	Max35Text	[1..1]

续表

元素含义（中文）	是否可选	XML 标签	数据类型	出现次数
证券标识后缀		Sfx	Max16Text	[0..1]
类型		Tp	IdentificationSource3Choice	[1..1]
代码	{是	Cd	ExternalFinancialInstrumentIdentificationTy-pe1Code	[1..1]
专有代码	是}	Prtry	Max35Text	[1..1]
证券描述		Desc	Max140Text	[0..1]
上市地点		PlcOfListg	MarketIdentification2	[0..1]
类型		Tp	MarketTypeFormat1Choice	[1..1]
代码	{是	Cd	MarketType3Code	[1..1]
专有代码	是}	Prtry	GenericIdentification20	[1..1]
ID		Id	Exact4AlphaNumericText	[1..1]
分配人		Issr	Max35Text	[1..1]
方案名称		SchmeNm	Max35Text	[0..1]
ID		Id	MarketIdentification1Choice	[0..1]
市场标识代码	{是	MktIdrCd	MICIdentifier	[1..1]
市场描述	是}	Desc	Max35Text	[1..1]
计息基础		DayCntBsis	InterestComputationMethodFormat1Choice	[0..1]
代码	{是	Cd	InterestComputationMethod2Code	[1..1]
专有代码	是}	Prtry	GenericIdentification20	[1..1]
ID		Id	Exact4AlphaNumericText	[1..1]
分配人		Issr	Max35Text	[1..1]
方案名称		SchmeNm	Max35Text	[0..1]
分类类型		ClssfctnTp	ClassificationType2Choice	[0..1]
CFI 分类	{是	ClssfctnFinInstrm	CFIIdentifier	[1..1]
备用分类	是}	AltrnClssfctn	GenericIdentification19	[1..1]
ID		Id	Max35Text	[1..1]
分配人		Issr	Max35Text	[1..1]
方案名称		SchmeNm	Max35Text	[0..1]
期权种类		OptnStyle	OptionStyle4Choice	[0..1]
代码	{是	Cd	OptionStyle2Code	[1..1]
专有代码	是}	Prtry	GenericIdentification20	[1..1]
ID		Id	Exact4AlphaNumericText	[1..1]
分配人		Issr	Max35Text	[1..1]
方案名称		SchmeNm	Max35Text	[0..1]
计价币种		DnmtnCcy	ActiveOrHistoricCurrencyCode	[0..1]
下期付息日		NxtCpnDt	ISODate	[0..1]
浮动利率确定日		FltgRateFxgDt	ISODate	[0..1]
兑付日		MtrtyDt	ISODate	[0..1]

续表

元素含义（中文）	是否可选	XML 标签	数据类型	出现次数
发行日		IsseDt	ISODate	[0..1]
提前赎回日		NxtCllblDt	ISODate	[0..1]
回售日		PutblDt	ISODate	[0..1]
起息日		DtdDt	ISODate	[0..1]
转换日		ConvsDt	ISODate	[0..1]
上期因子		PrvsFctr	RateFormat3Choice	[0..1]
比率	{是	Rate	PercentageRate	[1..1]
未指定利率	是}	NotSpcfdRate	RateType5Code	[1..1]
下期因子		NxtFctr	RateFormat3Choice	[0..1]
比率	{是	Rate	PercentageRate	[1..1]
未指定利率	是}	NotSpcfdRate	RateType5Code	[1..1]
年利率		IntrstRate	RateFormat3Choice	[0..1]
比率	{是	Rate	PercentageRate	[1..1]
未指定利率	是}	NotSpcfdRate	RateType5Code	[1..1]
下期利率		NxtIntrstRate	RateFormat3Choice	[0..1]
比率	{是	Rate	PercentageRate	[1..1]
未指定利率	是}	NotSpcfdRate	RateType5Code	[1..1]
最小名义数量		MinNmnlQty	FinancialInstrumentQuantity1Choice	[0..1]
单位	{是	Unit	DecimalNumber	[1..1]
票面金额	是	FaceAmt	ImpliedCurrencyAndAmount	[1..1]
摊余价值	是}	AmtsdVal	ImpliedCurrencyAndAmount	[1..1]
最小行权数量		MinExrcblQty	FinancialInstrumentQuantity1Choice	[0..1]
单位	{是	Unit	DecimalNumber	[1..1]
票面金额	是	FaceAmt	ImpliedCurrencyAndAmount	[1..1]
摊余价值	是}	AmtsdVal	ImpliedCurrencyAndAmount	[1..1]
最小行权倍数		MinExrcblMltplQty	FinancialInstrumentQuantity1Choice	[0..1]
单位	{是	Unit	DecimalNumber	[1..1]
票面金额	是	FaceAmt	ImpliedCurrencyAndAmount	[1..1]
摊余价值	是}	AmtsdVal	ImpliedCurrencyAndAmount	[1..1]
合约规模		CtrctSz	FinancialInstrumentQuantity1Choice	[0..1]
单位	{是	Unit	DecimalNumber	[1..1]
票面金额	是	FaceAmt	ImpliedCurrencyAndAmount	[1..1]
摊余价值	是}	AmtsdVal	ImpliedCurrencyAndAmount	[1..1]
发行价格		IssePric	PriceFormat19Choice	[0..1]
百分比价格	{是	PctgPric	PercentagePrice1	[1..1]
百分比价格类型		PctgPricTp	PriceRateType3Code	[1..1]
价格价值		PricVal	PercentageRate	[1..1]
数量价格	是	AmtPric	AmountPrice3	[1..1]

续表

元素含义（中文）	是否可选	XML 标签	数据类型	出现次数
数量价格类型		AmtPricTp	AmountPriceType1Code	[1..1]
价格价值		PricVal	ActiveCurrencyAnd13DecimalAmount	[1..1]
未指定价格	是}	NotSpcfdPric	PriceValueType10Code	[1..1]
借贷标识		CdtDbtInd	CreditDebitCode	[1..1]
临时性金融工具标识		TempFinInstrmInd	TemporaryFinancialInstrumentIndicator1Choice	[0..1]
临时证券标识	{是	TempInd	YesNoIndicator	[1..1]
专有代码	是}	Prtry	GenericIdentification20	[1..1]
ID		Id	Exact4AlphaNumericText	[1..1]
分配人		Issr	Max35Text	[1..1]
方案名称		SchmeNm	Max35Text	[0..1]
非合格收益标识		NonElgblPrcdsInd	NonEligibleProceedsIndicator1Choice	[0..1]
代码	{是	Cd	NonEligibleProceedsIndicator1Code	[1..1]
专有代码	是}	Prtry	GenericIdentification20	[1..1]
ID		Id	Exact4AlphaNumericText	[1..1]
分配人		Issr	Max35Text	[1..1]
方案名称		SchmeNm	Max35Text	[0..1]
授予数量		EntitldQty	Quantity6Choice	[0..1]
证券数量	{是	Qty	FinancialInstrumentQuantity1Choice	[1..1]
单位	{{是	Unit	DecimalNumber	[1..1]
票面金额	是	FaceAmt	ImpliedCurrencyAndAmount	[1..1]
摊余价值	是}}	AmtsdVal	ImpliedCurrencyAndAmount	[1..1]
资产支持型工具的初始及当前值	是}	OrgnlAndCurFace	OriginalAndCurrentQuantities1	[1..1]
票面金额		FaceAmt	ImpliedCurrencyAndAmount	[1..1]
摊余价值		AmtsdVal	ImpliedCurrencyAndAmount	[1..1]
碎股处理		FrctnDspstn	FractionDispositionType1Choice	[0..1]
代码	{是	Cd	FractionDispositionType4Code	[1..1]
专有代码	是}	Prtry	GenericIdentification20	[1..1]
ID		Id	Exact4AlphaNumericText	[1..1]
分配人		Issr	Max35Text	[1..1]
方案名称		SchmeNm	Max35Text	[0..1]
币种选择		CcyOptn	ActiveCurrencyCode	[0..1]
交易期间		TradgPrd	Period3Choice	[0..1]
期间	{是	Prd	Period4	[1..1]
开始日期		StartDt	DateFormat18Choice	[1..1]
日期	{{是	Dt	DateAndDateTimeChoice	[1..1]
日期	{{{是	Dt	ISODate	[1..1]
日期和时间	是}}}	DtTm	ISODateTime	[1..1]

续表

元素含义（中文）	是否可选	XML 标签	数据类型	出现次数
未指定日期	是 }}	NotSpcfdDt	DateType8Code	[1..1]
结束日期		EndDt	DateFormat18Choice	[1..1]
日期	{{ 是	Dt	DateAndDateTimeChoice	[1..1]
日期	{{{ 是	Dt	ISODate	[1..1]
日期和时间	是 }}}	DtTm	ISODateTime	[1..1]
未指定日期	是 }}	NotSpcfdDt	DateType8Code	[1..1]
期间代码	是 }	PrdCd	DateType8Code	[1..1]
日期详情		DtDtls	SecurityDate5	[1..1]
支付日		PmtDt	DateFormat19Choice	[1..1]
日期	{ 是	Dt	DateAndDateTimeChoice	[1..1]
日期	{{ 是	Dt	ISODate	[1..1]
日期和时间	是 }}	DtTm	ISODateTime	[1..1]
日期代码	是 }	DtCd	DateCode11Choice	[1..1]
代码	{{ 是	Cd	DateType8Code	[1..1]
专有代码	是 }}	Prtry	GenericIdentification20	[1..1]
ID		Id	Exact4AlphaNumericText	[1..1]
分配人		Issr	Max35Text	[1..1]
方案名称		SchmeNm	Max35Text	[0..1]
交易日		Avlb Dt	DateFormat19Choice	[0..1]
日期	{ 是	Dt	DateAndDateTimeChoice	[1..1]
日期	{{ 是	Dt	ISODate	[1..1]
日期和时间	是 }}	DtTm	ISODateTime	[1..1]
日期代码	是 }	DtCd	DateCode11Choice	[1..1]
代码	{{ 是	Cd	DateType8Code	[1..1]
专有代码	是 }}	Prtry	GenericIdentification20	[1..1]
ID		Id	Exact4AlphaNumericText	[1..1]
分配人		Issr	Max35Text	[1..1]
方案名称		SchmeNm	Max35Text	[0..1]
分红授权日		DvddRnkgDt	DateFormat19Choice	[0..1]
日期	{ 是	Dt	DateAndDateTimeChoice	[1..1]
日期	{{ 是	Dt	ISODate	[1..1]
日期和时间	是 }}	DtTm	ISODateTime	[1..1]
日期代码	是 }	DtCd	DateCode11Choice	[1..1]
代码	{{ 是	Cd	DateType8Code	[1..1]
专有代码	是 }}	Prtry	GenericIdentification20	[1..1]
ID		Id	Exact4AlphaNumericText	[1..1]
分配人		Issr	Max35Text	[1..1]
方案名称		SchmeNm	Max35Text	[0..1]

续表

元素含义（中文）	是否可选	XML 标签	数据类型	出现次数
最早支付日		EarlstPmtDt	DateFormat19Choice	[0..1]
日期	{是	Dt	DateAndDateTimeChoice	[1..1]
日期	{{是	Dt	ISODate	[1..1]
日期和时间	是}}	DtTm	ISODateTime	[1..1]
日期代码	是}	DtCd	DateCode11Choice	[1..1]
代码	{{是	Cd	DateType8Code	[1..1]
专有代码	是}}	Prtry	GenericIdentification20	[1..1]
ID		Id	Exact4AlphaNumericText	[1..1]
分配人		Issr	Max35Text	[1..1]
方案名称		SchmeNm	Max35Text	[0..1]
同等权益日		PrpssDt	DateFormat19Choice	[0..1]
日期	{是	Dt	DateAndDateTimeChoice	[1..1]
日期	{{是	Dt	ISODate	[1..1]
日期和时间	是}}	DtTm	ISODateTime	[1..1]
日期代码	是}	DtCd	DateCode11Choice	[1..1]
代码	{{是	Cd	DateType8Code	[1..1]
专有代码	是}}	Prtry	GenericIdentification20	[1..1]
ID		Id	Exact4AlphaNumericText	[1..1]
分配人		Issr	Max35Text	[1..1]
方案名称		SchmeNm	Max35Text	[0..1]
比率详情		RateDtls	CorporateActionRate17	[0..1]
认购证券获得的额外数量		AddtlQtyForSbcbdRsltntScties	RatioFormat11Choice	[0..1]
数量与数量比率	{是	QtyToQty	QuantityToQuantityRatio1	[1..1]
数量 1（分子）		Qty1	DecimalNumber	[1..1]
数量 2（分母）		Qty2	DecimalNumber	[1..1]
未指定利率	是	NotSpcfdRate	RateValueType7Code	[1..1]
金额与金额比率	是}	AmtToAmt	AmountToAmountRatio2	[1..1]
金额 1（分子）		Amt1	ActiveCurrencyAnd13DecimalAmount	[1..1]
金额 2（分母）		Amt2	ActiveCurrencyAnd13DecimalAmount	[1..1]
现有证券额外数量		AddtlQtyForExstgScties	RatioFormat11Choice	[0..1]
数量与数量比率	{是	QtyToQty	QuantityToQuantityRatio1	[1..1]
数量 1（分子）		Qty1	DecimalNumber	[1..1]
数量 2（分母）		Qty2	DecimalNumber	[1..1]
未指定利率	是	NotSpcfdRate	RateValueType7Code	[1..1]
金额与金额比率	是}	AmtToAmt	AmountToAmountRatio2	[1..1]
金额 1（分子）		Amt1	ActiveCurrencyAnd13DecimalAmount	[1..1]
金额 2（分母）		Amt2	ActiveCurrencyAnd13DecimalAmount	[1..1]
新旧比率		NewToOd	RatioFormat12Choice	[0..1]

续表

元素含义（中文）	是否可选	XML 标签	数据类型	出现次数
数量与数量比率	{是	QtyToQty	QuantityToQuantityRatio1	[1..1]
数量 1（分子）		Qty1	DecimalNumber	[1..1]
数量 2（分母）		Qty2	DecimalNumber	[1..1]
未指定利率	是	NotSpcfdRate	RateValueType7Code	[1..1]
金额与金额比率	是	AmtToAmt	AmountToAmountRatio2	[1..1]
金额 1（分子）		Amt1	ActiveCurrencyAnd13DecimalAmount	[1..1]
金额 2（分母）		Amt2	ActiveCurrencyAnd13DecimalAmount	[1..1]
金额与数量比率	是	AmtToQty	AmountAndQuantityRatio2	[1..1]
金额		Amt	ActiveCurrencyAnd13DecimalAmount	[1..1]
证券数量		Qty	DecimalNumber	[1..1]
数量与金额比率	是}	QtyToAmt	AmountAndQuantityRatio2	[1..1]
金额		Amt	ActiveCurrencyAnd13DecimalAmount	[1..1]
证券数量		Qty	DecimalNumber	[1..1]
转换率		TrfrmatnRate	PercentageRate	[0..1]
价格详情		PricDtls	CorporateActionPrice18	[0..1]
参考价或市场价格		IndctvOrMktPric	IndicativeOrMarketPrice5Choice	[0..1]
参考价	{是	IndctvPric	PriceFormat19Choice	[1..1]
百分比价格	{{是	PctgPric	PercentagePrice1	[1..1]
百分比价格类型		PctgPricTp	PriceRateType3Code	[1..1]
价格价值		PricVal	PercentageRate	[1..1]
数量价格	是	AmtPric	AmountPrice3	[1..1]
数量价格类型		AmtPricTp	AmountPriceType1Code	[1..1]
价格价值		PricVal	ActiveCurrencyAnd13DecimalAmount	[1..1]
未指定价格	是}}	NotSpcfdPric	PriceValueType10Code	[1..1]
市场价格	是}	MktPric	PriceFormat19Choice	[1..1]
百分比价格	{{是	PctgPric	PercentagePrice1	[1..1]
百分比价格类型		PctgPricTp	PriceRateType3Code	[1..1]
价格价值		PricVal	PercentageRate	[1..1]
数量价格	是	AmtPric	AmountPrice3	[1..1]
数量价格类型		AmtPricTp	AmountPriceType1Code	[1..1]
价格价值		PricVal	ActiveCurrencyAnd13DecimalAmount	[1..1]
未指定价格	是}}	NotSpcfdPric	PriceValueType10Code	[1..1]
现金替代股票的价格		CshInLieuOfShrPric	PriceFormat19Choice	[0..1]
百分比价格	{是	PctgPric	PercentagePrice1	[1..1]
百分比价格类型		PctgPricTp	PriceRateType3Code	[1..1]
价格价值		PricVal	PercentageRate	[1..1]
数量价格	是	AmtPric	AmountPrice3	[1..1]
数量价格类型		AmtPricTp	AmountPriceType1Code	[1..1]

续表

元素含义（中文）	是否可选	XML 标签	数据类型	出现次数
价格价值		PricVal	ActiveCurrencyAnd13DecimalAmount	[1..1]
未指定价格	是}	NotSpcfdPric	PriceValueType10Code	[1..1]
现金变动详情		CshMvmntDtls	CashOption10	[0..*]
借贷标识		CdtDbtInd	CreditDebitCode	[1..1]
非合格收益标识		NonElgblPrcdsInd	NonEligibleProceedsIndicator1Choice	[0..1]
代码	{是	Cd	NonEligibleProceedsIndicator1Code	[1..1]
专有代码	是}	Prtry	GenericIdentification20	[1..1]
ID		Id	Exact4AlphaNumericText	[1..1]
分配人		Issr	Max35Text	[1..1]
方案名称		SchmeNm	Max35Text	[0..1]
收益类型		IncmTp	GenericIdentification20	[0..1]
ID		Id	Exact4AlphaNumericText	[1..1]
分配人		Issr	Max35Text	[1..1]
方案名称		SchmeNm	Max35Text	[0..1]
现金账户 ID		CshAcctId	CashAccountIdentification5Choice	[0..1]
国际银行账户号码	{是	IBAN	IBAN2007Identifier	[1..1]
专有代码	是}	Prtry	Max34Text	[1..1]
金额详情		AmtDtls	CorporateActionAmounts10	[0..1]
现金总额		GrssCshAmt	ActiveCurrencyAndAmount	[0..1]
现金净额		NetCshAmt	ActiveCurrencyAndAmount	[0..1]
征集费		SlctnFees	ActiveCurrencyAndAmount	[0..1]
现金替代股票的金额		CshInLieuOfShr	ActiveCurrencyAndAmount	[0..1]
资本收益		CptlGn	ActiveCurrencyAndAmount	[0..1]
利息金额		IntrstAmt	ActiveCurrencyAndAmount	[0..1]
赔偿金额		IndmntyAmt	ActiveCurrencyAndAmount	[0..1]
返还红利金额		ManfctrdDvddPmtAmt	ActiveCurrencyAndAmount	[0..1]
再投资金额		RinvstmtAmt	ActiveCurrencyAndAmount	[0..1]
完全税务减免金额		FullyFrnkdAmt	ActiveCurrencyAndAmount	[0..1]
未减免税务金额		UfrnkdAmt	ActiveCurrencyAndAmount	[0..1]
杂项或其他金额		SndryOrOthrAmt	ActiveCurrencyAndAmount	[0..1]
现金激励		CshIncntiv	ActiveCurrencyAndAmount	[0..1]
免税金额		TaxFreeAmt	ActiveCurrencyAndAmount	[0..1]
递延税项金额		TaxDfrrdAmt	ActiveCurrencyAndAmount	[0..1]
增值税金额		ValAddedTaxAmt	ActiveCurrencyAndAmount	[0..1]
印花税金额		StmpDtyAmt	ActiveCurrencyAndAmount	[0..1]
可退税金额		TaxRclmAmt	ActiveCurrencyAndAmount	[0..1]
税收抵免金额		TaxCdtAmt	ActiveCurrencyAndAmount	[0..1]
代扣涉外税金额		WhldgOfFrgnTaxAmt	ActiveCurrencyAndAmount	[0..1]

续表

元素含义（中文）	是否可选	XML 标签	数据类型	出现次数
代扣本地税金额		WhldgOfLclTaxAmt	ActiveCurrencyAndAmount	[0..1]
附加税金额		AddtlTaxAmt	ActiveCurrencyAndAmount	[0..1]
代扣税金额		WhldgTaxAmt	ActiveCurrencyAndAmount	[0..1]
印花税金额		FsclStmpAmt	ActiveCurrencyAndAmount	[0..1]
执行经纪人佣金金额		ExctgBrkrAmt	ActiveCurrencyAndAmount	[0..1]
代付行佣金金额		PngAgtComssnAmt	ActiveCurrencyAndAmount	[0..1]
本地经纪人佣金金额		LclBrkrComssnAmt	ActiveCurrencyAndAmount	[0..1]
邮费金额		PstgFeeAmt	ActiveCurrencyAndAmount	[0..1]
监管费金额		RgltryFeesAmt	ActiveCurrencyAndAmount	[0..1]
运输费金额		ShppgFeesAmt	ActiveCurrencyAndAmount	[0..1]
其他费用金额		ChrgsAmt	ActiveCurrencyAndAmount	[0..1]
授予金额		EntitldAmt	ActiveCurrencyAndAmount	[0..1]
初始金额		OrgnlAmt	ActiveCurrencyAndAmount	[0..1]
本金		PrncplOrCrps	ActiveCurrencyAndAmount	[0..1]
赎回溢价金额		RedPrmAmt	ActiveCurrencyAndAmount	[0..1]
收益金额		IncmPrtn	ActiveCurrencyAndAmount	[0..1]
股票交易税金额		StockXchgTax	ActiveCurrencyAndAmount	[0..1]
欧盟预扣所得税金额		EUTaxRtntnAmt	ActiveCurrencyAndAmount	[0..1]
应计利息金额		AcrdIntrstAmt	ActiveCurrencyAndAmount	[0..1]
日期详情		DtDtls	CorporateActionDate17	[1..1]
支付日		PmtDt	DateFormat19Choice	[1..1]
日期	{是	Dt	DateAndDateTimeChoice	[1..1]
日期	{{是	Dt	ISODate	[1..1]
日期和时间	是}}	DtTm	ISODateTime	[1..1]
日期代码	是}	DtCd	DateCode11Choice	[1..1]
代码	{{是	Cd	DateType8Code	[1..1]
专有代码	是}}	Prtry	GenericIdentification20	[1..1]
ID		Id	Exact4AlphaNumericText	[1..1]
分配人		Issr	Max35Text	[1..1]
方案名称		SchmeNm	Max35Text	[0..1]
交割日		ValDt	DateFormat11Choice	[0..1]
日期	{是	Dt	DateAndDateTimeChoice	[1..1]
日期	{{是	Dt	ISODate	[1..1]
日期和时间	是}}	DtTm	ISODateTime	[1..1]
日期代码	是}	DtCd	DateCode3Choice	[1..1]
代码	{{是	Cd	DateType1Code	[1..1]
专有代码	是}}	Prtry	GenericIdentification20	[1..1]
ID		Id	Exact4AlphaNumericText	[1..1]

续表

元素含义（中文）	是否可选	XML 标签	数据类型	出现次数
分配人		Issr	Max35Text	[1..1]
方案名称		SchmeNm	Max35Text	[0..1]
汇率确定日		FXRateFxgDt	DateFormat19Choice	[0..1]
日期	{是	Dt	DateAndDateTimeChoice	[1..1]
日期	{{是	Dt	ISODate	[1..1]
日期和时间	是}}	DtTm	ISODateTime	[1..1]
日期代码	是}	DtCd	DateCode11Choice	[1..1]
代码	{{是	Cd	DateType8Code	[1..1]
专有代码	是}}	Prtry	GenericIdentification20	[1..1]
ID		Id	Exact4AlphaNumericText	[1..1]
分配人		Issr	Max35Text	[1..1]
方案名称		SchmeNm	Max35Text	[0..1]
最早支付日		EarlstPmtDt	DateFormat19Choice	[0..1]
日期	{是	Dt	DateAndDateTimeChoice	[1..1]
日期	{{是	Dt	ISODate	[1..1]
日期和时间	是}}	DtTm	ISODateTime	[1..1]
日期代码	是}	DtCd	DateCode11Choice	[1..1]
代码	{{是	Cd	DateType8Code	[1..1]
专有代码	是}}	Prtry	GenericIdentification20	[1..1]
ID		Id	Exact4AlphaNumericText	[1..1]
分配人		Issr	Max35Text	[1..1]
方案名称		SchmeNm	Max35Text	[0..1]
外汇详情		FXDtls	ForeignExchangeTerms13	[0..1]
基准货币		UnitCcy	ActiveCurrencyCode	[1..1]
标价货币		QtdCcy	ActiveCurrencyCode	[1..1]
汇率		XchgRate	BaseOneRate	[1..1]
兑换后金额		RsltgAmt	ActiveCurrencyAndAmount	[0..1]
比率与数量详情		RateAndAmtDtls	RateDetails3	[0..1]
额外税率		AddtlTax	RateAndAmountFormat14Choice	[0..1]
比率	{是	Rate	PercentageRate	[1..1]
未指定利率	是	NotSpcfdRate	RateValueType7Code	[1..1]
金额	是}	Amt	ActiveCurrencyAnd13DecimalAmount	[1..1]
总股息率		GrssDvddRate	GrossDividendRateFormat5Choice	[0..*]
金额	{是	Amt	ActiveCurrencyAnd13DecimalAmount	[1..1]
比率类型金额及状态	是	RateTpAndAmtAndRateSts	RateTypeAndAmountAndStatus1	[1..1]
比率类型		RateTp	RateType13Choice	[1..1]
代码	{{是	Cd	GrossDividendRateType1Code	[1..1]
专有代码	是}}	Prtry	GenericIdentification20	[1..1]

续表

元素含义（中文）	是否可选	XML 标签	数据类型	出现次数
ID		Id	Exact4AlphaNumericText	[1..1]
分配人		Issr	Max35Text	[1..1]
方案名称		SchmeNm	Max35Text	[0..1]
金额		Amt	ActiveCurrencyAnd13DecimalAmount	[1..1]
比率状态		RateSts	RateStatus1Choice	[0..1]
代码	{{ 是	Cd	RateStatus1Code	[1..1]
专有代码	是 }}	Prtry	GenericIdentification20	[1..1]
ID		Id	Exact4AlphaNumericText	[1..1]
分配人		Issr	Max35Text	[1..1]
方案名称		SchmeNm	Max35Text	[0..1]
未指定利率	是 }	NotSpcfdRate	RateType13Code	[1..1]
实际支付利率		IntrstRateUsdForPmt	InterestRateUsedForPaymentFormat5Choice	[0..*]
比率	{ 是	Rate	PercentageRate	[1..1]
金额	是	Amt	ActiveCurrencyAnd13DecimalAmount	[1..1]
比率类型金额及状态	是	RateTpAndAmtAndRateSts	RateTypeAndAmountAndStatus3	[1..1]
比率类型		RateTp	RateType6Choice	[1..1]
代码	{{ 是	Cd	RateType7Code	[1..1]
专有代码	是 }}	Prtry	GenericIdentification20	[1..1]
ID		Id	Exact4AlphaNumericText	[1..1]
分配人		Issr	Max35Text	[1..1]
方案名称		SchmeNm	Max35Text	[0..1]
金额		Amt	ActiveCurrencyAnd13DecimalAmount	[1..1]
比率状态		RateSts	RateStatus1Choice	[0..1]
代码	{{ 是	Cd	RateStatus1Code	[1..1]
专有代码	是 }}	Prtry	GenericIdentification20	[1..1]
ID		Id	Exact4AlphaNumericText	[1..1]
分配人		Issr	Max35Text	[1..1]
方案名称		SchmeNm	Max35Text	[0..1]
未指定利率	是 }	NotSpcfdRate	RateType13Code	[1..1]
涉税率		TaxRltdRate	RateTypeAndAmountAndStatus6	[0..*]
比率类型		RateTp	RateType11Choice	[1..1]
代码	{ 是	Cd	TaxType4Code	[1..1]
专有代码	是 }	Prtry	GenericIdentification20	[1..1]
ID		Id	Exact4AlphaNumericText	[1..1]
分配人		Issr	Max35Text	[1..1]
方案名称		SchmeNm	Max35Text	[0..1]
金额		Amt	ActiveCurrencyAnd13DecimalAmount	[1..1]

续表

元素含义（中文）	是否可选	XML 标签	数据类型	出现次数
比率状态		RateSts	RateStatus1Choice	[0..1]
代码	{是	Cd	RateStatus1Code	[1..1]
专有代码	是}	Prtry	GenericIdentification20	[1..1]
ID		Id	Exact4AlphaNumericText	[1..1]
分配人		Issr	Max35Text	[1..1]
方案名称		SchmeNm	Max35Text	[0..1]
代扣税率		WhldgTaxRate	RateFormat6Choice	[0..1]
比率	{是	Rate	PercentageRate	[1..1]
未指定利率	是}	NotSpcfdRate	RateValueType7Code	[1..1]
其他收取费用		ChrgsFees	RateAndAmountFormat14Choice	[0..1]
比率	{是	Rate	PercentageRate	[1..1]
未指定利率	是	NotSpcfdRate	RateValueType7Code	[1..1]
金额	是}	Amt	ActiveCurrencyAnd13DecimalAmount	[1..1]
早期征集费率		EarlySlctnFeeRate	SolicitationFeeRateFormat3Choice	[0..1]
比率	{是	Rate	PercentageRate	[1..1]
未指定利率	是	NotSpcfdRate	RateValueType7Code	[1..1]
金额与数量比率	是}	AmtToQty	AmountAndQuantityRatio2	[1..1]
金额		Amt	ActiveCurrencyAnd13DecimalAmount	[1..1]
证券数量		Qty	DecimalNumber	[1..1]
最终股息率		FnlDvddRate	RateAndAmountFormat15Choice	[0..1]
金额	{是	Amt	ActiveCurrencyAnd13DecimalAmount	[1..1]
未指定利率	是}	NotSpcfdRate	RateValueType7Code	[1..1]
印花税率		FsclStmp	RateFormat6Choice	[0..1]
比率	{是	Rate	PercentageRate	[1..1]
未指定利率	是}	NotSpcfdRate	RateValueType7Code	[1..1]
完全税务减免率		FullyFrnkdRate	RateAndAmountFormat14Choice	[0..1]
比率	{是	Rate	PercentageRate	[1..1]
未指定利率	是	NotSpcfdRate	RateValueType7Code	[1..1]
金额	是}	Amt	ActiveCurrencyAnd13DecimalAmount	[1..1]
现金激励比率		CshIncntivRate	RateFormat6Choice	[0..1]
比率	是	Rate	PercentageRate	[1..1]
未指定利率	是	NotSpcfdRate	RateValueType7Code	[1..1]
净股息率		NetDvddRate	NetDividendRateFormat5Choice	[0..*]
金额	{是	Amt	ActiveCurrencyAnd13DecimalAmount	[1..1]
比率类型金额及状态	是	RateTpAndAmtAndRateSts	RateTypeAndAmountAndStatus4	[1..1]
比率类型		RateTp	RateType7Choice	[1..1]
代码	{{是	Cd	NetDividendRateType1Code	[1..1]
专有代码	是}}	Prtry	GenericIdentification20	[1..1]

续表

元素含义（中文）	是否可选	XML 标签	数据类型	出现次数
ID		Id	Exact4AlphaNumericText	[1..1]
分配人		Issr	Max35Text	[1..1]
方案名称		SchmeNm	Max35Text	[0..1]
金额		Amt	ActiveCurrencyAnd13DecimalAmount	[1..1]
比率状态		RateSts	RateStatus1Choice	[0..1]
代码	{{是	Cd	RateStatus1Code	[1..1]
专有代码	是}}	Prtry	GenericIdentification20	[1..1]
ID		Id	Exact4AlphaNumericText	[1..1]
分配人		Issr	Max35Text	[1..1]
方案名称		SchmeNm	Max35Text	[0..1]
未指定利率	是}	NotSpcfdRate	RateValueType7Code	[1..1]
非居民比率		NonResdtRate	RateAndAmountFormat14Choice	[0..1]
比率	{是	Rate	PercentageRate	[1..1]
未指定利率	是	NotSpcfdRate	RateValueType7Code	[1..1]
金额	是}	Amt	ActiveCurrencyAnd13DecimalAmount	[1..1]
临时分红率		PrvsnlDvdRate	RateAndAmountFormat15Choice	[0..1]
金额	{是	Amt	ActiveCurrencyAnd13DecimalAmount	[1..1]
未指定利率	是}	NotSpcfdRate	RateValueType7Code	[1..1]
适用比率		AplblRate	RateFormat6Choice	[0..1]
比率	{是	Rate	PercentageRate	[1..1]
未指定利率	是}	NotSpcfdRate	RateValueType7Code	[1..1]
征集费率		SlctnFeeRate	SolicitationFeeRateFormat3Choice	[0..1]
比率	{是	Rate	PercentageRate	[1..1]
未指定利率	是	NotSpcfdRate	RateValueType7Code	[1..1]
金额与数量比率	是}	AmtToQty	AmountAndQuantityRatio2	[1..1]
金额		Amt	ActiveCurrencyAnd13DecimalAmount	[1..1]
证券数量		Qty	DecimalNumber	[1..1]
税收抵免率		TaxCdtRate	TaxCreditRateFormat5Choice	[0..*]
比率	{是	Rate	PercentageRate	[1..1]
金额	是	Amt	ActiveCurrencyAnd13DecimalAmount	[1..1]
比利率金额及状态	是	RateTpAndAmtAndRateSts	RateTypeAndAmountAndStatus5	[1..1]
比率类型		RateTp	RateType10Choice	[1..1]
代码	{{是	Cd	RateType3Code	[1..1]
专有代码	是}}	Prtry	GenericIdentification20	[1..1]
ID		Id	Exact4AlphaNumericText	[1..1]
分配人		Issr	Max35Text	[1..1]
方案名称		SchmeNm	Max35Text	[0..1]
金额		Amt	ActiveCurrencyAnd13DecimalAmount	[1..1]

续表

元素含义（中文）	是否可选	XML 标签	数据类型	出现次数
比率状态		RateSts	RateStatus1Choice	[0..1]
代码	{{ 是	Cd	RateStatus1Code	[1..1]
专有代码	是 }}	Prtry	GenericIdentification20	[1..1]
ID		Id	Exact4AlphaNumericText	[1..1]
分配人		Issr	Max35Text	[1..1]
方案名称		SchmeNm	Max35Text	[0..1]
未指定利率	是 }	NotSpcfdRate	RateValueType7Code	[1..1]
所得税		TaxOnIncm	RateFormat6Choice	[0..1]
比率	{ 是	Rate	PercentageRate	[1..1]
未指定利率	是 }	NotSpcfdRate	RateValueType7Code	[1..1]
利得税		TaxOnPrfts	RateFormat6Choice	[0..1]
比率	{ 是	Rate	PercentageRate	[1..1]
未指定利率	是 }	NotSpcfdRate	RateValueType7Code	[1..1]
可退税率		TaxRclmRate	RateFormat6Choice	[0..1]
比率	{ 是	Rate	PercentageRate	[1..1]
未指定利率	是 }	NotSpcfdRate	RateValueType7Code	[1..1]
代扣涉外税率		WhldgOfFrgnTax	RateAndAmountFormat14Choice	[0..1]
比率	{ 是	Rate	PercentageRate	[1..1]
未指定利率	是	NotSpcfdRate	RateValueType7Code	[1..1]
金额	是 }	Amt	ActiveCurrencyAnd13DecimalAmount	[1..1]
代扣本地税率		WhldgOfLclTax	RateAndAmountFormat14Choice	[0..1]
比率	{ 是	Rate	PercentageRate	[1..1]
未指定利率	是	NotSpcfdRate	RateValueType7Code	[1..1]
金额	是 }	Amt	ActiveCurrencyAnd13DecimalAmount	[1..1]
价格详情		PricDtls	PriceDetails3	[0..1]
行使价格		ExrcPric	PriceFormat23Choice	[0..1]
百分比价格	{ 是	PctgPric	PercentagePrice1	[1..1]
百分比价格类型		PctgPricTp	PriceRateType3Code	[1..1]
价格价值		PricVal	PercentageRate	[1..1]
数量价格	是	AmtPric	AmountPrice3	[1..1]
数量价格类型		AmtPricTp	AmountPriceType1Code	[1..1]
价格价值		PricVal	ActiveCurrencyAnd13DecimalAmount	[1..1]
未指定价格	是	NotSpcfdPric	PriceValueType10Code	[1..1]
指标价格	是 }	IndxPts	DecimalNumber	[1..1]
每单位产品支付的通用现金价格		GncCshPricPdPerPdct	PriceFormat19Choice	[0..1]
百分比价格	{ 是	PctgPric	PercentagePrice1	[1..1]
百分比价格类型		PctgPricTp	PriceRateType3Code	[1..1]
价格价值		PricVal	PercentageRate	[1..1]

续表

元素含义（中文）	是否可选	XML 标签	数据类型	出现次数
数量价格	是	AmtPric	AmountPrice3	[1..1]
数量价格类型		AmtPricTp	AmountPriceType1Code	[1..1]
价格价值		PricVal	ActiveCurrencyAnd13DecimalAmount	[1..1]
未指定价格	是}	NotSpcfdPric	PriceValueType10Code	[1..1]
接收的每单位产品的通用现金价格		GncCshPricRcvdPerPdct	PriceFormat22Choice	[0..1]
百分比价格	{是	PctgPric	PercentagePrice1	[1..1]
百分比价格类型		PctgPricTp	PriceRateType3Code	[1..1]
价格价值		PricVal	PercentageRate	[1..1]
数量价格	是	AmtPric	AmountPrice3	[1..1]
数量价格类型		AmtPricTp	AmountPriceType1Code	[1..1]
价格价值		PricVal	ActiveCurrencyAnd13DecimalAmount	[1..1]
未指定价格	是	NotSpcfdPric	PriceValueType10Code	[1..1]
每单位金融工具数量的金额价格	是	AmtPricPerFinInstrmQty	AmountPricePerFinancialInstrumentQuantity3	[1..1]
数量价格类型		AmtPricTp	AmountPriceType1Code	[1..1]
价格价值		PricVal	ActiveCurrencyAnd13DecimalAmount	[1..1]
金融工具数量		FinInstrmQty	FinancialInstrumentQuantity1Choice	[1..1]
单位	{{是	Unit	DecimalNumber	[1..1]
票面金额	是	FaceAmt	ImpliedCurrencyAndAmount	[1..1]
摊余价值	是}}	AmtsdVal	ImpliedCurrencyAndAmount	[1..1]
每单位数量的金额价格	是}	AmtPricPerAmt	AmountPricePerAmount2	[1..1]
数量价格类型		AmtPricTp	AmountPriceType1Code	[1..1]
价格价值		PricVal	ActiveCurrencyAnd13DecimalAmount	[1..1]
金额		Amt	ActiveCurrencyAnd13DecimalAmount	[1..1]
附加信息		AddtlInf	CorporateActionNarrative5	[0..1]
附加文本		AddtlTxt	UpdatedAdditionalInformation3	[0..1]
更新描述		UpdDesc	Max140Text	[0..1]
更新日期		UpdDt	ISODate	[0..1]
附加信息		AddtlInf	Max350Text	[1..1]
叙述部分		NrrtvVrsn	UpdatedAdditionalInformation3	[0..1]
更新描述		UpdDesc	Max140Text	[0..1]
更新日期		UpdDt	ISODate	[0..1]
附加信息		AddtlInf	Max350Text	[1..1]
条件信息		InfConds	UpdatedAdditionalInformation1	[0..1]
更新描述		UpdDesc	Max140Text	[0..1]
更新日期		UpdDt	ISODate	[0..1]
附加信息		AddtlInf	Max350Text	[1..*]
遵循信息		InfToCmplyWth	UpdatedAdditionalInformation1	[0..1]

续表

元素含义（中文）	是否可选	XML 标签	数据类型	出现次数
更新描述		UpdDesc	Max140Text	[0..1]
更新日期		UpdDt	ISODate	[0..1]
附加信息		AddtlInf	Max350Text	[1..*]
证券限制		SctyRstrctn	UpdatedAdditionalInformation1	[0..1]
更新描述		UpdDesc	Max140Text	[0..1]
更新日期		UpdDt	ISODate	[0..1]
附加信息		AddtlInf	Max350Text	[1..*]
税务条件		TaxtnConds	UpdatedAdditionalInformation1	[0..1]
更新描述		UpdDesc	Max140Text	[0..1]
更新日期		UpdDt	ISODate	[0..1]
附加信息		AddtlInf	Max350Text	[1..*]
免责声明		Dsclmr	UpdatedAdditionalInformation1	[0..1]
更新描述		UpdDesc	Max140Text	[0..1]
更新日期		UpdDt	ISODate	[0..1]
附加信息		AddtlInf	Max350Text	[1..*]
附加信息		AddtlInf	CorporateActionNarrative11	[0..1]
附加文本		AddtlTxt	UpdatedAdditionalInformation2	[0..1]
更新描述		UpdDesc	Max140Text	[0..1]
更新日期		UpdDt	ISODate	[0..1]
附加信息		AddtlInf	Max8000Text	[1..*]
叙述部分		NrrtvVrsn	UpdatedAdditionalInformation2	[0..1]
更新描述		UpdDesc	Max140Text	[0..1]
更新日期		UpdDt	ISODate	[0..1]
附加信息		AddtlInf	Max8000Text	[1..*]
条件信息		InfConds	UpdatedAdditionalInformation2	[0..1]
更新描述		UpdDesc	Max140Text	[0..1]
更新日期		UpdDt	ISODate	[0..1]
附加信息		AddtlInf	Max8000Text	[1..*]
遵循信息		InfToCmplyWth	UpdatedAdditionalInformation2	[0..1]
更新描述		UpdDesc	Max140Text	[0..1]
更新日期		UpdDt	ISODate	[0..1]
附加信息		AddtlInf	Max8000Text	[1..*]
税务条件		TaxtnConds	UpdatedAdditionalInformation2	[0..1]
更新描述		UpdDesc	Max140Text	[0..1]
更新日期		UpdDt	ISODate	[0..1]
附加信息		AddtlInf	Max8000Text	[1..*]
免责声明		Dsclmr	UpdatedAdditionalInformation2	[0..1]
更新描述		UpdDesc	Max140Text	[0..1]

续表

元素含义（中文）	是否可选	XML 标签	数据类型	出现次数
更新日期		UpdDt	ISODate	[0..1]
附加信息		AddtlInf	Max8000Text	[1..*]
当事人联系方式		PtyCtctNrrtv	UpdatedAdditionalInformation2	[0..1]
更新描述		UpdDesc	Max140Text	[0..1]
更新日期		UpdDt	ISODate	[0..1]
附加信息		AddtlInf	Max8000Text	[1..*]
申报详情		DclrtnDtls	UpdatedAdditionalInformation2	[0..1]
更新描述		UpdDesc	Max140Text	[0..1]
更新日期		UpdDt	ISODate	[0..1]
附加信息		AddtlInf	Max8000Text	[1..*]
登记详情		RegnDtls	UpdatedAdditionalInformation2	[0..1]
更新描述		UpdDesc	Max140Text	[0..1]
更新日期		UpdDt	ISODate	[0..1]
附加信息		AddtlInf	Max8000Text	[1..*]
一篮子或指数信息		BsktOrIndxInf	UpdatedAdditionalInformation2	[0..1]
更新描述		UpdDesc	Max140Text	[0..1]
更新日期		UpdDt	ISODate	[0..1]
附加信息		AddtlInf	Max8000Text	[1..*]
发行人代理		IssrAgt	PartyIdentification47Choice	[0..*]
BIC 编码	{是	AnyBIC	AnyBICIdentifier	[1..1]
专有代码	是	PrtryId	GenericIdentification19	[1..1]
ID		Id	Max35Text	[1..1]
分配人		Issr	Max35Text	[1..1]
方案名称		SchmeNm	Max35Text	[0..1]
名称与地址	是}	NmAndAdr	NameAndAddress5	[1..1]
名称		Nm	Max350Text	[1..1]
通信地址		Adr	PostalAddress1	[0..1]
地址类型		AdrTp	AddressType2Code	[0..1]
地址线		AdrLine	Max70Text	[0..5]
街道名		StrtNm	Max70Text	[0..1]
楼牌号		BldgNb	Max16Text	[0..1]
邮编		PstCd	Max16Text	[0..1]
城镇名		TwnNm	Max35Text	[0..1]
省/地区/市/县		CtrySubDvsn	Max35Text	[0..1]
国家		Ctry	CountryCode	[1..1]
付款代理		PngAgt	PartyIdentification47Choice	[0..*]
BIC 编码	{是	AnyBIC	AnyBICIdentifier	[1..1]
专有代码	是	PrtryId	GenericIdentification19	[1..1]

续表

元素含义（中文）	是否可选	XML 标签	数据类型	出现次数
ID		Id	Max35Text	[1..1]
分配人		Issr	Max35Text	[1..1]
方案名称		SchmeNm	Max35Text	[0..1]
名称与地址	是}	NmAndAdr	NameAndAddress5	[1..1]
名称		Nm	Max350Text	[1..1]
通信地址		Adr	PostalAddress1	[0..1]
地址类型		AdrTp	AddressType2Code	[0..1]
地址线		AdrLine	Max70Text	[0..5]
街道名		StrtNm	Max70Text	[0..1]
楼牌号		BldgNb	Max16Text	[0..1]
邮编		PstCd	Max16Text	[0..1]
城镇名		TwnNm	Max35Text	[0..1]
省/地区/市/县		CtrySubDvsn	Max35Text	[0..1]
国家		Ctry	CountryCode	[1..1]
付款分代理		SubPngAgt	PartyIdentification47Choice	[0..*]
BIC 编码	{是	AnyBIC	AnyBICIdentifier	[1..1]
专有代码	是	PrtryId	GenericIdentification19	[1..1]
ID		Id	Max35Text	[1..1]
分配人		Issr	Max35Text	[1..1]
方案名称		SchmeNm	Max35Text	[0..1]
名称与地址	是}	NmAndAdr	NameAndAddress5	[1..1]
名称		Nm	Max350Text	[1..1]
通信地址		Adr	PostalAddress1	[0..1]
地址类型		AdrTp	AddressType2Code	[0..1]
地址线		AdrLine	Max70Text	[0..5]
街道名		StrtNm	Max70Text	[0..1]
楼牌号		BldgNb	Max16Text	[0..1]
邮编		PstCd	Max16Text	[0..1]
城镇名		TwnNm	Max35Text	[0..1]
省/地区/市/县		CtrySubDvsn	Max35Text	[0..1]
国家		Ctry	CountryCode	[1..1]
证券登记代理		Regar	PartyIdentification47Choice	[0..1]
BIC 编码	{是	AnyBIC	AnyBICIdentifier	[1..1]
专有代码	是	PrtryId	GenericIdentification19	[1..1]
ID		Id	Max35Text	[1..1]
分配人		Issr	Max35Text	[1..1]
方案名称		SchmeNm	Max35Text	[0..1]
名称与地址	是}	NmAndAdr	NameAndAddress5	[1..1]

续表

元素含义（中文）	是否可选	XML 标签	数据类型	出现次数
名称		Nm	Max350Text	[1..1]
通信地址		Adr	PostalAddress1	[0..1]
地址类型		AdrTp	AddressType2Code	[0..1]
地址线		AdrLine	Max70Text	[0..5]
街道名		StrtNm	Max70Text	[0..1]
楼牌号		BldgNb	Max16Text	[0..1]
邮编		PstCd	Max16Text	[0..1]
城镇名		TwnNm	Max35Text	[0..1]
省/地区/市/县		CtrySubDvsn	Max35Text	[0..1]
国家		Ctry	CountryCode	[1..1]
转售代理		RsellngAgt	PartyIdentification47Choice	[0..*]
BIC 编码	{是	AnyBIC	AnyBICIdentifier	[1..1]
专有代码	是	PrtryId	GenericIdentification19	[1..1]
ID		Id	Max35Text	[1..1]
分配人		Issr	Max35Text	[1..1]
方案名称		SchmeNm	Max35Text	[0..1]
名称与地址	是}	NmAndAdr	NameAndAddress5	[1..1]
名称		Nm	Max350Text	[1..1]
通信地址		Adr	PostalAddress1	[0..1]
地址类型		AdrTp	AddressType2Code	[0..1]
地址线		AdrLine	Max70Text	[0..5]
街道名		StrtNm	Max70Text	[0..1]
楼牌号		BldgNb	Max16Text	[0..1]
邮编		PstCd	Max16Text	[0..1]
城镇名		TwnNm	Max35Text	[0..1]
省/地区/市/县		CtrySubDvsn	Max35Text	[0..1]
国家		Ctry	CountryCode	[1..1]
实物证券代理		PhysSctiesAgt	PartyIdentification47Choice	[0..1]
BIC 编码	{是	AnyBIC	AnyBICIdentifier	[1..1]
专有代码	是	PrtryId	GenericIdentification19	[1..1]
ID		Id	Max35Text	[1..1]
分配人		Issr	Max35Text	[1..1]
方案名称		SchmeNm	Max35Text	[0..1]
名称与地址	是}	NmAndAdr	NameAndAddress5	[1..1]
名称		Nm	Max350Text	[1..1]
通信地址		Adr	PostalAddress1	[0..1]
地址类型		AdrTp	AddressType2Code	[0..1]
地址线		AdrLine	Max70Text	[0..5]

续表

元素含义（中文）	是否可选	XML 标签	数据类型	出现次数
街道名		StrtNm	Max70Text	[0..1]
楼牌号		BldgNb	Max16Text	[0..1]
邮编		PstCd	Max16Text	[0..1]
城镇名		TwnNm	Max35Text	[0..1]
省 / 地区 / 市 / 县		CtrySubDvsn	Max35Text	[0..1]
国家		Ctry	CountryCode	[1..1]
外埠代理		DrpAgt	PartyIdentification47Choice	[0..1]
BIC 编码	{是	AnyBIC	AnyBICIdentifier	[1..1]
专有代码	是	PrtryId	GenericIdentification19	[1..1]
ID		Id	Max35Text	[1..1]
分配人		Issr	Max35Text	[1..1]
方案名称		SchmeNm	Max35Text	[0..1]
名称与地址	是}	NmAndAdr	NameAndAddress5	[1..1]
名称		Nm	Max350Text	[1..1]
通信地址		Adr	PostalAddress1	[0..1]
地址类型		AdrTp	AddressType2Code	[0..1]
地址线		AdrLine	Max70Text	[0..5]
街道名		StrtNm	Max70Text	[0..1]
楼牌号		BldgNb	Max16Text	[0..1]
邮编		PstCd	Max16Text	[0..1]
城镇名		TwnNm	Max35Text	[0..1]
省 / 地区 / 市 / 县		CtrySubDvsn	Max35Text	[0..1]
国家		Ctry	CountryCode	[1..1]
征集代理		SlctnAgt	PartyIdentification47Choice	[0..*]
BIC 编码	{是	AnyBIC	AnyBICIdentifier	[1..1]
专有代码	是	PrtryId	GenericIdentification19	[1..1]
ID		Id	Max35Text	[1..1]
分配人		Issr	Max35Text	[1..1]
方案名称		SchmeNm	Max35Text	[0..1]
名称与地址	是}	NmAndAdr	NameAndAddress5	[1..1]
名称		Nm	Max350Text	[1..1]
通信地址		Adr	PostalAddress1	[0..1]
地址类型		AdrTp	AddressType2Code	[0..1]
地址线		AdrLine	Max70Text	[0..5]
街道名		StrtNm	Max70Text	[0..1]
楼牌号		BldgNb	Max16Text	[0..1]
邮编		PstCd	Max16Text	[0..1]
城镇名		TwnNm	Max35Text	[0..1]

续表

元素含义（中文）	是否可选	XML 标签	数据类型	出现次数
省 / 地区 / 市 / 县		CtrySubDvsn	Max35Text	[0..1]
国家		Ctry	CountryCode	[1..1]
信息代理		InfAgt	PartyIdentification47Choice	[0..1]
BIC 编码	{是	AnyBIC	AnyBICIdentifier	[1..1]
专有代码	是	PrtryId	GenericIdentification19	[1..1]
ID		Id	Max35Text	[1..1]
分配人		Issr	Max35Text	[1..1]
方案名称		SchmeNm	Max35Text	[0..1]
名称与地址	是}	NmAndAdr	NameAndAddress5	[1..1]
名称		Nm	Max350Text	[1..1]
通信地址		Adr	PostalAddress1	[0..1]
地址类型		AdrTp	AddressType2Code	[0..1]
地址线		AdrLine	Max70Text	[0..5]
街道名		StrtNm	Max70Text	[0..1]
楼牌号		BldgNb	Max16Text	[0..1]
邮编		PstCd	Max16Text	[0..1]
城镇名		TwnNm	Max35Text	[0..1]
省 / 地区 / 市 / 县		CtrySubDvsn	Max35Text	[0..1]
国家		Ctry	CountryCode	[1..1]
扩展数据		SplmtryData	SupplementaryData1	[0..*]
扩展数据位置		PlcAndNm	Max350Text	[0..1]
扩展数据配置文件		Envlp	SupplementaryDataEnvelope1	[1..1]

注 1: “是否可选”列为“是”且处于同一层级的元素，可根据业务需要任选其一使用
注 2: “出现次数”列规定了元素出现的最少次数及最多次数。0 代表可以不出现，* 代表不限制出现次数，具体数字对应相应的出现次数

16.4 证券发行人行为取消通知信息报文体组织结构

证券发行人行为取消通知信息报文体组织结构具体如表 12 所示。

表 12 证券发行人行为取消通知信息报文体组织结构

元素含义（中文）	是否可选	XML 标签	数据类型	出现次数
证券发行人行为通知，根元素		CorpActnCxlAdvc	CorporateActionCancellationAdviceV02	[1..1]
取消通知基本信息		CxlAdvcGnlInf	CorporateActionCancellation1	[1..1]
取消原因编码		CxlRsnCd	CorporateActionCancellationReason1Code	[1..1]
取消原因		CxlRsn	Max140Text	[0..1]
处理状态		PrcgSts	CorporateActionProcessingStatus1Choice	[1..1]
事件状态	{是	EvtSts	CorporateActionEventStatus1	[1..1]
事件完整性状态		EvtCmpltnsSts	EventCompletenessStatus1Code	[1..1]

续表

元素含义（中文）	是否可选	XML 标签	数据类型	出现次数
事件发生确认状态		EvtConfSts	EventConfirmationStatus1Code	[1..1]
信息仅供参考标识	是 }	ForInfOnlyInd	YesNoIndicator	[1..1]
证券发行人行为基本信息		CorpActnGnlInf	CorporateActionGeneralInformation25	[1..1]
证券发行人行为事件 ID		CorpActnEvtId	Max35Text	[1..1]
证券发行人行为事件官方 ID		OffclCorpActnEvtId	Max35Text	[0..1]
集体诉讼编号		ClssActnNb	Max35Text	[0..1]
事件类型		EvtTp	CorporateActionEventType3Choice	[1..1]
事件类型代码	{ 是	Cd	CorporateActionEventType6Code	[1..1]
专有事件类型	是 }	Prtry	GenericIdentification20	[1..1]
ID		Id	Exact4AlphaNumericText	[1..1]
分配人		Issr	Max35Text	[1..1]
方案名称		SchmeNm	Max35Text	[0..1]
强制性 / 自愿性事件类型		MndtryVlntryEvtTp	CorporateActionMandatoryVoluntary1Choice	[1..1]
事件类型代码	{ 是	Cd	CorporateActionMandatoryVoluntary1Code	[1..1]
专有事件类型	是 }	Prtry	GenericIdentification20	[1..1]
ID		Id	Exact4AlphaNumericText	[1..1]
分配人		Issr	Max35Text	[1..1]
方案名称		SchmeNm	Max35Text	[0..1]
标的证券 ID		UndrlygSctyId	SecurityIdentification14	[1..1]
ISIN 代码		ISIN	ISINIdentifier	[0..1]
其他 ID		OthrId	OtherIdentification1	[0..*]
ID		Id	Max35Text	[1..1]
标识后缀		Sfx	Max16Text	[0..1]
代码类型		Tp	IdentificationSource3Choice	[1..1]
事件类型代码	{ 是	Cd	ExternalFinancialInstrumentIdentificationType1Code	[1..1]
专有事件类型	是 }	Prtry	Max35Text	[1..1]
描述		Desc	Max140Text	[0..1]
账户详情		AcctsDtls	AccountIdentification13Choice	[1..1]
所有账户	{ 是	ForAllAccts	AccountIdentification10	[1..1]
ID 代码		IdCd	SafekeepingAccountIdentification1Code	[1..1]
账户列表	是 }	AcctsList	AccountIdentification15	[1..*]
保管账户		SfkpgAcct	Max35Text	[1..1]
账户持有人		AcctOwnr	PartyIdentification36Choice	[0..1]
BIC 码	{ 是	AnyBIC	AnyBICIdentifier	[1..1]
专有 ID	是 }	PrtryId	GenericIdentification19	[1..1]
ID		Id	Max35Text	[1..1]
分配人		Issr	Max35Text	[1..1]
方案名称		SchmeNm	Max35Text	[0..1]

续表

元素含义（中文）	是否可选	XML 标签	数据类型	出现次数
保管地点		SfkpgPlc	SafekeepingPlaceFormat2Choice	[0..1]
ID	{是	Id	SafekeepingPlaceTypeAndText2	[1..1]
保管地类型		SfkpgPlcTp	SafekeepingPlace2Code	[1..1]
ID		Id	Max35Text	[0..1]
国家	是	Ctry	CountryCode	[1..1]
类型及 ID	是	TpAndId	SafekeepingPlaceTypeAndAnyBICIdentifier1	[1..1]
保管地类型		SfkpgPlcTp	SafekeepingPlace1Code	[1..1]
ID		Id	AnyBICIdentifier	[1..1]
专有事件类型	是}	Prtry	GenericIdentification21	[1..1]
代码类型		Tp	GenericIdentification20	[1..1]
ID		Id	Exact4AlphaNumericText	[1..1]
分配人		Issr	Max35Text	[1..1]
方案名称		SchmeNm	Max35Text	[0..1]
ID		Id	Max35Text	[0..1]
发行人代理		IssrAgt	PartyIdentification46Choice	[0..*]
BIC 码	{是	AnyBIC	AnyBICIdentifier	[1..1]
专有 ID	是	PrtryId	GenericIdentification19	[1..1]
ID		Id	Max35Text	[1..1]
分配人		Issr	Max35Text	[1..1]
方案名称		SchmeNm	Max35Text	[0..1]
名称地址	是}	NmAndAdr	NameAndAddress5	[1..1]
参与方名称		Nm	Max350Text	[1..1]
参与方地址		Adr	PostalAddress1	[0..1]
地址类别		AdrTp	AddressType2Code	[0..1]
地址线		AdrLine	Max70Text	[0..5]
街道名		StrtNm	Max70Text	[0..1]
楼牌号		BldgNb	Max16Text	[0..1]
邮编		PstCd	Max16Text	[0..1]
城镇名		TwnNm	Max35Text	[0..1]
省/地区/市/县		CtrySubDvsn	Max35Text	[0..1]
国家		Ctry	CountryCode	[1..1]
付款代理		PngAgt	PartyIdentification46Choice	[0..*]
BIC 码	{是	AnyBIC	AnyBICIdentifier	[1..1]
专有 ID	是	PrtryId	GenericIdentification19	[1..1]
ID		Id	Max35Text	[1..1]
分配人		Issr	Max35Text	[1..1]
方案名称		SchmeNm	Max35Text	[0..1]
名称地址	是}	NmAndAdr	NameAndAddress5	[1..1]

续表

元素含义（中文）	是否可选	XML 标签	数据类型	出现次数
参与方名称		Nm	Max350Text	[1..1]
参与方地址		Adr	PostalAddress1	[0..1]
地址类别		AdrTp	AddressType2Code	[0..1]
地址线		AdrLine	Max70Text	[0..5]
街道名		StrtNm	Max70Text	[0..1]
楼牌号		BldgNb	Max16Text	[0..1]
邮编		PstCd	Max16Text	[0..1]
城镇名		TwnNm	Max35Text	[0..1]
省 / 地区 / 市 / 县		CtrySubDvsn	Max35Text	[0..1]
国家		Ctry	CountryCode	[1..1]
付款分代理		SubPngAgt	PartyIdentification46Choice	[0..*]
BIC 码	{是	AnyBIC	AnyBICIdentifier	[1..1]
专有 ID	是	PrtryId	GenericIdentification19	[1..1]
ID		Id	Max35Text	[1..1]
分配人		Issr	Max35Text	[1..1]
方案名称		SchmeNm	Max35Text	[0..1]
名称地址	是}	NmAndAdr	NameAndAddress5	[1..1]
参与方名称		Nm	Max350Text	[1..1]
参与方地址		Adr	PostalAddress1	[0..1]
地址类别		AdrTp	AddressType2Code	[0..1]
地址线		AdrLine	Max70Text	[0..5]
街道名		StrtNm	Max70Text	[0..1]
楼牌号		BldgNb	Max16Text	[0..1]
邮编		PstCd	Max16Text	[0..1]
城镇名		TwnNm	Max35Text	[0..1]
省 / 地区 / 市 / 县		CtrySubDvsn	Max35Text	[0..1]
国家		Ctry	CountryCode	[1..1]
证券登记代理		Regar	PartyIdentification46Choice	[0..1]
BIC 码	{是	AnyBIC	AnyBICIdentifier	[1..1]
专有 ID	是	PrtryId	GenericIdentification19	[1..1]
ID		Id	Max35Text	[1..1]
分配人		Issr	Max35Text	[1..1]
方案名称		SchmeNm	Max35Text	[0..1]
名称地址	是}	NmAndAdr	NameAndAddress5	[1..1]
参与方名称		Nm	Max350Text	[1..1]
参与方地址		Adr	PostalAddress1	[0..1]
地址类别		AdrTp	AddressType2Code	[0..1]
地址线		AdrLine	Max70Text	[0..5]

续表

元素含义（中文）	是否可选	XML 标签	数据类型	出现次数
街道名		StrtNm	Max70Text	[0..1]
楼牌号		BldgNb	Max16Text	[0..1]
邮编		PstCd	Max16Text	[0..1]
城镇名		TwnNm	Max35Text	[0..1]
省 / 地区 / 市 / 县		CtrySubDvsn	Max35Text	[0..1]
国家		Ctry	CountryCode	[1..1]
转售代理		RsellngAgt	PartyIdentification46Choice	[0..*]
BIC 码	{是	AnyBIC	AnyBICIdentifier	[1..1]
专有 ID	是	PrtryId	GenericIdentification19	[1..1]
ID		Id	Max35Text	[1..1]
分配人		Issr	Max35Text	[1..1]
方案名称		SchmeNm	Max35Text	[0..1]
名称地址	是}	NmAndAdr	NameAndAddress5	[1..1]
参与方名称		Nm	Max350Text	[1..1]
参与方地址		Adr	PostalAddress1	[0..1]
地址类别		AdrTp	AddressType2Code	[0..1]
地址线		AdrLine	Max70Text	[0..5]
街道名		StrtNm	Max70Text	[0..1]
楼牌号		BldgNb	Max16Text	[0..1]
邮编		PstCd	Max16Text	[0..1]
城镇名		TwnNm	Max35Text	[0..1]
省 / 地区 / 市 / 县		CtrySubDvsn	Max35Text	[0..1]
国家		Ctry	CountryCode	[1..1]
实物证券代理		PhysSctiesAgt	PartyIdentification46Choice	[0..1]
BIC 码	{是	AnyBIC	AnyBICIdentifier	[1..1]
专有 ID	是	PrtryId	GenericIdentification19	[1..1]
ID		Id	Max35Text	[1..1]
分配人		Issr	Max35Text	[1..1]
方案名称		SchmeNm	Max35Text	[0..1]
名称地址	是}	NmAndAdr	NameAndAddress5	[1..1]
参与方名称		Nm	Max350Text	[1..1]
参与方地址		Adr	PostalAddress1	[0..1]
地址类别		AdrTp	AddressType2Code	[0..1]
地址线		AdrLine	Max70Text	[0..5]
街道名		StrtNm	Max70Text	[0..1]
楼牌号		BldgNb	Max16Text	[0..1]
邮编		PstCd	Max16Text	[0..1]
城镇名		TwnNm	Max35Text	[0..1]

续表

元素含义（中文）	是否可选	XML 标签	数据类型	出现次数
省 / 地区 / 市 / 县		CtrySubDvsn	Max35Text	[0..1]
国家		Ctry	CountryCode	[1..1]
外埠代理		DrpAgt	PartyIdentification46Choice	[0..1]
BIC 码	{是	AnyBIC	AnyBICIdentifier	[1..1]
专有 ID	是	PrtryId	GenericIdentification19	[1..1]
ID		Id	Max35Text	[1..1]
分配人		Issr	Max35Text	[1..1]
方案名称		SchmeNm	Max35Text	[0..1]
名称地址	是}	NmAndAdr	NameAndAddress5	[1..1]
参与方名称		Nm	Max350Text	[1..1]
参与方地址		Adr	PostalAddress1	[0..1]
地址类别		AdrTp	AddressType2Code	[0..1]
地址线		AdrLine	Max70Text	[0..5]
街道名		StrtNm	Max70Text	[0..1]
楼牌号		BldgNb	Max16Text	[0..1]
邮编		PstCd	Max16Text	[0..1]
城镇名		TwnNm	Max35Text	[0..1]
省 / 地区 / 市 / 县		CtrySubDvsn	Max35Text	[0..1]
国家		Ctry	CountryCode	[1..1]
征集代理		SlctnAgt	PartyIdentification46Choice	[0..*]
BIC 码	{是	AnyBIC	AnyBICIdentifier	[1..1]
专有 ID	是	PrtryId	GenericIdentification19	[1..1]
ID		Id	Max35Text	[1..1]
分配人		Issr	Max35Text	[1..1]
方案名称		SchmeNm	Max35Text	[0..1]
名称地址	是}	NmAndAdr	NameAndAddress5	[1..1]
参与方名称		Nm	Max350Text	[1..1]
参与方地址		Adr	PostalAddress1	[0..1]
地址类别		AdrTp	AddressType2Code	[0..1]
地址线		AdrLine	Max70Text	[0..5]
街道名		StrtNm	Max70Text	[0..1]
楼牌号		BldgNb	Max16Text	[0..1]
邮编		PstCd	Max16Text	[0..1]
城镇名		TwnNm	Max35Text	[0..1]
省 / 地区 / 市 / 县		CtrySubDvsn	Max35Text	[0..1]
国家		Ctry	CountryCode	[1..1]
信息代理		InfAgt	PartyIdentification46Choice	[0..1]
BIC 码	{是	AnyBIC	AnyBICIdentifier	[1..1]

续表

元素含义（中文）	是否可选	XML 标签	数据类型	出现次数
专有 ID	是	PrtryId	GenericIdentification19	[1..1]
ID		Id	Max35Text	[1..1]
分配人		Issr	Max35Text	[1..1]
方案名称		SchmeNm	Max35Text	[0..1]
名称地址	是	NmAndAdr	NameAndAddress5	[1..1]
参与方名称		Nm	Max350Text	[1..1]
参与方地址		Adr	PostalAddress1	[0..1]
地址类别		AdrTp	AddressType2Code	[0..1]
地址线		AdrLine	Max70Text	[0..5]
街道名		StrtNm	Max70Text	[0..1]
楼牌号		BldgNb	Max16Text	[0..1]
邮编		PstCd	Max16Text	[0..1]
城镇名		TwnNm	Max35Text	[0..1]
省 / 地区 / 市 / 县		CtrySubDvsn	Max35Text	[0..1]
国家		Ctry	CountryCode	[1..1]
扩展数据		SplmtryData	SupplementaryData1	[0..*]
扩展数据位置		PlcAndNm	Max350Text	[0..1]
扩展数据配置文件		Envlp	SupplementaryDataEnvelope1	[1..1]

注 1：“是否可选”列为“是”且处于同一层级的元素，可根据业务需要任选其一使用
注 2：“出现次数”列规定了元素出现的最少次数及最多次数。0 代表可以不出现，* 代表不限制出现次数，具体数字对应相应的出现次数

16.5　扩展类信息报文体组织结构

扩展类信息报文体组织结构具体如表 13 所示。

扩展类信息报文体应用指导规则如附录 B 表 B.1 所示。

表 13　扩展类信息报文体组织结构

元素含义（中文）	是否可选	XML 标签	数据类型	出现次数
证券发行人行为信息扩展		CNCANOSDV01	CNCASuplDataV01	[1..1]
证券发行人行为基本信息扩展		CorpActnGnlInfSplmtn	GeneralInformationSD1	[0..1]
扩展元素位置		PlcAndNm	Max350Text	[1..1]
事件类型扩展		EvtTpSplmtn	EventTypeSD1	[0..1]
扩展元素位置		PlcAndNm	Max350Text	[1..1]
其他事件类型		OtherEvtTp	OtherEventTypeSD1Code	[0..1]
标的证券扩展		UndrlygSctySplmtn	UnderlyingSecuritySD1	[0..1]
扩展元素位置		PlcAndNm	Max350Text	[1..1]
票面金额		DnmtnQty	ActiveCurrencyAnd13DecimalAmount	[0..1]
付息频率（付息次数）		IntrstPmtNbPerYear	Max3Number	[0..1]

续表

元素含义（中文）	是否可选	XML 标签	数据类型	出现次数
利差		IntrstRateSprd	DecimalNumber	[0..1]
每手数量		BrdLotQty	DecimalNumber	[0..1]
发行人名称（发行机构）		Issr	Max350Text	[0..1]
结转方式		CryoverMthd	CarryoverMethodSD1Code	[0..1]
账户信息扩展		AcctDtlsSplmtn	AccountDetailsSD1	[0..1]
扩展元素位置		PlcAndNm	Max350Text	[1..1]
中间证券扩展		IntrmdtSctySplmtn	IntermediateSecuritySD1	[0..1]
扩展元素位置		PlcAndNm	Max350Text	[1..1]
证券发行人行为详情扩展		CorpActnDtlsSplmtn	CorporateActionSD1	[0..1]
扩展元素位置		PlcAndNm	Max350Text	[1..1]
议案列表		AgendaList	AgendaListSD1	[0..1]
议案		Agenda	Max350Text	[1..*]
优先配售代码		PrmpsbcptCd	Max16Text	[0..1]
会议地点		MeetVenue	Max350Text	[0..1]
会议名称		MeetNm	Max350Text	[0..1]
证券发行人行为日期详情扩展		CorpActnDtDtlsSplmtn	CorporateActionDateSD1	[0..1]
扩展元素位置		PlcAndNm	Max350Text	[1..1]
交易系统网络投票日期		OnlnVotViaTrdSytm	ISODate	[0..1]
证券发行人行为期间详情扩展		CorpActnPrdDtlsSplmtn	CorporateActionPeriodSD1	[0..1]
扩展元素位置		PlcAndNm	Max350Text	[1..1]
网络投票期		OnlnVotPrd	PeriodSD1	[0..1]
触发回售条款的交易期		CondSatsfPrd	PeriodSD1	[0..1]
证券发行人行为价格详情扩展		CorpActnPricDtlsSplmtn	CorporateActionPriceSD1	[0..1]
扩展元素位置		PlcAndNm	Max350Text	[1..1]
变更前行权价格		PrvsExrcPric	ActiveCurrencyAnd13DecimalAmount	[0..1]
变更后行权价格		AdjstExrcPric	ActiveCurrencyAnd13DecimalAmount	[0..1]
证券发行人行为证券数量扩展		CorpActnSctiesQtySplmtn	CorporateActionQuantitySD1	[0..1]
扩展元素位置		PlcAndNm	Max350Text	[1..1]
上市流通数量		CircutnQty	DecimalNumber	[0..1]
总发行数量		TtlIssueQty	DecimalNumber	[0..1]
证券发行人行为比率与数量详情扩展		CorpActnRateAndAmtDtlsSplmtn	CorporateActionRateSD1	[0..1]
扩展元素位置		PlcAndNm	Max350Text	[1..1]
证券发行人行为选项详情扩展		OptnDtlsSplmtn	CorporateActionOptionSD1	[0..*]
扩展元素位置		PlcAndNm	Max350Text	[1..1]
转股代码		ConvsCd	Max16Text	[0..1]
行权代码		ExrcCd	Max16Text	[0..1]
行权简称		ExrcAbbr	Max16Text	[0..1]
证券持有人对事件权利的相关日期扩展		OptnDtDtlsSplmtn	OptionDateSD1	[0..*]

续表

元素含义（中文）	是否可选	XML 标签	数据类型	出现次数
扩展数据位置		PlcAndNm	Max350Text	[1..1]
证券持有人对该事件权利的相关期间扩展		OptnPrdDtlsSplmtn	OptionPeriodSD1	[0..*]
扩展元素位置		PlcAndNm	Max350Text	[1..1]
证券持有人对该事件权利的相关比率扩展		OptnRateAndAmtDtlsSplmtn	OptionRateSD1	[0..*]
扩展元素位置		PlcAndNm	Max350Text	[1..1]
证券持有人对该事件权利的相关价格扩展		OptnPricDtlsSplmtn	OptionPriceSD1	[0..*]
扩展元素位置		PlcAndNm	Max350Text	[1..1]
证券发行人行为选项证券数量扩展		OptnSctiesQtySplmtn	SecuritiesOptionSD1	[0..*]
扩展元素位置		PlcAndNm	Max350Text	[1..1]
证券变动详情扩展		SctiesMvmntDtlsSplmtn	SecuritiesMovementSD1	[0..*]
扩展元素位置		PlcAndNm	Max350Text	[1..1]
证券变动证券扩展		SctiesMvmntSctySplmtn	SecuritiesMovementSecuritySD1	[0..*]
扩展元素位置		PlcAndNm	Max350Text	[1..1]
现金变动详情扩展		CshMvmntDtlsSplmtn	CashMovementSD1	[0..*]
扩展元素位置		PlcAndNm	Max350Text	[1..1]
其他备注信息		XtrnlCmntsSplmtn	CorporateActionCancellationSD1	[0..1]
扩展位置		PlcAndNm	Max350Text	[1..1]
备注内容		XtrnlCmnts	Max8000Text	[0..1]

注 1：“是否可选”列为“是”且处于同一层级的元素，可根据业务需要任选其一使用

注 2：“出现次数”列规定了元素出现的最少次数及最多次数。0 代表可以不出现，* 代表不限制出现次数，具体数字对应相应的出现次数

附录 A
（规范性附录）
报文数据类型

A.1 标识符类数据类型：AnyBICIdentifier

类别：simpleType

限定类型：xs：string

式样：[A-Z]{6，6}[A-Z2-9][A-NP-Z0-9]（[A-Z0-9]{3，3}）{0，1}

A.2 标识符类数据类型：ActiveCurrencyCode

类别：simpleType

限定类型：xs：string

式样：[A-Z]{3，3}

A.3 标识符类数据类型：ActiveOrHistoricCurrencyCode

类别：simpleType

限定类型：xs：string

式样：[A-Z]{3，3}

A.4 标识符类数据类型：BICFIIdentifier

类别：simpleType

限定类型：xs：string

式样：[A-Z]{6，6}[A-Z2-9][A-NP-Z0-9]（[A-Z0-9]{3，3}）{0，1}

A.5 标识符类数据类型：CFIIdentifier

类别：simpleType

限定类型：xs：string

式样：[A-Z]{1，6}

A.6 标识符类数据类型：CountryCode

类别：simpleType

限定类型：xs：string

式样：[A-Z]{2，2}

A.7 标识符类数据类型：ExternalClearingSystemIdentification1Code

类别：simpleType

限定类型：xs：string

字符最小长度：1

字符最大长度：5

A.8 标识符类数据类型：ExternalFinancialInstitutionIdentification1Code

类别：simpleType

限定类型：xs：string

字符最小长度：1

字符最大长度：4

A.9 标识符类数据类型：ExternalFinancialInstrumentIdentificationType1Code

类别：simpleType

限定类型：xs：string

字符最小长度：1

字符最大长度：4

A.10 标识符类数据类型：ExternalOrganisationIdentification1Code

类别：simpleType

限定类型：xs：string

字符最小长度：1

字符最大长度：4

A.11 标识符类数据类型：ExternalPersonIdentification1Code

类别：simpleType

限定类型：xs：string

字符最小长度：1

字符最大长度：4

A.12 标识符类数据类型：IBAN2007Identifier

类别：simpleType

限定类型：xs：string

式样：[A-Z]{2，2}[0-9]{2，2}[a-zA-Z0-9]{1，30}

A.13 标识符类数据类型：ISINIdentifier

类别：simpleType

限定类型：xs：string

式样：[A-Z0-9]{12，12}

A.14 标识符类数据类型：MICIdentifier

类别：simpleType

限定类型：xs：string

式样：[A-Z0-9]{4，4}

A.15 日期时间类数据类型：ISONormalisedDateTime

类别：simpleType

限定类型：xs：dateTime

式样：.*Z

A.16 数量类数据类型：ActiveCurrencyAnd13DecimalAmount_SimpleType

类别：simpleType

限定类型：xs：decimal

数字最大小数位：13

数字最大总位数：18

数字最小值：0

A.17 数量类数据类型：ActiveCurrencyAndAmount_SimpleType

类别：simpleType

限定类型：xs：decimal

数字最大小数位：5

数字最大总位数：18

数字最小值：0

A.18 数量类数据类型：ActiveCurrencyAnd13DecimalAmount_SimpleType

类别：simpleType

限定类型：xs：decimal

数字最大小数位：13

数字最大总位数：18

数字最小值：0

A.19 数量类数据类型：BaseOneRate

类别：simpleType

限定类型：xs：decimal

数字最大小数位：10

数字最大总位数：11

A.20 数量类数据类型：DecimalNumber

类别：simpleType

限定类型：xs：decimal

数字最大小数位：17

数字最大总位数：18

A.21 数量类数据类型：DecimalNumber

类别：simpleType

限定类型：xs：decimal

数字最大小数位：17

数字最大总位数：18

A.22　文本类数据类型：Exact3NumericText

类别：simpleType

限定类型：xs：string

式样：[0–9]{3}

A.23　文本类数据类型：Exact3UpperCaseAlphaNumericText

类别：simpleType

限定类型：xs：string

式样：[A–Z0–9]{3}

A.24　文本类数据类型：Exact4AlphaNumericText

类别：simpleType

限定类型：xs：string

式样：[a–zA–Z0–9]{4}

A.25　数量类数据类型：ImpliedCurrencyAndAmount

类别：simpleType

限定类型：xs：decimal

数字最大小数位：5

数字最大总位数：18

数字最小值：0

A.26　数量类数据类型：Max3Number

类别：simpleType

限定类型：xs：decimal

数字最大小数位：0

数字最大总位数：3

A.27 数量类数据类型：PercentageRate

类别：simpleType

限定类型：xs：decimal

数字最大小数位：10

数字最大总位数：11

A.28 数量类数据类型：PhoneNumber

类别：simpleType

限定类型：xs：string

式样：\+[0-9]{1，3}-[0-9（）+\-]{1，30}

A.29 文本类数据类型：ISO20022MessageIdentificationText

类别：simpleType

限定类型：xs：string

式样：[a-z]{4}\.[0-9]{3}\.[0-9]{3}\.[0-9]{2}

A.30 文本类数据类型：Max16Text

类别：simpleType

限定类型：xs：string

字符最小长度：1

字符最大长度：16

A.31 文本类数据类型：Max30Text

类别：simpleType

限定类型：xs：string

字符最小长度：1

字符最大长度：30

A.32 文本类数据类型：Max34Text

类别：simpleType

限定类型：xs：string
字符最小长度：1
字符最大长度：34

A.33　文本类数据类型：Max35Text

类别：simpleType
限定类型：xs：string
字符最小长度：1
字符最大长度：35

A.34　文本类数据类型：Max70Text

类别：simpleType
限定类型：xs：string
字符最小长度：1
字符最大长度：70

A.35　文本类数据类型：Max140Text

类别：simpleType
限定类型：xs：string
字符最小长度：1
字符最大长度：140

A.36　文本类数据类型：Max256Text

类别：simpleType
限定类型：xs：string
字符最小长度：1
字符最大长度：256

A.37　文本类数据类型：Max350Text

类别：simpleType
限定类型：xs：string
字符最小长度：1
字符最大长度：350

A.38 文本类数据类型：Max2048Text

类别：simpleType

限定类型：xs：string

字符最小长度：1

字符最大长度：2048

A.39 文本类数据类型：Max8000Text

类别：simpleType

限定类型：xs：string

字符最小长度：1

字符最大长度：8000

A.40 数据类型：AccountDetailsSD1

OR	XML 标签	子元素含义（中文）	子元素类型	最少出现次数	最多出现次数
	PlcAndNm	扩展数据位置	Max350Text	1	1

A.41 数据类型：AccountIdentification10

OR	XML 标签	子元素含义（中文）	子元素类型	最少出现次数	最多出现次数
	IdCd	标识代码	SafekeepingAccountIdentification1 Code	1	1

A.42 数据类型：AccountIdentification13Choice

OR	XML 标签	子元素含义（中文）	子元素类型	最少出现次数	最多出现次数
OR	ForAllAccts	所有账户	AccountIdentification10	1	1
OR	AcctsList	账户列表	AccountIdentification15	1	无限

A.43 数据类型：AccountIdentification15

OR	XML 标签	子元素含义（中文）	子元素类型	最少出现次数	最多出现次数
	SfkpgAcct	保管账户	Max35Text	1	1
	AcctOwnr	账户所有者	PartyIdentification36Choice	0	1
	SfkpgPlc	保管地点	SafekeepingPlaceFormat2Choice	0	1

A.44 数据类型：AccountAndBalance9

OR	XML 标签	子元素含义（中文）	子元素类型	最少出现次数	最多出现次数
	SfkpgAcct	保管账户	Max35Text	1	1
	AcctOwnr	账户持有人	PartyIdentification36Choice	0	1
	SfkpgPlc	保管地点	SafekeepingPlaceFormat2Choice	0	1
	Bal	余额	CorporateActionBalanceDetails1	0	1

A.45 数据类型：AdditionalBusinessProcessFormat1Choice

OR	XML 标签	子元素含义（中文）	子元素类型	最少出现次数	最多出现次数
OR	Cd	代码	AdditionalBusinessProcess1Code	1	1
OR	Prtry	专有标识	GenericIdentification20	1	1

A.46 数据类型：AccountIdentification12Choice

OR	XML 标签	子元素含义（中文）	子元素类型	最少出现次数	最多出现次数
OR	ForAllAccts	所有账户	AccountIdentification10	1	1
OR	AcctsList AndBalDtls	账户列表及余额详情	AccountAndBalance9	1	无限

A.47 数据类型：AdditionalBusinessProcess1Code

枚举值	英文含义	中文含义
ACLA	AutomaticMarketClaim	自动市场索赔
ATXF	SubjectToTransformation	交易转换
CNTR	CancelUnderlyingTrades	取消交易
CONS	Consent	同意证券发行人行为事件

续表

枚举值	英文含义	中文含义
NAMC	NoAutomaticMarketClaimsAndTransformations	非自动市场索赔与交易转换
NPLE	NoSplitElection	整体单一选择
SCHM	SchemeOrPlanOfArrangement	方案或安排计划

A.48 数据类型：AddressType2Code

枚举值	英文含义	中文含义
ADDR	Posta	邮寄地址
BIZZ	Business	营业地址
DLVY	DeliveryTo	交付地址
HOME	Residential	家庭住址
MLTO	MailTo	邮件接收地址
PBOX	POBox	邮政信箱

A.49 数据类型：AmountPricePerAmount2

OR	XML 标签	子元素含义（中文）	子元素类型	最少出现次数	最多出现次数
	AmtPricTp	数量价格类型	AmountPriceType1Code	1	1
	PricVal	价格价值	ActiveCurrencyAnd13DecimalAmount	1	1
	Amt	金额	ActiveCurrencyAnd13DecimalAmount	1	1

A.50 数据类型：AmountAndQuantityRatio2

OR	XML 标签	子元素含义（中文）	子元素类型	最少出现次数	最多出现次数
	Amt	金额	ActiveCurrencyAnd13DecimalAmount	1	1
	Qty	数量	DecimalNumber	1	1

A.51 数据类型：AgendaListSD1

OR	XML 标签	子元素含义（中文）	子元素类型	最少出现次数	最多出现次数
	Agenda	议案	Max350Text	1	无限

A.52 数据类型：AmountPriceType2Code

枚举值	英文含义	中文含义
ACTU	ActualAmount	实价

A.53 数据类型：AmountPrice2

OR	XML 标签	子元素含义（中文）	子元素类型	最少出现次数	最多出现次数
	AmtPricTp	数量价格类型	AmountPriceType2Code	1	1
	PricVal	价格价值	ActiveCurrencyAnd13DecimalAmount	1	1

A.54 数据类型：AmountPrice3

OR	XML 标签	子元素含义（中文）	子元素类型	最少出现次数	最多出现次数
	AmtPricTp	数量价格类型	AmountPriceType1Code	1	1
	PricVal	价格价值	ActiveCurrencyAnd13DecimalAmount	1	1

A.55 数据类型：AmountPricePerFinancialInstrumentQuantity3

OR	XML 标签	子元素含义（中文）	子元素类型	最少出现次数	最多出现次数
	AmtPricTp	数量价格类型	AmountPriceType1Code	1	1
	PricVal	价格价值	ActiveCurrencyAnd13DecimalAmount	1	1
	FinInstrmQty	金融工具数量	FinancialInstrumentQuantity1Choice	1	1

A.56 数据类型：AmountToAmountRatio2

OR	XML 标签	子元素含义（中文）	子元素类型	最少出现次数	最多出现次数
	Amt1	金额 1（分子）	ActiveCurrencyAnd13DecimalAmount	1	1
	Amt2	金额 2（分母）	ActiveCurrencyAnd13DecimalAmount	1	1

A.57 数据类型：AmountPriceType1Code

枚举值	英文含义	中文含义
ACTU	ActualAmount	实价
DISC	Discount	折价
PLOT	Lot	每手价格
PREM	Premium	溢价

A.58 数据类型：BalanceFormat1Choice

OR	XML 标签	子元素含义（中文）	子元素类型	最少出现次数	最多出现次数
OR	Bal	余额	SignedQuantityFormat1	1	1
OR	ElgblBal	合格余额	SignedQuantityFormat2	1	1
OR	NotElgblBal	不合格余额	SignedQuantityFormat2	1	1

A.59 数据类型：BranchAndFinancialInstitutionIdentification5

OR	XML 标签	子元素含义（中文）	子元素类型	最少出现次数	最多出现次数
	FinInstnId	金融机构身份	FinancialInstitutionIdentification8	1	1
	BrnchId	金融机构分支机构身份	BranchData2	0	1

A.60 数据类型：BeneficiaryCertificationType2Code

枚举值	英文含义	中文含义
ACCI	AccreditedInvestor	合格投资者
DOMI	DomicileCountry	定居国
FULL	FullBeneficialOwnerBreakdown	权益所有人信息详情
NARR	NarrativeDescription	叙述认证要求
NCOM	NonCompany	非公司关联人士
NDOM	NonDomicileCountry	非有效定居国
PABD	ICSDParticipantBreakdown	ICSD 参与者信息详情
PAPW	BeneficialOwnerPaperwork	权益所有人填报
QIBB	QIBCertification	合格机构投资者
TRBD	TaxRateBreakdown	税率明细

A.61 数据类型：BranchData2

OR	XML 标签	子元素含义（中文）	子元素类型	最少出现次数	最多出现次数
	Id	代码	Max35Text	0	1
	Nm	名称	Max140Text	0	1
	PstlAdr	邮寄地址	PostalAddress6	0	1

A.62 数据类型：BusinessApplicationHeaderV01

OR	XML 标签	子元素含义（中文）	子元素类型	最少出现次数	最多出现次数
	CharSet	字符集	UnicodeChartsCode	0	1
	Fr	报文发送方	Party9Choice	1	1
	To	报文接收方	Party9Choice	1	1
	BizMsgIdr	报文编号	Max35Text	1	1
	MsgDefIdr	报文类别	Max35Text	1	1
	BizSvc	业务类别	Max35Text	0	1
	CreDt	创建日期	ISONormalisedDateTime	1	1
	CpyDplct	副本 / 重发	CopyDuplicate1Code	0	1
	PssblDplct	重发可能性	YesNoIndicator	0	1
	Prty	优先级	BusinessMessagePriorityCode	0	1
	Sgntr	签名	SignatureEnvelope	0	1
	Rltd	相关应用报文头	BusinessApplicationHeader1	0	1

A.63 数据类型：BusinessApplicationHeader1

OR	XML 标签	子元素含义（中文）	子元素类型	最少出现次数	最多出现次数
	CharSet	字符集	UnicodeChartsCode	0	1
	Fr	报文发送方	Party9Choice	1	1
	To	报文接收方	Party9Choice	1	1
	BizMsgIdr	报文编号	Max35Text	1	1
	MsgDefIdr	报文类别	Max35Text	1	1
	BizSvc	业务类别	Max35Text	0	1
	CreDt	创建日期	ISONormalisedDateTime	1	1
	CpyDplct	副本 / 复发	CopyDuplicate1Code	0	1
	PssblDplct	重发可能性	YesNoIndicator	0	1
	Prty	优先级	BusinessMessagePriorityCode	0	1
	Sgntr	签名	SignatureEnvelope	0	1

A.64 数据类型：CapitalGainFormat1Choice

OR	XML 标签	子元素含义（中文）	子元素类型	最少出现次数	最多出现次数
OR	Cd	代码	EUCapitalGain2Code	1	1
OR	Prtry	专有标识	GenericIdentification20	1	1

A.65 数据类型：CashMovementSD1

OR	XML 标签	子元素含义（中文）	子元素类型	最少出现次数	最多出现次数
	PlcAndNm	扩展位置	Max350Text	1	1

A.66 数据类型：CashAccountIdentification5Choice

OR	XML 标签	子元素含义（中文）	子元素类型	最少出现次数	最多出现次数
OR	IBAN	国际银行账户号码	IBAN2007Identifier	1	1
OR	Prtry	专有标识	Max34Text	1	1

A.67 数据类型：CashOption10

OR	XML 标签	子元素含义（中文）	子元素类型	最少出现次数	最多出现次数
	CdtDbtInd	借贷标识	CreditDebitCode	1	1
	NonElgblPrcdsInd	非合格收益标识	NonEligibleProceedsIndicator1 Choice	0	1
	IncmTp	收益类型	GenericIdentification20	0	1
	CshAcctId	现金账户 ID	CashAccountIdentification5 Choice	0	1
	AmtDtls	金额详情	CorporateActionAmounts10	0	1
	DtDtls	日期详情	CorporateActionDate17	1	1
	FXDtls	外汇详情	ForeignExchangeTerms13	0	1
	RateAndAmtDtls	比率与数量详情	RateDetails3	0	1
	PricDtls	价格详情	PriceDetails3	0	1

A.68 数据类型：CertificationTypeFormat1Choice

OR	XML 标签	子元素含义（中文）	子元素类型	最少出现次数	最多出现次数
OR	Cd	代码	CertificationFormatType1Code	1	1

续表

OR	XML 标签	子元素含义（中文）	子元素类型	最少出现次数	最多出现次数
OR	Prtry	专有标识	GenericIdentification20	1	1

A.69 数据类型：ClassificationType2Choice

OR	XML 标签	子元素含义（中文）	子元素类型	最少出现次数	最多出现次数
OR	ClssfctnFinInstrm	CFI 分类	CFIIdentifier	1	1
OR	AltrnClssfctn	备用分类	GenericIdentification19	1	1

A.70 数据类型：CertificationFormatType1Code

枚举值	英文含义	中文含义
ELEC	Electronic	电子格式
PHYS	Physical	实物形式

A.71 数据类型：CNCASuplDataV01

OR	XML 标签	子元素含义（中文）	子元素类型	最少出现次数	最多出现次数
	CorpActnGnlInfSplmtn	证券发行人行为基本信息扩展	GeneralInformationSD1	0	1
	EvtTpSplmtn	事件类型扩展	EventTypeSD1	0	1
	UndrlygSctySplmtn	标的证券扩展	UnderlyingSecuritySD1	0	1
	AcctDtlsSplmtn	账户扩展信息	AccountDetailsSD1	0	1
	IntrmdtSctySplmtn	中间证券扩展	IntermediateSecuritySD1	0	1
	CorpActnDtlsSplmtn	证券发行人行为详情扩展	CorporateActionSD1	0	1
	CorpActnDtDtlsSplmtn	证券发行人行为日期详情扩展	CorporateActionDateSD1	0	1
	CorpActnPrdDtlsSplmtn	事件期间详情扩展	CorporateActionPeriodSD1	0	1
	CorpActnPricDtlsSplmtn	证券发行人行为价格详情扩展	CorporateActionPriceSD1	0	1
	CorpActnSctiesQtySplmtn	证券发行人行为证券数量扩展	CorporateActionQuantitySD1	0	1
	CorpActnRateAndAmtDtlsSplmtn	证券发行人行为比率与数量详情扩展	CorporateActionRateSD1	0	1
	OptnDtlsSplmtn	选项详情扩展	CorporateActionOptionSD1	0	无限
	OptnDtDtlsSplmtn	证券持有人对该事件权利日期扩展	OptionDateSD1	0	无限
	OptnPrdDtlsSplmtn	证券持有人对该事件权利期间扩展	OptionPeriodSD1	0	无限
	OptnRateAndAmtDtlsSplmtn	证券持有人对该事件权利比率扩展	OptionRateSD1	0	无限
	OptnPricDtlsSplmtn	证券持有人对该事件权利价格扩展	OptionPriceSD1	0	无限
	OptnSctiesQtySplmtn	选项证券数量扩展	SecuritiesOptionSD1	0	无限
	SctiesMvmntDtlsSplmtn	证券变动详情扩展	SecuritiesMovementSD1	0	无限

续表

OR	XML 标签	子元素含义（中文）	子元素类型	最少出现次数	最多出现次数
	SctiesMvmntSctySplmtn	证券变动证券扩展	SecuritiesMovementSecuritySD1	0	无限
	CshMvmntDtlsSplmtn	现金变动详情扩展	CashMovementSD1	0	无限
	XtrnlCmntsSplmtn	其他备注信息	CorporateActionCancellationSD1	0	无限

A.72 数据类型：ClearingSystemIdentification2Choice

OR	XML 标签	子元素含义（中文）	子元素类型	最少出现次数	最多出现次数
OR	Cd	代码	ExternalClearingSystemIdentification1 Code	1	1
OR	Prtry	专有代码	Max35Text	1	1

A.73 数据类型：ClearingSystemMemberIdentification2

OR	XML 标签	子元素含义（中文）	子元素类型	最少出现次数	最多出现次数
	ClrSysId	清算系统识别	ClearingSystemIdentification2 Choice	0	1
	MmbId	清算系统成员识别码	Max35Text	1	1

A.74 数据类型：ConversionTypeFormat1Choice

OR	XML 标签	子元素含义（中文）	子元素类型	最少出现次数	最多出现次数
OR	Cd	代码	ConversionType1Code	1	1
OR	Prtry	专有标识	GenericIdentification20	1	1

A.75 数据类型：ContactDetails2

OR	XML 标签	子元素含义（中文）	子元素类型	最少出现次数	最多出现次数
	NmPrfx	称呼	NamePrefix1Code	0	1
	Nm	姓名	Max140Text	0	1
	PhneNb	电话	PhoneNumber	0	1
	MobNb	手机	PhoneNumber	0	1
	FaxNb	传真号	PhoneNumber	0	1
	EmailAdr	电子邮箱	Max2048Text	0	1
	Othr	其他	Max35Text	0	1

A.76　数据类型：ConversionType1Code

枚举值	英文含义	中文含义
FINL	Final	最终转换
INTE	Interim	临时转换

A.77　数据类型：CorporateActionChangeTypeFormat1Choice

OR	XML 标签	子元素含义（中文）	子元素类型	最少出现次数	最多出现次数
OR	Cd	代码	CorporateActionChangeType1Code	1	1
OR	Prtry	专有标识	GenericIdentification20	1	1

A.78　数据类型：CorporateActionCancellationReason1Code

枚举值	英文含义	中文含义
PROC	Processing	操作错误
WITH	Withdrawal	发行人撤回

A.79　数据类型：CopyDuplicate1Code

枚举值	英文含义	中文含义
CODU	CopyDuplicate	重发副本
COPY	Copy	副本
DUPL	Duplicate	重发

A.80　数据类型：CorporateActionEventProcessingType1Code

枚举值	英文含义	中文含义
DISN	Distribution	分配
GENL	General	普通
REOR	Reorganisation	重组

A.81 数据类型：CorporateActionEventReference1Choice

OR	XML 标签	子元素含义（中文）	子元素类型	最少出现次数	最多出现次数
OR	LkdOffclCorpActnEvtId	关联事件官方 ID	Max35Text	1	1
OR	LkdCorpActnId	关联证券发行人行为 ID	Max35Text	1	1

A.82 数据类型：CorporateActionAmounts10

OR	XML 标签	子元素含义（中文）	子元素类型	最少出现次数	最多出现次数
	GrssCshAmt	现金总额	ActiveCurrencyAndAmount	0	1
	NetCshAmt	现金净额	ActiveCurrencyAndAmount	0	1
	SlctnFees	征集费	ActiveCurrencyAndAmount	0	1
	CshInLieuOfShr	现金替代股票的金额	ActiveCurrencyAndAmount	0	1
	CptlGn	资本收益	ActiveCurrencyAndAmount	0	1
	IntrstAmt	利息金额	ActiveCurrencyAndAmount	0	1
	IndmntyAmt	赔偿金额	ActiveCurrencyAndAmount	0	1
	ManfctrdDvddPmtAmt	返还红利金额	ActiveCurrencyAndAmount	0	1
	RinvstmtAmt	再投资金额	ActiveCurrencyAndAmount	0	1
	FullyFrnkdAmt	完全税务减免金额	ActiveCurrencyAndAmount	0	1
	UfrnkdAmt	未减免税务金额	ActiveCurrencyAndAmount	0	1
	SndryOrOthrAmt	杂项或其他金额	ActiveCurrencyAndAmount	0	1
	CshIncntiv	现金激励	ActiveCurrencyAndAmount	0	1
	TaxFreeAmt	免税金额	ActiveCurrencyAndAmount	0	1
	TaxDfrrdAmt	递延税项金额	ActiveCurrencyAndAmount	0	1
	ValAddedTaxAmt	增值税金额	ActiveCurrencyAndAmount	0	1
	StmpDtyAmt	印花税金额	ActiveCurrencyAndAmount	0	1
	TaxRclmAmt	可退税金额	ActiveCurrencyAndAmount	0	1
	TaxCdtAmt	税收抵免金额	ActiveCurrencyAndAmount	0	1
	WhldgOfFrgnTaxAmt	代扣涉外税金额	ActiveCurrencyAndAmount	0	1
	WhldgOfLclTaxAmt	代扣本地税金额	ActiveCurrencyAndAmount	0	1
	AddtlTaxAmt	附加税金额	ActiveCurrencyAndAmount	0	1
	WhldgTaxAmt	预扣税金额	ActiveCurrencyAndAmount	0	1
	FsclStmpAmt	印花税金额	ActiveCurrencyAndAmount	0	1
	ExctgBrkrAmt	执行经纪人佣金金额	ActiveCurrencyAndAmount	0	1
	PngAgtComssnAmt	代付行佣金金额	ActiveCurrencyAndAmount	0	1
	LclBrkrComssnAmt	本地经纪人佣金金额	ActiveCurrencyAndAmount	0	1
	PstgFeeAmt	邮费金额	ActiveCurrencyAndAmount	0	1

续表

OR	XML 标签	子元素含义（中文）	子元素类型	最少出现次数	最多出现次数
	RgltryFeesAmt	监管费金额	ActiveCurrencyAndAmount	0	1
	ShppgFeesAmt	运输费金额	ActiveCurrencyAndAmount	0	1
	ChrgsAmt	其他费用金额	ActiveCurrencyAndAmount	0	1
	EntitldAmt	授予金额	ActiveCurrencyAndAmount	0	1
	OrgnlAmt	初始金额	ActiveCurrencyAndAmount	0	1
	PrncplOrCrps	本金	ActiveCurrencyAndAmount	0	1
	RedPrmAmt	赎回溢价金额	ActiveCurrencyAndAmount	0	1
	IncmPrtn	收益份额	ActiveCurrencyAndAmount	0	1
	StockXchgTax	股票交易税金额	ActiveCurrencyAndAmount	0	1
	EUTaxRtntnAmt	欧盟预扣所得税金额	ActiveCurrencyAndAmount	0	1
	AcrdIntrstAmt	应计利息金额	ActiveCurrencyAndAmount	0	1

A.83 数据类型：CorporateActionEventProcessingTypeChoice

OR	XML 标签	子元素含义（中文）	子元素类型	最少出现次数	最多出现次数
OR	Cd	代码	CorporateActionEventProcessing Type1Code	1	1
OR	Prtry	专有标识	GenericIdentification20	1	1

A.84 数据类型：CorporateActionNotificationV02

OR	XML 标签	子元素含义（中文）	子元素类型	最少出现次数	最多出现次数
	NtfctnGnlInf	通知基本信息	CorporateActionNotification2	1	1
	PrvsNtfctnId	前次通知识别	DocumentIdentification15	0	1
	InstrId	指令识别	DocumentIdentification9	0	1
	OthrDocId	其他文件识别	DocumentIdentification13	0	无限
	EvtsLkg	关联事件	CorporateActionEvent Reference1	0	无限
	CorpActnGnlInf	证券发行人行为基本信息	CorporateActionGeneral Information22	1	1
	AcctDtls	账户详情	AccountIdentification12 Choice	1	1
	IntrmdtScty	中间证券	FinancialInstrument Attributes17	0	1
	CorpActnDtls	证券发行人行为详情	CorporateAction5	0	1
	CorpActnOptnDtls	证券发行人行为选项详情	CorporateActionOption19	0	无限
	AddtlInf	附加信息	CorporateActionNarrative11	0	1
	IssrAgt	发行人代理	PartyIdentification47Choice	0	无限
	PngAgt	付款代理	PartyIdentification47Choice	0	无限
	SubPngAgt	付款分代理	PartyIdentification47Choice	0	无限
	Regar	过户登记处	PartyIdentification47Choice	0	1

续表

OR	XML 标签	子元素含义（中文）	子元素类型	最少出现次数	最多出现次数
	RsellngAgt	转售代理	PartyIdentification47Choice	0	无限
	PhysSctiesAgt	实物证券代理	PartyIdentification47Choice	0	1
	DrpAgt	外埠代理	PartyIdentification47Choice	0	1
	SlctnAgt	征集代理	PartyIdentification47Choice	0	无限
	InfAgt	信息代理	PartyIdentification47Choice	0	1
	SplmtryData	扩展数据	SupplementaryData1	0	无限

A.85 数据类型：CorporateActionNarrative11

OR	XML 标签	子元素含义（中文）	子元素类型	最少出现次数	最多出现次数
	AddtlTxt	附加文本	UpdatedAdditionalInformation2	0	1
	NrrtvVrsn	叙述部分	UpdatedAdditionalInformation2	0	1
	InfConds	条件信息	UpdatedAdditionalInformation2	0	1
	InfToCmplyWth	遵循信息	UpdatedAdditionalInformation2	0	1
	TaxtnConds	税务条件	UpdatedAdditionalInformation2	0	1
	Dsclmr	免责声明	UpdatedAdditionalInformation2	0	1
	PtyCtctNrrtv	当事人联系方式	UpdatedAdditionalInformation2	0	1
	DclrtnDtls	申报详情	UpdatedAdditionalInformation2	0	1
	RegnDtls	登记详情	UpdatedAdditionalInformation2	0	1
	BsktOrIndxInf	一篮子信息或索引信息	UpdatedAdditionalInformation2	0	1

A.86 数据类型：CorporateActionDate17

OR	XML 标签	子元素含义（中文）	子元素类型	最少出现次数	最多出现次数
	ValDt	交割日	DateFormat11Choice	0	1
	FXRateFxgDt	外汇汇率确定日	DateFormat19Choice	0	1
	EarlstPmtDt	最早支付日	DateFormat19Choice	0	1

A.87 数据类型：CorporateAction5

OR	XML 标签	子元素含义（中文）	子元素类型	最少出现次数	最多出现次数
	DtDtls	日期详情	CorporateActionDate14	0	1
	PrdDtls	期间详情	CorporateActionPeriod6	0	1
	RateAndAmtDtls	比率及数量详情	CorporateActionRate16	0	1
	PricDtls	价格详情	CorporateActionPrice17	0	1

续表

OR	XML 标签	子元素含义（中文）	子元素类型	最少出现次数	最多出现次数
	SctiesQty	证券数量	CorporateActionQuantity3	0	1
	IntrstAcrdNbOfDays	计息天数	Max3Number	0	1
	CpnNb	息票编号	IdentificationFormat1Choice	0	无限
	CertfctnReqrdInd	凭证提供标识	YesNoIndicator	0	1
	ChrgsApldInd	费用适用标识	YesNoIndicator	0	1
	RstrctnInd	限制标识	YesNoIndicator	0	1
	AcrdIntrstInd	应计利息标识	YesNoIndicator	0	1
	DvddTp	红利类型	DividendTypeFormat3Choice	0	1
	ConvsTp	转换类型	ConversionTypeFormat1Choice	0	1
	DstrbtnTp	分配类型	DistributionTypeFormat1Choice	0	1
	OfferTp	发行类型	OfferTypeFormat1Choice	0	无限
	RnncblEntitlmntStsTp	可弃权状态类型	RenounceableEntitlementStatusTyp-eFormat1Choice	0	1
	EvtStag	事件进程	CorporateActionEventStageFormat3 Choice	0	无限
	AddtlBizPrcInd	额外业务流程标识	AdditionalBusinessProcessFormat1 Choice	0	无限
	ChngTp	变更类型	CorporateActionChangeTypeForm at1 Choice	0	无限
	IntrmdtSctiesDstrbtnTp	中间证券派发类型	IntermediateSecurities DistributionTypeFormat5Choice	0	1
	CptlGnInOutInd	资本收益标识	CapitalGainFormat1Choice	0	1
	TaxblIncmPerShrClctd	每股应税所得计算	TaxableIncomePerShareCalculated Format1Choice	0	1
	ElctnTp	选择类型	ElectionTypeFormat1Choice	0	1
	LtryTp	抽签类型	LotteryTypeFormat1Choice	0	1
	CertfctnTp	凭证类型	CertificationTypeFormat1Choice	0	1
	NewPlcOfIncorprtn	新注册地	Max70Text	0	1
	AddtlInf	附加信息	CorporateActionNarrative3	0	1

A.88 数据类型：CorporateActionEventStageFormat3Choice

OR	XML 标签	子元素含义（中文）	子元素类型	最少出现次数	最多出现次数
OR	Cd	代码	CorporateActionEventStage1Code	1	1
OR	Prtry	专有标识	GenericIdentification20	1	1

A.89 数据类型：CorporateActionMandatoryVoluntary1Choice

OR	XML 标签	子元素含义（中文）	子元素类型	最少出现次数	最多出现次数
OR	Cd	代码	CorporateActionMandatoryVoluntary1Code	1	1
OR	Prtry	专有标识	GenericIdentification20	1	1

A.90 数据类型：CorporateActionBalanceDetails1

OR	XML 标签	子元素含义（中文）	子元素类型	最少出现次数	最多出现次数
	TtlElgblBal	总合格余额	Quantity3Choice	0	1
	BlckdBal	冻结余额	BalanceFormat1Choice	0	1
	BrrwdBal	借入余额	BalanceFormat1Choice	0	1
	CollInBal	抵押留置余额	BalanceFormat1Choice	0	1
	CollOutBal	抵押置出余额	BalanceFormat1Choice	0	1
	OnLnBal	借出余额	BalanceFormat1Choice	0	1
	PdgDlvryBal	待交付余额	BalanceFormat1Choice	0	无限
	PdgRctBal	待接收余额	BalanceFormat1Choice	0	无限
	OutForRegnBal	在途登记余额	BalanceFormat1Choice	0	1
	SttlmPosBal	已结算余额	BalanceFormat1Choice	0	1
	StrtPosBal	待转名余额	BalanceFormat1Choice	0	1
	TradDtPosBal	交易日余额	BalanceFormat1Choice	0	1
	InTrnsShipmntBal	转交余额	BalanceFormat1Choice	0	1
	RegdBal	已登记余额	BalanceFormat1Choice	0	1
	OblgtdBal	保留余额	BalanceFormat1Choice	0	1
	UinstdBal	未指示余额	BalanceFormat1Choice	0	1
	InstdBal	已指示余额	BalanceFormat1Choice	0	1
	AfctdBal	受影响余额	BalanceFormat1Choice	0	1
	UafctdBal	未受影响余额	BalanceFormat1Choice	0	1

A.91 数据类型：CorporateActionGeneralInformation22

OR	XML 标签	子元素含义（中文）	子元素类型	最少出现次数	最多出现次数
	CorpActnEvtId	证券发行人行为事件 ID	Max35Text	1	1
	OffclCorpActnEvtId	证券发行人行为事件官方 ID	Max35Text	0	1
	ClssActnNb	集体诉讼编号	Max35Text	0	1

续表

OR	XML 标签	子元素含义（中文）	子元素类型	最少出现次数	最多出现次数
	EvtPrcgTp	事件处理类型	CorporateActionEventProcessingTypeChoice	0	1
	EvtTp	事件类型	CorporateActionEventType3Choice	1	1
	MndtryVlntryEvtTp	强制性 / 自愿性事件类型	CorporateActionMandatoryVoluntary1Choice	1	1
	UndrlygScty	标的证券	FinancialInstrumentAttributes19	1	1

A.92　数据类型：CorporateActionDate15

OR	XML 标签	子元素含义（中文）	子元素类型	最少出现次数	最多出现次数
	EarlyRspnDdln	早期回复截止日	DateFormat19Choice	0	1
	CoverXprtnDt	补进截止日	DateFormat19Choice	0	1
	PrtctDt	承保日	DateFormat19Choice	0	1
	MktDdln	市场截止日	DateFormat19Choice	0	1
	RspnDdln	回复截止日	DateFormat20Choice	0	1
	XpryDt	到期日	DateFormat19Choice	0	1
	SbcptCostDbtDt	认购费扣缴日	DateFormat19Choice	0	1
	DpstryCoverXprtnDt	存管机构补进到期日	DateFormat19Choice	0	1

A.93　数据类型：CorporateActionEventReference1

OR	XML 标签	子元素含义（中文）	子元素类型	最少出现次数	最多出现次数
	EvtId	关联事件 ID	CorporateActionEventReference1 Choice	1	1
	LkgTp	关联类型	ProcessingPosition1Choice	0	1

A.94　数据类型：CorporateActionDate14

OR	XML 标签	子元素含义（中文）	子元素类型	最少出现次数	最多出现次数
	AnncmntDt	公告日	DateFormat19Choice	0	1
	CertfctnDdln	认证截止日	DateFormat19Choice	0	1
	CrtApprvlDt	法院获准日	DateFormat19Choice	0	1
	EarlyClsgDt	提前截止日	DateFormat19Choice	0	1
	FctvDt	生效日	DateFormat19Choice	0	1
	EqulstnDt	权衡日	DateFormat19Choice	0	1
	FrthrDtldAnncmntDt	补充信息公告日	DateFormat19Choice	0	1
	IndxFxgDt	指数确定日	DateFormat19Choice	0	1

续表

OR	XML 标签	子元素含义（中文）	子元素类型	最少出现次数	最多出现次数
	LtryDt	抽签日	DateFormat19Choice	0	1
	NewMtrtyDt	新兑付日	DateFormat19Choice	0	1
	MtgDt	会议召开日	DateFormat19Choice	0	1
	MrgnFxgDt	保证金确定日	DateFormat19Choice	0	1
	PrratnDt	比例确定日	DateFormat19Choice	0	1
	RcrdDt	权益登记日	DateFormat19Choice	0	1
	RegnDdln	登记截止日	DateFormat19Choice	0	1
	RsltsPblctnDt	结果公布日	DateFormat19Choice	0	1
	DdlnToSplt	分拆截止日	DateFormat19Choice	0	1
	DdlnForTaxBrkdwnInstr	税负明细指令截止日	DateFormat19Choice	0	1
	TradgSspdDt	暂停交易日	DateFormat19Choice	0	1
	UcondlDt	无条件接受日	DateFormat19Choice	0	1
	WhlyUcondlDt	完全满足条件日	DateFormat19Choice	0	1
	ExDvddDt	除权除息日	DateFormat19Choice	0	1
	OffclAnncmntPblctnDt	官方公告日	DateFormat19Choice	0	1
	SpclExDt	特别除权除息日	DateFormat19Choice	0	1
	GrntedPrtcptnDt	保证参与日	DateFormat19Choice	0	1
	ElctnToCtrPtyDdln	通知对手方有关选择的截止日	DateFormat19Choice	0	1
	LpsdDt	失效日	DateFormat19Choice	0	1
	PmtDt	支付日	DateFormat19Choice	0	1
	ThrdPtyDdln	第三方截止日	DateFormat19Choice	0	1
	EarlyThrdPtyDdln	第三方提前截止日	DateFormat19Choice	0	1
	MktClmTrckgEndDt	市场追踪结束日	DateFormat19Choice	0	1
	LeadPlntffDdln	主要原告截止日	DateFormat19Choice	0	1

A.95 数据类型：CorporateActionEventStatus1

OR	XML 标签	子元素含义（中文）	子元素类型	最少出现次数	最多出现次数
	EvtCmpltnsSts	事件完整性状态	EventCompletenessStatus1Code	1	1
	EvtConfSts	事件发生确认状态	EventConfirmationStatus1Code	1	1

A.96 数据类型：CorporateActionNarrative5

OR	XML 标签	子元素含义（中文）	子元素类型	最少出现次数	最多出现次数
	AddtlTxt	附加文本	UpdatedAdditionalInformation3	0	1
	NrrtvVrsn	叙述部分	UpdatedAdditionalInformation3	0	1

续表

OR	XML 标签	子元素含义（中文）	子元素类型	最少出现次数	最多出现次数
	InfConds	条件信息	UpdatedAdditionalInformation1	0	1
	InfToCmplyWth	遵循信息	UpdatedAdditionalInformation1	0	1
	SctyRstrctn	证券限制	UpdatedAdditionalInformation1	0	1
	TaxtnConds	税务条件	UpdatedAdditionalInformation1	0	1
	Dsclmr	免责声明	UpdatedAdditionalInformation1	0	1

A.97 数据类型：CorporateActionPrice16

OR	XML 标签	子元素含义（中文）	子元素类型	最少出现次数	最多出现次数
	CshInLieuOfShrPric	现金替代股票的价格	PriceFormat19Choice	0	1
	GncCshPricRcvdPerPdct	接收的每单位产品的通用现金价格	PriceFormat20Choice	0	无限
	OverSbcptDpstPric	超额认购保证金价格	PriceFormat19Choice	0	1

A.98 数据类型：CorporateActionNarrative3

OR	XML 标签	子元素含义（中文）	子元素类型	最少出现次数	最多出现次数
	Offerr	要约人	UpdatedAdditionalInformation3	0	1
	NewCpnyNm	新的公司名称	UpdatedAdditionalInformation3	0	1
	URLAdr	网址	UpdatedURLInformation	0	1

A.99 数据类型：CorporateActionOption2Choice

OR	XML 标签	子元素含义（中文）	子元素类型	最少出现次数	最多出现次数
OR	Cd	代码	CorporateActionOption2Code	1	1
OR	Prtry	专有标识	GenericIdentification20	1	1

A.100 数据类型：CorporateActionNotification2

OR	XML 标签	子元素含义（中文）	子元素类型	最少出现次数	最多出现次数
	NtfctnTp	通知类型	CorporateActionNotificationType1Code	1	1
	PrcgSts	处理状态	CorporateActionProcessingStatus1Choice	1	1
	ElgblBalInd	合格余额标识	YesNoIndicator	0	1

A.101 数据类型：CorporateActionPrice17

OR	XML 标签	子元素含义（中文）	子元素类型	最少出现次数	最多出现次数
	MaxPric	最高价	PriceFormat19Choice	0	1
	MinPric	最低价	PriceFormat19Choice	0	1

A.102 数据类型：CorporateActionPeriod6

OR	XML 标签	子元素含义（中文）	子元素类型	最少出现次数	最多出现次数
	PricClctnPrd	计价期	Period3Choice	0	1
	IntrstPrd	计息期	Period3Choice	0	1
	CmplsryPurchsPrd	强制收购期	Period3Choice	0	1
	BlckgPrd	锁定期	Period3Choice	0	1
	ClmPrd	索赔期	Period3Choice	0	1
	DpstrySspnsnPrdForBookNtryTrf	因账面记录转账暂停存管期	Period3Choice	0	1
	DpstrySspnsnPrdForDpstAtAgt	因代理存管暂停存管期	Period3Choice	0	1
	DpstrySspnsnPrdForDpst	因存管暂停存管期	Period3Choice	0	1
	DpstrySspnsnPrdForPldg	因抵押暂停存管期	Period3Choice	0	1
	DpstrySspnsnPrdForSgrtn	因分离暂停存管期	Period3Choice	0	1
	DpstrySspnsnPrdForWdrwlAtAgt	因于代理处提款暂停存管期	Period3Choice	0	1
	DpstrySspnsnPrdForWdrwlInNmneeNm	因以代理人名义提货暂停存管期	Period3Choice	0	1
	DpstrySspnsnPrdForWdrwlInStrtNm	因以行号代名提款暂停存管期	Period3Choice	0	1
	BookClsrPrd	停止过户期	Period3Choice	0	1

A.103 数据类型：CorporateActionQuantity3

OR	XML 标签	子元素含义（中文）	子元素类型	最少出现次数	最多出现次数
	MinExrcblQty	最小行权数量	FinancialInstrumentQuantity1Choice	0	1
	MinExrcblMltplQty	最小行权倍数	FinancialInstrumentQuantity1Choice	0	1
	MaxQty	最大数量	FinancialInstrumentQuantity16Choice	0	1
	MinQtySght	征询的最小数量	FinancialInstrumentQuantity16Choice	0	1
	NewBrdLotQty	新的每手数量	FinancialInstrumentQuantity1Choice	0	1
	NewDnmtnQty	新的面额	FinancialInstrumentQuantity1Choice	0	1
	BaseDnmtn	基本面额	FinancialInstrumentQuantity1Choice	0	1
	IncrmtlDnmtn	增量面额	FinancialInstrumentQuantity1Choice	0	1

A.104 数据类型：CorporateActionPeriod7

OR	XML 标签	子元素含义（中文）	子元素类型	最少出现次数	最多出现次数
	PricClctnPrd	计价期	Period3Choice	0	1
	ParllTradgPrd	并行交易期	Period3Choice	0	1
	ActnPrd	选项生效期	Period3Choice	0	1
	RvcbltyPrd	指令可撤回期	Period3Choice	0	1
	PrvlgSspnsnPrd	权利暂不可获得期	Period3Choice	0	1
	AcctSvcrRvcbltyPrd	账户服务机构指令可撤回期	Period3Choice	0	1
	DpstrySspnsnPrdForWdrwl	因提款暂停存管期	Period3Choice	0	1

A.105 数据类型：CorporateActionPrice18

OR	XML 标签	子元素含义（中文）	子元素类型	最少出现次数	最多出现次数
	IndctvOrMktPric	参考价或市场价格	IndicativeOrMarketPrice5Choice	0	1
	CshInLieuOfShrPric	现金替代股票的价格	PriceFormat19Choice	0	1

A.106 数据类型：CorporateActionProcessingStatus1Choice

OR	XML 标签	子元素含义（中文）	子元素类型	最少出现次数	最多出现次数
	EvtSts	事件状态	CorporateActionEventStatus1	1	1
	ForInfOnlyInd	信息仅供参考标识	YesNoIndicator	1	1

A.107 数据类型：CorporateActionRate15

OR	XML 标签	子元素含义（中文）	子元素类型	最少出现次数	最多出现次数
	AddtlTax	额外税率	RateAndAmountFormat14Choice	0	1
	GrssDvddRate	总股息率	GrossDividendRateFormat5Choice	0	无限
	IndxFctr	指数系数	RateAndAmountFormat14Choice	0	1
	IntrstRateUsdForPmt	实际支付利率	InterestRateUsedForPaymentFormat5 Choice	0	无限
	MaxAllwdOvrsbcptRate	最大超额认购率	RateFormat6Choice	0	1
	PrratnRate	按比例分配率	RateFormat6Choice	0	1
	WhldgTaxRate	代扣税率	RateFormat6Choice	0	1
	TaxRltdRate	涉税率	RateTypeAndAmountAndStatus6	0	无限
	TaxblIncmPerDvddShr	每股红股应税所得	RateTypeAndAmountAndStatus11	0	无限

A.108 数据类型：CorporateActionChangeType1Code

枚举值	英文含义	中文含义
BERE	BearToRegistered	不记名转记名
CERT	Certificates	工具转凭证
DECI	Decimalisation	十进制核算
DEPH	DematerialisedToPhysical	非实物形态转实物形态
GPPH	GlobalPermanentToPhysical	全球永久形态转实物形态
GTGP	GlobalTemporaryToGlobalPermanent	全球临时形态转全球永久形态
GTPH	GlobalTemporaryToPhysical	全球临时形态转实物形态
NAME	Name	名称变更
PHDE	PhysicalToDematerialised	实物形态转非实物形态
REBE	RegisteredToBearer	记名转不记名
TERM	Terms	条款变更

A.109 数据类型：CorporateActionEventStage1Code

枚举值	英文含义	中文含义
APPD	Approved	已批准
CLDE	Deactivated	停止受理
FULL	FullReversalLotteryNotification	撤销原有全部或补充抽签通知
LAPS	Lapsed	已失效
PART	PartialReversalLotteryNotification	撤销原有部分抽签通知
PWAL	ActionPeriod	受理期间
RESC	RescissionReversalLotteryNotification	废止原有或补充抽签通知
SUAP	SubjectToApproval	待批准
UNAC	UnconditionalAsToAcceptance	部分满足条件
WHOU	WhollyUnconditional	完全满足条件

A.110 数据类型：CorporateActionEventType6Code

枚举值	英文含义	中文含义
APPD	Approved	已批准
CLDE	Deactivated	停止受理
FULL	FullReversalLotteryNotification	撤销原有全部或补充抽签通知
LAPS	Lapsed	已失效

续表

枚举值	英文含义	中文含义
PART	PartialReversalLotteryNotification	撤销原有部分抽签通知
PWAL	ActionPeriod	受理期间
RESC	RescissionReversalLotteryNotification	废止原有或补充抽签通知
SUAP	SubjectToApproval	待批准
UNAC	UnconditionalAsToAcceptance	部分满足条件
WHOU	WhollyUnconditional	完全满足条件
ACTV	ActiveTradingStatus	证券上市
ATTI	Attachment	证券组合
BIDS	RepurchaseOffer	证券回购
BONU	BonusIssue	赠送红股
BPUT	PutRedemption	证券回售
BRUP	Bankruptcy	公司破产
CAPD	CapitalDistribution	资本分配
CAPG	CapitalGainsDistribution	资本收益分配
CAPI	Capitalisation	资本化
CERT	NonUSTEFRADCertification	交易认证
CHAN	Change	变更
CLSA	ClassActionProposedSettlement	集体诉讼案和解提议
CONS	Consent	征求同意
CONV	Conversion	证券转换
COOP	CompanyOption	公司期权
CREV	CreditEvent	信用事件
DECR	DecreaseInValue	面值减少
DETI	Detachment	证券分离
DFLT	BondDefault	债券违约
DLST	TradingStatusDelisted	证券退市
DRAW	Drawing	抽签部分赎回
DRIP	DividendReinvestment	红利再投资
DSCL	Disclosure	信息披露
DTCH	DutchAuction	荷兰式拍卖
DVCA	CashDividend	现金红利
DVOP	DividendOption	红利支付方式选择
DVSC	ScripDividend	以股代息
DVSE	StockDividend	股票股利
EXOF	Exchange	证券交换
EXRI	CallOnIntermediateSecurities	中间证券行权
EXTM	MaturityExtension	债券期限延长
EXWA	WarrantExercise	权证行权

续表

枚举值	英文含义	中文含义
INCR	IncreaseInValue	面值增加
INTR	InterestPayment	利息支付
LIQU	LiquidationDividend	股利清算
MCAL	FullCall	全部赎回
MRGR	Merger	吸收合并
ODLT	OddLotSalePurchase	碎股买卖
OTHR	OtherEvent	其他事件
PARI	PariPassu	股权同化
PCAL	PartialRedemptionWithNominalValueReduction	名义价值随之减少的部分赎回
PDEF	Prefunding	预留现金应对赎回
PINK	PayInKind	实物付息
PLAC	PlaceOfIncorporation	注册地变更
PPMT	InstalmentCall	分期购买股本
PRED	PartialRedemptionWithoutNominalValueReduction	名义价值不随之减少的部分赎回
PRII	InterestPaymentWithPrincipal	还本付息
PRIO	PriorityIssue	优先配售
REDM	FinalMaturity	证券赎回
REDO	Redenomination	证券货币单位变更
REMK	RemarketingAgreement	再销售协定
RHDI	IntermediateSecuritiesDistribution	中间证券派发
RHTS	RightsIssue	配股发行
SHPR	SharesPremiumDividend	股本溢价股利
SMAL	SmallestNegotiableUnit	最小可转让单位变更
SOFF	SpinOff	公司分立
SPLF	StockSplit	证券分拆
SPLR	ReverseStockSplit	证券合并
SUSP	TradingStatusSuspended	暂停交易
TEND	Tender	要约收购
TREC	TaxReclaim	税务归还
WRTH	Worthless	登记脱离无价值证券
WTRC	WithholdingTaxReliefCertification	减 / 免税证明
RHDI	IntermediateSecuritiesDistribution	中间证券派发
RHTS	RightsIssue	配股发行
SHPR	SharesPremiumDividend	股本溢价股利
SMAL	SmallestNegotiableUnit	最小可转让单位变更
SOFF	SpinOff	公司分立
SPLF	StockSplit	证券分拆
SPLR	ReverseStockSplit	证券合并

续表

枚举值	英文含义	中文含义
SUSP	TradingStatusSuspended	暂停交易
TEND	Tender	要约收购
TREC	TaxReclaim	税务归还
WRTH	Worthless	登记脱离无价值证券
WTRC	WithholdingTaxReliefCertification	减 / 免税证明

A.111 数据类型：CorporateActionCancellationAdviceV02

OR	XML 标签	子元素含义（中文）	子元素类型	最少出现次数	最多出现次数
	CxlAdvcGnlInf	取消通知基本信息	CorporateActionCancellation1	1	1
	CorpActnGnlInf	证券发行人行为事件基本信息	CorporateActionGeneralInformation25	1	1
	AcctsDtls	账户详情	AccountIdentification13Choice	1	1
	IssrAgt	发行人代理	PartyIdentification46Choice	0	无限
	PngAgt	付款代理	PartyIdentification46Choice	0	无限
	SubPngAgt	付款分代理	PartyIdentification46Choice	0	无限
	Regar	证券登记代理	PartyIdentification46Choice	0	1
	RsellngAgt	转售代理	PartyIdentification46Choice	0	无限
	PhysSctiesAgt	实物证券代理	PartyIdentification46Choice	0	1
	DrpAgt	外埠代理	PartyIdentification46Choice	0	1
	SlctnAgt	征集代理	PartyIdentification46Choice	0	无限
	InfAgt	信息代理	PartyIdentification46Choice	0	1
	SplmtryData	扩展数据	SupplementaryData1	0	无限

A.112 数据类型：CorporateActionCancellation1

OR	XML 标签	子元素含义（中文）	子元素类型	最少出现次数	最多出现次数
	CxlRsnCd	取消原因代码	CorporateActionCancellationReason1Code	1	1
	CxlRsn	取消原因	Max140Text	0	1
	PrcgSts	处理状态	CorporateActionProcessingStatus1 Choice	1	1

A.113 数据类型：CorporateActionCancellationSD1

OR	XML 标签	子元素含义（中文）	子元素类型	最少出现次数	最多出现次数
	PlcAndNm	扩展位置	Max350Text	1	1
	XtrnlCmnts	备注内容	Max8000Text	0	1

A.114 数据类型：CorporateActionEventStatus1

OR	XML 标签	子元素含义（中文）	子元素类型	最少出现次数	最多出现次数
	EvtCmpltnsSts	事件完整状态	EventCompletenessStatus1Code	1	1
	EvtConfSts	事件确认状态	EventConfirmationStatus1Code	1	1

A.115 数据类型：CorporateActionEventType3Choice

OR	XML 标签	子元素含义（中文）	子元素类型	最少出现次数	最多出现次数
OR	Cd	事件类型代码	CorporateActionEventType6Code	1	1
OR	Prtry	专有事件类型	GenericIdentification20	1	1

A.116 数据类型：CorporateActionFrequencyType2Code

枚举值	英文含义	中文含义
FINL	Final	年度分红
INTE	Interim	中期分红
REGR	Regular	定期分红
REIN	FundCashDistributionReinvestment	基金分红再投资
SPEC	Special	特殊分红

A.117 数据类型：CorporateActionGeneralInformation25

OR	XML 标签	子元素含义（中文）	子元素类型	最少出现次数	最多出现次数
	CorpActnEvtId	证券发行人行为事件 ID	Max35Text	1	1
	OffclCorpActnEvtId	证券发行人行为事件官方 ID	Max35Text	0	1
	ClssActnNb	集体诉讼编号	Max35Text	0	1
	EvtTp	事件类型	CorporateActionEventType3Choice	1	1
	MndtryVlntryEvtTp	强制性 / 自愿性事件类型	CorporateActionMandatoryVoluntary1Choice	1	1
	UndrlygSctyId	标的证券 ID	SecurityIdentification14	1	1

A.118　数据类型：CorporateActionMandatoryVoluntary1Choice

OR	XML 标签	子元素含义（中文）	子元素类型	最少出现次数	最多出现次数
OR	Cd	强制性 / 自愿性事件类型代码	CorporateActionMandatoryVoluntary1Code	1	1
OR	Prtry	专有事件类型	GenericIdentification20	1	1

A.119　数据类型：CorporateActionMandatoryVoluntary1Code

枚举值	英文含义	中文含义
CHOS	MandatoryWithOptions	带选项的强制
MAND	Mandatory	强制
VOLU	Voluntary	自愿

A.120　数据类型：CorporateActionNotificationType1Code

枚举值	英文含义	中文含义
NEWM	New	新通知
REPL	Replacement	替换原有通知
RMDR	Reminder	提示性通知

A.121　数据类型：CorporateActionOption2Code

枚举值	英文含义	中文含义
ABST	Abstain	投票弃权
AMGT	VoteAgainstManagement	投票反对管理层
BSPL	BonusSharePlan	股本溢价转增股本计划
BUYA	BuyUp	买进以凑整
CASE	CashAndSecurity	现金或证券
CASH	Cash	现金
CEXC	ConsentAndExchange	同意交换证券
CONN	ConsentDenied	投票反对
CONY	ConsentGranted	投票赞同
CTEN	ConsentAndTender	同意现金要约收购
EXER	Exercise	行权

续表

枚举值	英文含义	中文含义
LAPS	Lapse	失效
MNGT	VoteWithManagement	投票支持管理层
MPUT	Retain	继续持有
NOAC	NoAction	不参与事件
NOQU	NonQualifiedInvestor	非合格投资者
OFFR	ProposedRate	建议的利率
OTHR	Other	其他类型
OVER	Oversubscribe	超额认购
PROX	ProxyCard	委托书
QINV	QualifiedInvestor	合格投资者
SECU	Security	派发证券
SLLE	SellEntitlement	售出权利
SPLI	SplitInstruction	拆分指令

A.122 数据类型：CorporateActionProcessingStatus1Choice

OR	XML 标签	子元素含义（中文）	子元素类型	最少出现次数	最多出现次数
OR	EvtSts	事件状态	CorporateActionEventStatus1	1	1
OR	ForInfOnlyInd	信息仅供参考标识	YesNoIndicator	1	1

A.123 数据类型：CorporateActionRate17

OR	XML 标签	子元素含义（中文）	子元素类型	最少出现次数	最多出现次数
	AddtlQtyForSbcbdRsltntScties	认购证券获得的额外数量	RatioFormat11Choice	0	1
	AddtlQtyForExstgScties	现有证券额外数量	RatioFormat11Choice	0	1
	NewToOd	新旧比率	RatioFormat12Choice	0	1
	TrfrmatnRate	转换比率	PercentageRate	0	1

A.124 数据类型：CorporateActionRate16

OR	XML 标签	子元素含义（中文）	子元素类型	最少出现次数	最多出现次数
	Intrst	年利率	RateAndAmountFormat14Choice	0	1
	PctgSght	征询百分比	RateFormat5Choice	0	1
	RltdIndx	相关指数	RateFormat6Choice	0	1
	Sprd	差幅	RateFormat6Choice	0	1

续表

OR	XML 标签	子元素含义（中文）	子元素类型	最少出现次数	最多出现次数
	BidIntrvl	出价增额	RateAndAmountFormat14Choice	0	1
	PrvsFctr	上期因子	RateFormat3Choice	0	1
	NxtFctr	下期因子	RateFormat3Choice	0	1
	RinvstmtDscntRateToMkt	再投资折扣率	RateFormat6Choice	0	1

A.125　数据类型：CorporateActionTaxableIncomePerShareCalculated1Code

枚举值	英文含义	中文含义
TDIN	NotCalculated	未计算应税收入
TDIY	Calculated	已计算应税收入
UKWN	Unknown	未知

A.126　数据类型：CorporateActionOptionSD1

OR	XML 标签	子元素含义（中文）	子元素类型	最少出现次数	最多出现次数
	PlcAndNm	扩展位置	Max350Text	1	1
	ConvsCd	转股代码	Max16Text	0	1
	ExrcCd	行权代码	Max16Text	0	1
	ExrcAbbr	行权简称	Max16Text	0	1

A.127　数据类型：CorporateActionDateSD1

OR	XML 标签	子元素含义（中文）	子元素类型	最少出现次数	最多出现次数
	PlcAndNm	扩展位置	Max350Text	1	1
	OnlnVotViaTrdSytm	交易系统网络投票日期	ISODate	0	1

A.128　数据类型：CorporateActionPeriodSD1

OR	XML 标签	子元素含义（中文）	子元素类型	最少出现次数	最多出现次数
	PlcAndNm	扩展位置	Max350Text	1	1
	OnlnVotPrd	网络投票期	PeriodSD1	0	1
	CondSatsfPrd	触发回售条款的交易期	PeriodSD1	0	1

A.129 数据类型：CorporateActionPriceSD1

OR	XML 标签	子元素含义（中文）	子元素类型	最少出现次数	最多出现次数
	PlcAndNm	扩展位置	Max350Text	1	1
	PrvsExrcPric	变更前行权价格	ActiveCurrencyAnd13DecimalAmount	0	1
	AdjstExrcPric	变更后行权价格	ActiveCurrencyAnd13DecimalAmount	0	1

A.130 数据类型：CorporateActionQuantitySD1

OR	XML 标签	子元素含义（中文）	子元素类型	最少出现次数	最多出现次数
	PlcAndNm	扩展位置	Max350Text	1	1
	CircutnQty	上市流通数量	DecimalNumber	0	1
	TtlIssueQty	总发行数量	DecimalNumber	0	1

A.131 数据类型：CorporateActionRateSD1

OR	XML 标签	子元素含义（中文）	子元素类型	最少出现次数	最多出现次数
	PlcAndNm	扩展位置	Max350Text	1	1

A.132 数据类型：DateAndDateTimeChoice

OR	XML 标签	子元素含义（中文）	子元素类型	最少出现次数	最多出现次数
OR	Dt	日期	ISODate	1	1
OR	DtTm	日期和时间	ISODateTime	1	1

A.133 数据类型：DateAndPlaceOfBirth

OR	XML 标签	子元素含义（中文）	子元素类型	最少出现次数	最多出现次数
	BirthDt	出生日期	ISODate	1	1
	PrvcOfBirth	出生省份	Max35Text	0	1
	CityOfBirth	出生城市	Max35Text	1	1
	CtryOfBirth	出生国家	CountryCode	1	1

A.134 数据类型：CorporateActionSD1

OR	XML 标签	子元素含义（中文）	子元素类型	最少出现次数	最多出现次数
	PlcAndNm	扩展位置	Max350Text	1	1
	AgendaList	议案列表	AgendaListSD1	0	1
	PrmpsbcptCd	优先配售代码	Max16Text	0	1
	MeetVenue	会议地点	Max350Text	0	1
	MeetNm	会议名称	Max350Text	0	1

A.135 数据类型：DateCode10Choice

OR	XML 标签	子元素含义（中文）	子元素类型	最少出现次数	最多出现次数
OR	Cd	代码	DateType8Code	1	1
OR	Prtry	专有标识	GenericIdentification20	1	1

A.136 数据类型：DateCode11Choice

OR	XML 标签	子元素含义（中文）	子元素类型	最少出现次数	最多出现次数
OR	Cd	代码	DateType8Code	1	1
OR	Prtry	专有标识	GenericIdentification20	1	1

A.137 数据类型：DateCode3Choice

OR	XML 标签	子元素含义（中文）	子元素类型	最少出现次数	最多出现次数
OR	Cd	代码	DateType1Code	1	1
OR	Prtry	专有标识	GenericIdentification20	1	1

A.138 数据类型：DateCode4Choice

OR	XML 标签	子元素含义（中文）	子元素类型	最少出现次数	最多出现次数
OR	Cd	代码	DateType7Code	1	1
OR	Prtry	专有标识	GenericIdentification20	1	1

A.139 数据类型：DateCodeAndTimeFormat1

OR	XML 标签	子元素含义（中文）	子元素类型	最少出现次数	最多出现次数
	DtCd	日期代码	DateCode4Choice	1	1
	Tm	时间	ISOTime	1	1

A.140 数据类型：DateFormat11Choice

OR	XML 标签	子元素含义（中文）	子元素类型	最少出现次数	最多出现次数
OR	Dt	日期	DateAndDateTimeChoice	1	1
OR	DtCd	日期代码	DateCode3Choice	1	1

A.141 数据类型：DateFormat16Choice

OR	XML 标签	子元素含义（中文）	子元素类型	最少出现次数	最多出现次数
OR	Dt	日期	ISODate	1	1
OR	DtCd	日期代码	DateCode10Choice	1	1

A.142 数据类型：DateFormat18Choice

OR	XML 标签	子元素含义（中文）	子元素类型	最少出现次数	最多出现次数
OR	Dt	日期	DateAndDateTimeChoice	1	1
OR	NotSpcfdDt	未指定日期	DateType8Code	1	1

A.143 数据类型：DateFormat19Choice

OR	XML 标签	子元素含义（中文）	子元素类型	最少出现次数	最多出现次数
OR	Dt	日期	DateAndDateTimeChoice	1	1
OR	DtCd	日期代码	DateCode11Choice	1	1

A.144 数据类型：DateFormat20Choice

OR	XML 标签	子元素含义（中文）	子元素类型	最少出现次数	最多出现次数
OR	Dt	日期	DateAndDateTimeChoice	1	1
OR	DtCdAndTm	日期代码与时间	DateCodeAndTimeFormat1	1	1
OR	DtCd	日期代码	DateCode11Choice	1	1

A.145 数据类型：DateType1Code

枚举值	英文含义	中文含义
UKWN	Unknown	未知

A.146 数据类型：DateType7Code

枚举值	英文含义	中文含义
ONGO	Ongoing	正在进行

A.147 数据类型：DateType8Code

枚举值	英文含义	中文含义
UKWN	Unknown	未知
ONGO	Ongoing	正在进行

A.148 数据类型：DefaultProcessingOrStandingInstruction1Choice

OR	XML 标签	子元素含义（中文）	子元素类型	最少出现次数	最多出现次数
OR	DfltOptnInd	默认选项标识	YesNoIndicator	1	1
OR	StgInstrInd	常设指令标识	YesNoIndicator	1	1

A.149 数据类型：DistributionTypeFormat1Choice

OR	XML 标签	子元素含义（中文）	子元素类型	最少出现次数	最多出现次数
OR	Cd	代码	DistributionType1Code	1	1

续表

OR	XML 标签	子元素含义（中文）	子元素类型	最少出现次数	最多出现次数
OR	Prtry	专有标识	GenericIdentification20	1	1

A.150 数据类型：DistributionType1Code

枚举值	英文含义	中文含义
ROLL	RollingBasis	滚动式

A.151 数据类型：DividendRateType1Code

枚举值	英文含义	中文含义
TXBL	TaxablePortion	应税部分

A.152 数据类型：DividendTypeFormat3Choice

OR	XML 标签	子元素含义（中文）	子元素类型	最少出现次数	最多出现次数
OR	Cd	代码	CorporateActionFrequencyType2Code	1	1
OR	Prtry	专有标识	GenericIdentification20	1	1

A.153 数据类型：DocumentIdentification9

OR	XML 标签	子元素含义（中文）	子元素类型	最少出现次数	最多出现次数
	Id	文档标识	Max35Text	1	1

A.154 数据类型：DocumentIdentification13

OR	XML 标签	子元素含义（中文）	子元素类型	最少出现次数	最多出现次数
	Id	文档标识编号	DocumentIdentification1Choice	1	1
	DocNb	文档类型编号	DocumentNumber1Choice	0	1
	LkgTp	关联类型	ProcessingPosition1Choice	0	1

A.155 数据类型：DocumentIdentification15

OR	XML 标签	子元素含义（中文）	子元素类型	最少出现次数	最多出现次数
	Id	文档编号	Max35Text	1	1
	LkgTp	关联类型	ProcessingPosition1Choice	0	1

A.156 数据类型：DocumentIdentification1Choice

OR	XML 标签	子元素含义（中文）	子元素类型	最少出现次数	最多出现次数
OR	AcctSvcrDocId	账户服务机构文档标识	Max35Text	1	1
OR	AcctOwnrDocId	账户持有人文档标识	Max35Text	1	1

A.157 数据类型：DocumentNumber1Choice

OR	XML 标签	子元素含义（中文）	子元素类型	最少出现次数	最多出现次数
OR	ShrtNb	报文类型短号	Exact3NumericText	1	1
OR	LngNb	报文类型长号	ISO20022MessageIdentificationText	1	1
OR	PrtryNb	专有文档编号	GenericIdentification19	1	1

A.158 数据类型：ElectionTypeFormat1Choice

OR	XML 标签	子元素含义（中文）	子元素类型	最少出现次数	最多出现次数
OR	Cd	代码	ElectionMovementType2Code	1	1
OR	Prtry	专有标识	GenericIdentification20	1	1

A.159 数据类型：ElectionMovementType2Code

枚举值	英文含义	中文含义
DRCT	Direct	直接变动
SEQD	Sequestered	扣押

A.160 数据类型：EUCapitalGain2Code

枚举值	英文含义	中文含义
EUSI	CapitalGainInScope	指令范围内资本收益
EUSO	CapitalGainOutScope	指令范围外资本收益
UKWN	CapitalGainUnknown	不确定的资本收益

A.161 数据类型：EventCompletenessStatus1Code

枚举值	英文含义	中文含义
COMP	Complete	完整
INCO	Incomplete	不完整

A.162 数据类型：EventConfirmationStatus1Code

枚举值	英文含义	中文含义
CONF	Confirmed	已确认
UCON	Unconfirmed	未确认

A.163 数据类型：EventTypeSD1

OR	XML 标签	子元素含义（中文）	子元素类型	最少出现次数	最多出现次数
	PlcAndNm	扩展位置	Max350Text	1	1
	OtherEvtTp	其他事件类型	OtherEventTypeSD1Code	0	1

A.164 数据类型：FinancialIdentificationSchemeName1Choice

OR	XML 标签	子元素含义（中文）	子元素类型	最少出现次数	最多出现次数
OR	Cd	代码	ExternalFinancialInstitution Identification1Code	1	1
OR	Prtry	专用代码	Max35Text	1	1

A.165　数据类型：FinancialInstitutionIdentification8

OR	XML 标签	子元素含义（中文）	子元素类型	最少出现次数	最多出现次数
	BICFI	BICFI 码	BICFIIdentifier	0	1
	ClrSysMmbId	清算系统成员识别	ClearingSystemMemberIdentification2	0	1
	Nm	名称	Max140Text	0	1
	PstlAdr	邮寄地址	PostalAddress6	0	1
	Othr	其他	GenericFinancialIdentification1	0	1

A.166　数据类型：FinancialInstrumentAttributes16

OR	XML 标签	子元素含义（中文）	子元素类型	最少出现次数	最多出现次数
	SctyId	证券 ID	SecurityIdentification14	1	1
	PlcOfListg	上市地点	MarketIdentification2	0	1
	DayCntBsis	计息基础	InterestComputationMethodFormat1Choice	0	1
	ClssfctnTp	分类类型	ClassificationType2Choice	0	1
	OptnStyle	选项类型	OptionStyle4Choice	0	1
	DnmtnCcy	计价币种	ActiveOrHistoricCurrencyCode	0	1
	NxtCpnDt	次期付息日	ISODate	0	1
	FltgRateFxgDt	浮动汇率确定日	ISODate	0	1
	MtrtyDt	兑付日	ISODate	0	1
	IsseDt	发行日	ISODate	0	1
	NxtCllblDt	提前赎回日	ISODate	0	1
	PutblDt	回售日	ISODate	0	1
	DtdDt	起息日	ISODate	0	1
	ConvsDt	转换日	ISODate	0	1
	PrvsFctr	上期因子	RateFormat3Choice	0	1
	NxtFctr	下期因子	RateFormat3Choice	0	1
	IntrstRate	年利率	RateFormat3Choice	0	1
	NxtIntrstRate	下期利率	RateFormat3Choice	0	1
	MinNmnlQty	最小名义数量	FinancialInstrumentQuantity1Choice	0	1
	MinExrcblQty	最小行权数量	FinancialInstrumentQuantity1Choice	0	1
	MinExrcblMltplQty	最小行权倍数	FinancialInstrumentQuantity1Choice	0	1
	CtrctSz	合约规模	FinancialInstrumentQuantity1Choice	0	1
	IssePric	发行价格	PriceFormat19Choice	0	1

A.167 数据类型：FinancialInstrumentQuantity1Choice

OR	XML 标签	子元素含义（中文）	子元素类型	最少出现次数	最多出现次数
OR	Unit	单位	DecimalNumber	1	1
OR	FaceAmt	票面金额	ImpliedCurrencyAndAmount	1	1
OR	AmtsdVal	摊余价值	ImpliedCurrencyAndAmount	1	1

A.168 数据类型：FractionDispositionType1Choice

OR	XML 标签	子元素含义（中文）	子元素类型	最少出现次数	最多出现次数
OR	Cd	代码	FractionDispositionType4Code	1	1
OR	Prtry	专有标识	GenericIdentification20	1	1

A.169 数据类型：FinancialInstrumentAttributes19

OR	XML 标签	子元素含义（中文）	子元素类型	最少出现次数	最多出现次数
	SctyId	证券 ID	SecurityIdentification14	1	1
	PlcOfListg	上市地点	MarketIdentification2	0	1
	DayCntBsis	计息基础	InterestComputationMethodFormat1Choice	0	1
	ClssfctnTp	分类类型	ClassificationType2Choice	0	1
	OptnStyle	选项类型	OptionStyle4Choice	0	1
	DnmtnCcy	计价币种	ActiveOrHistoricCurrencyCode	0	1
	NxtCpnDt	下期付息日	ISODate	0	1
	XpryDt	到期日	ISODate	0	1
	FltgRateFxgDt	浮动汇率确定日	ISODate	0	1
	MtrtyDt	兑付日	ISODate	0	1
	IsseDt	发行日	ISODate	0	1
	NxtCllblDt	提前赎回日	ISODate	0	1
	PutblDt	回售日	ISODate	0	1
	DtdDt	起息日	ISODate	0	1
	ConvsDt	转换日	ISODate	0	1
	IntrstRate	年利率	RateFormat3Choice	0	1
	NxtIntrstRate	下期利率	RateFormat3Choice	0	1
	PctgOfDebtClm	索债百分比	RateFormat3Choice	0	1
	PrvsFctr	上期因子	RateFormat3Choice	0	1

续表

OR	XML 标签	子元素含义（中文）	子元素类型	最少出现次数	最多出现次数
	NxtFctr	下期因子	RateFormat3Choice	0	1
	MinNmnlQty	最小名义数量	FinancialInstrumentQuantity1Choice	0	1
	MinExrcblQty	最小行权数量	FinancialInstrumentQuantity1Choice	0	1
	CtrctSz	合约规模	FinancialInstrumentQuantity1Choice	0	1

A.170　数据类型：FinancialInstrumentAttributes17

OR	XML 标签	子元素含义（中文）	子元素类型	最少出现次数	最多出现次数
	SctyId	证券 ID	SecurityIdentification14	1	1
	Qty	数量	DecimalNumber	0	1
	RnncblEntitlmntStsTp	可弃权状态类型	RenounceableEntitlementStatus TypeFormat1Choice	0	1
	FrctnDspstn	碎股处理	FractionDispositionType9Choice	0	1
	IntrmdtSctiesToUndrlygRatio	中间证券对标的证券比率	QuantityToQuantityRatio1	0	1
	MktPric	市场价格	AmountPrice2	0	1
	XpryDt	到期日	DateFormat16Choice		
	PstngDt	过账日	DateFormat16Choice		
	TradgPrd	交易期间	Period4	0	1
	UinstdBal	未指示余额	BalanceFormat1Choice	0	1
	InstdBal	已指示余额	BalanceFormat1Choice	0	1

A.171　数据类型：GeneralInformationSD1

OR	XML 标签	子元素含义（中文）	子元素类型	最少出现次数	最多出现次数
	PlcAndNm	扩展位置	Max350Text	1	1

A.172　数据类型：FinancialInstrumentQuantity16Choice

OR	XML 标签	子元素含义（中文）	子元素类型	最少出现次数	最多出现次数
OR	Unit	单位	DecimalNumber	1	1
OR	FaceAmt	票面金额	ImpliedCurrencyAndAmount	1	1
OR	AmtsdVal	摊余价值	ImpliedCurrencyAndAmount	1	1
OR	Cd	编码	Quantity3Code	1	1

A.173 数据类型：ForeignExchangeTerms13

OR	XML 标签	子元素含义（中文）	子元素类型	最少出现次数	最多出现次数
	UnitCcy	基准货币	ActiveCurrencyCode	1	1
	QtdCcy	标价货币	ActiveCurrencyCode	1	1
	XchgRate	汇率	BaseOneRate	1	1
	RsltgAmt	兑换后金额	ActiveCurrencyAndAmount	0	1

A.174 数据类型：FractionDispositionType4Code

枚举值	英文含义	中文含义
BUYU	BuyUp	买进以凑整
CINL	CashInLieuOfFraction	现金代替碎股
DIST	IssueFraction	派发碎股
RDDN	RoundDown	下舍入
RDUP	RoundUp	上舍入
STAN	RoundToNearest	四舍五入
UKWN	Unknown	未知

A.175 数据类型：FractionDispositionType5Code

枚举值	英文含义	中文含义
DIST	IssueFraction	派发碎股
RDDN	RoundDown	下舍入
RDUP	RoundUp	上舍入
STAN	RoundToNearest	四舍五入
UKWN	Unknown	未知

A.176 数据类型：FractionDispositionType9Choice

OR	XML 标签	子元素含义（中文）	子元素类型	最少出现次数	最多出现次数
OR	Cd	代码	FractionDispositionType5Code	1	1
OR	Prtry	专有标识	GenericIdentification20	1	1

A.177 数据类型：GenericFinancialIdentification1

OR	XML 标签	子元素含义（中文）	子元素类型	最少出现次数	最多出现次数
	Id	身份	Max35Text	1	1
	SchmeNm	金融机构身份识别方案名称	FinancialIdentificationSchemeName1Choice	0	1
	Issr	识别码分配人	Max35Text	0	1

A.178 数据类型：GenericIdentification19

OR	XML 标签	子元素含义（中文）	子元素类型	最少出现次数	最多出现次数
	Id	代码	Max35Text	1	1
	Issr	识别码分配人	Max35Text	1	1
	SchmeNm	识别方案名称	Max35Text	0	1

A.179 数据类型：GenericIdentification20

OR	XML 标签	子元素含义（中文）	子元素类型	最少出现次数	最多出现次数
	Id	代码	Exact4AlphaNumericText	1	1
	Issr	识别码分配人	Max35Text	1	1
	SchmeNm	识别方案名称	Max35Text	0	1

A.180 数据类型：GenericIdentification21

OR	XML 标签	子元素含义（中文）	子元素类型	最少出现次数	最多出现次数
	Tp	代码类型	GenericIdentification20	1	1
	Id	代码	Max35Text	0	1

A.181 数据类型：GenericOrganisationIdentification1

OR	XML 标签	子元素含义（中文）	子元素类型	最少出现次数	最多出现次数
	Id	身份	Max35Text	1	1
	SchmeNm	机构身份识别方案名称	OrganisationIdentificationSchemeName1Choice	0	1
	Issr	识别码分配人	Max35Text	0	1

A.182 数据类型：GenericPersonIdentification1

OR	XML 标签	子元素含义（中文）	子元素类型	最少出现次数	最多出现次数
	Id	身份	Max35Text	1	1
	SchmeNm	个人身份识别方案名称	PersonIdentificationSchemeName1 Choice	0	1
	Issr	识别码分配人	Max35Text	0	1

A.183 数据类型：GrossDividendRateType1Code

枚举值	英文含义	中文含义
CAPO	CapitalPortion	资本部分
FLFR	FullyFranked	完全税务减免部分
INCO	IncomePortion	收益部分
INTR	Interest	利息部分
LTCG	LongTermCapitalGain	长期资本收益
SOIC	SundryOrOtherIncome	杂项或其他收益
STCG	ShortTermCapitalGain	短期资本收益
TXBL	TaxablePortion	应税部分
TXDF	TaxDeferred	递延税收部分
TXFR	TaxFree	免税部分
UNFR	Unfranked	无税务减免部分

A.184 数据类型：GrossDividendRateFormat5Choice

OR	XML 标签	子元素含义（中文）	子元素类型	最少出现次数	最多出现次数
OR	Amt	金额	ActiveCurrencyAnd13DecimalAmount	1	1
OR	RateTpAndAmtAndRateSts	比率类型金额及状态	RateTypeAndAmountAndStatus1	1	1
OR	NotSpcfdRate	未指定利率	RateType13Code	1	1

A.185 数据类型：IdentificationFormat1Choice

OR	XML 标签	子元素含义（中文）	子元素类型	最少出现次数	最多出现次数
OR	ShrtId	短标识	Exact3UpperCaseAlphaNumericText	1	1
OR	LngId	长标识	Max30Text	1	1
OR	PrtryId	专有标识	GenericIdentification19	1	1

A.186 数据类型：IdentificationSource3Choice

OR	XML 标签	子元素含义（中文）	子元素类型	最少出现次数	最多出现次数
OR	Cd	代码	ExternalFinancialInstrumentIdentificationType1Code	1	1
OR	Prtry	专有标识	Max35Text	1	1

A.187 数据类型：IndicativeOrMarketPrice5Choice

OR	XML 标签	子元素含义（中文）	子元素类型	最少出现次数	最多出现次数
OR	IndctvPric	参考价	PriceFormat19Choice	1	1
OR	MktPric	市场价格	PriceFormat19Choice	1	1

A.188 数据类型：InterestComputationMethodFormat1Choice

OR	XML 标签	子元素含义（中文）	子元素类型	最少出现次数	最多出现次数
OR	Cd	代码	InterestComputationMethod2Code	1	1
OR	Prtry	专有标识	GenericIdentification20	1	1

A.189 数据类型：IntermediateSecuritiesDistributionTypeFormat5Choice

OR	XML 标签	子元素含义（中文）	子元素类型	最少出现次数	最多出现次数
OR	Cd	代码	IntermediateSecurityDistributionType4Code	1	1
OR	Prtry	专有标识	GenericIdentification20	1	1

A.190 数据类型：InterestRateUsedForPaymentFormat5Choice

OR	XML 标签	子元素含义（中文）	子元素类型	最少出现次数	最多出现次数
OR	Rate	比率	PercentageRate	1	1
OR	Amt	金额	ActiveCurrencyAnd13DecimalAmount	1	1
OR	RateTpAndAmtAndRateSts	比率类型金额及状态	RateTypeAndAmountAndStatus3	1	1
OR	NotSpcfdRate	未指定比率	RateType13Code	1	1

A.191 数据类型：InterestComputationMethod2Code

枚举值	英文含义	中文含义
A001	IC30360ISDAor30360American BasicRule	按1年360天，1个月30天计算（2月除外）。若从某月的30日或31日开始计息的，则均把30日当作计息起始日；若从2月28日或29日（闰年）开始计息的，则以2月28日或29日（闰年）为计息起始日
A002	IC30365	按1年365天，1个月30天计算（2月除外）。若从某月的30日或31日开始计息的，则均把30日当作计息起始日；若从2月28日或29日（闰年）开始计息的，则以2月28日或29日（闰年）为计息起始日
A003	IC30Actual	按1个月30天计算（2月除外）。若从某月的30日或31日开始计息的，则均把30日当作计息起始日；若从2月28日或29日（闰年）开始计息的，则以2月28日或29日（闰年）为计息起始日。每年的假定天数由计息期间的实际天数乘以每年的付息次数计算而得
A004	Actual360	按1年360天，根据计息期的实际计息天数计算
A005	Actual365Fixed	按1年365天，根据计息期的实际计息天数计算
A006	ActualActualICMA	按实际计息天数计算，每年的假定天数由正常计息期间的实际天数乘以每年的付息次数再根据首尾计息天数调整计算而得
A007	IC30E360orEuroBondBasis model1	按1年360天，1个月30天计算（包括2月）。若从某月的30日或31日开始计息的，则均把30日当作计息起始日；但若2月的尾日为计息期的最后计息日的话，则2月不以30天计算
A008	ActualActualISDA	按计息期哪些时段按365天，哪些时段按366天综合计算而得的实际天数
A009	Actual365LorActuActubasis Rule	按实际计息天数计算，闰年366天，非闰年365天
A010	ActualActualAFB	按实际计息天数计算。若2月29日正处于计息期间，则按年366天计算；若2月29日不处于计息期间，则按年365天计算。若某个计息期长于一年，则把整年从后往前数分成几个子计息期；若首个子计息期始于应计息期的开始日，则可能该计息期不足一年，因此利息就根据每个子计息期及中间结果计算而得
A011	IC30360ICMAor30360basicrule	按1年360天，1个月30天计算（2月除外）。若从某月的30日或31日开始计息的，则均把30日当作计息起始日；若从2月28日或29日（闰年）开始计息的，则以2月28日或29日（闰年）为计息起始日。此种计息方法最普遍用于1999年1月1日之前发行的非美国直接债券和可转换债券
A012	IC30E2360orEurobondbasis model2	按1年360天，1个月30天计算。若从某月的尾日开始计息的，则均把30日当作计息起始日；但2月除外，2月尾日的值取决于该计息期的首日。若计息期首日为29日，那非闰年的2月28日当作是2月29日；若计息期首日为30日或31日，则非闰年的2月28日当作是2月30日；若计息期首日为30日或31日，则闰年的2月29日当作是2月30日。同样地，若计息期始于2月的尾日，止于某月的30日或31日，则2月的利息按1天计算；若计息期始于2月的尾日，止于某月的29日，则2月的利息按2天计算；若计息期始于非闰年的2月28日，止于某月的29日之前，则2月的利息按3天计算
A013	IC30E3360orEurobondbasis model3	按1年360天，1个月30天计算（包括2月）。若从某月的尾日开始计息，均把30日当作计息起始日。即使计息截止日为2月的尾日，2月也以30天计算
A014	Actual365NL	按实际计息天数，1年365天，2月28天计算
NARR	Narrative	其他方法

A.192 数据类型：IntermediateSecuritySD1

OR	XML 标签	子元素含义（中文）	子元素类型	最少出现次数	最多出现次数
	PlcAndNm	扩展数据位置	Max350Text	1	1

A.193 数据类型：IntermediateSecurityDistributionType4Code

枚举值	英文含义	中文含义
BIDS	ReverseRights	反向性权利
BONU	BonusRights	红股权利
DRIP	DividendReinvestment	红利再投资证券
DVCA	CashDividend	现金红利
DVOP	DividendOption	红利选择
DVSC	ScripDividendOrPayment	以股代息
DVSE	StockDividend	股票股利
EXOF	Exchange	证券交换
EXRI	SubscriptionRights	认购权
INTR	InterestPayment	利息支付
LIQU	LiquidationDividendOrPayment	股利清算或支付
PRIO	OpenOfferRights	公开发售权
SOFF	SpinOff	派发子公司股票
SPLF	StockSplit	证券分拆

A.194 数据类型：LotteryType1Code

枚举值	英文含义	中文含义
ORIG	OriginalLotteryNotification	原有抽签公告
SUPP	SupplementalLotteryNotification	补充抽签公告

A.195 数据类型：LotteryTypeFormat1Choice

OR	XML 标签	子元素含义（中文）	子元素类型	最少出现次数	最多出现次数
OR	Cd	编码	LotteryType1Code	1	1
OR	Prtry	专有	GenericIdentification20	1	1

A.196 数据类型：MarketIdentification1Choice

OR	XML 标签	子元素含义（中文）	子元素类型	最少出现次数	最多出现次数
OR	MktIdrCd	市场标识代码	MICIdentifier	1	1
OR	Desc	市场描述	Max35Text	1	1

A.197 数据类型：MarketIdentification2

OR	XML 标签	子元素含义（中文）	子元素类型	最少出现次数	最多出现次数
	Tp	市场类型	MarketTypeFormat1Choice	1	1
	Id	市场标识	MarketIdentification1Choice	0	1

A.198 数据类型：MarketTypeFormat1Choice

OR	XML 标签	子元素含义（中文）	子元素类型	最少出现次数	最多出现次数
OR	Cd	代码	MarketType3Code	1	1
OR	Prtry	专有标识	GenericIdentification20	1	1

A.199 数据类型：MarketType3Code

枚举值	英文含义	中文含义
EXCH	StockExchange	交易所
OTCO	OverTheCounter	柜台
PRIM	PrimaryMarket	一级市场
SECM	SecondaryMarket	二级市场

A.200 数据类型：NameAndAddress5

OR	XML 标签	子元素含义（中文）	子元素类型	最少出现次数	最多出现次数
	Nm	名称	Max350Text	1	1
	Adr	通信地址	PostalAddress1	0	1

A.201 数据类型：NamePrefix1Code

枚举值	英文含义	中文含义
DOCT	Doctor	博士
MADM	Madam	女士
MISS	Miss	小姐
MIST	Mister	先生

A.202 数据类型：NetDividendRateType1Code

枚举值	英文含义	中文含义
CAPO	CapitalPortion	资本部分
FLFR	FullyFranked	完全税务减免部分
INCO	IncomePortion	收益部分
INTR	Interest	利息部分
SOIC	SundryOrOtherIncome	杂项或其他收益
TXBL	TaxablePortion	应税部分
TXDF	TaxDeferred	递延税收部分
TXFR	TaxFree	免税部分
UNFR	Unfranked	无税务减免部分

A.203 数据类型：NetDividendRateFormat5Choice

OR	XML 标签	子元素含义（中文）	子元素类型	最少出现次数	最多出现次数
OR	Amt	金额	ActiveCurrencyAnd13DecimalAmount	1	1
OR	RateTpAndAmtAndRateSts	比率类型金额及状态	RateTypeAndAmountAndStatus4	1	1
OR	NotSpcfdRate	未指定利率	RateValueType7Code	1	1

A.204 数据类型：NonEligibleProceedsIndicator1Choice

OR	XML 标签	子元素含义（中文）	子元素类型	最少出现次数	最多出现次数
OR	Cd	代码	NonEligibleProceedsIndicator1Code	1	1
OR	Prtry	专有标识	GenericIdentification20	1	1

A.205 数据类型：NonEligibleProceedsIndicator1Code

枚举值	英文含义	中文含义
ACLI	AccountLimitation	账户限制
NELC	NonEligibleCurrency	非合格结算币种
ONEL	OtherNonEligibility	其他非合格收益来源

A.206 数据类型：OfferTypeFormat1Choice

OR	XML 标签	子元素含义（中文）	子元素类型	最少出现次数	最多出现次数
OR	Cd	代码	OfferType1Code	1	1
OR	Prtry	专有标识	GenericIdentification20	1	1

A.207 数据类型：OfferType1Code

枚举值	英文含义	中文含义
DISS	DissenterRights	异议权利
ERUN	RestrictionExchange	限制性交易
FCFS	FirstComeFirstServed	先到先得
FINL	FinalOffer	最终报价
MINI	MiniTender	低价要约收购
PART	PartialOffer	部分收购
SQUE	SqueezeOutBid	强制排除性收购

A.208 数据类型：OptionAvailabilityStatus1Code

枚举值	英文含义	中文含义
INTV	Inactive	终止
CANC	Cancelled	取消

A.209 数据类型：OptionDateSD1

OR	XML 标签	子元素含义（中文）	子元素类型	最少出现次数	最多出现次数
	PlcAndNm	扩展位置	Max350Text	1	1

A.210 数据类型：OptionFeatures3Code

枚举值	英文含义	中文含义
CAOS	OptionApplicability	选项适用性
COND	Conditional	条件性
MAXC	MaximumCash	最大现金金额
MAXS	MaximumSecurities	最大股票金额
NOSE	NoServiceOffered	不提供服务
OPLF	OddLotPreference	零碎优先
PINS	PreviousInstructionInvalidity	前次指令失效
PROR	Proration	按比例分摊
QOVE	OverAndAbove	高于正常权益享有数量
QREC	QuantityToReceive	选择获得数量
VVPR	ReducedWithholdingTax	降低代扣税率

A.211 数据类型：OptionStyle2Code

枚举值	英文含义	中文含义
AMER	American	美式期权
EURO	European	欧式期权

A.212 数据类型：OptionAvailabilityStatus1Choice

OR	XML 标签	子元素含义（中文）	子元素类型	最少出现次数	最多出现次数
OR	Cd	代码	OptionAvailabilityStatus1Code	1	1
OR	Prtry	专有标识	GenericIdentification20	1	1

A.213 数据类型：OptionFeaturesFormat5Choice

OR	XML 标签	子元素含义（中文）	子元素类型	最少出现次数	最多出现次数
OR	Cd	代码	OptionFeatures3Code	1	1
OR	Prtry	专有标识	GenericIdentification20	1	1

A.214 数据类型：OptionPeriodSD1

OR	XML 标签	子元素含义（中文）	子元素类型	最少出现次数	最多出现次数
	PlcAndNm	扩展位置	Max350Text	1	1

A.215 数据类型：OptionPriceSD1

OR	XML 标签	子元素含义（中文）	子元素类型	最少出现次数	最多出现次数
	PlcAndNm	扩展位置	Max350Text	1	1

A.216 数据类型：OptionRateSD1

OR	XML 标签	子元素含义（中文）	子元素类型	最少出现次数	最多出现次数
	PlcAndNm	扩展位置	Max350Text	1	1

A.217 数据类型：OptionStyle4Choice

OR	XML 标签	子元素含义（中文）	子元素类型	最少出现次数	最多出现次数
OR	Cd	代码	OptionStyle2Code	1	1
OR	Prtry	专有标识	GenericIdentification20	1	1

A.218 数据类型：OrganisationIdentification7

OR	XML 标签	子元素含义（中文）	子元素类型	最少出现次数	最多出现次数
	AnyBIC	BIC 号码	AnyBICIdentifier	0	1
	Othr	其他	GenericOrganisationIdentification1	0	无限

A.219 数据类型：OrganisationIdentificationSchemeName1Choice

OR	XML 标签	子元素含义（中文）	子元素类型	最少出现次数	最多出现次数
OR	Cd	机构识别码	ExternalOrganisationIdentification1Code	1	1
OR	Prtry	专有代码	Max35Text	1	1

A.220 数据类型：OriginalAndCurrentQuantities1

OR	XML 标签	子元素含义（中文）	子元素类型	最少出现次数	最多出现次数
	FaceAmt	票面金额	ImpliedCurrencyAndAmount	1	1
	AmtsdVal	摊余价值	ImpliedCurrencyAndAmount	1	1

A.221 数据类型：OriginalAndCurrentQuantities2

OR	XML 标签	子元素含义（中文）	子元素类型	最少出现次数	最多出现次数
	ShrtLngPos	正负仓位	ShortLong1Code	1	1
	FaceAmt	票面金额	ImpliedCurrencyAndAmount	1	1
	AmtsdVal	摊余价值	ImpliedCurrencyAndAmount	1	1

A.222 数据类型：OtherEventTypeSD1Code

枚举值	英文含义	中文含义
MEET	Annual General Meeting	年度股东大会
XMET	Extraordinary or Special General Meeting	临时股东大会

A.223 数据类型：OtherIdentification1

OR	XML 标签	子元素含义（中文）	子元素类型	最少出现次数	最多出现次数
	Id	证券标识	Max35Text	1	1
	Sfx	证券标识后缀	Max16Text	0	1
	Tp	标识类型	IdentificationSource3Choice	1	1

A.224 数据类型：Party9Choice

OR	XML 标签	子元素含义（中文）	子元素类型	最少出现次数	最多出现次数
OR	OrgId	个人或机构识别	PartyIdentification42	1	1
OR	FIId	金融机构（分支机构）身份	BranchAndFinancialInstitution Identification5	1	1

A.225　数据类型：PartyIdentification42

OR	XML 标签	子元素含义（中文）	子元素类型	最少出现次数	最多出现次数
	Nm	名称	Max140Text	0	1
	PstlAdr	邮寄地址	PostalAddress6	0	1
	Id	代码	Party10Choice	0	1
	CtryOfRes	居住国	CountryCode	0	1
	CtctDtls	联系方式	ContactDetails2	0	1

A.226　数据类型：Party10Choice

OR	XML 标签	子元素含义（中文）	子元素类型	最少出现次数	最多出现次数
OR	OrgId	机构识别	OrganisationIdentification7	1	1
OR	PrvtId	个人识别	PersonIdentification5	1	1

A.227　数据类型：PartyIdentification36Choice

OR	XML 标签	子元素含义（中文）	子元素类型	最少出现次数	最多出现次数
OR	AnyBIC	BIC 码	AnyBICIdentifier	1	1
OR	PrtryId	专有标识	GenericIdentification19	1	1

A.228　数据类型：PartyIdentification46Choice

OR	XML 标签	子元素含义（中文）	子元素类型	最少出现次数	最多出现次数
OR	AnyBIC	BIC 码	AnyBICIdentifier	1	1
OR	PrtryId	专有标识	GenericIdentification19	1	1
OR	NmAndAdr	名称地址	NameAndAddress5	1	1

A.229　数据类型：PartyIdentification47Choice

OR	XML 标签	子元素含义（中文）	子元素类型	最少出现次数	最多出现次数
OR	AnyBIC	BIC 编码	AnyBICIdentifier	1	1
OR	PrtryId	专有标识	GenericIdentification19	1	1
OR	NmAndAdr	名称与地址	NameAndAddress5	1	1

A.230　数据类型：PercentagePrice1

OR	XML 标签	子元素含义（中文）	子元素类型	最少出现次数	最多出现次数
	PctgPricTp	百分比价格类型	PriceRateType3Code	1	1
	PricVal	价格价值	PercentageRate	1	1

A.231　数据类型：Period3Choice

OR	XML 标签	子元素含义（中文）	子元素类型	最少出现次数	最多出现次数
OR	Prd	期间	Period4	1	1
OR	PrdCd	期间代码	DateType8Code	1	1

A.232　数据类型：Period4

OR	XML 标签	子元素含义（中文）	子元素类型	最少出现次数	最多出现次数
	StartDt	开始日期	DateFormat18Choice	1	1
	EndDt	结束日期	DateFormat18Choice	1	1

A.233　数据类型：PostalAddress1

OR	XML 标签	子元素含义（中文）	子元素类型	最少出现次数	最多出现次数
	AdrTp	地址类型	AddressType2Code	0	1
	AdrLine	地址线	Max70Text	0	5
	StrtNm	街道名	Max70Text	0	1
	BldgNb	楼牌号	Max16Text	0	1
	PstCd	邮编	Max16Text	0	1
	TwnNm	城镇名	Max35Text	0	1
	CtrySubDvsn	省 / 地区 / 市 / 县	Max35Text	0	1
	Ctry	国家	CountryCode	1	1

A.234　数据类型：PersonIdentification5

OR	XML 标签	子元素含义（中文）	子元素类型	最少出现次数	最多出现次数
	DtAndPlcOfBirth	出生	DateAndPlaceOfBirth	0	1
	Othr	其他	GenericPersonIdentification1	0	无限

A.235 数据类型：PersonIdentificationSchemeName1Choice

OR	XML 标签	子元素含义（中文）	子元素类型	最少出现次数	最多出现次数
OR	Cd	代码	ExternalPersonIdentification1Code	1	1
OR	Prtry	专有代码	Max35Text	1	1

A.236 数据类型：PostalAddress1

OR	XML 标签	子元素含义（中文）	子元素类型	最少出现次数	最多出现次数
	AdrTp	地址类别	AddressType2Code	0	1
	AdrLine	地址线	Max70Text	0	5
	StrtNm	街道名	Max70Text	0	1
	BldgNb	楼牌号	Max16Text	0	1
	PstCd	邮编	Max16Text	0	1
	TwnNm	城镇名	Max35Text	0	1
	CtrySubDvsn	省 / 地区 / 市 / 县	Max35Text	0	1
	Ctry	国家	CountryCode	1	1

A.237 数据类型：PriceDetails3

OR	XML 标签	子元素含义（中文）	子元素类型	最少出现次数	最多出现次数
	ExrcPric	行使价格	PriceFormat23Choice	0	1
	GncCshPricPdPerPdct	每单位产品支付的通用现金价格	PriceFormat19Choice	0	1
	GncCshPricRcvdPerPdct	每单位产品接收的通用现金价格	PriceFormat22Choice	0	1

A.238 数据类型：PostalAddress6

OR	XML 标签	子元素含义（中文）	子元素类型	最少出现次数	最多出现次数
	AdrTp	地址类别	AddressType2Code	0	1
	Dept	部门	Max70Text	0	1
	SubDept	分部	Max70Text	0	1
	StrtNm	街道名	Max70Text	0	1
	BldgNb	楼牌号	Max16Text	0	1
	PstCd	邮编	Max16Text	0	1
	TwnNm	城镇名	Max35Text	0	1

续表

OR	XML 标签	子元素含义（中文）	子元素类型	最少出现次数	最多出现次数
	CtrySubDvsn	省 / 地区 / 市 / 县	Max35Text	0	1
	Ctry	国家	CountryCode	0	1
	AdrLine	地址线	Max70Text	0	7

A.239 数据类型：PriceFormat19Choice

OR	XML 标签	子元素含义（中文）	子元素类型	最少出现次数	最多出现次数
OR	PctgPric	百分比价格	PercentagePrice1	1	1
OR	AmtPric	数量价格	AmountPrice3	1	1
OR	NotSpcfdPric	未指定价格	PriceValueType10Code	1	1

A.240 数据类型：PriceFormat20Choice

OR	XML 标签	子元素含义（中文）	子元素类型	最少出现次数	最多出现次数
OR	PctgPric	百分比价格	PercentagePrice1	1	1
OR	AmtPric	数量价格	AmountPrice3	1	1
OR	NotSpcfdPric	未指定价格	PriceValueType8Code	1	1
OR	AmtPricPerFinInstrmQty	每单位金融工具数量的金额价格	AmountPricePerFinancialInstru-ment Quantity3	1	1
OR	AmtPricPerAmt	每单位数量的金额价格	AmountPricePerAmount2	1	1

A.241 数据类型：PriceFormat22Choice

OR	XML 标签	子元素含义（中文）	子元素类型	最少出现次数	最多出现次数
OR	PctgPric	百分比价格	PercentagePrice1	1	1
OR	AmtPric	数量价格	AmountPrice3	1	1
OR	NotSpcfdPric	未指定价格	PriceValueType10Code	1	1
OR	AmtPricPerFinInstrmQty	每单位金融工具数量的金额价格	AmountPricePerFinancialInstru-mentQuantity3	1	1
OR	AmtPricPerAmt	每单位数量的金额价格	AmountPricePerAmount2	1	1

A.242 数据类型：PriceValueType10Code

枚举值	英文含义	中文含义
UKWN	Unknown	未知

A.243 数据类型：PriceFormat23Choice

OR	XML 标签	子元素含义（中文）	子元素类型	最少出现次数	最多出现次数
OR	PctgPric	百分比价格	PercentagePrice1	1	1
OR	AmtPric	数量价格	AmountPrice3	1	1
OR	NotSpcfdPric	未指定价格	PriceValueType10Code	1	1
OR	IndxPts	指标价格	DecimalNumber	1	1

A.244 数据类型：PriceRateType3Code

枚举值	英文含义	中文含义
DISC	Discount	折价
PRCT	Percentage	百分比
PREM	Premium	溢价
YIEL	Yield	收益率

A.245 数据类型：PriceValueType8Code

枚举值	英文含义	中文含义
NILP	NilPayment	零支付
TBSP	ToBeSpecified	账户持有人指定价格
UKWN	Unknown Price	未知价格
UNSP	Unspecified	未要求账户持有人指定价格

A.246 数据类型：ProcessingPosition1Choice

OR	XML 标签	子元素含义（中文）	子元素类型	最少出现次数	最多出现次数
OR	Cd	代码	ProcessingPosition3Code	1	1
OR	Prtry	专有标识	GenericIdentification20	1	1

A.247 数据类型：ProcessingPosition3Code

枚举值	英文含义	中文含义
AFTE	After	之后

续表

枚举值	英文含义	中文含义
BEFO	Before	之前
INFO	Information	仅作资讯
WITH	With	同时

A.248 数据类型：ProprietaryQuantity3

OR	XML 标签	子元素含义（中文）	子元素类型	最少出现次数	最多出现次数
	ShrtLngPos	正负仓位	ShortLong1Code	0	1
	Qty	数量	DecimalNumber	1	1
	QtyTp	数量类型	Exact4AlphaNumericText	1	1
	Issr	识别码分配人	Max35Text	1	1
	SchmeNm	识别方案名称	Max35Text	0	1

A.249 数据类型：ProprietaryQuantity2

OR	XML 标签	子元素含义（中文）	子元素类型	最少出现次数	最多出现次数
	Qty	数量	DecimalNumber	1	1
	QtyTp	数量类型	Exact4AlphaNumericText	1	1
	Issr	识别码分配人	Max35Text	1	1
	SchmeNm	识别方案名称	Max35Text	0	1

A.250 数据类型：Quantity2Choice

OR	XML 标签	子元素含义（中文）	子元素类型	最少出现次数	最多出现次数
OR	Qty	数量	FinancialInstrumentQuantity1Choice	1	1
OR	PrtryQty	专有数量	ProprietaryQuantity2	1	1

A.251 数据类型：Quantity3Choice

OR	XML 标签	子元素含义（中文）	子元素类型	最少出现次数	最多出现次数
OR	QtyChc	证券数量格式选择	Quantity4Choice	1	1
OR	PrtryQty	专有数量	ProprietaryQuantity3	1	1

A.252 数据类型：Quantity3Code

枚举值	英文含义	中文含义
QALL	AllSecurities	证券所有合格余额
UKWN	UnknownQuantity	未知数量

A.253 数据类型：Quantity4Choice

OR	XML 标签	子元素含义（中文）	子元素类型	最少出现次数	最多出现次数
OR	OrgnlAndCurFaceAmt	初始与当前票面金额	OriginalAndCurrentQuantities2	1	1
OR	SgndQty	带符号数量	SignedQuantityFormat2	1	1

A.254 数据类型：Quantity6Choice

OR	XML 标签	子元素含义（中文）	子元素类型	最少出现次数	最多出现次数
OR	Qty	数量	FinancialInstrumentQuantity1Choice	1	1
OR	OrgnlAndCurFace	资产支持型工具的初始及当前值	OriginalAndCurrentQuantities1	1	1

A.255 数据类型：RateAndAmountFormat14Choice

OR	XML 标签	子元素含义（中文）	子元素类型	最少出现次数	最多出现次数
OR	Rate	比率	PercentageRate	1	1
OR	NotSpcfdRate	未指定比率	RateValueType7Code	1	1
OR	Amt	金额	ActiveCurrencyAnd13DecimalAmount	1	1

A.256 数据类型：QuantityToQuantityRatio1

OR	XML 标签	子元素含义（中文）	子元素类型	最少出现次数	最多出现次数
	Qty1	数量 1（分子）	DecimalNumber	1	1
	Qty2	数量 2（分母）	DecimalNumber	1	1

A.257 数据类型：RateAndAmountFormat15Choice

OR	XML 标签	子元素含义（中文）	子元素类型	最少出现次数	最多出现次数
OR	Amt	金额	ActiveCurrencyAnd13DecimalAmount	1	1
OR	NotSpcfdRate	未指定比率	RateValueType7Code	1	1

A.258 数据类型：RateDetails3

OR	XML 标签	子元素含义（中文）	子元素类型	最少出现次数	最多出现次数
	AddtlTax	额外税率	RateAndAmountFormat14Choice	0	1
	GrssDvddRate	总股息率	GrossDividendRateFormat5Choice	0	无限
	IntrstRateUsdForPmt	实际支付利率	InterestRateUsedForPaymentFormat5 Choice	0	无限
	TaxRltdRate	涉税率	RateTypeAndAmountAndStatus6	0	无限
	WhldgTaxRate	代扣税率	RateFormat6Choice	0	1
	ChrgsFees	收取费用	RateAndAmountFormat14Choice	0	1
	EarlySlctnFeeRate	早期征集费率	SolicitationFeeRateFormat3Choice	0	1
	FnlDvddRate	最终股息率	RateAndAmountFormat15Choice	0	1
	FsclStmp	印花税率	RateFormat6Choice	0	1
	FullyFrnkdRate	完全税务减免率	RateAndAmountFormat14Choice	0	1
	CshIncntivRate	现金激励比率	RateFormat6Choice	0	1
	NetDvddRate	净股息率	NetDividendRateFormat5Choice	0	无限
	NonResdtRate	非居民比率	RateAndAmountFormat14Choice	0	1
	PrvsnlDvddRate	临时分红率	RateAndAmountFormat15Choice	0	1
	AplblRate	适用比率	RateFormat6Choice	0	1
	SlctnFeeRate	征集费率	SolicitationFeeRateFormat3Choice	0	1
	TaxCdtRate	税收抵免率	TaxCreditRateFormat5Choice	0	无限
	TaxOnIncm	所得税	RateFormat6Choice	0	1
	TaxOnPrfts	利得税	RateFormat6Choice	0	1
	TaxRclmRate	可退税比率	RateFormat6Choice	0	1
	WhldgOfFrgnTax	代扣涉外税率	RateAndAmountFormat14Choice	0	1
	WhldgOfLclTax	代扣本地税率	RateAndAmountFormat14Choice	0	1

A.259 数据类型：RateFormat3Choice

OR	XML 标签	子元素含义（中文）	子元素类型	最少出现次数	最多出现次数
OR	Rate	比率	PercentageRate	1	1
OR	NotSpcfdRate	未指定比率	RateType5Code	1	1

A.260 数据类型：RateFormat5Choice

OR	XML 标签	子元素含义（中文）	子元素类型	最少出现次数	最多出现次数
OR	Rate	比率	PercentageRate	1	1
OR	NotSpcfdRate	未指定比率	RateType9Code	1	1

A.261 数据类型：RateFormat6Choice

OR	XML 标签	子元素含义（中文）	子元素类型	最少出现次数	最多出现次数
OR	Rate	比率	PercentageRate	1	1
OR	NotSpcfdRate	未指定比率	RateValueType7Code	1	1

A.262 数据类型：RatioFormat11Choice

OR	XML 标签	子元素含义（中文）	子元素类型	最少出现次数	最多出现次数
OR	QtyToQty	数量与数量比率	QuantityToQuantityRatio1	1	1
OR	NotSpcfdRate	未指定比率	RateValueType7Code	1	1
OR	AmtToAmt	金额与金额比率	AmountToAmountRatio2	1	1

A.263 数据类型：RatioFormat12Choice

OR	XML 标签	子元素含义（中文）	子元素类型	最少出现次数	最多出现次数
OR	QtyToQty	数量与数量比率	QuantityToQuantityRatio1	1	1
OR	NotSpcfdRate	未指定比率	RateValueType7Code	1	1
OR	AmtToAmt	金额与金额比率	AmountToAmountRatio2	1	1
OR	AmtToQty	金额与数量比率	AmountAndQuantityRatio2	1	1
OR	QtyToAmt	数量与金额比率	AmountAndQuantityRatio2	1	1

A.264 数据类型：RateStatus1Choice

OR	XML 标签	子元素含义（中文）	子元素类型	最少出现次数	最多出现次数
OR	Cd	代码	RateStatus1Code	1	1
OR	Prtry	专有标识	GenericIdentification20	1	1

A.265 数据类型：RateStatus1Code

枚举值	英文含义	中文含义
ACTU	ActualRate	实际比率
INDI	IndicativeRate	参考比率

A.266 数据类型：RateTypeAndAmountAndStatus1

OR	XML 标签	子元素含义（中文）	子元素类型	最少出现次数	最多出现次数
	RateTp	比率类型	RateType13Choice	1	1
	Amt	金额	ActiveCurrencyAnd13DecimalAmount	1	1
	RateSts	比率状态	RateStatus1Choice	0	1

A.267 数据类型：RateTypeAndAmountAndStatus3

OR	XML 标签	子元素含义（中文）	子元素类型	最少出现次数	最多出现次数
	RateTp	比率类型	RateType6Choice	1	1
	Amt	金额	ActiveCurrencyAnd13DecimalAmount	1	1
	RateSts	比率状态	RateStatus1Choice	0	1

A.268 数据类型：RateTypeAndAmountAndStatus4

OR	XML 标签	子元素含义（中文）	子元素类型	最少出现次数	最多出现次数
	RateTp	比率类型	RateType7Choice	1	1
	Amt	金额	ActiveCurrencyAnd13DecimalAmount	1	1
	RateSts	比率状态	RateStatus1Choice	0	1

A.269 数据类型：RateTypeAndAmountAndStatus5

OR	XML 标签	子元素含义（中文）	子元素类型	最少出现次数	最多出现次数
	RateTp	金额类型	RateType10Choice	1	1
	Amt	金额	ActiveCurrencyAnd13DecimalAmount	1	1
	RateSts	比率状态	RateStatus1Choice	0	1

A.270 数据类型：RateTypeAndAmountAndStatus6

OR	XML 标签	子元素含义（中文）	子元素类型	最少出现次数	最多出现次数
	RateTp	比率类型	RateType11Choice	1	1
	Amt	金额	ActiveCurrencyAnd13DecimalAmount	1	1
	RateSts	比率状态	RateStatus1Choice	0	1

A.271 数据类型：RateTypeAndAmountAndStatus11

OR	XML 标签	子元素含义（中文）	子元素类型	最少出现次数	最多出现次数
	RateTp	比率类型	RateType17Choice	1	1
	Amt	金额	ActiveCurrencyAnd13DecimalAmount	1	1
	RateSts	比率状态	RateStatus1Choice	0	1

A.272 数据类型：RateType3Code

枚举值	英文含义	中文含义
DISC	Discount	折价
PRCT	Percentage	百分比
PREM	Premium	溢价

A.273 数据类型：RateType5Code

枚举值	英文含义	中文含义
YIEL	Yield	收益率

A.274 数据类型：RateType7Code

枚举值	英文含义	中文含义
SCHD	Scheduled	预定
USCD	Unscheduled	未预定

A.275 数据类型：RateType9Code

枚举值	英文含义	中文含义
ANYA	AnyAndAll	任意

A.276 数据类型：RateType13Code

枚举值	英文含义	中文含义
NILP	NilPayment	零支付
UKWN	Unknown	未知

A.277 数据类型：RateType6Choice

OR	XML 标签	子元素含义（中文）	子元素类型	最少出现次数	最多出现次数
OR	Cd	代码	RateType7Code	1	1
OR	Prtry	专有标识	GenericIdentification20	1	1

A.278 数据类型：RateType7Choice

OR	XML 标签	子元素含义（中文）	子元素类型	最少出现次数	最多出现次数
OR	Cd	代码	NetDividendRateType1Code	1	1
OR	Prtry	专有标识	GenericIdentification20	1	1

A.279 数据类型：RateType11Choice

OR	XML 标签	子元素含义（中文）	子元素类型	最少出现次数	最多出现次数
OR	Cd	代码	TaxType4Code	1	1
OR	Prtry	专有标识	GenericIdentification20	1	1

A.280 数据类型：RateType13Choice

OR	XML 标签	子元素含义（中文）	子元素类型	最少出现次数	最多出现次数
OR	Cd	代码	GrossDividendRateType1Code	1	1
OR	Prtry	专有标识	GenericIdentification20	1	1

A.281 数据类型：RateType17Choice

OR	XML 标签	子元素含义（中文）	子元素类型	最少出现次数	最多出现次数
OR	Cd	代码	DividendRateType1Code	1	1
OR	Prtry	专有标识	GenericIdentification20	1	1

A.282 数据类型：RateValueType7Code

枚举值	英文含义	中文含义
UKWN	Unknown	未知

A.283 数据类型：RenounceableEntitlementStatusTypeFormat1Choice

OR	XML 标签	子元素含义（中文）	子元素类型	最少出现次数	最多出现次数
OR	Cd	代码	RenounceableStatus1Code	1	1
OR	Prtry	专有标识	GenericIdentification20	1	1

A.284 数据类型：RenounceableStatus1Code

枚举值	英文含义	中文含义
NREN	NonRenounceable	不能转售
RENO	Renounceable	可转售

A.285 数据类型：SafekeepingAccountIdentification1Code

枚举值	英文含义	中文含义
GENR	General	普通

A.286 数据类型：SafekeepingPlace1Code

枚举值	英文含义	中文含义
CUST	SharesHeldAtLocalCustodian	本地存管
ICSD	SharesHeldAtICSD	ICSD 存管

续表

枚举值	英文含义	中文含义
NCSD	SharesHeldAtNCSD	NCSD 存管
SHHE	SharesHeldElsewhere	其他地方存管

A.287 数据类型：SafekeepingPlace2Code

枚举值	英文含义	中文含义
ALLP	AllPlaces	所有地方
SHHE	SharesHeldElsewhere	其他地方存管

A.288 数据类型：SafekeepingPlaceFormat2Choice

OR	XML 标签	子元素含义（中文）	子元素类型	最少出现次数	最多出现次数
OR	Id	保管地点识别号	SafekeepingPlaceTypeAndText2	1	1
OR	Ctry	国家代码	CountryCode	1	1
OR	TpAndId	保管地点类型与识别号	SafekeepingPlaceTypeAndAnyBICIdentifier1	1	1
OR	Prtry	专有类型	GenericIdentification21	1	1

A.289 数据类型：SafekeepingPlaceTypeAndAnyBICIdentifier1

OR	XML 标签	子元素含义（中文）	子元素类型	最少出现次数	最多出现次数
	SfkpgPlcTp	保管地点类型	SafekeepingPlace1Code	1	1
	Id	保管地点识别号	AnyBICIdentifier	1	1

A.290 数据类型：SafekeepingPlaceTypeAndText2

OR	XML 标签	子元素含义（中文）	子元素类型	最少出现次数	最多出现次数
	SfkpgPlcTp	保管地点类型	SafekeepingPlace2Code	1	1
	Id	保管地点识别号	Max35Text	0	1

A.291 数据类型：SecuritiesOption15

OR	XML 标签	子元素含义（中文）	子元素类型	最少出现次数	最多出现次数
	MaxExrcblQty	最大行权数量	FinancialInstrumentQuantity1Choice	0	1
	MinExrcblQty	最小行权数量	FinancialInstrumentQuantity1Choice	0	1
	MinExrcblMltplQty	最小行权倍数	FinancialInstrumentQuantity1Choice	0	1
	NewBrdLotQty	新的每手数量	FinancialInstrumentQuantity1Choice	0	1
	NewDnmtnQty	新的面额	FinancialInstrumentQuantity1Choice	0	1
	FrntEndOddLotQty	前端碎股数量	FinancialInstrumentQuantity16Choice	0	1
	BckEndOddLotQty	后端碎股数量	FinancialInstrumentQuantity16Choice	0	1

A.292 数据类型：SecurityDate5

OR	XML 标签	子元素含义（中文）	子元素类型	最少出现次数	最多出现次数
	PmtDt	支付日	DateFormat19Choice	1	1
	AvlblDt	交易日	DateFormat19Choice	0	1
	DvddRnkgDt	分红授权日	DateFormat19Choice	0	1
	EarlstPmtDt	最早支付日	DateFormat19Choice	0	1
	PrpssDt	同等权益日	DateFormat19Choice	0	1

A.293 数据类型：SecuritiesOption14

OR	XML 标签	子元素含义（中文）	子元素类型	最少出现次数	最多出现次数
	SctyDtls	证券详情	FinancialInstrumentAttributes16	1	1
	CdtDbtInd	借贷标识	CreditDebitCode	1	1
	TempFinInstrmInd	临时性金融工具标识	TemporaryFinancialInstrument Indicator1Choice	0	1
	NonElgblPrcdsInd	非合格收益标识	NonEligibleProceedsIndicator1 Choice	0	1
	EntitldQty	授予数量	Quantity6Choice	0	1
	FrctnDspstn	碎股处理	FractionDispositionType1Choice	0	1
	CcyOptn	币种选择	ActiveCurrencyCode	0	1
	TradgPrd	交易期间	Period3Choice	0	1
	DtDtls	日期详情	SecurityDate5		
	RateDtls	比率详情	CorporateActionRate17	0	1
	PricDtls	价格详情	CorporateActionPrice18	0	1

A.294 数据类型：SecuritiesOptionSD1

OR	XML 标签	子元素含义（中文）	子元素类型	最少出现次数	最多出现次数
	PlcAndNm	扩展位置	Max350Text	1	1

A.295 数据类型：SecurityIdentification14

OR	XML 标签	子元素含义（中文）	子元素类型	最少出现次数	最多出现次数
	ISIN	国际证券识别码	ISINIdentifier	0	1
	OthrId	其他识别	OtherIdentification1	0	无限
	Desc	证券文本描述	Max140Text	0	1

A.296 数据类型：ShortLong1Code

枚举值	英文含义	中文含义
LONG	Long	正数
SHOR	Short	负数

A.297 数据类型：SecuritiesMovementSD1

OR	XML 标签	子元素含义（中文）	子元素类型	最少出现次数	最多出现次数
	PlcAndNm	扩展位置	Max350Text	1	1

A.298 数据类型：SecuritiesMovementSecuritySD1

OR	XML 标签	子元素含义（中文）	子元素类型	最少出现次数	最多出现次数
	PlcAndNm	扩展位置	Max350Text	1	1

A.299 数据类型：SignedQuantityFormat1

OR	XML 标签	子元素含义（中文）	子元素类型	最少出现次数	最多出现次数
	ShrtLngPos	正负仓位	ShortLong1Code	1	1
	QtyChc	证券数量格式选择	Quantity2Choice	1	1

A.300 数据类型：SignedQuantityFormat2

OR	XML 标签	子元素含义（中文）	子元素类型	最少出现次数	最多出现次数
	ShrtLngPos	正负仓位	ShortLong1Code	1	1
	Qty	数量	FinancialInstrumentQuantity1Choice	1	1

A.301 数据类型：SolicitationFeeRateFormat3Choice

OR	XML 标签	子元素含义（中文）	子元素类型	最少出现次数	最多出现次数
OR	Rate	比率	PercentageRate	1	1
OR	NotSpcfdRate	未指定比率	RateValueType7Code	1	1
OR	AmtToQty	金额与数量比率	AmountAndQuantityRatio2	1	1

A.302 数据类型：SupplementaryData1

OR	XML 标签	子元素含义（中文）	子元素类型	最少出现次数	最多出现次数
	PlcAndNm	扩展数据位置	Max350Text	0	1
	Envlp	扩展数据配置文件	SupplementaryDataEnvelope1	1	1

A.303 数据类型：TaxCreditRateFormat5Choice

OR	XML 标签	子元素含义（中文）	子元素类型	最少出现次数	最多出现次数
OR	Rate	比率	PercentageRate	1	1
OR	Amt	金额	ActiveCurrencyAnd13DecimalAmount	1	1
OR	RateTpAndAmtAndRateSts	比率类型金额及状态	RateTypeAndAmountAndStatus5	1	1
OR	NotSpcfdRate	未指定比率	RateValueType7Code	1	1

A.304 数据类型：TaxType4Code

枚举值	英文含义	中文含义
WITF	WithholdingOfForeignTax	预扣涉外税
WITL	WithholdingOfLocalTax	预扣本地税

A.305 数据类型：TaxableIncomePerShareCalculatedFormat1Choice

OR	XML 标签	子元素含义（中文）	子元素类型	最少出现次数	最多出现次数
OR	Cd	代码	CorporateActionTaxableIncome Per ShareCalculated1Code	1	1
OR	Prtry	专有标识	GenericIdentification20	1	1

A.306 数据类型：TemporaryFinancialInstrumentIndicator1Choice

OR	XML 标签	子元素含义（中文）	子元素类型	最少出现次数	最多出现次数
OR	TempInd	临时证券标识	YesNoIndicator	1	1
OR	Prtry	专有标识	GenericIdentification20	1	1

A.307 数据类型：UnderlyingSecurityIdentificationSD1

OR	XML 标签	子元素含义（中文）	子元素类型	最少出现次数	最多出现次数
	PlcAndNm	扩展位置	Max350Text	1	1
	DnmtnQty	票面金额	ActiveCurrencyAnd13DecimalAmount	0	1
	IntrstPmtNbPerYear	付息频率（付息次数）	Max3Number	0	1
	IntrstRateSprd	利差	DecimalNumber	0	1
	BrdLotQty	每手数量	DecimalNumber	0	1
	Issr	发行人名称（发行机构）	Max350Text	0	1
	CryoverMthd	结转方式	CarryoverMethodSD1Code	0	1

A.308 数据类型：UpdatedAdditionalInformation1

OR	XML 标签	子元素含义（中文）	子元素类型	最少出现次数	最多出现次数
	UpdDesc	更新描述	Max140Text	0	1
	UpdDt	更新日期	ISODate	0	1
	AddtlInf	附加信息	Max350Text	1	无限

A.309 数据类型：UpdatedAdditionalInformation2

OR	XML 标签	子元素含义（中文）	子元素类型	最少出现次数	最多出现次数
	UpdDesc	更新描述	Max140Text	0	1
	UpdDt	更新日期	ISODate	0	1
	AddtlInf	附加信息	Max8000Text	1	无限

A.310 数据类型：UpdatedAdditionalInformation3

OR	XML 标签	子元素含义（中文）	子元素类型	最少出现次数	最多出现次数
	UpdDesc	更新描述	Max140Text	0	1
	UpdDt	更新日期	ISODate	0	1
	AddtlInf	附加信息	Max350Text	1	1

A.311 数据类型：UpdatedURLInformation

OR	XML 标签	子元素含义（中文）	子元素类型	最少出现次数	最多出现次数
	UpdDesc	更新描述	Max140Text	0	1
	UpdDt	更新日期	ISODate	0	1
	URLAdr	网址	Max256Text	1	1

附录 B
（规范性附录）
扩展类信息报文体应用指导规则

扩展类信息报文体应用指导规则见表 B.1。

表 B.1　扩展类信息报文体应用指导规则

元素含义	项目	内容
CNCASupplementatyData 证券发行人行为信息扩展（根元素）	XML 标签	<CNCANOSDV01>
	路径	CNCANOSDV01
	出现次数	[1..1]
	是否选项	
	数据类型	CNCASuplDataV01
	说明（中文）	对通用类证券发行人行为通知（CANO）或证券发行人行为取消通知（CACN）报文结构的扩展
	说明（英文）	Supplementation to the information regarding corporate action notification（CANO）or the corporate action cancellation advice（CACN）which is not included in the universal data message body
CorporateActionGeneralInformationSupplementation 证券发行人行为基本信息扩展	XML 标签	<CorpActnGnlInfSplmtn>
	路径	CNCANOSDV01\CorpActnGnlInfSplmtn
	出现次数	[0..1]
	是否选项	
	数据类型	GeneralInformationSD1
	说明（中文）	扩展通用类证券发行人行为通知没有涵盖，国内通用的证券发行人行为的基本信息
	说明（英文）	Supplementation to the corporate action general information which is not included in the universal data message body but widely used in Mainland China
PlaceAndName 扩展元素位置	XML 标签	<PlcAndNm>
	路径	CNCANOSDV01\CorpActnGnlInfSplmtn\PlcAndNm
	出现次数	[1..1]
	是否选项	
	数据类型	Max350Text
	说明（中文）	扩展元素在报文中的节点位置（XPath）
	说明（英文）	XPath to the supplementary element

续表

元素含义	项目	内容
EventTypeSupplementation 事件类型扩展	XML 标签	<EvtTpSplmtn>
	路径	CNCANOSDV01\EvtTpSplmtn
	出现次数	[0..1]
	是否选项	
	数据类型	EventTypeSD1
	说明（中文）	当通用类证券发行人行为通知事件类型不足时扩展
	说明（英文）	Supplementation to event types
PlaceAndName 扩展元素位置	XML 标签	<PlcAndNm>
	路径	CNCANOSDV01\EvtTpSplmtn\PlcAndNm
	出现次数	[1..1]
	是否选项	
	数据类型	Max350Text
	说明（中文）	扩展元素在报文中的节点位置（XPath）
	说明（英文）	XPath to the supplementary element
OtherEventType 其他事件类型	XML 标签	<OtherEvtTp>
	路径	CNCANOSDV01\EvtTpSplmtn\OtherEvtTp
	出现次数	[0..1]
	是否选项	
	数据类型	OtherEventTypeSD1Code
	说明（中文）	事件类型代码
	说明（英文）	Code of event types
UnderlyingSecuritySupplementation 标的证券扩展	XML 标签	<UndrlygSctySplmtn>
	路径	CNCANOSDV01\UndrlygSctySplmtn
	出现次数	[0..1]
	是否选项	
	数据类型	UnderlyingSecuritySD1
	说明（中文）	扩展通用类证券发行人行为通知没有涵盖，国内通用的标的证券的基本信息
	说明（英文）	Supplementation to the general information regarding underlying securities which is not included in the universal data message body but widely used in Mainland China
PlaceAndName 扩展位置	XML 标签	<PlcAndNm>
	路径	CNCANOSDV01\UndrlygSctySplmtn\PlcAndNm
	出现次数	[1..1]
	是否选项	
	数据类型	Max350Text
	说明（中文）	扩展元素在报文中的节点位置（XPath）
	说明（英文）	XPath to the supplementary element.
DenominationQuantity 票面金额	XML 标签	<DnmtnQty>
	路径	CNCANOSDV01\UndrlygSctySplmtn\DnmtnQty
	出现次数	[0..1]

续表

元素含义	项目	内容
DenominationQuantity 票面金额	是否选项	
	数据类型	ActiveCurrencyAnd13DecimalAmount
	说明（中文）	标的证券票面所列价值的金额，表示每一单位证券所代表的资本额（如股票）
	说明（英文）	Nominal amount assigned to underlying securities, representing the capital amount per share（stock）or the amount repaid to investors when the bond matures
InterestPaymentNumberPerYear 付息频率（付息次数）	XML 标签	<IntrstPmtNbPerYear>
	路径	CNCANOSDV01\UndrlygSctySplmtn\IntrstPmtNbPerYear
	出现次数	[0..1]
	是否选项	
	数据类型	Max3Number
	说明（中文）	每年支付利息的次数
	说明（英文）	Number of interest payments in a year
InterestRateSpread 利差	XML 标签	<IntrstRateSprd>
	路径	CNCANOSDV01\UndrlygSctySplmtn\IntrstRateSprd
	出现次数	[0..1]
	是否选项	
	数据类型	DecimalNumber
	说明（中文）	浮动债券利差
	说明（英文）	Interest rate spreads for floating rate bonds
BoardLotQuantity 每手数量	XML 标签	<BrdLotQty>
	路径	CNCANOSDV01\UndrlygSctySplmtn\BrdLotQty
	出现次数	[0..1]
	是否选项	
	数据类型	DecimalNumber
	说明（中文）	证券市场规定的，单个交易所包含证券数量的最低限额
	说明（英文）	Minimum quantity of securities defined by a stock exchange as a trading unit
Issuer 发行人名称（发行机构）	XML 标签	<Issr>
	路径	CNCANOSDV01\UndrlygSctySplmtn\Issr
	出现次数	[0..1]
	是否选项	
	数据类型	Max350Text
	说明（中文）	为筹措资金而发行债券、股票等证券的政府及其机构、金融机构、公司和企业
	说明（英文）	Entity that offers financial instruments to raise funds, for example, government bodies, financial institutions, corporate and enterprises, etc
CarryoverMethod 结转方式	XML 标签	<CryoverMthd>
	路径	CNCANOSDV01\UndrlygSctySplmtn\CryoverMthd
	出现次数	[0..1]
	是否选项	
	数据类型	CarryoverMethodSD1Code

续表

元素含义	项目	内容
CarryoverMethod 结转方式	说明（中文）	货币市场基金可以在基金合同中将收益分配的方式约定为红利再投资，并在基金合同中约定收益分配的方式：即是每日结转收益还是按月结转收益
	说明（英文）	(For money market funds) Method whereby dividend is distributed as prescribed in the fund contract in the case of dividend reinvestment, i.e. daily carryover or monthly carryover
AccountDetailsSupplementation 账户扩展信息	XML 标签	<AcctDtlsSplmtn>
	路径	CNCANOSDV01\AcctDtlsSplmtn
	出现次数	[0..1]
	是否选项	
	数据类型	AccountDetailsSD1
	说明（中文）	用于扩展账户信息
	说明（英文）	Supplementation to account details
PlaceAndName 扩展元素位置	XML 标签	<PlcAndNm>
	路径	CNCANOSDV01\AcctDtlsSplmtn\PlcAndNm
	出现次数	[1..1]
	是否选项	
	数据类型	Max35CText
	说明（中文）	扩展元素在报文中的节点位置（XPath）
	说明（英文）	XPath to the supplementary element
IntermediateSecuritySupplementation 中间证券扩展	XML 标签	<IntrmdtSctySplmtn>
	路径	CNCANOSDV01\IntrmdtSctySplmtn
	出现次数	[0..1]
	是否选项	
	数据类型	IntermediateSecuritySD1
	说明（中文）	扩展通用类证券发行人行为通知没有涵盖，国内通用的中间证券的基本信息
	说明（英文）	Supplementation to the general information regarding intermediate securities which is not included in the universal data message body but widely used in Mainland China
PlaceAndName 扩展元素位置	XML 标签	<PlcAndNm>
	路径	CNCANOSDV01\IntrmdtSctySplmtn\PlcAndNm
	出现次数	[1..1]
	是否选项	
	数据类型	Max35CText
	说明（中文）	扩展元素在报文中的节点位置（XPath）
	说明（英文）	XPath to the supplementary element
CorporateActionDetailsSupplementation 证券发行人行为详情扩展	XML 标签	<CorpActnDtlsSplmtn>
	路径	CNCANOSDV01\CorpActnDtlsSplmtn
	出现次数	[0..1]
	是否选项	
	数据类型	CorporateActionSD1

续表

元素含义	项目	内容
CorporateActionDetailsSupplementation 证券发行人行为详情扩展	说明（中文）	扩展通用类证券发行人行为通知没有涵盖，国内通用的证券发行人行为的详情
	说明（英文）	Supplementation to the information regarding corporate action details which is not included in the universal data message body but widely used in Mainland China
PlaceAndName 扩展元素位置	XML 标签	<PlcAndNm>
	路径	CNCANOSDV01\CorpActnDtlsSplmtn\PlcAndNm
	出现次数	[1..1]
	是否选项	
	数据类型	Max350Text
	说明（中文）	扩展元素在报文中的节点位置（XPath）
	说明（英文）	XPath to the supplementary element
AgendaList 议案列表	XML 标签	<AgendaList>
	路径	CNCANOSDV01\CorpActnDtlsSplmtn\AgendaList
	出现次数	[0..1]
	是否选项	
	数据类型	AgendaListSD1
	说明（中文）	具有法定提案权的证券持有人向发行人提出进行审议并作出决定的议事原案列表
	说明（英文）	List of agendas
Agenda 议案	XML 标签	<Agenda>
	路径	CNCANOSDV01\CorpActnDtlsSplmtn\AgendaList\Agenda
	出现次数	[1..*]
	是否选项	
	数据类型	Max350Text
	说明（中文）	具有法定提案权的证券持有人向发行人提出进行审议并作出决定的议事原案
	说明（英文）	Proposal submitted to the issuer for consideration and determination by entitled securities holders
PreemptiveSubscriptionCode 优先配售代码	XML 标签	<PrmpsbcptCd>
	路径	CNCANOSDV01\CorpActnDtlsSplmtn\PrmpsbcptCd
	出现次数	[0..1]
	是否选项	
	数据类型	Max16Text
	说明（中文）	享有优先配售权的证券持有人行使相关权利时使用的代码
	说明（英文）	Subscription code used by securities holders entitled to preemptive rights in implementation of their rights
MeetingVenue 会议地点	XML 标签	<MeetVenue>
	路径	CNCANOSDV01\CorpActnDtlsSplmtn\MeetVenue
	出现次数	[0..1]
	是否选项	
	数据类型	Max350Text
	说明（中文）	召开会议的具体地址
	说明（英文）	Place where the meeting is held

续表

元素含义	项目	内容
MeetingName 会议名称	XML 标签	<MeetNm>
	路径	CNCANOSDV01\CorpActnDtlsSplmtn\MeetNm
	出现次数	[0..1]
	是否选项	
	数据类型	Max350Text
	说明（中文）	会议的名称
	说明（英文）	Short textual description of the meeting
CorporateActionDateDetailsSupplementation 证券发行人行为日期详情扩展	XML 标签	<CorpActnDtDtlsSplmtn>
	路径	CNCANOSDV01\CorpActnDtDtlsSplmtn
	出现次数	[0..1]
	是否选项	
	数据类型	CorporateActionDateSD1
	说明（中文）	通用类证券发行人行为通知未涵盖但国内通用的证券发行人行为相关日期详情
	说明（英文）	Supplementation to the information regarding corporate action date details which is not included in the universal data message body but widely used in Mainland China
PlaceAndName 扩展元素位置	XML 标签	<PlcAndNm>
	路径	CNCANOSDV01\CorpActnDtDtlsSplmtn\PlcAndNm
	出现次数	[1..1]
	是否选项	
	数据类型	Max350Text
	说明（中文）	扩展元素在报文中的节点位置（XPath）
	说明（英文）	XPath to the supplementary element
OnlineVotingViaTradingSystem 交易系统网络投票日期	XML 标签	<OnlnVotViaTrdSytm>
	路径	CNCANOSDV01\CorpActnDtDtlsSplmtn\OnlnVotViaTrdSytm
	出现次数	[0..1]
	是否选项	
	数据类型	ISODate
	说明（中文）	证券持有人可以在交易时间内通过证券交易所的交易系统行使表决权的日期
	说明（英文）	Date on which securities holders may exercise voting rights via the trading systems of stock exchanges within trading hours
CorporateActionPeriodDetailsSupplementation 证券发行人行为期间详情扩展	XML 标签	<CorpActnPrdDtlsSplmtn>
	路径	CNCANOSDV01\CorpActnPrdDtlsSplmtn
	出现次数	[0..1]
	是否选项	
	数据类型	CorporateActionPeriodSD1
	说明（中文）	扩展通用类证券发行人行为通知没有涵盖，国内通用的证券发行人行为相关的期间详情
	说明（英文）	Supplementation to the information regarding corporate action period details which is not included in the universal data message body but widely used in Mainland China

续表

元素含义	项目	内容
PlaceAndName 扩展元素位置	XML 标签	<PlcAndNm>
	路径	CNCANOSDV01\CorpActnPrdDtlsSplmtn\PlcAndNm
	出现次数	[1..1]
	是否选项	
	数据类型	Max350Text
	说明（中文）	扩展元素在报文中的节点位置（XPath）
	说明（英文）	XPath to the supplementary element
InternetOnlineVotingPeriod 网络投票期	XML 标签	<OnlnVotPrd>
	路径	CNCANOSDV01\CorpActnPrdDtlsSplmtn\OnlnVotPrd
	出现次数	[0..1]
	是否选项	
	数据类型	PeriodSD1
	说明（中文）	证券持有人可以通过上市公司股东大会互联网投票系统行使表决权的起始日期（和时间）与结束日期（和时间）
	说明（英文）	Period during which securities holders may exercise voting rights via the Internet Voting System for Listed Companies' General Meetings
ConditionSatisfiedPeriod 触发回售条款的交易期	XML 标签	<CondSatsfPrd>
	路径	CNCANOSDV01\CorpActnPrdDtlsSplmtn\CondSatsfPrd
	出现次数	[0..1]
	是否选项	
	数据类型	PeriodSD1
	说明（中文）	触发回售条款生效的交易起始日与交易截止日。回售条款是指发行人股票价格在一段时间内连续低于转股价格达到某一幅度时，标的证券持有人可按事先约定的价格将所持有的全部或部分证券卖还给发行人
	说明（英文）	Trading period during which resale terms are triggered to become effective. The resale terms specify when the stock trading price falls below the conversion price to a certain extent within certain trading days, holders of the underlying securities are entitled to sell their entire or partial holdings to the issuer at the prescribed price
CorporateActionPriceDetails Supplementation 证券发行人行为价格详情扩展	XML 标签	<CorpActnPricDtlsSplmtn>
	路径	CNCANOSDV01\CorpActnPricDtlsSplmtn
	出现次数	[0..1]
	是否选项	
	数据类型	CorporateActionPriceSD1
	说明（中文）	扩展通用类证券发行人行为通知没有涵盖，国内通用的证券发行人行为相关的价格详情
	说明（英文）	Supplementation to the information regarding corporate action price details which is not included in the universal data message body but widely used in Mainland China
PlaceAndName 扩展元素位置	XML 标签	<PlcAndNm>
	路径	CNCANOSDV01\CorpActnPricDtlsSplmtn\PlcAndNm
	出现次数	[1..1]
	是否选项	

续表

元素含义	项目	内容
PlaceAndName 扩展元素位置	数据类型	Max350Text
	说明（中文）	扩展元素在报文中的节点位置（XPath）
	说明（英文）	XPath to the supplementary element
PreviousExercisePrice 变更前行权价格	XML 标签	<PrvsExrcPric>
	路径	CNCANOSDV01\CorpActnPricDtlsSplmtn\PrvsExrcPric
	出现次数	[0..1]
	是否选项	
	数据类型	ActiveCurrencyAnd13DecimalAmount
	说明（中文）	未经调整的行权价格。根据证券交易所的相关规定，标的证券发生除权、除息，权证的行权价格、行权比例作相应调整
	说明（英文）	Exercise price before any changes made. As stipulated by stock exchanges, corresponding changes shall be made to the exercise price and the exercise ratio of warrants when ex-date of the underlying securities occurs
AdjustedExercisePrice 变更后行权价格	XML 标签	<AdjstExrcPric>
	路径	CNCANOSDV01\CorpActnPricDtlsSplmtn\AdjstExrcPric
	出现次数	[0..1]
	是否选项	
	数据类型	ActiveCurrencyAnd13DecimalAmount
	说明（中文）	经调整后的行权价格。根据证券交易所的相关规定，标的证券发生除权、除息的，权证的发行人或保荐人应对权证的行权价格、行权比例作相应调整
	说明（英文）	Exercise price after changes made. As stipulated by stock exchanges, corresponding changes shall be made to the exercise price and the exercise ratio of warrants when ex-date of the underlying securities occurs
CorporateActionSecuritiesQuantitySupplementation 证券发行人行为证券数量扩展	XML 标签	<CorpActnSctiesQtySplmtn>
	路径	CNCANOSDV01\CorpActnSctiesQtySplmtn
	出现次数	[0..1]
	是否选项	
	数据类型	CorporateActionQuantitySD1
	说明（中文）	通用类证券发行人行为通知未涵盖但国内通用的证券发行人行为相关的证券数量信息
	说明（英文）	Supplementation to the information regarding corporate action securities quantity which is not included in the universal data message body but widely used in Mainland China
PlaceAndName 扩展元素位置	XML 标签	<PlcAndNm>
	路径	CNCANOSDV01\CorpActnSctiesQtySplmtn\PlcAndNm
	出现次数	[1..1]
	是否选项	
	数据类型	Max350Text
	说明（中文）	扩展元素在通用类报文中的节点位置（XPath）
	说明（英文）	XPath to the supplementary element
CirculationQuantity 上市流通数量	XML 标签	<CircutnQty>
	路径	CNCANOSDV01\CorpActnSctiesQtySplmtn\CircutnQty

续表

元素含义	项目	内容
CirculationQuantity 上市流通数量	出现次数	[0..1]
	是否选项	
	数据类型	DecimalNumber
	说明（中文）	新发行证券或新增股份可以在证券交易所上市交易的证券数量或锁定期满后可以在证券交易所上市交易的证券数量
	说明（英文）	Quantity of securities allowed to trade in the stock exchanges，for example，IPO，newly issued shares or when lock-up period ends
TotalIssueQuantity 总发行数量	XML 标签	<TtlIssueQty>
	路径	CNCANOSDV01\CorpActnSctiesQtySplmtn\TtlIssueQty
	出现次数	[0..1]
	是否选项	
	数据类型	DecimalNumber
	说明（中文）	新发行的金融工具的总量
	说明（英文）	Total quantity of newly issued financial instruments.
CorporateActionRateAndAmountDetailsSupplementation 证券发行人行为比率与金额详情扩展	XML 标签	<CorpActnRateAndAmtDtlsSplmtn>
	路径	CNCANOSDV01\CorpActnRateAndAmtDtlsSplmtn
	出现次数	[0..1]
	是否选项	
	数据类型	CorporateActionRateSD1
	说明（中文）	扩展通用类证券发行人行为通知没有涵盖，国内通用的证券发行人行为相关的比率与金额信息
	说明（英文）	Supplementation to the information regarding corporate action rate and amount details which is not included in the universal data message body but widely used in Mainland China
PlaceAndName 扩展元素位置	XML 标签	<PlcAndNm>
	路径	CNCANOSDV01\CorpActnRateAndAmtDtlsSplmtn\PlcAndNm
	出现次数	[1..1]
	是否选项	
	数据类型	Max350Text
	说明（中文）	扩展元素在报文中的节点位置（XPath）
	说明（英文）	XPath to the supplementary element
OptionDetailsSupplementation 证券发行人行为选项详情扩展	XML 标签	<OptnDtlsSplmtn>
	路径	CNCANOSDV01\OptnDtlsSplmtn
	出现次数	[0..*]
	是否选项	
	数据类型	CorporateActionOptionSD1
	说明（中文）	扩展通用类证券发行人行为通知没有涵盖，国内通用的证券发行人行为选项详情
	说明（英文）	Supplementation to the information regarding option details which is not included in the universal data message body but widely used in Mainland China

续表

元素含义	项目	内容
PlaceAndName 扩展元素位置	XML 标签	<PlcAndNm>
	路径	CNCANOSDV01\OptnDtlsSplmtn\PlcAndNm
	出现次数	[1..1]
	是否选项	
	数据类型	Max350Text
	说明（中文）	扩展元素在报文中的节点位置（XPath）
	说明（英文）	XPath to the supplementary element
ConversionCode 转股代码	XML 标签	<ConvsCd>
	路径	CNCANOSDV01\OptnDtlsSplmtn\ConvsCd
	出现次数	[0..1]
	是否选项	
	数据类型	Max16Text
	说明（中文）	可转换公司债券实施转股事宜时使用的转股代码（如适用）
	说明（英文）	Conversion code used in the debt-to-equity conversion of convertible corporate bonds (if applicable)
ExerciseCode 行权代码	XML 标签	<ExrcCd>
	路径	CNCANOSDV01\OptnDtlsSplmtn\ExrcCd
	出现次数	[0..1]
	是否选项	
	数据类型	Max16Text
	说明（中文）	权利享有人行权时使用的代码
	说明（英文）	Code used by entitled holders when they exercise their rights
ExerciseAbbreviation 行权简称	XML 标签	<ExrcAbbr>
	路径	CNCANOSDV01\OptnDtlsSplmtn\ExrcAbbr
	出现次数	[0..1]
	是否选项	
	数据类型	Max16Text
	说明（中文）	行权代码对应的名称
	说明（英文）	Abbreviation in correspondence with the exercise code
OptionDateDetailsSupplementation 证券持有人对该事件权利相关日期的扩展	XML 标签	<OptnDtDtlsSplmtn>
	路径	CNCANOSDV01\OptnDtDtlsSplmtn
	出现次数	[0..*]
	是否选项	
	数据类型	OptionDateSD1
	说明（中文）	扩展证券持有人对该事件权利的相关日期详情
	说明（英文）	Supplementation to the information regarding option date details which is not included in the universal data message body but widely used in Mainland China
PlaceAndName 扩展元素位置	XML 标签	<PlcAndNm>
	路径	CNCANOSDV01\OptnDtDtlsSplmtn\PlcAndNm

续表

元素含义	项目	内容
PlaceAndName 扩展元素位置	出现次数	[1..1]
	是否选项	
	数据类型	Max350Text
	说明（中文）	扩展元素在报文中的节点位置（XPath）
	说明（英文）	XPath to the supplementary element
OptionPeriodDetails Supplementation 证券持有人对该事件权利相关期间的扩展	XML 标签	<OptnPrdDtlsSplmtn>
	路径	CNCANOSDV01\OptnPrdDtlsSplmtn
	出现次数	[0..*]
	是否选项	
	数据类型	OptionPeriodSD1
	说明（中文）	扩展证券持有人对该事件权利的相关期间详情
	说明（英文）	Supplementation to the information regarding option period details which is not included in the universal data message body but widely used in Mainland China
PlaceAndName 扩展元素位置	XML 标签	<PlcAndNm>
	路径	CNCANOSDV01\OptnPrdDtlsSplmtn\PlcAndNm
	出现次数	[1..1]
	是否选项	
	数据类型	Max350Text
	说明（中文）	扩展元素在报文中的节点位置（XPath）
	说明（英文）	XPath to the supplementary element
OptionRateDetailsSupplementation 证券持有人对该事件权利相关比率的扩展	XML 标签	<OptnRateAndAmtDtlsSplmtn>
	路径	CNCANOSDV01\OptnRateAndAmtDtlsSplmtn
	出现次数	[0..*]
	是否选项	
	数据类型	OptionRateSD1
	说明（中文）	扩展证券持有人对该事件权利的相关比率与数量详情
	说明（英文）	Supplementation to the information regarding option rate details which is not included in the universal data message body but widely used in Mainland China
PlaceAndName 扩展元素位置	XML 标签	<PlcAndNm>
	路径	CNCANOSDV01\OptnRateAndAmtDtlsSplmtn\PlcAndNm
	出现次数	[1..1]
	是否选项	
	数据类型	Max350Text
	说明（中文）	扩展元素在报文中的节点位置（XPath）
	说明（英文）	XPath to the supplementary element
OptionPriceDetailsSupplementation 证券持有人对该事件权利相关价格的扩展	XML 标签	<OptnPricDtlsSplmtn>
	路径	CNCANOSDV01\OptnPricDtlsSplmtn
	出现次数	[0..*]
	是否选项	

续表

元素含义	项目	内容
OptionPriceDetails Supplementation 证券持有人对该事件权利相关价格的扩展	数据类型	OptionPriceSD1
	说明（中文）	扩展证券持有人对该事件权利的相关价格详情
	说明（英文）	Supplementation to the information regarding option price details which is not included in the universal data message body but widely used in Mainland China
PlaceAndName 扩展元素位置	XML 标签	<PlcAndNm>
	路径	CNCANOSDV01\OptnPricDtlsSplmtn\PlcAndNm
	出现次数	[1..1]
	是否选项	
	数据类型	Max350Text
	说明（中文）	扩展元素在报文中的节点位置（XPath）
	说明（英文）	XPath to the supplementary element
OptionSecuritiesQuantity Supplementation 证券发行人行为选项证券数量扩展	XML 标签	<OptnSctiesQtySplmtn>
	路径	CNCANOSDV01\OptnSctiesQtySplmtn
	出现次数	[0..*]
	是否选项	
	数据类型	SecuritiesOptionSD1
	说明（中文）	扩展通用类证券发行人行为通知没有涵盖，国内通用的证券发行人行为选项的相关证券数量信息
	说明（英文）	Supplementation to the information regarding option securities quantity which is not included in the universal data message body but widely used in Mainland China
PlaceAndName 扩展元素位置	XML 标签	<PlcAndNm>
	路径	CNCANOSDV01\OptnSctiesQtySplmtn\PlcAndNm
	出现次数	[1..1]
	是否选项	
	数据类型	Max350Text
	说明（中文）	扩展元素在报文中的节点位置（XPath）
	说明（英文）	XPath to the supplementary element.
SecuritiesMovement DetailsSupplementation 证券变动详情扩展	XML 标签	<SctiesMvmntDtlsSplmtn>
	路径	CNCANOSDV01\SctiesMvmntDtlsSplmtn
	出现次数	[0..*]
	是否选项	
	数据类型	SecuritiesMovementSD1
	说明（中文）	扩展通用类证券发行人行为通知没有涵盖，国内通用的证券变动详情
	说明（英文）	Supplementation to the information regarding securities movement details which is not included in the universal data message body but widely used in Mainland China
PlaceAndName 扩展元素位置	XML 标签	<PlcAndNm>
	路径	CNCANOSDV01\SctiesMvmntDtlsSplmtn\PlcAndNm
	出现次数	[1..1]
	是否选项	
	数据类型	Max350Text

续表

元素含义	项目	内容
PlaceAndName 扩展元素位置	说明（中文）	扩展元素在报文中的节点位置（XPath）
	说明（英文）	XPath to the supplementary element
SecuritiesMovementSecurity Supplementation 证券变动证券扩展	XML 标签	<SctiesMvmntSctySplmtn>
	路径	CNCANOSDV01\SctiesMvmntSctySplmtn
	出现次数	[0..*]
	是否选项	
	数据类型	SecuritiesMovementSecuritySD1
	说明（中文）	扩展通用类证券发行人行为通知没有涵盖，国内通用的证券变动相关的证券信息
	说明（英文）	Supplementation to the security information regarding securities movement which is not included in the universal data message body but widely used in Mainland China
PlaceAndName 扩展元素位置	XML 标签	<PlcAndNm>
	路径	CNCANOSDV01\SctiesMvmntSctySplmtn\PlcAndNm
	出现次数	[1..1]
	是否选项	
	数据类型	Max350Text
	说明（中文）	扩展元素在报文中的节点位置（XPath）
	说明（英文）	XPath to the supplementary element
CashMovementDetails Supplementation 现金变动详情扩展	XML 标签	<CshMvmntDtlsSplmtn>
	路径	CNCANOSDV01\CshMvmntDtlsSplmtn
	出现次数	[0..*]
	是否选项	
	数据类型	CashMovementSD1
	说明（中文）	扩展通用类证券发行人行为通知没有涵盖，国内通用的现金变动详情
	说明（英文）	Supplementation to the information regarding cash movement details which is not included in the universal data message body but widely used in Mainland China
PlaceAndName 扩展元素位置	XML 标签	<PlcAndNm>
	路径	CNCANOSDV01\CshMvmntDtlsSplmtn\PlcAndNm
	出现次数	[1..1]
	是否选项	
	数据类型	Max350Text
	说明（中文）	扩展元素在报文中的节点位置（XPath）
	说明（英文）	XPath to the supplementary element
ExternalCommentsSupplementation 其他备注信息	XML 标签	<XtrnlCmntsSplmtn>
	路径	CNCANOSDV01\XtrnlCmntsSplmtn
	出现次数	[0..1]
	是否选项	
	数据类型	CorporateActionCancellationSD1
	说明（中文）	其他备注信息
	说明（英文）	Additional textual information regarding the corporate action event

续表

元素含义	项目	内容
PlaceAndName 扩展位置	XML 标签	<PlcAndNm>
	路径	CNCANOSDV01\XtrnlCmntsSplmtn\PlcAndNm
	出现次数	[1..1]
	是否选项	
	数据类型	Max350Text
	说明（中文）	扩展元素在报文中的节点位置（XPath）
	说明（英文）	XPath to the supplementary element
ExternalComments 备注内容	XML 标签	<XtrnlCmnts>
	路径	CNCANOSDV01\XtrnlCmntsSplmtn\XtrnlCmnts
	出现次数	[0..1]
	是否选项	
	数据类型	Max8000Text
	说明（中文）	其他说明事项
	说明（英文）	Contents of external comments

附录 C
（资料性附录）
证券发行人行为信息分类业务指导

C.1 证券上市（ACTV）

证券上市（ACTV）MT564 报文规范和 XML 格式报文规范分别如表 C.1 和表 C.2 所示。

示例：

XXX 股份有限公司 2011 年 11 月 21 日公告：SSS 交易所同意本公司发行的人民币普通股票在 SSS 交易所上市，股票简称“BBB”，股票代码“AAA”，其中本次发行网上定价发行的 2135 万股股票将于 2011 年 11 月 22 日起上市交易，网下定下发行的 532 万股三个月后可上市交易。

表 C.1 证券上市（ACTV）MT564 报文规范

数据信息	数据标签	内容格式	数据样例	必填（M）/ 可选（O）
基本信息块（General Information）				M
块开始	16R	GENL	：16R：GENL	M
报文编号	20C	：4!c//16x	：20C：：SEME//1308801	M
事件标识	20C	：4!c//16x	：20C：：CORP//AAA27995ACTV	M
通知类别	23G	4!c[/4!c]	：23G：NEWM	M
事件类型	22F	：4!c/[8c]/4!c	：22F：：CAEV//ACTV	M
事件是否含权	22F	：4!c/[8c]/4!c	：22F：：CAMV//MAND	M
报文创建日期	98a	A or C	：98A：：PREP//20111121	O
事件完整性状态	25D	：4!c/[8c]/4!c	：25D：：PROC//COMP	M
块结束	16S	GENL	：16S：GENL	M
标的证券块（Underlying Securities）				M
块开始	16R	USECU	：16R：USECU	M
标的证券信息	35B	[ISIN1!e12!c] [4*35x]	：35B：/CN/ AAA BBB A-SHARE	M
账户信息块（Account Information）				M
块开始	16R	ACCTINFO	：16R：ACCTINFO	M
账户信息	97a	A or C	：97C：：SAFE//GENR	M
块结束	16S	ACCTINFO	：16S：ACCTINFO	M
块结束	16S	USECU	：16S：USECU	M
证券发行人行为详情块（Corporate Action Details）				O
块开始	16R	CADETL	：16R：CADETL	M
公告日期	98a	A，B，C，or D	：98A：：ANOU//20111121	O

续表

数据信息	数据标签	内容格式	数据样例	必填（M）/ 可选（O）
生效日期	98a	A，B，C，or D	：98A：：EFFD//20111122	O
权益登记日	98a	A，B，C，or D	：98A：：RDTE//20111121	O
块结束	16S	CADETL	：16S：CADETL	M
附加信息块（Additional Information）				O
块开始	16R	ADDINFO	：16R：ADDINFO	M
附加文本	70F	：4!c//10*35x	：70F：：ADTX//DETAILS	O
块结束	16S	ADDINFO	：16R：ADDINFO	M

表 C.2　证券上市（ACTV）XML 格式报文规范

数据信息	数据标签	数据样例	必填（M）/ 可选（O）
报文开始	<RequestPayload>	<RequestPayload>	M
报文头部分			M
报文头开始	<head：AppHdr>	<head：AppHdr>	M
报文发送方	<head：Fr>	<head：Fr> <head：OrgId> <head：Id> <head：OrgId> <head：AnyBIC>SZSICNB0XXX</head：AnyBIC> </head：OrgId> </head：Id> </head：OrgId> </head：Fr>	M
报文接收方	<head：To>	<head：To> <head：OrgId> <head：Id> <head：OrgId> <head：AnyBIC>SZSICNB0XXX</head：AnyBIC> </head：OrgId> </head：Id> </head：OrgId> </head：To>	M
报文编号	<head：BizMsgIdr>	<head：BizMsgIdr>1308801</head：BizMsgIdr>	M
报文类别	<head：MsgDefIdr>	<head：MsgDefIdr>seev.031.001.02</head：MsgDefIdr>	M
报文创建时间	<head：CreDt>	<head：CreDt>2011-11-21T12：30：00Z</head：CreDt>	M
报文头结束	</head：AppHdr>	</head：AppHdr>	M
报文体部分			M
报文体开始	<cano：Document>	<cano：Document>	M
证券发行人行为通知开始	<cano：CorpActnNtfctn>	<cano：CorpActnNtfctn>	M
通知基本信息部分			M
通知基本信息部分开始	<cano:NtfctnGnlInf>	<cano:NtfctnGnlInf>	M
通知类别	<cano:NtfctnTp>	<cano:NtfctnTp>NEWM</cano:NtfctnTp>	M

续表

数据信息	数据标签	数据样例	必填（M）/可选（O）
通知处理状态	<cano:PrcgSts>	<cano:PrcgSts> <cano:Cd> <cano:EvtCmpltnsSts>COMP</cano:EvtCmpltnsSts> <cano:EvtConfSts>CONF</cano:EvtConfSts> </cano:Cd> </cano:PrcgSts>	M
通知基本信息部分结束	</cano:NtfctnGnlInf>	</cano:NtfctnGnlInf>	M
证券发行人行为基本信息部分			M
证券发行人行为基本信息部分开始	<cano:CorpActnGnlInf>	<cano:CorpActnGnlInf>	M
事件标识	<cano：CorpActnEvtId>	<cano:CorpActnEvtId>XXX7995ACTV</cano:CorpActnEvtId>	M
事件类型	<cano：EvtTp>	<cano:EvtTp> <cano:Cd>ACTV</cano:Cd> </cano:EvtTp>	M
事件是否含权	<cano：MndtryVlntryEvtTp>	<cano:MndtryVlntryEvtTp> <cano:Cd>MAND</cano:Cd> </cano:MndtryVlntryEvtTp>	M
标的证券信息	<cano：UndrlygScty>	<cano：UndrlygScty> <cano：FinInstrmId> <cano：OthrId> <cano：Id>XXX</cano：Id> <cano：Tp> <cano：Cd>CN</cano：Cd> </cano：Tp> </cano：OthrId> <cano：Desc>BBB A-SHARE</cano：Desc> </cano：FinInstrmId> <cano：PlcOfListg> <cano：MktIdrCd>ZZZ</cano：MktIdrCd> </cano：PlcOfListg> </cano：UndrlygScty>	M
证券发行人行为基本信息部分结束	</cano:CorpActnGnlInf>	</cano:CorpActnGnlInf>	M
账户信息部分			M
账户信息	<cano:AcctDtls>	<cano:AcctDtls> <cano:ForAllAccts> <cano:IdCd>GENR</cano:IdCd> </cano:ForAllAccts> </cano:AcctDtls>	M
证券发行人行为详情部分			O
证券发行人行为详情部分开始	<cano:CorpActnDtls>	<cano:CorpActnDtls>	M
证券发行人行为日期详情部分开始	<cano:DtDtls>	<cano:DtDtls>	M

续表

数据信息	数据标签	数据样例	必填（M）/可选（O）
公告日期	<cano:AnncmntDt>	<cano:AnncmntDt> <cano:Dt> <cano:Dt>2011-11-21</cano:Dt> </cano:Dt> </cano:AnncmntDt>	O
生效日期	<cano:FctvDt>	<cano:FctvDt> <cano:Dt> <cano:Dt>2011-11-22</cano:Dt> </cano:Dt> </cano:FctvDt>	O
权益登记日	<cano:RcrdDt>	<cano:RcrdDt> <cano:Dt> <cano:Dt>2011-11-21</cano:Dt> </cano:Dt> </cano:RcrdDt>	O
证券发行人行为日期详情部分结束	</cano:DtDtls>	</cano:DtDtls>	M
证券发行人行为详情部分结束	</cano:CorpActnDtls>	</cano:CorpActnDtls>	M
附加信息部分			0
附加信息部分开始	<cano:AddtlInf>	<cano:AddtlInf>	M
附加文本	<cano:AddtlTxt>	<cano:AddtlTxt> <cano:AddtlInf>DETAILS</cano:AddtlInf> </cano:AddtlTxt>	0
附加信息部分结束	</cano:AddtlInf>	</cano:AddtlInf>	M
扩展信息部分			0
扩展信息部分开始	<cano:SplmtryData>	<cano:SplmtryData>	M
可流通股数，发行总股数	<cano:Envlp>	<cano:Envlp> <casupl:CNCASDV01> <casupl:CorpActnSctiesQtySplmtn> <casupl:PlcAndNm>/RequestPayload/Document/CorpActnNtfctn/CorpActnDtls/SctiesQty</casupl:PlcAndNm> <casupl:CircutnQty>21350000</casupl:CircutnQty> <casupl:TtlIssueQty>26670000</casupl:TtlIssueQty> </casupl:CorpActnSctiesQtySplmtn> </casupl:CNCASDV01> </cano:Envlp>	M
扩展信息部分结束	</cano:SplmtryData>	</cano:SplmtryData>	M
证券发行人行为通知结束	</cano:CorpActnNtfctn>	</cano:CorpActnNtfctn>	M
报文体结束	</cano:Document>	</cano:Document>	M
报文结束	</RequestPayload>	</RequestPayload>	M

C.2 赠送红股（BONU）

赠送红股（BONU）MT564 报文规范和 XML 格式报文规范分别如表 C.3 和表 C.4 所示。

示例：

XXX 股份有限公司（股票代码：AAA，证券简称：BBB，ISIN：CCC）2011 年 11 月 1 日公告：本公司 2011 年半年度资本公积金转增股本方案为：以公司现有总股本 493300000 股为基数，以资本公积金向全体股东每 10 股转增 10 股，分红后总股本增至 986600000 股。本次权益分派股权登记日为 2011 年 11 月 7 日，除权除息日为 2011 年 11 月 8 日，到账日为 2011 年 11 月 8 日。

表 C.3 赠送红股（BONU）MT564 报文规范

数据信息	数据标签	内容格式	数据样例	必填（M）/可选（O）
基本信息块（General Information）				M
块开始	16R	GENL	：16R：GENL	M
报文编号	20C	：4!c//16x	：20C：：SEME//1324301	M
事件标识	20C	：4!c//16x	：20C：：CORP//AAA7974BONU	M
通知类别	23G	4!c[/4!c]	：23G：NEWM	M
事件类型	22F	：4!c/[8c]/4!c	：22F：：CAEV//BONU	M
事件是否含权	22F	：4!c/[8c]/4!c	：22F：：CAMV//MAND	M
报文创建日期	98a	A or C	：98A：：PREP//20111121	O
事件完整性状态	25D	：4!c/[8c]/4!c	：25D：：PROC//COMP	M
块结束	16S	GENL	：16S：GENL	M
标的证券块（Underlying Securities）				M
块开始	16R	USECU	：16R：USECU	M
标的证券信息	35B	[ISIN1!e12!c] [4*35x]	：35B：ISIN CCC BBB A-SHARE	M
账户信息块（Account Information）				M
块开始	16R	ACCTINFO	：16R：ACCTINFO	M
账户信息	97a	A or C	：97C：：SAFE//GENR	M
块结束	16S	ACCTINFO	：16S：ACCTINFO	M
块结束	16S	USECU	：16S：USECU	M
证券发行人行为详情块（Corporate Action Details）				O
块开始	16R	CADETL	：16R：CADETL	M
公告日期	98a	A，B，C，or D	：98A：：ANOU//20111101	O
除权日	98a	A，B，C，or D	：98A：：XDTE//20111108	O
权益登记日	98a	A，B，C，or D	：98A：：RDTE//20111107	O
分红类型（中期分红）	：22F	：4!c/[8c]/4!c	：22F：：DIVI//INTE	M
块结束	16S	CADETL	：16S：CADETL	M

续表

数据信息	数据标签	内容格式	数据样例	必填（M）/可选（O）
证券发行人行为选项块（Corporate Action Options）				O
块开始	16R	CAOPTN	：16R：CAOPTN	M
选项编号	13A	：4!c//3!c	：13A：：CAON//001	M
选项代码	22F	：4!c/[8c]/4!c	：22F：：CAOP//SECU	M
默认处理标识	17B	：4!c//1!a	：17B：：DFLT//Y	M
证券变动块（Securities Movement）				O
块开始	16R	SECMOVE	：16R：SECMOVE	M
借记贷记标识	22H	：4!c/[8c]/4!c	：22H：：CRDB//CRED	M
关联证券信息	35B	[ISIN1!e12!c] [4*35x]	：35B：ISIN CCC BBB A-SHARE	M
分派比例	92a	A，B，D，F，K，L，M，or N	：92D：：ADEX//1，000000000/1，000000000	M
支付日期	98a	A，B，C，or D	：98A：：PAYD//20111108	M
交易日期	98a	A，B，C，or D	：98A：：AVAL//20111108	O
块结束	16S	SECMOVE	：16S：SECMOVE	M
块结束	16S	CAOPTN	：16S：CAOPTN	M
附加信息块（Additional Information）				O
块开始	16R	ADDINFO	：16R：ADDINFO	M
附加文本	70F	：4!c//10*35x	：70F：：ADTX//DETAILS	O
块结束	16S	ADDINFO	：16R：ADDINFO	M

表 C.4　赠送红股（BONU）XML 格式报文规范

数据信息	数据标签	数据样例	必填（M）/可选（O）
报文开始	<RequestPayload>	<RequestPayload>	M
报文头部分			M
报文头开始	<head：AppHdr>	<head：AppHdr>	M
报文发送方	<head：Fr>	<head：Fr> <head：OrgId> <head：Id> <head：OrgId> <head：AnyBIC>SZSICNB0XXX</head：AnyBIC> </head：OrgId> </head：Id> </head：OrgId> </head：Fr>	M
报文接收方	<head：To>	<head：To> <head：OrgId> <head：Id> <head：OrgId> <head：AnyBIC>SZSICNB0XXX</head：AnyBIC>	M

续表

数据信息	数据标签	数据样例	必填（M）/可选（O）
报文接收方	<head：To>	</head：OrgId> </head：Id> </head：OrgId> </head：To>	M
报文编号	<head：BizMsgIdr>	<head：BizMsgIdr>1324301</head：BizMsgIdr>	M
报文类别	<head：MsgDefIdr>	<head：MsgDefIdr>seev.031.001.02</head：MsgDefIdr>	M
报文创建时间	<head：CreDt>	<head：CreDt>2011-11-21T12：30：00Z</head：CreDt>	M
报文头结束	</head：AppHdr>	</head：AppHdr>	M
报文体部分			M
报文体开始	<cano：Document>	<cano：Document>	M
证券发行人行为通知开始	<cano：CorpActnNtfctn>	<cano：CorpActnNtfctn>	M
通知基本信息部分			M
通知基本信息部分开始	<cano：NtfctnGnlInf>	<cano：NtfctnGnlInf>	M
通知类别	<cano：NtfctnTp>	<cano：NtfctnTp>NEWM</cano：NtfctnTp>	M
通知处理状态	<cano：PrcgSts>	<cano：PrcgSts> <cano：Cd> <cano：EvtCmpltnsSts>COMP</cano：EvtCmpltnsSts> <cano：EvtConfSts>CONF</cano：EvtConfSts> </cano：Cd> </cano：PrcgSts>	M
通知基本信息部分结束	</cano：NtfctnGnlInf>	</cano：NtfctnGnlInf>	M
证券发行人行为基本信息部分			M
证券发行人行为基本信息部分开始	<cano：CorpActnGnlInf>	<cano：CorpActnGnlInf>	M
事件标识	<cano：CorpActnEvtId>	<cano：CorpActnEvtId>AAA7974BONU</cano：CorpActnEvtId>	M
事件类型	<cano：EvtTp>	<cano：EvtTp> <cano：Cd>BONU</cano：Cd> </cano：EvtTp>	M
事件是否含权	<cano：MndtryVlntryEvtTp>	<cano：MndtryVlntryEvtTp> <cano：Cd>MAND</cano：Cd> </cano：MndtryVlntryEvtTp>	M
标的证券信息	<cano：UndrlygScty>	<cano：UndrlygScty> <cano：FinInstrmId> <cano：ISIN>CCC</cano：ISIN> <cano：Desc>BBB A-SHARE</cano：Desc> </cano：FinInstrmId> <cano：PlcOfListg> <cano：MktIdrCd>ZZZ</cano：MktIdrCd> </cano：PlcOfListg> </cano：UndrlygScty>	M

续表

数据信息	数据标签	数据样例	必填（M）/可选（O）
证券发行人行为基本信息部分结束	</cano：CorpActnGnlInf>	</cano：CorpActnGnlInf>	M
账户信息部分			M
账户信息	<cano：AcctDtls>	<cano：AcctDtls> <cano：ForAllAccts> <cano：IdCd>GENR</cano：IdCd> </cano：ForAllAccts> </cano：AcctDtls>	M
证券发行人行为详情部分			O
证券发行人行为详情部分开始	<cano：CorpActnDtls>	<cano：CorpActnDtls>	M
证券发行人行为日期详情部分开始	<cano：DtDtls>	<cano：DtDtls>	M
公告日期	<cano：AnncmntDt>	<cano：AnncmntDt> <cano：Dt> <cano：Dt>2011-11-01</cano：Dt> </cano：Dt> </cano：AnncmntDt>	O
权益登记日	<cano：RcrdDt>	<cano：RcrdDt> <cano：Dt> <cano：Dt>2011-11-07</cano：Dt> </cano：Dt> </cano：RcrdDt>	O
除权日	<cano：ExDvddDt>	<cano：ExDvddDt> <cano：Dt> <cano：Dt>2011-11-08</cano：Dt> </cano：Dt> </cano：ExDvddDt>	O
证券发行人行为日期详情部分结束	</cano：DtDtls>	</cano：DtDtls>	M
分红类型	<DvddTp>	<cano：DvddTp> <cano：Cd>INTE</cano：Cd> </cano：DvddTp>	M
证券发行人行为详情部分结束	</cano：CorpActnDtls>	</cano：CorpActnDtls>	M
证券发行人行为选项部分			O
证券发行人行为选项部分开始	<cano：CorpActnOptnDtls>	<cano：CorpActnOptnDtls>	M
选项编号	<cano：OptnNb>	<cano：OptnNb>001</cano：OptnNb>	M
选项代码	<cano：OptnTp>	<cano：OptnTp> <cano：Cd>SECU</cano：Cd> </cano：OptnTp>	M
默认处理标识	<cano：DfltPrcgOrStgInstr>	<cano：DfltPrcgOrStgInstr> <cano：DfltOptnInd>Yes</cano：DfltOptnInd> </cano：DfltPrcgOrStgInstr>	M

续表

数据信息	数据标签	数据样例	必填（M）/可选（O）
证券变动详情			O
证券变动详情开始	<cano：SctiesMvmntDtls>	<cano：SctiesMvmntDtls>	M
关联证券信息	<cano：SctyDtls>	<cano：SctyDtls> <cano：FinInstrmId> <cano：ISIN>CCC</cano：ISIN> <cano：Desc>BBB A-SHARE</cano：Desc> </cano：FinInstrmId> </cano：SctyDtls>	M
借记贷记标识	<cano：CdtDbtInd>	<cano：CdtDbtInd>CRDT</cano：CdtDbtInd>	O
日期详情开始	<cano：DtDtls>	<cano：DtDtls>	M
支付日期	<cano：PmtDt>	<cano：PmtDt> <cano：DtCd> <cano：Cd>UKWN</cano：Cd> </cano：DtCd> </cano：PmtDt>	M
交易日期	<cano：AvlblDt>	<cano：AvlblDt> <cano：Dt> <cano：Dt>2011-11-08</cano：Dt> </cano：Dt> </cano：AvlblDt>	M
日期详情结束	</cano：DtDtls>	</cano：DtDtls>	M
分派比例	<cano：RateDtls>	<cano：RateDtls> <cano：AddtlQtyForSbcbdRsltntScties> <cano：QtyToQty> <cano：Qty1>1</cano：Qty1> <cano：Qty2>1</cano：Qty2> </cano：QtyToQty> </cano：AddtlQtyForSbcbdRsltntScties> </cano：RateDtls>	O
证券变动详情结束	</cano：SctiesMvmntDtls>	</cano：SctiesMvmntDtls>	M
证券发行人行为选项部分结束	</cano：CorpActnOptnDtls>	</cano：CorpActnOptnDtls>	M
附加信息部分			O
附加信息部分开始	<cano：AddtlInf>	<cano：AddtlInf>	M
附加文本	<cano：AddtlTxt>	<cano：AddtlTxt> <cano：AddtlInf>DETAILS</cano：AddtlInf> </cano：AddtlTxt>	O
附加信息部分结束	</cano：AddtlInf>	</cano：AddtlInf>	M
证券发行人行为通知结束	</cano：CorpActnNtfctn>	</cano：CorpActnNtfctn>	M
报文体结束	</cano：Document>	</cano：Document>	M
报文结束	</RequestPayload>	</RequestPayload>	M

C.3 证券回售（BPUT）

证券回售（BPUT）MT564 报文规范和 XML 格式报文规范分别如表 C.5 和表 C.6 所示。

示例：

XXX 有限公司 2011 年 10 月 15 日公告：本公司“XXX 债”（债券代码：AAA，ISIN：CCC）的持有人有权选择在本期债券第 3 年期满时将所持有的债券全部或部分按面值回售给发行人，回售代码为 DDD，简称为“EEE 回售”。回售价格为 100 元人民币，回售登记期为 2011 年 11 月 28 日至 2011 年 12 月 9 日，回售兑付日为 2011 年 12 月 19 日。

表 C.5 证券回售（BPUT）MT564 报文规范

数据信息	数据标签	内容格式	数据样例	必填（M）/可选（O）
基本信息块（General Information）				M
块开始	16R	GENL	：16R：GENL	M
报文编号	20C	：4!c//16x	：20C：：SEME//1326801	M
事件标识	20C	：4!c//16x	：20C：：CORP//AAA7988BPUT	M
通知类别	23G	4!c[/4!c]	：23G：NEWM	M
事件类型	22F	：4!c/[8c]/4!c	：22F：：CAEV//BPUT	M
事件是否含权	22F	：4!c/[8c]/4!c	：22F：：CAMV//VOLU	M
报文创建日期	98a	A or C	：98A：：PREP//20111121	O
事件完整性状态	25D	：4!c/[8c]/4!c	：25D：：PROC//COMP	M
块结束	16S	GENL	：16S：GENL	M
标的证券块（Underlying Securities）				M
块开始	16R	USECU	：16R：USECU	M
标的证券信息	35B	[ISIN1!e12!c] [4*35x]	：35B：ISIN CCC XXX BOND ENTERPRISE BOND	M
账户信息块（Account Information）				M
块开始	16R	ACCTINFO	：16R：ACCTINFO	M
账户信息	97a	A or C	：97C：：SAFE//GENR	M
块结束	16S	ACCTINFO	：16S：ACCTINFO	M
块结束	16S	USECU	：16S：USECU	M
证券发行人行为详情块（Corporate Action Details）				O
块开始	16R	CADETL	：16R：CADETL	M
公告日期	98a	A，B，C，or D	：98A：：ANOU//20111115	O
权益登记日	98a	A，B，C，or D	：98A：：RDTE//20111115	O
块结束	16S	CADETL	：16S：CADETL	M
证券发行人行为选项块（Corporate Action Options）				O
块开始	16R	CAOPTN	：16R：CAOPTN	M
选项编号	13A	：4!c//3!c	：13A：：CAON//001	M

续表

数据信息	数据标签	内容格式	数据样例	必填（M）/可选（O）
选项代码	22F	：4!c/[8c]/4!c	：22F：：CAOP//CASH	M
默认处理标识	17B	：4!c//1!a	：17B：：DFLT//N	M
回售期间	69a	A，B，C，D，E，F，or J	：69A：：PWAL//20111128/20111209	M
证券变动块（Securities Movement）				O
块开始	16R	SECMOVE	：16R：SECMOVE	M
借记贷记标识	22H	：4!c/[8c]/4!c	：22H：：CRDB//DEBT	M
关联证券信息	35B	[ISIN1!e12!c] [4*35x]	：35B：ISIN CCC XXX BOND ENTERPRISE BOND	M
支付日期	98a	A，B，C，or D	：98A：：PAYD//20111219	M
块结束	16S	SECMOVE	：16S：SECMOVE	M
现金变动块（Cash Movement）				O
块开始	16R	CASHMOVE	：16R：CASHMOVE	M
借记贷记标识	22H	：4!c/[8c]/4!c	：22H：：CRDB//CRED	M
支付日期	98a	A，B，C，or D	：98A：：PAYD//20111219	M
回售价格	90a	A，B，E，F，J，or K	：90B：：OFFR//ACTU/CNY1，000000000	M
块结束	16S	CASHMOVE	：16S：CASHMOVE	M
块结束	16S	CAOPTN	：16S：CAOPTN	M
证券发行人行为选项块（Corporate Action Options）				O
块开始	16R	CAOPTN	：16R：CAOPTN	M
选项编号	13A	：4!c//3!c	：13A：：CAON//002	M
选项代码（不参与回售）	22F	：4!c/[8c]/4!c	：22F：：CAOP//NOAC	M
默认处理标识	17B	：4!c//1!a	：17B：：DFLT//Y	M
块结束	16S	CAOPTN	：16S：CAOPTN	M
附加信息块（Additional Information）				O
块开始	16R	ADDINFO	：16R：ADDINFO	M
附加文本	70F	：4!c//10*35x	：70F：：ADTX//DETAILS	O
块结束	16S	ADDINFO	：16R：ADDINFO	M

表 C.6 证券回售（BPUT）XML 格式报文规范

数据信息	数据标签	数据样例	必填（M）/可选（O）
报文开始	<RequestPayload>	<RequestPayload>	M
报文头部分			M
报文头开始	<head：AppHdr>	<head：AppHdr>	M
报文发送方	<head：Fr>	<head：Fr> <head：OrgId> <head：Id> <head：OrgId> <head：AnyBIC>SZSICNB0XXX</head：AnyBIC>	M

续表

数据信息	数据标签	数据样例	必填（M）/可选（O）
报文发送方	<head：Fr>	</head：OrgId> </head：Id> </head：OrgId> </head：Fr>	
报文接收方	<head：To>	<head：To> <head：OrgId> <head：Id> <head：OrgId> <head：AnyBIC>SZSICNB0XXX</head：AnyBIC> </head：OrgId> </head：Id> </head：OrgId> </head：To>	M
报文编号	<head：BizMsgIdr>	<head：BizMsgIdr>1326801</head：BizMsgIdr>	M
报文类别	<head：MsgDefIdr>	<head：MsgDefIdr>seev.031.001.02</head：MsgDefIdr>	M
报文创建时间	<head：CreDt>	<head：CreDt>2011-11-21T12：30：00Z</head：CreDt>	M
报文头结束	</head：AppHdr>	</head：AppHdr>	M
报文体部分			M
报文体开始	<cano：Document>	<cano：Document>	M
证券发行人行为通知开始	<cano：CorpActnNtfctn>	<cano：CorpActnNtfctn>	M
通知基本信息部分	M	通知基本信息部分	M
事件类型	<cano：EvtTp>	<cano：EvtTp> <cano：Cd>BPUT</cano：Cd> </cano：EvtTp>	M
事件是否含权	<cano：MndtryVlntryEvtTp>	<cano：MndtryVlntryEvtTp> <cano：Cd>VOLU</cano：Cd> </cano：MndtryVlntryEvtTp>	M
标的证券信息	<cano：UndrlygScty>	<cano：UndrlygScty> <cano：FinInstrmId> <cano：ISIN>CCC</cano：ISIN> <cano：Desc>XXX BOND ENTERPRISE BOND</cano：Desc> </cano：FinInstrmId> <cano：PlcOfListg> <cano：MktIdrCd>ZZZ</cano：MktIdrCd> </cano：PlcOfListg> </cano：UndrlygScty>	M
证券发行人行为基本信息部分结束	</cano：CorpActnGnlInf>	</cano：CorpActnGnlInf>	M
账户信息部分			M
账户信息	<cano：AcctDtls>	<cano：AcctDtls> <cano：ForAllAccts> <cano：IdCd>GENR</cano：IdCd>	M

续表

数据信息	数据标签	数据样例	必填（M）/可选（O）
账户信息	<cano：AcctDtls>	</cano：ForAllAccts> </cano：AcctDtls>	M
证券发行人行为详情部分			O
证券发行人行为详情部分开始	<cano：CorpActnDtls>	<cano：CorpActnDtls>	M
证券发行人行为日期详情部分开始	<cano：DtDtls>	<cano：DtDtls>	M
公告日期	<cano：AnncmntDt>	<cano：AnncmntDt> <cano：Dt> <cano：Dt>2011-11-15</cano：Dt> </cano：Dt> </cano：AnncmntDt>	O
权益登记日	<cano：RcrdDt>	<cano：RcrdDt> <cano：Dt> <cano：Dt>2011-11-15</cano：Dt> </cano：Dt> </cano：RcrdDt>	O
证券发行人行为日期详情部分结束	</cano：DtDtls>	</cano：DtDtls>	M
证券发行人行为详情部分结束	</cano：CorpActnDtls>	</cano：CorpActnDtls>	M
证券发行人行为选项部分			O
证券发行人行为选项部分开始	<cano：CorpActnOptnDtls>	<cano：CorpActnOptnDtls>	M
选项编号	<cano：OptnNb>	<cano：OptnNb>001</cano：OptnNb>	M
选项代码（参与认购）	<cano：OptnTp>	<cano：OptnTp> <cano：Cd>CASH</cano：Cd> </cano：OptnTp>	M
默认处理标识	<cano:DfltPrcgOrStgInstr>	<cano：DfltPrcgOrStgInstr> <cano：DfltOptnInd>No</cano：DfltOptnInd> </cano：DfltPrcgOrStgInstr>	M
回售期间	<cano:PrdDtls>	<cano：PrdDtls> <cano：ActnPrd> <cano：Prd> <cano：StartDt> <cano：Dt> <cano：Dt>2011-11-28</cano：Dt> </cano：Dt> </cano：StartDt> <cano：EndDt> <cano：Dt> <cano：Dt>2011-12-09</cano：Dt> </cano：Dt> </cano：EndDt> </cano：Prd> </cano：ActnPrd> </cano：PrdDtls>	M

续表

数据信息	数据标签	数据样例	必填（M）/可选（O）
证券变动详情			O
证券变动详情开始	<cano：SctiesMvmntDtls>	<cano：SctiesMvmntDtls>	M
关联证券信息	<cano:SctyDtls>	<cano：SctyDtls> <cano：FinInstrmId> <cano：ISIN>CCC</cano：ISIN> <cano：Desc>XXX BOND ENTERPRISE BOND</cano：Desc> </cano：FinInstrmId> </cano：SctyDtls>	M
借记贷记标识	<cano:CdtDbtInd>	<cano：CdtDbtInd>DBIT</cano：CdtDbtInd>	M
支付日期	<cano:DtDtls>	<cano：DtDtls> <cano：PmtDt> <cano：Dt> <cano：Dt>2011-12-19</cano：Dt> </cano：Dt> </cano：PmtDt> </cano：DtDtls>	M
证券变动详情结束	</cano:SctiesMvmntDtls>	</cano：SctiesMvmntDtls>	M
现金变动详情			O
现金变动详情开始	<cano:CshMvmntDtls>	<cano：CshMvmntDtls>	M
借记贷记标识	<cano:CdtDbtInd>	<cano：CdtDbtInd>CRDT</cano：CdtDbtInd>	M
支付日期	<cano:DtDtls>	<cano：DtDtls> <cano：PmtDt> <cano：Dt> <cano：Dt>2011-12-19</cano：Dt> </cano：Dt> </cano：PmtDt> </cano：DtDtls>	M
回售价格	<cano:PricDtls>	<cano：PricDtls> <cano：GncCshPricRcvdPerPdct> <cano：AmtPric> <cano：AmtPricTp>ACTU</cano：AmtPricTp> <cano：PricVal Ccy= “CNY” >1</cano：PricVal> </cano：AmtPric> </cano：GncCshPricRcvdPerPdct> </cano：PricDtls>	O
现金变动详情结束	</cano:CshMvmntDtls>	</cano：CshMvmntDtls>	M
证券发行人行为选项部分结束	</cano:CorpActnOptnDtls>	</cano：CorpActnOptnDtls>	M
证券发行人行为选项部分			O
证券发行人行为选项部分开始	<cano:CorpActnOptnDtls>	<cano：CorpActnOptnDtls>	M
选项编号	<cano:OptnNb>	<cano：OptnNb>002</cano：OptnNb>	M
选项代码（不参与行权）	<cano:OptnTp>	<cano：OptnTp> <cano：Cd>NOAC</cano：Cd> </cano：OptnTp>	M

续表

数据信息	数据标签	数据样例	必填（M）/可选（O）
默认处理标识	<cano:DfltPrcgOrStgInstr>	<cano：DfltPrcgOrStgInstr> <cano：DfltOptnInd>Yes</cano：DfltOptnInd> </cano：DfltPrcgOrStgInstr>	M
证券发行人行为选项部分结束	</cano:CorpActnOptnDtls>	</cano：CorpActnOptnDtls>	M
附加信息部分			O
附加信息部分开始	<cano:AddtlInf>	<cano：AddtlInf>	M
附加文本	<cano:AddtlTxt>	<cano：AddtlTxt> <cano：AddtlInf>DETAILS</cano：AddtlInf> </cano：AddtlTxt>	O
附加信息部分结束	</cano:AddtlInf>	</cano：AddtlInf>	M
扩展信息部分			O
扩展信息部分开始	<cano:SplmtryData>	<cano：SplmtryData>	M
发行人名称	<cano:Envlp>	<cano：Envlp> <casupl：CNCASDV01> <casupl：UndrlygSctySplmtn> <casupl：PlcAndNm>/RequestPayload/Document/CorpActnNtfctn/NtfctnGnlInf/UndrlygScty</casupl：PlcAndNm> <casupl：Issr> XXX CO., LTD.</casupl：Issr> </casupl：UndrlygSctySplmtn>	M
回售代码	<casupl:OptnDtlsSplmtn>	<casupl：OptnDtlsSplmtn> <casupl：PlcAndNm>/RequestPayload/Document/CorpActnNtfctn/CorpActnOptnDtls</casupl：PlcAndNm> <casupl：ExrcCd>DDD</casupl：ExrcCd> </casupl：OptnDtlsSplmtn> </casupl：CNCASDV01> </cano：Envlp>	
扩展信息部分结束	</cano:SplmtryData>	</cano：SplmtryData>	M
证券发行人行为通知结束	</cano:CorpActnNtfctn>	</cano：CorpActnNtfctn>	M
报文体结束	</cano:Document>	</cano：Document>	M
报文结束	</RequestPayload>	</RequestPayload>	M

C.4 变更（CHAN）

变更（CHAN）MT564 报文规范和 XML 格式报文规范分别如表 C.7 和表 C.8 所示。

示例：

XXX 股份有限公司 2011 年 10 月 15 日公告：本公司决定自 2011 年 10 月 17 日起，“XXX 转债”（债券代码：AAA，ISIN：CCC）转股价格由原来的 18.04 元 / 股调整为 12.66 元 / 股。

表 C.7　变更（CHAN）MT564 报文规范

数据信息	数据标签	内容格式	数据样例	必填（M）/ 可选（O）
基本信息块（General Information）				M
块开始	16R	GENL	：16R：GENL	M
报文编号	20C	：4!c//16x	：20C：：SEME//1321401	M
事件标识	20C	：4!c//16x	：20C：：CORP//AAA7959CHPC	M
通知类别	23G	4!c[/4!c]	：23G：NEWM	M
事件类型	22F	：4!c/[8c]/4!c	：22F：：CAEV//CHAN	M
事件是否含权	22F	：4!c/[8c]/4!c	：22F：：CAMV//MAND	M
报文创建日期	98a	A or C	：98A：：PREP//20111121	O
事件完整性状态	25D	：4!c/[8c]/4!c	：25D：：PROC//COMP	M
块结束	16S	GENL	：16S：GENL	M
标的证券块（Underlying Securities）				M
块开始	16R	USECU	：16R：USECU	M
标的证券信息	35B	[ISIN1!e12!c] [4*35x]	：35B：ISIN CCC XXX CONVERTIBLE BONDS CONVERTIBLE BOND	M
账户信息块（Account Information）				M
块开始	16R	ACCTINFO	：16R：ACCTINFO	M
账户信息	97a	A or C	：97C：：SAFE//GENR	M
块结束	16S	ACCTINFO	：16S：ACCTINFO	M
块结束	16S	USECU	：16S：USECU	M
证券发行人行为详情块（Corporate Action Details）				O
块开始	16R	CADETL	：16R：CADETL	M
公告日期	98a	A，B，C，or D	：98A：：ANOU//20111015	O
生效日期	98a	A，B，C，or D	：98A：：EFFD//20111017	O
权益登记日	98a	A，B，C，or D	：98A：：RDTE//20111015	O
变更类别	22F	：4!c/[8c]/4!c	：22F：：CHAN//TERM	M
块结束	16S	CADETL	：16S：CADETL	M
附加信息块（Additional Information）				O
块开始	16R	ADDINFO	：16R：ADDINFO	M
附加文本	70F	：4!c//10*35x	：70F：：ADTX//DETAILS	O
块结束	16S	ADDINFO	：16R：ADDINFO	M

表 C.8　变更（CHAN）XML 格式报文规范

数据信息	数据标签	数据样例	必填（M）/ 可选（O）
报文开始	<RequestPayload>	<RequestPayload>	M
报文头部分			M
报文头开始	<head：AppHdr>	<head：AppHdr>	M

续表

数据信息	数据标签	数据样例	必填（M）/可选（O）
报文发送方	<head：Fr>	<head：Fr> <head：OrgId> <head：Id> <head：OrgId> <head：AnyBIC>SZSICNB0XXX</head：AnyBIC> </head：OrgId> </head：Id> </head：OrgId> </head：Fr>	M
报文接收方	<head：To>	<head：To> <head：OrgId> <head：Id> <head：OrgId> <head：AnyBIC>SZSICNB0XXX</head：AnyBIC> </head：OrgId> </head：Id> </head：OrgId> </head：To>	M
报文编号	<head：BizMsgIdr>	<head：BizMsgIdr>1321401</head：BizMsgIdr>	M
报文类别	<head：MsgDefIdr>	<head：MsgDefIdr>seev.031.001.02</head：MsgDefIdr>	M
报文创建时间	<head：CreDt>	<head：CreDt>2011-11-21T12：30：00Z</head：CreDt>	M
报文头结束	</head：AppHdr>	</head：AppHdr>	M
报文体部分			M
报文体开始	<cano：Document>	<cano：Document>	M
证券发行人行为通知开始	<cano：CorpActnNtfctn>	<cano：CorpActnNtfctn>	M
通知基本信息部分			M
通知基本信息部分开始	<cano：NtfctnGnlInf>	<cano：NtfctnGnlInf>	M
通知类别	<cano：NtfctnTp>	<cano：NtfctnTp>NEWM</cano：NtfctnTp>	M
通知处理状态	<cano：PrcgSts>	<cano：PrcgSts> <cano：Cd> <cano：EvtCmpltnsSts>COMP</cano：EvtCmpltnsSts> <cano：EvtConfSts>CONF</cano：EvtConfSts> </cano：Cd> </cano：PrcgSts>	M
通知基本信息部分结束	</cano：NtfctnGnlInf>	</cano：NtfctnGnlInf>	M
证券发行人行为基本信息部分			M
证券发行人行为基本信息部分开始	<cano：CorpActnGnlInf>	<cano：CorpActnGnlInf>	M
事件标识	<cano：CorpActnEvtId>	<cano：CorpActnEvtId>AAA7959CHPC</cano：CorpActnEvtId>	M
事件类型	<cano：EvtTp>	<cano：EvtTp> <cano：Cd>CHAN</cano：Cd> </cano：EvtTp>	M

续表

数据信息	数据标签	数据样例	必填（M）/ 可选（O）
事件是否含权	<cano：MndtryVlntryEvtTp>	<cano：MndtryVlntryEvtTp> <cano：Cd>MAND</cano：Cd> </cano：MndtryVlntryEvtTp>	M
标的证券信息	<cano：UndrlygScty>	<cano：UndrlygScty> <cano：FinInstrmId> <cano：ISIN>CCC</cano：ISIN> <cano：Desc>XXX CONVERTIBLE BONDS CONVERTIBLE BOND</cano：Desc> </cano：FinInstrmId> <cano：PlcOfListg> <cano：MktIdrCd>ZZZ</cano：MktIdrCd> </cano：PlcOfListg> </cano：UndrlygScty>	M
证券发行人行为基本信息部分结束	</cano：CorpActnGnlInf>	</cano：CorpActnGnlInf>	M
账户信息部分			M
账户信息	<cano：AcctDtls>	<cano：AcctDtls> <cano：ForAllAccts> <cano：IdCd>GENR</cano：IdCd> </cano：ForAllAccts> </cano：AcctDtls>	M
证券发行人行为详情部分			O
证券发行人行为详情部分开始	<cano：CorpActnDtls>	<cano：CorpActnDtls>	M
证券发行人行为日期详情部分开始	<cano：DtDtls>	<cano：DtDtls>	M
公告日期	<cano：AnncmntDt>	<cano：AnncmntDt> <cano：Dt> <cano：Dt>2011-10-15</cano：Dt> </cano：Dt> </cano：AnncmntDt>	O
生效日期	<cano：FctvDt>	<cano：FctvDt> <cano：Dt> <cano：Dt>2011-10-17</cano：Dt> </cano：Dt> </cano：FctvDt>	O
权益登记日	<cano：RcrdDt>	<cano：RcrdDt> <cano：Dt> <cano：Dt>2011-10-15</cano：Dt> </cano：Dt> </cano：RcrdDt>	O
证券发行人行为日期详情部分结束	</cano：DtDtls>	</cano：DtDtls>	M
变更类别	<ChngTp>	<ChngTp> <Cd>TERM</Cd> <ChngTp>	M
证券发行人行为详情部分结束	</cano：CorpActnDtls>	</cano：CorpActnDtls>	M

续表

数据信息	数据标签	数据样例	必填（M）/ 可选（O）
附加信息部分			O
附加信息部分开始	<cano：AddtlInf>	<cano：AddtlInf>	M
附加文本	<cano：AddtlTxt>	<cano：AddtlTxt> <cano：AddtlInf>DETAILS</cano：AddtlInf> </cano：AddtlTxt>	O
附加信息部分结束	</cano：AddtlInf>	</cano：AddtlInf>	M
证券发行人行为通知结束	</cano：CorpActnNtfctn>	</cano：CorpActnNtfctn>	M
报文体结束	</cano：Document>	</cano：Document>	M
报文结束	</RequestPayload>	</RequestPayload>	M

C.5 证券转换（CONV）

证券转换（CONV）MT564 报文规范和 XML 格式报文规范分别见参表 C.9 和表 C.10。

示例：

XXX 股份有限公司 2011 年 9 月 19 日公告：本公司“XXX 转债”（债券代码：AAA，ISIN：CCC）自 2011 年 9 月 22 日起可转换为本公司流通 A 股股票（股票简称：BBB，ISIN：FFF）。转股起止日为 2011 年 9 月 22 日至 2017 年 3 月 21 日，转股价格为 17.26 元人民币 / 股，转股代码为“DDD”，转股简称为“EEE 转股”。

表 C.9 证券转换（CONV）MT564 报文规范

数据信息	数据标签	内容格式	数据样例	必填（M）/ 可选（O）
基本信息块（General Information）				M
块开始	16R	GENL	：16R：GENL	M
报文编号	20C	：4!c//16x	：20C：：SEME//1319201	M
事件标识	20C	：4!c//16x	：20C：：CORP//AAA7931CONV	M
通知类别	23G	4!c[/4!c]	：23G：NEWM	M
事件类型	22F	：4!c/[8c]/4!c	：22F：：CAEV//CONV	M
事件是否含权	22F	：4!c/[8c]/4!c	：22F：：CAMV//VOLU	M
报文创建日期	98a	A or C	：98A：：PREP//20111121	O
事件完整性状态	25D	：4!c/[8c]/4!c	：25D：：PROC//COMP	M
块结束	16S	GENL	：16S：GENL	M
标的证券块（Underlying Securities）				M
块开始	16R	USECU	：16R：USECU	M
标的证券信息	35B	[ISIN1!e12!c] [4*35x]	：35B：ISIN CCC XXX CONVERTIBLE BOND CONVERTIBLE BOND	M

续表

数据信息	数据标签	内容格式	数据样例	必填（M）/可选（O）
账户信息块（Account Information）				M
块开始	16R	ACCTINFO	：16R：ACCTINFO	M
账户信息	97a	A or C	：97C：：SAFE//GENR	M
块结束	16S	ACCTINFO	：16S：ACCTINFO	M
块结束	16S	USECU	：16S：USECU	M
证券发行人行为详情块（Corporate Action Details）				O
块开始	16R	CADETL	：16R：CADETL	M
公告日期	98a	A，B，C，or D	：98A：：ANOU//20110919	O
权益登记日	98a	A，B，C，or D	：98B：：RDTE//UKWN	O
事件进展类型	22F	：4!c/[8c]/4!c	：22F：：ESTA//PWAL	
块结束	16S	CADETL	：16S：CADETL	M
证券发行人行为选项块（Corporate Action Options）				O
块开始	16R	CAOPTN	：16R：CAOPTN	M
选项编号	13A	：4!c//3!c	：13A：：CAON//001	M
选项代码（参与转股）	22F	：4!c/[8c]/4!c	：22F：：CAOP//SECU	M
默认处理标识	17B	：4!c//1!a	：17B：：DFLT//N	M
转股期间	69a	A，B，C，D，E，F，or J	：69A：：PWAL//20110922/20170321	O
证券变动块（Securities Movement）				O
块开始	16R	SECMOVE	:16R:SECMOVE	M
借记贷记标识	22H	：4!c/[8c]/4!c	：22H：：CRDB//CRED	M
关联证券信息	35B	[ISIN1!e12!c] [4*35x]	：35B：ISIN FFF BBB A-SHARE	M
支付日期	98a	A，B，C，or D	：98B：：PAYD//UKWN	M
块结束	16S	SECMOVE	：16S：SECMOVE	M
现金变动块（Cash Movement）				O
块开始	16R	CASHMOVE	：16R：CASHMOVE	M
借记贷记标识	22H	：4!c/[8c]/4!c	：22H：：CRDB//DEBT	M
支付日期	98a	A，B，C，or D	：98B：：PAYD//UKWN	M
转股价格	90a	A，B，E，F，J，or K	：90B：：EXER//ACTU/CNY17，260000000	M
块结束	16S	CASHMOVE	：16S：CASHMOVE	M
块结束	16S	CAOPTN	：16S：CAOPTN	M
证券发行人行为选项块（Corporate Action Options）				O
块开始	16R	CAOPTN	：16R：CAOPTN	M
选项编号	13A	：4!c//3!c	：13A：：CAON//002	M
选项代码（不参与转股）	22F	：4!c/[8c]/4!c	：22F：：CAOP//NOAC	M
默认处理标识	17B	：4!c//1!a	：17B：：DFLT//Y	M
块结束	16S	CAOPTN	：16S：CAOPTN	M

续表

数据信息	数据标签	内容格式	数据样例	必填（M）/可选（O）
附加信息块（Additional Information）				O
块开始	16R	ADDINFO	：16R：ADDINFO	M
附加文本	70F	：4!c//10*35x	：70F：：ADTX//DETAILS	O
块结束	16S	ADDINFO	：16R：ADDINFO	M

表 C.10　证券转换（CONV）XML 格式报文规范

数据信息	数据标签	数据样例	必填（M）/可选（O）
报文开始	<RequestPayload>	<RequestPayload>	M
报文头部分			M
报文头开始	<head：AppHdr>	<head：AppHdr>	M
报文发送方	<head：Fr>	<head：Fr> <head：OrgId> <head：Id> <head：OrgId> <head：AnyBIC>SZSICNB0XXX</head：AnyBIC> </head：OrgId> </head：Id> </head：OrgId> </head：Fr>	M
报文接收方	<head：To>	<head：To> <head：OrgId> <head：Id> <head：OrgId> <head：AnyBIC>SZSICNB0XXX</head：AnyBIC> </head：OrgId> </head：Id> </head：OrgId> </head：To>	M
报文编号	<head：BizMsgIdr>	<head：BizMsgIdr>1319201</head：BizMsgIdr>	M
报文类别	<head：MsgDefIdr>	<head：MsgDefIdr>seev.031.001.02</head：MsgDefIdr>	M
报文创建时间	<head：CreDt>	<head：CreDt>2011-11-21T12：30：00Z</head：CreDt>	M
报文头结束	</head：AppHdr>	</head：AppHdr>	M
报文体部分			M
报文体开始	<cano：Document>	<cano：Document>	M
证券发行人行为通知开始	<cano：CorpActnNtfctn>	<cano：CorpActnNtfctn>	M
通知基本信息部分			M
通知基本信息部分开始	<cano：NtfctnGnlInf>	<cano：NtfctnGnlInf>	M
通知类别	<cano：NtfctnTp>	<cano：NtfctnTp>NEWM</cano：NtfctnTp>	M

续表

数据信息	数据标签	数据样例	必填（M）/可选（O）
通知处理状态	<cano：PrcgSts>	<cano：PrcgSts> <cano：Cd> <cano：EvtCmpltnsSts>COMP</cano：EvtCmpltnsSts> <cano：EvtConfSts>CONF</cano：EvtConfSts> </cano：Cd> </cano：PrcgSts>	M
通知基本信息部分结束	</cano：NtfctnGnlInf>	</cano：NtfctnGnlInf>	M
证券发行人行为基本信息部分			M
证券发行人行为基本信息部分开始	<cano：CorpActnGnlInf>	<cano：CorpActnGnlInf>	M
事件标识	<cano：CorpActnEvtId>	<cano：CorpActnEvtId>AAA7931CONV</cano：CorpActnEvtId>	M
事件类型	<cano：EvtTp>	<cano：EvtTp> <cano：Cd>CONV</cano：Cd> </cano：EvtTp>	M
事件是否含权	<cano：MndtryVlntryEvtTp>	<cano：MndtryVlntryEvtTp> <cano：Cd>VOLU</cano：Cd> </cano：MndtryVlntryEvtTp>	M
标的证券信息	<cano：UndrlygScty>	<cano：UndrlygScty> <cano：FinInstrmId> <cano：ISIN>CCC</cano：ISIN> <cano：Desc>XXX CONVERTIBLE BOND CONVERTIBLE BOND</cano：Desc> </cano：FinInstrmId> <cano：PlcOfListg> <cano：MktIdrCd>ZZZ</cano：MktIdrCd> </cano：PlcOfListg> </cano：UndrlygScty>	M
证券发行人行为基本信息部分结束	</cano：CorpActnGnlInf>	</cano：CorpActnGnlInf>	M
账户信息部分			M
账户信息	<cano：AcctDtls>	<cano：AcctDtls> <cano：ForAllAccts> <cano：IdCd>GENR</cano：IdCd> </cano：ForAllAccts> </cano：AcctDtls>	M
证券发行人行为详情部分			O
证券发行人行为详情部分开始	<cano：CorpActnDtls>	<cano：CorpActnDtls>	M
证券发行人行为日期详情部分开始	<cano：DtDtls>	<cano：DtDtls>	M
公告日期	<cano：AnncmntDt>	<cano：AnncmntDt> <cano：Dt> <cano：Dt>2011-09-19</cano：Dt> </cano：Dt> </cano：AnncmntDt>	O

续表

数据信息	数据标签	数据样例	必填（M）/可选（O）
权益登记日	<cano：RcrdDt>	<cano：RcrdDt> <cano：DtCd> <cano：Cd>UKWN</cano：Cd> </cano：DtCd> </cano：RcrdDt>	O
证券发行人行为日期详情部分结束	</cano：DtDtls>	</cano：DtDtls>	M
事件进展类型	<cano：EvtStag>	<cano：EvtStag> <cano：Cd>PWAL</cano：Cd> </cano：EvtStag>	M
证券发行人行为详情部分结束	</cano：CorpActnDtls>	</cano：CorpActnDtls>	M
证券发行人行为选项部分			O
证券发行人行为选项部分开始	<cano：CorpActnOptnDtls>	<cano：CorpActnOptnDtls>	M
选项编号	<cano：OptnNb>	<cano：OptnNb>001</cano：OptnNb>	M
选项代码（参与转股）	<cano：OptnTp>	<cano：OptnTp> <cano：Cd>SECU</cano：Cd> </cano：OptnTp>	M
默认处理标识	<cano：DfltPrcgOrStgInstr>	<cano：DfltPrcgOrStgInstr> <cano：DfltOptnInd>No</cano：DfltOptnInd> </cano：DfltPrcgOrStgInstr>	M
日期详情开始	<cano：DtDtls>	<cano：DtDtls>	M
转股期间	<cano：PrdDtls>	<cano：PrdDtls> <cano：ActnPrd> <cano：Prd> <cano：StartDt> <cano：Dt> <cano：Dt>2011-09-22</cano：Dt> </cano：Dt> </cano：StartDt> <cano：EndDt> <cano：Dt> <cano：Dt>2017-03-21</cano：Dt> </cano：Dt> </cano：EndDt> </cano：Prd> </cano：ActnPrd> </cano：PrdDtls>	O
证券变动详情			O
证券变动详情开始	<cano：SctiesMvmntDtls>	<cano：SctiesMvmntDtls>	M
关联证券信息	<cano：SctyDtls>	<cano：SctyDtls> <cano：FinInstrmId> <cano：ISIN>FFF</cano：ISIN> <cano：Desc>BBB A-SHARE</cano：Desc> </cano：FinInstrmId> </cano：SctyDtls>	M

续表

数据信息	数据标签	数据样例	必填（M）/可选（O）
借记贷记标识	<cano：CdtDbtInd>	<cano：CdtDbtInd>CRDT</cano：CdtDbtInd>	O
支付日期	<cano：DtDtls>	<cano：DtDtls> <cano：PmtDt> <cano：DtCd> <cano：Cd>UKWN</cano：Cd> </cano：DtCd> </cano：PmtDt> </cano：DtDtls>	M
证券变动详情结束	</cano：SctiesMvmntDtls>	</cano：SctiesMvmntDtls>	M
现金变动详情			O
现金变动详情开始	<cano：CshMvmntDtls>	<cano：CshMvmntDtls>	M
借记贷记标识	<cano：CdtDbtInd>	<cano：CdtDbtInd>DBIT</cano：CdtDbtInd>	M
支付日期	<cano：DtDtls>	<cano：DtDtls> <cano：PmtDt> <cano：DtCd> <cano：Cd>UKWN</cano：Cd> </cano：DtCd> </cano：PmtDt> </cano：DtDtls>	M
转股价格	<cano：PricDtls>	<cano：PricDtls> <cano：GncCshPricPdPerPdct> <cano：AmtPric> <cano：AmtPricTp>ACTU</cano：AmtPricTp> <cano：PricVal Ccy=" CNY" >17.26</cano：PricVal> </cano：AmtPric> </cano：GncCshPricPdPerPdct> </cano：PricDtls>	O
现金变动详情结束	</cano：CshMvmntDtls>	</cano：CshMvmntDtls>	M
证券发行人行为选项部分结束	</cano：CorpActnOptnDtls>	</cano：CorpActnOptnDtls>	M
证券发行人行为选项部分			O
证券发行人行为选项部分开始	<cano：CorpActnOptnDtls>	<cano：CorpActnOptnDtls>	M
选项编号	<cano：OptnNb>	<cano：OptnNb>002</cano：OptnNb>	M
选项代码（不参与转股）	<cano：OptnTp>	<cano：OptnTp> <cano：Cd>NOAC</cano：Cd> </cano：OptnTp>	M
默认处理标识	<cano：DfltPrcgOrStgInstr>	<cano：DfltPrcgOrStgInstr> <cano：DfltOptnInd>Yes</cano：DfltOptnInd> </cano：DfltPrcgOrStgInstr>	M
证券发行人行为选项部分结束	</cano：CorpActnOptnDtls>	</cano：CorpActnOptnDtls>	M
附加信息部分			O
附加信息部分开始	<cano：AddtlInf>	<cano：AddtlInf>	M
附加文本	<cano：AddtlTxt>	<cano：AddtlTxt> <cano：AddtlInf>DETAILS</cano：AddtlInf> </cano：AddtlTxt>	O

续表

数据信息	数据标签	数据样例	必填（M）/可选（O）
附加信息部分结束	</cano：AddtlInf>	</cano：AddtlInf>	M
扩展信息部分			O
扩展信息部分开始	<cano：SplmtryData>	<cano：SplmtryData>	M
转股代码	<cano：Envlp>	<cano：Envlp> <casupl：CNCASDV01> <casupl：OptnDtlsSplmtn> <casupl：PlcAndNm>/RequestPayload/Document/CorpActnNtfctn/CorpActnOptnDtls</casupl：PlcAndNm> <casupl：ConvsCd>DDD</casupl：ConvsCd> </casupl：OptnDtlsSplmtn> </casupl：CNCASDV01> </cano：Envlp>	M
扩展信息部分结束	</cano：SplmtryData>	</cano：SplmtryData>	M
证券发行人行为通知结束	</cano：CorpActnNtfctn>	</cano：CorpActnNtfctn>	M
报文体结束	</cano：Document>	</cano：Document>	M
报文结束	</RequestPayload>	</RequestPayload>	M

C.6 证券退市（DLST）

证券退市（DLST）MT564 报文规范和 XML 格式报文规范分别参见表 C.11 和表 C.12。

示例：

XXX 股份有限公司（股票代码：AAA，证券简称：BBB，ISIN：CCC）2011 年 8 月 19 日公告：本公司决定自 2011 年 8 月 23 日起终止本公司股票上市交易。

表 C.11 证券退市（DLST）MT564 报文规范

数据信息	数据标签	内容格式	数据样例	必填（M）/可选（O）
基本信息块（General Information）				M
块开始	16R	GENL	：16R：GENL	M
报文编号	20C	：4!c//16x	：20C：：SEME//1315901	M
事件标识	20C	：4!c//16x	：20C：：CORP//AAA7900DLST	M
通知类别	23G	4!c[/4!c]	：23G：NEWM	M
事件类型	22F	：4!c/[8c]/4!c	：22F：：CAEV//DLST	M
事件是否含权	22F	：4!c/[8c]/4!c	：22F：：CAMV//MAND	M
报文创建日期	98a	A or C	：98A：：PREP//20111121	O
事件完整性状态	25D	：4!c/[8c]/4!c	：25D：：PROC//COMP	M
块结束	16S	GENL	：16S：GENL	M
标的证券块（Underlying Securities）				M
块开始	16R	USECU	：16R：USECU	M

续表

数据信息	数据标签	内容格式	数据样例	必填（M）/ 可选（O）
标的证券信息	35B	[ISIN1!e12!c] [4*35x]	：35B：ISIN CCC EBB A-SHARE	M
账户信息块（Account Information）				M
块开始	16R	ACCTINFO	16R：ACCTINFO	M
账户信息	97a	A or C	：97C：：SAFE//GENR	M
块结束	16S	ACCTINFO	：16S：ACCTINFO	M
块结束	16S	USECU	：16S：USECU	M
证券发行人行为详情块（Corporate Action Details）				O
块开始	16R	CADETL	：16R：CADETL	M
公告日期	98a	A，B，C，or D	：98A：：ANOU//20110819	O
生效日期	98a	A，B，C，or D	：98A：：EFFD//20110823	O
权益登记日	98a	A，B，C，or D	：98A：：RDTE//20110819	O
块结束	16S	CADETL	：16S：CADETL	M
附加信息块（Additional Information）				O
块开始	16R	ADDINFO	：16R:ADDINFO	M
附加文本	70F	：4!c//10*35x	：70F::ADTX//DETAILS	O
块结束	16S	ADDINFO	：16R:ADDINFO	M

表 C.12 证券退市（DLST）XML 格式报文规范

数据信息	数据标签	数据样例	必填（M）/ 可选（O）
报文开始	<RequestPayload>	<RequestPayload>	M
报文头部分			M
报文头开始	<head：AppHdr>	<head：AppHdr>	M
报文发送方	<head：Fr>	<head：Fr> <head：OrgId> <head：Id> <head：OrgId> <head：AnyBIC>SZSICNB0XXX</head：AnyBIC> </head：OrgId> </head：Id> </head：OrgId> </head：Fr>	M
报文接收方	<head：To>	<head：To> <head：OrgId> <head：Id> <head：OrgId> <head：AnyBIC>SZSICNB0XXX</head：AnyBIC> </head：OrgId> </head：Id> </head：OrgId> </head：To>	M

续表

数据信息	数据标签	数据样例	必填（M）/可选（O）
报文编号	<head：BizMsgIdr>	<head：BizMsgIdr>1315901</head：BizMsgIdr>	M
报文类别	<head：MsgDefIdr>	<head：MsgDefIdr>seev.031.001.02</head：MsgDefIdr>	M
报文创建时间	<head：CreDt>	<head：CreDt>2011-11-21T12：30：00Z</head：CreDt>	M
报文头结束	</head：AppHdr>	</head：AppHdr>	M
报文体部分			M
报文体开始	<cano：Document>	<cano：Document>	M
证券发行人行为通知开始	<cano：CorpActnNtfctn>	<cano：CorpActnNtfctn>	M
通知基本信息部分			M
通知基本信息部分开始	<cano：NtfctnGnlInf>	<cano：NtfctnGnlInf>	M
通知类别	<cano：NtfctnTp>	<cano：NtfctnTp>NEWM</cano：NtfctnTp>	M
通知处理状态	<cano：PrcgSts>	<cano：PrcgSts> <cano：Cd> <cano：EvtCmpltnsSts>COMP</cano：EvtCmpltnsSts> <cano：EvtConfSts>CONF</cano：EvtConfSts> </cano：Cd> </cano：PrcgSts>	M
通知基本信息部分结束	</cano：NtfctnGnlInf>	</cano：NtfctnGnlInf>	M
证券发行人行为基本信息部分			M
证券发行人行为基本信息部分开始	<cano：CorpActnGnlInf>	<cano：CorpActnGnlInf>	M
事件标识	<cano：CorpActnEvtId>	<cano：CorpActnEvtId>AAA7900DLST</cano：CorpActnEvtId>	M
事件类型	<cano：EvtTp>	<cano：EvtTp> <cano：Cd>DLST</cano：Cd> </cano：EvtTp>	M
事件是否含权	<cano：MndtryVlntryEvtTp>	<cano：MndtryVlntryEvtTp> <cano：Cd>MAND</cano：Cd> </cano：MndtryVlntryEvtTp>	M
标的证券信息	<cano：UndrlygScty>	<cano：UndrlygScty> <cano：FinInstrmId> <cano：ISIN>CCC</cano：ISIN> <cano：Desc>BBB A-SHARE</cano：Desc> </cano：FinInstrmId> <cano：PlcOfListg> <cano：MktIdrCd>ZZZ</cano：MktIdrCd> </cano：PlcOfListg> </cano：UndrlygScty>	M
证券发行人行为基本信息部分结束	</cano：CorpActnGnlInf>	</cano：CorpActnGnlInf>	M
账户信息部分			M

续表

数据信息	数据标签	数据样例	必填（M）；可选（O）
账户信息	<cano：AcctDtls>	<cano：AcctDtls> <cano：ForAllAccts> <cano：IdCd>GENR</cano：IdCd> </cano：ForAllAccts> </cano：AcctDtls>	M
证券发行人行为详情部分			O
证券发行人行为详情部分开始	<cano：CorpActnDtls>	<cano：CorpActnDtls>	M
证券发行人行为日期详情部分开始	<cano：DtDtls>	<cano：DtDtls>	M
公告日期	<cano：AnncmntDt>	<cano：AnncmntDt> <cano：Dt> <cano：Dt>2011-08-19</cano：Dt> </cano：Dt> </cano：AnncmntDt>	O
生效日期	<cano：FctvDt>	<cano：FctvDt> <cano：Dt> <cano：Dt>2011-08-23</cano：Dt> </cano：Dt> </cano：FctvDt>	O
权益登记日	<cano：RcrdDt>	<cano：RcrdDt> <cano：Dt> <cano：Dt>2011-08-19</cano：Dt> </cano：Dt> </cano：RcrdDt>	O
证券发行人行为日期详情部分结束	</cano：DtDtls>	</cano：DtDtls>	M
证券发行人行为详情部分结束	</cano：CorpActnDtls>	</cano：CorpActnDtls>	M
附加信息部分			O
附加信息部分开始	<cano：AddtlInf>	<cano：AddtlInf>	M
附加文本	<cano：AddtlTxt>	<cano：AddtlTxt> <cano：AddtlInf>DETAILS</cano：AddtlInf> </cano：AddtlTxt>	O
附加信息部分结束	</cano：AddtlInf>	</cano：AddtlInf>	M
证券发行人行为通知结束	</cano：CorpActnNtfctn>	</cano：CorpActnNtfctn>	M
报文体结束	</cano：Document>	</cano：Document>	M
报文结束	</RequestPayload>	</RequestPayload>	M

C.7 现金红利（DVCA）

现金红利（DVCA）MT564 报文规范和 XML 格式报文规范分别参见表 C.13 和表 C.14。

示例：

XXX 有限公司 2011 年 11 月 21 日公告：本公司旗下 XXX 基金（LOF）（基金代码：AAA，基金简称：BBB，ISIN：CCC）实施2011年度的第2次分红。本次分红方案为每10份基金份额派2.5元，收益分配基准日为2011年11月11日，权益登记日为2011年11月23日，除息日为2011年11月24日，现金红利发放日为2011年11月25日。

表C.13　现金红利（DVCA）MT564报文规范

数据信息	数据标签	内容格式	数据样例	必填（M）/可选（O）
基本信息块（General Information）				M
块开始	16R	GENL	：16R：GENL	M
报文编号	20C	：4!c//16x	：20C：：SEME//1309101	M
事件标识	20C	：4!c//16x	：20C：：CORP//AAA7994DVCA	M
通知类别	23G	4!c[/4!c]	：23G：NEWM	M
事件类型	22F	：4!c/[8c]/4!c	：22F：：CAEV//DVCA	M
事件是否含权	22F	：4!c/[8c]/4!c	：22F：：CAMV//MAND	M
报文创建日期	98a	A or C	：98A：：PREP//20111121	O
事件完整性状态	25D	：4!c/[8c]/4!c	：25D：：PROC//COMP	M
块结束	16S	GENL	：16S：GENL	M
标的证券块（Underlying Securities）				M
块开始	16R	USECU	：16R：USECU	M
标的证券信息	35B	[ISIN1!e12!c] [4*35x]	：35B：ISIN CCC BBB LOF	M
账户信息块（Account Information）				M
块开始	16R	ACCTINFO	：16R：ACCTINFO	M
账户信息	97a	A or C	：97C：：SAFE//GENR	M
块结束	16S	ACCTINFO	：16S：ACCTINFO	M
块结束	16S	USECU	：16S: USECU	M
证券发行人行为详情块（Corporate Action Details）				O
块开始	16R	CADETL	：16R：CADETL	M
公告日期	98a	A，B，C，or D	：98A：：ANOU//20111121	O
除权日	98a	A，B，C，or D	：98A：：XDTE//20111124	O
权益登记日	98a	A，B，C，or D	：98A：：RDTE//20111123	O
分红类别	22F	：4!c/[8c]/4!c	：22F：：DIVI//REGR	M
块结束	16S	CADETL	：16S: CADETL	M
证券发行人行为选项块（Corporate Action Options）				O
块开始	16R	CAOPTN	：16R：CAOPTN	M
选项编号	13A	：4!c//3!c	：13A：：CAON//001	M
选项代码	22F	：4!c/[8c]/4!c	：22F：：CAOP//CASH	M
默认处理标识	17B	：4!c//1!a	：17B：：DFLT//Y	M
现金变动块（Cash Movement）				O
块开始	16R	CASHMOVE	：16R：CASHMOVE	M
借记贷记标识	22H	：4!c/[8c]/4!c	：22H：：CRDB//CRED	M

续表

数据信息	数据标签	内容格式	数据样例	必填（M）/可选（O）
支付日期	98a	A，B，C，or D	：98A：：PAYD//20111128	M
派息比例（税前）	92a	A，B，D，F，K，L，M，or N	：92F：：GRSS//CNY0，250000000	M
派息比例（税后）	92a	A，B，D，F，K，L，M，or N	：92F：：NETT//CNY0，250000000	M
块结束	16S	CASHMOVE	：16S：CASHMOVE	M
块结束	16S	CAOPTN	：16S：CAOPTN	M
附加信息块（Additional Information）				O
块开始	16R	ADDINFO	：16R：ADDINFO	M
附加文本	70F	：4!c//10*35x	：70F：：ADTX//DETAILS	O
块结束	16S	ADDINFO	：16R：ADDINFO	M

表 C.14　现金红利（DVCA）XML 格式报文规范

数据信息	数据标签	数据样例	必填（M）/可选（O）
报文开始	<RequestPayload>	<RequestPayload>	M
报文头部分			M
报文头开始	<head：AppHdr>	<head：AppHdr>	M
报文发送方	<head：Fr>	<head：Fr> <head：OrgId> <head：Id> <head：OrgId> <head：AnyBIC>SZSICNB0XXX</head：AnyBIC> </head：OrgId> </head：Id> </head：OrgId> </head：Fr>	M
报文接收方	<head：To>	<head：To> <head：OrgId> <head：Id> <head：OrgId> <head：AnyBIC>SZSICNB0XXX</head：AnyBIC> </head：OrgId> </head：Id> </head：OrgId> </head：To>	M
报文编号	<head：BizMsgIdr>	<head：BizMsgIdr>1309101</head：BizMsgIdr>	M
报文类别	<head：MsgDefIdr>	<head：MsgDefIdr>seev.031.001.02</head：MsgDefIdr>	M
报文创建时间	<head：CreDt>	<head：CreDt>2011-11-21T12：30：00Z</head：CreDt>	M
报文头结束	</head：AppHdr>	</head：AppHdr>	M
报文体部分			M
报文体开始	<cano：Document>	<cano：Document>	M
证券发行人行为通知开始	<cano：CorpActnNtfctn>	<cano：CorpActnNtfctn>	M
通知基本信息部分			M

续表

数据信息	数据标签	数据样例	必填（M）/可选（O）
通知基本信息部分开始	<cano：NtfctnGnlInf>	<cano：NtfctnGnlInf>	M
通知类别	<cano：NtfctnTp>	<cano：NtfctnTp>NEWM</cano：NtfctnTp>	M
通知处理状态	<cano：PrcgSts>	<cano：PrcgSts> <cano：Cd> <cano：EvtCmpltnsSts>COMP</cano：EvtCmpltnsSts> <cano：EvtConfSts>CONF</cano：EvtConfSts> </cano：Cd> </cano：PrcgSts>	M
通知基本信息部分结束	</cano：NtfctnGnlInf>	</cano：NtfctnGnlInf>	M
证券发行人行为基本信息部分			M
证券发行人行为基本信息部分开始	<cano：CorpActnGnlInf>	<cano：CorpActnGnlInf>	M
事件标识	<cano：CorpActnEvtId>	<cano：CorpActnEvtId>AAA7994DVCA</cano：CorpActnEvtId>	M
事件类型	<cano：EvtTp>	<cano：EvtTp> <cano：Cd>DVCA</cano：Cd> </cano：EvtTp>	M
事件是否含权	<cano：MndtryVlntryEvtTp>	<cano：MndtryVlntryEvtTp> <cano：Cd>MAND</cano：Cd> </cano：MndtryVlntryEvtTp>	M
标的证券信息	<cano：UndrlygScty>	<cano：UndrlygScty> <cano：FinInstrmId> <cano：ISIN>CCC</cano：ISIN> <cano：Desc>BBB LOF</cano：Desc> </cano：FinInstrmId> <cano：PlcOfListg> <cano：MktIdrCd>ZZZ</cano：MktIdrCd> </cano：PlcOfListg> </cano：UndrlygScty>	M
证券发行人行为基本信息部分结束	</cano：CorpActnGnlInf>	</cano：CorpActnGnlInf>	M
账户信息部分			M
账户信息	<cano：AcctDtls>	<cano：AcctDtls> <cano：ForAllAccts> <cano：IdCd>GENR</cano：IdCd> </cano：ForAllAccts> </cano：AcctDtls>	M
证券发行人行为详情部分			O
证券发行人行为详情部分开始	<cano：CorpActnDtls>	<cano：CorpActnDtls>	M
证券发行人行为日期详情部分开始	<cano：DtDtls>	<cano：DtDtls>	M

续表

数据信息	数据标签	数据样例	必填（M）/可选（O）
公告日期	<cano：AnncmntDt>	<cano：AnncmntDt> <cano：Dt> <cano：Dt>2011-11-21</cano：Dt> </cano：Dt> </cano：AnncmntDt>	O
权益登记日	<cano：RcrdDt>	<cano：RcrdDt> <cano：Dt> <cano：Dt>2011-11-23</cano：Dt> </cano：Dt> </cano：RcrdDt>	O
除权日	<cano：ExDvddDt>	<cano：ExDvddDt> <cano：Dt> <cano：Dt>2011-11-24</cano：Dt> </cano：Dt> </cano：ExDvddDt>	O
证券发行人行为日期详情部分结束	</cano：DtDtls>	</cano：DtDtls>	M
分红类型	<DvddTp>	<cano：DvddTp> <cano：Cd>REGR</cano：Cd> </cano：DvddTp>	M
证券发行人行为详情部分结束	</cano：CorpActnDtls>	</cano：CorpActnDtls>	M
证券发行人行为选项部分			O
证券发行人行为选项部分开始	<cano：CorpActnOptnDtls>	<cano：CorpActnOptnDtls>	M
选项编号	<cano：OptnNb>	<cano：OptnNb>001</cano：OptnNb>	M
选项代码（参与行权）	<cano：OptnTp>	<cano：OptnTp> <cano：Cd>CASH</cano：Cd> </cano：OptnTp>	M
默认处理标识	<cano：DfltPrcgOrStgInstr>	<cano：DfltPrcgOrStgInstr> <cano：DfltOptnInd>Yes</cano：DfltOptnInd> </cano：DfltPrcgOrStgInstr>	M
现金变动详情			O
现金变动详情开始	<cano：CshMvmntDtls>	<cano：CshMvmntDtls>	M
借记贷记标识	<cano：CdtDbtInd>	<cano：CdtDbtInd>CRDT</cano：CdtDbtInd>	M
支付日期	<cano：DtDtls>	<cano：DtDtls> <cano：PmtDt> <cano：Dt> <cano：Dt>2011-11-28</cano：Dt> </cano：Dt> </cano：PmtDt> </cano：DtDtls>	M
比例与金额详情部分			O
比例与金额详情部分开始	<cano：RateAndAmtDtls>	<cano：RateAndAmtDtls>	M

续表

数据信息	数据标签	数据样例	必填（M）/ 可选（O）
派息比例（税前）	<cano：GrssDvddRate>	<cano：GrssDvddRate> <cano：Amt Ccy=“CNY”>0.25</cano：Amt> </cano：GrssDvddRate>	O
派息比例（税后）	<cano：NetDvddRate>	<cano：NetDvddRate> <cano：Amt Ccy=“CNY”>0.25</cano：Amt> </cano：NetDvddRate>	O
比例与金额详情部分结束	</cano：RateAndAmtDtls>	</cano：RateAndAmtDtls>	M
现金变动详情结束	</cano：CshMvmntDtls>	</cano：CshMvmntDtls>	M
证券发行人行为选项部分结束	</cano：CorpActnOptnDtls>	</cano：CorpActnOptnDtls>	M
附加信息部分			O
附加信息部分开始	<cano：AddtlInf>	<cano：AddtlInf>	M
附加文本	<cano：AddtlTxt>	<cano：AddtlTxt> <cano：AddtlInf>DETAILS</cano：AddtlInf> </cano：AddtlTxt>	O
附加信息部分结束	</cano：AddtlInf>	</cano：AddtlInf>	M
证券发行人行为通知结束	</cano：CorpActnNtfctn>	</cano：CorpActnNtfctn>	M
报文体结束	</cano：Document>	</cano：Document>	M
报文结束	</RequestPayload>	</RequestPayload>	M

C.8 股票股利（DVSE）

股票股利（DVSE）MT564 报文规范和 XML 格式报文规范分别如表 C.15 和表 C.16 所示。

示例：

XXX 股份有限公司（股票代码：AAA，证券简称：BBB，ISIN：CCC）2011 年 9 月 22 日公告：本公司 2011 年半年度权益分派方案为 10 股送红股 2 股，派 0.23 元，同时每 10 股转增 8 股。股权登记日为 2011 年 9 月 28 日，除权除息日为 2011 年 9 月 29 日，支付日为 2011 年 9 月 29 日。

表 C.15 股票股利（DVSE）MT564 报文规范

数据信息	数据标签	内容格式	数据样例	必填（M）/ 可选（O）
基本信息块（General Information）				M
块开始	16R	GENL	：16R：GENL	M
报文编号	20C	：4!c//16x	：20C：：SEME//1320101	M
事件标识	20C	：4!c//16x	：20C：：CORP//AAA7934DVSE	M
通知类别	23G	4!c[/4!c]	：23G：NEWM	M
事件类型	22F	：4!c/[8c]/4!c	：22F：：CAEV//DVSE	M
事件是否含权	22F	：4!c/[8c]/4!c	：22F：：CAMV//MAND	M
报文创建日期	98a	A or C	：98A：：PREP//20111121	O

续表

数据信息	数据标签	内容格式	数据样例	必填（M）/ 可选（O）
事件完整性状态	25D	：4!c/[8c]/4!c	：25D：：PROC//COMP	M
块结束	16S	GENL	：16S：GENL	M
标的证券块（Underlying Securities）				M
块开始	16R	USECU	：16R：USECU	M
标的证券信息	35B	[ISIN1!e12!c] [4*35x]	：35B：ISIN CCC BBB A-SHARE	M
账户信息块（Account Information）				M
块开始	16R	ACCTINFO	：16R：ACCTINFO	M
账户信息	97a	A or C	：97C：：SAFE//GENR	M
块结束	16S	ACCTINFO	：16S：ACCTINFO	M
块结束	16S	USECU	：16S：USECU	M
证券发行人行为详情块（Corporate Action Details）				O
块开始	16R	CADETL	：16R：CADETL	M
公告日期	98a	A，B，C，or D	：98A：：ANOU//20110922	O
除权日	98a	A，B，C，or D	：98A：：XDTE//20110929	O
权益登记日	98a	A，B，C，or D	：98A：：RDTE//20110928	O
分红类型（中期分红）	：22F	：4!c/[8c]/4!c	：22F：：DIVI//INTE	M
块结束	16S	CADETL	：16S：CADETL	M
证券发行人行为选项块（Corporate Action Options）				O
块开始	16R	CAOPTN	：16R：CAOPTN	M
选项编号	13A	：4!c//3!c	：13A：：CAON//001	M
选项代码	22F	：4!c/[8c]/4!c	：22F：：CAOP//SECU	M
碎股处置方案	22F	：4!c/[8c]/4!c	：22F：：DISF//RDDN	M
默认处理标识	17B	：4!c//1!a	：17B：：DFLT//Y	M
证券变动块（Securities Movement）				O
块开始	16R	SECMOVE	：16R：SECMOVE	M
借记贷记标识	22H	：4!c/[8c]/4!c	：22H：：CRDB//CRED	M
关联证券信息	35B	[ISIN1!e12!c] [4*35x]	：35B：ISIN CCC BBB A-SHARE	M
送股比例	92a	A, B, D, F, K, L, M, or N	：92D：：ADEX//0，200000000/1，000000000	M
支付日期	98a	A，B，C，or D	：98A：：PAYD//20110929	M
交易日期	98a	A，B，C，or D	：98A：：AVAL//20110929	O
块结束	16S	SECMOVE	：16S：SECMOVE	M
块结束	16S	CAOPTN	：16S：CAOPTN	M
附加信息块（Additional Information）				O
块开始	16R	ADDINFO	：16R：ADDINFO	M
附加文本	70F	：4!c//10*35x	：70F：：ADTX//DETAILS	O
块结束	16S	ADDINFO	：16R：ADDINFO	M

表 C.16　股票股利（DVSE）XML 格式报文规范

数据信息	数据标签	数据样例	必填（M）/可选（O）
报文开始	<RequestPayload>	<RequestPayload>	M
报文头部分			M
报文头开始	<head：AppHdr>	<head：AppHdr>	M
报文发送方	<head：Fr>	<head：Fr> <head：OrgId> <head：Id> <head：OrgId> <head：AnyBIC>SZSICNB0XXX</head：AnyBIC> </head：OrgId> </head：Id> </head：OrgId> </head：Fr>	M
报文接收方	<head：To>	<head：To> <head：OrgId> <head：Id> <head：OrgId> <head：AnyBIC>SZSICNB0XXX</head：AnyBIC> </head：OrgId> </head：Id> </head：OrgId> </head：To>	M
报文编号	<head：BizMsgIdr>	<head：BizMsgIdr>1320101</head：BizMsgIdr>	M
报文类别	<head：MsgDefIdr>	<head：MsgDefIdr>seev.031.001.02</head：MsgDefIdr>	M
报文创建时间	<head：CreDt>	<head：CreDt>2011-11-21T12：30：00Z</head：CreDt>	M
报文头结束	</head：AppHdr>	</head：AppHdr>	M
报文体部分			M
报文体开始	<cano：Document>	<cano：Document>	M
证券发行人行为通知开始	<cano：CorpActnNtfctn>	<cano：CorpActnNtfctn>	M
通知基本信息部分			M
通知基本信息部分开始	<cano：NtfctnGnlInf>	<cano：NtfctnGnlInf>	M
通知类别	<cano：NtfctnTp>	<cano：NtfctnTp>NEWM</cano：NtfctnTp>	M
通知处理状态	<cano：PrcgSts>	<cano：PrcgSts> <cano：Cd> <cano：EvtCmpltnsSts>COMP</cano：EvtCmpltnsSts> <cano：EvtConfSts>CONF</cano：EvtConfSts> </cano：Cd> </cano：PrcgSts>	M
通知基本信息部分结束	</cano：NtfctnGnlInf>	</cano：NtfctnGnlInf>	M
证券发行人行为基本信息部分			M
证券发行人行为基本信息部分开始	<cano：CorpActnGnlInf>	<cano：CorpActnGnlInf>	M

续表

数据信息	数据标签	数据样例	必填（M）/可选（O）
事件标识	<cano：CorpActnEvtId>	<cano：CorpActnEvtId>AAA7934DVSE</cano：CorpActnEvtId>	M
事件类型	<cano：EvtTp>	<cano：EvtTp> <cano：Cd>DVSE</cano：Cd> </cano：EvtTp>	M
事件是否含权	<cano：MndtryVlntryEvtTp>	<cano：MndtryVlntryEvtTp> <cano：Cd>MAND</cano：Cd> </cano：MndtryVlntryEvtTp>	M
标的证券信息	<cano：UndrlygScty>	<cano：UndrlygScty> <cano：FinInstrmId> <cano：ISIN>CCC</cano：ISIN> <cano：Desc>BBB A-SHARE</cano：Desc> </cano：FinInstrmId> <cano：PlcOfListg> <cano：MktIdrCd>ZZZ</cano：MktIdrCd> </cano：PlcOfListg> </cano：UndrlygScty>	M
证券发行人行为基本信息部分结束	</cano：CorpActnGnlInf>	</cano：CorpActnGnlInf>	M
账户信息部分			M
账户信息	<cano：AcctDtls>	<cano：AcctDtls> <cano：ForAllAccts> <cano：IdCd>GENR</cano：IdCd> </cano：ForAllAccts> </cano：AcctDtls>	M
证券发行人行为详情部分			O
证券发行人行为详情部分开始	<cano：CorpActnDtls>	<cano：CorpActnDtls>	M
证券发行人行为日期详情部分开始	<cano：DtDtls>	<cano：DtDtls>	M
公告日期	<cano：AnncmntDt>	<cano：AnncmntDt> <cano：Dt> <cano：Dt>2011-09-22</cano：Dt> </cano：Dt> </cano：AnncmntDt>	O
权益登记日	<cano：RcrdDt>	<cano：RcrdDt> <cano：Dt> <cano：Dt>2011-09-28</cano：Dt> </cano：Dt> </cano：RcrdDt>	O
除权日	<cano：ExDvddDt>	<cano：ExDvddDt> <cano：Dt> <cano：Dt>2011-09-29</cano：Dt> </cano：Dt> </cano：ExDvddDt>	O

续表

数据信息	数据标签	数据样例	必填（M）/可选（O）
证券发行人行为日期详情部分结束	</cano：DtDtls>	</cano：DtDtls>	M
分红类型	<DvddTp>	<cano：DvddTp> <cano：Cd>INTE</cano：Cd> </cano：DvddTp>	M
证券发行人行为详情部分结束	</cano：CorpActnDtls>	</cano：CorpActnDtls>	M
证券发行人行为选项部分			O
证券发行人行为选项部分开始	<cano：CorpActnOptnDtls>	<cano：CorpActnOptnDtls>	M
选项编号	<cano：OptnNb>	<cano：OptnNb>001</cano：OptnNb>	M
选项代码	<cano：OptnTp>	<cano：OptnTp> <cano：Cd>SECU</cano：Cd> </cano：OptnTp>	M
碎股处置方案	<cano：FrctnDspstn>	<cano：FrctnDspstn> <cano：Cd>RDDN</cano：Cd> </cano：FrctnDspstn>	M
默认处理标识	<cano：DfltPrcgOrStgInstr>	<cano：DfltPrcgOrStgInstr> <cano：DfltOptnInd>Yes</cano：DfltOptnInd> </cano：DfltPrcgOrStgInstr>	M
证券变动详情			O
证券变动详情开始	<cano：SctiesMvmntDtls>	<cano：SctiesMvmntDtls>	M
关联证券信息	<cano：SctyDtls>	<cano：SctyDtls> <cano：FinInstrmId> <cano：ISIN>CCC</cano：ISIN> <cano：Desc>BBB A-SHARE</cano：Desc> </cano：FinInstrmId> </cano：SctyDtls>	M
借记贷记标识	<cano：CdtDbtInd>	<cano：CdtDbtInd>CRDT</cano：CdtDbtInd>	O
日期详情开始	<cano：DtDtls>	<cano：DtDtls>	M
支付日期	<cano：PmtDt>	<cano：PmtDt> <cano：Dt> <cano：Dt>2011-09-29</cano：Dt> </cano：Dt> </cano：PmtDt>	M
交易日期	<cano：AvlblDt>	<cano：AvlblDt> <cano：Dt> <cano：Dt>2011-09-29</cano：Dt> </cano：Dt> </cano：AvlblDt>	M
日期详情结束	</cano：DtDtls>	</cano：DtDtls>	M

续表

数据信息	数据标签	数据样例	必填（M）/可选（O）
送股比例	<cano：RateDtls>	<cano：RateDtls> <cano：AddtlQtyForSbcbdRsltntScties> <cano：QtyToQty> <cano：Qty1>0.2</cano：Qty1> <cano：Qty2>1</cano：Qty2> </cano：QtyToQty> </cano：AddtlQtyForSbcbdRsltntScties> </cano：RateDtls>	O
证券变动详情结束	</cano：SctiesMvmntDtls>	</cano：SctiesMvmntDtls>	M
证券发行人行为选项部分结束	</cano：CorpActnOptnDtls>	</cano：CorpActnOptnDtls>	M
附加信息部分			O
附加信息部分开始	<cano：AddtlInf>	<cano：AddtlInf>	M
附加文本	<cano：AddtlTxt>	<cano：AddtlTxt> <cano：AddtlInf>DETAILS</cano：AddtlInf> </cano：AddtlTxt>	O
附加信息部分结束	</cano：AddtlInf>	</cano：AddtlInf>	M
证券发行人行为通知结束	</cano：CorpActnNtfctn>	</cano：CorpActnNtfctn>	M
报文体结束	</cano：Document>	</cano：Document>	M
报文结束	</RequestPayload>	</RequestPayload>	M

C.9 权证行权（EXWA）

权证行权（EXWA）MT564 报文规范和 XML 格式报文规范分别参见表 C.17 和表 C.18。

示例：

XXX 有限公司（证券简称：EEE，ISIN：FFF）2011 年 6 月 2 日公告：本公司“EEE CWB1”（权证代码：AAA，ISIN：CCC）认股权证行权期间为 2011 年 8 月 12 日至 2011 年 8 月 18 日，行权价格为 3.48 元 / 股，行权比例为 1：1.5，行权代码为 DDD，行权简称为 EEE CWB1。

表 C.17 权证行权（EXWA）MT564 报文规范

数据信息	数据标签	内容格式	数据样例	必填（M）/ 可选（O）
基本信息块（General Information）				M
块开始	16R	GENL	：16R：GENL	M
报文编号	20C	：4!c//16x	：20C：：SEME//1332301	M
事件标识	20C	：4!c//16x	：20C：：CORP//AAA7893EXWA	M
通知类别	23G	4!c[/4!c]	：23G：NEWM	M
事件类型	22F	：4!c/[8c]/4!c	：22F：：CAEV//EXWA	M
事件是否含权	22F	：4!c/[8c]/4!c	：22F：：CAMV//VOLU	M
报文创建日期	98a	A or C	：98A：：PREP//20111122	O

续表

数据信息	数据标签	内容格式	数据样例	必填（M）/ 可选（O）
事件完整性状态	25D	：4!c/[8c]/4!c	：25D：：PROC//COMP	M
块结束	16S	GENL	：16S：GENL	M
标的证券块（Underlying Securities）				M
块开始	16R	USECU	：16R：USECU	M
标的证券信息	35B	[ISIN1!e12!c] [4*35x]	：35B：ISIN CCC EEE CWB1 STOCK WARRANT	M
账户信息块（Account Information）				M
块开始	16R	ACCTINFO	：16R：ACCTINFO	M
账户信息	97a	A or C	：97C：：SAFE//GENR	M
块结束	16S	ACCTINFO	：16S：ACCTINFO	M
块结束	16S	USECU	：16S：USECU	M
证券发行人行为详情块（Corporate Action Details）				O
块开始	16R	CADETL	：16R：CADETL	M
公告日期	98a	A，B，C，or D	：98A：：ANOU//20110602	O
权益登记日	98a	A，B，C，or D	：98A：：RDTE//20110602	O
块结束	16S	CADETL	：16S：CADETL	M
证券发行人行为选项块（Corporate Action Options）				O
块开始	16R	CAOPTN	：16R：CAOPTN	M
选项编号	13A	：4!c//3!c	：13A：：CAON//001	M
选项代码（参与行权）	22F	：4!c/[8c]/4!c	：22F：：CAOP//EXER	M
碎股处置方案	22F	：4!c/[8c]/4!c	：22F：：DISF//RDDN	M
默认处理标识	17B	：4!c//1!a	：17B：：DFLT//N	M
回复截止日	98a	A，B，C，or D	：98B：：RDDT//UKWN	O
市场截止日	98a	A，B，C，or D	：98A：：MKDT//20110818	O
行权期间	69a	A，B，C，D，E，F，or J	：69A：：PWAL//20110812/20110818	O
证券变动块（Securities Movement）				O
块开始	16R	SECMOVE	：16R：SECMOVE	M
借记贷记标识	22H	：4!c/[8c]/4!c	：22H：：CRDB//CRED	M
关联证券信息	35B	[ISIN1!e12!c] [4*35x]	：35B：ISIN FFF EEE A-SHARE	M
行权比例	92a	A，B，D，F，K，L，M，or N	：92D：：NEWO//1，500000000/1，000000000	M
支付日期	98a	A，B，C，or D	：98B：：PAYD//UKWN	M
块结束	16S	SECMOVE	：16S：SECMOVE	M
现金变动块（Cash Movement）				O
块开始	16R	CASHMOVE	：16R：CASHMOVE	M
借记贷记标识	22H	：4!c/[8c]/4!c	：22H：：CRDB//DEBT	M
支付日期	98a	A，B，C，or D	：98B：：PAYD//UKWN	M

续表

数据信息	数据标签	内容格式	数据样例	必填（M）/ 可选（O）
行权价格	90a	A, B, E, F, J, or K	：90B：：EXER//ACTU/CNY3，480000000	M
块结束	16S	CASHMOVE	：16S：CASHMOVE	M
块结束	16S	CAOPTN	：16S：CAOPTN	M
证券发行人行为选项块（Corporate Action Options）				O
块开始	16R	CAOPTN	：16R：CAOPTN	M
选项编号	13A	：4!c//3!c	：13A：：CAON//002	M
选项代码（不参与行权）	22F	：4!c/[8c]/4!c	：22F：：CAOP//NOAC	M
默认处理标识	17B	：4!c//1!a	：17B：：DFLT//Y	M
块结束	16S	CAOPTN	：16S：CAOPTN	M
附加信息块（Additional Information）				O
块开始	16R	ADDINFO	：16R：ADDINFO	M
附加文本	70F	：4!c//10*35x	：70F：：ADTX//DETAILS	O
块结束	16S	ADDINFO	：16R：ADDINFO	M

表 C.18　权证行权（EXWA）XML 格式报文规范

数据信息	数据标签	数据样例	必填（M）/ 可选（O）
报文开始	<RequestPayload>	<RequestPayload>	M
报文头部分			M
报文头开始	<head：AppHdr>	<head：AppHdr>	M
报文发送方	<head：Fr>	<head：Fr> <head：OrgId> <head：Id> <head：OrgId> <head：AnyBIC>SZSICNB0XXX</head：AnyBIC> </head：OrgId> </head：Id> </head：OrgId> </head：Fr>	M
报文接收方	<head：To>	<head：To> <head：OrgId> <head：Id> <head：OrgId> <head：AnyBIC>SZSICNB0XXX</head：AnyBIC> </head：OrgId> </head：Id> </head：OrgId> </head：To>	M
报文编号	<head：BizMsgIdr>	<head：BizMsgIdr>1332301</head：BizMsgIdr>	M
报文类别	<head：MsgDefIdr>	<head：MsgDefIdr>seev.031.001.02</head：MsgDefIdr>	M
报文创建时间	<head：CreDt>	<head：CreDt>2011-11-22T12：30：00Z</head：CreDt>	M
报文头结束	</head：AppHdr>	</head：AppHdr>	M

续表

数据信息	数据标签	数据样例	必填（M）/可选（O）
报文体部分			M
报文体开始	<cano：Document>	<cano：Document>	M
证券发行人行为通知开始	<cano：CorpActnNtfctn>	<cano：CorpActnNtfctn>	M
通知基本信息部分			M
通知基本信息部分开始	<cano：NtfctnGnlInf>	<cano：NtfctnGnlInf>	M
通知类别	<cano：NtfctnTp>	<cano：NtfctnTp>NEWM</cano：NtfctnTp>	M
通知处理状态	<cano：PrcgSts>	<cano：PrcgSts> <cano：Cd> <cano：EvtCmpltnsSts>COMP</cano：EvtCmpltnsSts> <cano：EvtConfSts>CONF</cano：EvtConfSts> </cano：Cd> </cano：PrcgSts>	M
通知基本信息部分结束	</cano：NtfctnGnlInf>	</cano：NtfctnGnlInf>	M
证券发行人行为基本信息部分			M
证券发行人行为基本信息部分开始	<cano：CorpActnGnlInf>	<cano：CorpActnGnlInf>	M
事件标识	<cano：CorpActnEvtId>	<cano：CorpActnEvtId>AAA7893EXWA</cano：CorpActnEvtId>	M
事件类型	<cano：EvtTp>	<cano：EvtTp> <cano：Cd>EXWA</cano：Cd> </cano：EvtTp>	M
事件是否含权	<cano：MndtryVlntryEvtTp>	<cano：MndtryVlntryEvtTp> <cano：Cd>VOLU</cano：Cd> </cano：MndtryVlntryEvtTp>	M
标的证券信息	<cano：UndrlygScty>	<cano：UndrlygScty> <cano：FinInstrmId> <cano：ISIN>CCC</cano：ISIN> <cano：Desc>EEE CWB1 STOCK WARRANT</cano：Desc> </cano：FinInstrmId> <cano：PlcOfListg> <cano：MktIdrCd>ZZZ</cano：MktIdrCd> </cano：PlcOfListg> </cano：UndrlygScty>	M
证券发行人行为基本信息部分结束	</cano：CorpActnGnlInf>	</cano：CorpActnGnlInf>	M
账户信息部分			M
账户信息	<cano：AcctDtls>	<cano：AcctDtls> <cano：ForAllAccts> <cano：IdCd>GENR</cano：IdCd> </cano：ForAllAccts> </cano：AcctDtls>	M
证券发行人行为详情部分			O
证券发行人行为详情部分开始	<cano：CorpActnDtls>	<cano：CorpActnDtls>	M

续表

数据信息	数据标签	数据样例	必填（M）；可选（O）
证券发行人行为日期详情部分开始	<cano：DtDtls>	<cano：DtDtls>	M
公告日期	<cano：AnncmntDt>	<cano：AnncmntDt> <cano：Dt> <cano：Dt>2011-06-02</cano：Dt> </cano：Dt> </cano：AnncmntDt>	O
权益登记日	<cano：RcrdDt>	<cano：RcrdDt> <cano：Dt> <cano：Dt>2011-06-02</cano：Dt> </cano：Dt> </cano：RcrdDt>	O
证券发行人行为日期详情部分结束	</cano：DtDtls>	</cano：DtDtls>	M
证券发行人行为详情部分结束	</cano：CorpActnDtls>	</cano：CorpActnDtls>	M
证券发行人行为选项部分			O
证券发行人行为选项部分开始	<cano：CorpActnOptnDtls>	<cano：CorpActnOptnDtls>	M
选项编号	<cano：OptnNb>	<cano：OptnNb>001</cano：OptnNb>	M
选项代码（参与行权）	<cano：OptnTp>	<cano：OptnTp> <cano：Cd>EXER</cano：Cd> </cano：OptnTp>	M
碎股处置方案	<cano：FrctnDspstn>	<cano：FrctnDspstn> <cano：Cd>RDDN</cano：Cd> </cano：FrctnDspstn>	M
默认处理标识	<cano：DfltPrcgOrStgInstr>	<cano：DfltPrcgOrStgInstr> <cano：DfltOptnInd>No</cano：DfltOptnInd> </cano：DfltPrcgOrStgInstr>	M
日期详情开始	<cano：DtDtls>	<cano：DtDtls>	M
市场截止日	<cano：DtDtls>	<cano：MktDdln> <cano：Dt> <cano：Dt>2011-08-18</cano：Dt> </cano：Dt> </cano：MktDdln>	O
回复截止日	<cano：RspnDdln>	<cano：RspnDdln> <cano：DtCd> <cano：Cd>UKWN</cano：Cd> </cano：DtCd> </cano：RspnDdln>	O
日期详情结束	</cano：DtDtls>	</cano：DtDtls>	M

续表

数据信息	数据标签	数据样例	必填（M）/可选（O）
行权期间	<cano：PrdDtls>	<cano：PrdDtls> <cano：ActnPrd> <cano：Prd> <cano：StartDt> <cano：Dt> <cano：Dt>2011-08-12</cano：Dt> </cano：Dt> </cano：StartDt> <cano：EndDt> <cano：Dt> <cano：Dt>2011-08-18</cano：Dt> </cano：Dt> </cano：EndDt> </cano：Prd> </cano：ActnPrd> </cano：PrdDtls>	O
证券变动详情			O
证券变动详情开始	<cano：SctiesMvmntDtls>	<cano：SctiesMvmntDtls>	M
关联证券信息	<cano：SctyDtls>	<cano：SctyDtls> <cano：FinInstrmId> <cano：ISIN>FFF</cano：ISIN> <cano：Desc>EEE A-SHARE</cano：Desc> </cano：FinInstrmId> </cano：SctyDtls>	M
借记贷记标识	<cano：CdtDbtInd>	<cano：CdtDbtInd>CRDT</cano：CdtDbtInd>	O
支付日期	<cano：DtDtls>	<cano：DtDtls> <cano：PmtDt> <cano：DtCd> <cano：Cd>UKWN</cano：Cd> </cano：DtCd> </cano：PmtDt> </cano：DtDtls>	M
行权比例	<cano：RateDtls>	<cano：RateDtls> <cano：NewToOd> <cano：QtyToQty> <cano：Qty1>1.5</cano：Qty1> <cano：Qty2>1</cano：Qty2> </cano：QtyToQty> </cano：NewToOd> </cano：RateDtls>	O
证券变动详情结束	</cano：SctiesMvmntDtls>	</cano：SctiesMvmntDtls>	M
现金变动详情			O
现金变动详情开始	<cano：CshMvmntDtls>	<cano：CshMvmntDtls>	M
借记贷记标识	<cano：CdtDbtInd>	<cano：CdtDbtInd>DBIT</cano：CdtDbtInd>	M

续表

数据信息	数据标签	数据样例	必填（M）/可选（O）
支付日期	<cano：DtDtls>	<cano：DtDtls> <cano：PmtDt> <cano：DtCd> <cano：Cd>UKWN</cano：Cd> </cano：DtCd> </cano：PmtDt> </cano：DtDtls>	M
行权价格	<cano：PricDtls>	<cano：PricDtls> <cano：GncCshPricPdPerPdct> <cano：AmtPric> <cano：AmtPricTp>ACTU</cano：AmtPricTp> <cano：PricVal Ccy="CNY">19.26</cano：PricVal> </cano：AmtPric> </cano：GncCshPricPdPerPdct> </cano：PricDtls>	O
现金变动详情结束	</cano：CshMvmntDtls>	</cano：CshMvmntDtls>	M
证券发行人行为选项部分结束	</cano：CorpActnOptnDtls>	</cano：CorpActnOptnDtls>	M
证券发行人行为选项部分			O
证券发行人行为选项部分开始	<cano：CorpActnOptnDtls>	<cano：CorpActnOptnDtls>	M
选项编号	<cano：OptnNb>	<cano：OptnNb>002</cano：OptnNb>	M
选项代码（不参与行权）	<cano：OptnTp>	<cano：OptnTp> <cano：Cd>NOAC</cano：Cd> </cano：OptnTp>	M
默认处理标识	<cano：DfltPrcgOrStgInstr>	<cano：DfltPrcgOrStgInstr> <cano：DfltOptnInd>Yes</cano：DfltOptnInd> </cano：DfltPrcgOrStgInstr>	M
证券发行人行为选项部分结束	</cano：CorpActnOptnDtls>	</cano：CorpActnOptnDtls>	M
附加信息部分			O
附加信息部分开始	<cano：AddtlInf>	<cano：AddtlInf>	M
附加文本	<cano：AddtlTxt>	<cano：AddtlTxt> <cano：AddtlInf>DETAILS</cano：AddtlInf> </cano：AddtlTxt>	O
附加信息部分结束	</cano：AddtlInf>	</cano：AddtlInf>	M
扩展信息部分			O
扩展信息部分开始	<cano：SplmtryData>	<cano：SplmtryData>	M

续表

数据信息	数据标签	数据样例	必填（M）/可选（O）
行权代码，行权简称	<cano：Envlp>	<cano：Envlp> <casupl：CNCASDV01> <casupl：OptnDtlsSplmtn> <casupl：PlcAndNm>/RequestPayload/Document/CorpActnNtfctn/CorpActnOptnDtls</casupl：PlcAndNm> <casupl：ExrcCd>DDD</casupl：ExrcCd> <casupl：ExrcAbbr>EEE CWB1</casupl：ExrcAbbr> </casupl：OptnDtlsSplmtn> </casupl：CNCASDV01> </cano：Envlp>	M
扩展信息部分结束	</cano：SplmtryData>	</cano：SplmtryData>	M
证券发行人行为通知结束	</cano：CorpActnNtfctn>	</cano：CorpActnNtfctn>	M
报文体结束	</cano：Document>	</cano：Document>	M
报文结束	</RequestPayload>	</RequestPayload>	M

C.10 利息支付（INTR）

利息支付（INTR）MT564 报文规范和 XML 格式报文规范分别参见表 C.19 和表 C.20。

示例：

XXX 股份有限公司 2011 年 11 月 21 日公告：本公司公司债 “XXX 债”（债券代码：AAA，ISIN：CCC）将于将于 2011 年 11 月 28 日支付本年度利息。本期公司债券计息区间为 2010 年 11 月 26 日至 2011 年 11 月 25 日，票面利率为 6.32%，利息登记日为 2011 年 11 月 25 日。

表 C.19 利息支付（INTR）MT564 报文规范

数据信息	数据标签	内容格式	数据样例	必填（M）/可选（O）
基本信息块（General Information）				M
块开始	16R	GENL	：16R：GENL	M
报文编号	20C	：4!c//16x	：20C：：SEME//1309301	M
事件标识	20C	：4!c//16x	：20C：：CORP//AAA7994INTR	M
通知类别	23G	4!c[/4!c]	：23G：NEWM	M
事件类型	22F	：4!c/[8c]/4!c	：22F：：CAEV//INTR	M
事件是否含权	22F	：4!c/[8c]/4!c	：22F：：CAMV//MAND	M
报文创建日期	98a	A or C	：98A：：PREP//20111121	O
事件完整性状态	25D	：4!c/[8c]/4!c	：25D：：PROC//COMP	M
块结束	16S	GENL	：16S：GENL	M
标的证券块（Underlying Securities）				M
块开始	16R	USECU	：16R：USECU	M
标的证券信息	35B	[ISIN1!e12!c] [4*35x]	：35B：ISIN CCC XXX BOND CORPORATE BOND	M

续表

数据信息	数据标签	内容格式	数据样例	必填（M）/ 可选（O）
账户信息块（Acccunt Information）				M
块开始	16R	ACCTINFO	：16R：ACCTINFO	M
账户信息	97a	A or C	：97C：：SAFE//GENR	M
块结束	16S	ACCTINFO	：16S：ACCTINFO	M
块结束	16S	USECU	：16S：USECU	M
证券发行人行为详情块（Corporate Action Details）				O
块开始	16R	CADETL	：16R：CADETL	M
公告日期	98a	A，B，C，or D	：98A：：ANOU//20111121	O
除权日期	98a	A，B，C，or D	：98B：：XDTE//UKWN	O
权益登记日	98a	A，B，C，or D	：98A：：RDTE//20111125	O
计息区间	69a	A，B，C，D，E，F，or J	：69A：：INPE//20101126/20111125	M
票面利率	92a	A，B，D，F，K，L，M，or Y	：92A：：INTR//6，320000000	M
块结束	16S	CADETL	：16S：CADETL	M
证券发行人行为选项块（Corporate Action Options）				O
块开始	16R	CAOPTN	：16R：CAOPTN	M
选项编号	13A	：4!c//3!c	：13A：：CAON//001	M
选项代码	22F	：4!c/[8c]/4!c	：22F：：CAOP//CASH	M
碎股处置方案	22F	：4!c/[8c]/4!c	：22F：：DISF//STAN	M
币种	11A	：4!c//3!c	：11A：：OPTN//CNY	M
默认处理标识	17B	：4!c//1!a	：17B：：DFLT//Y	O
支付利率	92a	A，B，D，F，K，L，M，or N	：92A：：INTP//6，320000000	M
税率	92a	A，B，D，F，K，L，M，or N	：92A：：TAXR//0，100000000	M
现金变动块（Cash Movement）				O
块开始	16R	CASHMOVE	：16R：CASHMOVE	M
借记贷记标识	22H	：4!c/[8c]/4!c	：22H：：CRDB//CRED	M
支付日期	98a	A，B，C，or D	：98A：：PAYD//20111128	M
块结束	16S	CASHMOVE	：16S：CASHMOVE	M
块结束	16S	CAOPTN	：16S：CAOPTN	M
附加信息块（Additional Information）				O
块开始	16R	ADDINFO	：16R：ADDINFO	M
附加文本	70F	：4!c//10*35x	：70F：：ADTX//DETAILS	O
块结束	16S	ADDINFO	：16R：ADDINFO	M

表 C.20　利息支付（NTR）XML 格式报文规范

数据信息	数据标签	数据样例	必填（M）/ 可选（O）
报文开始	<RequestPayload>	<RequestPayload>	M
报文头部分			M

续表

数据信息	数据标签	数据样例	必填（M）/可选（O）
报文头开始	<head：AppHdr>	<head：AppHdr>	M
报文发送方	<head：Fr>	<head：Fr> <head：OrgId> <head：Id> <head：OrgId> <head：AnyBIC>SZSICNB0XXX</head：AnyBIC> </head：OrgId> </head：Id> </head：OrgId> </head：Fr>	M
报文接收方	<head：To>	<head：To> <head：OrgId> <head：Id> <head：OrgId> <head：AnyBIC>SZSICNB0XXX</head：AnyBIC> </head：OrgId> </head：Id> </head：OrgId> </head：To>	M
报文编号	<head：BizMsgIdr>	<head：BizMsgIdr>1309301</head：BizMsgIdr>	M
报文类别	<head：MsgDefIdr>	<head：MsgDefIdr>seev.031.001.02</head：MsgDefIdr>	M
报文创建时间	<head：CreDt>	<head：CreDt>2011-11-21T12：30：00Z</head：CreDt>	M
报文头结束	</head：AppHdr>	</head：AppHdr>	M
报文体部分			M
报文体开始	<cano：Document>	<cano：Document>	M
证券发行人行为通知开始	<cano：CorpActnNtfctn>	<cano：CorpActnNtfctn>	M
通知基本信息部分			M
通知基本信息部分开始	<cano：NtfctnGnlInf>	<cano：NtfctnGnlInf>	M
通知类别	<cano：NtfctnTp>	<cano：NtfctnTp>NEWM</cano：NtfctnTp>	M
通知处理状态	<cano：PrcgSts>	<cano：PrcgSts> <cano：Cd> <cano：EvtCmpltnsSts>COMP</cano：EvtCmpltnsSts> <cano：EvtConfSts>CONF</cano：EvtConfSts> </cano：Cd> </cano：PrcgSts>	M
通知基本信息部分结束	</cano：NtfctnGnlInf>	</cano：NtfctnGnlInf>	M
证券发行人行为基本信息部分			M
证券发行人行为基本信息部分开始	<cano：CorpActnGnlInf>	<cano：CorpActnGnlInf>	M
事件标识	<cano：CorpActnEvtId>	<cano：CorpActnEvtId>AAA7994INTR</cano：CorpActnEvtId>	M
事件类型	<cano：EvtTp>	<cano：EvtTp> <cano：Cd>INTR</cano：Cd> </cano：EvtTp>	M

续表

数据信息	数据标签	数据样例	必填（M）/可选（O）
事件是否含权	<cano：MndtryVlntryEvtTp>	<cano：MndtryVlntryEvtTp> <cano：Cd>MAND</cano：Cd> </cano：MndtryVlntryEvtTp>	M
标的证券信息	<cano：UndrlygScty>	<cano：UndrlygScty> <cano：FinInstrmId> <cano：ISIN>CCC</cano：ISIN> <cano：Desc>XXX BOND CORPORATE BOND</cano：Desc> </cano：FinInstrmId> <cano：PlcOfListg> <cano：MktIdrCd>ZZZ</cano：MktIdrCd> </cano：PlcOfListg> </cano：UndrlygScty>	M
证券发行人行为基本信息部分结束	</cano：CorpActnGnlInf>	</cano：CorpActnGnlInf>	M
账户信息部分			M
账户信息	<cano：AcctDtls>	<cano：AcctDtls> <cano：ForAllAccts> <cano：IdCd>GENR</cano：IdCd> </cano：ForAllAccts> </cano：AcctDtls>	M
证券发行人行为详情部分			O
证券发行人行为详情部分开始	<cano：CorpActnDtls>	<cano：CorpActnDtls>	M
证券发行人行为日期详情部分开始	<cano：DtDtls>	<cano：DtDtls>	M
公告日期	<cano：AnncmntDt>	<cano：AnncmntDt> <cano：Dt> <cano：Dt>2011-11-21</cano：Dt> </cano：Dt> </cano：AnncmntDt>	O
权益登记日	<cano：RcrdDt>	<cano：RcrdDt> <cano：Dt> <cano：Dt>2011-10-31</cano：Dt> </cano：Dt> </cano：RcrdDt>	O
除权日期	<cano：ExDvddDt>	<cano：ExDvddDt> <cano：DtCd> <cano：Cd>UKWN</cano：Cd> </cano：DtCd> </cano：ExDvddDt>	O
证券发行人行为日期详情部分结束	</cano：DtDtls>	</cano：DtDtls>	M

续表

数据信息	数据标签	数据样例	必填（M）/可选（O）
计息区间	<cano：PrdDtls>	<cano：PrdDtls> <cano：IntrstPrd> <cano：Prd> <cano：StartDt> <cano：Dt> <cano：Dt>2010-11-26</cano：Dt> </cano：Dt> </cano：StartDt> <cano：EndDt> <cano：Dt> <cano：Dt>2011-11-25</cano：Dt> </cano：Dt> </cano：EndDt> </cano：Prd> </cano：IntrstPrd> </cano：PrdDtls>	M
票面利率	<cano：RateAndAmtDtls>	<cano：RateAndAmtDtls> <cano：Intrst> <cano：Rate>6.32</cano：Rate> </cano：Intrst> </cano：RateAndAmtDtls>	M
证券发行人行为详情部分结束	</cano：CorpActnDtls>	</cano：CorpActnDtls>	M
证券发行人行为选项部分			O
证券发行人行为选项部分开始	<cano：CorpActnOptnDtls>	<cano：CorpActnOptnDtls>	M
选项编号	<cano：OptnNb>	<cano：OptnNb>001</cano：OptnNb>	M
选项代码（参与认购）	<cano：OptnTp>	<cano：OptnTp> <cano：Cd>CASH</cano：Cd> </cano：OptnTp>	M
碎股处理标识	<cano：FrctnDspstn>	<cano：FrctnDspstn> <cano：Cd>STAN</cano：Cd> </cano：FrctnDspstn>	M
币种	<cano：CcyOptn>	<cano：CcyOptn>CNY</cano：CcyOptn>	M
默认处理标识	<cano：DfltPrcgOrStgInstr>	<cano：DfltPrcgOrStgInstr> <cano：DfltOptnInd>Yes</cano：DfltOptnInd> </cano：DfltPrcgOrStgInstr>	M
比率与数量详情开始	<cano：RateAndAmtDtls>	<cano：RateAndAmtDtls>	M
支付利率	<cano：IntrstRateUsdForPmt>	<cano：IntrstRateUsdForPmt> <cano：Rate>6.32</cano：Rate> </cano：IntrstRateUsdForPmt>	M
税率	<cano：TaxRltdRate>	<cano：WhldgTaxRate> <cano：Rate>0.1</cano：Rate> </cano：WhldgTaxRate>	M
比率与数量详情结束	</RateAndAmtDtls>	</cano：RateAndAmtDtls>	M
现金变动详情			O

续表

数据信息	数据标签	数据样例	必填（M）/可选（O）
现金变动详情开始	<cano：CshMvmntDtls>	<cano：CshMvmntDtls>	M
借记贷记标识	<cano：CdtDbtInd>	<cano：CdtDbtInd>CRDT</cano：CdtDbtInd>	M
支付日期	<cano：DtDtls>	<cano：DtDtls> <cano：PmtDt> <cano：Dt> <cano：Dt>2011-11-28</cano：Dt> </cano：Dt> </cano：PmtDt> </cano：DtDtls>	M
现金变动详情结束	</cano：CshMvmntDtls>	</cano：CshMvmntDtls>	M
证券发行人行为选项部分结束	</cano：CorpActnOptnDtls>	</cano：CorpActnOptnDtls>	M
附加信息部分			O
附加信息部分开始	<cano：AddtlInf>	<cano：AddtlInf>	M
附加文本	<cano：AddtlTxt>	<cano：AddtlTxt> <cano：AddtlInf>DETAILS</cano：AddtlInf> </cano：AddtlTxt>	O
附加信息部分结束	</cano：AddtlInf>	</cano：AddtlInf>	M
证券发行人行为通知结束	</cano：CorpActnNtfctn>	</cano：CorpActnNtfctn>	M
报文体结束	</cano：Document>	</cano：Document>	M
报文结束	</RequestPayload>	</RequestPayload>	M

C.11　年度股东大会（MEET）

年度股东大会（MEET）MT564报文规范和XML格式报文规范分别参见表C.21和表C.22。

示例：

XXX股份有限公司（股票代码：AAA，证券简称：BBB，ISIN：CCC）2011年3月11日公告：本公司已于2011年3月10日召开的2010年度股东大会。会议召开时间为2011年3月10日上午9：30，召开地点为XXX大酒店三楼会议室，召开方式为现场投票。会议审议通过了《2010年度董事会工作报告》等议案。

表C.21　年度股东大会（MEET）MT564报文规范

数据信息	数据标签	内容格式	数据样例	必填（M）/可选（O）
基本信息块（General Information）				M
块开始	16R	GENL	：16R：GENL	M
报文编号	20C	：4!c//16x	：20C：：SEME//1310801	M
事件标识	20C	：4!c//16x	：20C：：CORP//AAA7717MEET	M
通知类别	23G	4!c[/4!c]	：23G：REPL	M
事件类型	22F	：4!c/[8c]/4!c	：22F：：CAEV//MEET	M

续表

数据信息	数据标签	内容格式	数据样例	必填（M）/ 可选（O）
事件是否含权	22F	：4!c/[8c]/4!c	：22F：：CAMV//VOLU	M
报文创建日期	98a	A or C	：98A：：PREP//20111121	O
事件完整性状态	25D	：4!c/[8c]/4!c	：25D：：PROC//COMP	M
关联报文信息	16R	LINK	：16R：LINK ：13A：：LINK//564 ：20C：：PREV//767501 ：16S：LINK	O
块结束	16S	GENL	：16S：GENL	M
标的证券块（Underlying Securities）				M
块开始	16R	USECU	：16R：USECU	M
标的证券信息	35B	[ISIN1!e12!c] [4*35x]	：35B：ISIN CCC BBB A-SHARE	M
账户信息块（Account Information）				M
块开始	16R	ACCTINFO	：16R：ACCTINFO	M
账户信息	97a	A or C	：97C：：SAFE//GENR	M
块结束	16S	ACCTINFO	：16S：ACCTINFO	M
块结束	16S	USECU	：16S：USECU	M
证券发行人行为详情块（Corporate Action Details）				O
块开始	16R	CADETL	：16R：CADETL	M
公告日期	98a	A，B，C，or D	：98A：：ANOU//20110311	O
权益登记日	98a	A，B，C，or D	：98A：：RDTE//20110304	O
会议日期	98a	A，B，C，or D	：98A：：MEET//20110310	O
块结束	16S	CADETL	：16S：CADETL	M
证券发行人行为选项块（Corporate Action Options）				O
块开始	16R	CAOPTN	：16R：CAOPTN	M
选项编号	13A	：4!c//3!c	：13A：：CAON//001	M
选项代码	22F	：4!c/[8c]/4!c	：22F：：CAOP//ABST	M
默认处理标识	17B	：4!c//1!a	：17B：：DFLT//N	M
市场截止日	98a	A，B，C，or D	：98A：：MKDT//20110309	O
回复截止日	98a	A，B，C，or D	：98B：：RDDT//UKWN	O
块结束	16S	CAOPTN	：16S：CAOPTN	M
证券发行人行为选项块（Corporate Action Options）				O
块开始	16R	CAOPTN	：16R：CAOPTN	M
选项编号	13A	：4!c//3!c	：13A：：CAON//002	M
选项代码	22F	：4!c/[8c]/4!c	：22F：：CAOP//CONN	M
市场截止日	98a	A，B，C，or D	：98A：：MKDT//20110309	O
回复截止日	98a	A，B，C，or D	：98B：：RDDT//UKWN	O
默认处理标识	17B	：4!c//1!a	：17B：：DFLT//N	M
块结束	16S	CAOPTN	：16S：CAOPTN	M

续表

数据信息	数据标签	内容格式	数据样例	必填（M）/ 可选（O）
证券发行人行为选项块（Corporate Action Options）				O
块开始	16R	CAOPTN	：16R：CAOPTN	M
选项编号	13A	：4!c//3!c	：13A：：CAON//003	M
选项代码	22F	：4!c/[8c]/4!c	：22F：：CAOP//CONY	M
市场截止日	98a	A，B，C，or D	：98A：：MKDT//20110309	O
回复截止日	98a	A，B，C，or D	：98B：：RDDT//UKWN	O
默认处理标识	17B	：4!c//1!a	：17B：：DFLT//N	M
块结束	16S	CAOPTN	：16S：CAOPTN	M
证券发行人行为选项块（Corporate Action Options）				O
块开始	16R	CAOPTN	：16R：CAOPTN	M
选项编号	13A	：4!c//3!c	：13A：：CAON//004	M
选项代码	22F	：4!c/[8c]/4!c	：22F：：CAOP//SPLI	M
默认处理标识	17B	：4!c//1!a	：17B：：DFLT//N	M
市场截止日	98a	A，B，C，or D	：98A：：MKDT//20110309	O
回复截止日	98a	A，B，C，or D	：98B：：RDDT//UKWN	O
块结束	16S	CAOPTN	：16S：CAOPTN	M
证券发行人行为选项块（Corporate Action Options）				O
块开始	16R	CAOPTN	：16R：CAOPTN	M
选项编号	13A	：4!c//3!c	：13A：：CAON//005	M
选项代码	22F	：4!c/[8c]/4!c	：22F：：CAOP//NOAC	M
默认处理标识	17B	：4!c//1!a	：17B：：DFLT//Y	M
市场截止日	98a	A，B，C，or D	：98A：：MKDT//20110309	O
回复截止日	98a	A，B，C，or D	：98B：：RDDT//UKWN	O
块结束	16S	CAOPTN	：16S：CAOPTN	M
附加信息块（Additional Information）				O
块开始	16R	ADDINFO	：16R：ADDINFO	M
附加文本	70F	：4!c//1C*35x	：70F：：ADTX//DETAILS	O
块结束	16S	ADDINFO	：16R：ADDINFO	M

表 C.22 年度股东大会（MEET）XML 格式报文规范

数据信息	数据标签	数据样例	必填（M）/ 可选（O）
报文开始	<RequestPayload>	<RequestPayload>	M
报文头部分			M
报文头开始	<head：AppHdr>	<head：AppHdr>	M

续表

数据信息	数据标签	数据样例	必填（M）/可选（O）
报文发送方	<head：Fr>	<head：Fr> <head：OrgId> <head：Id> <head：OrgId> <head：AnyBIC>SZSICNB0XXX</head：AnyBIC> </head：OrgId> </head：Id> </head：OrgId> </head：Fr>	M
报文接收方	<head：To>	<head：To> <head：OrgId> <head：Id> <head：OrgId> <head：AnyBIC>SZSICNB0XXX</head：AnyBIC> </head：OrgId> </head：Id> </head：OrgId> </head：To>	M
报文编号	<head：BizMsgIdr>	<head：BizMsgIdr>1310801</head：BizMsgIdr>	M
报文类别	<head：MsgDefIdr>	<head：MsgDefIdr>seev.031.001.02</head：MsgDefIdr>	M
报文创建时间	<head：CreDt>	<head：CreDt>2011-11-21T12：30：00Z</head：CreDt>	M
报文头结束	</head：AppHdr>	</head：AppHdr>	M
报文体部分			M
报文体开始	<cano：Document>	<cano：Document>	M
证券发行人行为通知开始	<cano：CorpActnNtfctn>	<cano：CorpActnNtfctn>	M
通知基本信息部分			M
通知基本信息部分开始	<cano：NtfctnGnlInf>	<cano：NtfctnGnlInf>	M
通知类别	<cano：NtfctnTp>	<cano：NtfctnTp>REPL</cano：NtfctnTp>	M
通知处理状态	<cano：PrcgSts>	<cano：PrcgSts> <cano：Cd> <cano：EvtCmpltnsSts>COMP</cano：EvtCmpltnsSts> <cano：EvtConfSts>CONF</cano：EvtConfSts> </cano：Cd> </cano：PrcgSts>	M
通知基本信息部分结束	</cano：NtfctnGnlInf>	</cano：NtfctnGnlInf>	M
关联报文信息	<cano：PrvsNtfctnId>	<cano：PrvsNtfctnId> <cano：Id>767501</cano：Id> </cano：PrvsNtfctnId>	O
证券发行人行为基本信息部分			M
证券发行人行为基本信息部分开始	<cano：CorpActnGnlInf>	<cano：CorpActnGnlInf>	M
事件标识	<cano：CorpActnEvtId>	<cano：CorpActnEvtId>AAA7717MEET</cano：CorpActnEvtId>	M

续表

数据信息	数据标签	数据样例	必填（M）/可选（O）
事件类型	<cano：EvtTp>	<cano：EvtTp> <cano：Cd>OTHR</cano：Cd> </cano：EvtTp>	M
事件是否含权	<cano：MndtryVlntryEvtTp>	<cano：MndtryVlntryEvtTp> <cano：Cd>VOLU</cano：Cd> </cano：MndtryVlntryEvtTp>	M
标的证券信息	<cano：UndrlygScty>	<cano：UndrlygScty> <cano：FinInstrmId> <cano：ISIN>CCC</cano：ISIN> <cano：Desc>BBB A-SHARE</cano：Desc> </cano：FinInstrmId> <cano：PlcOfListg> <cano：MktIdrCd>ZZZ</cano：MktIdrCd> </cano：PlcOfListg> </cano：UndrlygScty>	M
证券发行人行为基本信息部分结束	</cano：CorpActnGnlInf>	</cano：CorpActnGnlInf>	M
账户信息部分			M
账户信息	<cano：AcctDtls>	<cano：AcctDtls> <cano：ForAllAccts> <cano：IdCd>GENR</cano：IdCd> </cano：ForAllAccts> </cano：AcctDtls>	M
证券发行人行为详情部分			O
证券发行人行为详情部分开始	<cano：CorpActnDtls>	<cano：CorpActnDtls>	M
证券发行人行为日期详情部分开始	<cano：DtDtls>	<cano：DtDtls>	M
公告日期	<cano：AnncmntDt>	<cano：AnncmntDt> <cano：Dt> <cano：Dt>2011-03-11</cano：Dt> </cano：Dt> </cano：AnncmntDt>	O
会议日期	<cano：MtgDt>	<cano：MtgDt> <cano：Dt> <cano：Dt>2011-03-10</cano：Dt> </cano：Dt> </cano：MtgDt>	O
权益登记日	<cano：RcrdDt>	<cano：RcrdDt> <cano：Dt> <cano：Dt>2011-10-31</cano：Dt> </cano：Dt> </cano：RcrdDt>	O
证券发行人行为日期详情部分结束	</cano：DtDtls>	</cano：DtDtls>	M

续表

数据信息	数据标签	数据样例	必填（M）/可选（O）
证券发行人行为详情部分结束	</cano：CorpActnDtls>	</cano：CorpActnDtls>	M
证券发行人行为选项部分			O
证券发行人行为选项部分开始	<cano：CorpActnOptnDtls>	<cano：CorpActnOptnDtls>	M
选项编号	<cano：OptnNb>	<cano：OptnNb>001</cano：OptnNb>	M
选项代码（参与认购）	<cano：OptnTp>	<cano：OptnTp> <cano：Cd>ABST</cano：Cd> </cano：OptnTp>	M
默认处理标识	<cano：DfltPrcgOrStgInstr>	<cano：DfltPrcgOrStgInstr> <cano：DfltOptnInd>No</cano：DfltOptnInd> </cano：DfltPrcgOrStgInstr>	M
市场截止日	<cano：DtDtls>	<cano：MktDdln> <cano：Dt> <cano：Dt>2011-03-09</cano：Dt> </cano：Dt> </cano：MktDdln>	O
回复截止日	<cano：RspnDdln>	<cano：RspnDdln> <cano：DtCd> <cano：Cd>UKWN</cano：Cd> </cano：DtCd> </cano：RspnDdln>	O
证券发行人行为选项部分结束	</cano：CorpActnOptnDtls>	</cano：CorpActnOptnDtls>	M
证券发行人行为选项部分			O
证券发行人行为选项部分开始	<cano：CorpActnOptnDtls>	<cano：CorpActnOptnDtls>	M
选项编号	<cano：OptnNb>	<cano：OptnNb>002</cano：OptnNb>	M
选项代码（参与认购）	<cano：OptnTp>	<cano：OptnTp> <cano：Cd>CONN</cano：Cd> </cano：OptnTp>	M
默认处理标识	<cano：DfltPrcgOrStgInstr>	<cano：DfltPrcgOrStgInstr> <cano：DfltOptnInd>No</cano：DfltOptnInd> </cano：DfltPrcgOrStgInstr>	M
市场截止日	<cano：DtDtls>	<cano：MktDdln> <cano：Dt> <cano：Dt>2011-03-09</cano：Dt> </cano：Dt> </cano：MktDdln>	O
回复截止日	<cano：RspnDdln>	<cano：RspnDdln> <cano：DtCd> <cano：Cd>UKWN</cano：Cd> </cano：DtCd> </cano：RspnDdln>	O
证券发行人行为选项部分结束	</cano：CorpActnOptnDtls>	</cano：CorpActnOptnDtls>	M

续表

数据信息	数据标签	数据样例	必填（M）/可选（O）
证券发行人行为选项部分			O
证券发行人行为选项部分开始	<cano：CorpActnOptnDtls>	<cano：CorpActnOptnDtls>	M
选项编号	<cano：OptnNb>	<cano：OptnNb>003</cano：OptnNb>	M
选项代码（参与认购）	<cano：OptnTp>	<cano：OptnTp> <cano：Cd>CONY</cano：Cd> </cano：OptnTp>	M
默认处理标识	<cano：DfltPrcgOrStgInstr>	<cano：DfltPrcgOrStgInstr> <cano：DfltOptnInd>No</cano：DfltOptnInd> </cano：DfltPrcgOrStgInstr>	M
市场截止日	<cano：DtDtls>	<cano：MktDdln> <cano：Dt> <cano：Dt>2011-03-09</cano：Dt> </cano：Dt> </cano：MktDdln>	O
回复截止日	<cano：RspnDdln>	<cano：RspnDdln> <cano：DtCd> <cano：Cd>UKWN</cano：Cd> </cano：DtCd> </cano：RspnDdln>	O
证券发行人行为选项部分结束	</cano：CorpActnOptnDtls>	</cano：CorpActnOptnDtls>	M
证券发行人行为选项部分			O
证券发行人行为选项部分开始	<cano：CorpActnOptnDtls>	<cano：CorpActnOptnDtls>	M
选项编号	<cano：OptnNb>	<cano：OptnNb>004</cano：OptnNb>	M
选项代码（参与认购）	<cano：OptnTp>	<cano：OptnTp> <cano：Cd>SPLI</cano：Cd> </cano：OptnTp>	M
默认处理标识	<cano：DfltPrcgOrStgInstr>	<cano：DfltPrcgOrStgInstr> <cano：DfltOptnInd>No</cano：DfltOptnInd> </cano：DfltPrcgOrStgInstr>	M
市场截止日	<cano：DtDtls>	<cano：MktDdln> <cano：Dt> <cano：Dt>2011-03-09</cano：Dt> </cano：Dt> </cano：MktDdln>	O
回复截止日	<cano：RspnDdln>	<cano：RspnDdln> <cano：DtCd> <cano：Cd>UKWN</cano：Cd> </cano：DtCd> </cano：RspnDdln>	O
证券发行人行为选项部分结束	</cano：CorpActnOptnDtls>	</cano：CorpActnOptnDtls>	M
证券发行人行为选项部分			O

续表

数据信息	数据标签	数据样例	必填（M）/可选（O）
证券发行人行为选项部分开始	<cano：CorpActnOptnDtls>	<cano：CorpActnOptnDtls>	M
选项编号	<cano：OptnNb>	<cano：OptnNb>005</cano：OptnNb>	M
选项代码（参与认购）	<cano：OptnTp>	<cano：OptnTp> <cano：Cd>NOAC</cano：Cd> </cano：OptnTp>	M
默认处理标识	<cano：DfltPrcgOrStgInstr>	<cano：DfltPrcgOrStgInstr> <cano：DfltOptnInd>Yes</cano：DfltOptnInd> </cano：DfltPrcgOrStgInstr>	M
市场截止日	<cano：DtDtls>	<cano：MktDdln> <cano：Dt> <cano：Dt>2011-03-09</cano：Dt> </cano：Dt> </cano：MktDdln>	O
回复截止日	<cano：RspnDdln>	<cano：RspnDdln> <cano：DtCd> <cano：Cd>UKWN</cano：Cd> </cano：DtCd> </cano：RspnDdln>	O
证券发行人行为选项部分结束	</cano：CorpActnOptnDtls>	</cano：CorpActnOptnDtls>	M
附加信息部分			O
附加信息部分开始	<cano：AddtlInf>	<cano：AddtlInf>	M
附加文本	<cano：AddtlTxt>	<cano：AddtlTxt> <cano：AddtlInf>DETAILS</cano：AddtlInf> </cano：AddtlTxt>	O
附加信息部分结束	</cano：AddtlInf>	</cano：AddtlInf>	M
扩展信息部分			O
扩展信息部分开始	<cano：SplmtryData>	<cano：SplmtryData>	M
事件类型	<cano：Envlp>	<cano：Envlp> <casupl：CNCASDV01> <casupl：EvtTpSplmtn> <casupl：PlcAndNm>/RequestPayload/Document/CorpActnNtfctn/NtfctnGnlInf/EvtTp</casupl：PlcAndNm> <casupl：OtherEvtTp>MEET</casupl：OtherEvtTp> </casupl：EvtTpSplmtn>	M
会议地点、 会议名称	<casupl： CorpActnDtlsSplmtn>	<casupl：CorpActnDtlsSplmtn> <casupl：PlcAndNm>/RequestPayload/Document/CorpActnNtfctn/CorpActnDtls</casupl：PlcAndNm> <casupl：MeetVenue>XXX HOTEL</casupl：MeetVenue> <casupl：MeetNm>2010 AGM</casupl：MeetNm> </casupl：CorpActnDtlsSplmtn> </casupl：CNCASDV01> </cano：Envlp>	O
扩展信息部分结束	</cano：SplmtryData>	</cano：SplmtryData>	M
证券发行人行为通知结束	</cano：CorpActnNtfctn>	</cano：CorpActnNtfctn>	M

续表

数据信息	数据标签	数据样例	必填（M）/可选（O）
报文体结束	</cano：Document>	</cano：Document>	M
报文结束	</RequestPayload>	</RequestPayload>	M

C.12 吸收合并（MRGR）

吸收合并（MRGR）MT564 报文规范和 XML 格式报文规范分别参见表 C.23 和表 C.24。

示例：

XXX 股份有限公司（股票代码：AAA，证券简称：BBB，ISIN：CCC）2011 年 3 月 11 日公告：XXX 公司与 YYY 公司（股票代码：DDD，证券简称：EEE，ISIN：FFF）的换股比例为 2.90：1，即每 2.90 股 XXX 股份换 1 股 YYY 股份。换股变更登记日为 2011 年 3 月 15 日，投资者可于 3 月 16 日在相关账户上查询换股后的股份。本次换股吸收合并完成后，YYY 为本次换股吸收合并后的存续公司，XXX 股份终止上市，并将予以注销。

表 C.23 吸收合并（MRGR）MT564 报文规范

数据信息	数据标签	内容格式	数据样例	必填（M）/可选（O）
基本信息块（General Information）				M
块开始	16R	GENL	：16R：GENL	M
报文编号	20C	：4!c//16x	：20C：：SEME//1338301	M
事件标识	20C	：4!c//16x	：20C：：CORP//AAA7962MRGR	M
通知类别	23G	4!c[/4!c]	：23G：NEWM	M
事件类型	22F	：4!c/[8c]/4!c	：22F：：CAEV//EXWA	M
事件是否含权	22F	：4!c/[8c]/4!c	：22F：：CAMV//MAND	M
报文创建日期	98a	A or C	：98A：：PREP//20111121	O
事件完整性状态	25D	：4!c/[8c]/4!c	：25D：：PROC//COMP	M
块结束	16S	GENL	：16S：GENL	M
标的证券块（Underlying Securities）				M
块开始	16R	USECU	：16R：USECU	M
标的证券信息	35B	[ISIN1!e12!c] [4*35x]	：35B：ISIN CCC BBB A-SHARE	M
账户信息块（Account Information）				M
块开始	16R	ACCTINFO	：16R：ACCTINFO	M
账户信息	97a	A or C	：97C：：SAFE//GENR	M
块结束	16S	ACCTINFO	：16S：ACCTINFO	M
块结束	16S	USECU	：16S：USECU	M
证券发行人行为详情块（Corporate Action Details）				O

续表

数据信息	数据标签	内容格式	数据样例	必填（M）/可选（O）
块开始	16R	CADETL	：16R：CADETL	M
公告日期	98a	A，B，C，or D	：98A：：ANOU//20110311	O
权益登记日	98a	A，B，C，or D	：98A：：RDTE//20110315	O
生效日期	98a	A，B，C，or D	：98A：：EFFD//20110316	O
块结束	16S	CADETL	：16S：CADETL	M
证券发行人行为选项块（Corporate Action Options）				O
块开始	16R	CAOPTN	：16R：CAOPTN	M
选项编号	13A	：4!c//3!c	：13A：：CAON//001	M
选项代码	22F	：4!c/[8c]/4!c	：22F：：CAOP//SECU	M
默认处理标识	17B	：4!c//1!a	：17B：：DFLT//Y	M
证券变动块（Securities Movement）				O
块开始	16R	SECMOVE	：16R：SECMOVE	M
借记贷记标识	22H	：4!c/[8c]/4!c	：22H：：CRDB//CRED	M
关联证券信息	35B	[ISIN1!e12!c] [4*35x]	：35B：ISIN FFF EEE A-SHARE	M
换股比例	92a	A,B,D,F,K,L,M,or N	：92D：：NEWO//0，344827586/1，000000000	M
支付日期	98a	A，B，C，or D	：98A：：PAYD//20110316	M
块结束	16S	SECMOVE	：16S：SECMOVE	M
块结束	16S	CAOPTN	：16S：CAOPTN	M
附加信息块（Additional Information）				O
块开始	16R	ADDINFO	：16R：ADDINFO	M
附加文本	70F	：4!c//10*35x	：70F：：ADTX//DETAILS	O
块结束	16S	ADDINFO	：16R：ADDINFO	M

表 C.24 吸收合并（MRGR）XML 格式报文规范

数据信息	数据标签	数据样例	必填（M）/可选（O）
报文开始	<RequestPayload>	<RequestPayload>	M
报文头部分			M
报文头开始	<head：AppHdr>	<head：AppHdr>	M
报文发送方	<head：Fr>	<head：Fr> <head：OrgId> <head：Id> <head：OrgId> <head：AnyBIC>SZSICNB0XXX</head：AnyBIC> </head：OrgId> </head：Id> </head：OrgId> </head：Fr>	M

续表

数据信息	数据标签	数据样例	必填（M）/可选（O）
报文接收方	<head：To>	<head：To> <head：OrgId> <head：Id> <head：OrgId> <head：AnyBIC>SZSICNB0XXX</head：AnyBIC> </head：OrgId> </head：Id> </head：OrgId> </head：To>	M
报文编号	<head：BizMsgIdr>	<head：BizMsgIdr>1338301</head：BizMsgIdr>	M
报文类别	<head：MsgDefIdr>	<head：MsgDefIdr>seev.031.001.02</head：MsgDefIdr>	M
报文创建时间	<head：CreDt>	<head：CreDt>2011-11-21T12：30：00Z</head：CreDt>	M
报文头结束	</head：AppHdr>	</head：AppHdr>	M
报文体部分			M
报文体开始	<cano：Document>	<cano：Document>	M
证券发行人行为通知开始	<cano：CorpActnNtfctn>	<cano：CorpActnNtfctn>	M
通知基本信息部分			M
通知基本信息部分开始	<cano：NtfctnGnlInf>	<cano：NtfctnGnlInf>	M
通知类别	<cano：NtfctnTp>	<cano：NtfctnTp>NEWM</cano：NtfctnTp>	M
通知处理状态	<cano：PrcgSts>	<cano：PrcgSts> <cano：Cd> <cano：EvtCmpltnsSts>COMP</cano：EvtCmpltnsSts> <cano：EvtConfSts>CONF</cano：EvtConfSts> </cano：Cd> </cano：PrcgSts>	M
通知基本信息部分结束	</cano：NtfctnGnlInf>	</cano：NtfctnGnlInf>	M
证券发行人行为基本信息部分			M
证券发行人行为基本信息部分开始	<cano：CorpActnGnlInf>	<cano：CorpActnGnlInf>	M
事件标识	<cano：CorpActnEvtId>	<cano：CorpActnEvtId>AAA7962MRGR</cano：CorpActnEvtId>	M
事件类型	<cano：EvtTp>	<cano：EvtTp> <cano：Cd>MRGR</cano：Cd> </cano：EvtTp>	M
事件是否含权	<cano：MndtryVlntryEvtTp>	<cano：MndtryVlntryEvtTp> <cano：Cd>MAND</cano：Cd> </cano：MndtryVlntryEvtTp>	M
标的证券信息	<cano：UndrlygScty>	<cano：UndrlygScty> <cano：FinInstrmId> <cano：ISIN>CCC</cano：ISIN> <cano：Desc>BBB A-SHARE</cano：Desc> </cano：FinInstrmId> <cano：PlcOfListg> <cano：MktIdrCd>ZZZ</cano：MktIdrCd>>	M

续表

数据信息	数据标签	数据样例	必填（M）/可选（O）
标的证券信息	<cano：UndrlygScty>	</cano：PlcOfListg> </cano：UndrlygScty	M
证券发行人行为基本信息部分结束	</cano：CorpActnGnlInf>	</cano：CorpActnGnlInf>	M
账户信息部分			M
账户信息	<cano：AcctDtls>	<cano：AcctDtls> <cano：ForAllAccts> <cano：IdCd>GENR</cano：IdCd> </cano：ForAllAccts> </cano：AcctDtls>	M
证券发行人行为详情部分			O
证券发行人行为详情部分开始	<cano：CorpActnDtls>	<cano：CorpActnDtls>	M
证券发行人行为日期详情部分开始	<cano：DtDtls>	<cano：DtDtls>	M
公告日期	<cano：AnncmntDt>	<cano：AnncmntDt> <cano：Dt> <cano：Dt>2011-03-11</cano：Dt> </cano：Dt> </cano：AnncmntDt>	O
生效日期	<cano：FctvDt>	<cano：FctvDt> <cano：Dt> <cano：Dt>2011-03-16</cano：Dt> </cano：Dt> </cano：FctvDt>	O
权益登记日	<cano：RcrdDt>	<cano：RcrdDt> <cano：Dt> <cano：Dt>2011-03-15</cano：Dt> </cano：Dt> </cano：RcrdDt>	O
证券发行人行为日期详情部分结束	</cano：DtDtls>	</cano：DtDtls>	M
证券发行人行为详情部分结束	</cano：CorpActnDtls>	</cano：CorpActnDtls>	M
证券发行人行为选项部分			O
证券发行人行为选项部分开始	<cano：CorpActnOptnDtls>	<cano：CorpActnOptnDtls>	M
选项编号	<cano：OptnNb>	<cano：OptnNb>001</cano：OptnNb>	M
选项代码	<cano：OptnTp>	<cano：OptnTp> <cano：Cd>SECU</cano：Cd> </cano：OptnTp>	M
默认处理标识	<cano：DfltPrcgOrStgInstr>	<cano：DfltPrcgOrStgInstr> <cano：DfltOptnInd>Yes</cano：DfltOptnInd> </cano：DfltPrcgOrStgInstr>	M
证券变动详情			O

续表

数据信息	数据标签	数据样例	必填（M）/可选（O）
证券变动详情开始	<cano：SctiesMvmntDtls>	<cano：SctiesMvmntDtls>	M
关联证券信息	<cano：SctyDtls>	<cano：SctyDtls> <cano：FinInstrmId> <cano：ISIN>FFF</cano：ISIN> <cano：Desc>EEE A-SHARE</cano：Desc> </cano：FinInstrmId> </cano：SctyDtls>	M
借记贷记标识	<cano：CdtDbtInd>	<cano：CdtDbtInd>CRDT</cano：CdtDbtInd>	M
支付日期	<cano：DtDtls>	<cano：DtDtls> <cano：PmtDt> <cano：Dt> <cano：Dt>2011-03-16</cano：Dt> </cano：Dt></cano：PmtDt> </cano：DtDtls>	M
换股比例	<cano：RateDtls>	<cano：RateDtls> <cano：NewToOd> <cano：QtyToQty> <cano：Qty1>0.344827586</cano：Qty1> <cano：Qty2>1</cano：Qty2> </cano：QtyToQty> </cano：NewToOd> </cano：RateDtls>	O
证券变动详情结束	</cano：SctiesMvmntDtls>	</cano：SctiesMvmntDtls>	M
证券发行人行为选项部分结束	</cano：CorpActnOptnDtls>	</cano：CorpActnOptnDtls>	M
附加信息部分			O
附加信息部分开始	<cano：AddtlInf>	<cano：AddtlInf>	M
附加文本	<cano：AddtlTxt>	<cano：AddtlTxt> <cano：AddtlInf>DETAILS</cano：AddtlInf> </cano：AddtlTxt>	O
附加信息部分结束	</cano：AddtlInf>	</cano：AddtlInf>	M
证券发行人行为通知结束	</cano：CorpActnNtfctn>	</cano：CorpActnNtfctn>	M
报文体结束	</cano：Document>	</cano：Document>	M
报文结束	</RequestPayload>	</RequestPayload>	M

C.13 优先配售（PRIO）

优先配售（PRIO）MT564 报文规范和 XML 格式报文规范分别参见表 C.25 和表 C.26。

示例：

XXX 股份有限公司（股票代码：AAA，证券简称：BBB，ISIN：CCC）2011 年 11 月 17 日公告：本公司增发新股发行价格为 4.28 元/股，本次发行将向公司原股东优先配售。股权登记日为 2011

年 11 月 18 日，按照 10：5.1（即每 10 股优先认购 5.1 股）的比例行使优先认购权，网上申购简称"BBB 增发"，申购代码"DDD"。网上申购日为 2011 年 11 月 21 日。

表 C.25　优先配售（PRIO）MT564 报文规范

数据信息	数据标签	内容格式	数据样例	必填（M）/ 可选（O）
基本信息块（General Information）				M
块开始	16R	GENL	：16R：GENL	M
报文编号	20C	：4!c//16x	：20C：：SEME//1327601	M
事件标识	20C	：4!c//16x	：20C：：CORP//AAA7990PRIO	M
通知类别	23G	4!c[/4!c]	：23G：NEWM	M
事件类型	22F	：4!c/[8c]/4!c	：22F：：CAEV//PRIO	M
事件是否含权	22F	：4!c/[8c]/4!c	：22F：：CAMV//VOLU	M
报文创建日期	98a	A or C	：98A：：PREP//20111121	O
事件完整性状态	25D	：4!c/[8c]/4!c	：25D：：PROC//COMP	M
块结束	16S	GENL	：16S：GENL	M
标的证券块（Underlying Securities）				M
块开始	16R	USECU	：16R：USECU	M
标的证券信息	35B	[ISIN1!e12!c] [4*35x]	：35B：ISIN CCC BBB A-SHARE	M
账户信息块（Account Information）				M
块开始	16R	ACCTINFO	：16R：ACCTINFO	M
账户信息	97a	A or C	：97C：：SAFE//GENR	M
块结束	16S	ACCTINFO	：16S：ACCTINFO	M
块结束	16S	USECU	：16S：USECU	M
证券发行人行为详情块（Corporate Action Details）				O
块开始	16R	CADETL	：16R：CADETL	M
公告日期	98a	A，B，C，or D	：98A：：ANOU//20111117	O
权益登记日	98a	A，B，C，or D	：98A：：RDTE//20111118	O
块结束	16S	CADETL	：16S：CADETL	M
证券发行人行为选项块（Corporate Action Options）				O
块开始	16R	CAOPTN	：16R：CAOPTN	M
选项编号	13A	：4!c//3!c	：13A：：CAON//001	M
选项代码（参与认购）	22F	：4!c/[8c]/4!c	：22F：：CAOP//SECU	M
碎股处置方法	22F	：4!c/[8c]/4!c	：22F：：DISF//RDDN	M
默认处理标识	17B	：4!c//1!a	：17B：：DFLT//N	M
回复截止日	98a	A，B，C，or D	：98B：：RDDT//UKWN	O
市场截止日	98a	A，B，C，or D	：98A：：MKDT//20111121	O
证券变动块（Securities Movement）				O
块开始	16R	SECMOVE	：16R：SECMOVE	M
借记贷记标识	22H	：4!c/[8c]/4!c	：22H：：CRDB//CRED	M

续表

数据信息	数据标签	内容格式	数据样例	必填（M）/ 可选（O）
关联证券信息	35B	[ISIN1!e12!c] [4*35x]	：35B：ISIN CCC BBB A-SHARE	M
认购比例	92a	A，B，D，F，K，L，M，or N	：92D：：ADEX//0，510000000/1，000000000	M
支付日期	98a	A，B，C，or D	：98B：：PAYD//UKWN	M
块结束	16S	SECMOVE	：16S：SECMOVE	M
现金变动块（Cash Movement）				O
块开始	16R	CASHMOVE	：16R：CASHMOVE	M
借记贷记标识	22H	：4!c/[8c]/4!c	：22H：：CRDB//DEBT	M
支付日期	98a	A，B，C，or D	：98B：：PAYD//UKWN	M
认购价格	90a	A，B，E，F，J，or K	：90B：：PRPP//ACTU/CNY4，280000000	M
块结束	16S	CASHMOVE	：16S：CASHMOVE	M
块结束	16S	CAOPTN	：16S：CAOPTN	M
证券发行人行为选项块（Corporate Action Options）				O
块开始	16R	CAOPTN	：16R：CAOPTN	M
选项编号	13A	：4!c//3!c	：13A：：CAON//002	M
选项代码（不参与认购）	22F	：4!c/[8c]/4!c	：22F：：CAOP//NOAC	M
默认处理标识	17B	：4!c//1!a	：17B：：DFLT//Y	M
回复截止日	98a	A，B，C，or D	：98B：：RDDT//UKWN	O
市场截止日	98a	A，B，C，or D	：98A：：MKDT//20111121	O
块结束	16S	CAOPTN	：16S：CAOPTN	M
附加信息块（Additional Information）				O
块开始	16R	ADDINFO	：16R：ADDINFO	M
附加文本	70F	：4!c//10*35x	：70F：：ADTX//DETAILS	O
块结束	16S	ADDINFO	：16R：ADDINFO	M

表 C.26 优先配售（PRIO）XML 格式报文规范

数据信息	数据标签	数据样例	必填（M）/ 可选（O）
报文开始	<RequestPayload>	<RequestPayload>	M
报文头部分			M
报文头开始	<head：AppHdr>	<head：AppHdr>	M
报文发送方	<head：Fr>	<head：Fr> <head：OrgId> <head：Id> <head：OrgId> <head：AnyBIC>SZSICNB0XXX</head：AnyBIC> </head：OrgId> </head：Id> </head：OrgId> </head：Fr>	M

续表

数据信息	数据标签	数据样例	必填（M）/可选（O）
报文接收方	<head：To>	<head：To> <head：OrgId> <head：Id> <head：OrgId> <head：AnyBIC>SZSICNB0XXX</head：AnyBIC> </head：OrgId> </head：Id> </head：OrgId> </head：To>	M
报文编号	<head：BizMsgIdr>	<head：BizMsgIdr>1327601</head：BizMsgIdr>	M
报文类别	<head：MsgDefIdr>	<head：MsgDefIdr>seev.031.001.02</head：MsgDefIdr>	M
报文创建时间	<head：CreDt>	<head：CreDt>2011-11-21T12：30：00Z</head：CreDt>	M
报文头结束	</head：AppHdr>	</head：AppHdr>	M
报文体部分			M
报文体开始	<cano：Document>	<cano：Document>	M
证券发行人行为通知开始	<cano：CorpActnNtfctn>	<cano：CorpActnNtfctn>	M
通知基本信息部分			M
通知基本信息部分开始	<cano：NtfctnGnlInf>	<cano：NtfctnGnlInf>	M
通知类别	<cano：NtfctnTp>	<cano：NtfctnTp>NEWM</cano：NtfctnTp>	M
通知处理状态	<cano：PrcgSts>	<cano：PrcgSts> <cano：Cd> <cano：EvtCmpltnsSts>COMP</cano：EvtCmpltnsSts> <cano：EvtConfSts>CONF</cano：EvtConfSts> </cano：Cd> </cano：PrcgSts>	M
通知基本信息部分结束	</cano：NtfctnGnlInf>	</cano：NtfctnGnlInf>	M
证券发行人行为基本信息部分			M
证券发行人行为基本信息部分开始	<cano：CorpActnGnlInf>	<cano：CorpActnGnlInf>	M
事件标识	<cano：CorpActnEvtId>	<cano：CorpActnEvtId>AAA7990PRIO</cano：CorpActnEvtId>	M
事件类型	<cano：EvtTp>	<cano：EvtTp> <cano：Cd>PRIO</cano：Cd> </cano：EvtTp>	M
事件是否含权	<cano：MndtryVlntryEvtTp>	<cano：MndtryVlntryEvtTp> <cano：Cd>VOLU</cano：Cd> </cano：MndtryVlntryEvtTp>	M
标的证券信息	<cano：UndrlygScty>	<cano：UndrlygScty> <cano：FinInstrmId> <cano：ISIN>CCC</cano：ISIN> <cano：Desc>BBB A-SHARE</cano：Desc>	M

续表

数据信息	数据标签	数据样例	必填（M）/可选（O）
标的证券信息	<cano：UndrlygScty>	</cano：FinInstrmId> <cano：PlcOfListg> <cano：MktIdrCd>ZZZ</cano：MktIdrCd> </cano：PlcOfListg> </cano：UndrlygScty>	M
证券发行人行为基本信息部分结束	</cano：CorpActnGnlInf>	</cano：CorpActnGnlInf>	M
账户信息部分			M
账户信息	<cano：AcctDtls>	<cano：AcctDtls> <cano：ForAllAccts> <cano：IdCd>GENR</cano：IdCd> </cano：ForAllAccts> </cano：AcctDtls>	M
证券发行人行为详情部分			O
证券发行人行为详情部分开始	<cano：CorpActnDtls>	<cano：CorpActnDtls>	M
证券发行人行为日期详情部分开始	<cano：DtDtls>	<cano：DtDtls>	M
公告日期	<cano：AnncmntDt>	<cano：AnncmntDt> <cano：Dt> <cano：Dt>2011-11-17</cano：Dt> </cano：Dt> </cano：AnncmntDt>	O
权益登记日	<cano：RcrdDt>	<cano：RcrdDt> <cano：Dt> <cano：Dt>2011-11-18</cano：Dt> </cano：Dt> </cano：RcrdDt>	O
证券发行人行为日期详情部分结束	</cano：DtDtls>	</cano：DtDtls>	M
证券发行人行为详情部分结束	</cano：CorpActnDtls>	</cano：CorpActnDtls>	M
证券发行人行为选项部分			O
证券发行人行为选项部分开始	<cano：CorpActnOptnDtls>	<cano：CorpActnOptnDtls>	M
选项编号	<cano：OptnNb>	<cano：OptnNb>001</cano：OptnNb>	M
选项代码（参与认购）	<cano：OptnTp>	<cano：OptnTp> <cano：Cd>EXER</cano：Cd> </cano：OptnTp>	M
碎股处置方法	<cano：FrctnDspstn>	<cano：FrctnDspstn> <cano：Cd>RDDN</cano：Cd> </cano：FrctnDspstn>	M
默认处理标识	<cano：DfltPrcgOrStgInstr>	<cano：DfltPrcgOrStgInstr> <cano：DfltOptnInd>No</cano：DfltOptnInd> </cano：DfltPrcgOrStgInstr>	M
日期详情开始	<cano：DtDtls>	<cano：DtDtls>	M

续表

数据信息	数据标签	数据样例	必填（M）/可选（O）
市场截止日	<cano：DtDtls>	<cano：MktDdln> <cano：Dt> <cano：Dt>2011-11-21</cano：Dt> </cano：Dt> </cano：MktDdln>	O
回复截止日	<cano：RspnDdln>	<cano：RspnDdln> <cano：DtCd> <cano：Cd>UKWN</cano：Cd> </cano：DtCd> </cano：RspnDdln>	O
日期详情结束	</cano：DtDtls>	</cano：DtDtls>	M
证券变动详情			O
证券变动详情开始	<cano：SctiesMvmntDtls>	<cano：SctiesMvmntDtls>	M
关联证券信息	<cano：SctyDtls>	<cano：SctyDtls> <cano：FinInstrmId> <cano：ISIN>CCC</cano：ISIN> <cano：Desc>BBB A-SHARE</cano：Desc> </cano：FinInstrmId> </cano：SctyDtls>	M
借记贷记标识	<cano：CdtDbtInd>	<cano：CdtDbtInd>CRDT</cano：CdtDbtInd>	M
支付日期	<cano：DtDtls>	<cano：DtDtls> <cano：PmtDt> <cano：DtCd> <cano：Cd>UKWN</cano：Cd> </cano：DtCd> </cano：PmtDt> </cano：DtDtls>	M
认购比例	<cano：RateDtls>	<cano：RateDtls> <cano：NewToOd> <cano：QtyToQty> <cano：Qty1>0.51</cano：Qty1> <cano：Qty2>1</cano：Qty2> </cano：QtyToQty> </cano：NewToOd> </cano：RateDtls>	O
证券变动详情结束	</cano：SctiesMvmntDtls>	</cano：SctiesMvmntDtls>	M
现金变动详情			O
现金变动详情开始	<cano：CshMvmntDtls>	<cano：CshMvmntDtls>	M
借记贷记标识	<cano：CdtDbtInd>	<cano：CdtDbtInd>DBIT</cano：CdtDbtInd>	M

续表

数据信息	数据标签	数据样例	必填（M）/可选（O）
支付日期	<cano：DtDtls>	<cano：DtDtls> <cano：PmtDt> <cano：DtCd> <cano：Cd>UKWN</cano：Cd> </cano：DtCd> </cano：PmtDt> </cano：DtDtls>	M
认购价格	<cano：PricDtls>	<cano：PricDtls> <cano：GncCshPricPdPerPdct> <cano：AmtPric> <cano：AmtPricTp>ACTU</cano：AmtPricTp> <cano：PricVal Ccy="CNY">4.28</cano：PricVal> </cano：AmtPric> </cano：GncCshPricPdPerPdct> </cano：PricDtls>	O
现金变动详情结束	</cano：CshMvmntDtls>	</cano：CshMvmntDtls>	M
证券发行人行为选项部分结束	</cano：CorpActnOptnDtls>	</cano：CorpActnOptnDtls>	M
证券发行人行为选项部分			O
证券发行人行为选项部分开始	<cano：CorpActnOptnDtls>	<cano：CorpActnOptnDtls>	M
选项编号	<cano：OptnNb>	<cano：OptnNb>002</cano：OptnNb>	M
选项代码（不参与认购）	<cano：OptnTp>	<cano：OptnTp> <cano：Cd>NOAC</cano：Cd> </cano：OptnTp>	M
默认处理标识	<cano：DfltPrcgOrStgInstr>	<cano：DfltPrcgOrStgInstr> <cano：DfltOptnInd>Yes</cano：DfltOptnInd> </cano：DfltPrcgOrStgInstr>	M
市场截止日	<cano：DtDtls>	<cano：MktDdln> <cano：Dt> <cano：Dt>2011-11-21</cano：Dt> </cano：Dt> </cano：MktDdln>	O
回复截止日	<cano：RspnDdln>	<cano：RspnDdln> <cano：DtCd> <cano：Cd>UKWN</cano：Cd> </cano：DtCd> </cano：RspnDdln>	O
证券发行人行为选项部分结束	</cano：CorpActnOptnDtls>	</cano：CorpActnOptnDtls>	M
附加信息部分			O
附加信息部分开始	<cano：AddtlInf>	<cano：AddtlInf>	M
附加文本	<cano：AddtlTxt>	<cano：AddtlTxt> <cano：AddtlInf>DETAILS</cano：AddtlInf> </cano：AddtlTxt>	O
附加信息部分结束	</cano：AddtlInf>	</cano：AddtlInf>	M
扩展信息部分			O
扩展信息部分开始	<cano：SplmtryData>	<cano：SplmtryData>	M

续表

数据信息	数据标签	数据样例	必填（M）/可选（O）
申购代码	<cano：Envlp>	<cano：Envlp> <casupl：CNCASDV01> <casupl：CorpActnDtlsSplmtn> <casupl：PlcAndNm>/RequestPayload/Document/CorpActnNtfctn/CorpActnDtls</casupl：PlcAndNm> <casupl：PrmpsbcptCd>DDD</casupl：PrmpsbcptCd> </casupl：CorpActnDtlsSplmtn>	M
申购代码	<cano：Envlp>	</casupl：CNCASDV01> </cano：Envlp>	M
扩展信息部分结束	</cano：SplmtryData>	</cano：SplmtryData>	M
证券发行人行为通知结束	</cano：CorpActnNtfctn>	</cano：CorpActnNtfctn>	M
报文体结束	</cano：Document>	</cano：Document>	M
报文结束	</RequestPayload>	</RequestPayload>	M

C.14　证券赎回（REDM）

证券赎回（REDM）MT564 报文规范和 XML 格式报文规范分别参见表 C.27 和表 C.28。

示例：

XXX 总公司 2011 年 10 月 29 日公告：本公司企业债券“XXX 债”（债券代码：AAA，ISIN：CCC）将于 2011 年 11 月 8 日支付年度利息并兑付本金，本次付息利率为 4.25%，债权登记日为 2011 年 10 月 31 日。

表 C.27　证券赎回（REDM）MT564 报文规范

数据信息	数据标签	内容格式	数据样例	必填（M）/可选（O）
基本信息块（General Information）				M
块开始	16R	GENL	：16R：GENL	M
报文编号	20C	：4!c//16x	：20C：：SEME//1322601	M
事件标识	20C	：4!c//16x	：20C：：CORP//AAA7971REDM	M
通知类别	23G	4!c[/4!c]	：23G：NEWM	M
事件类型	22F	：4!c/[8c]/4!c	：22F：：CAEV//REDM	M
事件是否含权	22F	：4!c/[8c]/4!c	：22F：：CAMV//MAND	M
报文创建日期	98a	A or C	：98A：：PREP//20111121	O
事件完整性状态	25D	：4!c/[8c]/4!c	：25D：：PROC//COMP	M
块结束	16S	GENL	：16S：GENL	M
标的证券块（Underlying Securities）				M
块开始	16R	USECU	：16R：USECU	M
标的证券信息	35B	[ISIN1!e12!c] [4*35x]	：35B：ISIN CCC XXX BOND ENTERPRISE BOND	M

续表

数据信息	数据标签	内容格式	数据样例	必填（M）/可选（O）
账户信息块（Account Information）				M
块开始	16R	ACCTINFO	：16R：ACCTINFO	M
账户信息	97a	A or C	：97C：：SAFE//GENR	M
块结束	16S	ACCTINFO	：16S：ACCTINFO	M
块结束	16S	USECU	：16S：USECU	M
证券发行人行为详情块（Corporate Action Details）				O
块开始	16R	CADETL	：16R：CADETL	M
公告日期	98a	A，B，C，or D	：98A：：ANOU//20111029	O
权益登记日	98a	A，B，C，or D	：98A：：RDTE//20111031	O
块结束	16S	CADETL	：16S：CADETL	M
证券发行人行为选项块（Corporate Action Options）				O
块开始	16R	CAOPTN	：16R：CAOPTN	M
选项编号	13A	：4!c//3!c	：13A：：CAON//001	M
选项代码	22F	：4!c/[8c]/4!c	：22F：：CAOP//CASH	M
默认处理标识	17B	：4!c//1!a	：17B：：DFLT//Y	M
证券变动块（Securities Movement）				O
块开始	16R	SECMOVE	：16R：SECMOVE	M
借记贷记标识	22H	：4!c/[8c]/4!c	：22H：：CRDB//DEBT	M
关联证券信息	35B	[ISIN1!e12!c] [4*35x]	：35B：ISIN CCC XXX BOND ENTERPRISE BOND	M
支付日期	98a	A，B，C，or D	：98A：：PAYD//20111108	M
块结束	16S	SECMOVE	：16S：SECMOVE	M
现金变动块（Cash Movement）				O
块开始	16R	CASHMOVE	：16R：CASHMOVE	M
借记贷记标识	22H	：4!c/[8c]/4!c	：22H：：CRDB//CRED	M
支付日期	98a	A，B，C，or D	：98A：：PAYD//20111108	M
兑付价格（含利息）	90a	A，B，E，F，J，or K	：90B：：OFFR//ACTU/CNY1，04250000	M
块结束	16S	CASHMOVE	：16S：CASHMOVE	M
块结束	16S	CAOPTN	：16S：CAOPTN	M
附加信息块（Additional Information）				O
块开始	16R	ADDINFO	：16R：ADDINFO	M
附加文本	70F	：4!c//10*35x	：70F：：ADTX//DETAILS	O
块结束	16S	ADDINFO	：16R：ADDINFO	M

表 C.28 证券赎回（REDM）XML 格式报文规范

数据信息	数据标签	数据样例	必填（M）/可选（O）
报文开始	<RequestPayload>	<RequestPayload>	M

续表

数据信息	数据标签	数据样例	必填（M）/可选（O）
报文头部分			M
报文头开始	<head：AppHdr>	<head：AppHdr>	M
报文发送方	<head：Fr>	<head：Fr> <head：OrgId> <head：Id> <head：OrgId> <head：AnyBIC>SZSICNB0XXX</head：AnyBIC>	M
报文发送方	<head：Fr>	</head：OrgId> </head：Id> </head：OrgId> </head：Fr>	M
报文接收方	<head：To>	<head：To> <head：OrgId> <head：Id> <head：OrgId> <head：AnyBIC>SZSICNB0XXX</head：AnyBIC> </head：OrgId> </head：Id> </head：OrgId> </head：To>	M
报文编号	<head：BizMsgIdr>	<head：BizMsgIdr>1322601</head：BizMsgIdr>	M
报文类别	<head：MsgDefIdr>	<head：MsgDefIdr>seev.031.001.02</head：MsgDefIdr>	M
报文创建时间	<head：CreDt>	<head：CreDt>2011-11-21T12：30：00Z</head：CreDt>	M
报文头结束	</head：AppHdr>	</head：AppHdr>	M
报文体部分			M
报文体开始	<cano：Document>	<cano：Document>	M
证券发行人行为通知开始	<cano：CorpActnNtfctn>	<cano：CorpActnNtfctn>	M
通知基本信息部分			M
通知基本信息部分开始	<cano：NtfctnGnlInf>	<cano：NtfctnGnlInf>	M
通知类别	<cano：NtfctnTp>	<cano：NtfctnTp>NEWM</cano：NtfctnTp>	M
通知处理状态	<cano：PrcgSts>	<cano：PrcgSts> <cano：Cd> <cano：EvtCmpltnsSts>COMP</cano：EvtCmpltnsSts> <cano：EvtConfSts>CONF</cano：EvtConfSts> </cano：Cd> </cano：PrcgSts>	M
通知基本信息部分结束	</cano：NtfctnGnlInf>	</cano：NtfctnGnlInf>	M
证券发行人行为基本信息部分			M
证券发行人行为基本信息部分开始	<cano：CorpActnGnlInf>	<cano：CorpActnGnlInf>	M
事件标识	<cano：CorpActnEvtId>	<cano：CorpActnEvtId>AAA7971REDM</cano：CorpActnEvtId>	M

续表

数据信息	数据标签	数据样例	必填（M）/可选（O）
事件类型	<cano：EvtTp>	<cano：EvtTp> <cano：Cd>REDM</cano：Cd> </cano：EvtTp>	M
事件是否含权	<cano：MndtryVlntryEvtTp>	<cano：MndtryVlntryEvtTp> <cano：Cd>MAND</cano：Cd> </cano：MndtryVlntryEvtTp>	M
标的证券信息	<cano：UndrlygScty>	<cano：UndrlygScty> <cano：FinInstrmId> <cano：ISIN>CCC</cano：ISIN> <cano：Desc>XXX BOND ENTERPRISE BOND</cano：Desc> </cano：FinInstrmId> <cano：PlcOfListg> <cano：MktIdrCd>ZZZ</cano：MktIdrCd> </cano：PlcOfListg> </cano：UndrlygScty>	M
证券发行人行为基本信息部分结束	</cano：CorpActnGnlInf>	</cano：CorpActnGnlInf>	M
账户信息部分			M
账户信息	<cano：AcctDtls>	<cano：AcctDtls> <cano：ForAllAccts> <cano：IdCd>GENR</cano：IdCd> </cano：ForAllAccts> </cano：AcctDtls>	M
证券发行人行为详情部分			O
证券发行人行为详情部分开始	<cano：CorpActnDtls>	<cano：CorpActnDtls>	M
证券发行人行为日期详情部分开始	<cano：DtDtls>	<cano：DtDtls>	M
公告日期	<cano：AnncmntDt>	<cano：AnncmntDt> <cano：Dt> <cano：Dt>2011-10-29</cano：Dt> </cano：Dt> </cano：AnncmntDt>	O
权益登记日	<cano：RcrdDt>	<cano：RcrdDt> <cano：Dt> <cano：Dt>2011-10-31</cano：Dt> </cano：Dt> </cano：RcrdDt>	O
证券发行人行为日期详情部分结束	</cano：DtDtls>	</cano：DtDtls>	M
证券发行人行为详情部分结束	</cano：CorpActnDtls>	</cano：CorpActnDtls>	M
证券发行人行为选项部分			O
证券发行人行为选项部分开始	<cano：CorpActnOptnDtls>	<cano：CorpActnOptnDtls>	M
选项编号	<cano：OptnNb>	<cano：OptnNb>001</cano：OptnNb>	M

续表

数据信息	数据标签	数据样例	必填（M）/可选（O）
选项代码（参与认购）	<cano：OptnTp>	<cano：OptnTp> <cano：Cd>CASH</cano：Cd> </cano：OptnTp>	M
默认处理标识	<cano：DfltPrcgOrStgInstr>	<cano：DfltPrcgOrStgInstr> <cano：DfltOptnInd>Yes</cano：DfltOptnInd> </cano：DfltPrcgOrStgInstr>	M
证券变动详情			O
证券变动详情开始	<cano：SctiesMvmntDtls>	<cano：SctiesMvmntDtls>	M
关联证券信息	<cano：SctyDtls>	<cano：SctyDtls> <cano：FinInstrmId> <cano：ISIN>CCC</cano：ISIN> <cano：Desc>XXX BOND ENTERPRISE BOND</cano：Desc> </cano：FinInstrmId> </cano：SctyDtls>	M
借记贷记标识	<cano：CdtDbtInd>	<cano：CdtDbtInd>DBIT</cano：CdtDbtInd>	M
支付日期	<cano：DtDtls>	<cano：DtDtls> <cano：PmtDt> <cano：Dt> <cano：Dt>2011-11-08</cano：Dt> </cano：Dt> </cano：PmtDt> </cano：DtDtls>	M
证券变动详情结束	</cano：SctiesMvmntDtls>	</cano：SctiesMvmntDtls>	M
现金变动详情			O
现金变动详情开始	<cano：CshMvmntDtls>	<cano：CshMvmntDtls>	M
借记贷记标识	<cano：CdtDbtInd>	<cano：CdtDbtInd>CRDT</cano：CdtDbtInd>	M
支付日期	<cano：DtDtls>	<cano：DtDtls> <cano：PmtDt> <cano：Dt> <cano：Dt>2011-11-08</cano：Dt> </cano：Dt> </cano：PmtDt> </cano：DtDtls>	M
兑付价格（含利息）	<cano：PricDtls>	<cano：PricDtls> <cano：GncCshPricRcvdPerPdct> <cano：AmtPric> <cano：AmtPricTp>ACTU</cano：AmtPricTp> <cano：PricVal Ccy="CNY">1.0425</cano：PricVal> </cano：AmtPric> </cano：GncCshPricRcvdPerPdct> </cano：PricDtls>	M
现金变动详情结束	</cano：CshMvmntDtls>	</cano：CshMvmntDtls>	M
证券发行人行为选项部分结束	</cano：CorpActnOptnDtls>	</cano：CorpActnOptnDtls>	M
附加信息部分			O

续表

数据信息	数据标签	数据样例	必填（M）/可选（O）
附加信息部分开始	<cano：AddtlInf>	<cano：AddtlInf>	M
附加文本	<cano：AddtlTxt>	<cano：AddtlTxt> <cano：AddtlInf>DETAILS</cano：AddtlInf> </cano：AddtlTxt>	O
附加信息部分结束	</cano：AddtlInf>	</cano：AddtlInf>	M
扩展信息部分			O
扩展信息部分开始	<cano：SplmtryData>	<cano：SplmtryData>	M
发行人名称	<cano：Envlp>	<cano：Envlp> <casupl：CNCASDV01> <casupl：UndrlygSctySplmtn> <casupl：PlcAndNm>/RequestPayload/Document/CorpActnNtfctn/NtfctnGnlInf/UndrlygScty</casupl：PlcAndNm> <casupl：Issr>XXX CORPORATION</casupl：Issr> </casupl：UndrlygSctySplmtn> </casupl：CNCASDV01> </cano：Envlp>	M
扩展信息部分结束	</cano：SplmtryData>	</cano：SplmtryData>	M
证券发行人行为通知结束	</cano：CorpActnNtfctn>	</cano：CorpActnNtfctn>	M
报文体结束	</cano：Document>	</cano：Document>	M
报文结束	</RequestPayload>	</RequestPayload>	M

C.15 配股发行（RHDI）

配股发行（RHDI）MT564 报文规范和 XML 格式报文规范分别参见表 C.29 和表 C.30。

示例：

XXX 股份有限公司（股票代码：AAA、证券简称：BBB，ISIN：CCC）2011 年 10 月 20 日公告：本公司本次配股简称：BBB 配；配股代码：DDD；配股价格：10.68 元 / 股，配股比例为每 10 股配售 2.5 股。本次配股股权登记日为 2011 年 10 月 24 日，缴款起止日期：2011 年 10 月 25 日至 2011 年 10 月 31 日。发行成功的除权基准日或发行失败的恢复交易日及发行失败的退款日为 2011 年 11 月 2 日。

表 C.29 配股发行（RHDI）MT564 报文规范

数据信息	数据标签	内容格式	数据样例	必填（M）/可选（O）
基本信息块（General Information）				M
块开始	16R	GENL	：16R：GENL	M
报文编号	20C	：4!c//16x	：20C：：SEME//1323201	M
事件标识	20C	：4!c//16x	：20C：：CORP//AAA7962RHDI	M
通知类别	23G	4!c[/4!c]	：23G：NEWM	M

续表

数据信息	数据标签	内容格式	数据样例	必填（M）/可选（O）
事件类型	22F	：4!c/[8c]/4!c	：22F：：CAEV//RHDI	M
事件是否含权	22F	：4!c/[8c]/4!c	：22F：：CAMV//VOLU	M
报文创建日期	98a	A or C	：98A：：PREP//20111121	O
事件完整性状态	25D	：4!c/[8c]/4!c	：25D：：PROC//COMP	M
块结束	16S	GENL	：16S：GENL	M
标的证券块（Underlying Securities）				M
块开始	16R	USECU	：16R：USECU	M
标的证券信息	35B	[ISIN1!e12!c] [4*35x]	：35B：ISIN CCC BBB A-SHARE	M
账户信息块（Account Information）				M
块开始	16R	ACCTINFO	：16R：ACCTINFO	M
账户信息	97a	A or C	：97C：：SAFE//GENR	M
块结束	16S	ACCTINFO	：16S：ACCTINFO	M
块结束	16S	USECU	：16S：USECU	M
证券发行人行为详情块（Corporate Action Details）				O
块开始	16R	CADETL	：16R：CADETL	M
公告日期	98a	A，B，C，or D	：98A：：ANOU//20111020	O
除权日	98a	A，B，C，or D	：98A：：XDTE//20111102	O
权益登记日	98a	A，B，C，or D	：98A：：RDTE//20111024	O
中间证券分配类型	22F	：4!c/[8c]/4!c	：22F：：RHDI//EXRI	M
块结束	16S	CADETL	：16S：CADETL	M
证券发行人行为选项块（Corporate Action Options）				O
块开始	16R	CAOPTN	：16R：CAOPTN	M
选项编号	13A	：4!c//3!c	：13A：：CAON//001	M
选项代码（参与配股）	22F	：4!c/[8c]/4!c	：22F：：CAOP//SECU	M
碎股处置方法	22F	：4!c/[8c]/4!c	：22F：：DISF//RDDN	M
默认处理标识	17B	：4!c//1!a	：17B：：DFLT//N	M
回复截止日	98a	A，B，C，or D	：98B：：RDDT//UKWN	O
市场截止日	98a	A，B，C，or D	：98A：：MKDT//20111031	O
配股缴款期间	69a	A，B，C，D，E，F，or J	：69A：：PWAL//20111025/20111031	O
证券变动块（Securities Movement）				O
块开始	16R	SECMOVE	：16R：SECMOVE	M
借记贷记标识	22H	：4!c/[8c]/4!c	：22H：：CRDB//CRED	M
关联证券信息	35B	[ISIN1!e12!c] [4*35x]	：35B：ISIN CCC BBB A-SHARE	M
配股比例	92a	A，B，D，F，K，L，M，or N	：92D：：ADEX//0，25000/1，000000000	M
支付日期	98a	A，B，C，or D	：98B：：PAYD//UKWN	M

续表

数据信息	数据标签	内容格式	数据样例	必填（M）/可选（O）
块结束	16S	SECMOVE	：16S：SECMOVE	M
现金变动块（Cash Movement）				O
块开始	16R	CASHMOVE	：16R：CASHMOVE	M
借记贷记标识	22H	：4!c/[8c]/4!c	：22H：：CRDB//DEBT	M
支付日期	98a	A，B，C，or D	：98B：：PAYD//UKWN	M
配股价格	90a	A，B，E，F，J，or K	：90B：：PRPP//ACTU/CNY10，68000	M
块结束	16S	CASHMOVE	：16S：CASHMOVE	M
块开始	16R	CASHMOVE	：16R：CASHMOVE	M
借记贷记标识	22H	：4!c/[8c]/4!c	：22H：：CRDB//DEBT	M
支付日期	98a	A，B，C，or D	：98B：：PAYD//UKWN	M
配股价格	90a	A，B，E，F，J，or K	：90B：：PRPP//ACTU/CNY10，68000	M
块结束	16S	CASHMOVE	：16S：CASHMOVE	M
块结束	16S	CAOPTN	：16S：CAOPTN	M
证券发行人行为选项块（Corporate Action Options）				O
块开始	16R	CAOPTN	：16R：CAOPTN	M
选项编号	13A	：4!c//3!c	：13A：：CAON//002	M
选项代码（不参与配股）	22F	：4!c/[8c]/4!c	：22F：：CAOP//NOAC	M
默认处理标识	17B	：4!c//1!a	：17B：：DFLT//Y	M
块结束	16S	CAOPTN	：16S：CAOPTN	M
附加信息块（Additional Information）				O
块开始	16R	ADDINFO	：16R：ADDINFO	M
附加文本	70F	：4!c//10*35x	：70F：：ADTX//DETAILS	O
块结束	16S	ADDINFO	：16R：ADDINFO	M

表 C.30 配股发行（RHDI）XML 格式报文规范

数据信息	数据标签	数据样例	必填（M）/可选（O）
报文开始	<RequestPayload>	<RequestPayload>	M
报文头部分			M
报文头开始	<head：AppHdr>	<head：AppHdr>	M
报文发送方	<head：Fr>	<head：Fr> <head：OrgId> <head：Id> <head：OrgId> <head：AnyBIC>SZSICNB0XXX</head：AnyBIC> </head：OrgId> </head：Id> </head：OrgId> </head：Fr>	M

续表

数据信息	数据标签	数据样例	必填（M）/ 可选（O）
报文接收方	<head：To>	<head：To> <head：OrgId> <head：Id> <head：OrgId> <head：AnyBIC>SZSICNB0XXX</head：AnyBIC> </head：OrgId> </head：Id> </head：OrgId> </head：To>	M
报文编号	<head：BizMsgIdr>	<head：BizMsgIdr>1323201</head：BizMsgIdr>	M
报文类别	<head：MsgDefIdr>	<head：MsgDefIdr>seev.031.001.02</head：MsgDefIdr>	M
报文创建时间	<head：CreDt>	<head：CreDt>2011-11-21T12：30：00Z</head：CreDt>	M
报文头结束	</head：AppHdr>	</head：AppHdr>	M
报文体部分			M
报文体开始	<cano：Document>	<cano：Document>	M
证券发行人行为通知开始	<cano：CorpActnNtfctn>	<cano：CorpActnNtfctn>	M
通知基本信息部分			M
通知基本信息部分开始	<cano：NtfctnGnlInf>	<cano：NtfctnGnlInf>	M
通知类别	<cano：NtfctnTp>	<cano：NtfctnTp>NEWM</cano：NtfctnTp>	M
通知处理状态	<cano：PrcgSts>	<cano：PrcgSts> <cano：Cd> <cano：EvtCmpltnsSts>COMP</cano：EvtCmpltnsSts> <cano：EvtConfSts>CONF</cano：EvtConfSts> </cano：Cd> </cano：PrcgSts>	M
通知基本信息部分结束	</cano：NtfctnGnlInf>	</cano：NtfctnGnlInf>	M
证券发行人行为基本信息部分			M
证券发行人行为基本信息部分开始	<cano：CorpActnGnlInf>	<cano：CorpActnGnlInf>	M
事件标识	<cano：CorpActnEvtId>	<cano：CorpActnEvtId>AAA7962RHDI</cano：CorpActnEvtId>	M
事件类型	<cano：EvtTp>	<cano：EvtTp> <cano：Cd>RHDI</cano：Cd> </cano：EvtTp>	M
事件是否含权	<cano：MndtryVlntryEvtTp>	<cano：MndtryVlntryEvtTp> <cano：Cd>VOLU</cano：Cd> </cano：MndtryVlntryEvtTp>	M
标的证券信息	<cano：UndrlygScty>	<cano：UndrlygScty> <cano：FinInstrmId> <cano：ISIN>CCC</cano：ISIN> <cano：Desc>BBB A-SHARE</cano：Desc> </cano：FinInstrmId> </cano：UndrlygScty>	M

续表

数据信息	数据标签	数据样例	必填（M）/可选（O）
证券发行人行为基本信息部分结束	</cano：CorpActnGnlInf>	</cano：CorpActnGnlInf>	M
账户信息部分			M
账户信息	<cano：AcctDtls>	<cano：AcctDtls> <cano：ForAllAccts> <cano：IdCd>GENR</cano：IdCd> </cano：ForAllAccts> </cano：AcctDtls>	M
证券发行人行为详情部分			O
证券发行人行为详情部分开始	<cano：CorpActnDtls>	<cano：CorpActnDtls>	M
证券发行人行为日期详情部分开始	<cano：DtDtls>	<cano：DtDtls>	M
公告日期	<cano：AnncmntDt>	<cano：AnncmntDt> <cano：Dt> <cano：Dt>2011-10-20</cano：Dt> </cano：Dt> </cano：AnncmntDt>	O
权益登记日	<cano：RcrdDt>	<cano：RcrdDt> <cano：Dt> <cano：Dt>2011-10-24</cano：Dt> </cano：Dt> </cano：RcrdDt>	O
除权日期	<cano：ExDvddDt>	<cano：ExDvddDt> <cano：Dt> <cano：Dt>2011-11-02</cano：Dt> </cano：Dt> </cano：ExDvddDt>	O
证券发行人行为日期详情部分结束	</cano：DtDtls>	</cano：DtDtls>	M
中间证券分配类型	<cano：IntrmdtSctiesDstrbtnTp>	<cano：IntrmdtSctiesDstrbtnTp> <cano：Cd>EXRI</cano：Cd> </cano：IntrmdtSctiesDstrbtnTp>	M
证券发行人行为详情部分结束	</cano：CorpActnDtls>	</cano：CorpActnDtls>	M
证券发行人行为选项部分			O
证券发行人行为选项部分开始	<cano：CorpActnOptnDtls>	<cano：CorpActnOptnDtls>	M
选项编号	<cano：OptnNb>	<cano：OptnNb>001</cano：OptnNb>	M
选项代码（参与配股）	<cano：OptnTp>	<cano：OptnTp> <cano：Cd>SECU</cano：Cd> </cano：OptnTp>	M
碎股处置方法	<cano：FrctnDspstn>	<cano：FrctnDspstn> <cano：Cd>RDDN</cano：Cd> </cano：FrctnDspstn>	M

续表

数据信息	数据标签	数据样例	必填（M）/ 可选（O）
默认处理标识	<cano：DfltPrcgOrStgInstr>	<cano：DfltPrcgOrStgInstr> <cano：DfltOptnInd>No</cano：DfltOptnInd> </cano：DfltPrcgOrStgInstr>	M
日期详情开始	<cano：DtDtls>	<cano：DtDtls>	M
市场截止日	<cano：DtDtls>	<cano：MktDdln> <cano：Dt> <cano：Dt>2011-10-31</cano：Dt> </cano：Dt> </cano：MktDdln>	O
回复截止日	<cano：RspnDdln>	<cano：RspnDdln> <cano：DtCd> <cano：Cd>UKWN</cano：Cd> </cano：DtCd> </cano：RspnDdln>	O
日期详情结束	</cano：DtDtls>	</cano：DtDtls>	M
配股缴款期间	<cano：PrdDtls>	<cano：PrdDtls> <cano：ActnPrd> <cano：Prd> <cano：StartDt> <cano：Dt> <cano：Dt>2011-10-25</cano：Dt> </cano：Dt> </cano：StartDt> <cano：EndDt> <cano：Dt> <cano：Dt>2011-10-31</cano：Dt> </cano：Dt> </cano：EndDt> </cano：Prd> </cano：ActnPrd> </cano：PrdDtls>	O
证券变动详情			O
证券变动详情开始	<cano：SctiesMvmntDtls>	<cano：SctiesMvmntDtls>	M
关联证券信息	<cano：SctyDtls>	<cano：SctyDtls> <cano：FinInstrmId> <cano：ISIN>CCC</cano：ISIN> <cano：Desc>BBB A-SHARE</cano：Desc> </cano：FinInstrmId> </cano：SctyDtls>	M
借记贷记标识	<cano：CdtDbtInd>	<cano：CdtDbtInd>CRDT</cano：CdtDbtInd>	O
支付日期	<cano：DtDtls>	<cano：DtDtls> <cano：PmtDt> <cano：DtCd> <cano：Cd>UKWN</cano：Cd> </cano：DtCd> </cano：PmtDt> </cano：DtDtls>	M

续表

数据信息	数据标签	数据样例	必填（M）/ 可选（O）
配股比例	<cano：RateDtls>	<cano：RateDtls> <cano：NewToOd> <cano：QtyToQty> <cano：Qty1>0.25</cano：Qty1> <cano：Qty2>1</cano：Qty2> </cano：QtyToQty> </cano：NewToOd> </cano：RateDtls>	O
证券变动详情结束	</cano：SctiesMvmntDtls>	</cano：SctiesMvmntDtls>	M
现金变动详情			O
现金变动详情开始	<cano：CshMvmntDtls>	<cano：CshMvmntDtls>	M
借记贷记标识	<cano：CdtDbtInd>	<cano：CdtDbtInd>DBIT</cano：CdtDbtInd>	M
支付日期	<cano：DtDtls>	<cano：DtDtls> <cano：PmtDt> <cano：DtCd> <cano：Cd>UKWN</cano：Cd> </cano：DtCd> </cano：PmtDt> </cano：DtDtls>	M
配股价格	<cano：PricDtls>	<cano：PricDtls> <cano：GncCshPricPdPerPdct> <cano：AmtPric> <cano：AmtPricTp>ACTU</cano：AmtPricTp> <cano：PricVal Ccy="CNY">10.68</cano：PricVal> </cano：AmtPric> </cano：GncCshPricPdPerPdct> </cano：PricDtls>	O
现金变动详情结束	</cano：CshMvmntDtls>	</cano：CshMvmntDtls>	M
证券发行人行为选项部分结束	</cano：CorpActnOptnDtls>	</cano：CorpActnOptnDtls>	M
证券发行人行为选项部分			O
证券发行人行为选项部分开始	<cano：CorpActnOptnDtls>	<cano：CorpActnOptnDtls>	M
选项编号	<cano：OptnNb>	<cano：OptnNb>002</cano：OptnNb>	M
选项代码（不参与配股）	<cano：OptnTp>	<cano：OptnTp> <cano：Cd>NOAC</cano：Cd> </cano：OptnTp>	M
默认处理标识	<cano：DfltPrcgOrStgInstr>	<cano：DfltPrcgOrStgInstr> <cano：DfltOptnInd>Yes</cano：DfltOptnInd> </cano：DfltPrcgOrStgInstr>	M
证券发行人行为选项部分结束	</cano：CorpActnOptnDtls>	</cano：CorpActnOptnDtls>	M
附加信息部分			O
附加信息部分开始	<cano：AddtlInf>	<cano：AddtlInf>	M

续表

数据信息	数据标签	数据样例	必填（M）/ 可选（O）
附加文本	<cano：AddtlTxt>	<cano：AddtlTxt> <cano：AddtlInf>DETAILS</cano：AddtlInf> </cano：AddtlTxt>	O
附加信息部分结束	</cano：AddtlInf>	</cano：AddtlInf>	M
扩展信息部分			O
扩展信息部分开始	<cano：SplmtryData>	<cano：SplmtryData>	M
配股代码	<cano：Envlp>	<cano：Envlp> <casupl：CNCASDV01> <casupl：CorpActnDtlsSplmtn> <casupl：PlcAndNm>/RequestPayload/Document/CorpActnNtfctn/CorpActnDtls</casupl：PlcAndNm> <casupl：PrmpsbcptCd>DDD</casupl：PrmpsbcptCd> </casupl：CorpActnDtlsSplmtn> </casupl：CNCASDV01> </cano：Envlp>	M
扩展信息部分结束	</cano：SplmtryData>	</cano：SplmtryData>	M
证券发行人行为通知结束	</cano：CorpActnNtfctn>	</cano：CorpActnNtfctn>	M
报文体结束	</cano：Document>	</cano：Document>	M
报文结束	</RequestPayload>	</RequestPayload>	M

C.16 证券分拆（SPLF）

证券分拆（SPLF）MT564 报文规范和 XML 格式报文规范分别参见表 C.31 和表 C.32。

示例：

XXX 基金管理有限公司 2011 年 9 月 6 日公告：本公司已对旗下债券型证券投资基金“XXX”（基金代码：AAA，基金简称：BBB）进行份额折算。折算比例为 1.01066192，折算后，BBB 的基金份额净值调整为 1.000 元，基金份额持有人原来持有的每 1 份 BBB 相应增加至 1.01066192 份，折算基准日为 2011 年 9 月 2 日。

表 C.31 证券分拆（SPLF）MT564 报文规范

数据信息	数据标签	内容格式	数据样例	必填（M）/ 可选（O）
基本信息块（General Information）				M
块开始	16R	GENL	：16R：GENL	M
报文编号	20C	：4!c//16x	：20C：：SEME//1317601	M
事件标识	20C	：4!c//16x	：20C：：CORP//AAA7918SPLF	M
通知类别	23G	4!c[/4!c]	：23G：NEWM	M
事件类型	22F	：4!c/[8c]/4!c	：22F：：CAEV//SPLF	M
事件是否含权	22F	：4!c/[8c]/4!c	：22F：：CAMV//MAND	M
报文创建日期	98a	A or C	：98A：：PREP//20111121	O

续表

数据信息	数据标签	内容格式	数据样例	必填（M）/可选（O）
事件完整性状态	25D	：4!c/[8c]/4!c	：25D：：PROC//COMP	M
块结束	16S	GENL	：16S：GENL	M
标的证券块（Underlying Securities）				M
块开始	16R	USECU	：16R：USECU	M
标的证券信息	35B	[ISIN1!e12!c] [4*35x]	：35B：/CN/ AAA BBB OPEN-END FUND	M
账户信息块（Account Information）				M
块开始	16R	ACCTINFO	：16R：ACCTINFO	M
账户信息	97a	A or C	：97C：：SAFE//GENR	M
块结束	16S	ACCTINFO	：16S：ACCTINFO	M
块结束	16S	USECU	：16S：USECU	M
证券发行人行为详情块（Corporate Action Details）				O
块开始	16R	CADETL	：16R：CADETL	M
公告日期	98a	A，B，C，or D	：98A：：ANOU//20110906	O
权益登记日	98a	A，B，C，or D	：98B：：RDTE//UKWN	O
除权日期	98a	A，B，C，or D	：98A：：XDTE//20110902	O
块结束	16S	CADETL	：16S：CADETL	M
证券发行人行为选项块（Corporate Action Options）				O
块开始	16R	CAOPTN	：16R：CAOPTN	M
选项编号	13A	：4!c//3!c	：13A：：CAON//001	M
选项代码	22F	：4!c/[8c]/4!c	：22F：：CAOP//SECU	M
默认处理标识	17B	：4!c//1!a	：17B：：DFLT//Y	M
证券变动块（Securities Movement）				O
块开始	16R	SECMOVE	：16R：SECMOVE	M
借记贷记标识	22H	：4!c/[8c]/4!c	：22H：：CRDB//CRED	M
关联证券信息	35B	[ISIN1!e12!c] [4*35x]	：35B：/CN/ AAA BBB OPEN-END FUND	M
折算比例	92a	A，B，D，F，K，L，M，or N	：92D：：NEWO//1，010661920/1，000000000	M
支付日期	98a	A，B，C，or D	：98B：：PAYD//UKWN	M
块结束	16S	SECMOVE	：16S：SECMOVE	M
块结束	16S	CAOPTN	：16S：CAOPTN	M
附加信息块（Additional Information）				O
块开始	16R	ADDINFO	：16R：ADDINFO	M
附加文本	70F	：4!c//10*35x	：70F：：ADTX//DETAILS	O
块结束	16S	ADDINFO	：16R：ADDINFO	M

表 C.32　证券分拆（SPLF）XML 格式报文规范

数据信息	数据标签	数据样例	必填（M）/可选（O）
报文开始	<RequestPayload>	<RequestPayload>	M
报文头部分			M
报文头开始	<head：AppHdr>	<head：AppHdr>	M
报文发送方	<head：Fr>	<head：Fr> <head：OrgId> <head：Id> <head：OrgId> <head：AnyBIC>SZSICNB0XXX</head：AnyBIC> </head：OrgId> </head：Id> </head：OrgId> </head：Fr>	M
报文接收方	<head：To>	<head：To> <head：OrgId> <head：Id> <head：OrgId> <head：AnyBIC>SZSICNB0XXX</head：AnyBIC> </head：OrgId> </head：Id> </head：OrgId> </head：To>	M
报文编号	<head：BizMsgIdr>	<head：BizMsgIdr>1317601</head：BizMsgIdr>	M
报文类别	<head：MsgDefIdr>	<head：MsgDefIdr>seev.031.001.02</head：MsgDefIdr>	M
报文创建时间	<head：CreDt>	<head：CreDt>2011-11-21T12：30：00Z</head：CreDt>	M
报文头结束	</head：AppHdr>	</head：AppHdr>	M
报文体部分			M
报文体开始	<cano：Document>	<cano：Document>	M
证券发行人行为通知开始	<cano：CorpActnNtfctn>	<cano：CorpActnNtfctn>	M
通知基本信息部分			M
通知基本信息部分开始	<cano：NtfctnGnlInf>	<cano：NtfctnGnlInf>	M
通知类别	<cano：NtfctnTp>	<cano：NtfctnTp>NEWM</cano：NtfctnTp>	M
通知处理状态	<cano：PrcgSts>	<cano：PrcgSts> <cano：Cd> <cano：EvtCmpltnsSts>COMP</cano：EvtCmpltnsSts> <cano：EvtConfSts>CONF</cano：EvtConfSts> </cano：Cd> </cano：PrcgSts>	M
通知基本信息部分结束	</cano：NtfctnGnlInf>	</cano：NtfctnGnlInf>	M
证券发行人行为基本信息部分			M
证券发行人行为基本信息部分开始	<cano：CorpActnGnlInf>	<cano：CorpActnGnlInf>	M

续表

数据信息	数据标签	数据样例	必填（M）/可选（O）
事件标识	<cano：CorpActnEvtId>	<cano：CorpActnEvtId>AAA7918SPLF</cano：CorpActnEvtId>	M
事件类型	<cano：EvtTp>	<cano：EvtTp> <cano：Cd>SPLF</cano：Cd> </cano：EvtTp>	M
事件是否含权	<cano：MndtryVlntryEvtTp>	<cano：MndtryVlntryEvtTp> <cano：Cd>MAND</cano：Cd> </cano：MndtryVlntryEvtTp>	M
标的证券信息	<cano：UndrlygScty>	<cano：UndrlygScty> <cano：FinInstrmId> <cano：OthrId> <cano：Id>AAA</cano：Id> <cano：Tp> <cano：Cd>CN</cano：Cd> </cano：Tp> </cano：OthrId> <cano：Desc>BBB OPEN-END FUND</cano：Desc> </cano：FinInstrmId> </cano：UndrlygScty>	M
证券发行人行为基本信息部分结束	</cano：CorpActnGnlInf>	</cano：CorpActnGnlInf>	M
账户信息部分			M
账户信息	<cano：AcctDtls>	<cano：AcctDtls> <cano：ForAllAccts> <cano：IdCd>GENR</cano：IdCd> </cano：ForAllAccts> </cano：AcctDtls>	M
证券发行人行为详情部分			O
证券发行人行为详情部分开始	<cano：CorpActnDtls>	<cano：CorpActnDtls>	M
证券发行人行为日期详情部分开始	<cano：DtDtls>	<cano：DtDtls>	M
公告日期	<cano：AnncmntDt>	<cano：AnncmntDt> <cano：Dt> <cano：Dt>2011-09-06</cano：Dt> </cano：Dt> </cano：AnncmntDt>	O
权益登记日	<cano：RcrdDt>	<cano：RcrdDt> <cano：DtCd> <cano：Cd>UKWN</cano：Cd> </cano：DtCd> </cano：RcrdDt>	O
除权日期	<cano：ExDvddDt>	<cano：ExDvddDt> <cano：Dt> <cano：Dt>2011-09-02</cano：Dt> </cano：Dt> </cano：ExDvddDt>	O

续表

数据信息	数据标签	数据样例	必填（M）/可选（O）
证券发行人行为日期详情部分结束	</cano：DtDtls>	</cano：DtDtls>	M
证券发行人行为详情部分结束	</cano：CorpActnDtls>	</cano：CorpActnDtls>	M
证券发行人行为选项部分			O
证券发行人行为选项部分开始	<cano：CorpActnOptnDtls>	<cano：CorpActnOptnDtls>	M
选项编号	<cano：OptnNb>	<cano：OptnNb>001</cano：OptnNb>	M
选项代码	<cano：OptnTp>	<cano：OptnTp> <cano：Cd>SECU</cano：Cd> </cano：OptnTp>	M
默认处理标识	<cano：DfltPrcgOrStgInstr>	<cano：DfltPrcgOrStgInstr> <cano：DfltOptnInd>Yes</cano：DfltOptnInd> </cano：DfltPrcgOrStgInstr>	M
证券变动详情			O
证券变动详情开始	<cano：SctiesMvmntDtls>	<cano：SctiesMvmntDtls>	M
关联证券信息	<cano：SctyDtls>	<cano：SctyDtls> <cano：FinInstrmId> <cano：OthrId> <cano：Id>AAA</cano：Id> <cano：Tp> <cano：Cd>CN</cano：Cd> </cano：Tp> </cano：OthrId> <cano：Desc>TIANLI A OPEN-END FUND</cano：Desc> </cano：FinInstrmId> </cano：SctyDtls>	M
借记贷记标识	<cano：CdtDbtInd>	<cano：CdtDbtInd>CRDT</cano：CdtDbtInd>	O
支付日期	<cano：DtDtls>	<cano：DtDtls> <cano：PmtDt> <cano：DtCd> <cano：Cd>UKWN</cano：Cd> </cano：DtCd> </cano：PmtDt> </cano：DtDtls>	M
折算比例	<cano：RateDtls>	<cano：RateDtls> <cano：NewToOd> <cano：QtyToQty> <cano：Qty1>1.01066192</cano：Qty1> <cano：Qty2>1</cano：Qty2> </cano：QtyToQty> </cano：NewToOd> </cano：RateDtls>	O
证券变动详情结束	</cano：SctiesMvmntDtls>	</cano：SctiesMvmntDtls>	M
证券发行人行为选项部分结束	</cano：CorpActnOptnDtls>	</cano：CorpActnOptnDtls>	M

续表

数据信息	数据标签	数据样例	必填（M）/可选（O）
附加信息部分			O
附加信息部分开始	<cano：AddtlInf>	<cano：AddtlInf>	M
附加文本	<cano：AddtlTxt>	<cano：AddtlTxt> <cano：AddtlInf>DETAILS</cano：AddtlInf> </cano：AddtlTxt>	O
附加信息部分结束	</cano：AddtlInf>	</cano：AddtlInf>	M
证券发行人行为通知结束	</cano：CorpActnNtfctn>	</cano：CorpActnNtfctn>	M
报文体结束	</cano：Document>	</cano：Document>	M
报文结束	</RequestPayload>	</RequestPayload>	M

C.17 证券合并（SPLR）

证券合并（SPLR）MT564 报文规范和 XML 格式报文规范分别参见表 C.33 和表 C.34。

示例：

XXX 基金管理有限公司 2011 年 10 月 17 日公告：本公司于 2011 年 10 月 13 日对旗下“XXX”（基金代码：AAA，基金简称：BBB，ISIN：CCC）在该日登记在册的份额办理了份额折算业务。基金份额折算比例为 0.8287365。

表 C.33 证券合并（SPLR）MT564 报文规范

数据信息	数据标签	内容格式	数据样例	必填（M）/可选（O）
基本信息块（General Information）				M
块开始	16R	GENL	：16R：GENL	M
报文编号	20C	：4!c//16x	：20C：：SEME//1322002	M
事件标识	20C	：4!c//16x	：20C：：CORP//AAA7959SPLR	M
通知类别	23G	4!c[/4!c]	：23G：NEWM	M
事件类型	22F	：4!c/[8c]/4!c	：22F：：CAEV//SPLR	M
事件是否含权	22F	：4!c/[8c]/4!c	：22F：：CAMV//MAND	M
报文创建日期	98a	A or C	：98A：：PREP//20111121	O
事件完整性状态	25D	：4!c/[8c]/4!c	：25D：：PROC//COMP	M
块结束	16S	GENL	：16S：GENL	M
标的证券块（Underlying Securities）				M
块开始	16R	USECU	：16R：USECU	M
标的证券信息	35B	[ISIN1!e12!c] [4*35x]	：35B：ISIN CCC BBB CLOSE-END FUND	M
账户信息块（Account Information）				M

续表

数据信息	数据标签	内容格式	数据样例	必填（M）/可选（O）
块开始	16R	ACCTINFO	：16R：ACCTINFO	M
账户信息	97a	A or C	：97C：：SAFE//GENR	M
块结束	16S	ACCTINFO	：16S：ACCTINFO	M
块结束	16S	USECU	：16S：USECU	M
证券发行人行为详情块（Corporate Action Details）				O
块开始	16R	CADETL	：16R：CADETL	M
公告日期	98a	A，B，C，or D	：98A：：ANOU//20111017	O
权益登记日	98a	A，B，C，or D	：98B：：RDTE//UKWN	O
除权日期	98a	A，B，C，or D	：98A：：XDTE//20111013	O
块结束	16S	CADETL	：16S：CADETL	M
证券发行人行为选项块（Corporate Action Options）				O
块开始	16R	CAOPTN	：16R：CAOPTN	M
选项编号	13A	：4!c//3!c	：13A：：CAON//001	M
选项代码	22F	：4!c/[8c]/4!c	：22F：：CAOP//SECU	M
默认处理标识	17B	：4!c//1!a	：17B：：DFLT//Y	M
证券变动块（Securities Movement）				O
块开始	16R	SECMOVE	：16R：SECMOVE	M
借记贷记标识	22H	：4!c/[8c]/4!c	：22H：：CRDB//CRED	M
关联证券信息	35B	[ISIN1!e12!c] [4*35x]	：35B：ISIN CCC BBB CLOSE-END FUND	M
折算比例	92a	A，B，D，F，K，L，M，or N	：92D：：NEWO//0，828736500/1，000000000	M
支付日期	98a	A，B，C，or D	：98B：：PAYD//UKWN	M
块结束	16S	SECMOVE	：16S：SECMOVE	M
块结束	16S	CAOPTN	：16S：CAOPTN	M
附加信息块（Additional Information）				O
块开始	16R	ADDINFO	：16R：ADDINFO	M
附加文本	70F	：4!c//10*35x	：70F：：ADTX//DETAILS	O
块结束	16S	ADDINFO	：16R：ADDINFO	M

表 C.34 证券合并（SPLR）XML 格式报文规范

数据信息	数据标签	数据样例	必填（M）/可选（O）
报文开始	<RequestPayload>	<RequestPayload>	M
报文头部分			M
报文头开始	<head：AppHdr>	<head：AppHdr>	M

续表

数据信息	数据标签	数据样例	必填（M）/可选（O）
报文发送方	<head：Fr>	<head：Fr> <head：OrgId> <head：Id> <head：OrgId> <head：AnyBIC>SZSICNB0XXX</head：AnyBIC> </head：OrgId> </head：Id> </head：OrgId> </head：Fr>	M
报文接收方	<head：To>	<head：To> <head：OrgId> <head：Id> <head：OrgId> <head：AnyBIC>SZSICNB0XXX</head：AnyBIC> </head：OrgId> </head：Id> </head：OrgId> </head：To>	M
报文编号	<head：BizMsgIdr>	<head：BizMsgIdr>1322002</head：BizMsgIdr>	M
报文类别	<head：MsgDefIdr>	<head：MsgDefIdr>seev.031.001.02</head：MsgDefIdr>	M
报文创建时间	<head：CreDt>	<head：CreDt>2011-11-21T12：30：00Z</head：CreDt>	M
报文头结束	</head：AppHdr>	</head：AppHdr>	M
报文体部分			M
报文体开始	<cano：Document>	<cano：Document>	M
证券发行人行为通知开始	<cano：CorpActnNtfctn>	<cano：CorpActnNtfctn>	M
通知基本信息部分			M
通知基本信息部分开始	<cano：NtfctnGnlInf>	<cano：NtfctnGnlInf>	M
通知类别	<cano：NtfctnTp>	<cano：NtfctnTp>NEWM</cano：NtfctnTp>	M
通知处理状态	<cano：PrcgSts>	<cano：PrcgSts> <cano：Cd> <cano：EvtCmpltnsSts>COMP</cano：EvtCmpltnsSts> <cano：EvtConfSts>CONF</cano：EvtConfSts> </cano：Cd> </cano：PrcgSts>	M
通知基本信息部分结束	</cano：NtfctnGnlInf>	</cano：NtfctnGnlInf>	M
证券发行人行为基本信息部分			M
证券发行人行为基本信息部分开始	<cano：CorpActnGnlInf>	<cano：CorpActnGnlInf>	M
事件标识	<cano：CorpActnEvtId>	<cano：CorpActnEvtId>AAA7959SPLR</cano：CorpActnEvtId>	M
事件类型	<cano：EvtTp>	<cano：EvtTp> <cano：Cd>SPLR</cano：Cd> </cano：EvtTp>	M

续表

数据信息	数据标签	数据样例	必填（M）/可选（O）
事件是否含权	<cano：MndtryVlntryEvtTp>	<cano：MndtryVlntryEvtTp> <cano：Cd>MAND<cano：Cd> </cano：MndtryVlntryEvtTp>	M
标的证券信息	<cano：UndrlygScty>	<cano：UndrlygScty> <cano：FinInstrmId> <cano：ISIN>CCC</cano：ISIN> <cano：Desc>BBB CLOSE-END FUND</cano：Desc> </cano：FinInstrmId> </cano：UndrlygScty>	M
证券发行人行为基本信息部分结束	</cano：CorpActnGnlInf>	</cano：CorpActnGnlInf>	M
账户信息部分			M
账户信息	<cano：AcctDtls>	<cano：AcctDtls> <cano：ForAllAccts> <cano：IdCd>GENR</cano：IdCd> </cano：ForAllAccts> </cano：AcctDtls>	M
证券发行人行为详情部分			O
证券发行人行为详情部分开始	<cano：CorpActnDtls>	<cano：CorpActnDtls>	M
证券发行人行为日期详情部分开始	<cano：DtDtls>	<cano：DtDtls>	M
公告日期	<cano：AnncmntDt>	<cano：AnncmntDt> <cano：Dt> <cano：Dt>2011-10-17</cano：Dt> </cano：Dt> </cano：AnncmntDt>	O
权益登记日	<cano：RcrdDt>	<cano：RcrdDt> <cano：DtCd> <cano：Cd>UKWN</cano：Cd> </cano：DtCd> </cano：RcrdDt>	O
除权日期	<cano：ExDvddDt>	<cano：ExDvddDt> <cano：Dt> <cano：Dt>2011-10-13</cano：Dt> </cano：Dt> </cano：ExDvddDt>	O
证券发行人行为日期详情部分结束	</cano：DtDtls>	</cano：DtDtls>	M
证券发行人行为详情部分结束	</cano：CorpActnDtls>	</cano：CorpActnDtls>	M
证券发行人行为选项部分			O
证券发行人行为选项部分开始	<cano：CorpActnOptnDtls>	<cano：CorpActnOptnDtls>	M
选项编号	<cano：OptnNb>	<cano：OptnNb>001</cano：OptnNb>	M

续表

数据信息	数据标签	数据样例	必填（M）/可选（O）
选项代码（参与配股）	<cano：OptnTp>	<cano：OptnTp> <cano：Cd>SECU</cano：Cd> </cano：OptnTp>	M
默认处理标识	<cano：DfltPrcgOrStgInstr>	<cano：DfltPrcgOrStgInstr> <cano：DfltOptnInd>Yes</cano：DfltOptnInd> </cano：DfltPrcgOrStgInstr>	M
证券变动详情			O
证券变动详情开始	<cano：SctiesMvmntDtls>	<cano：SctiesMvmntDtls>	M
关联证券信息	<cano：SctyDtls>	<cano：SctyDtls> <cano：FinInstrmId> <cano：ISIN>CCC</cano：ISIN> <cano：Desc>BBB CLOSE-END FUND</cano：Desc> </cano：FinInstrmId> </cano：SctyDtls>	M
借记贷记标识	<cano：CdtDbtInd>	<cano：CdtDbtInd>CRDT</cano：CdtDbtInd>	O
支付日期	<cano：DtDtls>	<cano：DtDtls> <cano：PmtDt> <cano：DtCd> <cano：Cd>UKWN</cano：Cd> </cano：DtCd> </cano：PmtDt> </cano：DtDtls>	M
折算比例	<cano：RateDtls>	<cano：RateDtls> <cano：NewToOd> <cano：QtyToQty> <cano：Qty1>0.8287365</cano：Qty1> <cano：Qty2>1</cano：Qty2> </cano：QtyToQty> </cano：NewToOd> </cano：RateDtls>	O
证券变动详情结束	</cano：SctiesMvmntDtls>	</cano：SctiesMvmntDtls>	M
证券发行人行为选项部分结束	</cano：CorpActnOptnDtls>	</cano：CorpActnOptnDtls>	M
附加信息部分			O
附加信息部分开始	<cano：AddtlInf>	<cano：AddtlInf>	M
附加文本	<cano：AddtlTxt>	<cano：AddtlTxt> <cano：AddtlInf>DETAILS</cano：AddtlInf> </cano：AddtlTxt>	O
附加信息部分结束	</cano：AddtlInf>	</cano：AddtlInf>	M
证券发行人行为通知结束	</cano：CorpActnNtfctn>	</cano：CorpActnNtfctn>	M
报文体结束	</cano：Document>	</cano：Document>	M
报文结束	</RequestPayload>	</RequestPayload>	M

C.18 暂停交易（SUSP）

暂停交易（SUSP）MT564 报文规范和 XML 格式报文规范分别参见表 C.35 和表 C.36。

示例：

XXX 股份有限公司（股票代码：AAA，证券简称：BBB，ISIN：CCC）2011 年 11 月 21 日公告：本公司因股权转让的磋商洽谈仍在进行中，存在不确定性。为了保护投资者利益，避免股价异常波动，公司股票自 2011 年 11 月 21 日起将继续停牌五个交易日，暂计划 2011 年 11 月 28 日发布相关公告并复牌。

表 C.35 暂停交易（SUSP）MT564 报文规范

数据信息	数据标签	内容格式	数据样例	必填（M）/ 可选（O）
基本信息块（General Information）				M
块开始	16R	GENL	：16R：GENL	M
报文编号	20C	：4!c//16x	：20C：：SEME//1308902	M
事件标识	20C	：4!c//16x	：20C：：CORP//AAA7994SUSP	M
通知类别	23G	4!c[/4!c]	：23G：NEWM	M
事件类型	22F	：4!c/[8c]/4!c	：22F：：CAEV//SUSP	M
事件是否含权	22F	：4!c/[8c]/4!c	：22F：：CAMV//MAND	M
报文创建日期	98a	A or C	：98A：：PREP//20111121	O
事件完整性状态	25D	：4!c/[8c]/4!c	：25D：：PROC//COMP	M
块结束	16S	GENL	：16S：GENL	M
标的证券块（Underlying Securities）				M
块开始	16R	USECU	：16R：USECU	M
标的证券信息	35B	[ISIN1!e12!c] [4*35x]	：35B：ISIN CCC BBB A-SHARE	M
账户信息块（Account Information）				M
块开始	16R	ACCTINFO	：16R：ACCTINFO	M
账户信息	97a	A or C	：97C：：SAFE//GENR	M
块结束	16S	ACCTINFO	：16S：ACCTINFO	M
块结束	16S	USECU	：16S：USECU	M
证券发行人行为详情块（Corporate Action Details）				O
块开始	16R	CADETL	：16R：CADETL	M
公告日期	98a	A，B，C，or D	：98A：：ANOU//20111121	O
生效日期	98a	A，B，C，or D	：98A：：EFFD//20111121	O
权益登记日	98a	A，B，C，or D	：98A：：RDTE//20111121	O
块结束	16S	CADETL	：16S：CADETL	M
附加信息块（Additional Information）				O
块开始	16R	ADDINFO	：16R：ADDINFO	M

续表

数据信息	数据标签	内容格式	数据样例	必填（M）/ 可选（O）
附加文本	70F	：4!c//10*35x	：70F：：ADTX//DETAILS	O
块结束	16S	ADDINFO	：16R：ADDINFO	M

表 C.36　暂停交易（SUSP）XML 格式报文规范

数据信息	数据标签	数据样例	必填（M）/ 可选（O）
报文开始	<RequestPayload>	<RequestPayload>	M
报文头部分			M
报文头开始	<head：AppHdr>	<head：AppHdr>	M
报文发送方	<head：Fr>	<head：Fr> <head：OrgId> <head：Id> <head：OrgId> <head：AnyBIC>SZSICNB0XXX</head：AnyBIC> </head：OrgId> </head：Id> </head：OrgId> </head：Fr>	M
报文接收方	<head：To>	<head：To> <head：OrgId> <head：Id> <head：OrgId> <head：AnyBIC>SZSICNB0XXX</head：AnyBIC> </head：OrgId> </head：Id> </head：OrgId> </head：To>	M
报文编号	<head：BizMsgIdr>	<head：BizMsgIdr>1308902</head：BizMsgIdr>	M
报文类别	<head：MsgDefIdr>	<head：MsgDefIdr>seev.031.001.02</head：MsgDefIdr>	M
报文创建时间	<head：CreDt>	<head：CreDt>2011-11-21T12：30：00Z</head：CreDt>	M
报文头结束	</head：AppHdr>	</head：AppHdr>	M
报文体部分			M
报文体开始	<cano：Document>	<cano：Document>	M
证券发行人行为通知开始	<cano：CorpActnNtfctn>	<cano：CorpActnNtfctn>	M
通知基本信息部分			M
通知基本信息部分开始	<cano：NtfctnGnlInf>	<cano：NtfctnGnlInf>	M
通知类别	<cano：NtfctnTp>	<cano：NtfctnTp>NEWM</cano：NtfctnTp>	M
通知处理状态	<cano：PrcgSts>	<cano：PrcgSts> <cano：Cd> <cano：EvtCmpltnsSts>COMP</cano：EvtCmpltnsSts> <cano：EvtConfSts>CONF</cano：EvtConfSts> </cano：Cd> </cano：PrcgSts>	M
通知基本信息部分结束	</cano：NtfctnGnlInf>	</cano：NtfctnGnlInf>	M

续表

数据信息	数据标签	数据样例	必填（M）/可选（O）
证券发行人行为基本信息部分			M
证券发行人行为基本信息部分开始	<cano：CorpActnGnlInf>	<cano：CorpActnGnlInf>	M
事件标识	<cano：CorpActnEvtId>	<cano：CorpActnEvtId>AAA7994SUSP</cano：CorpActnEvtId>	M
事件类型	<cano：EvtTp>	<cano：EvtTp> <cano：Cd>SUSP</cano：Cd> </cano：EvtTp>	M
事件是否含权	<cano：MndtryVlntryEvtTp>	<cano：MndtryVlntryEvtTp> <cano：Cd>MAND</cano：Cd> </cano：MndtryVlntryEvtTp>	M
标的证券信息	<cano：UndrlygScty>	<cano：UndrlygScty> <cano：FinInstrmId> <cano：ISIN>CCC</cano：ISIN> <cano：Desc>BBB A-SHARE</cano：Desc> </cano：FinInstrmId> </cano：UndrlygScty>	M
证券发行人行为基本信息部分结束	</cano：CorpActnGnlInf>	</cano：CorpActnGnlInf>	M
账户信息部分			M
账户信息	<cano：AcctDtls>	<cano：AcctDtls> <cano：ForAllAccts> <cano：IdCd>GENR</cano：IdCd> </cano：ForAllAccts> </cano：AcctDtls>	M
证券发行人行为详情部分			O
证券发行人行为详情部分开始	<cano：CorpActnDtls>	<cano：CorpActnDtls>	M
证券发行人行为日期详情部分开始	<cano：DtDtls>	<cano：DtDtls>	M
公告日期	<cano：AnncmntDt>	<cano：AnncmntDt> <cano：Dt> <cano：Dt>2011-11-21</cano：Dt> </cano：Dt> </cano：AnncmntDt>	O
生效日期	<cano：FctvDt>	<cano：FctvDt> <cano：Dt> <cano：Dt>2011-11-21</cano：Dt> </cano：Dt> </cano：FctvDt>	O
权益登记日	<cano：RcrdDt>	<cano：RcrdDt> <cano：Dt> <cano：Dt>2011-11-21</cano：Dt> </cano：Dt> </cano：RcrdDt>	O

续表

数据信息	数据标签	数据样例	必填（M）/可选（O）
证券发行人行为日期详情部分结束	</cano：DtDtls>	</cano：DtDtls>	M
证券发行人行为详情部分结束	</cano：CorpActnDtls>	</cano：CorpActnDtls>	M
附加信息部分			O
附加信息部分开始	<cano：AddtlInf>	<cano：AddtlInf>	M
附加文本	<cano：AddtlTxt>	<cano：AddtlTxt> <cano：AddtlInf>DETAILS</cano：AddtlInf> </cano：AddtlTxt>	O
附加信息部分结束	</cano：AddtlInf>	</cano：AddtlInf>	M
证券发行人行为通知结束	</cano：CorpActnNtfctn>	</cano：CorpActnNtfctn>	M
报文体结束	</cano：Document>	</cano：Document>	M
报文结束	</RequestPayload>	</RequestPayload>	M

C.19 要约收购（TEND）

要约收购（TEND）MT564 报文规范和 XML 格式报文规范分别参见表 C.37 和表 C.38。

示例：

XXX 股份有限公司（股票代码：AAA，证券简称：BBB，ISIN：CCC）2011 年 11 月 18 日公告：本公司本次要约收购的义务人为 YYY，收购人确定本次要约价格为 56.00 元 / 股，溢价 13.18%，本次要约收购不以终止 XXX 上市地位为目的，收购期限为 2011 年 11 月 21 日至 2011 年 12 月 20 日，收购编码为 DDD。

表 C.37 要约收购（TEND）MT564 报文规范

数据信息	数据标签	内容格式	数据样例	必填（M）/ 可选（O）
基本信息块（General Information）				M
块开始	16R	GENL	：16R：GENL	M
报文编号	20C	：4!c//16x	：20C：：SEME//1338201	M
事件标识	20C	：4!c//16x	：20C：：CORP//AAA7844TEND	M
通知类别	23G	4!c[/4!c]	：23G：NEWM	M
事件类型	22F	：4!c/[8c]/4!c	：22F：：CAEV//TEND	M
事件是否含权	22F	：4!c/[8c]/4!c	：22F：：CAMV//VOLU	M
报文创建日期	98a	A or C	：98A：：PREP//20111121	O
事件完整性状态	25D	：4!c/[8c]/4!c	：25D：：PROC//COMP	M
块结束	16S	GENL	：16S：GENL	M
标的证券块（Underlying Securities）				M
块开始	16R	USECU	：16R：USECU	M

续表

数据信息	数据标签	内容格式	数据样例	必填（M）/ 可选（O）
标的证券信息	35B	[ISIN1!e12!c] [4*35x]	：35B：ISIN CCC BBB A SHARE	M
账户信息块（Account Information）				M
块开始	16R	ACCTINFO	：16R：ACCTINFO	M
账户信息	97a	A or C	：97C：：SAFE//GENR	M
块结束	16S	ACCTINFO	：16S：ACCTINFO	M
块结束	16S	USECU	：16S：USECU	M
证券发行人行为详情块（Corporate Action Details）				O
块开始	16R	CADETL	：16R：CADETL	M
公告日期	98a	A，B，C，or D	：98A：：ANOU//20111118	O
事件进展类型	22F	：4!c/[8c]/4!c	：22F：：ESTA//UNAC	M
收购义务人	：70E	：4!c//10*35x	：70E：：OFFO//YYY	O
块结束	16S	CADETL	：16S：CADETL	M
证券发行人行为选项块（Corporate Action Options）				O
块开始	16R	CAOPTN	：16R：CAOPTN	M
选项编号	13A	：4!c//3!c	：13A：：CAON//001	M
选项代码（参与收购）	22F	：4!c/[8c]/4!c	：22F：：CAOP//CASH	M
默认处理标识	17B	：4!c//1!a	：17B：：DFLT//N	M
回复截止日	98a	A，B，C，or D	：98B：：RDDT//UKWN	O
市场截止日	98a	A，B，C，or D	：98A：：MKDT//20111220	O
收购期间	69a	A，B，C，D，E，F，or J	：69A：：PWAL//20111121/20111220	O
证券变动块（Securities Movement）				O
块开始	16R	SECMOVE	：16R：SECMOVE	M
借记贷记标识	22H	：4!c/[8c]/4!c	：22H：：CRDB//DEBT	M
关联证券信息	35B	[ISIN1!e12!c] [4*35x]	：35B：ISIN CCC BBB A SHARE	M
支付日期	98a	A，B，C，or D	：98B：：PAYD//UKWN	M
块结束	16S	SECMOVE	：16S：SECMOVE	M
现金变动块（Cash Movement）				O
块开始	16R	CASHMOVE	：16R：CASHMOVE	M
借记贷记标识	22H	：4!c/[8c]/4!c	：22H：：CRDB//CRED	M
支付日期	98a	A，B，C，or D	：98B：：PAYD//UKWN	M
收购价格	90a	A，B，E，F，J，or K	：90B：：OFFR//ACTU/CNY56，000000000	M
块结束	16S	CASHMOVE	：16S：CASHMOVE	M
块结束	16S	CAOPTN	：16S：CAOPTN	M
证券发行人行为选项块（Corporate Action Options）				O
块开始	16R	CAOPTN	：16R：CAOPTN	M

续表

数据信息	数据标签	内容格式	数据样例	必填（M）/ 可选（O）
选项编号	13A	：4!c//3!c	：13A：：CAON//002	M
选项代码（不参与收购）	22F	：4!c/[8c]/4!c	：22F：：CAOP//NOAC	M
默认处理标识	17B	：4!c//1!a	：17B：：DFLT//Y	M
块结束	16S	CAOPTN	：16S：CAOPTN	M
附加信息块（Additional Information）				O
块开始	16R	ADDINFO	：16R：ADDINFO	M
附加文本	70F	：4!c//10*35x	：70F：：ADTX//DETAILS	O
块结束	16S	ADDINFO	：16R：ADDINFO	M

表 C.38　要约收购（TEND）XML 格式报文规范

数据信息	数据标签	数据样例	必填（M）/ 可选（O）
报文开始	<RequestPayload>	<RequestPayload>	M
报文头部分			M
报文头开始	<head：AppHdr>	<head：AppHdr>	M
报文发送方	<head：Fr>	<head：Fr> <head：OrgId> <head：Id> <head：OrgId> <head：AnyBIC>SZSICNB0XXX</head：AnyBIC> </head：OrgId> </head：Id> </head：OrgId> </head：Fr>	M
报文接收方	<head：To>	<head：To> <head：OrgId> <head：Id> <head：OrgId> <head：AnyBIC>SZSICNB0XXX</head：AnyBIC> </head：OrgId> </head：Id> </head：OrgId> </head：To>	M
报文编号	<head：BizMsgIdr>	<head：BizMsgIdr>1338201</head：BizMsgIdr>	M
报文类别	<head：MsgDefIdr>	<head：MsgDefIdr>seev.031.001.02</head：MsgDefIdr>	M
报文创建时间	<head：CreDt>	<head：CreDt>2011-11-21T12：30：00Z</head：CreDt>	M
报文头结束	</head：AppHdr>	</head：AppHdr>	M
报文体部分			M
报文体开始	<cano：Document>	<cano：Document>	M
证券发行人行为通知开始	<cano：CorpActnNtfctn>	<cano：CorpActnNtfctn>	M
通知基本信息部分			M
通知基本信息部分开始	<cano：NtfctnGnlInf>	<cano：NtfctnGnlInf>	M

续表

数据信息	数据标签	数据样例	必填（M）/可选（O）
通知类别	<cano：NtfctnTp>	<cano：NtfctnTp>NEWM</cano：NtfctnTp>	M
通知处理状态	<cano：PrcgSts>	<cano：PrcgSts> <cano：Cd> <cano：EvtCmpltnsSts>COMP</cano：EvtCmpltnsSts> <cano：EvtConfSts>CONF</cano：EvtConfSts> </cano：Cd> </cano：PrcgSts>	M
通知基本信息部分结束	</cano：NtfctnGnlInf>	</cano：NtfctnGnlInf>	M
证券发行人行为基本信息部分			M
证券发行人行为基本信息部分开始	<cano：CorpActnGnlInf>	<cano：CorpActnGnlInf>	M
事件标识	<cano：CorpActnEvtId>	<cano：CorpActnEvtId>AAA7844TEND</cano：CorpActnEvtId>	M
事件类型	<cano：EvtTp>	<cano：EvtTp> <cano：Cd>TEND</cano：Cd> </cano：EvtTp>	M
事件是否含权	<cano：MndtryVlntryEvtTp>	<cano：MndtryVlntryEvtTp> <cano：Cd>VOLU</cano：Cd> </cano：MndtryVlntryEvtTp>	M
标的证券信息	<cano：UndrlygScty>	<cano：UndrlygScty> <cano：FinInstrmId> <cano：ISIN>CCC</cano：ISIN> <cano：Desc>BBB A SHARE</cano：Desc> </cano：FinInstrmId> </cano：UndrlygScty>	M
证券发行人行为基本信息部分结束	</cano：CorpActnGnlInf>	</cano：CorpActnGnlInf>	M
账户信息部分			M
账户信息	<cano：AcctDtls>	<cano：AcctDtls> <cano：ForAllAccts> <cano：IdCd>GENR</cano：IdCd> </cano：ForAllAccts> </cano：AcctDtls>	M
证券发行人行为详情部分			O
证券发行人行为详情部分开始	<cano：CorpActnDtls>	<cano：CorpActnDtls>	M
证券发行人行为日期详情部分开始	<cano：DtDtls>	<cano：DtDtls>	M
公告日期	<cano：AnncmntDt>	<cano：AnncmntDt> <cano：Dt> <cano：Dt>2011-10-20</cano：Dt> </cano：Dt> </cano：AnncmntDt>	O
证券发行人行为日期详情部分结束	</cano：DtDtls>	</cano：DtDtls>	M

续表

数据信息	数据标签	数据样例	必填（M）/ 可选（O）
事件进展类型	<cano：EvtStag>	<cano：EvtStag> <cano：Cd>UNAC</cano：Cd> </cano：EvtStag>	M
收购方	<AddtlInf>	<cano：AddtlInf> <cano：Offerr> <cano：AddtlInf>YYY</cano：AddtlInf> </cano：Offerr> </cano：AddtlInf>	O
证券发行人行为详情部分结束	</cano：CorpActnDtls>	</cano：CorpActnDtls>	M
证券发行人行为选项部分			O
证券发行人行为选项部分开始	<cano：CorpActnOptnDtls>	<cano：CorpActnOptnDtls>	M
选项编号	<cano：OptnNb>	<cano：OptnNb>001</cano：OptnNb>	M
选项代码（参与收购）	<cano：OptnTp>	<cano：OptnTp> <cano：Cd>CASH</cano：Cd> </cano：OptnTp>	M
默认处理标识	<cano：DfltPrcgOrStgInstr>	<cano：DfltPrcgOrStgInstr> <cano：DfltOptnInd>No</cano：DfltOptnInd> </cano：DfltPrcgOrStgInstr>	M
日期详情开始	<cano：DtDtls>	<cano：DtDtls>	M
市场截止日	<cano：DtDtls>	<cano：MktDdln> <cano：Dt> <cano：Dt>2011-12-20</cano：Dt> </cano：Dt> </cano：MktDdln>	O
回复截止日	<cano：RspnDdln>	<cano：RspnDdln> <cano：DtCd> <cano：Cd>UKWN</cano：Cd> </cano：DtCd> </cano：RspnDdln>	O
日期详情结束	</cano：DtDtls>	</cano：DtDtls>	M
收购期间	<cano：PrdDtls>	<cano：PrdDtls> <cano：ActnPrd> <cano：Prd> <cano：StartDt> <cano：Dt> <cano：Dt>2011-11-21</cano：Dt> </cano：Dt> </cano：StartDt> <cano：EndDt> <cano：Dt> <cano：Dt>2011-12-20</cano：Dt> </cano：Dt> </cano：EndDt> </cano：Prd> </cano：ActnPrd> </cano：PrdDtls>	O

续表

数据信息	数据标签	数据样例	必填（M）/可选（O）
证券变动详情			O
证券变动详情开始	<cano：SctiesMvmntDtls>	<cano：SctiesMvmntDtls>	M
关联证券信息	<cano：SctyDtls>	<cano：SctyDtls> <cano：FinInstrmId> <cano：ISIN>CCC</cano：ISIN> <cano：Desc>BBB A SHARE</cano：Desc> </cano：FinInstrmId> </cano：SctyDtls>	M
借记贷记标识	<cano：CdtDbtInd>	<cano：CdtDbtInd>DBIT</cano：CdtDbtInd>	O
支付日期	<cano：DtDtls>	<cano：DtDtls> <cano：PmtDt> <cano：DtCd> <cano：Cd>UKWN</cano：Cd> </cano：DtCd> </cano：PmtDt> </cano：DtDtls>	M
证券变动详情结束	</cano：SctiesMvmntDtls>	</cano：SctiesMvmntDtls>	M
现金变动详情			O
现金变动详情开始	<cano：CshMvmntDtls>	<cano：CshMvmntDtls>	M
借记贷记标识	<cano：CdtDbtInd>	<cano：CdtDbtInd>CRDT</cano：CdtDbtInd>	M
支付日期	<cano：DtDtls>	<cano：DtDtls> <cano：PmtDt> <cano：DtCd> <cano：Cd>UKWN</cano：Cd> </cano：DtCd> </cano：PmtDt> </cano：DtDtls>	M
收购价格	<cano：PricDtls>	<cano：PricDtls> <cano：GncCshPricRcvdPerPdct> <cano：AmtPric> <cano：AmtPricTp>ACTU</cano：AmtPricTp> <cano：PricVal Ccy="CNY">56</cano：PricVal> </cano：AmtPric> </cano：GncCshPricRcvdPerPdct> </cano：PricDtls>	O
现金变动详情结束	</cano：CshMvmntDtls>	</cano：CshMvmntDtls>	M
证券发行人行为选项部分结束	</cano：CorpActnOptnDtls>	</cano：CorpActnOptnDtls>	M
证券发行人行为选项部分			O
证券发行人行为选项部分开始	<cano：CorpActnOptnDtls>	<cano：CorpActnOptnDtls>	M
选项编号	<cano：OptnNb>	<cano：OptnNb>002</cano：OptnNb>	M
选项代码（不参与收购）	<cano：OptnTp>	<cano：OptnTp> <cano：Cd>NOAC</cano：Cd> </cano：OptnTp>	M

续表

数据信息	数据标签	数据样例	必填（M）/可选（O）
默认处理标识	<cano：DfltPrcgOrStgInstr>	<cano：DfltPrcgOrStgInstr> <cano：DfltOptnInd>Yes</cano：DfltOptnInd> </cano：DfltPrcgOrStgInstr>	M
证券发行人行为选项部分结束	</cano：CorpActnOptnDtls>	</cano：CorpActnOptnDtls>	M
附加信息部分			O
附加信息部分开始	<cano：AddtlInf>	<cano：AddtlInf>	M
附加文本	<cano：AddtlTxt>	<cano:AddtlTxt> <cano:AddtlInf>DETAILS</cano:AddtlInf> </cano:AddtlTxt>	O
附加信息部分结束	</cano：AddtlInf>	</cano：AddtlInf>	M
扩展信息部分			O
扩展信息部分开始	<cano：SplmtryData>	<cano：SplmtryData>	M
收购编码	<cano：Envlp>	<cano：Envlp> <casupl：CNCASDV01> <casupl：CorpActnDtlsSplmtn> <casupl：PlcAndNm>/RequestPayload/Document/CorpActnNtfctn/CorpActnDtls</casupl：PlcAndNm> <casupl：PrmpsbcptCd>DDD</casupl：PrmpsbcptCd> </casupl：CorpActnDtlsSplmtn> </casupl：CNCASDV01> </cano：Envlp>	M
扩展信息部分结束	</cano：SplmtryData>	</cano：SplmtryData>	M
证券发行人行为通知结束	</cano：CorpActnNtfctn>	</cano：CorpActnNtfctn>	M
报文体结束	</cano：Document>	</cano：Document>	M
报文结束	</RequestPayload>	</RequestPayload>	M

C.20 临时股东大会（XMET）

临时股东大会（XMET）MT564 报文规范和 XML 格式报文规范分别参见表 C.39 和表 C.40。

示例：

XXX 股份有限公司（股票代码：AAA，证券简称：BBB，ISIN：CCC）2011 年 11 月 21 日公告：本公司拟于 2011 年 12 月 6 日（星期二）召开公司 2011 年第二次临时股东大会。现场会议召开时间为 2011 年 12 月 6 日下午 14：00；网络投票时间为 2011 年 12 月 6 日上午 9：30–11：30，下午 13：00–15：00；股权登记日为 2011 年 12 月 2 日；现场会议召开地点为 YYY；本次会议采取现场投票与网络投票相结合的方式，社会公众股股东可以在网络投票时间内通过 SSS 证券交易所的交易系统行使表决权。会议将审议《关于公司符合非公开发行股票条件的议案》等议案。

表 C.39 临时股东大会（XMET）MT564 报文规范

数据信息	数据标签	内容格式	数据样例	必填（M）/ 可选（O）
基本信息块（General Information）				M
块开始	16R	GENL	：16R：GENL	M
报文编号	20C	：4!c//16x	：20C：：SEME//1308702	M
事件标识	20C	：4!c//16x	：20C：：CORP//AAA7994EGM	M
通知类别	23G	4!c[/4!c]	：23G：NEWM	M
事件类型	22F	：4!c/[8c]/4!c	：22F：：CAEV//XMET	M
事件是否含权	22F	：4!c/[8c]/4!c	：22F：：CAMV//VOLU	M
报文创建日期	98a	A or C	：98A：：PREP//20111121	O
事件完整性状态	25D	：4!c/[8c]/4!c	：25D：：PROC//COMP	M
块结束	16S	GENL	：16S：GENL	M
标的证券块（Underlying Securities）				M
块开始	16R	USECU	：16R：USECU	M
标的证券信息	35B	[ISIN1!e12!c] [4*35x]	：35B：ISIN CCC BBB A-SHARE	M
账户信息块（Account Information）				M
块开始	16R	ACCTINFO	：16R：ACCTINFO	M
账户信息	97a	A or C	：97C：：SAFE//GENR	M
块结束	16S	ACCTINFO	：16S：ACCTINFO	M
块结束	16S	USECU	：16S：USECU	M
证券发行人行为详情块（Corporate Action Details）				O
块开始	16R	CADETL	：16R：CADETL	M
公告日期	98a	A，B，C，or D	：98A：：ANOU//20111121	O
权益登记日	98a	A，B，C，or D	：98A：：RDTE//20111202	O
会议日期	98a	A，B，C，or D	：98A：：MEET//20111206	O
块结束	16S	CADETL	：16S：CADETL	M
证券发行人行为选项块（Corporate Action Options）				O
块开始	16R	CAOPTN	：16R：CAOPTN	M
选项编号	13A	：4!c//3!c	：13A：：CAON//001	M
选项代码	22F	：4!c/[8c]/4!c	：22F：：CAOP//ABST	M
默认处理标识	17B	：4!c//1!a	：17B：：DFLT//N	M
市场截止日	98a	A，B，C，or D	：98A：：MKDT//20111205	O
回复截止日	98a	A，B，C，or D	：98B：：RDDT//UKWN	O
块结束	16S	CAOPTN	：16S：CAOPTN	M
证券发行人行为选项块（Corporate Action Options）				O
块开始	16R	CAOPTN	：16R：CAOPTN	M
选项编号	13A	：4!c//3!c	：13A：：CAON//002	M
选项代码	22F	：4!c/[8c]/4!c	：22F：：CAOP//CONN	M
市场截止日	98a	A，B，C，or D	：98A：：MKDT//20111205	O

续表

数据信息	数据标签	内容格式	数据样例	必填（M）/ 可选（O）
回复截止日	98a	A，B，C，or D	：98B：：RDDT//UKWN	O
默认处理标识	17B	：4!c//1!a	：17B：：DFLT//N	M
块结束	16S	CAOPTN	：16S：CAOPTN	M
证券发行人行为选项块（Corporate Action Options）				O
块开始	16R	CAOPTN	：16R：CAOPTN	M
选项编号	13A	：4!c//3!c	：13A：：CAON//003	M
选项代码	22F	：4!c/[8c]/4!c	：22F：：CAOP//CONY	M
市场截止日	98a	A，B，C，or D	：98A：：MKDT//20111205	O
回复截止日	98a	A，B，C，or D	：98B：：RDDT//UKWN	O
默认处理标识	17B	：4!c//1!a	：17B：：DFLT//N	M
块结束	16S	CAOPTN	：16S：CAOPTN	M
证券发行人行为选项块（Corporate Action Options）				O
块开始	16R	CAOPTN	：16R：CAOPTN	M
选项编号	13A	：4!c//3!c	：13A：：CAON//004	M
选项代码	22F	：4!c/[8c]/4!c	：22F：：CAOP//SPLI	M
默认处理标识	17B	：4!c//1!a	：17B：：DFLT//N	M
市场截止日	98a	A，B，C，or D	：98A：：MKDT//20111205	O
回复截止日	98a	A，B，C，or D	：98B：：RDDT//UKWN	O
块结束	16S	CAOPTN	：16S：CAOPTN	M
块结束	16S	ADDINFO	16R：ADDINFO	M

表 C.40　临时股东大会（XMET）XML 格式报文规范

数据信息	数据标签	数据样例	必填（M）/ 可选（O）
报文开始	<RequestPayload>	<RequestPayload>	M
报文头部分			M
报文头开始	<head：AppHdr>	<head：AppHdr>	M
报文发送方	<head：Fr>	<head：Fr> <head：OrgId> <head：Id> <head：OrgId> <head：AnyBIC>SZSICNB0XXX</head：AnyBIC> </head：OrgId> </head：Id> </head：OrgId> </head：Fr>	M
报文接收方	<head：To>	<head：To> <head：OrgId> <head：Id> <head：OrgId> <head：AnyBIC>SZSICNB0XXX</head：AnyBIC> </head：OrgId>	M

续表

数据信息	数据标签	数据样例	必填（M）/可选（O）
报文接收方	<head：To>	</head：Id> </head：OrgId> </head：To>	M
报文编号	<head：BizMsgIdr>	<head：BizMsgIdr>1308702</head：BizMsgIdr>	M
报文类别	<head：MsgDefIdr>	<head：MsgDefIdr>seev.031.001.02</head：MsgDefIdr>	M
报文创建时间	<head：CreDt>	<head：CreDt>2011-11-21T12：30：00Z</head：CreDt>	M
报文头结束	</head：AppHdr>	</head：AppHdr>	M
报文体部分			M
报文体开始	<cano：Document>	<cano：Document>	M
证券发行人行为通知开始	<cano：CorpActnNtfctn>	<cano：CorpActnNtfctn>	M
通知基本信息部分			M
通知基本信息部分开始	<cano：NtfctnGnlInf>	<cano：NtfctnGnlInf>	M
通知类别	<cano：NtfctnTp>	<cano：NtfctnTp>NEWM</cano：NtfctnTp>	M
通知处理状态	<cano：PrcgSts>	<cano：PrcgSts> <cano：Cd> <cano：EvtCmpltnsSts>COMP</cano：EvtCmpltnsSts> <cano：EvtConfSts>CONF</cano：EvtConfSts> </cano：Cd> </cano：PrcgSts>	M
通知基本信息部分结束	</cano：NtfctnGnlInf>	</cano：NtfctnGnlInf>	M
证券发行人行为基本信息部分			M
证券发行人行为基本信息部分开始	<cano：CorpActnGnlInf>	<cano：CorpActnGnlInf>	M
事件标识	<cano：CorpActnEvtId>	<cano：CorpActnEvtId>AAA7994EGM</cano：CorpActnEvtId>	M
事件类型	<cano：EvtTp>	<cano：EvtTp> <cano：Cd>XMET</cano：Cd> </cano：EvtTp>	M
事件是否含权	<cano：MndtryVlntryEvtTp>	<cano：MndtryVlntryEvtTp> <cano：Cd>VOLU</cano：Cd> </cano：MndtryVlntryEvtTp>	M
标的证券信息	<cano：UndrlygScty>	<cano：UndrlygScty> <cano：FinInstrmId> <cano：ISIN>CCC</cano：ISIN> <cano：Desc>BBB A-SHARE</cano：Desc> </cano：FinInstrmId> </cano：UndrlygScty>	M
证券发行人行为基本信息部分结束	</cano：CorpActnGnlInf>	</cano：CorpActnGnlInf>	M
账户信息部分			M

续表

数据信息	数据标签	数据样例	必填（M）/可选（O）
账户信息	<cano：AcctDtls>	<cano：AcctDtls> <cano：ForAllAccts> <cano：IdCd>GENR</cano：IdCd> </cano：ForAllAccts> </cano：AcctDtls>	M
证券发行人行为详情部分			O
证券发行人行为详情部分开始	<cano：CorpActnDtls>	<cano：CorpActnDtls>	M
证券发行人行为日期详情部分开始	<cano：DtDtls>	<cano：DtDtls>	M
公告日期	<cano：AnncmntDt>	<cano：AnncmntDt> <cano：Dt> <cano：Dt>2011-11-21</cano：Dt> </cano：Dt> </cano：AnncmntDt>	O
会议日期	<cano：MtgDt>	<cano：MtgDt> <cano：Dt> <cano：Dt>2011-12-06</cano：Dt> </cano：Dt> </cano：MtgDt>	O
权益登记日	<cano：RcrdDt>	<cano：RcrdDt> <cano：Dt> <cano：Dt>2011-12-02</cano：Dt> </cano：Dt> </cano：RcrdDt>	O
证券发行人行为日期详情部分结束	</cano：DtDtls>	</cano：DtDtls>	M
证券发行人行为详情部分结束	</cano：CorpActnDtls>	</cano：CorpActnDtls>	M
证券发行人行为选项部分			O
证券发行人行为选项部分开始	<cano：CorpActnOptnDtls>	<cano：CorpActnOptnDtls>	M
选项编号	<cano：OptnNb>	<cano：OptnNb>001</cano：OptnNb>	M
选项代码（参与认购）	<cano：OptnTp>	<cano：OptnTp> <cano：Cd>ABST</cano：Cd> </cano：OptnTp>	M
默认处理标识	<cano：DfltPrcgOrStgInstr>	<cano：DfltPrcgOrStgInstr> <cano：DfltOptnInd>No</cano：DfltOptnInd> </cano：DfltPrcgOrStgInstr>	M
市场截止日	<cano：DtDtls>	<cano：MktDdln> <cano：Dt> <cano：Dt>2011-12-05</cano：Dt> </cano：Dt> </cano：MktDdln>	O

续表

数据信息	数据标签	数据样例	必填（M）/可选（O）
回复截止日	<cano：RspnDdln>	<cano：RspnDdln> <cano：DtCd> <cano：Cd>UKWN</cano：Cd> </cano：DtCd> </cano：RspnDdln>	O
证券发行人行为选项部分结束	</cano：CorpActnOptnDtls>	</cano：CorpActnOptnDtls>	M
证券发行人行为选项部分			O
证券发行人行为选项部分开始	<cano：CorpActnOptnDtls>	<cano：CorpActnOptnDtls>	M
选项编号	<cano：OptnNb>	<cano：OptnNb>002</cano：OptnNb>	M
选项代码（参与认购）	<cano：OptnTp>	<cano：OptnTp> <cano：Cd>CONN</cano：Cd> </cano：OptnTp>	M
默认处理标识	<cano：DfltPrcgOrStgInstr>	<cano：DfltPrcgOrStgInstr> <cano：DfltOptnInd>No</cano：DfltOptnInd> </cano：DfltPrcgOrStgInstr>	M
市场截止日	<cano：DtDtls>	<cano：MktDdln> <cano：Dt> <cano：Dt>2011-12-05</cano：Dt> </cano：Dt> </cano：MktDdln>	O
回复截止日	<cano：RspnDdln>	<cano：RspnDdln> <cano：DtCd> <cano：Cd>UKWN</cano：Cd> </cano：DtCd> </cano：RspnDdln>	O
证券发行人行为选项部分结束	</cano：CorpActnOptnDtls>	</cano：CorpActnOptnDtls>	M
证券发行人行为选项部分			O
证券发行人行为选项部分开始	<cano：CorpActnOptnDtls>	<cano：CorpActnOptnDtls>	M
选项编号	<cano：OptnNb>	<cano：OptnNb>003</cano：OptnNb>	M
选项代码（参与认购）	<cano：OptnTp>	<cano：OptnTp> <cano：Cd>CONY</cano：Cd> </cano：OptnTp>	M
默认处理标识	<cano：DfltPrcgOrStgInstr>	<cano：DfltPrcgOrStgInstr> <cano：DfltOptnInd>No</cano：DfltOptnInd> </cano：DfltPrcgOrStgInstr>	M
市场截止日	<cano：DtDtls>	<cano：MktDdln> <cano：Dt> <cano：Dt>2011-12-05</cano：Dt> </cano：Dt> </cano：MktDdln>	O

续表

数据信息	数据标签	数据样例	必填（M）/可选（O）
回复截止日	<cano：RspnDdln>	<cano：RspnDdln> <cano：DtCd> <cano：Cd>UKWN</cano：Cd> </cano：DtCd> </cano：RspnDdln>	O
证券发行人行为选项部分结束	</cano：CorpActnOptnDtls>	</cano：CorpActnOptnDtls>	M
证券发行人行为选项部分			O
证券发行人行为选项部分开始	<cano：CorpActnOptnDtls>	<cano：CorpActnOptnDtls>	M
选项编号	<cano：OptnNb>	<cano：OptnNb>004</cano：OptnNb>	M
选项代码（参与认购）	<cano：OptnTp>	<cano：OptnTp> <cano：Cd>SPLI</cano：Cd> </cano：OptnTp>	M
默认处理标识	<cano：DfltPrcgOrStgInstr>	<cano：DfltPrcgOrStgInstr> <cano：DfltOptnInd>No</cano：DfltOptnInd> </cano：DfltPrcgOrStgInstr>	M
市场截止日	<cano：DtDtls>	<cano：MktDdln> <cano：Dt> <cano：Dt>2011-12-05</cano：Dt> </cano：Dt> </cano：MktDdln>	O
回复截止日	<cano：RspnDdln>	<cano：RspnDdln> <cano：DtCd> <cano：Cd>UKWN</cano：Cd> </cano：DtCd> </cano：RspnDdln>	O
证券发行人行为选项部分结束	</cano：CorpActnOptnDtls>	</cano：CorpActnOptnDtls>	M
证券发行人行为选项部分			O
证券发行人行为选项部分开始	<cano：CorpActnOptnDtls>	<cano：CorpActnOptnDtls>	M
选项编号	<cano：OptnNb>	<cano：OptnNb>005</cano：OptnNb>	M
选项代码（参与认购）	<cano：OptnTp>	<cano：OptnTp> <cano：Cd>NOAC</cano：Cd> </cano：OptnTp>	M
默认处理标识	<cano：DfltPrcgOrStgInstr>	<cano：DfltPrcgOrStgInstr> <cano：DfltOptnInd>Yes</cano：DfltOptnInd> </cano：DfltPrcgOrStgInstr>	M
市场截止日	<cano：DtDtls>	<cano：MktDdln> <cano：Dt> <cano：Dt>2011-12-05</cano：Dt> </cano：Dt> </cano：MktDdln>	O

续表

数据信息	数据标签	数据样例	必填（M）/可选（O）
回复截止日	<cano：RspnDdln>	<cano：RspnDdln> <cano：DtCd> <cano：Cd>UKWN</cano：Cd> </cano：DtCd> </cano：RspnDdln>	O
证券发行人行为选项部分结束	</cano：CorpActnOptnDtls>	</cano：CorpActnOptnDtls>	M
附加信息部分			O
附加信息部分开始	<cano：AddtlInf>	<cano：AddtlInf>	M
附加文本	<cano：AddtlTxt>	<cano：AddtlTxt> <cano：AddtlInf>DETAILS</cano：AddtlInf> </cano：AddtlTxt>	O
附加信息部分结束	</cano：AddtlInf>	</cano：AddtlInf>	M
扩展信息部分			O
扩展信息部分开始	<cano：SplmtryData>	<cano：SplmtryData>	M
事件类型	<cano：Envlp>	<cano：Envlp> <casupl：CNCASDV01> <casupl：EvtTpSplmtn> <casupl：PlcAndNm>/RequestPayload/Document/CorpActnNtfctn/NtfctnGnlInf/EvtTp</casupl：PlcAndNm> <casupl：OtherEvtTp>XMET</casupl：OtherEvtTp> </casupl：EvtTpSplmtn>	M
会议地点、会议名称	<casupl：CorpActnDtlsSplmtn>	<casupl：CorpActnDtlsSplmtn> <casupl：PlcAndNm>/RequestPayload/Document/CorpActnNtfctn/CorpActnDtls</casupl：PlcAndNm> <casupl：MeetVenue>YYY</casupl：MeetVenue> <casupl：MeetNm>2nd EGM of 2011</casupl：MeetNm> </casupl：CorpActnDtlsSplmtn> </casupl：CNCASDV01> </cano：Envlp>	O
扩展信息部分结束	</cano：SplmtryData>	</cano：SplmtryData>	M
证券发行人行为通知结束	</cano：CorpActnNtfctn>	</cano：CorpActnNtfctn>	M
报文体结束	</cano：Document>	</cano：Document>	M
报文结束	</RequestPayload>	</RequestPayload>	M

C.21 取消通知（CACN）

取消通知（CACN）MT564 报文规范和 XML 格式报文规范分别参见表 C.41 和表 C.42。

示例：

XXX 股份有限公司（股票代码：AAA，证券简称：BBB，ISIN：CCC）2011 年 11 月 1 日公告：本公司原定于 2011 年 11 月 3 日召开 2011 年第二次临时股东大会，因近期市场环境发生变化，为了维护全体股东权益，公司拟对吸收合并 YYY 股份有限公司具体方案进行调整，并取消原定于 2011 年 11 月 3 日召开的 2011 年第二次临时股东大会。

表 C.41　取消通知（CACN）MT564 报文规范

数据信息	数据标签	内容格式	数据样例	必填（M）/ 可选（O）
基本信息块（General Information）				M
块开始	16R	GENL	16R：GENL	M
报文编号	20C	：4!c//16x	20C：：SEME//1391001	M
事件标识	20C	：4!c//16x	20C：：CORP//AAA7960EGM	M
通知类别	23G	4!c[/4!c]	23G：CANC	M
事件类型	22F	：4!c/[8c]/4!c	：22F：：CAEV//XMET	M
事件是否含权	22F	：4!c/[8c]/4!c	：22F：：CAMV//MAND	M
报文创建日期	98a	A or C	：98A：：PREP//20111121	O
事件完整性状态	25D	：4!c/[8c]/4!c	：25D：：PROC//COMP	M
关联报文信息	16R	LINK	：16R：LINK ：13A：：LINK//564 ：20C：：PREV//1374507 ：16S：LINK	O
块结束	16S	GENL	：16S：GENL	M
标的证券块（Underlying Securities）				M
块开始	16R	USECU	：16R：USECU	M
标的证券信息	35B	[ISIN1!e12!c] [4*35x]	：35B：ISIN CCC BB A-SHARE	M
账户信息块（Account Information）				M
块开始	16R	ACCTINFO	：16R：ACCTINFO	M
账户信息	97a	A or C	：97C：：SAFE//GENR	M
块结束	16S	ACCTINFO	：16S：ACCTINFO	M
块结束	16S	USECU	：16S：USECU	M
附加信息块（Additional Information）				O
块开始	16R	ADDINFO	：16R：ADDINFO	M
附加文本	70F	：4!c//10*35x	：70F：：ADTX//DETAILS	O
块结束	16S	ADDINFO	：16R：ADDINFO	M

表 C.42　取消通知（CACN）XML 格式报文规范

数据信息	数据标签	数据样例	必填（M）/ 可选（O）
报文开始	<RequestPayload>	<RequestPayload>	M
报文头部分			M
报文头开始	<head：AppHdr>	<head：AppHdr>	M

续表

数据信息	数据标签	数据样例	必填（M）/可选（O）
报文发送方	<head：Fr>	<head：Fr> <head：OrgId> <head：Id> <head：OrgId> <head：AnyBIC>SZSICNB0XXX</head：AnyBIC> </head：OrgId> </head：Id> </head：OrgId> </head：Fr>	M
报文接收方	<head：To>	<head：To> <head：OrgId> <head：Id> <head：OrgId> <head：AnyBIC>SZSICNB0XXX</head：AnyBIC> </head：OrgId> </head：Id> </head：OrgId> </head：To>	M
报文编号	<head：BizMsgIdr>	<head：BizMsgIdr>1391001</head：BizMsgIdr>	M
报文类别	<head：MsgDefIdr>	<head：MsgDefIdr>seev.039.001.02</head：MsgDefIdr>	M
报文创建时间	<head：CreDt>	<head：CreDt>2011-11-21T12：30：00Z</head：CreDt>	M
报文头结束	</head：AppHdr>	</head：AppHdr>	M
报文体部分			M
报文体开始	<cacn：Document>	<cacn：Document>	M
证券发行人行为取消通知开始	<cacn：CorpActnCxlAdvc>	<cacn：CorpActnCxlAdvc>	M
通知基本信息部分			M
取消通知基本信息部分开始	<cacn：CxlAdvcGnlInf>	<cacn：CxlAdvcGnlInf>	M
通知类别	<cacn：CxlRsnCd>	<cacn：CxlRsnCd>WITH</cacn：CxlRsnCd>	M
通知处理状态	<cacn：PrcgSts>	<cacn：PrcgSts> <cacn：Cd> <cacn：EvtCmpltnsSts>COMP</cacn：EvtCmpltnsSts> <cacn：EvtConfSts>CONF</cacn：EvtConfSts> </cacn：Cd> </cacn：PrcgSts>	M
取消通知基本信息部分结束	</cacn：CxlAdvcGnlInf>	</cacn：CxlAdvcGnlInf>	M
证券发行人行为基本信息部分			M
证券发行人行为基本信息部分开始	<cacn：CorpActnGnlInf>	<cacn：CorpActnGnlInf>	M
事件标识	<cacn：CorpActnEvtId>	<cacn：CorpActnEvtId>AAA7960EGM</cacn：CorpActnEvtId>	M
事件类型	<cacn：EvtTp>	<cacn：EvtTp> <cacn：Cd>OTHR</cacn：Cd> </cacn：EvtTp>	M

续表

数据信息	数据标签	数据样例	必填（M）/可选（O）
事件是否含权	<cacn：MndtryVlntryEvtTp>	<cacn：MndtryVlntryEvtTp> <cacn：Cd>MAND</cacn：Cd> </cacn：MndtryVlntryEvtTp>	M
标的证券信息	<cacn：UndrlygScty>	<cacn：UndrlygScty> <cacn：FinInstrmId> <cacn：ISIN>CCC</cacn：ISIN> <cacn：Desc>BBB A-SHARE</cacn：Desc> </cacn：FinInstrmId> <cacn：PlcOfListg> <cacn：MktIdrCd>ZZZ</cano：MktIdrCd> </cacn：PlcOfListg> </cacn：UndrlygScty>	M
证券发行人行为基本信息部分结束	</cacn：CorpActnGnlInf>	</cacn：CorpActnGnlInf>	M
账户信息部分			M
账户信息	<cacn：AcctsDtls>	<cacn：AcctsDtls> <cacn：ForAllAccts> <cacn：IdCd>GENR</cacn：IdCd> </cacn：ForAllAccts> </cacn：AcctsDtls>	M
扩展信息部分			O
扩展信息部分开始	<cacn：SplmtryData>	<cacn：SplmtryData>	M
事件类型	<cacn：Envlp>	<cacn：Envlp> <casupl：CNCASDV01> <casupl：EvtTpSplmtn> <casupl：PlcAndNm>/RequestPayload/Document/CorpActnCxlAdvc/CorpActnGnlInf/EvtTp</casupl：PlcAndNm> <casupl：OtherEvtTp>XMET</casupl：OtherEvtTp> </casupl：EvtTpSplmtn>	M
其他备注信息	<casupl：XtrnlCmntsSplmtn>	<casupl：XtrnlCmntsSplmtn> <casupl：PlcAndNm>/RequestPayload/Document/CorpActnCxlAdvc</casupl：PlcAndNm> <casupl：XtrnlCmnts>FURTHER TO OUR PREVIOUS MSG ON 18OCT11 ABOUT THE CO' S 2ND EXTRAORDINARY GENERAL MEETING OF 2011，THE CO ANNOUNCED ON 01NOV11 THE SAID MEETING HAD BEEN CANCELLED.</casupl：XtrnlCmnts> </casupl：XtrnlCmntsSplmtn> </casupl：CNCASDV01> </cacn：Envlp>	O
扩展信息部分结束	</cacn：SplmtryData>	</cacn：SplmtryData>	M
证券发行人行为通知结束	</cacn：CorpActnCxlAdvc>	</cacn：CorpActnCxlAdvc>	M
报文体结束	</cacn：Document>	</cacn：Document>	M
报文结束	</RequestPayload>	</RequestPayload>	M

附录 D
（资料性附录）
应用场景

本标准既适用于信息服务机构，又适用于账户服务机构。但因两者的服务内容和目的不同，故在对本标准的使用上也存在差异。具体就现金分红而言，信息服务机构侧重的是有关现金分红的详细信息，例如每股现金分红的金额，股权登记日，除权日，到账日等，而账户服务机构的服务内容既包括证券发行人行为事件的详细信息，又包括相关账户信息，例如有权享受本次现金分红的股票账户及股票账户余额以及根据股票账户余额可以获得的现金金额。表 D.1 以现金分红为例说明信息服务机构和账户服务机构对本标准的各自应用。

表 D.1 信息服务机构和账户服务机构就现金分红事件对本标准的应用

信息模块	机构应用	
	信息服务机构	账户服务机构
基本信息（General Information）	<CorpActnNtfctn> <NtfctnGnlInf> <NtfctnTp>NEWM</NtfctnTp> <PrcgSts> <Cd> <EvtCmpltnsSts>COMP</EvtCmpltnsSts> <EvtConfSts>CONF</EvtConfSts> </Cd> </PrcgSts> </NtfctnGnlInf> <CorpActnGnlInf> <CorpActnEvtId>AAA7994DVCA</CorpActnEvtId> <EvtTp> <Cd>DVCA</Cd> </EvtTp> <MndtryVlntryEvtTp> <Cd>MAND</Cd> </MndtryVlntryEvtTp>	<CorpActnNtfctn> <NtfctnGnlInf> <NtfctnTp>NEWM</NtfctnTp> <PrcgSts> <Cd> <EvtCmpltnsSts>COMP</EvtCmpltnsSts> <EvtConfSts>CONF</EvtConfSts> </Cd> </PrcgSts> </NtfctnGnlInf> <CorpActnGnlInf> <CorpActnEvtId>AAA7994DVCA</CorpActnEvtId> <EvtTp> <Cd>DVCA</Cd> </EvtTp> <MndtryVlntryEvtTp> <Cd>MAND</Cd> </MndtryVlntryEvtTp>
标的证券（Underlying Securities）	<UndrlygScty> <FinInstrmId> <ISIN>CCC</ISIN> <Desc>BBB</Desc> </FinInstrmId> </UndrlygScty> </CorpActnGnlInf>	<UndrlygScty> <FinInstrmId> <ISIN>CCC</ISIN> <Desc>BBB</Desc> </FinInstrmId> </UndrlygScty> </CorpActnGnlInf>

续表

信息模块	机构应用	
	信息服务机构	账户服务机构
账户信息 （Account Information）	<AcctDtls> **<ForAllAccts>** **<IdCd>GENR</IdCd>** **</ForAllAccts>** </AcctDtls>	<AcctDtls> **<AcctsListAndBalDtls>** **<SfkpgAcct>0106573829</SfkpgAcct>** **<Bal>** **<TtlElgblBal>** **<Unit>8500</Unit>** **</TtlElgblBal>** **</Bal>** **</AcctsListAndBalDtls>** </AcctDtls>
	标粗字体部分为两者的不同之处。信息服务机构因侧重的是证券发行人行为事件的详细信息，故直接用“所有账户适用”来描述本次有权参与现金分红的股票账户；而账户服务机构则具体列出了有权参与本次现金分红的股票账户及股票账户余额	
证券发行人行为详情 （Corporate Action Details）	<CorpActnDtls> <DtDtls> <AnncmntDt> <Dt> <Dt>2011-11-22</Dt> </Dt> </AnncmntDt> <RcrdDt> <Dt> <Dt>2011-11-25</Dt> </Dt> </RcrdDt> <ExDvddDt> <Dt> <Dt>2011-11-28</Dt> </Dt> </ExDvddDt> </DtDtls> <DvddTp> <Cd>INTE</Cd> </DvddTp> </CorpActnDtls>	<CorpActnDtls> <DtDtls> <AnncmntDt> <Dt> <Dt>2011-11-22</Dt> </Dt> </AnncmntDt> <RcrdDt> <Dt> <Dt>2011-11-25</Dt> </Dt> </RcrdDt> <ExDvddDt> <Dt> <Dt>2011-11-28</Dt> </Dt> </ExDvddDt> </DtDtls> <DvddTp> <Cd>INTE</Cd> </DvddTp> </CorpActnDtls>
现金变动 （Cash Movement） （续）	</Dt> </PmtDt> </DtDtls> <RateAndAmtDtls> <GrssDvddRate> <Amt Ccy=“CNY”>0.55</Amt> </GrssDvddRate> <NetDvddRate> <Amt Ccy=“CNY”>0.495</Amt> </NetDvddRate> </RateAndAmtDtls> </CshMvmntDtls> </CorpActnOptnDtls>	</Dt> </PmtDt> </DtDtls> <RateAndAmtDtls> <GrssDvddRate> <Amt Ccy=“CNY”>0.55</Amt> </GrssDvddRate> <NetDvddRate> <Amt Ccy=“CNY”>0.495</Amt> </NetDvddRate> </RateAndAmtDtls> </CshMvmntDtls> </CorpActnOptnDtls>
	标粗字体部分为两者的不同之处。信息服务机构因不关注账户的现金变动情况，故无须提供此部分内容；而账户服务机构则需要把可以获得的扣税前的现金总额，扣税后的现金总额以及实际可到账的现金总额都描述清楚	

续表

信息模块	机构应用	
	信息服务机构	账户服务机构
附加信息（Additional Information）	<AddtlInf> <AddtlTxt> <AddtlInf>PLS BE ADVISED THAT THE CO. WILL WITHHOLD 10 PCT OF CASH DIV DISTRIBUTED TO QFII CLIENTS. YOU WILL ONLY RECEIVE CASH DIV AT RATIO OF CNY0.495000 PER 10 SHS AFTER TAX. </AddtlInf> </AddtlTxt> </AddtlInf> </CorpActnNtfctn>	<AddtlInf> <AddtlTxt> <AddtlInf>PLS BE ADVISED THAT THE CO. WILL WITHHOLD 10 PCT OF CASH DIV DISTRIBUTED TO QFII CLIENTS. YOU WILL ONLY RECEIVE CASH DIV AT RATIO OF CNY0.495000 PER 10 SHS AFTER TAX. </AddtlInf> </AddtlTxt> </AddtlInf> </CorpActnNtfctn>

参考文献

[1] JR/T 0021—2004　上市公司信息披露电子化规范

ICS 03.060
A11

JR

中华人民共和国金融行业标准

JR/T 0155.1—2018

证券期货业场外市场交易系统接口 第1部分：行情接口

OTC trading system interface for securities and futures market
——Part 1: quotations

2018-01-18 发布 2018-01-18 实施

中国证券监督管理委员会 发布

目　次

前　言

JR/T 0155—2018《证券期货业场外市场交易系统接口》分为 3 个部分：

——第 1 部分：行情接口；

——第 2 部分：订单接口；

——第 3 部分：结算接口。

本部分为 JR/T 0155—2018 的第 1 部分。

本部分按照 GB/T 1.1—2009 给出的规则起草。

本部分的编制参考了 JR/T 0022—2004《证券交易数据交换协议》的相关内容。

本部分由全国金融标准化技术委员会证券分技术委员会（SAC/TC180/SC4）提出。

本部分由全国金融标准化技术委员会（SAC/TC180）归口。

本部分起草单位：中国证监会信息中心、中国证监会机构部、中国证券业协会、中证机构间报价系统股份有限公司、福建顶点软件股份有限公司。

本部分主要起草人：张野、刘铁斌、周云晖、刘叶青、高红洁、杨胜平、徐亚钊、曹雷、刘云清、李睿、罗黎明、刘辉、刘建宝、孙登。

引　言

场外市场是多层次资本市场的重要组成部分。场外交易系统负责提供私募产品的发行转让、登记结算、信息服务等功能。

经过近几年的系统建设和业务发展，通过与证券公司柜台市场、其他场外交易中心的互联互通，机构间私募产品报价与服务系统（以下简称“报价系统”）目前已经建设成为场外市场的重要基础设施之一。报价系统是为参与人提供私募产品报价、发行、转让及相关服务的专业化电子平台，可以提供私募产品注册、报价询价、发行转让、份额登记、资金结算、信息服务等核心功能。

证券期货业场外市场交易系统接口
第 1 部分：行情接口

1 范围

本部分规定了证券期货业场外市场交易系统行情接口的术语和定义、会话传输、消息格式、消息结构、实时报送业务、行情推送业务、辅助处理、数据字典等内容。

本部分适用于场外交易系统与证券公司柜台交易系统、区域性股权交易中心、金融资产交易中心等机构之间进行的行情数据交换。

2 规范性引用文件

下列文件对于本文件的应用是必不可少的。凡是注日期的引用文件，仅所注日期的版本适用于本文件。凡是不注日期的引用文件，其最新版本（包括所有的修改单）适用于本文件。

GB/T 2659—2000 世界各国和地区名称代码。

GB/T 12406—2008 表示货币和资金的代码。

GB 18030—2005 信息技术：中文编码字符集。

GB/T 23696—2009/ISO 10383：2003 证券和相关金融工具 交易所和市场识别码。

JR/T 0022—2004 证券交易数据交换协议。

ISO/IEC 646：1991 信息技术：ISO 信息交换七位编码字集（Information Technology-ISO 7-bit Coded Character Set for Information Interchange）。

3 术语和定义

下列术语和定义适用于本文件。

3.1

参与人 participants

认可场外交易系统的服务声明并完成用户注册流程的法人或其他机构。

3.2

一级产品账户 sender sub id

参与人申请开立的用于记载其直接持有或间接持有的私募产品份额的账户。

3.3

二级产品账户 security account

参与人为投资者开立的用于记载私募产品份额的账户。

注：编码规则见附录 A。

3.4

证券信息请求编号 security status req id

证券公司柜台系统自定义的行情信息报送序号。

3.5

参与人申报单编号 clord id

参与人为每笔申报单分配的编号，在有效申报日期内唯一。

注：其中，前 3 位或前 5 位是场外交易系统为参与人分配的机构结算码，其余代码可由参与人的柜台系统自行定义。

3.6

交易系统申报单编号 order id

场外交易系统为每笔申报单统一分配的编号，在有效申报日期内唯一。

3.7

成交记录号 exec id

场外交易系统为“执行报告”消息分配的连续编号。

注：每个柜台独立分配，并且在单个交易日内唯一。

3.8

成交配对号 trade id

当订单发生部分成交或全部成交时，场外交易系统为买卖双方分配的配对编号。

注：买卖双方共用同一个成交配对号。

3.9

应用程序编程接口 application programming interface，API

系统不同组成部分衔接的约定。

4 会话传输

通信双方应使用实时消息服务进行会话通信。

通信双方分别基于消息接口的API定义，自行开发消息收发处理程序。

通信中与会话传输相关的登录登出、状态初始化、序号管理、重发纠错等功能，均由消息服务承载解决。

5 消息格式

5.1 数据类型

5.1.1 分类

数据类型用于定义数据域的取值类型。本接口由基本数据类型（整数、浮点数、单字符、字符串、二进制数据块）和在此基础上扩展的数据类型组成。

5.1.2 整数型

使用int表示。无逗号和小数位的序号，可表示正负（ASCII码字符‘–’，‘0’~‘9’组成）。符号占据一个字符位置。允许前置字符零（例：“00023”=“23”）。取值–2147483648~2147483647。

整数类型的扩展定义：

- 长度Length：以整数表示字节为单位的数据长度，正数；
- 重复数NumInGroup：以整数表示重复组的个数，正数；
- 消息序号SeqNum：以整数表示消息序号，正数；
- 域号TagNum：以整数表示的域号（或称Tag），正数，首位不能为零；
- 月日期号day-of-month：以整数表示的月份中第几天，取值1~31；
- Number（m）、N（m）：m表示所有有效数字的最长位数（不含正负号）。

5.1.3 浮点数型

使用float表示。含有可选的小数部分，可表示正负（ASCII码字符‘–’，‘0’~‘9’和‘.’组成）。最多15位有效数字。允许前置字符零（例：“00023”=“23”）。允许小数部分后置字符零（例：“23.0”=“23.0000”=“23”）。除非特别声明，浮点数类型均有正负。

浮点数类型的扩展定义：

- 量Qty：申报数量等，可以有小数部分；
- 价格Price：小数位数可变；
- 价格偏移量PriceOffset：代表价格偏移量的浮点域；
- 金额Amt：典型的价格与数量相乘结果，如成交金额；
- 百分比Percentage：小数表示方法：1.05代表5%；
- Number（m，n）、N（m.n）：m表示所有有效数字的最长位数（不含小数点和正负号），小数位数为n。

5.1.4 单个字符型

使用 char 表示。指除界定符外所有字母字符和标点字符，区分字母大小写。

字符类型的扩展定义：

- 布尔 Boolean：该域取值于两个字符（'Y' =True/Yes，'N' =False/No）。

5.1.5 字符串型

使用 string 表示。区分字母大小写。

字符串类型的扩展定义：

- 多元值字符串 MultipleValueString：用空格分隔；
- 国家 Country：遵守 GB/T 2659—2000 的规定；
- 字符串货币类型 Currency：遵守 GB/T 12406—2008 的规定；
- 交易所或市场编号 Exchange：遵守 GB/T 23696—2009 的规定；
- 字符串 Char（n）、C（n）：表示长度不超过 n 个字节的字符串；
- 年月日期 month-year，格式：YYYYMMDD，YYYY = 0000–9999，MM = 01–12，DD = 01–31，WW = w1，w2，w3，w4，w5；
- 国际标准时时间戳 UTCTimestamp，格式：YYYYMMDD HH：MM：SS（秒）或 YYYYMMDD HH：MM：SS.sss（毫秒），YYYY = 0000–9999，MM = 01–12，DD = 01–31，HH = 00–23，MM = 00–59，SS = 00–59（秒），sss=000–999（毫秒）；
- 国际标准时时间 UTCTimeOnly 或者 time（用于结算文件中），格式：HH：MM：SS 或 HH：MM：SS.sss，HH = 00–23，MM = 00–59，SS = 00–59（秒），sss=000–999（毫秒）；
- 国际标准时日期 UTCDate，格式：YYYYMMDD，YYYY = 0000–9999，MM = 01–12，DD = 01–31；
- 本地市场日期 LocalMktDate，格式：YYYYMMDD，YYYY = 0000–9999，MM = 01–12，DD = 01–31。

5.1.6 二进制数据

使用 data 表示。无格式和内容限制的原始数据，包含长度域和数据域两个部分。

长度域用于记录数据域的字节数，长度域后面紧跟数据域。数据域可以包含数值 0x01 等数据。

5.2 域

5.2.1 域的组成

域是基本的数据元素，域的定义包括：域号（tag）、域名、业务含义和数据类型。

域号是域的区分标志，在本标准范围内统一分配。在消息中，通过域号来确定不同的域。

域的数据类型决定了其取值范围。域的取值范围可以是一个集合，任何在此集合外的取值被认为是非法的。域的详细说明见第 10 章。

5.2.2 域的使用

域的使用可以分为三类：必填的，可选的，条件限制选择（即根据其他相关域的存在条件或取值来决定是否必填）。作为一个完整的消息，必填域和条件限制选择域是应包含的内容。

5.2.3 自定义域

市场参与者可以根据业务需要扩展定义新的域，即自定义域。

5.2.4 域字符编码

域的取值为汉字时，应按照 GB 18030—2005 的规定。

域的取值为英文时，应按照 ISO/IEC 646：1991 的规定。

5.2.5 域界定

消息中所有的域（包含 data 类型数据域）都有一个分隔符来界定分隔，该分隔符就是不可打印字符 ASCII 码“SOH”（#001，hex：0x01，本文档中以 <SOH> 表示）。

所有消息以“8=SACSTEPx.yz<SOH>”字符串开始，并以“10=nnn<SOH>”字符串结束。

除 data 数据类型的域以外，其他数据类型的域都不应包含域界定符 <SOH>。

5.2.6 语法

任何消息都由多个“域号 = 值”的基本结构组成，每个“域号 = 值”的基本结构之间，都使用域界定符 <SOH> 分隔。消息组成结构如图 1 所示。

图 1 消息格式

消息由消息头、消息正文和消息尾组成。每个组成部分都由一系列“域号 = 值”组成，并且在遵循以下规则前提下，每个组成部分的“域号 = 值”基本结构可以是任意的次序：

a） 开始部分应是消息头，随后是正文，最后是消息尾；

b） 消息头的前 3 个域的次序不能改变：起始串（Tag =8）、消息体长度（Tag =9）、消息类型（Tag =35）；

c） 消息尾的最后一个域应是校验和域（Tag=10）；

d） 重复组中，域出现的顺序应遵循该重复组在消息或组件中定义的次序；

e） 在一条消息中，除重复组以外，任何其他域都不能重复出现。

5.2.7 重复组

域可以在重复组里多次重复，用以传输数组类的数据。通常域名起始为“No”符号的域指明重复的次数，并位于重复组的开始处。

重复组的定义通过缩进的→符号表示，重复组也可嵌套。使用子重复组时不能省略父重复组。

5.3 安全与加密

由于消息有可能在不安全的网络上传输交换，可对敏感数据加密处理。具体加密的方法由连接双方自行约定，可以使用数字签名、密钥交换和正文加密等安全技术。

除某些需要公开识别的域应以明文传输以外，消息中的其他任何域都可以加密并放置在密文数据域（SecureData）内。当然，这些被加密的域也可以同时保留明文的表示方式。

可以对消息正文内的所有域进行加密。如果消息的重复组内有一部分需要加密，那么应该对整个重复组进行加密。

正文加密方案有三种：

a） 将安全敏感的域加密后移至 SecureData 域；

b） 将所有允许加密的域加密后移至 SecureData 域；

c） 将所有允许加密的域加密后移至 SecureData 域，同时这些域以明文在消息中重复出现。

5.4 数据完整性

数据完整性可以通过两个方法保证：消息体长度和校验和验证。

消息体长度是以 BodyLength 域来表示，其值是计算出的消息长度域后面的字符数，包含紧靠校验和域标志‘10=’之前的界定符 SOH。

校验和是把每个字符的二进制值从消息开头‘8=’中的‘8’开始相加，一直加到紧靠在校验和域‘10=’之前的域界定符，然后取按 256 取模得到的结果。

校验和域位于消息的最末一个，校验和的计算是在加密之后进行的。计算校验和的代码段按照附录 B。

5.5 扩展方式

5.5.1 扩展分类

扩展可分为两种类型：消息定义扩展和域定义扩展。

消息定义扩展可以通过新增消息类型来实现，但应尽量在已有消息中通过域定义扩展或修改取值范围来定义新业务。已有消息所代表的业务在扩展时不能改变。

域定义扩展可以通过新增域来实现，但应尽量通过修改取值范围来扩展域的定义。已定义的必填域不能取消定义或改变成可选域。

5.5.2 扩展规则

自定义消息的消息类型值首字符为‘UF’。其他类型的消息由全国金融标准化技术委员会根据国际相关标准的变化统一定义并发布。对于尚未发布的扩展消息，将以参考文件指引的形式发布。

消息的模块顺序在扩展定义时不能改变，即保持消息头、消息体和消息尾的顺序。而模块的内部，域和重复组的顺序是可以变化的。

消息头的头三个域的定义和位置不能改变，但可以扩展增加消息头的可选域。

消息尾最后一个域的定义和位置不能改变，但可以扩展增加消息尾的可选域。

5.5.3 版本管理

版本号格式为 X.YZ，版本号从 1.00 起始，当新版本完全兼容上一版本时只改变版本号中的 Z。

6 消息结构

6.1 消息头

每一个会话应用消息有一个消息头，该消息头指明消息类型、消息体长度、发送目的地、消息序号、发送起始点和发送时间。

消息头格式如表 1 所示。

表 1 消息头

域号	域名	必填	说明
8	BeginString	Y	起始串，取值：SACSTEP1.00（不可加密，消息的第一个域）
9	BodyLength	Y	消息体长度（不可加密，消息的第二个域）
35	MsgType	Y	自定义消息类型代码（不可加密，消息的第三个域）
49	SenderCompID	Y	发送方代码（填写场外交易系统为参与人分配的机构结算编码）
56	TargetCompID	Y	接收方代码（填写场外交易系统的标识代码，报价系统的编码为 899）
115	OnBehalfOfCompID	N	最初发送方标识符（可加密），用于经第三方发送
128	DeliverToCompID	N	最终接收方标识符（可加密），用于经第三方发送
90	SecureDataLen	N	密文数据长度
91	SecureData	N	密文数据（紧跟密文数据长度域）
34	MsgSeqNum	N	柜台系统自定义的消息序号（可加密）
50	SenderSubID	Y	发送方子标识符（可加密，填写参与人用于经纪业务的一级产品账户）
142	SenderLocationID	N	发送方方位标识符（可加密，预留）
57	TargetSubID	N	接收方子标识符（可加密，预留）
143	TargetLocationID	N	接收方方位标识符（可加密，预留）
116	OnBehalfOfSubID	N	最初发送方子标识符（可加密，预留）
144	OnBehalfOfLocationID	N	最初发送方方位标识符（可加密，路由模式下订单源柜台的机构结算码）
129	DeliverToSubID	N	最终接收方子标识符（可加密，预留）
145	DeliverToLocationID	N	最终接收方方位标识符（可加密，预留）
43	PossDupFlag	N	可能重复标志，重复发送时使用（可加密）
97	PossResend	N	可能重发标志，重复发送时使用（可加密）
52	SendingTime	Y	发送时间（可加密）
122	OrigSendingTime	N	原始发送时间（可加密）
347	MessageEncoding	N	消息编码类型代码［消息中 Encoded 域的字符编码类型（非 ASCII 码）］
369	LastMsgSeqNumProcessed	N	最后处理消息序号（可加密）
370	OnBehalfOfSendingTime	N	最初发送时间（用 UTC 表示时间）

6.2 消息尾

每一个消息（会话或应用消息）有一个消息尾，并以此终止。消息尾可用于分隔多个消息，包含有 3 位数的校验和值。

消息尾格式如表 2 所示。

表 2 消息尾

域号	域名	必填	说明
93	SignatureLength	N	数字签名长度（不可加密）
89	Signature	N	数字签名（不可加密）
10	CheckSum	Y	校验和，消息的最末域（不可加密，计算方法按照附录 B）

7 实时报送业务

7.1 业务说明

在证券公司柜台交易系统中发行和转让的私募产品，柜台交易系统可通过业务数据报送请求向报价系统等场外交易中心实时报送更新后的业务数据。

在实时报送业务中，参与人的柜台交易系统是消息请求的发送方，场外交易系统是消息接收应答方。

7.2 行情报送

7.2.1 行情报送请求（MsgType=UF021）

柜台产品的行情信息发生变化后，柜台交易系统通过发送“行情报送请求”，向场外交易系统实时更新相关产品的行情数据。

“行情报送请求”的格式如表 3 所示。

表 3 行情报送请求

域号	域名		必填	说明
	标准消息头		Y	MsgType=UF021
324	SecurityStatusReqID		N	产品信息请求编号
461	CFICode		Y	证券产品类别代码
48	SecurityID		Y	产品代码
452	PartyRole		Y	参与方角色代码
55	Symbol		Y	产品名称
140	PreClosePx		N	昨日收盘价格
268	NoMDEntries		Y	行情价格条目个数（重复组重复次数）
269	组件	MDEntryType	Y	行情条目类别代码
270		MDEntryPx	Y	行情条目价格
271		MDEntrySize	N	行情条目数量
272		MDEntryDate	N	行情条目日期
273		MDEntryTime	N	行情条目时间
275		MDMkt	N	行情条目市场代码
290		MDEntryPositionNo	N	行情条目买卖盘序号
1020	TradeVolume		N	成交数量
8504	TotalValueTraded		N	成交金额
8503	NumTrades		N	成交笔数
9008	NAV		N	最新净值［资管产品或衍生品的涨跌幅度（行权价 / 初始价）］
9009	AccumulativeNAV		N	累计基金单位净值
9010	CurrentInterest		N	应计利息

续表

域号	域名	必填	说明
9011	ShareholderQty	N	持有人数量
9012	UpdateDate	N	发布日期
	标准消息尾	Y	

7.2.2 行情报送应答（MsgType=UF022）

场外交易系统在接收到“行情报送请求”后，向相应的柜台交易系统回复“行情报送应答”。

“行情报送应答”的格式如表4所示。

表4 行情报送应答

域号	域名	必填	说明
	标准消息头	Y	MsgType=UF022
324	SecurityStatusReqID	N	产品信息请求编号
150	ExecType	Y	执行类型代码（Y=数据处理成功，N=数据处理失败）
60	TransactTime	Y	执行时间
58	Text	Y	文本（错误说明文本）
567	TradSesStatusRejReason	Y	消息错误码（具体格式按照附录C）
	标准消息尾	Y	

7.3 申报明细报送

7.3.1 申报明细报送请求（MsgType=UF023）

柜台产品的委托申报数据发生变化后，柜台交易系统通过发送“申报明细报送请求”，向场外交易系统更新相关产品的申报明细数据。

“申报明细报送请求”的格式如表5所示。

表5 申报明细报送请求

域号	域名	必填	说明
	标准消息头	Y	MsgType=UF023
9016	BranchCode	Y	证券营业部编码
109	ClientID	Y	资金账户
15	Currency	Y	币种代码
11	ClOrdID	Y	参与人申报单编号
9019	CommissionDate	Y	申报日期
9020	CommissionTime	Y	申报时间
9017	SecurityAccount	Y	二级产品账户
461	CFICode	Y	产品类别代码
18	ExecInst	Y	执行指令代码
126	ExpireTime	Y	有效日期
9018	CommissionID	Y	申报或撤单标识

续表

域号	域名	必填	说明
48	SecurityID	Y	产品代码
9021	CommissionVolume	Y	申报数量
9022	CommissionPrice	Y	申报价格
	标准消息尾	Y	

7.3.2 申报明细报送应答（MsgType=UF024）

场外交易系统在接收到“申报明细报送请求”后，向相应的参与人回复“申报明细报送应答”。

“申报明细报送应答”的格式如表 6 所示。

表 6 申报明细报送应答

域号	域名	必填	说明
	标准消息头	Y	MsgType=UF024
11	ClOrdID	Y	参与人申报单编号
150	ExecType	Y	执行类型代码（Y= 数据报送成功，N= 数据报送失败）
60	TransactTime	Y	执行时间
58	Text	Y	文本（错误说明文本）
567	TradSesStatusRejReason	Y	消息错误码（具体格式请按照附录 C）
	标准消息尾	Y	

7.4 成交明细报送

7.4.1 成交明细报送请求（MsgType=UF025）

柜台产品的成交信息发生变化后，柜台交易系统通过发送“成交明细报送请求”，向场外交易系统更新相关产品的成交明细数据。

“成交明细报送请求”的格式如表 7 所示。

表 7 成交明细报送请求

域号	域名	必填	说明
	标准消息头	Y	MsgType=UF025
9016	BranchCode	Y	证券营业部编码
109	ClientID	Y	资金账户
15	Currency	Y	币种代码
9019	CommissionDate	Y	申报日期
9017	SecurityAccount	Y	二级产品账户
461	CFICode	Y	产品类别代码
18	ExecInst	Y	执行指令代码
48	SecurityID	Y	产品代码
9021	CommissionVolume	Y	申报数量
9022	CommissionPrice	Y	申报价格

续表

域号	域名		必填	说明
17	ExecID		Y	成交记录号
9024	TradeDate		Y	成交日期
9023	TradeID		Y	成交配对号
11	ClOrdID		Y	参与人申报单编号
9025	TradeTime		Y	成交时间
9026	CancellationVolume		Y	撤单数量
1020	TradeVolume		Y	成交数量
8504	TotalValueTraded		Y	成交金额
44	Price		Y	成交价格
136	NoMiscFees		N	杂项费用类别数（重复组重复次数）
137	组件	MiscFeeAmt	N	杂项费用金额
139		MiscFeeType	N	杂项费用类别代码
891		MiscFeeBasis	N	杂项费用单位代码
	标准消息尾		Y	

7.4.2　成交明细报送应答（MsgType=UF026）

场外交易系统在接收到“成交明细报送请求”后，向相应的柜台交易系统回复“成交明细报送应答”。

“成交明细报送应答”格式如表 8 所示。

表 8　成交明细报送应答

域号	域名	必填	说明
	标准消息头	Y	MsgType=UF026
17	ExecID	Y	成交记录号
150	ExecType	Y	执行类型代码（Y= 数据报送成功，N= 数据报送失败）
60	TransactTime	Y	执行时间
58	Text	Y	文本（错误说明文本）
567	TradSesStatusRejReason	Y	消息错误码（具体格式请按照附录 C）
	标准消息尾	Y	

8　行情推送业务

在场外交易系统发行和转让的私募产品，场外交易系统向参与人的柜台系统实时推送行情数据信息。“行情推送”采用与“行情报送”相同的消息格式。在“行情推送”业务中，场外交易系统是消息请求的发送方，参与人的柜台系统是消息接收和应答方。

在实施过程中，通过配置不同的应用服务区分“实时报送”业务与“行情推送”业务。

柜台系统应对场外交易系统实时推送的行情数据和产品状态数据进行本地化保存，分别生成行情库文件、订单库文件和产品信息库文件。具体格式按照附录 D、附录 E 和附录 F。

9 辅助处理

9.1 未知消息拒绝应答（MsgType=UF008）

场外交易系统在接收到未知类型的消息（比如类型未知，未填写等）后，向相应的柜台系统回复“未知消息拒绝应答”（MsgType=UF008）。

“未知消息拒绝应答”格式如表 9 所示。

表 9 未知消息拒绝应答

域号	域名	必填	说明
	标准消息头	Y	MsgType=UF008
58	Text	Y	文本（错误说明文本）
567	TradSesStatusRejReason	Y	消息错误码（具体格式请按照附录 C）
	标准消息尾	Y	

9.2 报送请求无响应

柜台系统发送各类实时报送请求后，如果没有接收到场外交易系统的应答消息，采取“延时重发”机制进行处理。每次重发的时间间隔，建议不小于 5 秒。

10 数据字典

本文件中各个域的说明如表 10 所示。

表 10 数据域

域号	域名	域中文名	数据类型	说明
6	AvgPx	成交平均价	Price	订单所有成交的平均成交价
8	BeginString	起始串	C12	起始串，指示协议版本，不可加密，消息中的第一个域，取值：SACSTEP1.00
9	BodyLength	消息体长度	Length	消息体长度，不可加密，消息的第二个域
10	CheckSum	校验和	C5	校验和，不可加密，消息最后一个域
11	ClOrdID	参与人申报单编号（交易客户方订单编号）	C24	由交易客户方（券商）赋予的订单编号，对相应券商（SenderCompID）在订单交易时期内应保证唯一 对跨日订单，可以在该域内嵌入交易日期，参与人内部编号，相当于上海 Reff，深圳的 WTHTXH 其中，前 3 位是参与人机构码，其余代码可由参与人自定义
14	CumQty	累计执行数量	Qty	订单所有成交的成交总股数
15	Currency	币种代码	Currency	价格的货币单位，可以缺省，但建议给出
17	ExecID	成交记录号（执行编号）	SeqNum	场外交易系统分配的、连续的成交记录号，用于标识与“成交或部分成交”相关的执行报告消息，在单个交易日内唯一 在应答订单申报请求时，取值为 0。在与“成交或部分成交”相关的执行报告中，取值从 1 开始递增

续表

域号	域名	域中文名	数据类型	说明
18	ExecInst	执行指令代码	C4	**订单处理指令** 1057 定价买入 1058 定价卖出 1001 买入（暂不适用） 1002 卖出（暂不适用） 1055 意向买入 1056 意向卖出 1059 确定买入 1060 确定卖出 020 认购申请 022 申购申请 024 赎回申请 036 份额转换申请 **衍生品业务** 1061 买开 1062 卖开 1063 买平 1064 卖平 1065 确认买开 1066 确认卖开 1067 确认买平 1068 确认卖平 **质押回购业务** 1069 质押交易申请 1070 质押交易确认 1071 质押意向申请 1072 到期回购 1073 提前终止申请 1074 提前终止确认 1075 提前终止拒绝 **实时资金业务** 2001 委托扣款签约（快捷支付签约） 2002 委托扣款签约（网银页面签约） 2003 验证码校验 2004 资金转入（委托代扣） 2005 资金转入（网银支付） 2006 资金转出 2007 委托扣款解约 **其他业务 099**
34	MsgSeqNum	消息序号	SeqNum	消息序号
35	MsgType	自定义消息类型代码	C5	取值范围： 0 = 心跳（Heartbeat） 1 = 测试请求（Test Request） 8 = 执行报告（Execution Report） D = 订单申报请求（Order - Single） F = 撤单申报请求（Order Cancel Request） UF007 = 缺口重发请求 UF008 = 未知消息拒绝应答 UF021 = 行情报送请求 UF022 = 行情报送应答 UF023 = 申报明细报送请求 UF024 = 申报明细报送应答

续表

域号	域名	域中文名	数据类型	说明
35	MsgType	自定义消息类型代码	C5	UF025 = 成交明细报送请求 UF026 = 成交明细报送应答 UF101 = 产品状态请求 UF102 = 产品状态应答 UF201 = 账户登记请求 UF202 = 账户登记应答
37	OrderID	交易系统申报单编号	C24	场外交易系统为每笔申报单统一分配的编号，在有效申报日期内唯一
38	OrderQty	订单数量	Qty	申报数量，意向申报可以不填
39	OrdStatus	订单状态代码	char	订单当前状态，取值： 0 = 新（New） 1 = 部分成交（Partially filled） 2 = 已成交（Filled） 3 = 部分撤销（Done for day） 4 = 全部撤消（Canceled） 6 = 待撤消（Pending Cancel） 7 = 已终止（Stopped） 8 = 已拒绝（Rejected） 9 = 已延缓（Suspended） A = 待处理（Pending New） B = 已计算（Calculated） C = 已过期（Expired） D = 已接受（Accepted for bidding） E = 待替换（Pending Replace） Z = 非交易订单已接收（Non-trading order has been received）
41	OrigClOrdID	原始的参与人申报单编号（原始交易客户方订单编号）	C24	之前相关订单的 ClOrdID，用于撤单或修改单
43	PossDupFlag	可能重复标志	Boolean	指示该消息序号的消息可能重复发送，取值： Y：可能重发 N：首次发送
44	Price	价格	Price	申报价格（单位：元） 意向申报可以不填，精确到小数点后 3 位
48	SecurityID	产品代码	C12	产品代码
49	SenderCompID	发送方代码	C6	填写场外交易系统为参与人分配的机构结算编码
50	SenderSubID	发送方子标识符	C12	填写参与人用于经纪业务的一级产品账户
52	SendingTime	发送时间	UTCTimestamp	消息发送时间 YYYMMDD HH：MM：SS
54	Side	买卖方向代码	char	订单买卖方向，取值： 1 = 买入（Buy） 2 = 卖出（Sell） 3 = 做市商
55	Symbol	产品名称	C12	产品名称
56	TargetCompID	接收方代码	C6	填写场外交易系统的标识代码，报价系统为"899"
57	TargetSubID	接收方子标识符	C6	接收方子 ID
58	Text	文本	C100	摘要说明

续表

域号	域名	域中文名	数据类型	说明
59	TimeInForce	长效订单标识	char	订单有效时间，取值： 0 = 当日有效（默认），保持至当日闭市 1 = 长效订单
60	TransactTime	事务时间	UTCTimestamp	订单或执行的创建时间 YYYYMMDD HH：MM：SS
89	Signature	数字签名	data	数字签名
90	SecureDataLen	密文数据长度	Length	密文数据长度
91	SecureData	密文数据	data	密文数据（紧跟密文数据长度域）
93	SignatureLength	数字签名长度	Length	数字签名域的字节数
97	PossResend	可能重发标志	Boolean	指示该消息可能发送过（使用不同的消息序号），取值： Y：可能重发 N：首次发送
109	ClientID	资金账户	C14	合格投资者资金账户，经营机构自定义
115	OnBehalfOfCompID	最初发送方标识符	C5	用于经第三方发送消息，指明原始发送方公司代码，SenderCompID 或指明第三方公司代码
116	OnBehalfOfSubID	最初发送方子标识符	C5	用于经第三方发送消息，指明原始发送方交易员代码
122	OrigSendingTime	原始发送时间	UTCTimestamp	收到重发请求后，将订单重发时，记录的原始消息发送时间
126	ExpireTime	有效日期	UTCDate	TimeInForce=1 时有效，用户订单有效日期
128	DeliverToCompID	最终接收方标识符	C5	用于经第三方发送消息，指明最终接收方公司代码 TargetCompID 域指明第三方公司代码
129	DeliverToSubID	最终接收方子标识符	C5	用于经第三方发送消息，指明最终接收方人员代码
136	NoMiscFees	杂项费用类别数	NumInGroup	杂项费用重复组重复次数
137	MiscFeeAmt	杂项费用金额	Amt	杂项费用金额
139	MiscFeeType	杂项费用类别代码	int	指明杂项费用的费用类型，取值范围： 4 = 经手费（Exchange Fees） 5 = 印花税（Stamp） 6 = 征管费（Levy） 7 = 其他（Other） 13 = 过户费（TransferFee） 14 = 结算费（Settlement） 15 = 手续费（Charge）
140	PreClosePx	昨日收盘价格	Price	昨日收盘价格
142	SenderLocationID	发送方方位标识符	C5	消息发起方人员所在地点
143	TargetLocationID	接收方方位标识符	C5	消息接收方人员所在地点
144	OnBehalfOfLocationID	最初发送方方位标识符	C5	用于经第三方发送消息，指明消息原始发起方人员所在地点
145	DeliverToLocationID	最终接收方方位标识符	C5	用于经第三方发送消息，指明消息最终接收方人员所在地点

续表

域号	域名	域中文名	数据类型	说明
150	ExecType	执行类型代码	char	执行报告的类型，与 OrdStatus 配合使用，取值： 0 = 新（New） 6 = 委托申报成功，待处理（Pending New） 7 = 订单错误拒绝（Rejected） 8 = 委托申报拒绝（Rejected） 9 = 撤单拒绝（Rejected） A = 撤单成功 F = 成交或部分成交［Trade（partial fill or fill）］ 应答类： Y = 数据处理成功 N = 数据处理失败
151	LeavesQty	剩余数量	Qty	订单仍开放（可以撮合）部分的股数，精确到小数点后 2 位
268	NoMDEntries	行情条目个数	NumInGroup	行情条目个数
269	MDEntryType	行情条目类别代码	char	行情条目类别 0 = 买（Bid） 1 = 卖（Offer） 2 = 最新价（Trade） 3 = 指数（Index Value） 4 = 今开盘价（Opening Price） 5 = 今收盘价（Closing Price） 6 = 结算价（Settlement Price） 7 = 最高价（Trading Session High Price） 8 = 最低价（Trading Session Low Price）
270	MDEntryPx	行情条目价格	Price	行情条目中的价格
271	MDEntrySize	行情条目数量	Qty	行情条目中的数量
272	MDEntryDate	行情条目日期	UTCDate	行情条目中的日期
273	MDEntryTime	行情条目时间	UTCTimeOlny	行情条目中的时间
275	MDMkt	行情条目市场代码	Exchange	行情条目中的市场（交易所），ISO10383 标准，其中： XSHG = 上海证券交易所 XSHE = 深圳证券交易所
290	MDEntryPositionNo	行情条目买卖盘序号	int	行情条目买卖盘序号 MDEntryType 为 0/1 时有效
324	SecurityStatusReqID	产品信息请求编号	C24	产品信息请求的唯一编号
326	SecurityTradingStatus	交易状态代码	int	交易状态 2 = 停牌（Trading Halt） 3 = 恢复（Resume） 101 = 首日上市 102 = 增发新股 103 = 正常状态 104 = 上网定价发行 105 = 上网竞价发行 106 = 国债挂牌分销
341	TradSesStartTime	交易盘开始时间	UTCTimestamp	交易盘开始时间
342	TradSesOpenTime	交易盘开盘时间	UTCTimestamp	交易盘开盘时间
343	TradSesPreCloseTime	交易盘预关闭时间	UTCTimestamp	交易盘预关闭时间

续表

域号	域名	域中文名	数据类型	说明
344	TradSesCloseTime	交易盘关闭时间	UTCTimestamp	交易盘关闭时间
347	MessageEncoding	消息编码类型代码	C20	消息中编码域的字符编码类型（非 ASCII 码） 取值范围： ISO-2022-JP （for using JIS） EUC-JP （for using EUC） Shift_JIS（for using SJIS） UTF-8（Unicode 字符编码，for using Unicode） GBK（GBK 汉字编码标准，中国大陆、新加坡使用） BIG5（BIG5 汉字编码标准，港澳台使用）
369	LastMsgSeqNumProcessed	最近处理消息序号	SeqNum	最新一次接收并处理的消息序号，可以在每条消息中都给出，利于对方了解情况
370	OnBehalfOfSendingTime	最初发送时间	UTCTimestamp	已过期取消
452	PartyRole	参与方角色代码	int	指定参与方角色，取值： 1 = 券商（ Executing Firm ） 2 = 信用经纪人（Broker of Credit）
461	CFICode	产品类别代码	C4	**资产管理类**（5100） 5101　集合计划 5103　定向计划 5104　专项计划 **债务融资工具类**（5200） 5201　中小企业私募债 5202　次级债 5203　非公开发行公司债 **私募股权类**（5300） **衍生品类**（5400） 5402　期权 5403　互换 5406　远期 5407　结构化衍生品 **资产支持证券类**（5500） 5501 资产支持证券 **私募基金类**（5600） 5601 私募股权投资基金 5602 私募证券投资基金 **收益凭证类**（5700） **其他类型**（5800）
516	OrderPercent	订单比例代码	Percentage	0 允许分笔转让（默认） 1 只允许整笔转让
567	TradSesStatusRejReason	交易盘状态请求拒绝原因	int	错误码（详见附录 C）： 小于 0 错误码，对应错误信息见“58 Text 摘要信息” 其他 接受并处理成功
891	MiscFeeBasis	杂项费用单位代码	int	杂项费用单位，取值范围： 0 = 绝对值（ Absolute ） 1 = 每单位（ Per unit ） 2 = 百分比（ Percentage ）
1020	TradeVolume	成交数量	Qty	成交数量
8067	GapMessageType	缺口原请求的消息类型	C5	原始的请求消息（MsgType）类型

续表

域号	域名	域中文名	数据类型	说明
8068	GapStartNum	缺口开始编号	SeqNum	对应执行报告中的成交记录号
8069	GapEndNum	缺口结束编号	SeqNum	对应执行报告中的成交记录号
8503	NumTrades	成交笔数	int	成交笔数
8504	TotalValueTraded	成交金额	Amt	成交金额
9001	AgreementNo	约定订单号	N8	意向成交场景下交易双方约定的订单编号 柜台系统自动分配人工约定时，取值范围为 1 ~ 9999999 人工约定柜台系统自动分配时，取值范围为 10000000 ~ 99999999
9002	CodeOfTar getProduct	产品转换等业务指定的目标产品代码	C12	产品转换等业务指定的目标产品代码
9003	CustomerType	客户类型代码	char	1. 普通投资者 2. 做市商
9004	DeliveryMode	交收方式代码	char	1. 货银对付 2. 见券付款 4. 见款付券 8. 纯券过户
9005	DeliveryDate	交收日期	UTCDate	最迟交收日期
9006	ContactPerson	联系人	C30	联系人
9007	ContactInfo	联系方式及备注信息	C30	联系方式及备注信息
9008	NAV	最新净值	Price	资管产品的最新净值或衍生品的涨跌幅度（行权价 / 初始价），精确到小数点后 4 位
9009	AccumulativeNAV	累计基金单位净值	Price	资管产品的累积净值或衍生品的报价比率，精确到小数点后 4 位
9010	CurrentInterest	应计利息	Price	债券产品的最新利息，精确到小数点后 5 位
9011	ShareholderQty	持有人数量	int	
9012	UpdateDate	发布日期	UTCDate	资管产品行情数据的更新日期
9013	Duration	期限	int	衍生品投资期限
9014	MaturityDate	到期日期	UTCDate	
9016	BranchCode	证券营业部编码	C6	经营机构自定义
9017	SecurityAccount	二级产品账户	C12	编码规则按照附录 A
9018	CommissionID	申报或撤单标识	char	取值范围： O 申报 W 撤单
9019	CommissionDate	申报日期	UTCDate	
9020	CommissionTime	申报时间	UTCTimeOnly	
9021	CommissionVolume	申报数量	Qty	
9022	CommissionPrice	申报价格	Price	精确到小数点后 3 位
9023	TradeID	成交配对号	C20	
9024	TradeDate	成交日期	UTCDate	
9025	TradeTime	成交时间	UTCTimeOnly	
9026	CancellationVolume	撤单数量	Qty	

续表

域号	域名	域中文名	数据类型	说明
9027	AccountType	账户类别代码	int	取值范围： 1. 自营账户 99. 二级账户
9028	IndividualOrInstitution	开户主体类别代码	int	取值范围： 0– 机构 1– 个人 2– 产品
9029	InvestorName	投资人户名	C50	投资人户名最长50位，25个汉字
9030	CertificateType	证件类型代码	char	取值范围： 个人证件类型代码 0– 身份证，1– 护照，2– 军官证，3– 士兵证 4– 港澳居民来往内地通行证，5– 户口簿 6– 外国护照，7– 其他，8– 文职证，9– 警官证，A– 台胞证 机构证件类型代码 0– 组织机构代码证，1– 营业执照，2– 行政机关 3– 社会团体，4– 军队，5– 武警 6– 下属机构（具有主管单位批文号），7– 基金会，8– 其他 产品证件类型代码 0– 管理人组织机构代码证
9031	CertificateNo	证件号码	C30	证件号码最长30位
9032	TotalAvailableHead	总剩余名额	Qty	总剩余名额
9033	TotalAvailableVol	总剩余份额	Qty	总剩余份额
9034	AccountStatus	二级账户状态代码	C1	取值范围： 0– 正常（新增/变更），1– 冻结，2– 挂失，3– 销户
9046	NumberOfDays Annual	计息天数	int	取值范围：360或365
9047	RepoRate	回购利率/补偿利率	Price	精确到小数点后6位
9048	Discount	折算比例	Percentage	精确到小数点后2位
9236	CustomerRiskRating Result	客户风险等级测评结果代码	C1	取值范围： 0– 保守型，1– 相对保守型，2– 稳健型，3– 相对积极型，4– 积极型

附录 A
（规范性附录）
产品账户编码规则

场外交易系统的产品账户编码为 12 位。由阿拉伯数字及英文字母组成，英文字母不区分大小写。具体编码格式如下：

格式 1，机构结算码（3 位）＋内部账户编码（9 位），适用于证券、基金、期货、银行等金融机构。

格式 2，机构结算码（5 位）＋内部账户编码（7 位），适用于非金融机构。

其中，机构结算码由场外交易系统统一分配。内部账户编码由参与人自主编制。

附录 B
（资料性附录）
计算校验和

以下为计算校验和的代码段：

```
char *GenerateCheckSum ( char *buf, long bufLen )
{
    static char tmpBuf[ 4 ];
    long idx;
    unsigned int cks;
    for ( idx = 0L, cks = 0; idx < bufLen; cks += ( unsigned int ) buf [ idx++ ] ) ;
      sprintf ( tmpBuf, "%03d", ( unsigned int ) ( cks % 256 ) ) ;
    return ( tmpBuf ) ;
}
```

附录 C
（规范性附录）
消息错误码

本标准所涉及的消息错误码如表 C.1 所示。

表 C.1 消息错误码

错误码	错误信息	错误码	错误信息
-1001	报文错误检验失败	-6586011	产品账户不存在
-1005	二级账户不符合规则	-6586030	非交易日禁止交易
-1006	申报委托号不符合规则	-6586053	产品临时停牌
-1007	无效的申请单编号：（缺口重发）	-6586054	产品停牌
-902000	暂不支持该类产品申报	-6586055	产品禁止交易
-6591001	交易单元不存在	-6586066	数量非法
-6591002	查询交易单元参数失败：（输入参数有误）	-6586067	价格非法
-6591003	交易单元状态异常	-6582081	订单有效日期过长
-6591004	投资者身份检查失败：（输入参数有误）	-6582082	订单有效日期已失效
-6591005	该产品账户为做市商账户，禁止进行协议报价	-6586088	股东数量超过
-6591006	查询内部控制参数失败：（输入参数有误）	-6586111	该产品尚未开放认购
-6591008	查询产品账户失败：（输入参数有误）	-6586112	该产品已结束认购
-6591009	该产品账户状态异常	-6586113	该产品不处于认购状态
-6591011	无效申报类别：（业务类别代码）	-6586122	个人首次认购金额不得低于：（个人首次认购下限）
-6591012	申报类别检查失败：（输入参数有误）	-6586123	个人追加认购金额不得低于：（个人追加认购下限）
-6591013	产品转换申请未送入目标产品代码	-6586124	个人单笔认购不得高于：（个人单笔认购上限）
-6591014	目标产品代码不存在	-6586142	机构首次认购金额不得低于：（机构首次认购下限）
-6591015	查询目标产品信息失败：（输入参数有误）	-6586143	机构追加认购金额不得低于：（机构追加认购下限）
-6591017	查询产品信息失败：（输入参数有误）	-6586144	机构单笔认购不得高于：（机构认购上限）
-6591018	该产品不支持：（业务类别代码）订单	-6586201	该产品暂时禁止申购
-6591019	订单检查失败：（输入参数有误）	-6586202	该产品尚未开始申购
-6591021	申报委托号重复	-6586203	该产品已结束申购
-6591022	重复申报要素不符	-6586204	个人首次申购金额不得低于：（个人首次申购下限）
-6591023	申报信息检查失败：（输入参数有误）	-6586205	个人追加申购金额不得低于：（个人追加申购下限）
-6591041	产品余额检查失败：（输入参数有误）	-6586206	个人单笔申购不得高于：（个人单笔申购上限）
-6591043	产品余额数据不存在	-6586222	机构首次申购金额不得低于：（机构首次申购下限）
-6591044	查询产品余额失败：（输入参数有误）	-6586223	机构追加申购金额不得低于：（机构追加申购下限）
-6591045	账户余额不足	-6586224	机构单笔申购不得高于：（机构单笔申购上限）
-6591046	账户剩余余额不可低于	-6586301	该产品尚未开放赎回
-6591081	非交易时间	-6586303	该产品已结束赎回

续表

错误码	错误信息	错误码	错误信息
-6591082	交易时间检查失败：（输入参数有误）	-6586304	个人赎回份额不得低于：（个人赎回份额下限）
-6591083	日切阶段仅支持意向申报和定价申报	-6586305	机构赎回份额不得低于：（机构赎回份额下限）
-6591084	日期无效	-6584001	产品代码不存在（收益凭证类）
-6591085	不支持的结算方式	-6585033	数量不符合要求最小申报单位（收益凭证）
-6591111	查询可用头寸失败：（输入参数有误）	-6584026	该产品首次认购金额不得低于（收益凭证类）
-6591112	调整头寸余额失败：（输入参数有误）	-6584029	该产品追加认购金额不得低于最小申报单位（收益凭证）
-6591113	头寸余额不足，差	-6584027	该产品认购金额不得高于（收益凭证）
-6591141	记录申报信息失败：	-6583001	产品代码不存在
-6591151	确认申报未输入约定号	-6583002	查询产品信息失败
-6591152	约定号超出系统约定范围	-6583003	该产品不是资管类产品
-6591153	点选成交指定对手方订单不存在	-6583004	产品处于认购期，不接受其他类型交易
-6591154	点选成交查询对手方失败：（输入参数有误）	-6581011	账户不存在
-6591155	对手方订单未正常申报	-6581012	查询账户信息失败
-6591156	对手方订单已全部成交	-6583013	该产品禁止个人买入
-6591157	对手方订单已撤单	-6583014	该产品禁止机构买入
-6591158	对手方订单不存在	-6583017	非交易日禁止交易
-6591159	申报数量超过对方未成交数量	-6583021	产品代码不存在
-6591160	交收方式不一致	-6583022	查询产品信息失败
-6591161	交收日期不一致	-6583023	代码临时停牌
-6591171	约定号合法性检查失败：（输入参数有误）	-6583024	代码停牌
-6591172	约定号：已经被占用，请重输	-6583025	代码禁止交易
-6591181	自买自卖检查失败：（输入参数有误）	-6583051	数量非法
-6591182	买入价应低于已经申报的卖出价	-6583052	价格非法
-6591184	卖出价应高于已经申报的买入价	-6583054	交易基数非法
-6592052	对手方不是待配对状态	-6583055	超过委托数量限制范围
-6592053	对手方申报已全部成交	-6583058	未到转让日期
-6592054	对手方没有可配对数量	-6583059	价格不符合最小报价单位
-6592055	价格不一致	-6583060	订单有效日期过长
-6592056	交收方式不一致	-6583061	订单有效日期已失效
-6592057	最迟交收日期不一致	-6583101	非转让业务，不支持长效订单
-6592058	做市时段投资者之间、做市商之间禁止交易	-6583102	查询产品余额失败
-6592081	整笔成交，双方数量不一致	-6585001	产品代码不存在
-6592082	对手方数量不足	-6585002	查询产品信息失败
-6590001	申报记录不存在	-t6585003	该产品不是债券类产品
-6590002	查询申报记录失败：输入参数有误	-6585004	申报业务代码非法
-6590003	申报账户不符	-6585007	债券类产品数量应是整数
-6590004	申报产品代码不符	-6585010	非交易日禁止交易
-6590005	申报方向不符	-6585016	数量非法

续表

错误码	错误信息	错误码	错误信息
-6590006	申报状态已发生变化，无法撤单	-6585017	价格非法
-6590007	已全部成交，撤单失败	-6585018	该产品尚未开放回售
-6590008	重复撤单	-6585019	价格不等于管理人定的回售价格
-6590009	无可撤单数量，撤单失败	-6585013	该产品已经提前结束簿记
-6590010	做市商做市报价撤单请使用做市商专用入口	-6585031	申报数量不满足单笔申报数量限制
-6590011	委托申报用户与撤单用户不符	-6585032	定价发行申报价格不等于
-6590021	无效申报类别:（申报业务代码）	-6585033	不符合该产品申报基数
-6590023	该产品不支持（申报类别名称）订单	-6585035	产品不在发行期
-6590025	该产品［（业务类别名称）］业务禁止撤单	-6584060	该产品尚未开始簿记
-6590031	申报记录号生成失败:（输入参数有误）	-6584061	该产品已经结束簿记
-6590041	重复撤单检查失败:（输入参数有误）	-6584073	大于最高申报利率
-6590042	该订单已经申请撤单，等待复核中，无须重复撤单	-6584074	小于最低申报利率
-6590043	撤单处理失败:（输入参数有误）	-6582042	超过单户累计认购量
-6590044	撤单处理过程中，订单状态发生变化	-6582043	超过最高人数限制
-6586001	产品代码不存在（资管类）	-6582044	超过最高本期最高发行金额
-6586004	申报业务代码非法		
-6586005	产品处于认购期，不接受其他类型交易		

附录 D
（规范性附录）
行情库文件数据格式

场外交易系统通过行情库文件向柜台系统实时推送行情数据。相关文件的数据格式如下：

- 文件命名规范：OtcQuote.dbf；
- 数据内容：场外交易系统行情数据；
- 发送时间：交易日开市时段；
- 发送周期：实时；
- 数据格式：标准 dbf 格式。

具体字段内容如表 D.1 所示。

表 D.1 行情库文件数据格式

序号	字段名	字段描述	数据类型	备注
1	HQZQDM[a]	产品代码	C12	该字段在数据文件中取值唯一
2	HQZQJC[b]	产品名称	C100	
3	HQZRSP	昨日收盘价格	N（12.6）	
4	HQJRKP	今日开盘价格	N（12.6）	
5	HQZJCJ	当前价格	N（12.6）	
6	HQCJSL[c]	成交数量	N（12.2）	
7	HQCJJE	成交金额	N（20.2）	
8	HQCJBS[d]	成交笔数	N（12）	
9	HQZGCJ	最高成交价格	N（12.6）	
10	HQZDCJ	最低成交价格	N（12.6）	
11	HQSSL5	申卖量五	N（16）	
12	HQSJW5	申卖价五	N（12.6）	
13	HQSSL4	申卖量四	N（16）	
14	HQSJW4	申卖价四	N（12.6）	
15	HQSSL3	申卖量三	N（16）	
16	HQSJW3	申卖价三	N（12.6）	
17	HQSSL2	申卖量二	N（16）	
18	HQSJW2	申卖价二	N（12.6）	
19	HQSSL1	申卖量一	N（16）	
20	HQSJW1	申卖价一	N（12.6）	
21	HQBSL1	申买量一	N（16）	
22	HQBJW1	申买价一	N（12.6）	
23	HQBSL2	申买量二	N（16）	
24	HQBJW2	申买价二	N（12.6）	

续表

序号	字段名	字段描述	数据类型	备注
25	HQBSL3	申买量三	N（16）	
26	HQBJW3	申买价三	N（12.6）	
27	HQBSL4	申买量四	N（16）	
28	HQBJW4	申买价四	N（12.6）	
29	HQBSL5	申买量五	N（16）	
30	HQBJW5	申买价五	N（12.6）	
31	HQGDSL	已占用户数	N（12）	
32	HQMJJE	已募集金额	N（22.2）	

注：第一条记录为特殊记录

a　HQZQDM 字段取值“000000”

b　HQZQJC 字段存放当前时间“HH：MM：SS”

c　HQCJSL 字段存放行情状态。其中，HQCJSL 字段的个位数存放收市行情标志（0- 非收市行情；1- 收市行情；2- 市场临时停市行情），十位数存放测试行情标志（0- 正式行情；1- 测试行情）。即 HQCJSL 的值为“0”时表示正式非收市行情，为“1”时表示正式收市行情，为“10”时表示测试的非收市行情；为“11”时表示测试的收市行情

d　HQCJBS 字段存放当前日期“YYMMDD”

附录 E
（规范性附录）
订单库文件数据格式

场外交易系统通过订单库文件向柜台系统实时推送订单申报数据。相关文件的数据格式如下：

- 文件命名规范：OtcOrder.dbf；
- 数据内容：场外交易系统接收到的订单申报数据；
- 发送时间：交易日开市时段；
- 发送周期：实时；
- 数据格式：标准 dbf 格式。

具体字段内容如表 E.1 所示。

表 E.1　订单库文件数据格式

序号	字段名	字段描述	数据类型	备 注
1	HQJLH	参与人申报编号	C（24）	该字段在数据文件中取值唯一
2	HQZQDM[a]	产品代码	C（12）	
3	HQSBSL[b]	申报数量	N（12.2）	
4	HQSBJG[c]	申报价格	N（12.6）	
5	HQYWLB	业务类别	C（4）	取值参照数据字典中的“ExecInst 执行指令代码”
6	HQZLLB	指令类别	N（1）	取值范围：1- 普通投资者，2- 做市商
7	HQHTXH	申报合同序号	C（10）	
8	HQLXR	联系人	C（30）	
9	HQYDH	约定号	N（8）	
10	HQLXFS	联系方式描述	C（30）	
11	HQJYXZ	交易限制	N（12）	取值范围：1- 整笔成交，16- 禁止引进新持有人
12	HQJSFS	结算方式	N（12）	取值范围：1- 货银对付，8- 纯券过户
13	HQYXRQ	有效日期	UTCDate	
14	HQSBRQ	申报日期	UTCDate	
15	HQSBSJ	申报时间	UTCDate	
16	HQJLZT	申报单状态代码	N（1）	取值范围： 1- 未成交，2- 部分成交， 3- 全部成交，4- 无效申报， 5- 部成部撤，6- 全部撤单
17	HQBYBZ	备用标志	C（2）	预留
18	HQBYWB	备用文本	C（75）	预留

续表

注：第一条记录为特殊记录 a　HQZQDM 字段取值“000000”，HQSBRQ 字段存放当前日期“YYMMDD” b HQSBSL 字段存放行情状态。HQSBSL 字段的个位数存放收市行情标志（0- 非收市行情；1- 收市行情），十位数存放测试行情标志（0- 正式行情；1- 测试行情）。即 HQSBSL 的值为“0”时表示正式非收市行情，为“1”时表示正式收市行情，为“10”时表示测试的非收市行情；为“11”时表示测试的收市行情 c　HQSBJG 字段存放流量控制标志，HQJLZT 字段为“0” d　HQSBSJ 字段存放当前时间“HH：MM：SS”

附录 F
（规范性附录）
产品信息库文件数据格式

场外交易系统通过产品信息库文件向柜台系统实时推送产品信息。相关文件的数据格式如下：

- 文件命名规范：OtcProduct.dbf；
- 数据内容：所有可交易的产品信息；
- 发送时间：交易日开市时段；
- 发送周期：实时；
- 数据格式：标准 dbf 格式。

具体字段内容如表 F.1 所示。

表 F.1 产品信息库文件数据格式

序号	字段名	字段描述	数据类型	备注
1	XXZQDM[a]	产品代码	C（12）	该字段在数据文件中取值唯一
2	XXZQJC[b]	产品名称	C（100）	
3	XXYWJC[c]	产品简称	C（100）	汉语拼音
4	XXJYDW	最小下单手数	N（4）	申报数量 = 最小交易单位 * 单位数量
5	XXSLDW	每手交易数量	N（12）	每交易单位的数量
6	XXJCFL	产品类别代码	C（4）	取值参照数据字典中的“CFICode 产品类别代码”
7	XXMGMZ	股票面值	N（9.3）	适用于股权类产品
8	XXZFXL	总发行量	N（20.2）	产品发行规模
9	XXLTGS	流通股数	N（20.2）	适用于股权类产品
10	XXJGGF	监管规费	N（9.8）	
11	XXZGF	证管费	N（9.8）	
12	XXJSFL	经手费	N（9.8）	
13	XXYHSL	印花税	N（9.8）	
14	XXGHFL	过户费	N（9.8）	
15	XXQXRQ	起息日期	UTCDate	
16	XXDJRQ	到期日期	UTCDate	
17	XXMBXL	申报数量上限	N（12）	
18	XXMBSL	申报数量下限	N（12）	
19	XXJGDW	申报价格的精度	N（9.6）	单位：元
20	XXGDSL	当前持有人数量	N（12）	
21	XXGDXL	持有人数量上限	N（12）	
22	XXZTJG	涨停板价位	N（12.6）	
23	XXDTJG	跌停板价位	N（12.6）	
24	XXYXTS	交易申请有效天数	N（4）	

续表

序号	字段名	字段描述	数据类型	备 注
25	XXZXLX	产品净值 / 最新利息	N（16.8）	对于资管类产品，代表上一日产品净值 对于债券类产品，代表当日累计利息
26	XXTPBZ	证券状态代码	C（1）	取值范围： 0- 正常，1- 停牌，2- 临时停牌，4- 已退市
27	XXGXSJ	信息更新时间	UTCTimeOnly	
28	XXBYBZ	备用标志	C（1）	预留
29	XXJYSC	交易市场编码	C（3）	举例：报价系统取值 899。在其他市场发行交易的产品，取相关参与人结算代码
30	XXKFJY	证券交易状态代码	N（1）	取值范围： 1- 可交易，2- 仅展示
31	XXFXDJ	风险等级	N（1）	取值范围： 1- 低，2- 中低，3- 中，4- 中高，5- 高
32	XXXYSJ	信用事件代码	N（2）	取值范围： 01 - 破产，02- 支付违约，03- 债务加速到期 04 - 债务违约，05 - 偿付变更，06 - 预留
33	XXCPZT	产品状态代码	C（1）	取值参照“第三部分结算”数据字典中的“FundStatus 基金状态” 对于债券产品，通过“赎回”状态标明是否可以回售
34	XXFXJG	发行价格 / 回售价格	N（9.3）	对于处于“发行期”的产品，代表定价发行价格 对于处于“回售期”的债券产品，代表回售价格
注：第一条记录为特殊记录 a　XXZQDM 字段取值“000000” b　XXZQJC 字段存放当前日期“YYMMDD” c　XXYWJC 字段存放数据更新时间“HH：MM：SS”				

ICS 03.060
A11

JR

中华人民共和国金融行业标准

JR/T 0155.2—2018

证券期货业场外市场交易系统接口 第2部分：订单接口

OTC trading system interface for securities and futures market
——Part 2: orders

2018-01-18 发布

2018-01-18 实施

中国证券监督管理委员会　发布

目　　次

前　　言

JR/T 0155—2018《证券期货业场外市场交易系统接口》分为 3 个部分：

——第 1 部分：行情接口；

——第 2 部分：订单接口；

——第 3 部分：结算接口。

本部分为 JR/T 0155—2018 的第 2 部分。

本部分按照 GB/T 1.1—2009 给出的规则起草。

本部分的编制参考了 JR/T 0022—2004《证券交易数据交换协议》的相关内容。

本部分由全国金融标准化技术委员会证券分技术委员会（SAC/TC180/SC4）提出。

本部分由全国金融标准化技术委员会（SAC/TC180）归口。

本部分起草单位：中国证监会信息中心、中国证监会机构部、中国证券业协会、中证机构间报价系统股份有限公司、福建顶点软件股份有限公司。

本部分主要起草人：张野、刘铁斌、周云晖、刘叶青、高红洁、杨胜平、徐亚钊、曹雷、刘云清、李睿、罗黎明、刘辉、刘建宝、孙登。

引　　言

场外市场是多层次资本市场的重要组成部分。场外交易系统负责提供私募产品的发行转让、登记结算、信息服务等功能。

经过近几年的系统建设和业务发展，通过与证券公司柜台市场、其他场外交易中心的互联互通，机构间私募产品报价与服务系统（以下简称“报价系统”）目前已经建设成为场外市场的重要基础设施之一。报价系统是为参与人提供私募产品报价、发行、转让及相关服务的专业化电子平台，可以提供私募产品注册、报价询价、发行转让、份额登记、资金结算、信息服务等核心功能。

证券期货业场外市场交易系统接口 第 2 部分：订单接口

1 范围

本部分规定了证券期货业场外市场交易系统订单接口的术语和定义、会话传输、消息格式、消息结构、实时交易业务、辅助处理、数据字典等内容。

本部分适用于场外交易系统与证券公司柜台交易系统、区域性股权交易中心、金融资产交易中心等机构之间进行的订单数据交换。

2 规范性引用文件

下列文件对于本文件的应用是必不可少的。凡是注日期的引用文件，仅所注日期的版本适用于本文件。凡是不注日期的引用文件，其最新版本（包括所有的修改单）适用于本文件。

GB/T 2659—2000 世界各国和地区名称代码。

GB/T 12406—2008 表示货币和资金的代码。

GB 18030—2005 信息技术：中文编码字符集。

GB/T 23696—2009/ISO 10383：2003 证券和相关金融工具 交易所和市场识别码。

JR/T 0022—2004 证券交易数据交换协议。

ISO/IEC 646：1991 信息技术：ISO 信息交换七位编码字集（Information technology-ISO 7-bit coded character set for information interchange）。

3 术语和定义

下列术语和定义适用于本文件。

3.1

参与人 participants

认可场外交易系统的服务声明并完成用户注册流程的法人或其他机构。

3.2

一级产品账户 sender sub id

场外交易系统为参与人开立的用于记载其直接持有或间接持有的私募产品份额的账户。

3.3

二级产品账户 security account

参与人为投资者开立的用于记载私募产品份额的账户。

注： 编码规则见附录 A。

3.4

证券信息请求编号 security status req id

证券公司柜台系统自定义的行情信息报送序号。

3.5

参与人申报单编号 clord id

参与人为每笔申报单分配的编号，在有效申报日期内唯一。

注： 其中，前 3 位或前 5 位是场外交易系统为参与人分配的机构结算码，其余代码可由参与人的柜台系统自行定义。

3.6

交易系统申报单编号 order id

场外交易系统为每笔申报单统一分配的编号，在有效申报日期内唯一。

3.7

成交记录号 exec id

场外交易系统为执行报告消息分配的连续编号。

注： 每个柜台独立分配，并且在单个交易日内唯一。

3.8

成交配对号 trade id

当订单发生部分成交或全部成交时，场外交易系统为买卖双方分配的配对编号。

注： 买卖双方共用同一个成交配对号。

3.9

应用程序编程接口 application programming interface，API

系统不同组成部分衔接的约定。

4 会话传输

通信双方应使用实时消息服务进行会话通信。

通信双方分别基于消息接口的 API 定义，自行开发消息收发处理程序。

通信中与会话传输相关的登录登出、状态初始化、序号管理、重发纠错等功能，均由消息服务承载解决。

5 消息格式

5.1 数据类型

5.1.1 分类

数据类型用于定义数据域的取值类型。本接口由基本数据类型（整数、浮点数、单字符、字符串、二进制数据块）和在此基础上扩展的数据类型组成。

5.1.2 整数型

使用 int 表示。无逗号和小数位的序号，可表示正负（ASCII 码字符‘–’，‘0’～‘9’组成）。符号占据一个字符位置。允许前置字符零（例：“00023” = “23”）。取值 –2147483648~2147483647。

整数类型的扩展定义：

- 长度 Length：以整数表示字节为单位的数据长度，正数；
- 重复数 NumInGroup：以整数表示重复组的个数，正数；
- 消息序号 SeqNum：以整数表示消息序号，正数；
- 域号 TagNum：以整数表示的域号（或称 Tag），正数，首位不能为零；
- 月日期号 day-of-month：以整数表示的月份中第几天，取值 1~31；
- Number（m）、N（m）：m 表示所有有效数字的最长位数。（不含正负号）

5.1.3 浮点数型

使用 float 表示。含有可选的小数部分，可表示正负（ASCII 码字符‘–’，‘0’～‘9’和‘.’组成）。最多 16 位有效数字。允许前置字符零（例：“00023” = “23”）。允许小数部分后置字符零（例：“23.0” = “23.0000” = “23”）。除非特别声明，浮点数类型均有正负。

浮点数类型的扩展定义：

- 量 Qty：申报数量等，可以有小数部分；
- 价格 Price：小数位数可变；
- 价格偏移量 PriceOffset：代表价格偏移量的浮点域；
- 金额 Amt：典型的价格与数量相乘结果，如成交金额；
- 百分比 Percentage：小数表示方法：0.05 代表 5%；
- Number（m，n）、N（m.n）：m 表示所有有效数字的最长位数（不含小数点和正负号），小数位数为 n。

5.1.4 单个字符型

使用 char 表示。指除界定符外所有字母字符和标点字符，区分字母大小写。

字符类型的扩展定义：

- 布尔 Boolean：该域取值于两个字符，（‘Y’ =True/Yes，‘N’ =False/No）。

5.1.5 字符串型

使用 string 表示。区分字母大小写。

字符串类型的扩展定义：

- 多元值字符串 MultipleValueString：用空格分隔；
- 国家 Country：遵守 GB/T 2659—2000 的规定；
- 字符串货币类型 Currency：遵守 GB/T 12406—2008 的规定；
- 交易所或市场编号 Exchange：遵守 GB/T 23696—2009 的规定；
- 字符串 Char（n）、C（n）：表示长度不超过 n 个字节的字符串；
- 年月日期 month-year，格式：YYYYMMDD，YYYY = 0000–9999，MM = 01–12，DD = 01–31，WW = w1，w2，w3，w4，w5；
- 国际标准时时间戳 UTCTimestamp，格式：YYYYMMDD HH：MM：SS（秒）或 YYYYMMDD HH：MM：SS.sss（毫秒），YYYY = 0000–9999，MM = 01–12，DD = 01–31，HH = 00–23，MM = 00–59，SS = 00–59（秒），sss=000–999（毫秒）；
- 国际标准时时间 UTCTimeOnly 或者 time（用于结算文件中），格式：HH：MM：SS 或 HH：MM：SS.sss，HH = 00–23，MM = 00–59，SS = 00–59（秒），sss=000–999（毫秒）；
- 国际标准时日期 UTCDate，格式：YYYYMMDD，YYYY = 0000–9999，MM = 01–12，DD = 01–31；
- 本地市场日期 LocalMktDate，格式：YYYYMMDD，YYYY = 0000–9999，MM = 01–12，DD = 01–31。

5.1.6 二进制数据

使用 data 表示。无格式和内容限制的原始数据，包含长度域和数据域两个部分。

长度域用于记录数据域的字节数，长度域后面紧跟数据域。数据域可以包含数值 0x01 等数据。

5.2 域

5.2.1 域的组成

域是基本的数据元素，域的定义包括：域号（tag）、域名、业务含义和数据类型。

域号是域的区分标志，在本标准范围内统一分配。在消息中，通过域号来确定不同的域。

域的数据类型决定了其取值范围。域的取值范围可以是一个集合，任何在此集合外的取值被认为是非法的。域的详细说明参见第 9 章。

5.2.2 域的使用

域的使用可以分为三类：必填的，可选的，条件限制选择（即根据其他相关域的存在条件或取值来决定是否必填）。作为一个完整的消息，必填域和条件限制选择域是应包含的内容。

5.2.3 自定义域

市场参与者可以根据业务需要扩展定义新的域，即自定义域。

5.2.4 域字符编码

域的取值为汉字时，应按照 GB 18030—2005 的规定。

域的取值为英文时，应按照 ISO/IEC 646：1991 的规定。

5.2.5 域界定

消息中所有的域（包含 data 类型数据域）都有一个分隔符来界定分隔，该分隔符就是不可打印字符 ASCII 码“SOH”（#001，hex：0x01，本文档中以 <SOH> 表示）。

所有消息以“8=SACSTEPx.yz<SOH>”字符串开始，并以“10=nnn<SOH>”字符串结束。

除 data 数据类型的域以外，其他数据类型的域都不应包含域界定符 <SOH>。

5.2.6 语法

任何消息都由多个“域号 = 值”的基本结构组成，每个“域号 = 值”的基本结构之间，都使用域界定符 <SOH> 分隔。消息组成结构如图 1 所示。

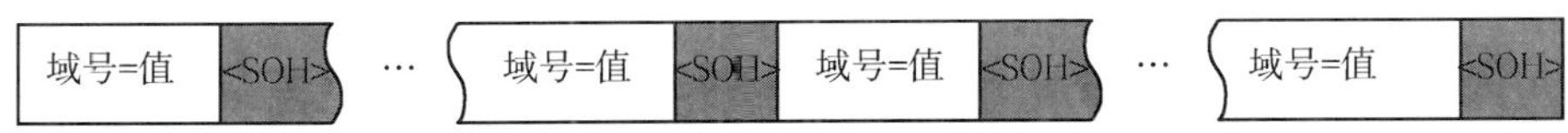

图 1 消息格式

消息由消息头、消息正文和消息尾组成。每个组成部分都由一系列“域号 = 值”组成，并且在遵循以下规则前提下，每个组成部分的“域号 = 值”基本结构可以是任意的次序：

a） 开始部分应是消息头，随后是正文，最后是消息尾；

b） 消息头的前 3 个域的次序不能改变：起始串（Tag =8）、消息体长度（Tag =9）、消息类型（Tag =35）；

c） 消息尾的最后一个域应是校验和域（Tag=10）；

d） 重复组中，域出现的顺序应遵循该重复组在消息或组件中定义的次序；

e） 在一条消息中，除重复组以外，任何其他域都不能重复出现。

5.2.7 重复组

域可以在重复组里多次重复，用以传输数组类的数据。通常域名起始为‘No’符号的域指明重复的次数，并位于重复组的开始处。

重复组的定义通过缩进的→符号表示，重复组也可嵌套。使用子重复组时不能省略父重复组。

5.3 安全与加密

由于消息有可能在不安全的网络上传输交换，可对敏感数据加密处理。具体加密的方法由连接双方自行约定，可以使用数字签名、密钥交换和正文加密等安全技术。

除某些需要公开识别的域应以明文传输以外，消息中的其他任何域都可以加密并放置在密文数据域（SecureData）内。当然，这些被加密的域也可以同时保留明文的表示方式。

可以对消息正文内的所有域进行加密。如果消息的重复组内有一部分需要加密，那么应该对整个重复组进行加密。

正文加密方案有三种：

a） 将安全敏感的域加密后移至 SecureData 域；

b） 将所有允许加密的域加密后移至 SecureData 域；

c） 将所有允许加密的域加密后移至 SecureData 域，同时这些域以明文在消息中重复出现。

5.4 数据完整性

数据完整性可以通过两个方法保证：消息体长度和校验和验证。

消息体长度是以 BodyLength 域来表示，其值是计算出的消息长度域后面的字符数，包含紧靠校验和域标志‘10=’之前的界定符 SOH。

校验和是把每个字符的二进制值从消息开头‘8=’中的‘8’开始相加，一直加到紧靠在校验和域‘10=’之前的域界定符，然后取按 256 取模得到的结果。

校验和域位于消息的最末一个，校验和的计算是在加密之后进行的。计算校验和的代码段请按照附录 B。

5.5 扩展方式

5.5.1 扩展分类

扩展可分为两种类型：消息定义扩展和域定义扩展。

消息定义扩展可以通过新增消息类型来实现，但应尽量在已有消息中通过域定义扩展或修改取值范围来定义新业务。已有消息所代表的业务在扩展时不能改变。

域定义扩展可以通过新增域来实现，但应尽量通过修改取值范围来扩展域的定义。已定义的必填域不能取消定义或改变成可选域。

5.5.2 扩展规则

自定义消息的消息类型值首字符为‘UF’。其他类型的消息由全国金融标准化技术委员会根据国际相关标准的变化统一定义并发布。对于尚未发布的扩展消息，将以参考文件指引的形式发布。

消息的模块顺序在扩展定义时不能改变，即保持消息头、消息体和消息尾的顺序。而模块的内部，域和重复组的顺序是可以变化的。

消息头的头三个域的定义和位置不能改变，但可以扩展增加消息头的可选域。

消息尾最后一个域的定义和位置不能改变，但可以扩展增加消息尾的可选域。

5.5.3 版本管理

版本号格式为 X.YZ，版本号从 1.00 起始，当新版本完全兼容上一版本时只改变版本号中的 Z。

6 消息结构

6.1 消息头

每一个会话应用消息有一个消息头，该消息头指明消息类型、消息体长度、发送目的地、消息序号、发送起始点和发送时间。

消息头格式如表 1 所示。

表 1　消息头

域号	域名	必填	说明
8	BeginString	Y	起始串，取值：SACSTEP1.00（不可加密，消息的第一个域）
9	BodyLength	Y	消息体长度（不可加密，消息的第二个域）
35	MsgType	Y	自定义消息类型代码（不可加密，消息的第三个域）
49	SenderCompID	Y	发送方代码（填写场外交易系统为参与人分配的机构结算编码）
56	TargetCompID	Y	接收方代码（填写场外交易系统的标识代码，报价系统的编码为 899）
115	OnBehalfOfCompID	N	最初发送方标识符（可加密），用于经第三方发送
128	DeliverToCompID	N	最终接收方标识符（可加密），用于经第三方发送
90	SecureDataLen	N	密文数据长度
91	SecureData	N	密文数据（紧跟密文数据长度域）
34	MsgSeqNum	N	柜台系统自定义的消息序号（可加密）
50	SenderSubID	Y	发送方子标识符（可加密，填写参与人用于经纪业务的一级产品账户）
142	SenderLocationID	N	发送方方位标识符（可加密，预留）
57	TargetSubID	N	接收方子标识符（可加密，预留）
143	TargetLocationID	N	接收方方位标识符（可加密，预留）
116	OnBehalfOfSubID	N	最初发送方子标识符（可加密，预留）
144	OnBehalfOfLocationID	N	最初发送方方位标识符（可加密，路由模式下订单源柜台的机构结算码）
129	DeliverToSubID	N	最终接收方子标识符（可加密，预留）
145	DeliverToLocationID	N	最终接收方方位标识符（可加密，预留）
43	PossDupFlag	N	可能重复标志，重复发送时使用（可加密）
97	PossResend	N	可能重发标志，重复发送时使用（可加密）
52	SendingTime	Y	发送时间（可加密）
122	OrigSendingTime	N	原始发送时间（可加密）
347	MessageEncoding	N	消息编码类型代码［消息中 Encoded 域的字符编码类型（非 ASCII 码）］
369	LastMsgSeqNumProcessed	N	最后处理消息序号（可加密）
370	OnBehalfOfSendingTime	N	最初发送时间（用 UTC 表示时间）

6.2　消息尾

每一个消息（会话或应用消息）有一个消息尾，并以此终止。消息尾可用于分隔多个消息，包含有 3 位数的校验和值。

消息尾格式如表 2 所示。

表 2　消息尾

域号	域名	必填	说明
93	SignatureLength	N	数字签名长度（不可加密）
89	Signature	N	数字签名（不可加密）
10	CheckSum	Y	校验和，消息的最末域（不可加密，计算方法按照附录 B）

7 实时交易业务

7.1 申报请求

7.1.1 订单申报请求（MsgType=D）

柜台系统向场外交易系统发送订单申报请求，由场外交易系统进行意向展示、交易撮合等后续处理。

对于柜台系统重复发送的订单申报请求，如果之前收到过该订单，场外交易系统通过执行报告消息回应订单状态；如果之前未收到，场外交易系统通过执行报告消息回应订单确认。

订单申报请求的格式如表 3 所示。

表 3 订单申报请求

域号	域名	必填	说明
	标准消息头	Y	MsgType=D
11	ClOrdID	Y	参与人申报单编号
18	ExecInst	Y	执行指令代码
59	TimeInForce	Y	长效订单标识
126	ExpireTime	Y	有效日期（TimeInForce=1 时订单的有效日期）
109	ClientID	N	资金账户
9017	SecurityAccount	Y	二级产品账户
48	SecurityID	Y	产品代码
54	Side	N	买卖方向代码
44	Price	Y	价格
38	OrderQty	Y	订单数量
9001	AgreementNo	N	约定号
9002	CodeOfTargetProduct	N	产品转换等业务指定的目标产品代码
516	OrderPercent	N	订单比例代码（整笔转让等交易限制）
9003	CustomerType	N	客户类型代码（1. 普通投资者，2. 做市商）
9004	DeliveryMode	N	交收方式代码（1. 货银对付，2. 见券付款，4. 见款付券，8. 纯券过户）
9005	DeliveryDate	N	交收日期（最迟交收日期）
9006	ContactPerson	N	联系人
9007	ContactInfo	N	联系方式及备注信息
	标准消息尾	Y	

7.1.2 撤单申报请求（MsgType=F）

参与人向场外交易系统发送撤单申报请求，撤消相关订单中所有的未成交部分。

撤单申报请求消息仅在相关订单没有产生成交或者部分成交的情况下被接受。即撤单申报请求仅在原订单中有剩余数量时才有效。对于未成交订单或者部分成交订单中的未成交部分，场外交易系统只允许一次性全部撤单，不支持部分撤单。

撤单申报请求消息被视作一张新订单，ClOrdID 域应填写一个新的数值。如果撤单申报请求被场外交易系统拒绝，执行报告的 ClOrdID 域应放置撤单申报请求中的该域数值，原始订单中的 ClOrdID 域数值放入 OrigClOrdID 域。ClOrdID 域的数值应始终保证唯一。

对于参与人发送的撤单申报请求，场外交易系统需要立即回应。除非撤单能立刻被处理或拒绝，否则场外交易系统应先发送一个待撤消的执行报告。

撤单申报请求的格式如表 4 所示。

表 4 撤单申报请求

域号	域名	必填	说明
	标准消息头	Y	MsgType=F
11	ClOrdID	Y	参与人申报单编号
41	OrigClOrdID	Y	原始的参与人申报单编号（即需要撤消的订单申报请求中的 ClOrdID 字段）
18	ExecInst	Y	执行指令代码
109	ClientID	N	资金账户
9017	SecurityAccount	Y	二级产品账户
48	SecurityID	Y	产品代码
54	Side	N	买卖方向代码
44	Price	N	价格
38	OrderQty	N	订单数量（原始订单数量）
58	Text	N	摘要说明
	标准消息尾	Y	

7.1.3 质押回购申报请求（MsgType=S）

柜台系统通过质押回购申报请求向场外交易系统发起质押回购业务。

合约签订时，正回购方发送“质押交易申请”请求，场外交易系统通过执行报告向柜台系统反馈接收成功。逆回购方发送“质押交易确认”请求，场外交易系统接收并匹配成功后，通过执行报告向交易双方推送成交信息。柜台系统应记录 TradeID 域的数据，用于后续的到期回购、提前终止等业务处理。

合约到期时，正回购方发送“到期回购”请求，场外交易系统成功接收后启动到期回购处理流程。

合约提前终止时，任意一方向场外交易系统发送“提前终止申请”请求，场外交易系统通过执行报告向柜台系统反馈接收成功；另一方发送“提前终止确认”请求，场外交易系统匹配处理后向交易双方推送成交确认。质押回购申报请求的格式如表 5 所示。

质押回购业务到期时，正回购方若未发起或延期发起到期回购申请，进入违约处置流程，人工处理。

表 5 质押回购申报请求

域号	域名	必填	说明
	标准消息头	Y	MsgType=S
11	ClOrdID	Y	参与人申报单编号
18	ExecInst	Y	执行指令代码
59	TimeInForce	Y	长效订单标识

续表

域号	域名	必填	说明
126	ExpireTime	Y	有效日期（TimeInForce=1 时，用户订单的有效日期）
9017	SecurityAccount	Y	二级产品账户
48	SecurityID	Y	产品代码（质押品的产品代码）
54	Side	Y	买卖方向代码［业务方向］: 1 = 逆回购方（出资方） 2 = 正回购方（融资方）
44	Price	Y	价格（单张质押品的面值 / 净值）
38	OrderQty	Y	订单数量（质押品数量）
9001	AgreementNo	N	约定号
516	OrderPercent	N	订单比例代码（整笔质押等交易限制）
9003	CustomerType	N	客户类型代码
9006	ContactPerson	N	联系人
9007	ContactInfo	N	联系方式及备注信息
9013	Duration	N	期限
318	GrossTradeAmt	N	融入资金总额
9046	NumberOfDaysAnnual	N	计息天数
9023	TradeID	N	成交配对号（发起到期回购申报或提前终止申报请求时，需提供合约期初的成交配对号）
9047	RepoRate	N	回购利率 / 补偿利率
9048	Discount	N	折算比例
	标准消息尾	Y	

7.2　执行报告（MsgType=8）

场外交易系统在接收到柜台系统发送的订单申报请求或撤单申报请求之后，或者场外交易系统中已接收订单的状态发生变化（如多批次成交）时，场外交易系统向柜台系统发送执行报告消息。

每个执行报告中都包含两个域：OrdStatus 和 ExecType。OrdStatus 域用以报告订单的当前状态。ExecType 域用以标识执行报告的执行类型。执行报告中的 ExecType 域和 OrdStatus 域共同指示了订单状态的改变。在同一个执行报告中，上述两个域的取值不能存在冲突。执行报告的格式如表 6 所示。

表 6　执行报告

域号	域名	必填	说明
	标准消息头	Y	MsgType=8
37	OrderID	Y	交易系统申报单编号（场外交易系统申报单编号）
11	ClOrdID	Y	参与人申报单编号
41	OrigClOrdID	Y	原始的参与人申报单编号（即需要撤消的订单申报请求中的 ClOrdID 字段）
150	ExecType[a]	Y	执行类型代码
60	TransactTime	Y	执行时间
39	OrdStatus[a]	Y	订单状态代码
109	ClientID	N	资金账户

续表

域号	域名	必填	说明
9017	SecurityAccount	Y	二级产品账户
48	SecurityID	Y	产品代码
18	ExecInst	Y	执行指令代码
17	ExecID	N	成交记录号
9023	TradeID	N	成交配对号
1020	TradeVolume	N	成交数量（如为部分成交，填写本批次的成交数量）
8504	TotalValueTraded	N	成交金额（如为部分成交，填写本批次的成交金额）
44	Price	N	价格（如为部分成交，填写本批次的成交价格）
38	OrderQty[b]	N	订单数量（原始订单数量）
14	CumQty	N	累计执行数量（含当前批次在内的、所有“已成交”和“已撤单”订单的总数量）
151	LeavesQty	N	剩余数量（原始订单中未成交且未撤单部分的数量）
6	AvgPx	N	成交平均价
9026	CancellationVolume	N	撤单数量
58	Text	Y	摘要说明
567	TradSesStatusRejReason	Y	消息错误码
	标准消息尾	Y	

a ExecType 或 OrdStatus 为已撤消、当天完成、已过期、已计算、已拒绝时，订单不处于活跃状态，LeavesQty 为 0
b 订单数量 OrderQty = 累计执行数量 CumQty + 剩余数量 LeavesQty

7.3 产品状态查询

7.3.1 产品状态请求（MsgType=UF101）

柜台系统通过发送产品状态请求消息，可以向场外交易系统实时查询相关产品的可交易状态、持有人数量、剩余份额等当前信息。

产品状态请求的格式如表 7 所示。

表 7 产品状态请求

域号	域名	必填	说明
	标准消息头	Y	MsgType=UF101
48	SecurityID	Y	产品代码
461	CFICode	N	产品类别代码
	标准消息尾	Y	

7.3.2 产品状态应答（MsgType=UF102）

产品状态应答的格式如表 8 所示。

表 8 产品状态应答

域号	域名	必填	说明
	标准消息头	Y	MsgType=UF102

续表

域号	域名	必填	说明
150	ExecType	Y	执行类型代码 （Y= 数据处理成功，N= 数据处理失败）
60	TransactTime	Y	执行时间
461	CFICode	Y	产品类别代码
48	SecurityID	Y	产品代码
55	Symbol	Y	产品名称
326	SecurityTradingStatus	Y	交易状态代码
9032	TotalAvailableHead	Y	总剩余名额
9033	TotalAvailableVol	Y	总剩余份额
58	Text	Y	摘要说明
567	TradSesStatusRejReason	Y	消息错误码
	标准消息尾	Y	

7.4 账户信息登记

7.4.1 账户登记请求（MsgType=UF201）

参与人通过柜台系统为投资者开立并维护二级产品账户。在发送订单申报请求之前，柜台交易系统需要将二级产品账户信息报送至场外交易系统，以便场外交易系统正常接收委托申报业务。

柜台系统可以通过实时消息或数据文件的方式报送二级产品账户信息。本节主要介绍实时消息的报送方式。数据文件的报送方式见附录 C。

账户登记请求的格式定义如表 9 所示。

表 9 账户登记请求

域号	域名	必填	说明
	标准消息头	Y	MsgType=UF201
11	ClOrdID	Y	参与人申报单编号
9007	ContactInfo	Y	联系方式及备注信息
9017	SecurityAccount	Y	二级产品账户
9027	AccountType	Y	账户类别代码
9028	IndividualOrInstitution	Y	开户主体类别代码
9029	InvestorName	Y	投资者姓名
9030	CertificateTypeCode	Y	证件类型代码
9031	CertificateNo	Y	证件号码
9034	AccountStatus	Y	二级账户状态代码
9236	CustomerRiskRatingResult	Y	客户风险等级测评结果代码
	标准消息尾	Y	

7.4.2　账户登记应答（MsgType=UF202）

场外交易系统在接收到参与人发送的账户登记请求消息之后，向参与人回复账户登记应答消息，并反馈账户信息的登记执行情况。

账户登记应答的格式如表10所示。

表10　账户登记应答

域号	域名	必填	说明
	标准消息头	Y	MsgType=UF202
11	ClOrdID	Y	参与人申报单编号
150	ExecType	Y	执行类型代码 （Y=数据处理成功，N=数据处理失败）
60	TransactTime	Y	执行时间
9017	SecurityAccount	Y	二级产品账户
58	Text	Y	摘要说明
567	TradSesStatusRejReason	Y	消息错误码
	标准消息尾	Y	

8　辅助处理

8.1　缺口重发

8.1.1　缺口重发请求（MsgType=UF007）

当发生通信中断、系统故障等突发事件时，参与人可能无法连续接收到场外交易系统对某条或某批申报请求的应答确认，或者是在此期间因成交状态变化而推送的执行报告。在突发事件结束后，参与人可以通过向场外交易系统发送缺口重发请求（Response Gap Resend Request），重新获取应答确认或者执行报告等信息。

缺口重发请求的格式如表11所示。

表11　缺口重发请求

域号	域名	必填	说明
	标准消息头	Y	MsgType=UF007
11	ClOrdID	N	参与人申报单编号 （查询申报请求的当前处理状态时，必填）
8067	GapMessageType	Y	原始的请求消息（MsgType）类型
8068	GapStartNum	N	缺口开始编号 （对应执行报告中的成交记录号）
8069	GapEndNum	N	缺口结束编号 （对应执行报告中的成交记录号）
	标准消息尾	Y	

对于柜台交易系统发起的业务请求，申请缺口重发时，缺口开始编号和缺口结束编号填写数字

0；对于场外交易系统推送的执行报告，申请缺口重发时，缺口开始编号和缺口结束编号填写对应的成交记录号。

示例：

a） 参与人之前发送过订单申报请求，现需要核实订单状态。缺口重发请求的报文如下：

{…}11=100<SOH>8067=D<SOH>8068=<SOH>8069=<SOH>{…}

b） 参与人之前发送过账户登记请求，需要核实登记执行状态。缺口重发请求的报文如下：

{…}11=101<SOH>8067=UF201<SOH>8068=<SOH>8069=<SOH>{…}

c） 参与人重新请求成交记录号为 5 到 8 的执行报告。缺口重发请求的报文如下：

{…}11=102<SOH>8067=8<SOH>8068=5<SOH>8069=8<SOH>{…}

8.1.2 缺口重发应答

场外交易系统回复缺口重发请求时，不生成新的消息记录，直接重新发送原来的应答确认或对应的执行报告消息。

重发相关消息时，消息头中的“可能重复标志（PossDupFlag）”和“可能重发标志（PossResend）”均填写为“Y”。

8.2 未知消息拒绝应答（Msg Type=UF008）

场外交易系统在接收到未知类型的消息（比如类型未知，未填写等）后，向相应的参与人回复未知消息拒绝应答（MsgType=UF008）。

未知消息拒绝应答的格式如表 12 所示。

表 12 未知消息拒绝应答

域号	域名	必填	说明
	标准消息头	Y	MsgType=UF008
58	Text	Y	摘要说明
567	TradSesStatusRejReason	Y	消息错误码
	标准消息尾	Y	

9 数据字典

本文件中各个域的情况如表 13 所示。

表 13 数据域

域号	域名	域中文名	数据类型	说明
6	AvgPx	成交平均价	Price	订单所有成交的平均成交价
8	BeginString	起始串	C12	起始串，指示协议版本，不可加密，消息中的第一个域，取值：SACSTEP1.00
9	BodyLength	消息体长度	Length	消息体长度，不可加密，消息的第二个域
10	CheckSum	校验和	C5	校验和，不可加密，消息最后一个域

续表

域号	域名	域中文名	数据类型	说明
11	ClOrdID	参与人申报单编号（交易客户方订单编号）	C24	由交易客户方（券商）赋予的订单编号，对相应券商（SenderCompID）在订单交易时期内应保证唯一。对跨日订单，可以在该域内嵌入交易日期，参与人内部编号，相当于上海 Reff，深圳的 WTHTXH 其中，前3位是参与人机构码，其余代码可由参与人自定义
14	CumQty	累计执行数量	Qty	订单所有成交的成交总股数
15	Currency	币种代码	Currency	价格的货币单位，可以缺省，但最好给出
17	ExecID	成交记录号（执行编号）	SeqNum	场外交易系统分配的、连续的成交记录号，用于标识与“成交或部分成交”相关的执行报告消息，在单个交易日内唯一 在应答订单申报请求时，取值为0。在与“成交或部分成交”相关的执行报告中，取值从1开始递增
18	ExecInst	执行指令代码	C4	**订单处理指令** 1057 定价买入 1058 定价卖出 1001 买入（暂不适用） 1002 卖出（暂不适用） 1055 意向买入 1056 意向卖出 1059 确定买入 1060 确定卖出 020 认购申请 022 申购申请 024 赎回申请 036 份额转换申请 **衍生品业务** 1061 买开 1062 卖开 1063 买平 1064 卖平 1065 确认买开 1066 确认卖开 1067 确认买平 1068 确认卖平 **质押回购业务** 1069 质押交易申请 1070 质押交易确认 1071 质押意向申请 1072 到期回购 1073 提前终止申请 1074 提前终止确认 1075 提前终止拒绝 **实时资金业务** 2001 委托扣款签约（快捷支付签约） 2002 委托扣款签约（网银页面签约） 2003 验证码校验 2004 资金转入（委托代扣） 2005 资金转入（网银支付） 2006 资金转出 2007 委托扣款解约 **其他业务** 099
34	MsgSeqNum	消息序号	SeqNum	消息序号

续表

域号	域名	域中文名	数据类型	说明
35	MsgType	自定义消息类型代码	C5	取值范围： 0 = 心跳（Heartbeat） 1 = 测试请求（Test Request） 8 = 执行报告（Execution Report） D = 订单申报请求（Order - Single） F = 撤单申报请求（Order Cancel Request） UF007 = 缺口重发请求 UF008 = 未知消息拒绝应答 UF021 = 行情报送请求 UF022 = 行情报送应答 UF023 = 申报明细报送请求 UF024 = 申报明细报送应答 UF025 = 成交明细报送请求 UF026 = 成交明细报送应答 UF101 = 产品状态请求 UF102 = 产品状态应答 UF201 = 账户登记请求 UF202 = 账户登记应答
37	OrderID	交易系统申报单编号	C24	场外交易系统为每笔申报单统一分配的编号，在有效申报日期内唯一
38	OrderQty	订单数量	Qty	申报数量，意向申报可以不填
39	OrdStatus	订单状态代码	char	订单当前状态，取值： 0 = 新（New） 1 = 部分成交（Partially filled） 2 = 已成交（Filled） 3 = 部分撤销（Done for day） 4 = 全部撤消（Canceled） 6 = 待撤消（Pending Cancel） 7 = 已终止（Stopped） 8 = 已拒绝（Rejected） 9 = 已延缓（Suspended） A = 待处理（Pending New） B = 已计算（Calculated） C = 已过期（Expired） D = 已接受（Accepted for bidding） E = 待替换（Pending Replace） Z = 非交易订单已接收（Non-trading order has been received）
41	OrigClOrdID	原始的参与人申报单编号（原始交易客户方订单编号）	C24	之前相关订单的ClOrdID，用于撤单或修改单
43	PossDupFlag	可能重复标志	Boolean	指示该消息序号的消息可能重复发送，取值： Y：可能重发 N：首次发送
44	Price	价格	Price	申报价格（单位：元） 意向申报可以不填，精确到小数点后6位
48	SecurityID	产品代码	C12	产品代码
49	SenderCompID	发送方代码	C6	填写场外交易系统为参与人分配的机构结算编码
50	SenderSubID	发送方子标识符	C12	填写参与人用于经纪业务的一级产品账户
52	SendingTime	发送时间	UTCTimestamp	消息发送时间 YYYMMDD HH：MM：SS

续表

域号	域名	域中文名	数据类型	说明
54	Side	买卖方向代码	char	订单买卖方向，取值： 1 = 买入（Buy） 2 = 卖出（Sell） 3 = 做市商
55	Symbol	产品名称	C12	产品名称
56	TargetCompID	接收方代码	C6	填写场外交易系统的标识代码，报价系统为“899”
57	TargetSubID	接收方子标识符	C6	接收方子 ID
58	Text	文本	C100	摘要说明
59	TimeInForce	长效订单标识	char	订单有效时间，取值： 0 = 当日有效（默认），保持至当日闭市 1 = 长效订单
60	TransactTime	事务时间	UTCTimestamp	订单或执行的创建时间 YYYMMDD HH：MM：SS
89	Signature	数字签名	data	数字签名
90	SecureDataLen	密文数据长度	Length	密文数据长度
91	SecureData	密文数据	data	密文数据（紧跟密文数据长度域）
93	Signature Length	数字签名长度	Length	数字签名域的字节数
97	PossResend	可能重发标志	Boolean	指示该消息可能发送过（使用不同的消息序号），取值： Y：可能重发 N：首次发送
109	ClientID	资金账户	C14	合格投资者资金账户，经营机构自定义
115	OnBehalfOf CompID	最初发送方标识符	C5	用于经第三方发送消息，指明原始发送方公司代码 SenderCompID 域指明第三方公司代码
116	OnBehalfOf SubID	最初发送方子标识符	C5	用于经第三方发送消息，指明原始发送方交易员代码
122	OrigSending Time	原始发送时间	UTCTimestamp	收到重发请求后，将订单重发时，记录的原始消息发送时间
126	ExpireTime	有效日期	UTCDate	TimeInForce=1 时有效，用户订单有效日期
128	DeliverTo CompID	最终接收方标识符	C5	用于经第三方发送消息，指明最终接收方公司代码 TargetCompID 域指明第三方公司代码
129	DeliverTo SubID	最终接收方子标识符	C5	用于经第三方发送消息，指明最终接收方人员代码
136	NoMiscFees	杂项费用类别数	NumInGroup	杂项费用重复组重复次数
137	MiscFeeAmt	杂项费用金额	Amt	杂项费用金额
139	MiscFeeType	杂项费用类别代码	int	指明杂项费用的费用类型，取值范围： 4 = 经手费（Exchange Fees） 5 = 印花税（Stamp） 6 = 征管费（Levy） 7 = 其他（Other） 13 = 过户费（TransferFee） 14 = 结算费（Settlement） 15 = 手续费（Charge）
140	PreClosePx	昨日收盘价格	Price	昨日收盘价格

续表

域号	域名	域中文名	数据类型	说明
142	SenderLocationID	发送方方位标识符	C5	消息发起方人员所在地点
143	TargetLocationID	接收方方位标识符	C5	消息接收方人员所在地点
144	OnBehalfOfLocationID	最初发送方方位标识符	C5	用于经第三方发送消息，指明消息原始发起方人员所在地点
145	DeliverToLocationID	最终接收方方位标识符	C5	用于经第三方发送消息，指明消息最终接收方人员所在地点
150	ExecType	执行类型代码	char	执行报告的类型，与 OrdStatus 配合使用，取值： 0 = 新（New） 6 = 委托申报成功，待处理（Pending New） 7 = 订单错误拒绝（Rejected） 8 = 委托申报拒绝（Rejected） 9 = 撤单拒绝（Rejected） A = 撤单成功 F = 成交或部分成交 [Trade（partial fill or fill）] 应答类： Y = 数据处理成功 N = 数据处理失败
151	LeavesQty	剩余数量	Qty	订单仍开放（可以撮合）部分的股数，精确到小数点后 2 位
268	NoMDEntries	行情条目个数	NumInGroup	行情条目个数
269	MDEntryType	行情条目类别代码	char	行情条目类别 0 = 买（Bid） 1 = 卖（Offer） 2 = 最新价（Trade） 3 = 指数（Index Value） 4 = 今开盘价（Opening Price） 5 = 今收盘价（Closing Price ） 6 = 结算价（Settlement Price） 7 = 最高价（Trading Session High Price） 8 = 最低价（Trading Session Low Price）
270	MDEntryPx	行情条目价格	Price	行情条目中的价格
271	MDEntrySize	行情条目数量	Qty	行情条目中的数量
272	MDEntryDate	行情条目日期	UTCDate	行情条目中的日期
273	MDEntryTime	行情条目时间	UTCTimeOlny	行情条目中的时间
275	MDMkt	行情条目市场代码	Exchange	行情条目中的市场（交易所），ISO10383 标准，其中： XSHG= 上海证券交易所 XSHE= 深圳证券交易所
290	MDEntryPositionNo	行情条目买卖盘序号	int	行情条目买卖盘序号 MDEntryType 为 0/1 时有效
324	SecurityStatusReqID	产品信息请求编号	C24	产品信息请求的唯一编号
326	SecurityTradingStatus	交易状态代码	int	交易状态 2 = 停牌（Trading Halt） 3 = 恢复（Resume） 101 = 首日上市

续表

域号	域名	域中文名	数据类型	说明
326	SecurityTrading Status	交易状态代码	int	102 = 增发新股 103 = 正常状态 104 = 上网定价发行 105 = 上网竞价发行 106 = 国债挂牌分销
341	TradSesStart Time	交易盘开始时间	UTCTimestamp	交易盘开始时间
342	TradSesOpen Time	交易盘开盘时间	UTCTimestamp	交易盘开盘时间
343	TradSesPre CloseTime	交易盘预关闭时间	UTCTimestamp	交易盘预关闭时间
344	TradSes CloseTime	交易盘关闭时间	UTCTimestamp	交易盘关闭时间
347	Message Encoding	消息编码类型代码	C20	消息中编码域的字符编码类型（非 ASCII 码） 取值范围： ISO–2022–JP（for using JIS） EUC–JP（for using EUC） Shift_JIS（for using SJIS） UTF–8（Unicode 字符编码，for using Unicode） GBK（GBK 汉字编码标准，中国大陆、新加坡使用） BIG5（BIG5 汉字编码标准，港澳台使用）
369	LastMsgSeq NumProcessed	最近处理消息序号	SeqNum	最后一次接收并处理的消息序号，可以在每条消息中都给出，利于对方了解情况
370	OnBehalfOf SendingTime	最初发送时间	UTCTimestamp	已过期取消
452	PartyRole	参与方角色代码	int	指定参与方角色，取值： 1 = 券商（Executing Firm） 2 = 信用经纪人（Broker of Credit）
461	CFICode	产品类别代码	C4	**资产管理类**（5100） 5101　集合计划 5103　定向计划 5104　专项计划 **债务融资工具类**（5200） 5201　中小企业私募债 5202　次级债 5203　非公开发行公司债 **私募股权类**（5300） **衍生品类**（5400） 5402　期权 5403　互换 5406　远期 5407　结构化衍生品 **资产支持证券类**（5500） 5501　资产支持证券 **私募基金类**（5600） 5601　私募股权投资基金 5602　私募证券投资基金 **收益凭证类**（5700） **其他类型**（5800）

续表

域号	域名	域中文名	数据类型	说明
516	OrderPercent	订单比例代码	Percentage	0 允许分笔转让（默认） 1 只允许整笔转让
567	TradSesStatusRejReason	交易盘状态请求拒绝原因	int	错误码（详见附录 D）: 小于 0 错误码，对应错误信息见“58 Text 摘要说明” 其他 接受并处理成功
891	MiscFeeBasis	杂项费用单位代码	int	杂项费用单位，取值范围： 0 = 绝对值（Absolute） 1 = 每单位（Per unit） 2 = 百分比（Percentage）
1020	TradeVolume	成交数量	Qty	成交数量
8067	GapMessageType	缺口原请求的消息类型	C5	原始的请求消息（MsgType）类型
8068	GapStartNum	缺口开始编号	SeqNum	对应执行报告中的成交记录号
8069	GapEndNum	缺口结束编号	SeqNum	对应执行报告中的成交记录号
8503	NumTrades	成交笔数	int	成交笔数
8504	TotalValueTraded	成交金额	Amt	成交金额
9001	AgreementNo	约定订单号	N8	意向成交场景下交易双方约定的订单编号： 柜台系统自动分配人工约定时，取值范围为 1 ~ 9999999 人工约定柜台系统自动分配时，取值范围为 10000000 ~ 99999999
9002	CodeOfTargetProduct	产品转换等业务指定的目标产品代码	C12	产品转换等业务指定的目标产品代码
9003	CustomerType	客户类型代码	char	1. 普通投资者 2. 做市商
9004	DeliveryMode	交收方式代码	char	1. 货银对付 2. 见券付款 4. 见款付券 8. 纯券过户
9005	DeliveryDate	交收日期	UTCDate	最迟交收日期
9006	ContactPerson	联系人	C30	联系人
9007	ContactInfo	联系方式及备注信息	C30	联系方式及备注信息
9008	NAV	最新净值	Price	资管产品的最新净值或衍生品的涨跌幅度（行权价 / 初始价），精确到小数点后 4 位
9009	AccumulativeNAV	累计基金单位净值	Price	资管产品的累积净值或衍生品的报价比率，精确到小数点后 4 位
9010	CurrentInterest	应计利息	Price	债券产品的最新利息，精确到小数点后 5 位
9011	ShareholderQty	持有人数量	int	
9012	UpdateDate	发布日期	UTCDate	资管产品行情数据的更新日期
9013	Duration	期限	int	衍生品投资期限
9014	MaturityDate	到期日期	UTCDate	
9016	BranchCode	证券营业部编码	C6	经营机构自定义
9017	SecurityAccount	二级产品账户	C12	编码规则按照附录 A

续表

域号	域名	域中文名	数据类型	说明
9018	CommissionID	申报或撤单标识	char	取值范围： C 申报 W 撤单
9019	Commission Date	申报日期	UTCDate	
9020	Commission Time	申报时间	UTCTimeOnly	
9021	Commission Volume	申报数量	Qty	
9022	Commission Price	申报价格	Price	精确到小数点后3位
9023	TradeID	成交配对号	C20	
9024	TradeDate	成交日期	UTCDate	
9025	TradeTime	成交时间	UTCTimeOnly	
9026	CancellationVolume	撤单数量	Qty	
9027	AccountType	账户类别代码	int	取值范围： 1. 自营账户 99. 二级账户
9028	IndividualOrInstitution	开户主体类别代码	int	取值范围： 0 机构 1 个人 2 产品
9029	InvestorName	投资人户名	C50	投资人户名最长50位，25个汉字
9030	Certificate TypeCode	证件类型代码	char	取值范围： 个人证件类型代码 0–身份证，1–护照，2–军官证，3–士兵证 4–港澳居民来往内地通行证，5–户口簿 6–外国护照，7–其他，8–文职证，9–警官证，A–台胞证 机构证件类型代码 0–组织机构代码证，1–营业执照，2–行政机关 3–社会团体，4–军队，5–武警 6–下属机构（具有主管单位批文号），7–基金会，8–其他 产品证件类型代码 0–管理人组织机构代码证
9031	CertificateNo	证件号码	C30	证件号码最长30位
9032	TotalAvailableHead	总剩余名额	Qty	总剩余名额
9033	TotalAvailableVol	总剩余份额	Qty	总剩余份额
9034	AccountStatus	二级账户状态代码	C1	取值范围： 0–正常（新增/变更），1–冻结，2–挂失，3–销户
9046	NumberOf DaysAnnual	计息天数	int	取值范围：360或365
9047	RepoRate	回购利率/补偿利率	Percentage	精确到小数点后4位

续表

域号	域名	域中文名	数据类型	说明
9048	Discount	折算比例	Percentage	精确到小数点后 4 位
9236	CustomerRisk RatingResult	客户风险等级测评结果代码	C1	取值范围： 0- 保守型，1- 相对保守型，2- 稳健型，3- 相对积极型，4- 积极型

附录 A
（规范性附录）
产品账户编码规则

场外交易系统的产品账户编码为 12 位，由阿拉伯数字及英文字母组成，英文字母不区分大小写。具体编码格式如下：

格式 1，机构结算码（3 位）＋内部账户编码（9 位），适用于证券、基金、期货、银行等金融机构。

格式 2，机构结算码（5 位）＋内部账户编码（7 位），适用于非金融机构。

其中，机构结算码由场外交易系统统一分配。内部账户编码由参与人自主编制。

附录 B
（资料性附录）
计算校验和

以下为计算校验和的代码段：

```
char *GenerateCheckSum（ char *buf，long bufLen ）
{
    static char tmpBuf [ 4 ];
    long idx;
    unsigned int cks;
    for（ idx = 0L，cks = 0; idx < bufLen; cks +=（unsigned int）buf [ idx++ ] ）;
        sprintf（ tmpBuf，“%03d”,（unsigned int）（ cks % 256 ））;
    return（ tmpBuf ）;
}
```

附录 C
（规范性附录）
二级产品账户导入文件数据格式

柜台系统通过 dbf 文件向场外交易系统报送二级产品账户数据时，需要遵循以下格式：

- 文件命名规范：Account+ “_” + 创建人代码 + “_” + 接收人代码 + “_” + 日期（YYYYMMDD）+ “.dbf”。其中，创建人代码填写柜台系统的标识代码。接收人代码填写场外交易系统的标识代码（例：报价系统的标识代码为 899）。
- 数据内容：当日所有新增、注销或发生变动的二级产品账户资料。
- 发送时间：日终清算前。
- 发送周期：每交易日一次。
- 数据格式：标准 dbf 格式。具体字段内容如表 C.1 所示。

表 C.1　二级产品账户导入文件数据格式

序号	字段名	字段描述	数据类型	必填	备注
1	ZQZH	产品账户编码	C12	Y	填写二级产品账户编码 该字段在数据文件中取值唯一
2	JGBM	柜台结算编码	C5	Y	填写场外交易系统为柜台系统分配的结算编码
3	ZHMC	账户名称	C50	Y	
4	JGBZ	开户主体类别代码	C1	Y	取值范围 0- 机构 1- 个人 2- 产品
5	ZJLB	证件类型代码	C1	Y	取值范围： 个人证件类型 0- 身份证，1- 护照，2- 军官证，3- 士兵证，4- 港澳居民来往内地通行证，5- 户口本，6- 外国护照，7- 其他，8- 文职证，9- 警官证，A- 台胞证 机构证件类型 0- 组织机构代码证，1- 营业执照，2- 行政机关，3- 社会团体，4- 军队，5- 武警，6- 下属机构（具有主管单位批文号），7- 基金会，8- 其他 产品证件类型 0- 管理人组织机构代码证
6	ZJBH	证件号码	C30	Y	
7	ZHZT	账户状态代码	C1	Y	取值范围： 0- 正常（新增 / 变更） 1- 冻结 2- 挂失 3- 销户
8	LXFS	联系方式	C30	Y	联系方式及备注信息

续表

序号	字段名	字段描述	数据类型	必填	备注
9	KHFXDJCPJG	客户风险等级测评结果代码	C1	Y	取值范围： 0– 保守型 1– 相对保守型 2– 稳健型 3– 相对积极型 4– 积极型

附录 D
（规范性附录）
消息错误码

本标准所涉及的消息错误码如表 D.1 所示。

表 D.1　消息错误码

错误码	错误信息	错误码	错误信息
-1001	报文错误检验失败	-6586011	产品账户不存在
-1005	二级账户不符合规则	-6586030	非交易日禁止交易
-1006	申报委托号不符合规则	-6586053	产品临时停牌
-1007	无效的申请单编号：（缺口重发）	-6586054	产品停牌
-902000	暂不支持该类产品申报	-6586055	产品禁止交易
-6591001	交易单元不存在	-6586066	数量非法
-6591002	查询交易单元参数失败：（输入参数有误）	-6586067	价格非法
-6591003	交易单元状态异常	-6582081	订单有效日期过长
-6591004	投资者身份检查失败：（输入参数有误）	-6582082	订单有效日期已失效
-6591005	该产品账户为做市商账户，禁止进行协议报价	-6586088	股东数量超过
-6591006	查询内部控制参数失败：（输入参数有误）	-6586111	该产品尚未开放认购
-6591008	查询产品账户失败：（输入参数有误）	-6586112	该产品已结束认购
-6591009	该产品账户状态异常	-6586113	该产品不处于认购状态
-6591011	无效申报类别：（业务类别代码）	-6586122	个人首次认购金额不得低于：（个人首次认购下限）
-6591012	申报类别检查失败：（输入参数有误）	-6586123	个人追加认购金额不得低于：（个人追加认购下限）
-6591013	产品转换申请未送入目标产品代码	-6586124	个人单笔认购不得高于：（个人单笔认购上限）
-6591014	目标产品代码不存在	-6586142	机构首次认购金额不得低于：（机构首次认购下限）
-6591015	查询目标产品信息失败：（输入参数有误）	-6586143	机构追加认购金额不得低于：（机构追加认购下限）
-6591017	查询产品信息失败：（输入参数有误）	-6586144	机构单笔认购不得高于：（机构认购上限）
-6591018	该产品不支持：（业务类别代码）订单	-6586201	该产品暂时禁止申购
-6591019	订单检查失败：（输入参数有误）	-6586202	该产品尚未开始申购
-6591021	申报委托号重复	-6586203	该产品已结束申购
-6591022	重复申报要素不符	-6586204	个人首次申购金额不得低于：（个人首次申购下限）
-6591023	申报信息检查失败：（输入参数有误）	-6586205	个人追加申购金额不得低于：（个人追加申购下限）
-6591041	产品余额检查失败：（输入参数有误）	-6586206	个人单笔申购不得高于：（个人单笔申购上限）
-6591043	产品余额数据不存在	-6586222	机构首次申购金额不得低于：（机构首次申购下限）
-6591044	查询产品余额失败：（输入参数有误）	-6586223	机构追加申购金额不得低于：（机构追加申购下限）
-6591045	账户余额不足	-6586224	机构单笔申购不得高于：（机构单笔申购上限）
-6591046	账户余额不可低于	-6586301	该产品尚未开放赎回
-6591081	非交易时间	-6586303	该产品已结束赎回

续表

错误码	错误信息	错误码	错误信息
-6591082	交易时间检查失败：（输入参数有误）	-6586304	个人赎回份额不得低于：（个人赎回份额下限）
-6591083	日切阶段仅支持意向申报和定价申报	-6586305	机构赎回份额不得低于：（机构赎回份额下限）
-6591084	日期无效	-6584001	产品代码不存在（收益凭证类）
-6591085	不支持的结算方式	-6585033	数量不符合要求最小申报单位（收益凭证）
-6591111	查询可用头寸失败：（输入参数有误）	-6584026	该产品首次认购金额不得低于（收益凭证类）
-6591112	调整头寸余额失败：（输入参数有误）	-6584029	该产品追加认购金额不得低于最小申报单位（收益凭证）
-6591113	头寸余额不足，差	-6584027	该产品认购金额不得高于（收益凭证）
-6591141	记录申报信息失败	-6583001	产品代码不存在
-6591151	确认申报未输入约定号	-6583002	查询产品信息失败
-6591152	约定号超出系统约定范围	-6583003	该产品不是资管类产品
-6591153	点选成交指定对手方订单不存在	-6583004	产品处于认购期，不接受其他类型交易
-6591154	点选成交查询对手方失败：（输入参数有误）	-6581011	账户不存在
-6591155	对手方订单未正常申报	-6581012	查询账户信息失败
-6591156	对手方订单已全部成交	-6583013	该产品禁止个人买入
-6591157	对手方订单已撤单	-6583014	该产品禁止机构买入
-6591158	对手方订单不存在	-6583017	非交易日禁止交易
-6591159	申报数量超过对方未成交数量	-6583021	产品代码不存在
-6591160	交收方式不一致	-6583022	查询产品信息失败
-6591161	交收日期不一致	-6583023	代码临时停牌
-6591171	约定号合法性检查失败：（输入参数有误）	-6583024	代码停牌
-6591172	约定号：已经被占用，请重输	-6583025	代码禁止交易
-6591181	自买自卖检查失败：（输入参数有误）	-6583051	数量非法
-6591182	买入价应低于已经申报的卖出价	-6583052	价格非法
-6591184	卖出价应高于已经申报的买入价	-6583054	交易基数非法
-6592052	对手方不是待配对状态	-6583055	超过委托数量限制范围
-6592053	对手方申报已全部成交	-6583058	未到转让日期
-6592054	对手方没有可配对数量	-6583059	价格不符合最小报价单位
-6592055	价格不一致	-6583060	订单有效日期过长
-6592056	交收方式不一致	-6583061	订单有效日期已失效
-6592057	最迟交收日期不一致	-6583101	非转让业务，不支持长效订单
-6592058	做市时段投资者之间、做市商之间禁止交易	-6583102	查询产品余额失败
-6592081	整笔成交，双方数量不一致	-6585001	产品代码不存在
-6592082	对手方数量不足	-6585002	查询产品信息失败
-6590001	申报记录不存在	-6585003	该产品不是债券类产品
-6590002	查询申报记录失败：输入参数有误	-6585004	申报业务代码非法
-6590003	申报账户不符	-6585007	债券类产品数量应是整数
-6590004	申报产品代码不符	-6585010	非交易日禁止交易
-6590005	申报方向不符	-6585016	数量非法

续表

错误码	错误信息	错误码	错误信息
-6590006	申报状态已发生变化，无法撤单	-6585017	价格非法
-6590007	已全部成交，撤单失败	-6585018	该产品尚未开放回售
-6590008	重复撤单	-6585019	价格不等于管理人定的回售价格
-6590009	无可撤单数量，撤单失败	-6585013	该产品已经提前结束簿记
-6590010	做市商做市报价撤单请使用做市商专用入口	-6585031	申报数量不满足单笔申报数量限制
-6590011	委托申报用户与撤单用户不符	-6585032	定价发行申报价格不等于
-6590021	无效申报类别：（申报业务代码）	-6585033	不符合该产品申报基数
-6590023	该产品不支持（申报类别名称）订单	-6585035	产品不在发行期
-6590025	该产品［（业务类别名称）］业务禁止撤单	-6584060	该产品尚未开始簿记
-6590031	申报记录号生成失败：（输入参数有误）	-6584061	该产品已经结束簿记
-6590041	重复撤单检查失败：（输入参数有误）	-6584073	大于最高申报利率
-6590042	该订单已经申请撤单，等待复核中，无需重复撤单	-6584074	小于最低申报利率
-6590043	撤单处理失败：（输入参数有误）	-6582042	超过单户累计认购量
-6590044	撤单处理过程中，订单状态发生变化	-6582043	超过最高人数限制
-6586001	产品代码不存在（资管类）	-6582044	超过最高本期最高发行金额
-6586004	申报业务代码非法		
-6586005	产品处于认购期，不接受其他类型交易		

ICS 03.060
A11

JR

中华人民共和国金融行业标准

JR/T 0155.3—2018

证券期货业场外市场交易系统接口 第3部分：结算接口

OTC trading system interface for securities and futures market
——Part 3: settlement

2018-01-18 发布　　2018-01-18 实施

中国证券监督管理委员会　发布

目　次

前　言

JR/T　0155—2018《证券期货业场外市场交易系统接口》分为 3 个部分：

——第 1 部分：行情接口；

——第 2 部分：订单接口；

——第 3 部分：结算接口。

本部分为 JR/T　0155—2018 的第 3 部分。

本部分按照 GB/T 1.1—2009 给出的规则起草。

本部分参考了 JR/T 0017—2012《开放式基金业务数据交换协议》。

本部分由全国金融标准化技术委员会证券分技术委员会（SAC/TC180/SC4）提出。

本部分由全国金融标准化技术委员会（SAC/TC180）归口。

本部分起草单位：中国证监会信息中心、中国证监会机构部、中国证券业协会、中证机构间报价系统股份有限公司、恒生电子股份有限公司。

本部分主要起草人：张野、刘铁斌、周云晖、刘叶青、高红洁、杨胜平、徐亚钊、曹雷、陈宾、罗黎明、吴楠楠、刘辉、程大超、孔方洁、程英杭。

引　言

场外市场是多层次资本市场的重要组成部分。场外交易系统负责提供私募产品的发行转让、登记结算、信息服务等功能。

经过近几年的系统建设和业务发展，通过与证券公司柜台市场、其他场外交易中心的互联互通，机构间私募产品报价与服务系统（以下简称“报价系统”）目前已经建设成为场外市场的重要基础设施之一。报价系统是为参与人提供私募产品报价、发行、转让及相关服务的专业化电子平台，可以提供私募产品注册、报价询价、发行转让、份额登记、资金结算、信息服务等核心功能。

证券期货业场外市场交易系统接口
第 3 部分：结算接口

1 范围

本部分规定了证券期货业场外市场交易系统结算接口的术语和定义、会话传输、数据类型、接口概述、数据文件、数据字典等内容。

本部分适用于场外市场资管计划、收益凭证、非公开发行公司债、ABS 产品、衍生品、私募股权融资产品。

本部分适用于场外交易系统与产品注册登记系统以及与证券公司、区域性股权交易中心、金融资产交易中心等机构之间进行的结算数据交换。

2 规范性引用文件

下列文件对于本文件的应用是必不可少的。凡是注日期的引用文件，仅所注日期的版本适用于本文件。凡是不注日期的引用文件，其最新版本（包括所有的修改单）适用于本文件。

GB/T 1988—1998 信息技术、信息交换用七位编码字符集。

GB/T 2260—2007 中华人民共和国行政区划代码。

GB 2312—1980 信息交换用汉字编码字符集、基本集。

GB/T 4754—2011 国民经济行业分类。

GB/T 12406—2008 表示货币和资金的代码。

GB 18030—2000 信息技术、信息交换用汉字编码字符集、基本集的扩充。

JR/T 0017—2004 开放式基金业务数据交换协议。

3 术语和定义

下列术语和定义适用于本文件。

3.1

参与人 participants

认可场外交易系统的服务声明并完成用户注册流程的法人或其他机构。

3.2

一级产品账户 transaction account id

参与人申请开立的用于记载其直接持有或间接持有的私募产品份额的账户。

3.3

二级产品账户 customer no

参与人为投资者开立的用于记载私募产品份额的账户。

注：编码规则见附录 A。

3.4

申请单编号 appsheet serial no

在认购、申购、赎回业务中，柜台销售系统或场外交易系统为每笔业务申请分配的编号，在有效申报日期内唯一。

注：其中，前 3 位或前 5 位是机构结算码，其余代码可由参与人自定义。

3.5

申报单编号 commission id

在转让业务中，柜台销售系统或场外交易系统为每笔申报单分配的编号，在有效申报日期内唯一。

注：其中，前 3 位或者前 5 位是机构结算码，其余代码可由参与人自定义。

3.6

成交配对号 appsheet serial no

在转让业务中，当订单发生部分成交或全部成交时，交易系统为买卖双方分配的配对编号。

注：买卖双方共用同一个成交配对号。

4 会话传输

通信双方应使用文件传输服务进行数据交换。

与文件传输相关的登录登出、重发重传等功能，均由文件传输服务承载解决。

5 数据类型

5.1 数据类型说明

本部分中使用的数据类型如下（标识符 – 数据类型）：

- C，字符型；
- A，数字字符型，限于0~9；
- N，数值型，其长度不包含小数点，可参与数值计算；
- TEXT，不定长文本。

5.2 数据处理规则

本部分中使用的数据处理规则如下：

a）数字左补零右对齐，字符右补空格左对齐；

b）字符不区分大小写；

c）对于数据交换文件：

1）采用文本文件定长记录方式；

2）每行一条完整记录；

3）换行应用换行（OAH）、回车（ODH）字符；

4）带有小数点的数值型数据，传输时不带小数点。

d）汉字信息交换按GB-2312—1980和GB-18030—2005执行，西文信息交换按GB/T-1988—1998执行。

6 接口概述

6.1 文件结构

6.1.1 说明

场外交易系统与TA（产品注册登记系统：Transfer Agent）系统之间交互的数据文件采用TXT格式定义。按文件用途，可以分为“索引文件”和“数据文件”两类。其中，索引文件用于记录交互批次、数据文件数量等信息。

6.1.2 索引文件

索引文件的命名方式定义如下：

“OFI/OFJ/OFS/OFK/OFC/OFE/OFF/OFZ”+“_”+文件创建人代码+“_”+文件接收人代码+“_”+日期（YYYYMMDD）+“.TXT”

索引文件的字段格式如表1所示。

表1 索引文件字段格式

字段名称	长度	值	说明
文件标识	8	“OFDCFIDX”	用以标明该文件的格式类型
文件版本号	4	举例：10	1.0版本
文件创建人	9	举例：ZZ/899[a]	
文件接收人	9	举例：ZZ/899	
日期	8	日期	与文件名日期一致，不是系统时间

续表

字段名称	长度	值	说明
文件个数	3		需要传输的数据文件个数
文件名 1			第一个文件名
…			
文件结束标识	8	“OFDCFEND”	文件结束
注：表中的每一项在文件中为一行，下同 a　示例中 899 为报价系统的“销售人代码”，ZZ 为中证 TA 系统的“管理人代码”，下同			

6.1.3　数据文件

数据文件的命名方式如下：

“OFD” + “_” + 文件创建人代码 + “_” + 文件接收人代码 + “_” + 日期（YYYYMMDD）+ “_” + 两位文件类型编码 + “.TXT”

数据文件的字段格式如表 2 所示。

表 2　数据文件字段格式

字段名称	长度	值	说明
文件标识	8	“OFDCFDAT”	用以标明该文件的格式类型
文件版本号	4	举例：10	1.0 版本
文件创建人	9	举例：ZZ/899	
文件接收人	9	举例：ZZ/899	
日期	8	日期	与文件名日期一致，不是系统日期
汇总编号	3		文件传输次序标志
文件类型码	2	01/S1：账户申请 02/S2：账户确认 03：交易申请 04：交易确认 06：一级账户分红 07：产品动态信息 S3：转让成交结果 S4：转让确认 S6：二级账户分红 S7：一级账户对账 S8：二级账户对账 S9：交易明细对账 D4：衍生品交易确认 D7：衍生品一级账户对账 D8：衍生品二级账户对账	用于标明文件的功能类型
发送人	8		
接收人	8		
字段数	3	N	标明该数据文件的构成字段数
字段名 1			数据字典中的字段名
…			
字段名 N			
记录数	8	M	该数据文件包含的数据记录数，最多 99999999 条

续表

字段名称	长度	值	说明
记录 1			
记录 2			
记录 3			
…			
记录 M-2			
记录 M-1			
记录 M			
文件结束标识	8	"OFDCFEND"	文件结束

6.2 业务流程与数据交互

6.2.1 说明

场外交易系统与 TA 系统之间的数据交互流程如图 1 所示。

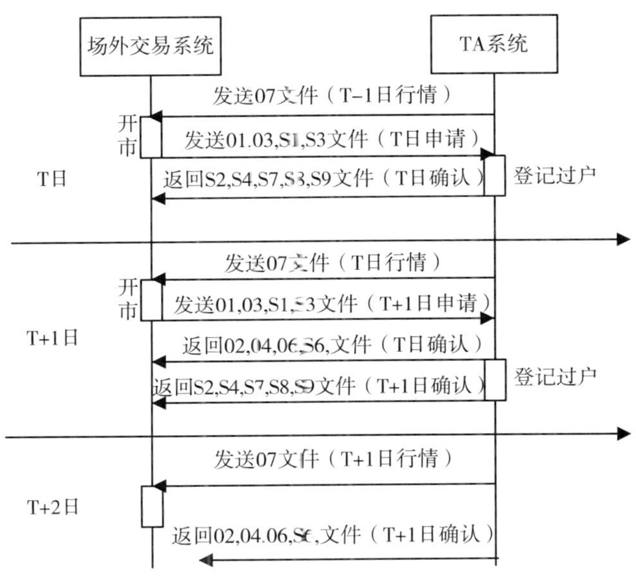

图 1 场外交易系统与 TA 数据交互流程

场外交易系统发送 TA 系统的文件列表（以报价系统和中证 TA 为例）如表 3 所示。

表 3 场外交易系统发送 TA 系统的文件列表

汇总数据	发送方	文件名	说明
索引文件	899	OFI_899_ZZ_yyyymmdd.TXT	01/03 文件的索引文件
账户申请	899	OFD_899_ZZ_yyyymmdd_01.TXT	
交易申请	899	OFD_899_ZZ_yyyymmdd_03.TXT	
索引文件	899	OFE_899_ZZ_yyyymmdd.TXT	S1/S3 文件的索引文件
转让开户申请	899	OFD_899_ZZ_yyyymmdd_S1.TXT	
转让成交结果	899	OFD_899_ZZ_yyyymmdd_S3.TXT	

TA 系统发送场外交易系统的文件列表（以报价系统和中证 TA 为例）如表 4 所示。

表 4　TA 系统发送场外交易系统的文件列表

汇总数据	发送方	文件名	说明
索引文件	ZZ	OFJ_ZZ_899_yyyymmdd.TXT	07 文件的索引文件
产品行情	ZZ	OFD_ZZ_899_yyyymmdd_07.TXT	
索引文件	ZZ	OFF_ZZ_899_yyyymmdd.TXT	S2/S4/S7/S8/S9 的索引文件
转让开户确认	ZZ	OFD_ZZ_899_yyyymmdd_S2.TXT	
转让确认	ZZ	OFD_ZZ_899_yyyymmdd_S4.TXT	
一级账户对账	ZZ	OFD_ZZ_899_yyyymmdd_S7.TXT	
二级账户对账	ZZ	OFD_ZZ_899_yyyymmdd_S8.TXT	
交易明细对账	ZZ	OFD_ZZ_899_yyyymmdd_S9.TXT	
索引文件	ZZ	OFI_ZZ_899_yyyymmdd.TXT	02/04/06/S6 的索引文件
账户确认	ZZ	OFD_ZZ_899_yyyymmdd_02.TXT	
交易确认	ZZ	OFD_ZZ_899_yyyymmdd_04.TXT	
一级账户分红	ZZ	OFD_ZZ_899_yyyymmdd_06.TXT	
二级账户分红	ZZ	OFD_ZZ_899_yyyymmdd_S6.TXT	

衍生品清算系统发送场外交易系统的文件列表（以报价系统和中证衍生品清算系统为例）如表 5 所示。

表 5　衍生品清算系统发送场外交易系统的文件列表

汇总数据	发送方	文件名	说明
索引文件	DC	OFZ_DC_899_yyyymmdd.TXT	D4/D7/D8 文件的索引文件
衍生品交易清算	DC	OFD_DC_899_yyyymmdd_D4.TXT	
衍生品一级账户对账	DC	OFD_DC_899_yyyymmdd_D7.TXT	
衍生品二级账户对账	DC	OFD_DC_899_yyyymmdd_D8.TXT	

6.2.2　开户申请

第一次发起认购、申购或买入业务时，场外交易系统向 TA 系统发送开户申请（01/S1 文件）。TA 系统依据场外交易系统交易账号开设对应的 TA 账户。

经纪业务中涉及的“二级账户”不需要在 TA 系统中开设对应的“TA 账户”。二级账户信息仅用于记录份额明细和持有人数控制。

6.2.3　账户确认

TA 系统使用账户确认（02/S2 文件）将开户申请的确认结果和 TA 账户编码（一级账户）反馈场外交易系统。

场外交易系统记录开户申请的处理结果，同时保存 TA 账户编码。

6.2.4　交易申请及确认

场外交易系统向 TA 系统发送交易申请（03 文件）时，使用场外交易系统交易账号，填写投资人交易账号（TransactionAccountID），不填写 TA 账号（TAAccountID）字段。TA 账号字段需要由 TA 系统依据“场外交易系统交易账号 –TA 账户”的对应关系自行反填，以确保业务正常处理。

经纪业务模式下，场外交易系统将交易确认（04文件）按机构结算码拆分后，发送各柜台交易系统进行二级清算。

6.2.5 转让成交结果及确认

转让成交结果（S3文件）用于场外交易系统向TA系统发送转让结果、债券发行登记、债券回售、债券质押冻结及解冻业务的成交结果。转让确认（S4文件）用于TA系统向场外交易系统确认转让结果、债券发行登记、债券回售、债券质押冻结及解冻业务的成交结果。

经纪业务模式下，场外交易系统将转让确认（S4文件）按机构结算码拆分后，发送各柜台交易系统进行二级清算。

6.2.6 分级对账

原基金账户对数据05文件（见JR/T 0017—2004《开放式基金业务数据交换协议》）改造为三个独立的文件，分别提供一级账户对账（S7文件）、二级账户对账（S8文件）和交易明细对账（S9文件）。对账数据包括认购、申购、赎回、转让等所有业务。

经纪业务模式下，场外交易系统将分级对账（S7、S8、S9文件）按机构结算码拆分后，发送各柜台交易系统进行二级清算。

6.2.7 分红

06文件用于记录一级账户分红数据。新增S6文件用于记录二级账户分红数据。

经纪业务模式下，场外交易系统将分红（06、S6文件）按机构结算码拆分后，发送各柜台交易系统进行二级清算。

6.2.8 衍生品交易确认

衍生品交易确认（D4文件）用于衍生品清算系统向场外交易系统发送衍生品交易确认结果。

经纪业务模式下，场外交易系统将衍生品交易确认（D4文件）按机构结算码拆分后，发送各柜台交易系统进行二级清算。

6.2.9 衍生品对账

衍生品一级对账（D7文件）、衍生品二级对账（D8文件）用于衍生品清算系统向场外交易系统反馈对账结果。

经纪业务模式下，场外交易系统将衍生品一级对账（D7文件）、衍生品二级对账（D8文件）按机构结算码拆分后，发送各柜台交易系统进行二级清算。

6.2.10 产品动态信息

产品动态信息（07文件）的使用方式与开放式基金业务相同。

6.3 数据加密与数字签名

数据加密和数字签名所采用的技术方案由各方协商确定。

7 数据文件

7.1 账户申请（T+1 确认）（01 文件）

对于认购开户、申购开户、账户变更、账户注销等普通业务，使用 01 文件发送账户申请。01 文件采用“T+1 日”处理流程。01 文件引用自《开放式基金业务数据交换协议》标准“TA 与销售人交易类汇总数据”章节的“账户申请”表，根据本接口情况对部分内容进行了修改，如有不同之处，在备注中说明。01 文件格式如表 6 所示。

表 6　01 文件数据格式

ID	字段名	类型	长度	描述	备注
4	Address	C	120	联系地址	
5	InstReprIDCode	C	30	法人代表身份证号码	
6	InstReprIDType	C	1	法人代表证件类型代码	
7	InstReprName	C	20	法人代表	
8	AppSheetSerialNo	C	24	申请单编号	
27	CertificateType	C	1	个人证件类型及机构证件类型代码	
72	CertificateNo	C	30	投资人证件号码	
85	InvestorName	C	120	投资人户名	
92	TransactionDate	A	8	交易发生日期	
93	TransactionTime	A	6	交易发生时间	
98	IndividualOrInstitution	A	1	个人 / 机构标志	
101	PostCode	A	6	投资人邮政编码	
106	TransactorCertNo	C	30	经办人证件号码	
107	TransactorCertType	C	1	经办人证件类型代码	
108	TransactorName	C	20	经办人姓名	
120	TransactionAccountID	A	17	投资人产品交易账号	填写场外交易系统参与人的一级产品账户（由场外交易系统分配）
121	DistributorCode	C	9	销售人代码	对于报价系统提交的业务申请文件，填写 899；对于其他柜台交易系统提交的业务申请文件，填写参与人的机构结算码
135	BusinessCode	C	3	业务代码	参见附录 B
19	AcctNoOfFMInClearingAgency	C	28	产品管理人在资金清算机构的交收账号	
20	AcctNameOfFMInClearingAgency	C	60	产品管理人在资金清算机构的交收账户名	
21	ClearingAgencyCode	A	9	产品资金清算机构代码	
23	InvestorsBirthday	A	8	投资人出生日期	
28	DepositAcct	C	19	投资人在销售人处用于交易的资金账号	

续表

ID	字段名	类型	长度	描述	备注
29	RegionCode	A	4	交易所在地区编号	
48	EducationLevel	C	3	投资人学历	
49	EmailAddress	C	40	投资人电子邮箱	
51	FaxNo	C	24	投资人传真号码	
65	VocationCode	C	3	投资人职业代码	
69	HomeTelNo	C	22	投资人住址电话号码	
73	AnnualIncome	N	8	投资人年收入	
83	MobileTelNo	C	24	投资人移动电话	
87	BranchCode	C	9	网点号码	
88	OfficeTelNo	C	22	投资人单位电话号码	
122	AccountAbbr	C	12	投资人户名简称	
124	ConfidentialDocumentCode	C	8	密函编号	
126	Sex	A	1	投资人性别	
127	SHSecuritiesAccountID	C	10	上海证券账号	
128	SZSecuritiesAccountID	C	10	深圳证券账号	
136	TAAccountID	C	12	投资人 TA 账号	TA 账号
140	TelNo	C	22	投资人电话号码	
164	TradingMethod	C	8	使用的交易手段	
167	MinorFlag	C	1	未成年人标志	
169	DeliverType	C	1	对账单寄送选择	
170	TransactorIDType	C	1	经办人识别方式代码	
171	AccountCardID	C	8	产品账户卡的凭证号	
84	MultiAcctFlag	A	1	多渠道开户标志	
142	TargetTransactionAccountID	A	17	对方销售人处投资人产品交易账号	
181	AcctNameOfInvestorInClearingAgency	C	60	投资人收款银行账户户名	
182	AcctNoOfInvestorInClearingAgency	C	28	投资人收款银行账户账号	
183	ClearingAgency	A	9	投资人收款银行账户开户行	
265	DeliverWay	C	8	对账单寄送方式	
522	Nationality	C	3	投资者国籍	
524	NetNo	C	9	操作（清算）网点编号	
530	Broker	C	12	经纪人	
282	CorpName	C	40	工作单位名称	
286	CertValidDate	A	8	证件有效截止日期	
287	InstTranCertValidDate	A	8	机构经办人身份证件有效截止日期	
288	InstReprCertValidDate	A	8	机构法人身份证件有效截止日期	
289	ClientRiskRate	C	1	客户风险等级代码	
290	InstReprManageRange	C	2	机构法人经营范围代码	
291	ControlHolder	C	80	控股股东名称	

续表

ID	字段名	类型	长度	描述	备注
292	ActualController	C	80	实际控制人名称	
293	MarriageStatus	C	1	婚姻状况代码	
294	FamilyNum	N	2	家庭人口数	
295	Penates	N	16（两位小数）	家庭资产	
296	MediaHobby	C	1	媒体偏好代码	
325	InstitutionType	C	1	机构类型代码	
334	EnglishFirstName	C	20	投资人英文名	
335	EnglishFamliyName	C	20	投资人英文姓	
336	Vocation	C	4	行业类别代码	
337	CorpoProperty	C	2	企业性质代码	
338	StaffNum	N	16（两位小数）	员工人数	
339	Hobbytype	C	2	兴趣爱好类型代码	
340	Province	C	6	省代码	
341	City	C	6	市代码	
342	County	C	6	区（县）代码	
343	CommendPerson	C	40	推荐人	
344	CommendPersonType	C	1	推荐人类型代码	
302	AcceptMethod	C	1	受理方式代码	
60	FrozenCause	A	1	冻结原因代码	
58	FreezingDeadline	A	8	冻结截止日期	
89	OriginalSerialNo	A	20	TA 的原确认流水号	
90	OriginalAppSheetNo	A	24	原申请单编号	
254	Specification	C	60	摘要 / 说明	
注：各字段必填性见 JR/T 0017—2004《开放式基金业务数据交换协议》					

7.2 账户确认（T+1 确认）（02 文件）

02 文件用于对 01 文件的账户申请数据进行确认。02 文件引用自《开放式基金业务数据交换协议》标准“TA 与销售人交易类汇总数据”章节的“账户确认”表，根据本接口情况对部分内容进行了修改，如有不同之处，在备注中说明。02 文件格式如表 7 所示。

表 7　02 文件数据格式

ID	字段名	类型	长度	描述	备注
8	AppSheetSerialNo	C	24	申请单编号	
32	TransactionCfmDate	A	8	交易确认日期	
119	ReturnCode	A	4	交易处理返回代码	
120	TransactionAccountID	A	17	投资人产品交易账号	填写场外交易系统参与人的一级产品账户（由场外交易系统分配）

续表

ID	字段名	类型	长度	描述	备注
121	DistributorCode	C	9	销售人代码	对于报价系统提交的业务申请文件，填写899；对于其他柜台交易系统提交的业务申请文件，填写参与人的机构结算码
135	BusinessCode	C	3	业务代码	参见附录B
136	TAAccountID	C	12	投资人TA账号	TA账户
84	MultiAcctFlag	A	1	多渠道开户标志	
137	TASerialNo	A	20	TA确认交易流水号	
92	TransactionDate	A	8	交易发生日期	
93	TransactionTime	A	6	交易发生时间	
87	BranchCode	C	9	网点号码	
256	FromTAFlag	A	1	是否注册登记人发起业务标志	
27	CertificateType	C	1	个人证件类型及机构证件类型代码	
72	CertificateNo	C	30	投资人证件号码	
85	InvestorName	C	120	投资人户名	
98	IndividualOrInstitution	A	1	个人/机构标志	
122	AccountAbbr	C	12	投资人户名简称	
171	AccountCardID	C	8	产品账户卡的凭证号	
29	RegionCode	A	4	交易所在地区编号	
142	TargetTransactionAccountID	A	17	对方销售人处投资人产品交易账号	
524	NetNo	C	9	操作（清算）网点编号	
254	Specification	C	60	摘要/说明	
297	CustomerNo	C	12	TA客户编号	填写参与人为投资者开立和维护的二级产品账户
60	FrozenCause	A	1	冻结原因代码	
58	FreezingDeadline	A	8	冻结截止日期	
309	ErrorDetail	C	60	出错详细信息	

7.3 账户申请（T+0确认）（S1文件）

对于转让业务，受让方的开户申请使用S1文件。S1文件采用“T+0日”处理流程。S1文件数据格式如表8所示。

表8 S1文件数据格式

ID	字段名	类型	长度	描述	备注
4	Address	C	120	联系地址	
5	InstReprIDCode	C	30	法人代表身份证号码	
6	InstReprIDType	C	1	法人代表证件类型代码	
7	InstReprName	C	20	法人代表	
8	AppSheetSerialNo	C	24	申请单编号	

续表

ID	字段名	类型	长度	描述	备注
27	CertificateType	C	1	个人证件类型及机构证件类型代码	
72	CertificateNo	C	30	投资人证件号码	
85	InvestorName	C	120	投资人户名	
92	TransactionDate	A	8	交易发生日期	
93	TransactionTime	A	6	交易发生时间	
98	IndividualOrInstitution	A	1	个人 / 机构标志	
101	PostCode	A	6	投资人邮政编码	
106	TransactorCertNo	C	30	经办人证件号码	
107	TransactorCertType	C	1	经办人证件类型代码	
108	TransactorName	C	20	经办人姓名	
120	TransactionAccountID	A	17	投资人产品交易账号	填写场外交易系统参与人的一级产品账户（由场外交易系统分配）
121	DistributorCode	C	9	销售人代码	对于报价系统提交的业务申请文件，填写 899；对于其他柜台交易系统提交的业务申请文件，填写参与人的机构结算码
135	BusinessCode	C	3	业务代码	参见附录 B
19	AcctNoOfFMInClearingAgency	C	28	产品管理人在资金清算机构的交收账号	
20	AcctNameOfFMInClearingAgency	C	60	产品管理人在资金清算机构的交收账户名	
21	ClearingAgencyCode	A	9	产品资金清算机构代码	
23	InvestorsBirthday	A	8	投资人出生日期	
28	DepositAcct	C	19	投资人在销售人处用于交易的资金账号	
29	RegionCode	A	4	交易所在地区编号	
48	EducationLevel	C	3	投资人学历	
49	EmailAddress	C	40	投资人电子邮箱	
51	FaxNo	C	24	投资人传真号码	
65	VocationCode	C	3	投资人职业代码	
69	HomeTelNo	C	22	投资人住址电话号码	
73	AnnualIncome	N	8	投资人年收入	
83	MobileTelNo	C	24	投资人移动电话	
87	BranchCode	C	9	网点号码	
88	OfficeTelNo	C	22	投资人单位电话号码	
122	AccountAbbr	C	12	投资人户名简称	
124	ConfidentialDocumentCode	C	8	密函编号	
126	Sex	A	1	投资人性别	
127	SHSecuritiesAccountID	C	10	上海证券账号	
128	SZSecuritiesAccountID	C	10	深圳证券账号	

续表

ID	字段名	类型	长度	描述	备注
136	TAAccountID	C	12	投资人 TA 账号	TA 账户
140	TelNo	C	22	投资人电话号码	
164	TradingMethod	C	8	使用的交易手段	
167	MinorFlag	C	1	未成年人标志	
169	DeliverType	C	1	对账单寄送选择	
170	TransactorIDType	C	1	经办人识别方式代码	
171	AccountCardID	C	8	产品账户卡的凭证号	
84	MultiAcctFlag	A	1	多渠道开户标志	
142	TargetTransactionAccountID	A	17	对方销售人处投资人产品交易账号	
181	AcctNameOfInvestorInClearingAgency	C	60	投资人收款银行账户户名	
182	AcctNoOfInvestorInClearingAgency	C	28	投资人收款银行账户账号	
183	ClearingAgency	A	9	投资人收款银行账户开户行	
265	DeliverWay	C	8	对账单寄送方式	
522	Nationality	C	3	投资者国籍	
524	NetNo	C	9	操作（清算）网点编号	
530	Broker	C	12	经纪人	
282	CorpName	C	40	工作单位名称	
286	CertValidDate	A	8	证件有效截止日期	
287	InstTranCertValidDate	A	8	机构经办人身份证件有效截止日期	
288	InstReprCertValidDate	A	8	机构法人身份证件有效截止日期	
289	ClientRiskRate	C	1	客户风险等级代码	
290	InstReprManageRange	C	2	机构法人经营范围代码	
291	ControlHolder	C	80	控股股东名称	
292	ActualController	C	80	实际控制人名称	
293	MarriageStatus	C	1	婚姻状况代码	
294	FamilyNum	N	2	家庭人口数	
295	Penates	N	16（两位小数）	家庭资产	
296	MediaHobby	C	1	媒体偏好代码	
325	InstitutionType	C	1	机构类型代码	
334	EnglishFirstName	C	20	投资人英文名	
335	EnglishFamliyName	C	20	投资人英文姓	
336	Vocation	C	4	行业类别代码	
337	CorpoProperty	C	2	企业性质代码	
338	StaffNum	N	16（两位小数）	员工人数	
339	Hobbytype	C	2	兴趣爱好类型代码	

续表

ID	字段名	类型	长度	描述	备注
340	Province	C	6	省代码	
341	City	C	6	市代码	
342	County	C	6	区（县）代码	
343	CommendPerson	C	40	推荐人	
344	CommendPersonType	C	1	推荐人类型代码	
302	AcceptMethod	C	1	受理方式代码	
60	FrozenCause	A	1	冻结原因代码	
58	FreezingDeadline	A	8	冻结截止日期	
89	OriginalSerialNo	A	20	TA 的原确认流水号	
90	OriginalAppSheetNo	A	24	原申请单编号	
254	Specification	C	60	摘要 / 说明	

7.4 账户确认（T+0 确认）（S2 文件）

S2 文件用于对 S1 文件的账户申请数据进行确认。S2 文件采用“T+0 日”处理流程。S2 文件的数据格式如表 9 所示。

表 9　S2 文件数据格式

ID	字段名	类型	长度	描述	备注
8	AppSheetSerialNo	C	24	申请单编号	
32	TransactionCfmDate	A	8	交易确认日期	
119	ReturnCode	A	4	交易处理返回代码	
120	TransactionAccountID	A	17	投资人产品交易账号	填写场外交易系统参与人的一级产品账户（由场外交易系统分配）
121	DistributorCode	C	9	销售人代码	对于报价系统提交的业务申请文件，填写 899；对于其他柜台交易系统提交的业务申请文件，填写参与人的机构结算码
135	BusinessCode	C	3	业务代码	参见附录 B
136	TAAccountID	C	12	投资人 TA 账号	TA 账户
84	MultiAcctFlag	A	1	多渠道开户标志	
137	TASerialNo	A	20	TA 确认交易流水号	
92	TransactionDate	A	8	交易发生日期	
93	TransactionTime	A	6	交易发生时间	
87	BranchCode	C	9	网点号码	
256	FromTAFlag	A	1	是否注册登记人发起业务标志	
27	CertificateType	C	1	个人证件类型及机构证件类型代码	
72	CertificateNo	C	30	投资人证件号码	
85	InvestorName	C	120	投资人户名	

续表

ID	字段名	类型	长度	描述	备注
98	IndividualOrInstitution	A	1	个人/机构标志	
122	AccountAbbr	C	12	投资人户名简称	
171	AccountCardID	C	8	产品账户卡的凭证号	
29	RegionCode	A	4	交易所在地区编号	
142	TargetTransactionAccountID	A	17	对方销售人处投资人产品交易账号	
524	NetNo	C	9	操作（清算）网点编号	
254	Specification	C	60	摘要/说明	
297	CustomerNo	C	12	TA客户编号	填写参与人为投资者开立和维护的二级产品账户
60	FrozenCause	A	1	冻结原因代码	
58	FreezingDeadline	A	8	冻结截止日期	
309	ErrorDetail	C	60	出错详细信息	

7.5 交易申请（03文件）

对于认购、申购、赎回等业务，使用03文件发送交易申请。03文件采用“T+1日”处理流程。03文件引用自《开放式基金业务数据交换协议》标准“TA与销售人交易类汇总数据”章节的“交易申请”表，根据本接口情况对部分内容进行了修改，如有不同之处，在备注中说明。03文件格式如表10所示。

表10 03文件数据格式

ID	字段名	类型	长度	描述	备注
8	AppSheetSerialNo	C	24	申请单编号	
67	FundCode	C	6	产品代码	
80	LargeRedemptionFlag	A	1	巨额赎回处理标志	
92	TransactionDate	A	8	交易发生日期	
93	TransactionTime	A	6	交易发生时间	
120	TransactionAccountID	A	17	投资人产品交易账号	填写场外交易系统参与人的一级产品账户（由场外交易系统分配）
121	DistributorCode	C	9	销售人代码	对于报价系统提交的业务申请文件，填写899；对于其他柜台交易系统提交的业务申请文件，填写参与人的机构结算码
132	ApplicationVol	N	16（两位小数）	申请产品份数	
134	ApplicationAmount	N	16（两位小数）	申请金额	
135	BusinessCode	C	3	业务代码	参见附录B
136	TAAccountID	C	12	投资人TA账号	TA账户
25	DiscountRateOfCommission	N	5（四位小数）	销售佣金折扣率	
28	DepositAcct	C	19	投资人在销售人处用于交易的资金账号	

续表

ID	字段名	类型	长度	描述	备注
29	RegionCode	A	4	交易所在地区编号	
37	CurrencyType	A	3	结算币种	
87	BranchCode	C	9	网点号码	
90	OriginalAppSheetNo	A	24	原申请单编号	
91	OriginalSubsDate	A	8	原申购日期	
98	IndividualOrInstitution	A	1	个人 / 机构标志	
150	ValidPeriod	N	2	交易申请有效天数	
195	DaysRedemptionInAdvance	N	5	预约赎回工作日天数	
102	RedemptionDateInAdvance	A	8	预约赎回日期	
89	OriginalSerialNo	A	20	TA 的原确认流水号	
40	DateOfPeriodicSubs	A	8	定期定额申购日期	
137	TASerialNo	A	20	TA 确认交易流水号	
191	TermOfPeriodicSubs	N	5	定期定额申购期限	
192	FutureBuyDate	A	8	指定申购日期	
97	TargetDistributorCode	C	9	对方销售人代码	
52	Charge	N	10（两位小数）	手续费	
141	TargetBranchCode	C	9	对方网点号码	
142	TargetTransactionAccountID	A	17	对方销售人处投资人产品交易账号	
152	TargetRegionCode	A	4	对方所在地区编号	
123	DividendRatio	N	16（两位小数）	红利比例	
254	Specification	C	60	摘要 / 说明	
34	CodeOfTargetFund	A	6	转换时的目标产品代码	
173	TotalBackendLoad	N	16（两位小数）	交易后端收费总额	
260	ShareClass	C	1	收费方式代码	
261	OriginalCfmDate	A	8	TA 的原确认日期	
264	DetailFlag	C	1	数据明细标志	
258	OriginalAppDate	A	8	原申请日期	
24	DefDividendMethod	A	1	默认分红方式代码	
60	FrozenCause	A	1	冻结原因代码	
58	FreezingDeadline	A	8	冻结截止日期	
280	VarietyCodeOfPeriodicSubs	C	5	定时定额品种代码	
281	SerialNoOfPeriodicSubs	C	5	定时定额申购序号	
299	RationType	C	1	定期定额种类代码	
147	TargetTAAccountID	C	12	对方 TA 账号	
617	TargetRegistrarCode	C	2	对方登记机构	
524	NetNo	C	9	操作（清算）网点编号	
297	CustomerNo	C	12	TA 客户编号	填写参与人为投资者开立和维护的二级产品账户

续表

ID	字段名	类型	长度	描述	备注
526	TargetShareType	C	1	对方产品份额类别代码	
298	RationProtocolNo	C	20	定期定额协议号	
269	BeginDateOfPeriodicSubs	A	8	定时定额申购起始日期	
270	EndDateOfPeriodicSubs	A	8	定时定额申购终止日期	
271	SendDayOfPeriodicSubs	N	2	定时定额申购每月发送日	
530	Broker	C	12	经纪人	
301	SalesPromotion	C	3	促销活动代码	
302	AcceptMethod	C	1	受理方式代码	
303	ForceRedemptionType	C	1	强制赎回类型代码	
327	TakeIncomeFlag	C	1	带走收益标志	
328	PurposeOfPeSubs	C	40	定投目的	
329	FrequencyOfPeSubs	N	5	定投频率	
395	PeriodSubTimeUnit	C	1	定投周期单位代码	
330	BatchNumOfPeSubs	N	16（两位小数）	定投期数	
345	CapitalMode	C	2	资金方式代码	
346	DetailCapticalMode	C	2	明细资金方式代码	
347	BackenloadDiscount	N	5（四位小数）	补差费折扣率	
348	CombineNum	C	6	组合编号	
307	FutureSubscribeDate	A	8	指定认购日期	
164	TradingMethod	C	8	使用的交易手段	
275	LargeBuyFlag	A	1	巨额购买处理标志	
392	ChargeType	C	1	收费类型代码	
393	SpecifyRateFee	N	9（八位小数）	指定费率	
394	SpecifyFee	N	16（两位小数）	指定费用	

7.6　交易确认（04文件）

04文件用于对03文件的交易申请数据进行确认。04文件引用自《开放式基金业务数据交换协议》标准“TA与销售人交易类汇总数据”章节的“交易确认”表，根据本接口情况对部分内容进行了修改，如有不同之处，在备注中说明。04文件的格式如表11所示。

表11　04文件数据格式

ID	字段名	类型	长度	描述	备注
8	AppSheetSerialNo	C	24	申请单编号	
32	TransactionCfmDate	A	8	交易确认日期	
37	CurrencyType	A	3	结算币种	
62	ConfirmedVol	N	16（两位小数）	产品账户交易确认份数	
64	ConfirmedAmount	N	16（两位小数）	每笔交易确认金额	

续表

ID	字段名	类型	长度	描述	备注
67	FundCode	C	6	产品代码	
80	LargeRedemptionFlag	A	1	巨额赎回处理标志	
92	TransactionDate	A	8	交易发生日期	
93	TransactionTime	A	6	交易发生时间	
119	ReturnCode	A	4	交易处理返回代码	
120	TransactionAccountID	A	17	投资人产品交易账号	填写场外交易系统参与人的一级产品账户（由场外交易系统分配）
121	DistributorCode	C	9	销售人代码	对于报价系统提交的业务申请文件，填写 899；对于其他柜台交易系统提交的业务申请文件，填写参与人的机构结算码
132	ApplicationVol	N	16（两位小数）	申请产品份数	
134	ApplicationAmount	N	16（两位小数）	申请金额	
135	BusinessCode	C	3	业务代码	参见附录 B
136	TAAccountID	C	12	投资人 TA 账号	TA 账户
137	TASerialNO	A	20	TA 确认交易流水号	
177	BusinessFinishFlag	C	1	业务过程完全结束标识	
25	DiscountRateOfCommission	N	5（四位小数）	销售佣金折扣率	
28	DepositAcct	C	19	投资人在销售人处用于交易的资金账号	
29	RegionCode	A	4	交易所在地区编号	
47	DownLoaddate	A	8	交易数据下传日期	
52	Charge	N	10（两位小数）	手续费	
53	AgencyFee	N	10（两位小数）	代理费	
86	NAV	N	7（四位小数）	产品单位净值	
87	BranchCode	C	9	网点号码	
90	OriginalAppSheetNo	A	24	原申请单编号	
91	OriginalSubsDate	A	8	原申购日期	
94	OtherFee1	N	10（两位小数）	其他费用 1	
98	IndividualOrInstitution	A	1	个人 / 机构标志	
102	RedemptionDateInAdvance	A	8	预约赎回日期	
138	StampDuty	N	16（两位小数）	印花税	
150	ValidPeriod	N	2	交易申请有效天数	
193	RateFee	N	9（八位小数）	费率	
173	TotalBackendLoad	N	16（两位小数）	交易后端收费总额	
89	OriginalSerialNo	A	20	TA 的原确认流水号	
254	Specification	C	60	摘要 / 说明	
40	DateOfPeriodicSubs	A	8	定期定额申购日期	
97	TargetDistributorCode	C	9	对方销售人代码	
141	TargetBranchCode	C	9	对方网点号码	

续表

ID	字段名	类型	长度	描述	备注
142	TargetTransactionAccountID	A	17	对方销售人处投资人产品交易账号	
152	TargetRegionCode	A	4	对方所在地区编号	
176	TransferDirection	A	1	转入 / 转出标识	
24	DefDividendMethod	A	1	默认分红方式代码	
123	DividendRatio	N	16（两位小数）	红利比例	
76	Interest	N	10（两位小数）	TA 账户利息金额	
266	VolumeByInterest	N	16（两位小数）	利息产生的产品份数	
156	InterestTax	N	16（两位小数）	利息税	
133	TradingPrice	N	7（四位小数）	交易价格	
58	FreezingDeadline	A	8	冻结截止日期	
60	FrozenCause	A	1	冻结原因代码	
139	Tax	N	16（两位小数）	税金	
162	TargetNAV	N	7（四位小数）	目标产品的单位净值	
163	TargetFundPrice	N	7（四位小数）	目标产品的价格	
161	CfmVolOfTargetFund	N	16（两位小数）	目标产品的确认份数	
194	MinFee	N	10（两位小数）	最少收费	
95	OtherFee2	N	16（两位小数）	其他费用 2	
258	OriginalAppDate	A	8	原申请日期	
255	TransferFee	N	10（两位小数）	过户费	
256	FromTAFlag	A	1	是否注册登记人发起业务标志	
260	ShareClass	C	1	收费方式代码	
264	DetailFlag	C	1	数据明细标志	
262	RedemptionInAdvanceFlag	A	1	预约赎回标志	
257	FrozenMethod	A	1	冻结方式代码	
261	OriginalCfmDate	A	8	TA 的原确认日期	
263	RedemptionReason	A	1	强行赎回原因代码	
34	CodeOfTargetFund	A	6	转换时的目标产品代码	
55	TotalTransFee	N	10（两位小数）	交易确认费用合计	
280	VarietyCodeOfPeriodicSubs	C	5	定时定额品种代码	
281	SerialNoOfPeriodicSubs	C	5	定时定额申购序号	
299	RationType	C	1	定期定额种类代码	
147	TargetTAAccountID	C	12	对方 TA 账号	
617	TargetRegistrarCode	C	2	对方登记机构	
524	NetNo	C	9	操作（清算）网点编号	
297	CustomerNo	C	12	TA 客户编号	填写参与人为投资者开立和维护的二级产品账户
526	TargetShareType	C	1	对方产品份额类别代码	
298	RationProtocolNo	C	20	定期定额协议号	
269	BeginDateOfPeriodicSubs	A	8	定时定额申购起始日期	

续表

ID	字段名	类型	长度	描述	备注
270	EndDateOfPeriodicSubs	A	8	定时定额申购终止日期	
271	SendDayOfPeriodicSubs	N	2	定时定额申购每月发送日	
530	Broker	C	12	经纪人	
301	SalesPromotion	C	3	促销活动代码	
302	AcceptMethod	C	1	受理方式代码	
303	ForceRedemptionType	C	1	强制赎回类型代码	
349	AlternationDate	A	8	最后更新日	
327	TakeIncomeFlag	C	1	带走收益标志	
328	PurposeOfPeSubs	C	40	定投目的	
329	FrequencyOfPeSubs	N	5	定投频率	
395	PeriodSubTimeUnit	C	1	定投周期单位代码	
330	BatchNumOfPeSubs	N	16（两位小数）	定投期数	
345	CapitalMode	C	2	资金方式代码	
346	DetailCapticalMode	C	2	明细资金方式代码	
347	BackenloadDiscount	N	5（4 位小数）	补差费折扣率	
348	CombineNum	C	6	组合编号	
283	RefundAmount	N	16（两位小数）	退款金额	
285	SalePercent	N	8（五位小数）	配售比例	
560	ManagerRealRatio	N	7（四位小数）	实际计算折扣	
542	ChangeFee	N	16（两位小数）	转换费	
541	RecuperateFee	N	16（两位小数）	补差费	
543	AchievementPay	N	16（两位小数）	业绩报酬	
544	AchievementCompen	N	16（两位小数）	业绩补偿	
603	SharesAdjustmentFlag	C	1	份额强制调整标志	
562	GeneralTASerialNo	A	20	总 TA 确认流水号	
507	UndistributeMonetaryIncome	N	16（两位小数）	货币产品未付收益金额	
510	UndistributeMonetaryIncomeFlag	C	1	货币产品未付收益金额正负	
300	BreachFee	N	16（两位小数）	违约金	
306	BreachFeeBackToFund	N	16（两位小数）	违约金归产品资产金额	
305	PunishFee	N	16（两位小数）	惩罚性费用	
164	TradingMethod	C	8	使用的交易手段	
386	ChangeAgencyFee	N	16（两位小数）	转换代理费	
387	RecuperateAgencyFee	N	16（两位小数）	补差代理费	
309	ErrorDetail	C	60	出错详细信息	
275	LargeBuyFlag	A	1	巨额购买处理标志	
225	RaiseInterest	N	16（两位小数）	认购期间利息	
276	FeeCalculator	A	1	计费人代码	
274	ShareRegisterDate	A	8	份额登记日期	

7.7 一级账户分红（06 文件）

06 文件用于记录一级账户分红数据。06 文件引用自《开放式基金业务数据交换协议》标准“TA 与销售人交易类汇总数据”章节的“分红数据”表，根据本接口情况对部分内容进行了修改，如有不同之处，在备注中说明。06 文件格式如表 12 所示。

表 12 06 文件数据格式

ID	字段名	类型	长度	描述	备注	是否必需
22	BasisforCalculatingDividend	N	16（两位小数）	红利 / 红利再投资基数	登记日产品持有人的产品份数	Y
32	TransactionCfmDate	A	8	交易确认日期	格式为：YYYYMMDD	Y
37	CurrencyType	A	3	结算币种	具体编码依 GB/T 12406-2008	Y
41	VolOfDividendforReinvestment	N	16（两位小数）	产品账户红利再投资产品份数	投资人实得红股，含被续冻的红股	Y
42	DividentDate	A	8	分红日 / 发放日		Y
43	DividendAmount	N	16（两位小数）	产品账户红利资金	红利总金额，含冻结红利及再投资的红利	Y
52	Charge	N	10（两位小数）	手续费		Y
53	AgencyFee	N	10（两位小数）	代理费		Y
59	TotalFrozenVol	N	16（两位小数）	产品冻结总份数		N
86	NAV	N	7（四位小数）	产品单位净值		N
87	BranchCode	C	9	网点号码	托管网点号码。对大集中方式的销售人，此字段与销售人代码相同	Y
94	OtherFee1	N	10（两位小数）	其他费用 1		N
95	OtherFee2	N	16（两位小数）	其他费用 2		N
98	IndividualOrInstitution	A	1	个人 / 机构标志	0- 机构 1- 个人	N
123	DividendRatio	N	16（两位小数）	红利比例		N
137	TASerialNo	A	20	TA 确认交易流水号	TA 对每笔交易确认的唯一标识，同一日不能重复，与交易确认日期 TransactionCfmDate 一起组成 TA 中一笔确认的唯一键	Y
138	StampDuty	N	16（两位小数）	印花税		N
187	FrozenBalance	N	16（两位小数）	冻结金额		N
255	TransferFee	N	10（两位小数）	过户费		Y
260	ShareClass	A	1	收费方式代码	0- 前收费 1- 后收费	Y
276	FeeCalculator	A	1	计费人代码	0-TA 计费 1- 产品计费	N
601	DrawBonusUnit	N	10	分红单位	举例：每千份分多少，则分红单位就为一千	Y
602	FrozenSharesforReinvest	N	16（两位小数）	冻结再投资份额		N

续表

ID	字段名	类型	长度	描述	备注	是否必需
354	DividendType	C	1	分红类型代码	0- 普通分红 1- 质押基金分红 2- 货币基金收益结转 3- 保本基金赔付 4- 专户到期处理	Y
90	OriginalAppSheetNo	A	24	原申请单编号	对质押基金分红为 Y 项，表示原质押业务的申请单编号	N
543	AchievementPay	N	16（两位小数）	业绩报酬		Y
544	AchievementCompen	N	16（两位小数）	业绩补偿		Y

7.8 二级账户分红（S6 文件）

S6 文件用于记录二级账户分红数据。S6 文件格式如表 13 所示。

表 13 S6 文件数据格式

ID	字段名	类型	长度	描述	备注	是否必需
22	BasisforCalculatingDividend	N	16（两位小数）	红利 / 红利再投资基数	登记日产品持有人的产品份数	Y
32	TransactionCfmDate	A	8	交易确认日期	格式为：YYYYMMDD	Y
37	CurrencyType	A	3	结算币种		Y
41	VolOfDividendforReinvestment	N	16（两位小数）	产品账户红利再投资产品份数	投资人实得红股，含被续冻的红股	Y
42	DividentDate	A	8	分红日 / 发放日		Y
43	DividendAmount	N	16（两位小数）	产品账户红利资金	红利总金额，含冻结红利及再投资的红利	Y
46	XRDate	A	8	除权日		Y
64	ConfirmedAmount	N	16（两位小数）	每笔交易确认金额	实发红利资金，不含冻结红利及再投资的红利	Y
67	FundCode	C	6	产品代码		Y
113	RegistrationDate	A	8	权益登记日期	格式为：YYYYMMDD	Y
119	ReturnCode	A	4	交易处理返回代码	取值见附录 B	Y
120	TransactionAccountID	A	17	投资人产品交易账号	填写场外交易系统参与人的一级产品账户（由场外交易系统分配）	Y
121	DistributorCode	C	9	销售人代码	对于报价系统提交的业务申请文件，填写 899；对于其他柜台交易系统提交的业务申请文件，填写参与人的机构结算码	Y
135	BusinessCode	C	3	业务代码	参见附录 B	Y
136	TAAccountID	C	12	投资人 TA 账号	TA 账户	Y
155	DividendPerUnit	N	16（两位小数）	单位产品分红金额（含税）	举例：每千份分两元，则此处填 2	Y

续表

ID	字段名	类型	长度	描述	备注	是否必需
24	DefDividendMethod	A	1	默认分红方式代码	0- 红利转投 1- 现金分红 投资人本次分红的方式	Y
28	DepositAcct	C	19	投资人在销售人处用于交易的资金账号		N
29	RegionCode	A	4	交易所在地区编号		N
47	DownLoaddate	A	8	交易数据下传日期	指发送日期	Y
52	Charge	N	10（两位小数）	手续费		Y
53	AgencyFee	N	10（两位小数）	代理费		Y
59	TotalFrozenVol	N	16（两位小数）	产品冻结总份数		N
86	NAV	N	7（四位小数）	产品单位净值		N
87	BranchCode	C	9	网点号码		Y
94	OtherFee1	N	10（两位小数）	其他费用 1		N
95	OtherFee2	N	16（两位小数）	其他费用 2		N
98	IndividualOrInstitution	A	1	个人 / 机构标志	0- 机构 1- 个人	N
123	DividendRatio	N	16（两位小数）	红利比例		N
137	TASerialNo	A	20	TA 确认交易流水号	TA 对每笔确认的唯一标识，同一日不能重复，与交易确认日期 TransactionCfmDate 一起组成 TA 中一笔确认的唯一键	Y
138	StampDuty	N	16（两位小数）	印花税		N
187	FrozenBalance	N	16（两位小数）	冻结金额		N
260	ShareClass	A	1	收费方式代码	0- 前收费 1- 后收费	Y
276	FeeCalculator	A	1	计费人代码	0-TA 计费 1- 基金计费	N
601	DrawBonusUnit	N	10	分红单位	举例：每千份分多少，则分红单位就为一千	Y
602	FrozenSharesforReinvest	N	16（两位小数）	冻结再投资份额		N
354	DividendType	C	1	分红类型代码	0- 普通分红 1- 质押基金分红 2- 货币基金收益结转 3- 保本基金赔付 4- 专户到期处理	Y
90	OriginalAppSheetNo	A	24	原申请单编号	对质押产品分红为 Y 项，表示原质押业务的申请单编号	N
543	AchievementPay	N	16（两位小数）	业绩报酬		Y
544	AchievementCompen	N	16（两位小数）	业绩补偿		Y
297	CustomerNo	C	12	TA 客户编号	填写参与人为投资者开立和维护的二级产品账户	Y

7.9 转让成交结果（S3 文件）

转让成交结果（S3 文件）用于场外交易系统向 TA 系统发送转让结果、债券发行登记、债券回售、债券质押冻结及解冻业务的成交结果。S3 文件格式如表 14 所示。

表 14　S3 文件数据格式

ID	字段名	类型	长度	描述	备注	是否必需
901	CommissionID	A	24	申报单编号		Y
8	AppSheetSerialNo	C	24	成交配对号		Y
67	FundCode	C	6	产品代码		Y
902	FundNo	A	12	产品编码		N
903	IssueCode	A	8	产品发行人代码		Y
121	DistributorCode	C	9	销售人代码	对于报价系统提交的业务申请文件，填写 899；对于其他柜台交易系统提交的业务申请文件，填写参与人的机构结算码	Y
904	TACode	A	8	登记机构		N
136	TAAccountID	C	12	投资人 TA 账号	TA 账户	Y
120	TransactionAccountID	A	17	投资人产品交易账号	填写场外交易系统参与人的一级产品账户（由场外交易系统分配）	Y
87	BranchCode	C	9	网点号码		Y
905	CommissionType	A	1	委托类型代码	“0”：意向报价 “1”：单边报价 “2”：双边报价 “3”：做市报价 “9”：无报价（协议成交）	N
135	BusinessCode	C	3	业务代码	“20B”：买入 “20S”：卖出 “124”：债券回售 “130”：发行登记 “131”：质押冻结 “132”：质押解冻	Y
906	TradePrice	N	14（六位小数）	成交价格		Y
132	ApplicationVol	N	16（两位小数）	申请产品份数	可对应成交份额	Y
92	TransactionDate	A	8	交易发生日期	可对应成交日期	Y
93	TransactionTime	A	6	交易发生时间	可对应成交时间	Y
147	TargetTAAccountID	C	12	对方 TA 账号		Y
142	TargetTransactionAccountID	A	17	对方交易账号		Y
97	TargetDistributorCode	C	9	对方销售人代码		Y
141	TargetBranchCode	C	9	对方网点号码		Y
907	TargetTACode	A	8	对方 TA 代码		N

续表

ID	字段名	类型	长度	描述	备注	是否必需
908	CommissionDate	A	8	申报日期		N
297	CustomerNo	C	12	TA 客户编号	填写参与人为投资者开立和维护的二级产品账户	N
254	Specification	C	60	摘要 / 说明		N
920	TargetCustomerNo	C	12	对方 TA 客户编号		N
89	OriginalSerialNo	C	20	TA 的原确认流水号		N
921	CfmResult	A	1	交易结果代码	"0"：失败 "1"：成功	N
909	ConfirmBalance	N	16（两位小数）	成交金额	质押的成交金额	N
95	OtherFee2	N	16（两位小数）	其他费用 2	用于新费用扩展	N
96	OtherFee3	N	16（两位小数）	其他费用 3	用于新费用扩展	N
914	OtherFee4	N	16（两位小数）	其他费用 4	用于新费用扩展	N
915	OtherFee5	N	16（两位小数）	其他费用 5	用于新费用扩展	N
916	OtherFee6	N	16（两位小数）	其他费用 6	用于新费用扩展	N
917	OtherFee7	N	16（两位小数）	其他费用 7	用于新费用扩展	N
918	OtherFee8	N	16（两位小数）	其他费用 8	净额交收标识： 01- 全额交收 02- 净额交收	N
919	OtherFee9	N	16（两位小数）	其他费用 9	外部交易中心费用	N

7.10　转让确认（S4 文件）

转让确认（S4 文件）用于 TA 系统向场外交易系统确认转让结果、债券发行登记、债券回售、债券质押冻结及解冻业务的成交结果。S4 文件格式如表 15 所示。

表 15　S4 文件数据格式

ID	字段名	类型	长度	描述	备注	是否必需
901	CommissionID	A	24	申报单编号		Y
8	AppSheetSerialNo	C	24	成交配对号		Y
67	FundCode	C	6	产品代码		Y
902	FundNo	A	12	产品编码		N
903	IssueCode	A	8	产品发行人代码		Y
121	DistributorCode	C	9	销售人代码	对于报价系统提交的业务申请文件，填写 899；对于其他柜台交易系统提交的业务申请文件，填写参与人的机构结算码	Y
904	TACode	A	8	登记机构		N
136	TAAccountID	C	12	投资人 TA 账号	TA 账户	Y
120	TransactionAccountID	A	17	投资人产品交易账号	填写场外交易系统参与人的一级产品账户（由场外交易系统分配）	Y

续表

ID	字段名	类型	长度	描述	备注	是否必需
87	BranchCode	C	9	网点号码		Y
905	CommissionType	A	1	委托类型代码	“0”：意向报价 “1”：单边报价 “2”：双边报价 “3”：做市报价 “9”：无报价（协议交易时）	N
135	BusinessCode	C	3	业务类别	“20B”：买入 “20S”：买出 “124”：债券回售 “130”：发行登记 “131”：质押冻结 “132”：质押解冻	Y
906	TradePrice	N	14（六位小数）	成交价格		Y
132	ApplicationVol	N	16（两位小数）	申请基金份数	可对应成交份额	Y
92	TransactionDate	A	8	交易发生日期	可对应成交日期	Y
93	TransactionTime	A	6	交易发生时间	可对应成交时间	Y
147	TargetTAAccountID	C	12	对方 TA 账号		Y
142	TargetTransactionAccountID	A	17	对方交易账号		Y
97	TargetDistributorCode	C	9	对方销售人代码		Y
141	TargetBranchCode	C	9	对方网点号码		Y
907	TargetTACode	A	8	对方 TA 代码		N
908	CommissionDate	A	8	申报日期		N
297	CustomerNo	C	12	TA 客户编号	填写参与人为投资者开立和维护的二级产品账户	N
254	Specification	C	60	摘要 / 说明		N
119	ReturnCode	A	4	交易处理返回代码	0000 为成功，其他为失败	Y
137	TASerialNo	A	20	TA 确认交易流水号		Y
909	ConfirmBalance	N	16（两位小数）	成交金额	成交价格 × 成交数量	Y
76	Interest	N	10（两位小数）	TA 账户利息金额	预留字段，净价时有利息，全价为 0，暂定由其他系统计算后导入，TA 不计算	N
138	StampDuty	N	16（两位小数）	印花税	数量 × 价格 × 比例，没费用填 0	Y
173	TotalBackendLoad	N	16（两位小数）	后收费	数量 × 价格 × 比例，没费用填 0 1. 申购方转让时，需要在转让时计算其申购费用 2. 转入的客户在此后的转出过程中不必再收取后收申购费 3. 转入的客户在作此份额赎回时，不应再收取后收申购费 4. 如果转入的客户之后又申购新的份额，新份额需要收取后收申购费	Y
506	HandleCharge	N	10（两位小数）	经手费	数量 × 价格 × 比例，没费用填 0	Y
255	TransferFee	N	10（两位小数）	过户费	数量 × 面值 × 比例，没费用填 0	Y
52	Charge	N	10（两位小数）	手续费	所有费用的汇总，没费用填 0	Y

续表

ID	字段名	类型	长度	描述	备注	是否必需
53	AgencyFee	N	10（两位小数）	代理费	没费用填 0	Y
910	SettleFee	N	16（两位小数）	结算费	没费用填 0	Y
911	Supervisionfee	N	16（两位小数）	监管规费	没费用填 0	Y
94	OtherFee1	N	10（两位小数）	其他费用 1	用于新费用扩展	N
95	OtherFee2	N	16（两位小数）	其他费用 2	用于新费用扩展	N
96	OtherFee3	N	16（两位小数）	其他费用 3	用于新费用扩展	N
914	OtherFee4	N	16（两位小数）	其他费用 4	用于新费用扩展	N
915	OtherFee5	N	16（两位小数）	其他费用 5	用于新费用扩展	N
916	OtherFee6	N	16（两位小数）	其他费用 6	用于新费用扩展	N
917	OtherFee7	N	16（两位小数）	其他费用 7	用于新费用扩展	N
918	OtherFee8	N	16（两位小数）	其他费用 8	净额交收标识： 01- 全额交收 02- 净额交收	N
919	OtherFee9	N	16（两位小数）	其他费用 9	外部交易中心费用	N
912	NetBalance	N	16（两位小数）	收付净额	卖方：收付净额 = 成交金额 - 费用 买方：收付净额 = 成交金额 + 费用	Y
913	NetBalanceFlag	C	1	收付净额正负代码	0- 正 1- 负	Y
920	TargetCustomerNo	C	12	对方 TA 客户编号		N

7.11　一级账户对账（S7 文件）

S7 文件用于一级账户对账。S7 文件格式如表 16 所示。

表 16　S7 文件数据格式

ID	字段名	类型	长度	描述	备注	是否必需
13	AvailableVol	N	16（两位小数）	持有人可用产品份数		Y
18	TotalVolOfDistributorInTA	N	16（两位小数）	产品总份数（含冻结）		Y
32	TransactionCfmDate	A	8	交易确认日期	格式为：YYYYMMDD	Y
67	FundCode	C	6	产品代码		Y
120	TransactionAccountID	A	17	投资人产品交易账号	填写场外交易系统参与人的一级产品账户（由场外交易系统分配）	Y
121	DistributorCode	C	9	销售人代码	对于报价系统提交的业务申请文件，填写 899；对于其他柜台交易系统提交的业务申请文件，填写参与人的机构结算码	Y
136	TAAccountID	C	12	投资人 TA 账号	TA 账户	Y
59	TotalFrozenVol	N	16（两位小数）	产品冻结总份数	仅包括账户类和交易类冻结业务及派生继续冻结的份额	N
87	BranchCode	C	9	网点号码		Y

续表

ID	字段名	类型	长度	描述	备注	是否必需
173	TotalBackendLoad	N	16（两位小数）	交易后端收费总额		N
260	ShareClass	A	1	收费方式代码	0- 前收费 1- 后收费	Y
268	AccountStatus	A	1	账户状态代码	0- 正常 1- 冻结 2- 挂失	N
508	GuaranteedAmount	N	16（两位小数）	剩余保本金额	对于债券产品，记录了投资者持有份额的应计利息	N
24	DefDividendMethod	A	1	默认分红方式代码	0- 红利转投 1- 现金分红	N

7.12 二级账户对账（S8 文件）

S8 文件用于二级账户对账。S8 文件格式如表 17 所示。

表 17 S8 文件数据格式

ID	字段名	类型	长度	描述	备注	是否必需
13	AvailableVol	N	16（两位小数）	持有人可用产品份数		Y
18	TotalVolOfDistributorInTA	N	16（两位小数）	产品总份数（含冻结）		Y
32	TransactionCfmDate	A	8	交易确认日期	格式为：YYYYMMDD	Y
67	FundCode	C	6	产品代码		Y
120	TransactionAccountID	A	17	投资人产品交易账号	填写场外交易系统参与人的一级产品账户（由场外交易系统分配）	Y
121	DistributorCode	C	9	销售人代码	对于报价系统提交的业务申请文件，填写 899；对于其他柜台交易系统提交的业务申请文件，填写参与人的机构结算码	Y
136	TAAccountID	C	12	投资人 TA 账号	TA 账户	Y
59	TotalFrozenVol	N	16（两位小数）	产品冻结总份数	仅包括账户类和交易类冻结业务及派生继续冻结的份额	N
87	BranchCode	C	9	网点号码		Y
173	TotalBackendLoad	N	16（两位小数）	交易后端收费总额		N
260	ShareClass	A	1	收费方式代码	0- 前收费 1- 后收费	Y
508	GuaranteedAmount	N	16（两位小数）	剩余保本金额	对于债券产品，记录了投资者持有份额的应计利息	N
24	DefDividendMethod	A	1	默认分红方式代码	0- 红利转投 1- 现金分红	N
297	CustomerNo	C	12	TA 客户编号	填写参与人为投资者开立和维护的二级产品账户	Y

7.13 交易明细对账（S9文件）

S9文件用于交易明细对账。S9文件格式如表18所示。

表18 S9文件数据格式

ID	字段名	类型	长度	描述	备注	是否必需
13	AvailableVol	N	16（两位小数）	持有人可用产品份数		Y
18	TotalVolOfDistributorInTA	N	16（两位小数）	产品总份数（含冻结）		Y
32	TransactionCfmDate	A	8	交易确认日期	格式为：YYYYMMDD	Y
67	FundCode	C	6	产品代码		Y
120	TransactionAccountID	A	17	投资人产品交易账号	填写场外交易系统参与人的一级产品账户（由场外交易系统分配）	Y
121	DistributorCode	C	9	销售人代码	对于报价系统提交的业务申请文件，填写899；对于其他柜台交易系统提交的业务申请文件，填写参与人的机构结算码	Y
136	TAAccountID	C	12	投资人TA账号	TA账户	Y
59	TotalFrozenVol	N	16（两位小数）	产品冻结总份数	仅包括账户类和交易类冻结业务及派生继续冻结的份额	N
87	BranchCode	C	9	网点号码		Y
137	TASerialNo	A	20	TA确认交易流水号		N
173	TotalBackendLoad	N	16（两位小数）	交易后端收费总额		N
260	ShareClass	A	1	收费方式代码	0-前收费 1-后收费	Y
268	AccountStatus	A	1	账户状态代码	0-正常 1-冻结 2-挂失	N
274	ShareRegisterDate	A	8	份额登记日期		Y
508	GuaranteedAmount	N	16（两位小数）	剩余保本金额		N
527	SourceType	C	1	份额原始来源代码	0-认购 1-申购 2-定期定额申购 3-分红	Y
24	DefDividendMethod	A	1	默认分红方式代码	0-红利转投 1-现金分红	N
297	CustomerNo	C	12	TA客户编号	填写参与人为投资者开立和维护的二级产品账户	Y

7.14 产品动态信息（07文件）

07文件引用自《开放式基金业务数据交换协议》标准“TA与销售人交易类汇总数据”章节的“基金信息数据”表，根据本接口情况对部分内容进行了修改，如有不同之处，在备注中说明。07文件格式如表19所示。

表 19　07 文件数据格式

ID	字段名	类型	长度	描述	备注	是否必需
63	FundName	C	40	产品名称		Y
66	TotalFundVol	N	16（两位小数）	产品总份数		Y
67	FundCode	C	6	产品代码		Y
68	FundStatus	C	1	产品状态代码	0- 可申购赎回 1- 发行 4- 停止申购赎回 5- 停止申购 6- 停止赎回 8- 产品终止 9- 基金封闭	Y
86	NAV	N	7（四位小数）	产品单位净值		Y
149	UpdateDate	A	8	产品净值日期	格式为：YYYYMMDD 对 ETF、QDII 的申购或赎回净值，此字段的含义为该申购或赎回净值适用的交易申请的日期	Y
555	NetValueType	C	1	净值类型代码	0- 普通净值 1- 申购净值 2- 赎回净值 对 ETF、QDII 基金可同时下发 3 条净值记录，通过此字段区分产品单位净值及产品净值日期的含义	Y
273	AccumulativeNAV	N	7（四位小数）	累计产品单位净值		Y
180	ConvertStatus	C	1	产品转换状态代码	0- 可转入，可转出 1- 只可转入 2- 只可转出 3- 不可转换	Y
604	PeriodicStatus	C	1	定期定额状态代码	0- 允许定期定额业务 1- 仅允许定投业务 2- 仅允许定赎业务 3- 禁止定期定额业务	Y
605	TransferAgencyStatus	C	1	转托管状态代码	0- 允许所有转托管 1- 仅允许场外转托管 2- 仅允许跨市场转托管 3- 禁止所有转托管	Y
129	FundSize	N	16（两位小数）	产品规模	产品的金额规模	Y
37	CurrencyType	A	3	结算币种	具体编码依 GB/T 12406—2008	Y
317	AnnouncFlag	C	1	公告标志	0- 公告 1- 不公告	Y
24	DefDividendMethod	A	1	默认分红方式代码		N
2	InstAppSubsAmnt	N	16（两位小数）	法人追加认购金额		N
3	InstAppSubsVol	N	16（两位小数）	法人追加认购份数		N
35	MinAmountByInst	N	16（两位小数）	法人首次认购最低金额		N

续表

ID	字段名	类型	长度	描述	备注	是否必需
36	MinVolByInst	N	16（两位小数）	法人首次认购最低份数		N
38	CustodianCode	A	3	托管人代码		N
39	AmountOfPeriodicSubs	N	16（两位小数）	定时定额申购的金额		N
40	DateOfPeriodicSubs	A	8	定时定额申购日期	格式为：YYYYMMDD	N
70	MaxRedemptionVol	N	16（两位小数）	产品最高赎回份数		N
71	MinAccountBalance	N	16（两位小数）	产品最低持有份数		N
78	IPOStartDate	A	8	产品募集开始日期	格式为：YYYYMMDD	N
79	IPOEndDate	A	8	产品募集结束日期	格式为：YYYYMMDD	N
82	FundManagerCode	C	3	产品管理人		N
99	IndiAppSubsVol	N	16（两位小数）	个人追加认购份数		N
100	IndiAppSubsAmount	N	16（两位小数）	个人追加认购金额		N
104	MinSubsVolByIndi	N	16（两位小数）	个人首次认购最低份数		N
105	MinSubsAmountByIndi	N	16（两位小数）	个人首次认购最低金额		N
114	RegistrarCode	C	2	注册登记人代码		N
130	FundSponsor	A	3	产品发起人		N
133	TradingPrice	N	7（四位小数）	交易价格		N
151	FaceValue	N	7（四位小数）	产品面值		N
42	DividentDate	A	8	分红日 / 发放日		N
113	RegistrationDate	A	8	权益登记日期	格式为：YYYYMMDD	N
46	XRDate	A	8	除权日	表示最近一次除权日期	N
198	MaxSubsVolByIndi	N	16（两位小数）	个人最高认购份数		N
199	MaxSubsAmountByIndi	N	16（两位小数）	个人最高认购金额		N
200	MaxSubsVolByInst	N	16（两位小数）	法人最高认购份数		N
201	MaxSubsAmountByInst	N	16（两位小数）	法人最高认购金额		N
202	UnitSubsVolByIndi	N	16（两位小数）	个人认购份数单位	表示级差含义	N
203	UnitSubsAmountByIndi	N	16（两位小数）	个人认购金额单位	表示级差含义	N
204	UnitSubsVolByInst	N	16（两位小数）	法人认购份数单位	表示级差含义	N
205	UnitSubsAmountByInst	N	16（两位小数）	法人认购金额单位	表示级差含义	N
206	MinBidsAmountByIndi	N	16（两位小数）	个人首次申购最低金额		N
207	MinBidsAmountByInst	N	16（两位小数）	法人首次申购最低金额		N
208	MinAppBidsAmountByIndi	N	16（两位小数）	个人追加申购最低金额		N
209	MinAppBidsAmountByInst	N	16（两位小数）	法人追加申购最低金额		N
210	MinRedemptionVol	N	16（两位小数）	产品最少赎回份数		N
211	MinInterconvertVol	N	16（两位小数）	最低产品转换份数		N
212	IssueTypeByIndi	C	1	个人发行方式代码	1- 比例发行 2- 摇号 3- 先来先买	N

续表

ID	字段名	类型	长度	描述	备注	是否必需
213	IssueTypeByInst	C	1	机构发行方式代码	1- 比例发行 2- 摇号 3- 先来先买	N
214	SubsType	C	1	认购方式代码	0- 金额认购 1- 份数认购	N
215	CollectFeeType	C	1	交易费收取方式代码	0- 价内费 1- 价外费	N
216	NextTradeDate	A	8	下一开放日		N
267	ValueLine	N	7（两位小数）	产品价值线数值		N
308	TotalDivident	N	8（五位小数）	累计单位分红	对于债券产品，记录了债券票面价值的应计利息	N
501	FundIncome	N	8（五位小数）	货币产品万份收益	货币产品必填	N
502	FundIncomeFlag	C	1	货币产品万份收益正负代码	0- 正 1- 负 货币产品必填	N
503	Yield	N	8（五位小数）	货币产品七日年化收益率	货币产品必填	N
504	YieldFlag	C	1	货币产品七日年化收益率正负代码	0- 正 1- 负 货币产品必填	N
505	GuaranteedNAV	N	7（四位小数）	保本净值		N
556	FundYearIncomeRate	N	8（五位小数）	货币产品年收益率	最近一年来的收益率	N
557	FundYearIncomeRateFlag	C	1	货币产品年收益率正负代码		N
609	IndiMaxPurchase	N	16（两位小数）	个人最大申购金额		N
610	InstMaxPurchase	N	16（两位小数）	法人最大申购金额		N
611	IndiDayMaxSumBuy	N	16（两位小数）	个人当日累计购买最大金额		N
612	InstDayMaxSumBuy	N	16（两位小数）	法人当日累计购买最大金额		N
613	IndiDayMaxSumRedeem	N	16（两位小数）	个人当日累计赎回最大份额		N
614	InstDayMaxSumRedeem	N	16（两位小数）	法人当日累计赎回最大份额		N
615	IndiMaxRedeem	N	16（两位小数）	个人最大赎回份额		N
616	InstMaxRedeem	N	16（两位小数）	法人最大赎回份额		N
535	FundDayIncomeFlag	C	1	产品当日总收益正负代码	货币产品必填	N
536	FundDayIncome	N	16（两位小数）	产品当日总收益	货币产品必填	N
304	AllowBreachRedempt	C	1	允许违约赎回标志	0- 允许 1- 不允许	N
310	FundType	C	2	产品类型代码		N
331	FundTypeName	C	30	产品类型描述		N
332	RegistrarName	C	40	注册登记人名称		N
333	FundManagerName	C	40	产品管理人名称		N
314	FundServerTel	C	30	产品公司客服电话号码		N
315	FundInternetAddress	C	40	产品公司网站网址		N

7.15 衍生品交易确认（D4文件）

D4文件格式如表20所示。

表20 D4文件数据格式

ID	字段名	类型	长度	描述	备注	是否必需
901	CommissionID	A	24	申报单编号	申请单编号	Y
8	AppSheetSerialNo	A	24	成交配对号		Y
67	FundCode	C	6	产品代码	合约交易编码前6位	Y
922	ContractTradeCode	C	32	合约交易编码		Y
902	FundNo	A	12	产品编码		N
903	IssueCode	A	8	产品发行人代码		N
121	DistributorCode	C	9	销售人代码	对于报价系统提交的业务申请文件，填写899；对于其他柜台交易系统提交的业务申请文件，填写参与人的机构结算码	N
904	TACode	A	8	登记机构		N
136	TAAccountID	C	12	投资人TA账号	确认方资金账户	Y
120	TransactionAccountID	A	17	投资人产品交易账号	确认方一级头寸账户	Y
87	BranchCode	C	9	网点号码		N
905	CommissionType	A	1	委托类型代码	“0”：意向报价 “1”：单边报价 “2”：双边报价 “3”：做市报价 “9”：无报价（协议交易时）	N
135	BusinessCode	A	3	业务类别	“301”：买入开仓 “302”：卖出开仓 “303”：买入平仓 “304”：卖出平仓 “305”：行权收益	Y
906	TradePrice	N	14（六位小数）	成交价格		Y
132	ApplicationVol	N	16（两位小数）	申请产品份数	可对应成交份额	Y
92	TransactionDate	A	8	交易发生日期	可对应成交日期	Y
93	TransactionTime	A	6	交易发生时间	可对应成交时间	Y
147	TargetTAAccountID	A	12	对方TA账号	报价方资金账户	Y
142	TargetTransactionAccountID	A	17	对方交易账号	报价方一级头寸账户	Y
97	TargetDistributorCode	C	9	对方销售人代码		N
141	TargetBranchCode	C	9	对方网点号码		N
907	TargetTACode	A	8	对方TA代码		N
908	CommissionDate	A	8	申报日期		N
297	CustomerNo	C	12	TA客户编号	确认方二级头寸账户	Y
254	Specification	C	60	摘要/说明		N

续表

ID	字段名	类型	长度	描述	备注	是否必需
119	ReturnCode	A	4	交易处理返回代码	0000 为成功，其他（0001）为已撤单	Y
137	TASerialNo	A	20	TA 确认交易流水号		N
909	ConfirmBalance	N	16（两位小数）	成交金额（权利金金额）	成交价格 × 成交数量	Y
76	Interest	N	10（两位小数）	TA 账户利息金额		N
138	StampDuty	N	16（两位小数）	印花税	数量 × 价格 × 比例，没费用填 0	N
173	TotalBackendLoad	N	16（两位小数）	后收费		N
506	HandleCharge	N	10（两位小数）	经手费	数量 × 价格 × 比例，没费用填 0	N
255	TransferFee	N	10（两位小数）	过户费	数量 × 面值 × 比例，没费用填 0	N
52	Charge	N	10（两位小数）	手续费	所有费用的汇总，没费用填 0	N
53	AgencyFee	N	10（两位小数）	代理费	没费用填 0	N
910	SettleFee	N	16（两位小数）	结算费	没费用填 0	N
911	Supervisionfee	N	16（两位小数）	监管规费	没费用填 0	N
94	OtherFee1	N	10（两位小数）	其他费用 1	用于新费用扩展	N
95	OtherFee2	N	16（两位小数）	其他费用 2	用于新费用扩展	N
96	OtherFee3	N	16（两位小数）	其他费用 3	用于新费用扩展	N
914	OtherFee4	N	16（两位小数）	其他费用 4	用于新费用扩展	N
915	OtherFee5	N	16（两位小数）	其他费用 5	用于新费用扩展	N
916	OtherFee6	N	16（两位小数）	其他费用 6	用于新费用扩展	N
917	OtherFee7	N	16（两位小数）	其他费用 7	用于新费用扩展	N
918	OtherFee8	N	16（两位小数）	其他费用 8	用于新费用扩展	N
919	OtherFee9	N	16（两位小数）	其他费用 9	用于新费用扩展	N
912	NetBalance	N	16（两位小数）	收付净额（权利金金额或者行权收益）	卖方：收付净额 = 成交金额 – 费用 买方：收付净额 = 成交金额 + 费用	Y
913	NetBalanceFlag	C	1	收付净额正负代码	0– 正 1– 负	Y
920	TargetCustomerNo	C	12	对方 TA 客户编号	报价方二级头寸账户	Y

7.16 衍生品一级账户对账（D7 文件）

D7 文件用于衍生品交易一级账号对账，格式如表 21 所示。

表 21 D7 文件数据格式

ID	字段名	类型	长度	描述	备注	是否必需
13	AvailableVol	N	16（两位小数）	持有人可用产品份数	可用份额	Y

续表

ID	字段名	类型	长度	描述	备注	是否必需
18	TotalVolOfDistributorInTA	N	16（两位小数）	产品总份数（含冻结）	持仓份额	Y
32	TransactionCfmDate	A	8	交易确认日期	格式为：YYYYMMDD	N
922	ContractTradeCode	C	32	合约交易编码		Y
67	FundCode	C	6	产品代码	合约交易编码前 6 位	Y
923	HoldType	C	4	持仓类型代码		Y
120	TransactionAccountID	A	17	投资人产品交易账号	一级头寸账户	Y
121	DistributorCode	C	9	销售人代码	对于报价系统提交的业务申请文件，填写 899；对于其他柜台交易系统提交的业务申请文件，填写参与人的机构结算码	N
136	TAAccountID	C	12	投资人 TA 账号		N
59	TotalFrozenVol	N	16（两位小数）	产品冻结总份数	仅包括账户类和交易类冻结业务及派生继续冻结的份额	N
87	BranchCode	C	9	网点号码		N
173	TotalBackendLoad	N	16（两位小数）	交易后端收费总额		N
260	ShareClass	A	1	收费方式代码	0- 前收费 1- 后收费	N
268	AccountStatus	A	1	账户状态代码	0- 正常 1- 冻结 2- 挂失	N
508	GuaranteedAmount	N	16（两位小数）	剩余保本金额		N
24	DefDividendMethod	A	1	默认分红方式代码	0- 红利转投 1- 现金分红	N

7.17 衍生品二级账户对账（D8 文件）

D8 文件用于衍生品交易二级账户对账，格式如表 22 所示。

表 22　D8 文件数据格式

ID	字段名	类型	长度	描述	备注	是否必需
13	AvailableVol	N	16（两位小数）	持有人可用产品份数	可用份额	Y
18	TotalVolOfDistributorInTA	N	16（两位小数）	产品总份数（含冻结）	持仓份额	Y
32	TransactionCfmDate	A	8	交易确认日期	格式为：YYYYMMDD	N
922	ContractTradeCode	C	32	合约交易编码		Y
67	FundCode	C	6	产品代码	合约交易编码前 6 位	Y
923	HoldType	C	4	持仓类型代码		Y
120	TransactionAccountID	A	17	投资人产品交易账号	一级头寸账户	Y
121	DistributorCode	C	9	销售人代码	对于报价系统提交的业务申请文件，填写 899；对于其他柜台交易系统提交的业务申请文件，填写参与人的机构结算码	N

续表

ID	字段名	类型	长度	描述	备注	是否必需
136	TAAccountID	C	12	投资人 TA 账号		N
59	TotalFrozenVol	N	16（两位小数）	产品冻结总份数	仅包括账户类和交易类冻结业务及派生继续冻结的份额	N
87	BranchCode	C	9	网点号码		N
173	TotalBackendLoad	N	16（两位小数）	交易后端收费总额		N
260	ShareClass	A	1	收费方式代码	0- 前收费 1- 后收费	N
508	GuaranteedAmount	N	16（两位小数）	剩余保本金额		N
24	DefDividendMethod	A	1	默认分红方式代码	0- 红利转投 1- 现金分红	N
297	CustomerNo	C	12	TA 客户编号	二级头寸账户	Y

8 数据字典

所有业务环节交换的数据项见表 23。

表 23 数据字典

ID	字段名	类型	长度	描述	备注
1	AcctManFee	N	16(两位小数)	产品账户管理费	
2	InstAppSubsAmnt	N	16(两位小数)	法人追加认购金额	
3	InstAppSubsVol	N	16(两位小数)	法人追加认购份数	
4	Address	C	120	联系地址	
5	InstReprIDCode	C	30	法人代表身份证件代码	
6	InstReprIDType	C	1	法人代表证件类型代码	
7	InstReprName	C	20	法人代表	
8	AppSheetSerialNo	C	24	申请单编号（认申赎业务）/成交配对号（转让业务）	同一销售机构不能重复。其中，前 3 位或前 5 位是参与人代码，其余代码可由参与人自定义
9	TotalSubsAmnt	N	16(两位小数)	申购总金额	
10	TotalAccptdSubsVol	N	10	成功申购总笔数	申请总笔数
11	TotalSubsCharge	N	16(两位小数)	申购手续费总金额	
12	TotalSubsVol	N	16(两位小数)	申购总份数	
13	AvailableVol	N	16(两位小数)	持有人可用产品份数	
14	IssueType	C	1	产品发行方式	1- 不限量发行 2- 限额发行 3- 比例配售
15	AmntReinbursed	N	16(两位小数)	退回金额	
16	BackendLoad	N	16(两位小数)	每笔交易后端收费	

续表

ID	字段名	类型	长度	描述	备注
17	AcctBalanceInIndividualDistributor	N	16（两位小数）	持有人在单个销售机构的产品份数	
18	TotalVolOfDistributorInTA	N	16（两位小数）	产品总份数（含冻结）	
19	AcctNoOfFMInClearingAgency	C	28	产品管理人在资金清算机构的交收账号	
20	AcctNameOfFMInClearingAgency	C	60	产品管理人在资金清算机构的交收账户名	
21	ClearingAgencyCode	A	9	产品资金清算机构代码	
22	BasisforCalculatingDividend	N	16（两位小数）	红利 / 红利再投资基数	登记日产品持有人的产品份数
23	InvestorsBirthday	A	8	投资人出生日期	格式为：YYYYMMDD
24	DefDividendMethod	A	1	默认分红方式代码	0- 红利转投 1- 现金分红
25	DiscountRateOfCommission	N	5（四位小数）	销售佣金折扣率	销售人申报的折扣率
27	CertificateType	C	1	个人证件类型及机构证件类型代码	个人证件类型 0- 身份证 1- 护照 2- 军官证 3- 士兵证 4- 港澳居民来往内地通行证 5- 户口本 6- 外国护照 7- 其他 8- 文职证 9- 警官证 A- 台胞证 机构证件类型 0- 组织机构代码证 1- 营业执照 2- 行政机关 3- 社会团体 4- 军队 5- 武警 6- 下属机构（具有主管单位批文号） 7- 基金会 8- 其他
28	DepositAcct	C	19	投资人在销售人处用于交易的资金账号	
29	RegionCode	A	4	交易所在地区编号	
30	TransferDateFromCustodian	A	8	清算资金自托管人处划出日期	格式为：YYYYMMDD
31	TransferDateThroughClearingAgency	A	8	清算资金经清算人划出日期	格式为：YYYYMMDD
32	TransactionCfmDate	A	8	交易确认日期	格式为：YYYYMMDD
33	AnnContent	C	TEXT	公告内容	
34	CodeOfTargetFund	A	6	转换时的目标产品代码	

续表

ID	字段名	类型	长度	描述	备注
35	MinAmountByInst	N	16(两位小数)	法人首次认购最低金额	
36	MinVolByInst	N	16(两位小数)	法人首次认购最低份数	
37	CurrencyType	A	3	结算币种	具体编码依 GB/T 12406-2008
38	CustodianCode	A	3	托管人代码	
39	AmountOfPeriodicSubs	N	16(两位小数)	定时定额申购的金额	
40	DateOfPeriodicSubs	A	8	定时定额申购日期	格式为：YYYYMMDD
41	VolOfDividendforReinvestment	N	16(两位小数)	产品账户红利再投资产品份数	
42	DividentDate	A	8	分红日 / 发放日	
43	DividendAmount	N	16(两位小数)	产品账户红利资金	
44	TotalDividendAmount	N	16(两位小数)	产品红利总额	
45	DividendOrShare	A	1	红利 / 红利再投资标志	0- 红利再投资 1- 红利
46	XRDate	A	8	除权日	
47	DownLoaddate	A	8	交易数据下传日期	指发送日期
49	EmailAddress	C	40	投资人电子邮箱	
50	TotalDividendIndeed	N	16(两位小数)	产品实发红利总金额	
51	FaxNo	C	24	投资人传真号码	
52	Charge	N	10(两位小数)	手续费	
53	AgencyFee	N	10(两位小数)	代理费	
54	ChargeRate	N	6(四位小数)	手续费率	
55	TotalTransFee	N	10(两位小数)	交易确认费用合计	
56	TotalFeeForDividend	N	10(两位小数)	分红费用合计	
57	AnnouncementNo	C	13	公告文件号	产品管理公司编码：(NNN)+ YYYYMMDD+ 序号(NN)
58	FreezingDeadline	A	8	冻结截止日期	格式为：YYYYMMDD
59	TotalFrozenVol	N	16(两位小数)	产品冻结总份数	
60	FrozenCause	A	1	冻结原因代码	0- 司法冻结 1- 柜台冻结 2- 质押冻结 3- 质押、司法双重冻结 4- 柜台、司法双重冻结
61	FrontendFee	N	16(两位小数)	每笔交易前端收费	
62	ConfirmedVol	N	16(两位小数)	TA 账户交易确认份数	
63	FundName	C	40	产品名称	
64	ConfirmedAmount	N	16(两位小数)	每笔交易确认金额	
65	VocationCode	C	3	投资人职业代码	01- 党政机关、事业单位 02- 企业单 03- 自由业主 04- 学生 05- 军人 06- 其他

续表

ID	字段名	类型	长度	描述	备注
66	TotalFundVol	N	16（两位小数）	产品总份数	
67	FundCode	C	6	产品代码	
68	FundStatus	C	1	产品状态代码	0- 可申购赎回 1- 发行 4- 停止申购赎回 5- 停止申购 6- 停止赎回 8- 产品终止 9- 产品封闭
69	HomeTelNo	C	22	投资人住址电话号码	
70	MaxRedemptionVol	N	16（两位小数）	产品最高赎回份数	
71	MinAccountBalance	N	16（两位小数）	产品最低持有份数	
72	CertificateNo	C	30	投资人证件号码	
73	AnnualIncome	N	8	投资人年收入	
74	AnnouncementDate	A	8	公告日期	格式为：YYYYMMDD
75	AnnouncementType	A	1	公告类别	0- 常规 1- 异常
76	Interest	N	10（两位小数）	TA 账户利息金额	
77	BackAmountByInvalid	N	16（两位小数）	因为无效而划回投资人的资金	
78	IPOStartDate	A	8	产品募集开始日期	格式为：YYYYMMDD
79	IPOEndDate	A	8	产品募集结束日期	格式为：YYYYMMDD
80	LargeRedemptionFlag	A	1	巨额赎回处理标志	0- 取消 1- 顺延
81	LengthOfAnnouncement	N	10	公告内容长度	
82	FundManagerCode	C	3	产品管理人	
83	MobileTelNo	C	24	投资人移动电话	
84	MultiAcctFlag	A	1	多渠道开户标志	0- 首次开设产品账户 1- 已经其他渠道开户
85	InvestorName	C	120	投资人户名	
86	NAV	N	7（四位小数）	产品单位净值	
87	BranchCode	C	9	网点号码	当“销售人代码”填写“899”时，该字段填写参与人的机构结算码；当“销售人代码”填写参与人的机构结算码时，该字段可填写营业部网点编码
88	OfficeTelNo	C	22	投资人单位电话号码	
89	OriginalSerialNo	A	20	TA 的原确认流水号	
90	OriginalAppSheetNo	A	24	原申请单编号	
91	OriginalSubsDate	A	8	原申购日期	格式为：YYYYMMDD
92	TransactionDate	A	8	交易发生日期	格式为：YYYYMMDD
93	TransactionTime	A	6	交易发生时间	格式为：HHMMSS

续表

ID	字段名	类型	长度	描述	备注
94	OtherFee1	N	10（两位小数）	其他费用 1	
95	OtherFee2	N	16（两位小数）	其他费用 2	
96	OtherFee3	N	16（两位小数）	其他费用 3	
97	TargetDistributorCode	C	9	对方销售人代码	
98	IndividualOrInstitution	A	1	个人 / 机构标志	0- 机构 1- 个人
99	IndiAppSubsVol	N	16（两位小数）	个人追加认购份数	
100	IndiAppSubsAmount	N	16（两位小数）	个人追加认购金额	
101	PostCode	A	6	投资人邮政编码	
102	RedemptionDateInAdvance	A	8	预约赎回日期	格式为：YYYYMMDD
103	IPOPrice	N	7（四位小数）	发行价格	
104	MinSubsVolByIndi	N	16（两位小数）	个人首次认购最低份数	
105	MinSubsAmountByIndi	N	16（两位小数）	个人首次认购最低金额	
106	TransactorCertNo	C	30	经办人证件号码	
107	TransactorCertType	C	1	经办人证件类型代码	0- 身份证 1- 护照 2- 军官证 3- 士兵证 4- 港澳居民来往内地通行证 5- 户口本 6- 外国护照 7- 其他 8- 文职证 9- 警官证 A- 台胞证
108	TransactorName	C	20	经办人姓名	
109	TotalRedemptionAmount	N	16（两位小数）	产品赎回总金额	
110	TotalTransactionOfSuccessfulRedemption	N	10	成功赎回总笔数	
111	TotalFeeOfRedemption	N	16（两位小数）	赎回手续费总金额	
112	VolOnRegistraionDate	N	16（两位小数）	权益登记日 TA 账户份数	
113	RegistrationDate	A	8	权益登记日期	格式为：YYYYMMDD
114	RegistrarCode	C	2	注册登记人代码	
115	RegistrationFee	N	16（两位小数）	注册登记费	
116	TotalReinvestmentDividend	N	16（两位小数）	红利自动再投资总金额	
117	BackAmountByExcess	N	16（两位小数）	因为剩余而划回投资人的资金	
118	TotalRedemptionVol	N	16（两位小数）	赎回总份数	
119	ReturnCode	A	4	交易处理返回代码	取值见附录 B
120	TransactionAccountID	A	17	投资人产品交易账号	填写场外交易系统参与人的一级产品账户（由场外交易系统分配）；在衍生品业务文件中，填写一级头寸账户

续表

ID	字段名	类型	长度	描述	备注
121	DistributorCode	C	9	销售人代码	对于报价系统提交的业务申请文件，填写899；对于其他柜台交易系统提交的业务申请文件，填写参与人的机构结算码
122	AccountAbbr	C	12	投资人户名简称	
123	DividendRatio	N	16（两位小数）	红利比例	（金额/分红总额）
124	ConfidentialDocumentCode	C	8	密函编号	
125	DocumentSendDate	A	8	文件发送日期	格式为：YYYYMMDD
126	Sex	A	1	投资人性别	1-男 2-女 3-其他
127	SHSecuritiesAccountID	C	10	上交所证券账号	
128	SZSecuritiesAccountID	C	10	深交所证券账号	
129	FundSize	N	16（两位小数）	产品规模	
130	FundSponsor	A	3	产品发起人	
131	AnnouncementTitle	C	100	公告标题	
132	ApplicationVol	N	16（两位小数）	申请产品份数	
133	TradingPrice	N	7（四位小数）	交易价格	单位产品净值+各种费用
134	ApplicationAmount	N	16（两位小数）	申请金额	
135	BusinessCode	C	3	业务代码	参见附录B
136	TAAccountID	C	12	投资人TA账号	TA账户
137	TASerialNo	A	20	TA确认交易流水号	TA对每笔确认的唯一标识，同一日不能重复，与交易确认日期TransactionCfmDate一起组成TA中一笔确认的唯一键
138	StampDuty	N	16（两位小数）	印花税	
139	Tax	N	16（两位小数）	税金	
140	TelNo	C	22	投资人电话号码	
141	TargetBranchCode	C	9	对方网点号码	转销售人、机构、非交易过户时使用
142	TargetTransactionAccountID	A	17	对方销售人处投资人产品交易账号	非交易过户时使用
143	AggregationOfTransactionByBusinessType	N	8	每种业务笔数汇总	
144	AggregationDate	A	8	汇总日期	格式为：YYYYMMDD
145	TotalVol	N	16（两位小数）	产品份数汇总	
146	TotalAmount	N	16（两位小数）	产品金额汇总	
147	TargetTAAccountID	C	12	对方TA账号	转销售人、非交易过户时使用
148	TrailCommission	N	16（两位小数）	尾随佣金	
149	UpdateDate	A	8	产品净值日期	格式为：YYYYMMDD
150	ValidPeriod	N	2	交易申请有效天数	

续表

ID	字段名	类型	长度	描述	备注
151	FaceValue	N	7（四位小数）	产品面值	
152	TargetRegionCode	A	4	对方所在地区编号	
153	TotalFailingVol	N	16(两位小数)	失败份数汇总	
154	TotalSuccessfulVol	N	16(两位小数)	成功份数汇总	
155	DividendPerUnit	N	16(两位小数)	单位产品分红金额（含税）	
156	InterestTax	N	16(两位小数)	利息税	
157	FundVolBalance	N	16(两位小数)	产品份数余额	
158	BeginAllotNo	N	12	配号开始号	
159	EndAllotNo	N	12	配号结束号	
160	TotalAllotNo	N	12	配号总数	
161	CfmVolOfTargetFund	N	16(两位小数)	目标产品的确认份数	
162	TargetNAV	N	7（四位小数）	目标产品的单位净值	
163	TargetFundPrice	N	7（四位小数）	目标产品的价格	
164	TradingMethod	C	8	使用的交易手段	共8个字符，每个字符代表一种交易手段，其含义为： 第1位：CALLCENTER 第2位：INTERNET 第3位：自助终端 第4位：柜台 第5~8位：保留 每个字符取1表示使用此种手段，取0表示不使用
165	ContractNo	A	20	合约编号	
166	SelfHelp	C	1	自助终端	0–取消 1–开通
167	MinorFlag	C	1	未成年人标志	0–否 1–是
169	DeliverType	C	1	对账单寄送选择代码	1–不寄送 2–按季 3–半年 4–一年
170	TransactorIDType	C	1	经办人识别方式代码	1–书面委托 2–印鉴 3–密码 4–证件
171	AccountCardID	C	8	产品账户卡的凭证号	
172	TotalFrontendFee	N	16(两位小数)	交易前端收费总额	
173	TotalBackendLoad	N	16(两位小数)	交易后端收费总额	
174	TotalFailingAmount	N	16(两位小数)	失败金额汇总	
175	TotalSuccessfulAmount	N	16(两位小数)	成功金额汇总	
176	TransferDirection	A	1	转入/转出标识	0–转出 1–转入

续表

ID	字段名	类型	长度	描述	备注
177	BusinessFinishFlag	C	1	业务过程完全结束标识	0- 中间过程 1- 业务过程结束
178	TotalFailingDealingNum	N	6	失败交易笔数	
179	TotalSuccessfulDealingNum	N	6	成功交易笔数	
180	ConvertStatus	C	1	产品转换状态代码	0- 可转入，可转出 1- 只可转入 2- 只可转出 3- 不可转换
181	AcctNameOfInvestorInClearingAgency	C	50	投资人收款银行账户户名	
182	AcctNoOfInvestorInClearingAgency	C	28	投资人收款银行账户账号	
183	ClearingAgency	A	9	投资人收款银行账户开户行	
184	UnFrozenBalance	N	16（两位小数）	解冻红利金额	账户冻结期间产生的红利
185	BusinessOrganiger	C	3	业务发起人代码	
186	AccountType	C	1	账户类型代码	0- 普通账户 1- 机构散户
187	FrozenBalance	N	16（两位小数）	冻结金额	
188	FrozenShares	N	16（两位小数）	冻结红利再投资份数	需冻结的红利再投资份数
189	TotalFare	N	16（两位小数）	交易费用汇总	
190	VastRedeemFlag	C	1	巨额赎回标志	0：非巨额 1：巨额
191	TermOfPeriodicSubs	N	5	定时定额申购期限	
192	FutureBuyDate	A	8	指定申购日期	格式为：YYYYMMDD
193	RateFee	N	9（八位小数）	费率	分段收费考虑
194	MinFee	N	10（两位小数）	最少收费	
195	DaysRedemptionInAdvance	N	5	预约赎回工作日天数	
198	MaxSubsVolByIndi	N	16（两位小数）	个人最高认购份数	
199	MaxSubsAmountByIndi	N	16（两位小数）	个人最高认购金额	
200	MaxSubsVolByInst	N	16（两位小数）	法人最高认购份数	
201	MaxSubsAmountByInst	N	16（两位小数）	法人最高认购金额	
202	UnitSubsVolByIndi	N	16（两位小数）	个人认购份数单位	
203	UnitSubsAmountByIndi	N	16（两位小数）	个人认购金额单位	
204	UnitSubsVolByInst	N	16（两位小数）	法人认购份数单位	
205	UnitSubsAmountByInst	N	16（两位小数）	法人认购金额单位	
206	MinBidsAmountByIndi	N	16（两位小数）	个人首次申购最低金额	
207	MinBidsAmountByInst	N	16（两位小数）	法人首次申购最低金额	
208	MinAppBidsAmountByIndi	N	16（两位小数）	个人追加申购最低金额	
209	MinAppBidsAmountByInst	N	16（两位小数）	法人追加申购最低金额	
210	MinRedemptionVol	N	16（两位小数）	产品最少赎回份数	
211	MinInterconvertVol	N	16（两位小数）	最低产品转换份数	

续表

ID	字段名	类型	长度	描述	备注
212	IssueTypeByIndi	C	1	个人发行方式代码	1- 比例发行 2- 摇号 3- 先来先买
213	IssueTypeByInst	C	1	机构发行方式代码	1- 比例发行 2- 摇号 3- 先来先买
214	SubsType	C	1	认购方式代码	0- 金额认购 1- 份数认购
215	CollectFeeType	C	1	交易费收取方式代码	0- 价内费 1- 价外费
216	NextTradeDate	A	8	下一开放日	
217	SalerNetReceivableAmount	N	16(两位小数)	销售人净收结算金额	
218	SalerNetPayableAmount	N	16(两位小数)	销售人净付结算金额	
219	SalerTotalFee	N	16(两位小数)	销售人收取费用总额	
220	SalerBuyFee	N	16(两位小数)	销售人收取申购费用	
221	SalerBidFee	N	16(两位小数)	销售人收取赎回费用	
222	FundTotalFee	N	16(两位小数)	赎回费用总额(扣除保留在产品资产部分)	
223	RaiseTotalAmount	N	16(两位小数)	认购资金总额	
224	AccumulativeTotalRaiseAmount	N	16(两位小数)	累计认购资金总额	
225	RaiseInterest	N	16(两位小数)	认购期间利息	
226	SalerRaiseFee	N	16(两位小数)	销售人认购费	
227	ConversionInAmount	N	16(两位小数)	转入款	
228	ConvertingToAmount	N	16(两位小数)	转出款	
229	SalerExchangeFee	N	16(两位小数)	销售人转换费	
230	BidTax	N	16(两位小数)	申购印花税	
231	RedemptionTax	N	16(两位小数)	赎回印花税	
232	IndividualCapitalGainTax	N	16(两位小数)	分红个人利得所得税	
233	InstituteCapitalGainTax	N	16(两位小数)	分红机构利得所得税	
234	IndividualIncomeTax	N	16(两位小数)	分红个人增值所得税	
235	InstituteIncomeTax	N	16(两位小数)	分红机构增值所得税	
236	SalerReinvestmentFee	N	16(两位小数)	销售人再投资费	
237	SubFeeRetTA	N	16(两位小数)	申购归注册登记人所得费用	包括注册登记人的费用
238	RedemFeeRetTA	N	16(两位小数)	赎回归注册登记人所得费用	包括注册登记人的费用
239	TotalTransInAmount	N	16(两位小数)	产品转换入总金额	
240	TotalFeeOfTransInAmount	N	16(两位小数)	产品转换入手续费总金额	
241	TotalTransInVol	N	16(两位小数)	产品转换入总份数	
242	TotalTransOutAmount	N	16(两位小数)	产品转换出总金额	
243	TotalFeeOfTransOutAmount	N	16(两位小数)	产品转换出手续费总金额	
244	TotalTransOutVol	N	16(两位小数)	产品转换出总份数	

续表

ID	字段名	类型	长度	描述	备注
245	BidTrade	N	13	成功申购总户数	
246	RedeemTrade	N	13	成功赎回总户数	
247	FreezeTotal	N	16（两位小数）	冻结总份数	
248	ManagerCode	A	3	管理人代码	
249	NetBidTotalAmount	N	16（两位小数）	申购成功资金总额（不含费用，不含税）	
250	NetRedeemTotalAmount	N	16（两位小数）	赎回成功资金总额（不含费用，不含税）	
251	CreditDebit	N	1	借贷方向代码	0- 借方 1- 贷方
252	RedemptionFee	N	16（两位小数）	赎回费	
253	NetSettlement	N	16（两位小数）	资金清算净额	全额交收可以用作实际清算额
254	Specification	C	60	摘要 / 说明	
255	TransferFee	N	10（两位小数）	过户费	
256	FromTAFlag	A	1	是否注册登记人发起业务标志	0- 由销售人发起 1- 由注册登记人发起
257	FrozenMethod	A	1	冻结方式代码	0- 原份数冻结 1- 原份数 + 滋息冻结
258	OriginalAppDate	A	8	原申请日期	格式为：YYYYMMDD
259	TotalBackendLoadVol	N	16（两位小数）	交易后端收费总份数	
260	ShareClass	A	1	收费方式代码	0- 前收费 1- 后收费 2- 前后收费共用（产品代码）
261	OriginalCfmDate	A	8	TA 的原确认日期	
262	RedemptionInAdvanceFlag	A	1	预约赎回标志	0- 非预约赎回 1- 预约赎回
263	RedemptionReason	A	1	强行赎回原因代码	0- 小于最低持有数 1- 司法执行 2- 政策原因
264	DetailFlag	A	1	明细标志	0- 非明细 1- 明细
265	DeliverWay	C	8	对账单寄送方式	共 8 个字符，每个字符代表一种交易手段，其含义为： 第 1 位：邮寄 第 2 位：传真 第 3 位：E-mail 第 4 位：短消息 第 5~8 位：保留 每位字符取 1 表示采用此种手段，取 0 表示不使用
266	VolumeByInterest	N	16（两位小数）	利息产生的产品份数	
267	ValueLine	N	7（两位小数）	产品价值线数值	

续表

ID	字段名	类型	长度	描述	备注
268	AccountStatus	A	1	账户状态代码	0- 正常 1- 冻结 2- 挂失
269	BeginDateOfPeriodicSubs	A	8	定时定额申购起始日期	格式为：YYYYMMDD
270	EndDateOfPeriodicSubs	A	8	定时定额申购终止日期	格式为：YYYYMMDD
271	SendDayOfPeriodicSubs	N	2	定时定额申购每周期发送日	指每周期的第几天。如果遇非交易日，则顺延到下一交易日。
272	TotalVolumeofReinvestmentDividend	N	16（两位小数）	红利再投资份额总额	
273	AccumulativeNAV	N	7（四位小数）	累计产品单位净值	
274	ShareRegisterDate	A	8	份额登记日期	
275	LargeBuyFlag	A	1	巨额购买处理标志	0- 取消 1- 顺延
276	FeeCalculator	A	1	计费人代码	0-TA 计费 1- 产品计费
277	IndiAcctCfmRate	N	5（四位小数）	个人账户确认比例	
278	InstAcctCfmRate	N	5（四位小数）	机构账户确认比例	
279	GenAcctCfmRate	N	5（四位小数）	综合账户确认比例	
280	VarietyCodeOfPeriodicSubs	C	5	定时定额品种代码	
281	SerialNoOfPeriodicSubs	C	5	定时定额申购序号	
282	CorpName	C	40	工作单位名称	
283	RefundAmount	N	16（两位小数）	退款金额	
284	SecuritiesAccountID	C	10	证券账号	
285	SalePercent	N	8（五位小数）	配售比例	
286	CertValidDate	A	8	证件有效截止日期	
287	InstTranCertValidDate	A	8	机构经办人身份证件有效截止日期	
288	InstReprCertValidDate	A	8	机构法人身份证件有效截止日期	
289	ClientRiskRate	C	1	客户风险等级代码	
290	InstReprManageRange	C	2	机构法人经营范围代码	01- 农、林、牧、渔业 02- 采矿业 03- 制造业 04- 电力、燃气及水的生产和供应 05- 建筑业 06- 交通运输、仓储和邮政业 07- 信息传输、计算机服务和软件业 08- 批发和零售业 09- 住宿和餐饮业 10- 金融业 11- 房地产业 12- 租赁和商务服务业 13- 科学研究、技术服务和地质勘查业

续表

ID	字段名	类型	长度	描述	备注
290	InstReprManageRange	C	2	机构法人经营范围代码	14–水利、环境和公共设施管理业 15–居民服务和其他服务业 16–教育 17–卫生、社会保障和社会福利业 18–文化、体育和娱乐业 19–公共管理与社会组织 20–国际组织
291	ControlHolder	C	80	控股股东名称	
292	ActualController	C	80	实际控制人名称	
293	MarriageStatus	C	1	婚姻状况代码	0–未婚 1–已婚
294	FamilyNum	N	2	家庭人口数	
295	Penates	N	16(两位小数)	家庭资产	
296	MediaHobby	C	1	媒体偏好代码	0–网络 1–广播 2–电视 3–报刊 4–其他
297	CustomerNo	C	12	TA 客户编号	填写参与人为投资者开立和维护的二级产品账户；在衍生品业务文件中，填写二级头寸账户
298	RationProtocolNo	C	20	定期定额协议号	
299	RationType	C	1	定期定额种类代码	
300	BreachFee	N	16(两位小数)	违约金	
301	SalesPromotion	C	3	促销活动代码	
302	AcceptMethod	C	1	受理方式代码	0–柜台 1–电话 2–网上 3–自助 4–传真 5–其他
303	ForceRedemptionType	C	1	强制赎回类型代码	0–强制赎回 1–违约赎回 2–到期
304	AllowBreachRedempt	C	1	允许违约赎回标志	0–允许 1–不允许
305	PunishFee	N	16(两位小数)	惩罚性费用	
306	BreachFeeBackToFund	N	16(两位小数)	违约金归产品资产金额	
307	FutureSubscribeDate	A	8	指定认购日期	
308	TotalDivident	N	8(五位小数)	累积单位分红	对于债券产品，记录了债券票面价值的应计利息
309	ErrorDetail	C	60	出错详细信息	

续表

ID	字段名	类型	长度	描述	备注
310	FundType	C	2	产品类型代码	01- 股票型 02- 债券型 03- 混合型 04- 货币型
311	PointsType	C	1	积分类型	0- 产品公司一般积分 1- 利添利联名卡积分
312	Points	N	15（两位小数）	积分值	
313	FundCorpCode	C	8	产品公司代码	
314	FundServerTel	C	30	产品公司客服电话号码	
315	FundInternetAddress	C	40	产品公司网站网址	
316	PointsStatus	C	1	积分状态代码	0- 正常 1- 作废
317	AnnouncFlag	C	1	公告标志	0- 公告 1- 不公告
318	TransferPermitFlag	C	1	跨市场转入允许标志	0- 允许 1- 不允许
319	InstAccount	C	30	销售人结算法人资金账号	
320	CapitalType	C	3	资金类型代码	
321	ReceOrPayFlag	C	1	收付标志	
322	CalculateDate	A	8	清算日期	
323	PayDate	A	8	交收日期	
324	SeatCode	C	6	席位代码	
325	InstitutionType	C	1	机构类型代码	0- 保险机构 1- 基金公司 2- 上市公司 3- 信托公司 4- 证券公司 5- 其他机构 6- 理财产品 7- 企业年金 8- 社保基金
326	DistributorName	C	80	销售人名称	
327	TakeIncomeFlag	C	1	带走收益标志	0- 不带走 1- 带走
328	PurposeOfPeSubs	C	40	定投目的	
329	FrequencyOfPeSubs	N	5	定投频率	
330	BatchNumOfPeSubs	N	16（两位小数）	定投期数	
331	FundTypeName	C	30	产品类型描述	
332	RegistrarName	C	40	注册登记人名称	
333	FundManagerName	C	40	产品管理人名称	
334	EnglishFirstName	C	20	投资人英文名	
335	EnglishFamliyName	C	20	投资人英文姓	
336	Vocation	C	4	行业类别代码	采用国标 GB/T 4754-2011

续表

ID	字段名	类型	长度	描述	备注
337	CorpoProperty	C	2	企业性质代码	0- 国企 1- 民营 2- 合资 3- 其他
338	StaffNum	N	16（两位小数）	员工人数	
339	Hobbytype	C	2	兴趣爱好类型代码	
340	Province	C	6	省代码	采用国标 GB/T 2260—2007 中 6 位数字代码
341	City	C	6	市代码	采用国标 GB/T 2260—2007 中 6 位数字代码
342	County	C	6	区（县）代码	采用国标 GB/T 2260—2007 中 6 位数字代码
343	CommendPerson	C	40	推荐人	
344	CommendPersonType	C	1	推荐人类型代码	1- 内部员工 2- 注册用户 3- 基金账户 4- 客户经理编号 5- 客户经理姓名 0- 其他
345	CapitalMode	C	2	资金方式代码	1- 普通方式 2- 兴业银基通 3- 银联通 4- 工行网银 5- 好易联 6- 汇付天下 7- 工行银基通 8- 好易联托收 9- 银行代扣款 A- 农行网银 B- 建行网银 C- 交行网银 D- 北京银行 E- 支付宝 F- 浦发网银 G- 招行网银 H- 开联网银 I- 富友 J- 民生网银 K- 网下转账 L- 平安网银
354	DividendType	C	1	分红类型代码	0- 普通分红 1- 质押基金分红 2- 货币基金收益结转 3- 保本基金赔付 4- 专户到期处理
359	AmountLowerLimit	N	16（两位小数）	金额下限	
360	AmountUpperLimit	N	16（两位小数）	金额上限	
361	DaysLowerLimit	N	5	天数下限	

续表

ID	字段名	类型	长度	描述	备注
362	DaysUpperLimit	N	5	天数上限	
363	MaxFee	N	16（两位小数）	最高费用	
365	GetFeeRateMethod	C	1	取费率方式代码	0– 固定收费 1– 按金额 2– 按天数 3– 按份额
366	FeeRateFlag	C	1	费率标志	0– 绝对费率 1– 相对费率
367	FundNameAbbr	C	20	产品简称	
368	IsGuaranteedFund	C	1	是否保本产品	0– 非 1– 是
369	IsLOFFund	C	1	是否 LOF 产品	0– 非 1– 是
370	IsQDIIFund	C	1	是否 QDII 产品	0– 非 1– 是
371	IsETFFund	C	1	是否 ETF 产品	0– 非 1– 是
372	RedeemFeeBackRatio	N	16（两位小数）	赎回费归产品资产比例	
373	FundEstablishDate	A	8	产品成立日期	YYYYMMDD
374	ConstantFee	N	16（两位小数）	固定费用	
375	IsDiscount	C	1	是否允许打折	0– 非 1– 是
376	BuyPayPeriod	N	16（两位小数）	申购交收天数	
377	RedemptionPayPeriod	N	16（两位小数）	赎回交收天数	
378	ConversionPayPeriod	N	16（两位小数）	产品转换交收天数	
379	ChargePayMethod	C	1	手续费结算方式代码	0– 净额结算 1– 全额结算
380	CompareProportion	N	16（八位小数）	相对比例	费率针对指定费率的比例，即费率 / 指定费率
381	CompareCapitalType	C	3	相对资金类型代码	
382	SubPayBackPeriod	N	16（两位小数）	认购退款交收天数	
383	DividendPayPeriod	N	16（两位小数）	分红交收天数	
384	WholeFlag	C	1	全量标志	0– 增量 1– 全量
385	ModifyWay	C	1	修改方式代码	0– 新增 1– 修改 2– 删除
386	ChangeAgencyFee	N	16（两位小数）	转换代理费	
387	RecuperateAgencyFee	N	16（两位小数）	补差代理费	
388	RedemptionSequence	C	1	指定赎回方式代码	0– 先进先出 1– 后进先出
389	BuyUpperAmount	N	16（两位小数）	申购金额上限	

续表

ID	字段名	类型	长度	描述	备注
390	CovertInUpperAmount	N	16（两位小数）	产品转换转入金额上限	
391	PeriodSubUpperAmount	N	16（两位小数）	定时定额申购金额上限	
392	ChargeType	C	1	收费类型代码	
393	SpecifyRateFee	N	9（八位小数）	指定费率	
394	SpecifyFee	N	16（两位小数）	指定费用	
395	PeriodSubTimeUnit	C	1	定投周期单位代码	
501	FundIncome	N	8（五位小数）	货币基金万份收益率	
502	FundIncomeFlag	C	1	货币产品万份收益正负代码	0- 正 1- 负
503	Yield	N	8（五位小数）	货币产品七日年收益率	
504	YieldFlag	C	1	货币产品七日年收益正负代码	0- 正 1- 负
505	GuaranteedNAV	N	7（四位小数）	保本净值	
506	HandleCharge	N	10（两位小数）	经手费	
507	UndistributeMonetaryIncome	N	16（两位小数）	货币产品未付收益金额	
508	GuaranteedAmount	N	16（两位小数）	剩余保本金额	对于债券产品，记录了投资者持有份额的应计利息
509	ExchangeFlag	C	1	交易所标志	0- 深圳场内 1- 上海场内 2- 场外
510	UndistributeMonetaryIncomeFlag	C	1	货币产品未付收益金额正负代码	0- 正 1- 负
511	Ref	C	10	券商用	
512	Internet	C	1	INTERNET 交易代码	0- 取消 1- 开通
521	ShareType	C	1	份额类别代码	保留字段 0- 前收费 1- 后收费
522	Nationality	C	3	投资者国籍	采用 GB/T 2659—2000
524	NetNo	C	9	操作（清算）网点编号	
526	TargetShareType	C	1	对方产品份额类别代码	
527	SourceType	C	1	份额原始来源代码	0- 认购 1- 申购 2- 定期定额申购 3- 分红
529	VastRedeemRatio	N	9（八位小数）	巨额赎回兑现比例	
530	Broker	C	12	经纪人	客户所属的经纪人
532	ProtocalEndDate	A	8	协议截止日期	
533	RationDate	N	5	定期定额的指定日期	
535	FundDayIncomeFlag	C	1	产品当日总收益正负代码	
536	FundDayIncome	N	16（两位小数）	产品当日总收益	

续表

ID	字段名	类型	长度	描述	备注
537	CustomerID	C	12	客户号	
538	RationKind	C	3	定期定额品种代码	
539	BelongFundAssetFare	N	16(两位小数)	归产品资产费	
540	BackFare	N	16(两位小数)	后收手续费	
541	RecuperateFee	N	16(两位小数)	补差费	
542	ChangeFee	N	16(两位小数)	转换费	
543	AchievementPay	N	16(两位小数)	业绩报酬	
544	AchievementCompen	N	16(两位小数)	业绩补偿	
549	OverAmount	N	16(两位小数)	申请超限金额	
550	OverShares	N	16(两位小数)	申请超限份额	
551	CapitalGainTax	N	16(两位小数)	红利所得税	
552	CashDividendFee	N	16(两位小数)	现金分红手续费	
553	ConfirmPayDate	C	8	确认支付日期	
554	NetValueDate	C	8	净值日期	
555	NetValueType	C	1	净值类型代码	0-普通净值 1-申购净值 2-赎回净值
556	FundYearIncomeRate	N	8(五位小数)	货币产品年收益率	最近一年来的收益率
557	FundYearIncomeRateFlag	C	1	货币产品年收益率正负代码	
558	BeginInterestDate	C	8	起息日期	转发 LOF 认购明细中起息日期
559	LofDataType	C	1	LOF 数据类别	转发 LOF 认购明细中数据类别
560	ManagerRealRatio	N	7(四位小数)	实际计算折扣	
561	CostPrice	N	7(四位小数)	成本价	批量份额调整业务用
562	GeneralTASerialNo	A	20	总 TA 确认流水号	用于发送交易明细
601	DrawBonusUnit	N	10	分红单位	
602	FrozenSharesforReinvest	N	16(两位小数)	冻结再投资份额	
603	SharesAdjustmentFlag	C	1	份额强制调整标志	0-柜台业务 1-管理人批量调整 2-管理人普通调整 3-ETF 份额标准化 4-货币基金收益结转 5-基金分拆 6-确权 7-挂失换新号 8-基金升降级 9-净值调整 A-业绩报酬 B-业绩补偿 C-联名卡还款份额调整 D-基金展期份额调整

续表

ID	字段名	类型	长度	描述	备注
604	PeriodicStatus	C	1	定期定额状态代码	0- 允许定期定额业务 1- 仅允许定投业务 2- 仅允许定赎业务 3- 禁止定期定额业务
605	TransferAgencyStatus	C	1	转托管状态代码	0- 允许所有转托管 1- 仅允许场外转托管 2- 仅允许跨市场转托管 3- 禁止所有转托管
606	TransactionAccountStatus	C	1	交易账户状态代码	0- 正常 3- 注销
607	RationNo	C	3	定期定额序号	
608	AchievementPayFlag	C	1	业绩报酬正负	
609	IndiMaxPurchase	N	16（两位小数）	个人最大申购金额	
610	InstMaxPurchase	N	16（两位小数）	法人最大申购金额	
611	IndiDayMaxSumBuy	N	16（两位小数）	个人当日累计购买最大金额	
612	InstDayMaxSumBuy	N	16（两位小数）	法人当日累计购买最大金额	
613	IndiDayMaxSumRedeem	N	16（两位小数）	个人当日累计赎回最大份额	
614	InstDayMaxSumRedeem	N	16（两位小数）	法人当日累计赎回最大份额	
615	IndiMaxRedeem	N	16（两位小数）	个人最大赎回份额	
616	InstMaxRedeem	N	16（两位小数）	法人最大赎回份额	
617	TargetRegistrarCode	C	2	对方登记机构	
中证自定义					
901	CommissionID	A	24	申报单编号	其中，前3位是参与人代码，其余代码可由参与人自定义。
902	FundNo	A	12	产品编码	
903	IssueCode	A	8	产品发行人代码	
904	TACode	A	8	登记机构	
905	CommissionType	A	1	委托类型代码	“0”：意向报价 “1”：单边报价 “2”：双边报价 “3”：做市报价 “9”：无报价（协议交易时）
906	TradePrice	N	14（六位小数）	成交价格	
907	TargetTACode	A	8	对方 TA 代码	
908	CommissionDate	A	8	申报日期	
909	ConfirmBalance	N	16（两位小数）	成交金额	成交价格 × 成交数量
910	SettleFee	N	16（两位小数）	结算费	没费用填0
911	Supervisionfee	N	16（两位小数）	监管规费	没费用填0
912	NetBalance	N	16（两位小数）	收付净额	

续表

ID	字段名	类型	长度	描述	备注
913	NetBalanceFlag	C	1	收付净额正负代码	0– 正 1– 负
914	OtherFee4	N	16（两位小数）	其他费用 4	用于新费用扩展
915	OtherFee5	N	16（两位小数）	其他费用 5	用于新费用扩展
916	OtherFee6	N	16（两位小数）	其他费用 6	用于新费用扩展
917	OtherFee7	N	16（两位小数）	其他费用 7	用于新费用扩展
918	OtherFee8	N	16（两位小数）	其他费用 8	净额交收标识： 01– 全额交收 02– 净额交收
919	OtherFee9	N	16（两位小数）	其他费用 9	外部交易中心费用
920	TargetCustomerNo	C	12	对方 TA 客户编号	
921	CfmResult	A	1	交易结果代码	“0”：失败 “1”：成功
922	ContractTradeCode	C	32	合约交易编码	
923	HoldType	C	4	持仓类型代码	“1”：义务仓 “2”：权利仓

附录 A
（规范性附录）
产品账户编码

场外交易系统的产品账户编码为12位。由阿拉伯数字及英文字母组成，英文字母不区分大小写。具体编码格式如下：

格式1，机构结算码（3位）＋内部账户编码（9位），适用于证券、基金、期货、银行等金融机构。

格式2，机构结算码（5位）＋内部账户编码（7位），适用于非金融机构。

其中，机构结算码由场外交易系统统一分配，内部账户编码由参与人自主编制。

附录 B
（资料性附录）
业务类型编码

业务类型编码见表 B.1。

表 B.1　业务类型编码

申请业务代码	确认业务代码	业务名称	备注
001	101	开户	
002	102	销户	
003	103	账户信息修改	
004	104	产品账户冻结	
005	105	产品账户解冻	
006	106	产品账户卡挂失	
007	107	产品账户卡解挂	
008	108	增加交易账户	
009	109	撤销交易账户	
020	120	认购	此时的确认无清算结果
021	121	预约认购	此时的确认无清算结果
022	122	申购	
023	123	预约申购	此时的确认无清算结果
024	124	赎回	03/04 文件使用
	124	债券回售	S3/S4 文件中的 124 代表债券回售
025	125	预约赎回	此时的确认无清算结果
026	126	转销售人 / 机构	026，126 业务与 027，127 或 028，128 不能在一笔业务中同时存在
027	127	转销售人 / 机构转入	
028	128	转销售人 / 机构转出	
029	129	**注：**设置分红方式	
	130	认购结果 / 发行登记	04 文件中 130 代表发行结束时的认购情况，S3/S4 文件中的 130 代表债券 / 股权的发行登记
031	131	产品份数冻结	03/04 文件使用
	131	质押冻结	S3/S4 文件中 131 代表质押冻结
032	132	产品份数解冻	03/04 文件使用
	132	质押解冻	S3/S4 文件中 132 代表质押解冻
033	133	非交易过户	033，133 业务与 034，134 或 035，135 不能在一笔业务中同时存在
034	134	非交易过户转入	
035	135	非交易过户转出	
036	136	产品转换	036，136 业务与 037，137 或 038，138 不能在一笔业务中同时存在
037	137	产品转换转入	
038	138	产品转换转出	

续表

申请业务代码	确认业务代码	业务名称	备注
039	139	定时定额申购	
040	140	退款	
041	141	补款	
	142	强行赎回/债券回购	
	143	红利发放	
	144	强行调增	
	145	强行调减	
	146	配号	
	149	募集失败	
	150	产品清盘	
	151	产品终止	
052	152	撤单	
053	153	撤预约单	
054	154	无效资金	
	155	产品销售人资金清算	
	156	投资人资金清算	
	157	红利解冻	
058	158	变更交易账号	
059	159	定时定额申购开通	
060	160	定时定额申购撤销	
061	161	定时定额申购修改	
062	162	认购调整	
063	163	定时定额赎回	
067	167	产品联名卡开通	
068	168	产品联名卡撤销	
	169	积分确认	
070		地区编号变更通知	
080	180	确权	
088	188	产品质押	
091	191、192	ETF产品申购	
093	193、194	ETF产品赎回	
098	198	快速过户	
	20B	转让买入	S3/S4文件使用
	20S	转让卖出	S3/S4文件使用

ICS 03.060
A11

JR

中华人民共和国金融行业标准

JR/T 0159—2018

证券期货业机构内部企业服务总线实施规范

Specification for enterprise service bus implementation in securities and futures industry internal institution

2018-09-27 发布　　2018-09-27 实施

中国证券监督管理委员会　发布

目　次

前　言

本标准依据 GB/T 1.1—2009 给出的规则起草。

本标准由全国金融标准化技术委员会证券分技术委员会（SAC/TC 180/SC4）提出。

本标准由全国金融标准化技术委员会（SAC/TC 180）归口。

本标准起草单位：中国证券监督管理委员会信息中心、中国证券监督管理委员会证券基金机构监管部、兴业证券股份有限公司、中国银河证券股份有限公司、东兴证券股份有限公司、国信证券股份有限公司。

本标准主要起草人：张野、刘铁斌、周云晖、刘叶青、高红洁、曹雷、郭郛、刘斌、唐沛来、彭湘林、刘汉西、蒋剑飞、林伟洁、池烨、唐硕、邳杰、王作敬、周健、贾淑芳、汪照辉、龚大平。

引　言

证券期货业机构对信息技术高度依赖，伴随着创新业务的推出及新业务模式的变革，行业信息化建设呈爆发式增长。然而，随着信息建设的逐步深入，各机构内部传统的信息技术架构大多面临着如下难题：信息系统数量众多，各系统数据及技术异构，缺乏统一标准，资源共享难度大；各信息系统模块之间、系统之间耦合度高，结构复杂，变更修改成本昂贵，运维风险高居不下；信息技术架构相对落后，缺乏统一的 IT 规划，不能有效利用 IT 的价值；面对业务的变更与创新，信息系统难以对业务需求实现灵活应对、快速响应。

为解决以上问题，行业围绕企业内部信息技术架构进行了深入研究，推荐采用基于企业服务总线的面向服务架构，该架构改变系统间两两网状交互现状，将内部各系统之间的数据交互包装成服务，统一在企业服务总线注册，供其他系统调用。大量具体实践经验表明，行业机构实施基于企业服务总线的面向服务架构符合行业业务及技术现状，具备可行性，同时，建成的统一、规范、高效的机构内部数据交互平台，可快速实现异构系统间的资源共享，有利于缩短业务创新的技术准备周期，降低系统运行风险，提高行业整体信息技术水平，具备行业推广的意义和价值。

本标准结合行业已有实施经验，规定了 ESB 实施的组织架构、总线原理与结构、服务生命周期管理等主要内容，为行业各机构实施企业服务总线、实现面向服务架构提供指导性规范。

证券期货业机构内部企业服务总线实施规范

1 范围

本标准规定了企业服务总线的技术结构与组成、服务生命周期以及项目组织管理，并给出了企业服务总线的典型应用场景。

本标准适用于证券期货业机构内部企业服务总线的实施。

2 术语和定义

下列术语和定义用于本文件。

2.1

企业服务总线 enterprise service bus，ESB

对企业内部信息系统间的数据交互进行集中管理的总线型平台。

2.2

面向服务架构 service-oriented architecture，SOA

以业务为中心将业务分解为相互连接的、可重复的服务，服务之间通过标准接口进行通信的 IT 架构方法。

2.3

可扩展标记语言 eXtensible markup language，XML

计算机所能理解的信息符号组成的标记语言。

2.4

Java 消息服务规范 Java message service，JMS

面向消息中间件（Message Oriented Middleware，MOM）在两个应用程序之间或分布式系统中发送消息进行异步通信的应用程序编程接口（Application Programming Interface，API）规范。

2.5

Web 服务 web service，WS

基于可编程的平台独立、低耦合、自包含的 Web 应用程序。

2.6

网络服务描述语言 web service description language，WSDL

包含一系列描述某个 WS 定义的语言。

2.7

通用描述、发现与集成服务 universal description discovery and integration，UDDI

提供基于 Web Service 的注册和发现机制，对 Web Services 进行注册和搜索的目录服务。

2.8

命名空间 namespace

规定对象命名范围的唯一识别的一套名字。

2.9

简单对象访问协议 simple object access protocol，SOAP

在 Web 上交换结构化、固化信息数据的轻量、简单、基于 XML 的数据交换协议规范。

2.10

服务生产者 service provider

面向服务架构中，负责将某项自有业务功能封装成服务，供其他应用调用访问的提供方。

2.11

服务消费者 service consumer

面向服务架构中，负责调用已有服务来实现业务需求的应用方。

2.12

关键时刻服务 moment of truth，MOT

能够显著提升客户满意度的为客户提供服务的关键服务时间点。

2.13

文档对象模型 document object model，DOM

提供对 HTML、XML 文档结构化表述，定义可从程序中对该结构进行访问，从而改变文档结构、样式和内容的编程接口。

2.14

XML 简单 API Simple API for XML，SAX

事件驱动式解析 XML 文档的公开标准，对文档进行流式的顺序扫描，当扫描到文档开始与结束、元素开始与结束等地方时通知事件处理函数，由事件处理函数进行相应操作，然后继续同样的扫描，直至文档结束。

2.15

金融信息交换协议 financial information eXchange，FIX

由国际 FIX 协会组织提供的开放式协议，在实时证券等金融电子交易的各类参与者之间建立的实时电子化通信协议。

3 概述

面向服务架构（SOA），在传统的业务层和技术层中增加一个服务层，通过统一的协议和规范将应用逻辑从技术层抽出来封装为相互连接的、可重复使用的服务。这些服务能够根据业务层需求灵活组合，与各系统通过企业服务总线（ESB）的标准接口进行通信，实现信息交换和功能重用，达成系统间的松耦合结构。在 SOA 下，业务逻辑不依赖于任何特定的技术平台，从而屏蔽不同应用系统硬件平台、操作系统和编程语言的差异，以更迅速、可靠、更具重用性的技术架构重构整个业务系统，从而提升对业务变化的响应效率。典型的 SOA 集成场景详见附录 A。

ESB 是企业实现 SOA 的重要基础，在 SOA 中实现信息系统间数据交互的集中管理。不同应用将可提供的服务按照规定格式集中发布在 ESB 上供其他系统调用，ESB 对外提供标准的交互方式，对内实现协议及消息的转换以适配目标系统，消除不同系统间的技术差异，实现交互过程的复用。

本标准围绕 ESB 的项目组织管理、原理与构成、服务生命周期管理等主要内容，为行业各机构实施 ESB 项目、建设 SOA 提供指导规范。

4 组织

SOA 解决多系统之间的集成与整合问题，应在 IT 组织层面加强 IT 架构统筹规划，跨业务领域、跨 IT 系统推进 ESB 项目建设，从企业级别的业务视角，推动 IT 架构的解耦合与可复用。

参考《SOA 实践指南：分布式系统设计的艺术》“角色和组织”章节的典型 SOA 建设组织架构，综合考虑证券期货机构信息技术现状与实践经验，建议采用如图 1 所示组织形式。

各参与方职责如下：

a） 业务部门：根据业务发展向 IT 部门提出业务需求。

b） 服务消费开发组：需求阶段，对口业务部门收集业务需求，提出服务提议。开发阶段，接入 ESB 调用 SOA 服务，完成应用系统功能开发。

c） 服务生产开发组：配合实施组提供服务所需的接口及数据。

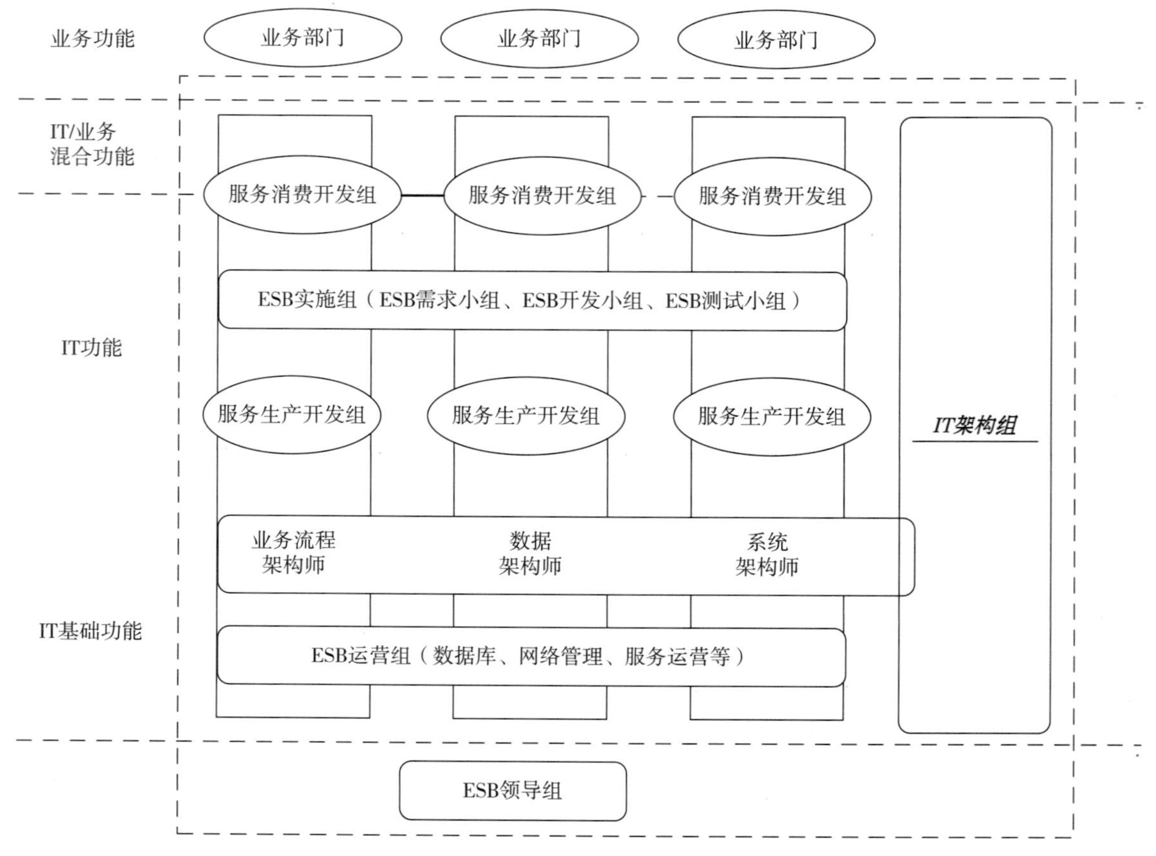

图 1　ESB 项目组织架构

d）ESB 实施组：运用 SOA 理念分析服务消费开发组提出的服务需求，进行服务设计，按照设计完成服务开发、测试，分为 ESB 需求小组、ESB 开发小组和 ESB 测试小组。

e）IT 架构组：在企业 SOA 建设过程中，负责协调 SOA 全局战略实施步骤，建议规范 SOA 推进过程，包括数据架构师、业务流程架构师、系统架构师。

f）ESB 运营组：负责数据库、网络、安全、系统管理等基础运维，为服务开发提供支持。服务管理方面，负责服务的上线、发布，访问相关的审批与实施，负责服务日常运行情况的监测。

g）ESB 领导组：协调指导 SOA/ESB 建设。

5　总线

5.1　概述

ESB 是一个具有标准接口，实现了互连通信、服务路由等功能的基础平台，是实现 SOA 的重要技术基础。它以开放标准为基础来支持应用之间消息、事件和服务级别上动态的互连互通，是一种在松散耦合的服务和应用之间标准的集成方式，简化了整个企业信息系统的复杂性，提高信息系统架构的灵活性，降低企业内部信息共享的成本。

ESB 的关键职责是协议转换与服务路由，同时还包括服务标准化、安全性、可靠性及可管理性等。这些特性使 SOA 的高互操作性成为可能，使得异构系统间能够实现服务调用。ESB 消除了不同应用之间的技术差异，让不同的应用服务协调运作，实现不同系统之间的通信与整合。它支持基于内容的路由和过滤，具备了复杂数据的传输与转换能力，并可以提供一系列的标准接口。ESB 的建设应遵循 SOA 总体规划。总线可以不只一条，可根据服务性质、数量、性能要求的不同，分区域、分业务、分级别设计多条总线的建设方案。

5.2 架构

5.2.1 概述

ESB 架构主要包含基础架构组件（消息总线、协议转换、服务目录、服务路由、日志组件、监控组件等）、接入组件（访问管理、适配接口等）和服务组件，如图 2 所示。服务生产者与服务消费者直接与 ESB 平台对接。

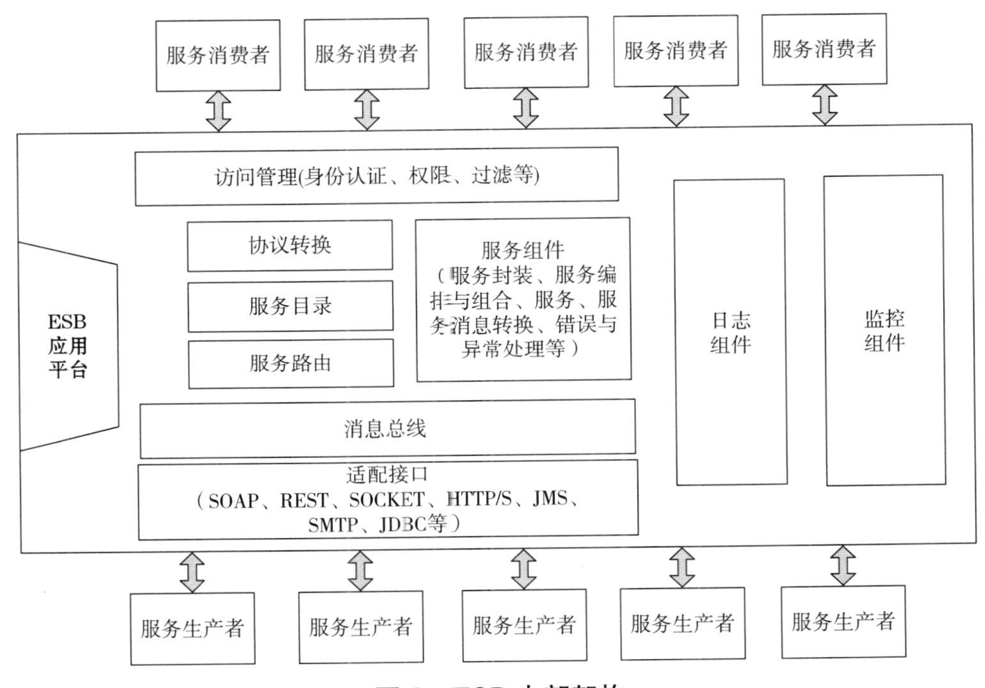

图 2 ESB 内部架构

5.2.2 基础架构组件

5.2.2.1 消息总线

消息总线是 ESB 中所有消息流转的核心组件，绝大多数消息总线均支持 JMS 规范。支持点到点与发布 / 订阅传输模型、同步与异步消息发送、消息优先级、消息过滤、安全性与可靠性等特性。在 ESB 中，消息总线存储消息直到它被服务程序处理，消息总线以下述方式工作：

a） 接入层将消息放入指定的消息队列；

b） 路由组件取出消息，并将它放到被调用服务的队列中；

c） 被调用服务从它的队列中读取消息，处理消息，并将处理结果放回调用方队列。

5.2.2.2 协议转换

服务消费者与服务生产者的数据格式通常并不一致，ESB 作为两者之间的中间层，需要实现消息内容映射与消息格式转换功能，这是 ESB 的核心功能之一。不同的业务系统可能会使用不同的协议传递消息，ESB 平台提供不同的接口类型以适应不同的入口协议或者出口协议，协议的转换在 ESB 平台的内部封装完成。一方面，将服务消费者的请求消息转换为服务生产者所能接受的格式；另一方面，将服务生产者的应答消息转换为服务消费者所要求的格式。

5.2.2.3 服务目录

ESB 发布的服务统一注册到服务目录中，服务消费者可以通过服务目录查询所需的服务接口定义等信息。服务目录组件负责服务的注册、变更、撤销、查询等，一般采用 UDDI 协议实现。

5.2.2.4 服务路由

服务路由组件负责从服务消费者向服务生产者发起服务调用，然后再从服务生产者把应答传递回来。该组件可以实现基于内容的路由，即根据消息优先级或内容等的不同进行不同的处理或发送给不同的服务生产者。服务路由组件是实现组合服务的基础。

5.2.2.5 日志组件

日志组件通过良好定义的日志结构和行为，为 ESB 内部的各个服务提供统一、标准的日志功能。记录服务调用情况、服务出错异常信息等内容，提供日志查看和对日志信息进行审计分析的界面。

5.2.2.6 监控组件

监控组件用于监测 ESB 主要可能发生的异常，对异常进行归类，辨别发生异常的问题出在哪，如消息解析异常，权限校验异常，路由检索异常，消息路由传输异常等。定义统一的异常消息结构和行为，为该平台内部的各个服务提供统一、标准的异常处理功能。

异常发生时，除记录异常信息到日志数据库和本地磁盘文件外，还可以根据配置的规则进行进一步的处理，如发送邮件、短信给系统管理员或相关的管理人员，及时跟踪排除问题。

5.2.3 接入组件

5.2.3.1 访问管理

访问管理组件提供 ESB 的接入功能，外部应用系统访问 ESB 的服务时，统一通过访问管理组件进行。接入协议方面，ESB 为各渠道提供多种接入协议，如 HTTP、JMS 等。HTTP 主要面向同步接入请求；JMS 则主要面向异步接入请求。功能方面，访问管理组件作为 ESB 的门户和唯一访问入口，实现下面的功能：

a） 身份认证（Authentication）：在访问时，外部应用系统应提供系统身份标识和密码，供访问管理组件进行身份认证；

b） 权限校验（Authorization）：访问管理组件根据外部应用系统的身份，进行权限校验，以确保外部应用系统有权限访问所请求的 ESB 服务和操作。权限校验以服务操作为最小控制单元；

c） 过滤（Filtering）：ESB 可以根据设定的过滤条件过滤一些不合规则的服务请求。不同接入方式的数据报文采用相同的数据标准，该组件对传输报文进行数据逻辑校验，验证报文格式是否有效，如校验数据项的数据类型、格式、长度以及是否允许为空等。

d） 路由（Routing）：ESB 可以根据服务请求的内容把请求路由给到相应的服务生产者。如账户服务请求由 ESB 自动路由到账户系统，产品服务请求由 ESB 自动路由到产品系统。

5.2.3.2 适配接口

ESB 需要支持许多不同的方式将系统集成在一起。集成的一个关键元素是适配器的使用。适配接口对接服务生产者所提供的服务的封装方式。

a） 通用接口：使用标准的通信协议，如 HTTP、JMS，其接入方式较为固定，可以在 ESB 的开发模板中实现，在开发业务服务时可以直接调用，无需再次开发。

b） 定制接口：使用的其他类型通信协议，如 SOCKET、API 库等，采用定制开发的接口，根据具体的协议来实现。

c） 适配器：适配器是针对特定系统或技术封装的接口，如 LDAP 适配器、文件适配器、EJB 适配器等。有现成适配器产品的应用系统能够直接与该平台中的业务进行交互，还可以通过适配器开发包（Adapter SDK）开发专用的适配器，实现专用系统的接入。

5.2.4 服务组件

服务组件负责与各业务系统（主要是服务生产者）进行交互，对业务系统的功能进行封装，由该平台通过统一的服务接口发布，供其他系统使用。设计业务服务时是根据业务需求确定响应时间、系统吞吐量（Transaction processing systems，TPS）等性能指标，作为开发和测试的标准。

服务组件主要实现以下功能：

a） 服务封装：与后端业务系统进行交互，将业务系统的功能或数据包装成业务服务，供其他系统使用。根据业务功能的复杂程度，存在单次调用、多次调用、组合调用等多种形式；

b） 服务编排与组合：对现有的原子服务或其他组合服务进行编排、组合生成新的组合服务，使得服务消费者可以在更高层次上使用经过整合的业务功能；

c） 服务：实现服务的业务处理逻辑；

d） 服务消息转换：前端系统（服务消费者）与后端系统（服务生产者）的数据格式通常并不一致，业务服务作为两者之间的中间层，需要实现消息内容映射与消息格式转换的功能。一方面，将前端系统的请求消息转换为后端系统所能接受的格式；另一方面，将后端系统的应答消息转换为前端系统所要求的格式；

e） 错误与异常处理：业务服务访问后端系统时，可能会遇到各种错误和异常情况，如网络中断、服务器故障、数据错误等，业务服务应捕获这些错误和异常并向服务消费者返回对应的错误信息。

5.3 协议

5.3.1 概述

ESB 既支持开放的标准协议，如 SOAP over HTTP、SOAP over JMS、JSON over REST（Representational State Transfer，表述性状态转移）等，也支持定制接口，如 Socket、API 开发包等，也可以采用适配器（Adapter）来实现，如数据库适配器、文件适配器等。

ESB 协议主要包括报文协议以及通信协议。

5.3.2 报文协议

5.3.2.1 概述

ESB 的报文协议可以使用文本协议或者二进制协议。建议采用如下报文协议：

a） SOAP 是一种轻量的、简单的、基于 XML 的协议，它被设计成在 Web 上交换结构化和固化的信息。SOAP 可以和现存的许多互联网协议和格式结合使用，包括超文本传输协议 HTTP、简单邮件传输协议 SMTP 及多用途网际邮件扩充协议 MIME。它还支持从消息系统到远程过程调用 RPC 等大量的应用程序。

b） JSON（JavaScript Object Notation）是一种轻量级的数据交换格式，易于人阅读和编写，同时也易于机器解析和生成。在数据的表达上，JSON 采用“名称 / 值对”的方式，同时支持数组的表示。JSON 格式的数据同样具有良好的通用性和移植性。在数据的解析上，JSON 提供了整体的数据解析方案，即数据解析只有在获得全部数据包后才能进行；而 XML 同时支持 DOM 和 SAX 两种解析方案，既可以在获得全部数据包后进行解析，也可以在获得部分数据包时即进行解析，这种 XML 特有的逐步解析方案对于大量数据的处理非常合适。

c） FIX 协议是由国际 FIX 协会组织提供的一个开放式协议，在国际贸易电子化的各类参与者之间建立起实时的电子化通讯协议。对性能要求较高的交易相关服务建议使用 FIX 协议。

报文由报文头和报文体组成，报文头又分为请求头与应答头，报文体由不同的服务提供方自行定义。

5.3.2.2　标准请求头

标准请求头字段相关说明如表 1 所示。

表 1　标准请求头字段说明

字段名称	必要 / 可选	数据类型	说明
TransactionID	必要	string	唯一的 ESB 服务序列号。每次调用 ESB 服务时需要产生一个新的序列号。当 ESB 服务应答消息时，此字段值将保留在应答头，也就是说，此字段值请求与应答应该相同
TrackingID	可选	string	唯一的追踪序列号。在 ESB 服务再次调用 ESB 服务时，此值将不会改变，能够将多个请求关联起来，用于追踪端到端（End to End）所有参与的消息。当 ESB 服务应答消息时，此字段值将保留在应答头，也就是说，此字段值请求与应答应该相同
CorrelationID	可选	string	ESB 服务的关联序列号，用以关联 ESB 服务的请求消息与异步应答消息。当 ESB 服务应答消息时，此字段值将保留在应答头，也就是说，此字段的值请求与应答应该相同
Source	可选	string	调用 ESB 服务的源头。在 ESB 服务再次调用 ESB 服务时，此值将不会改变已用于追踪最原始的源头
Caller	可选	string	调用 ESB 服务的父亲调用者（Parent，Caller）
Timestamp	必要	dateTime	调用 ESB 服务的当时时间
Destination	可选	string	服务的目的名称，用于路由使用
SessionControl	可选	element	主要用于保存用户的各种信息，包括 SessionKey 和 SessionData 两个子元素

各字段的具体用法：

a） TransactionID：由 ESB 客户端在发起请求时设置，其规则由客户端维护，应保证 ID 是唯一的。

b） TrackingID：由 ESB 客户端在发起请求时设置，其规则由客户端维护，应保证 ID 是唯一的。

c） CorrelationID：ESB 的客户端无需设置该字段。该字段主要用于服务端返回异步应答消息时。ESB 服务在应答客户端请求时，将请求消息的 TransactionID 置入。客户端在接收到应答消息后，由此字段识别是哪一次请求的应答消息。

d） Source：初次发起该调用的客户端识别号。

e） Caller：当 ESB 服务再次调用其他的 ESB 服务时，由 ESB 进行填入，表明调用者的身份。

ESB 的客户端无需设置该字段。

f） Timestamp：由客户端在发起请求时设置，为调用时的系统时间，例如：2015-10-29T14：38：57.246+08：00。

g） Destination：由 ESB 服务使用，客户端无需设置。

h） SessionControl：用于有状态的 Web 服务，能够在会话所包含多个请求间内共享状态信息，此时服务端会在 SessionControl 中放入 Session 信息。客户端在接收到应答后，应检查该字段。若有内容，则应在后续属于同一 Session 的请求中，同时传递该 Session 信息。

5.3.2.3 标准应答头

标准应答头字段相关说明如表 2 所示。

表 2 标准应答头字段说明

字段名称	必要 / 可选	数据类型	说明
TransactionID	必要	string	唯一的 ESB 服务序列号。每次调用 ESB 服务时需要产生一个新的序列号。当 ESB 服务应答消息时，此字段值将保留在应答头，也就是说，此字段值请求与应答应该相同
TrackingID	可选	string	唯一的追踪序列号。在 ESB 服务再次调用 ESB 服务时，此值将不会改变，能够将多个请求关联起来，用于追踪端到端（End to End）所有参与的消息。当 ESB 服务应答消息时，此字段值将保留在应答头，也就是说，此字段值请求与应答应该相同
CorrelationID	可选	string	ESB 服务的关联序列号，用以关联 ESB 服务的请求消息与异步应答消息。当 ESB 服务应答消息时，此字段值将保留在应答头，也就是说，此字段的值请求与应答应该相同
Timestamp	必要	dateTime	应答 ESB 服务的当时时间
StatusCode	必要	integer	ESB 服务执行的状态：0 代表执行成功，1 代表执行失败，并且此应答消息含有 Error 元素 通常，该错误代表在 ESB 之中的运行状态（如消息格式错误、调用超时等），并不表示调用生产者时的其业务执行结果（如交易成功或失败）
SessionControl	可选	element	主要用于保存用户的各种信息，包括 SessionKey 和 SessionData 两个子元素
Error	可选	element	ESB 之中执行失败的详细错误消息

各字段的具体用法：

a） TransactionID：由 ESB 客户端在发起请求时设置，其规则由客户端维护。服务端在返回应答消息时，在该字段置入请求消息的 TransactionID。

b） TrackingID：由 ESB 客户端在发起请求时设置，其规则由客户端维护。服务端在返回应答消息时，在该字段置入请求消息的 TrackingID。

c） CorrelationID：该字段主要用于服务端返回异步应答消息时。ESB 服务在应答客户端请求时，将请求消息的 TransactionID 置入。客户端在接收到应答消息后，由此字段识别是哪一次请求的应答消息。

d） Timestamp：由服务器在返回应答时设置，为返回时的系统时间。

e） StatusCode 元素，用于存储 ESB 调用出错消息的状态码，目前设计固定值有两个，分别为：0、1，表示服务应答的两种状态：正确处理、出现错误。客户端在接收到应答后，应首先处理该元素。

f） SessionControl：用于有状态的 Web 服务，能够在会话所包含多个请求间内共享状态信息，此时服务端会在 SessionControl 中放入 Session 信息。客户端在接收到应答后，应检查该字段。若有内容，则应在后续属于同一 Session 的请求中，同时传递该 Session 信息。

Error 元素的各字段说明如表 3 所示。

表 3　标准应答头 Error 字段说明

字段名称	必要 / 可选	数据类型	说明
ErrorType	必要	string	错误类型为： SYSTEM：系统错误 VALIDATION：字段校验错误 MEDIATION：转换错误 PROVIDER：服务生产者错误 BUSINESS：业务错误 COMPOSITE：组合错误
ErrorCode	必要	string	特定的错误代码，如调用服务生产者超时
Timestamp	可选	dateTime	错误发生的当时时间
ErrorMessage	可选	string	错误描述
ErrorContext	可选	string	错误的上下文消息以便于除错
ErrorActor	可选	string	谁引发这个错误

5.3.2.4　报文体

报文体是业务数据的载体，其结构与某一项具体业务相关，不同的业务场景报文体的结构是不同的。报文体的设计应基于企业的公共数据模型，定义出每个服务操作的输入输出字段的名称、类型及数据限制等，并通过接口 WSDL 文件等形式发布出来。报文体设计时应遵循统一的命名规范。

公共数据模型（Common Data Model，CDM）是能够在不同的业务服务间共享和重用的数据结构，也是企业内不同系统间进行信息交互的标准“语言”。通过数据规划形成公共数据模型是 SOA/ESB 建设实施过程的重要方面，直接影响业务对象的标准化和重用，进而影响到整个架构的合理性、灵活性等方面。

5.3.3　通讯协议

5.3.3.1　概述

ESB 使用多种公认、成熟和可靠的通信协议，来支撑上层报文数据传输，如 HTTP 协议、JMS 协议、TCP 定制协议等。

5.3.3.2　HTTP 协议

HTTP 协议是目前互联网上使用最广泛的协议，同时也是 Web 服务中默认的通讯协议，实现简单快速。HTTP 协议的消息交换是同步的，采用了请求—应答的模型。

5.3.3.3　JMS 协议

JMS 协议是 Java 消息服务标准协议，是与具体平台无关的规范协议。通过 JMS 协议与消息中间件交互是一种高效的消息传递机制，而且目前使用也比较广泛，大多数 Web 服务框架都支持。

5.3.3.4　SOCKET 定制协议

ESB 对接各类信息系统，考虑到某些系统不一定支持上述的标准通讯协议，可以使用 TCP/UDP

作为消息通信协议与ESB交互。采用该种方式，客户端必须自行管理SOCKET连接，实现消息的收发，以及消息的解析。

交互的消息格式建议采用基于SOAP的消息格式，以提供更好的通用性和移植的便利性；如果业务系统不支持SOAP消息格式，也可以直接采用业务系统的消息格式（通常为原始的SOCKET字节流格式），此时需要在ESB端进行SOCKET消息的解析，系统的通用性和移植性会受到影响。

5.4 交互模式

5.4.1 概述

ESB在信息系统间交换数据，根据交换消息的不同方式进行分类，从而形成不同的信息交互模式。ESB一般应支持如下几种交互模式：

a）请求—应答（同步）；

b）请求—回调（异步）；

c）发布—订阅。

5.4.2 请求—应答（同步）

此模式中服务消费者发送一个请求，进入阻塞状态，直到接收到服务生产者发出应答消息。如图3所示。

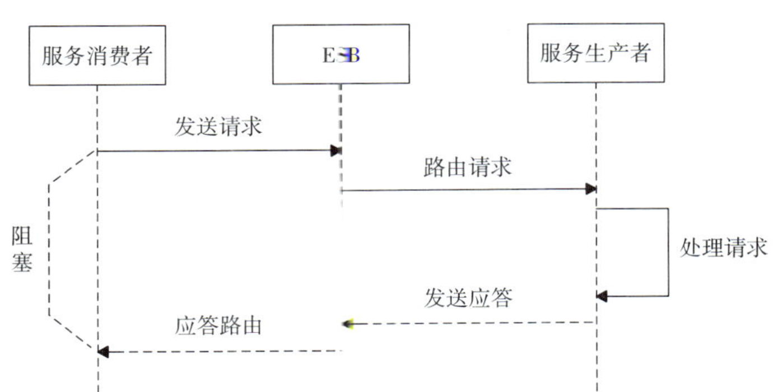

图3 请求—应答交互模式

5.4.3 请求—回调（异步）

消费者发送一个请求之后不需要一直阻塞进程等待生产端的应答才能继续后续的工作，当消费请求发送完毕后，就可以处理其他的事情；而生产端处理完毕后，通过另一个进程将反馈结果发送到消费端，类似于回调机制。如图4所示。

该模式下，服务端应在应答消息的CorrelationID字段中填入请求消息的TransactionID，客户端在接收到应答消息后，由此识别是哪一次的请求。

从应用场景来看，请求—回调适合于流程的处理。通常流程处理过程中，某个任务节点的审核可能需要几个小时甚至更长的时间，而客户端不可能一直处于等待状态，但是最终又需要得到最终的反馈以处理后续流程，此时采用请求—回调模式比较适合。例如呼叫中心的客户服务记录，客户的服务请求提交后需要等待审核，该审核过程可能需要花费比较长的时间，而当审核完毕后可以以异步的方式通知到其他消费方，此时消费方就可以继续处理后续流程。

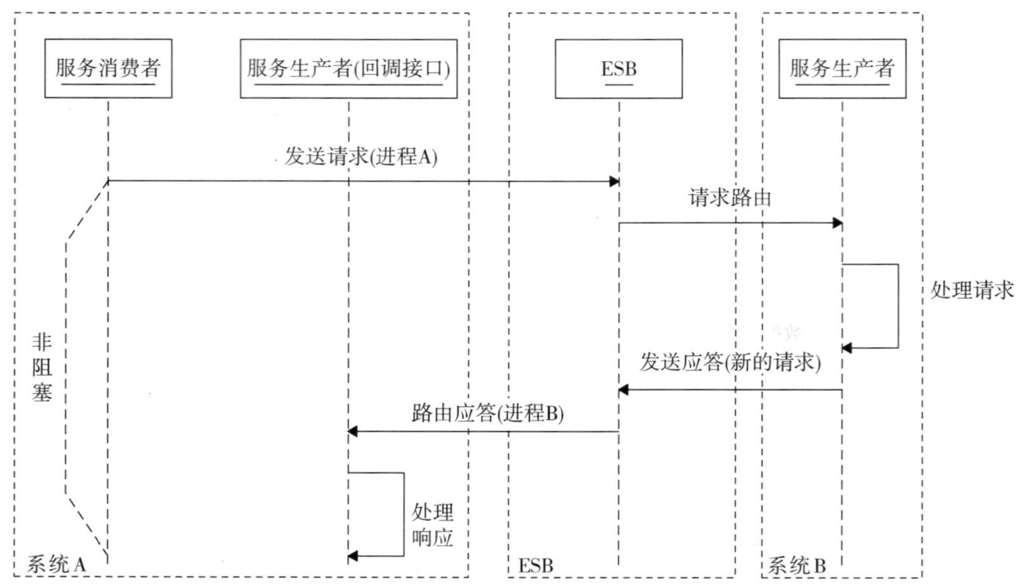

图 4 请求—回调交互模式

5.4.4 发布—订阅

发布—订阅模式是一种事件通知模型，类似于消息的广播，它可以有一个或多个接收端。ESB一般使用消息中间件来实现发布—订阅模式，即多个接收端订阅某个主题（Topic），事件源将消息发送到这个主题上，所有订阅了此主题的接收端能同时收到发布的消息。通过消息中间件可以保证消息的不丢失，并以松散耦合的方式通知到消息接收端。如图 5 所示。

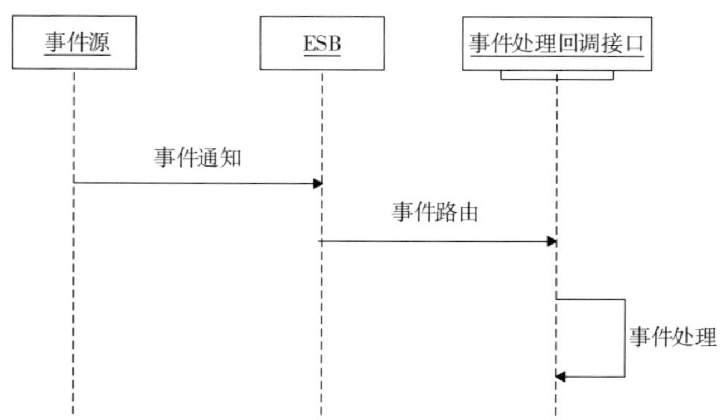

图 5 通过 ESB 服务调用进行发布—订阅

5.5 安全

5.5.1 概述

ESB 的安全问题涵盖认证、授权、机密性、完整性、可用性、日志、审计，涉及网络传输、通讯协议、数据、应用交互这些不同层面。在 ESB 实施中，需要通过在不同级别采用不同技术来实现 ESB 平台的安全要求：

a） 可以利用操作系统及安全证书来实现通信级别的安全；

b） ESB 平台本身，则提供了消息级别和应用级别的安全能力。

具体如表 4 所示：

表 4　ESB 的安全级别及安全措施

安全级别	安全措施
通讯级安全	——IP 层安全：利用操作系统级别的 IPSec 协议
	——传输层安全：采用 SSL 技术，ESB 中支持 HTTPS 及在 JMS 协议中使用证书；可以采用内部 OpenSSL 生成的证书，也可用权威 CA 机构颁发的证书
消息级安全	利用 WS-Security 框架及相关 WS 协议族： ——对 XML 数据进行加密 / 解密实现保密性（Confidentiality） ——对 XML 数据进行数字签名实现完整性（Integrity） ——采用支持数字签名、加密 / 解密的 WS-Security　Policy ——能将 Security　Policy 作为可操作的单元加载到 SOAP 请求、应答、Fault 等对象 ——支持对消息有效期限的限制（TimeOut） ——采用 PGP 协议实现轻量级的消息加密
应用级安全	——强化 XML 解析引擎的功能防范 XML 拒绝访问攻击（XML，DoS） ——优化 BS 结构的应用，禁止用户注入 SQL 实施攻击

5.5.2　通信级安全

通信级安全关注网络传输过程中的安全性问题，可以从两方面实现：

a） IP 层安全。

IPSec 是 IP 层的安全机制，通过在 IP 层上对数据包进行高强度的安全处理来提供数据源验证、无连接数据完整性、数据机密性等安全服务，一般在操作系统级别实现。对于使用 IPSec 的 Web 服务来说，应在进行 Web 服务调用之前创建 IPSec 通信会话。

企业内部各应用系统运行在内网，可以不采用 IPSec 技术。若存在企业外部系统的访问要求，或异地的互联网访问，可以根据安全要求决定是否采用 IPSec 技术，并对该段传输进行安全控制。

b） 传输层安全。

传输层安全通常是由 SSL/TLS 提供的，例如 HTTPS。传输层安全可以在网络应用程序，而不是操作系统中实现，而 Web 服务只需要求使用 HTTPS 或者支持证书的 JMS 作为传输协议便可直接使用。

企业内部各应用系统运行在内网，可以不采用 SSL 技术。若存在企业外部系统的访问要求，或异地的互联网访问，可以根据安全要求决定是否采用 SSL 技术。采用 SSL 技术时，应在 ESB 中提供统一的接入模块，对远程的应用进行安全控制。

SSL 证书方面，可以采用工具（例如 OpenSSL）来生成证书，其根证书是企业自身签发（Self-signed）的，用于认证、授权、完整性、加密等操作。也可采用由第三方权威 CA 机构颁发的证书，应用程序可以向此第三方机构核实证书的真伪，实现较强的对外安全保障。

5.5.3　消息级安全

WS-Security 框架：传输层安全之上是消息级安全，其安全主要由 WS-Security 框架及相关安全规范提供的。WS-Security 规范为 SOAP 消息定义了安全报文头的内容，以及与这些内容相关的处理规则。ESB 采用 WS-Security　Policy 进行电子签名和加密 / 解密安全措施。例如要保护 WSDL 文档免遭非授权访问，用 XML　Encryption 将之加密；要保护 WSDL 文档免遭篡改，可以用 XML Signature 对它进行签名。

PGP 协议：PGP（Pretty Good Privacy）是针对电子邮件在 Internet 上通信的安全问题而设计的

一种混合加密系统。PGP 基于 RSA 公匙加密体系，可以对邮件进行加密以防止非授权者阅读，它还能对邮件加上数字签名从而使收信人可以确认邮件的发送者，并能确信邮件没有被篡改。PGP 功能强大、速度快，对于比较简单的消息级加密，如某个关键字段（用户账号、密码等）加密，采用 WS-Security 框架的开销过大，可采用轻量级的 PGP 来实现。

5.5.4 应用级安全

应用级安全主要措施是使用用户认证系统，确定用户对网络资源和服务资源的访问权限，以及完整保留操作日志，确保能做到事后审计和业务恢复。应用级安全可应对 XML 炸弹等层出不穷的 XML 攻击。

6 服务

6.1 服务生命管理

6.1.1 概述

服务是实施 ESB 的关键环节，每个服务代表一项自足的业务功能，所有服务共同组成 SOA 中的服务层，实现业务层与 IT 层的松耦合，促进 IT 与业务更好适配。应用系统将对外提供的接口封装成服务，定义标准化的接口，统一注册至 ESB。其他应用系统通过 ESB 调用所需服务以完成系统功能重用，最终 ESB 的广泛应用。为规范服务管理，本标准提出服务生命周期管理，将服务从生产到撤销的整个过程细分为不同阶段，对各个阶段的流程、要点、输出进行详细说明。

6.1.2 服务生命周期管理意义

服务生命周期的管理意义如下：

a） 确定实现的服务，确保投资回报率，避免主观臆断的服务开发；

b） 确保服务的信息被潜在的用户所了解；

c） 确保服务被使用，以及避免服务被重复开发；

d） 确保对服务有足够了解和洞察力的人员参与到服务制订过程中；

e） 协调服务与其依赖系统的运行。

6.1.3 完整服务生命周期

一个服务首先应由服务需求驱动，形成服务提议，然后对提议进行分析识别出服务，再进行设计实现、测试部署、上线发布、访问授权直到运营，最终服务撤销，完成服务的整个生命周期。

服务生命周期每个环节的主要任务是：

a） 服务识别：根据业务需求进行业务分解，识别出服务及服务属性；

b） 服务设计：对识别出的服务进行分类分组，定义输入输出及公共属性；

c） 服务开发：根据服务设计，通过软件开发实现服务；

d） 服务测试：编制测试计划和测试用例，完成服务的测试；

e） 服务上线：服务开发、测试完成后，进行服务的上线部署；

f） 服务发布：服务上线后，发布服务接口、文档等信息，确保服务的信息被潜在用户所了解；

g） 服务访问：服务消费者提出服务访问申请，并得到恰当的审核及授权；

h） 服务运营：运维人员根据服务运行计划等，实施服务的监控、启动、停止等运营工作；

i） 服务变更：对已有的服务进行变更；

j） 服务撤销：服务停止使用。

6.2 服务识别

6.2.1 概述

业务部门由于新业务变更或内部管理的需要，对信息系统提出新的需求。相关信息系统项目人员，通过详细需求收集与分析，形成 IT 需求说明书。服务识别的过程主要是分析 IT 需求说明书，按照服务识别的原则和方法，判断哪些过程可抽象为服务，并对符合条件的服务，制定其服务规约。

服务识别是服务生命周期的关键环节，如何识别并确定一个服务是实施 ESB/SOA 的重要步骤。它是一个迭代步骤，需要在业务需求分析和规划阶段就尽早组织发起。

6.2.2 流程

服务识别阶段的角色活动定义如图 6 所示。

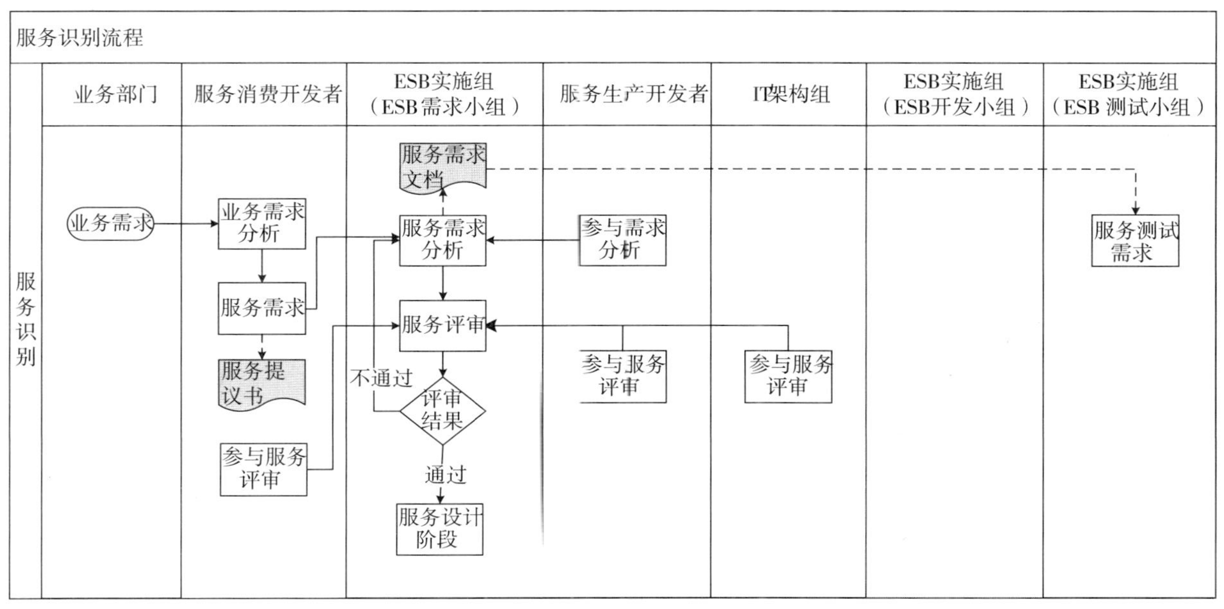

图 6 服务识别阶段的角色活动

服务识别阶段流程说明：

a） 业务部门提出业务需求，服务消费开发组进行业务需求分析，如果该业务需求中含有服务接口的需求，则形成服务需求，并根据服务需求提交服务提议书；

b） ESB 实施组的需求小组对服务提议书进行需求分析，并组织服务消费者与服务生产方共同参与形成服务需求文档；

c） ESB 实施组组织服务消费开发组、服务生产开发组及 IT 架构组参与服务需求评审。若评审通过则提交 ESB 实施组的开发小组进行服务设计，若评审未通过则退回服务需求分析步骤。评审可参考技术和成本等多个角度。技术角度应考虑服务的必要性和服务重用的可能性等；成本角度应考虑服务开发成本、运营成本及使用服务所节省的成本；

d） 服务需求文档输出后同时提供给 ESB 实施组的测试小组，形成测试需求。

证券公司 ESB 典型服务目录详见附录 B 表 B.1。

期货公司 ESB 典型服务目录详见附录 C 表 C.1。

6.2.3 要点

6.2.3.1 服务识别方式

服务识别包括三种方式：自顶向下、自底向上和中间对齐的方式。

a） 自顶向下方式。自顶而下是最常用的服务识别方式，适合大多数组织采用，特别是首次引入 SOA 时。它将一个问题、系统或流程不断分解为更小的块，直到抵达最小服务的层次。在分析时，需要从业务着手，将业务进行功能、流程分解，并进行变化分析。功能分解指按照业务职责细分业务功能，并直接将其映像到 IT 范畴的子系统，实现业务与 IT 的无缝连接。流程分解针对每个目标业务功能的顶级流程，逐层分解为子流程或业务活动，直至具备业务含义的最小单元。变化分析的目的是将业务领域中易变的部分和稳定的部分区分开来，通过将易变的业务逻辑及相关的业务规则剥离出来，确保未来变化不影响现有设计，提升架构应对变化的能力。

b） 自底向上方式。自底向上方式利用已有信息系统、功能接口、定制应用来归纳识别服务，通过将服务组合为更为通用的块实现业务需求。举例：证券期货机构与第三方公司技术系统对接的大量交易、行情接口，可以被进一步规范发展成为备选服务。该方式适用于研发团队对 IT 系统具有全局掌控力，对系统整体架构有统一调整能力的组织。

c） 中间对齐方式。由于自顶向下可能会因忽视已有资源而带来高昂代价，自底向上将技术细节和限制强加至业务层而不够灵活。实践中常结合两种方式，使用中间对齐方式，发掘与业务对齐的服务，并在流程分解同时进行已有技术资源分析，扩大覆盖服务识别范围。

6.2.3.2 服务识别指导原则

由于业务功能暴露为服务后必须附加满足安全性、性能等要求，同时产生服务规划、设计、开发、维护、监管等额外开支，因此应按一定规则决定哪些业务功能适合暴露为服务。公共 IT 机构、软件供应商及咨询公司对服务识别的原则各持不同观点，根据对证券行业的研究与评估，本标准建议服务识别遵循以下指导原则：

a） 服务具有松耦合性：新建服务应明显独立于其他服务，并可作为相对独立的逻辑单元按需配置至企业 IT 资源中。

b） 服务可以重用：服务应可以在不同的应用、流程中重用，从而减少重复的功能实现，降低开发和维护的成本。

c） 服务可以组合：服务应保持适当的颗粒度以保证可与其他服务组合形成新的组合服务。

d） 服务是可暴露的：服务生产者同意将服务暴露给其他应用，即服务的共享对服务生产者产生影响可控，同时满足组织安全性等要求。

6.2.4 输出

服务识别阶段输出为服务提议书和服务需求文档，主要包括以下内容：

——服务功能要求：需求来自哪里，主要实现的业务流程与功能，每项功能需求的输入输出、前置条件、后置条件等。

——服务技术要求：服务调用的频率，正常、峰值响应时间要求等。

——涉及技术系统情况：涉及前后台系统，每个系统支持的协议、接口方式，是否需要第三方应用支持。

——其他：服务上线时间要求，创建和运营服务的大致预算，其他潜在服务用户等。

6.3 服务设计

6.3.1 概述

服务设计是服务生命周期中的重要阶段，服务整体设计的好坏将直接影响到服务的可重用性和使用寿命，以及在开发、测试、运维阶段的成本等。

服务设计过程对服务识别阶段确定的服务，利用相应的工具进行更详细的设计与定义，描述其各方面属性，为后期服务开发提供依据。设计主要包括以下内容：服务名称、接口名称、接口输入输出等功能性属性；服务安全约束、响应时间等质量约束；涉及的业务规则、业务事件、时间 / 人员消耗等业务属性；服务与服务、服务与业务组件等间的相互关系等。

6.3.2 流程

服务设计阶段的角色活动如图 7 所示。

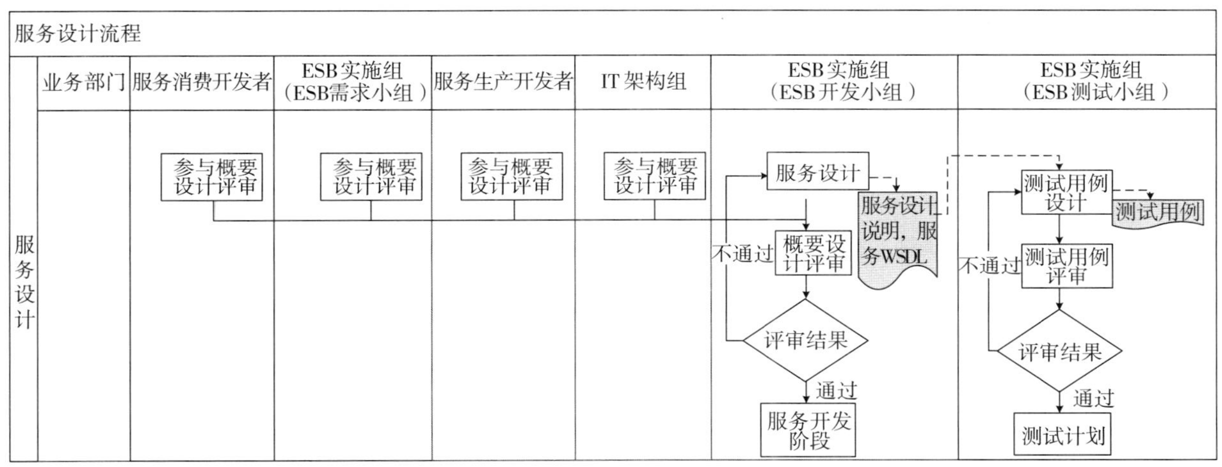

图 7 服务设计阶段的角色活动

服务设计阶段流程说明：

a） ESB 开发小组根据服务需求文档进行设计，形成服务设计说明及服务描述文件；

b） ESB 开发小组组织服务消费者、服务生产组、ESB 需求组及 IT 架构组对服务设计进行评审。若评审通过则进入服务开发阶段，若评审不通过则退回到服务设计步骤；

c） ESB 测试小组根据服务设计文档编写测试用例，并组织测试用例评审直至通过。

6.3.3 要点

6.3.3.1 服务设计指导原则

服务设计建议遵循以下指导原则：

a） 原子性：对服务的调用或者成功或者失败且不产生任何影响；

b） 一致性：在服务被调用后，服务生产者系统应达到一个合法、一致的状态，不会产生数据状态不匹配错误；

c） 隔离性：服务调用不应该被同时在服务生产者系统上运行的其他服务所影响；

d） 无状态性：在这个服务所在的ESB系统中服务请求者不用依赖于服务生产者的状态，那么该服务就满足无状态性；

e） 持久性：服务调用成功后，其影响是持续的，不存在可以意外撤销服务调用结果的系统故障。

6.3.3.2 服务粒度

服务粒度是服务设计过程考虑的关键要素，其直接关系到服务质量。粒度过细，将影响服务调用的效率。粒度过粗，将导致服务使用不够灵活。服务达到最优粒度的指导方针包括以下几点：

a） 应从功能、信息和目标这些方面来描述服务；

b） 服务的功能集应负责提供业务能力；

c） 应尽量由单一的角色来负责服务的实现；

d） 服务应尽量自足，理想的服务应该是自治的；

e） 典型的服务例子包括：创建一个新客户、修改客户的地址、返回客户的地址等。

6.3.3.3 服务接口定义

SOA从技术的角度解决的是异构接口的互通互联问题。为此，所有通过ESB实现的服务应有统一的接口规范，新开发的服务接口应遵循该接口标准，或者由ESB提供新接口到已有各种接口的转换。

服务的接口定义应包含以下内容：

a） 数据：定义服务与外界之间交互的数据属性。具体包括：

• 数据类型定义：包括基本类型和复杂类型，可使用XML Schema进行定义。

• 数据格式：指在内存、文件或者网络上的各种数据类型的数据如何存放。为解决不同程序语言在内存里存放数据的格式不尽相同的问题，一般使用字符描述复杂类型数据格式，可使用XML格式。

• 数据内容：一般划分为技术和业务两个层级。技术层面内容为服务和外界之间交互的数据报文头信息；业务层面的内容为数据报文内容信息。

b） 交互方式：定义服务和外界交互的方式，即信息交换的方式。具体包括：

• 接口交互模式：包括请求应答（同步）、请求回调（异步）、发布订阅，具体见6.4交互模式。

• 接口状态：分为无状态接口和有状态接口。无状态接口，对同一个服务的接口进行的多次调用之间不维持任何状态的接口类型；有状态接口，在对同一个接口的多次调用之间可以保持状态的接口类型。

• 接口调用的会话机制：指多个接口之间的调用顺序和规则，包括同一个服务的多个接口之间的调用规则，多个服务的多个接口之间的调用规则。

• 接口通讯协议：远程接口所采用的协议，包括HTTP、TCP、SOAP、JMS消息中间件等，具体见6.3.2通讯协议。

• 其他：如接口调用的安全策略、日志记录等。

6.3.3.4 服务命名规范

实施ESB项目，应制定良好的命名规范，提高服务整体管理效率，提升程序的可维护性。

ESB系统的服务应考虑以下服务命名原则：

a） 所有的服务名、元素名、操作名必须提供其功能的清晰信息。名称应使用混合大小写的方式。

- 元素命名：单词首字母大写，单词标准简写统一大写。

示例： FundAccount

- 服务命名：单词首字母大写，单词标准简写统一大写。

示例： SMSService

- 操作命名：单词首字母大写，单词标准简写统一大写。

示例： SendSMSMsg

b） 参数：参数名提供其功能的清晰信息，名称应使用混合大小写的方式

- 输入参数命名：操作命名 In。

示例： SendSMSMsgIn

- 输出参数命名：操作命名 Out。

示例： SendSMSMsgOut

c） 在保持清晰的情况下，使用尽可能短的名称。

6.3.4 输出

服务设计阶段的输出物是服务设计说明文档。

服务设计说明文档一般包括方案架构设计说明和服务说明。

方案架构设计说明是对服务技术实现的全面描述。包含：业务目标和局限性、方案上下文介绍、服务种类、服务架构定义 / 模型 / 范围、业务流程、服务公共模块定义（如认证服务、日志服务等）、部署环境、集成测试需求。

服务说明是对服务接口和应用场景的描述，包括：服务介绍、服务使用场景、接口定义、引用组件、可观察的状态、触发的行为、协作、局限性、部署等。

6.4 服务开发与测试

6.4.1 概述

服务开发与测试阶段是按照服务设计选择相应的开发工具实现服务，并对服务进行测试，确保其符合上线和发布条件的过程。其中测试通常包括功能测试、非功能测试、集成测试等。与传统软件测试不同的是，ESB 服务测试对象是接口，更适合运用自动化测试。

6.4.2 流程

服务开发与测试阶段的角色活动如图 8 所示。

服务开发与测试阶段流程说明：

a） ESB 开发小组在开发环境按照服务开发规范进行服务开发和单元测试，通过后交付 ESB 测试小组进行集成测试；

b） ESB 测试小组在集成测试前，应准备好测试用例和测试计划。测试用例一般按服务接口编写，一个接口可能有 2 到多个测试用例，正常用例和异常用例。测试计划一般包含：测试背景介绍、测试环境准备、测试人员安排、测试的功能列表、测试步骤（输入测试用例，输出测试报告）、日程、其他有关事项等；

c） ESB 测试小组部署测试包到测试环境，按照测试计划和测试用例对服务进行集成测试。集

成测试阶段应包括功能性和非功能性测试。如果有缺陷则进行记录，并在 ESB 开发小组修复缺陷后重新测试。服务的集成测试尤其应关注以下环节：

- ESB 与其他服务生产者和服务消费者的集成测试，重点关注服务接口；
- ESB 平台的性能测试；
- 整个 ESB 涉及端到端业务场景的测试等。

d） ESB 测试小组完成测试后输出测试报告，同时由 ESB 运营组在 ESB 开发小组、ESB 测试小组协助下整理部署说明。

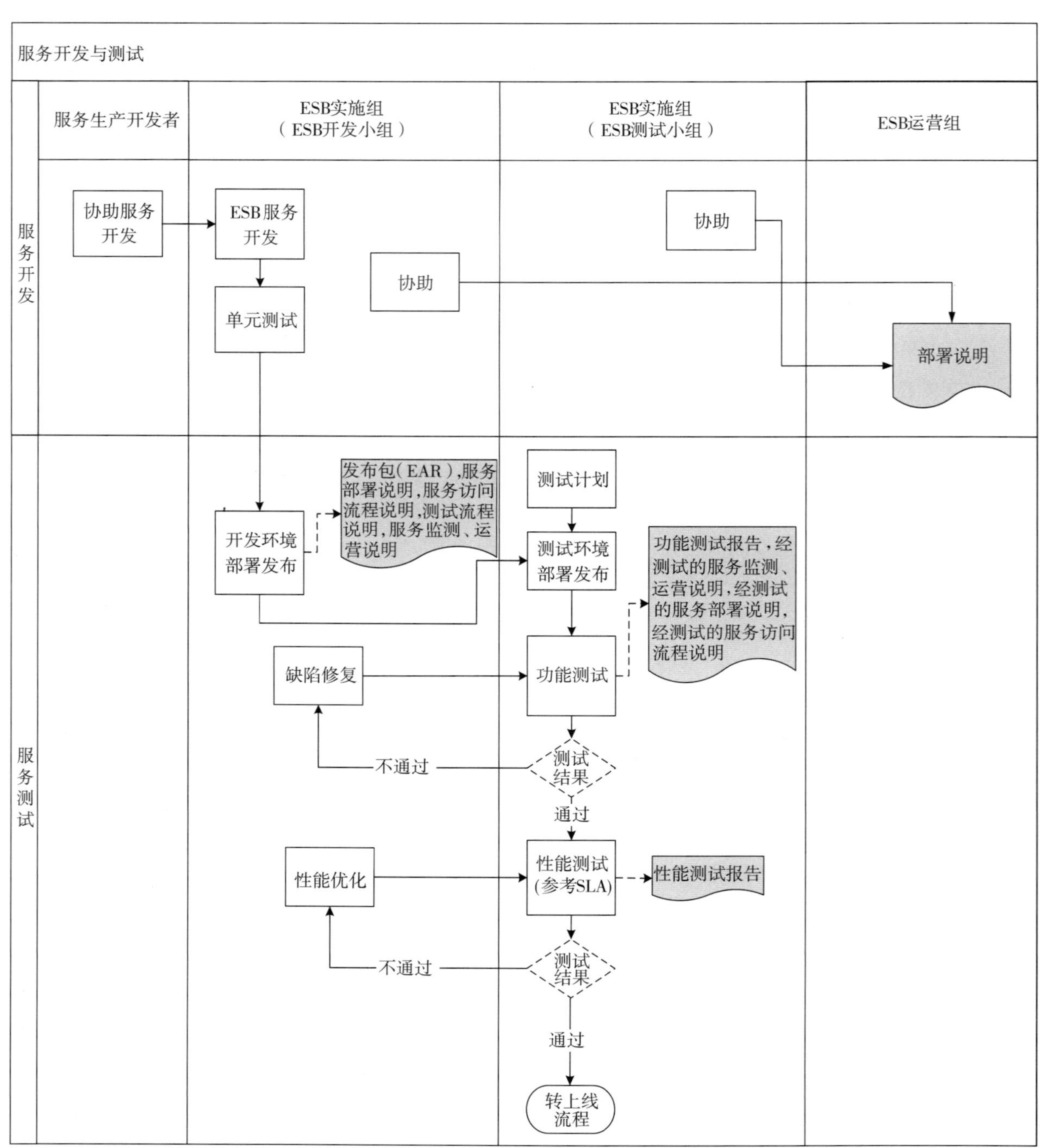

图 8 服务开发与测试阶段的角色活动

6.4.3 输出

6.4.3.1 经过测试的服务

经过测试，具备上线与发布条件的服务。

6.4.3.2 测试报告

在测试阶段可能会划分为几个子阶段，例如单元测试阶段、集成测试阶段，每一个子过程都应输出这一子阶段的测试报告，最后合成测试阶段的测试报告。

测试报告一般包括：测试环境（操作系统、基础软件、测试服务版本等），测试用例输入输出、测试结果、测试结论。

6.4.3.3 部署说明

部署说明是对开发的应用安装的使用详细说明，包括数据库支持、全局变量配置等，应在部署说明书中详细的按步骤描述清楚。

部署说明类似于一个产品的安装说明。一般包括：

——服务功能说明；

——部署环境要求说明；

——产品版本需求说明；

——第三方产品需求说明；

——全局变量配置说明；

——部署注意事项，应用的非功能性需求部署实现说明等。

6.5 服务上线与发布

6.5.1 概述

服务上线是指将服务部署到生产环境，上线后的服务可被消费者使用。服务上线后，需要公布服务的具体位置及接入方式，供消费者查找访问服务，称为服务发布。

6.5.2 流程

服务上线与发布阶段的角色活动如图 9 所示：

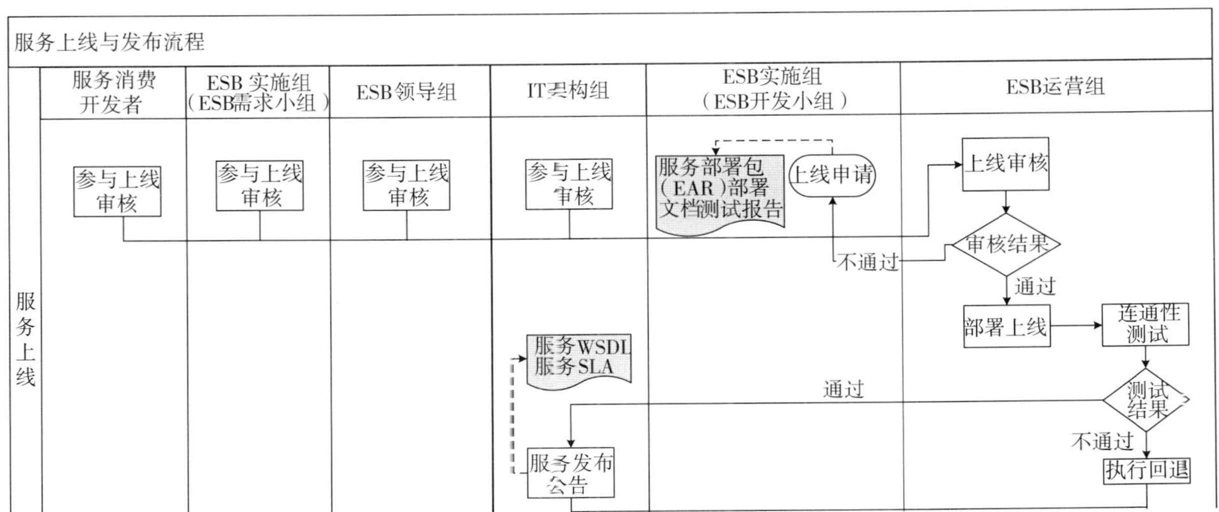

图 9　服务上线与发布阶段的角色活动

续图

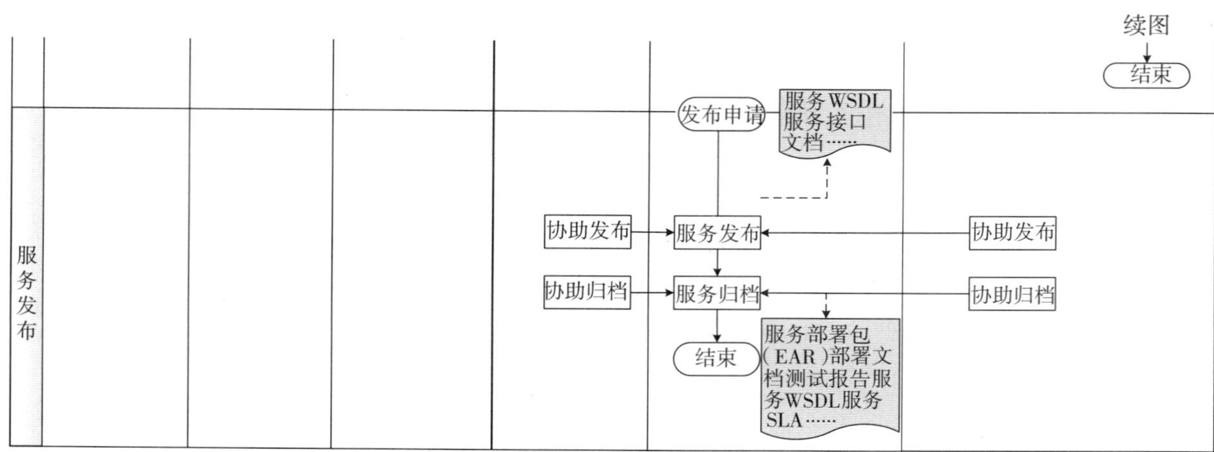

服务上线和发布阶段流程说明：

a） 由 ESB 开发小组提出上线申请；

b） 由 ESB 运营组组织相关各方对上线申请进行审核，并决定是否通过；

c） 经批准后由 ESB 运营组将服务正式部署到生产环境，并根据测试用例完成生产环境验证性测试；

d） ESB 运营组更新服务列表信息和其他相关文档，并通过公告通知潜在的服务消费者；

e） 服务上线申请书一般包括：服务描述、测试报告摘要、期望上线日期、可能风险等。

6.5.3 输出

6.5.3.1 服务上线申请书

服务上线申请书一般包括：服务描述、测试报告摘要、期望上线日期、可能风险等。

6.5.3.2 更新的服务列表

服务列表列明所有已部署上线的服务，包括：服务名称、状态（未部署、已部署、已上线、已发布、运营中、已下线、维护中）、所有者和联系人等。

6.5.3.3 服务接口说明

服务接口说明描述服务的接入使用方式，一般包括服务、接口、输入、输出、调用说明、异常处理、日志、调用配置等。

6.5.3.4 已发布的服务

经过服务的上线和发布阶段，新的服务已存在于生产环境中。

6.6 服务访问

6.6.1 概述

服务访问管理主要基于安全方面考虑，只有获得相应授权的服务消费者才能访问已发布的服务。

6.6.2 流程

服务访问阶段的角色活动如图 10 所示。

服务访问阶段流程说明：

a） 基于统一规划以及安全、流量等考虑，新的服务消费者在访问服务前，应提交申请，审核通过后，才能进行用户名、密码等权限分配操作支持服务访问；

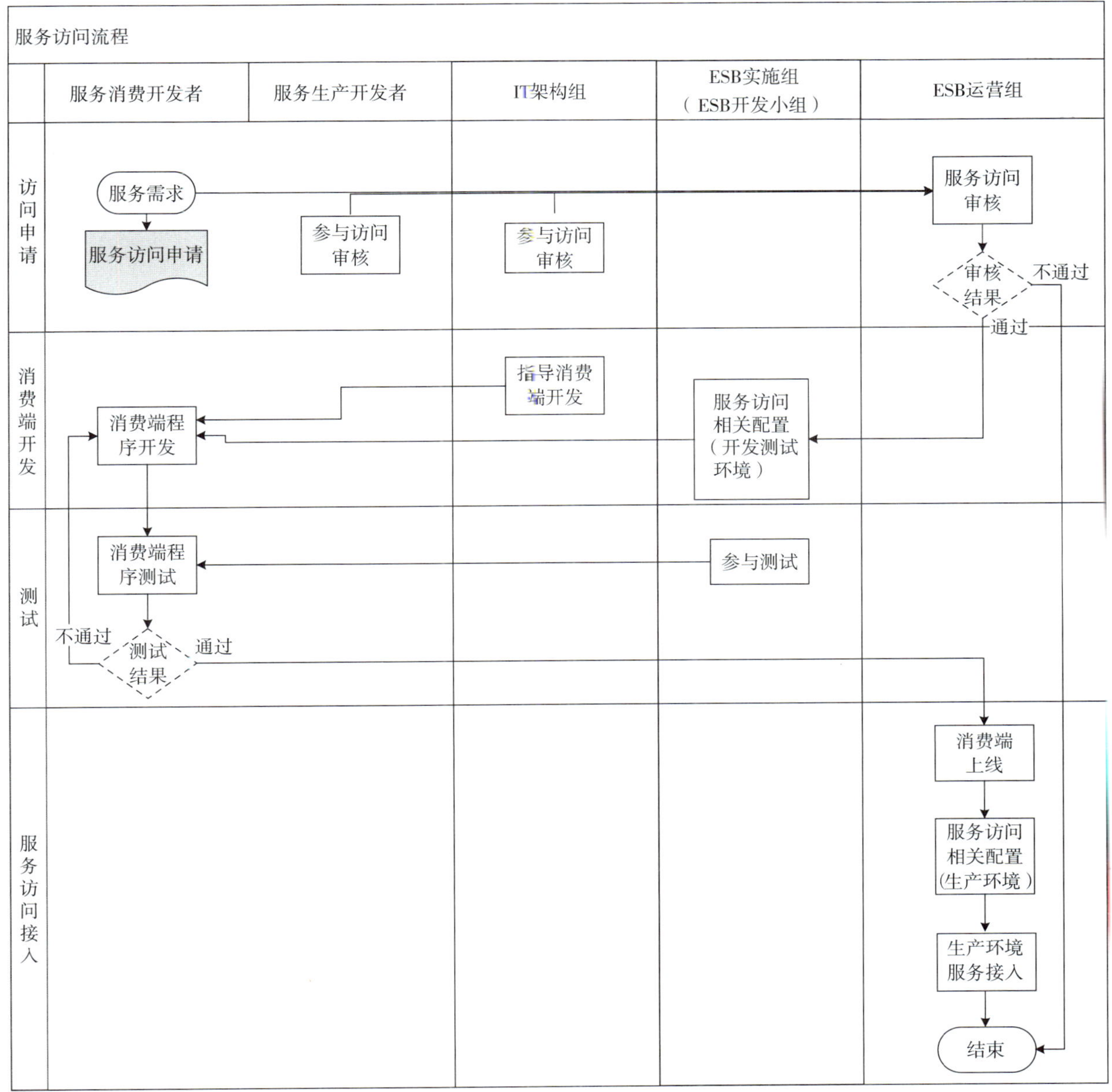

图 10　服务访问阶段的角色活动

b）首先由服务消费者向 SOA 运营组提交访问申请表，发起申请流程；

c）访问申请被批准后，服务消费者应完成消费端程序的开发与服务接入测试；

d）消费端接入测试通过，由 ESB 运营小组在 ESB 生产环境上分配服务接入权限，正式开通生产环境服务接入。

6.6.3　输出

6.6.3.1　访问申请

访问申请一般包括：消费者描述、申请访问的服务及权限、接口描述、访问模式、访问时间、申请结果等。

6.6.3.2　访问授权

访问授权一般包括：消费者、服务、对应的账户、操作权限、角色等。

6.7 服务运营

6.7.1 概述

服务运营阶段是服务生命周期存在时间最长的阶段，也是服务价值体现的阶段。服务发布后，服务消费者申请并获取访问权限，访问服务以完成相应的业务功能，服务在使用过程中由 ESB 运营组对服务的启动、停止、重启、备份、迁移、部署和变更等活动进行统一管理，以保证企业内部所有服务规范、稳定有序地运行，此过程称为服务运营。

6.7.2 流程

服务运营阶段的角色活动如图 11 所示：

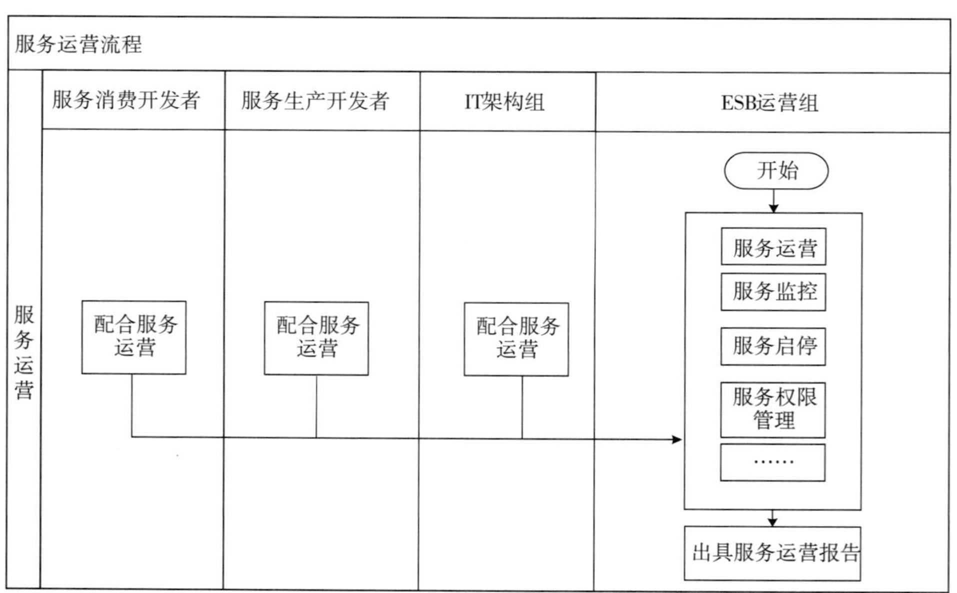

图 11　服务运营阶段的角色活动

服务运营阶段流程说明：

a） ESB 运营组是服务运营的主要实施者，完成以下活动：

- 审批服务访问申请，为消费者配置访问权限；
- 对服务日常运行进行管理、监控和维护；
- 记录每日服务及系统运行状态、状况，定期输出运维报告。

b） IT 架构组在 ESB 领导组和 ESB 运营组之间起桥梁作用，跟踪服务运行状态，制定服务运营分析指标，分析运营报告并及时跟 ESB 领导组沟通运营状况。

- ESB 领导组指导日常运营工作，审阅运维周报、分析报告，给出运营建议。

6.7.3 输出

6.7.3.1　定期运维报告

记录一段时间内 ESB 系统运行情况及重要事件（如系统崩溃、消息丢失等）、处理方案、处理结果，记录服务部署、服务撤销等操作事项。

6.7.3.2　服务分析报告

分析日常运营数据、服务日志等信息，按照不同的指标统计生成相应的服务分析报告，如每日请求数分布、请求成功失败等。分析报告一般包括以下内容：服务介绍、服务分析指标、时间区间选择、详细分析结果等。

6.8 服务变更

6.8.1 概述

服务运营过程中，当出现新的业务需求或原有业务发生变化，需对服务进行修改，称为服务变更。如果该修改是向后兼容的，比如通过增加可选参数就可以实现等情况，那么就不需要新的接口或新的版本；如果某个修改不是向后兼容的，那就需要一个新的服务或一个新的服务版本。需要提供足够的时间来完成消费者的平滑升级。

服务变更应涵盖全部的服务生命周期，包括服务需求、设计、实现、测试、部署上线等阶段。

6.8.2 流程

服务变更阶段的角色活动如图 12 所示。

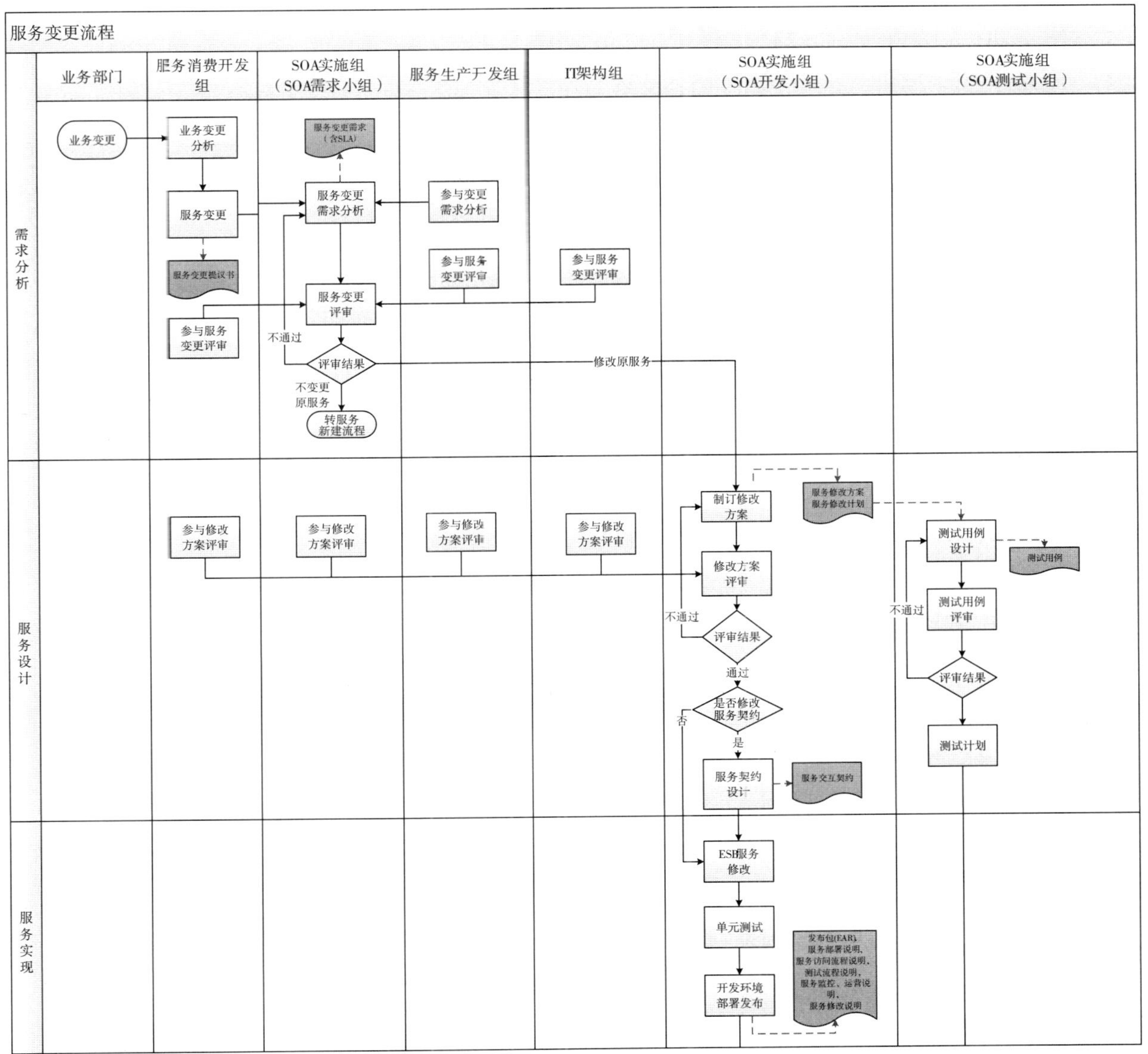

图 12　服务变更阶段的角色活动

续图

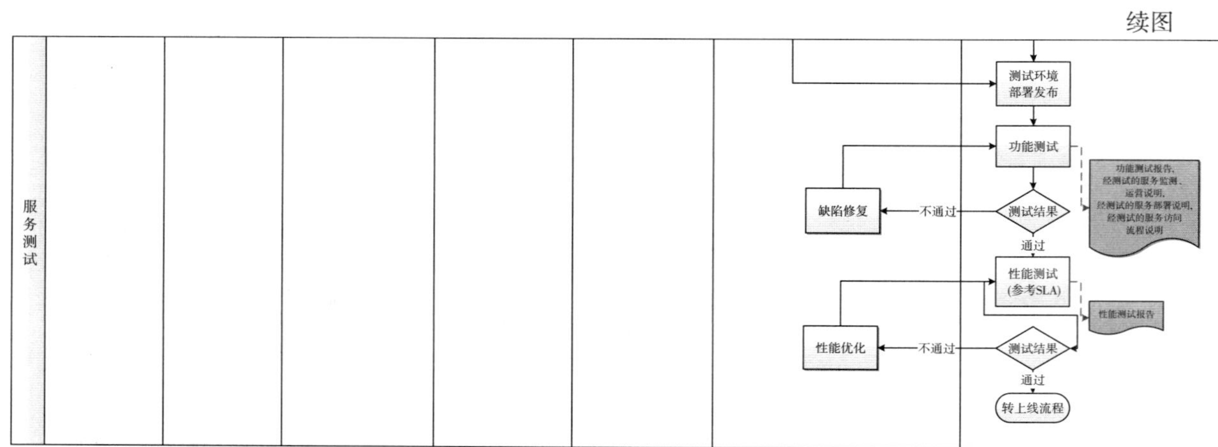

流程说明：

a） 业务部门提出业务需求变更，服务消费开发组进行业务变更分析，形成服务需求，应用开发组再根据服务需求提交服务变更提议书；

b） SOA 需求小组对服务变更进行分析，并组织服务需求方与服务生产方共同参与需求分析讨论，并形成服务变更需求文档（包含服务等级 SLA 需求等）；

c） SOA 需求小组组织服务消费开发组、服务生产开发组及 IT 架构组参与服务变更需求评审。若评审未通过则退回服务需求分析步骤；若评审结果是不变更原服务，采用新建服务方式，则转到服务创建流程；若评审结果是修改原服务，则提交 SOA 开发小组进行服务设计；

d） 评审时，首先从技术上确认服务变更的必要性和服务重用的可能性。再从服务变更的影响范围来评估，因为服务已经被消费者使用，变更服务会影响这些现有的消费者。还要从成本角度评估服务，包括开发服务的成本等；

e） SOA 开发小组据服务变更需求文档制订服务修改方案，然后由 SOA 开发小组发起和组织服务消费开发组、服务生产开发组、SOA 需求小组以及 IT 架构组对服务修改方案进行评审。若评审不通过则退回到服务修改方案制定步骤；若评审通过且方案确定要修改服务契约，则进行下一步服务契约的重新设；若确定不需要修改服务契约，则直接进入 ESB 服务修改步骤；

f） 同时，SOA 测试小组根据服务设计文档编写测试用例，并组织测试用例评审直至通过。

其他流程步骤与服务创建流程类似。

由于 SOA 分布式的开发特点，服务生产者与服务消费者的修改开发由各项目组分别组织开发实现，不在本流程图中体现。

6.9 服务撤销

6.9.1 概述

在服务运营过程中，经常面临着服务变更等需求。当新的服务开发部署完成后，旧的服务可能需要被撤销；此外如果服务已经长时间没有消费者在使用，也需要被撤销。服务撤销有助于节约系统资源，降低运维成本。

6.9.2 流程

服务撤销阶段的角色活动如图 13 所示。

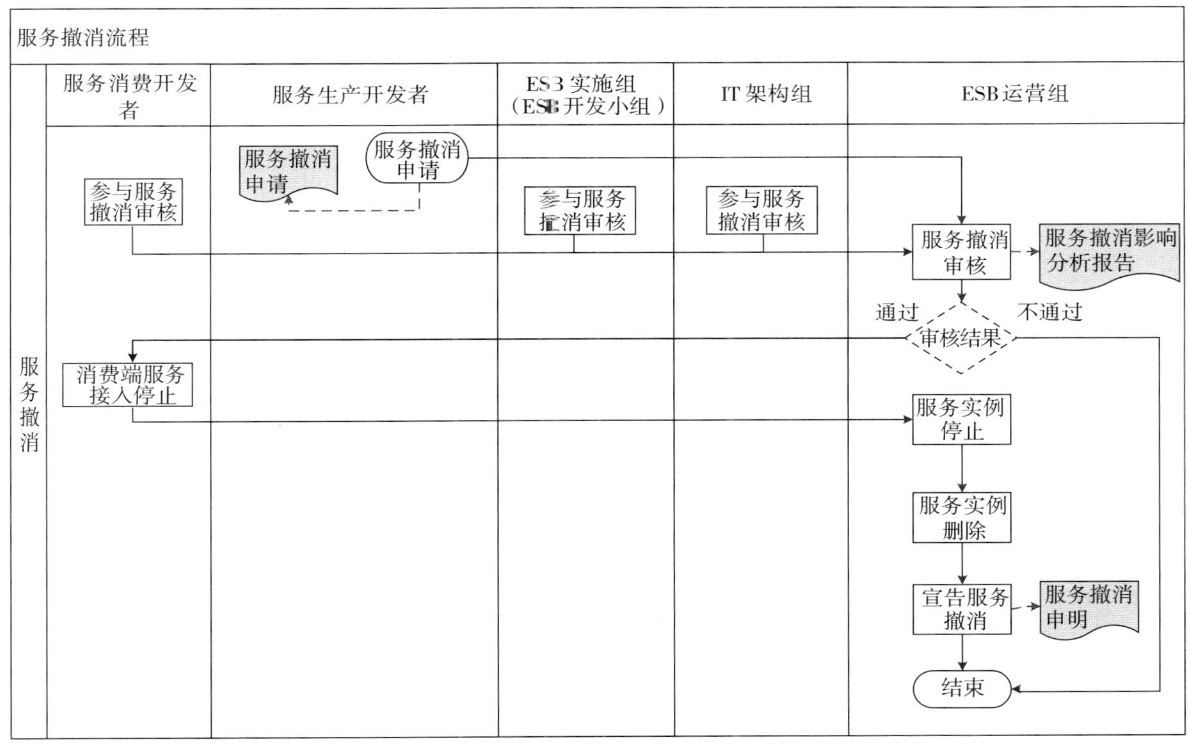

图 13　服务撤销阶段的角色活动

服务撤销阶段流程说明：

a） ESB 参与各方均可以向 ESB 运营组提出服务撤销申请。

b） ESB 运营组组织 IT 架构组、服务生产开发组、服务消费开发组参与服务撤消的审核，并形成影响分析报告。若审核不通过则流程结束；若审核通过，则通知消费者信息服务的接入。

c） 审核时要注意：服务撤销前，应确保该服务没有消费者在使用。管理员可以通过服务使用统计进行检查，获知服务的使用情况，并通过存档的服务消费者列表来确定服务的消费者，并获得所有消费者的同意后，才可进行撤销。

d） 消费者接入全部停止后，ESB 运营组停止相应 ESB 服务实例，并删除实例，完成后宣告服务撤消完成，并发布服务撤消申明。

6.9.3　输出

6.9.3.1　撤销申请

服务撤销申请用于申请将一些过期的或效益不佳的服务撤销下线，包括：服务描述、撤销原因、提议撤销策略、提议撤销时间点、替代选项、申请结果等。

6.9.3.2　撤销影响分析报告

服务撤销影响分析报告可以作为服务撤销申请提出的依据，包括：服务描述、服务依赖性分析、潜在受影响的消费者分析、风险、应急计划、结论等。

6.9.3.3　撤销公告

服务撤销申请被批准后，可以按照服务撤销计划发布撤销公告，一般包含：服务描述、撤销原因、生效日期、建议替代选项、相关通信人员列表等。

附录 A
（规范性附录）
典型 SOA 集成场景

A.1 概述

SOA 是通过服务整合来解决系统集成问题的重要 IT 架构思想。ESB 是 SOA 的核心组件。为了集成不同系统、不同协议的服务，ESB 提供了消息协议转换与路由等功能，让不同的服务互联互通。为了实现集成的重要目标，以下对集成过程中的典型场景进行分类说明，并给出推荐的解决方案，行业机构可根据自身实际情况选择适用的解决方案。本标准所指的集成，是指应用系统之间为了实现数据与信息交换、协同工作而通过 ESB 进行的集成工作。

A.2 集成场景分类

A.2.1 概述

应用系统集成首要解决的是应用的连接，然后是应用之间的通信。以下从三个方面对集成场景进行分类：应用系统连接的层次、集成的触发机制以及交互模式。

A.2.2 集成的层次

企业应用架构一般可以分为用户界面层、业务逻辑层及数据存储层，系统间的集成可能发生在这些不同的层面之间，如图 A.1 所示。

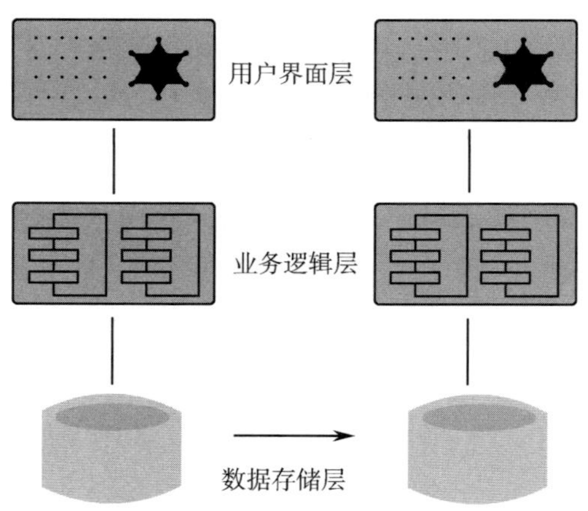

图 A.1 集成发生的层次

如图 A.2 所示，表示面向数据存储层的集成场景。

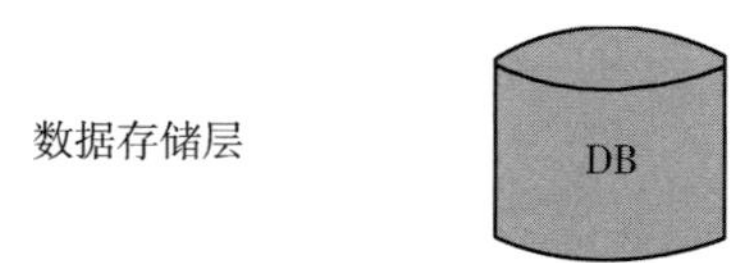

图 A.2 面向数据存储层的集成

如图 A.3 所示，表示面向应用逻辑层的集成场景：包括采用 JMS API 与 Web Service 接口的场景。

业务逻辑层 JMS WS

图 A.3 面向业务逻辑层的集成

A.2.3 集成的触发机制

集成的触发机制，可以有多个维度，本标准按照集成的发起或者响应来划分。下面考虑两个应用 A 与 B 连接的情形，对于多个应用系统连接的情形，以此类推。

A 为集成的发起方，B 为响应方，两者通过集成工具连接，如图 A.4 所示。

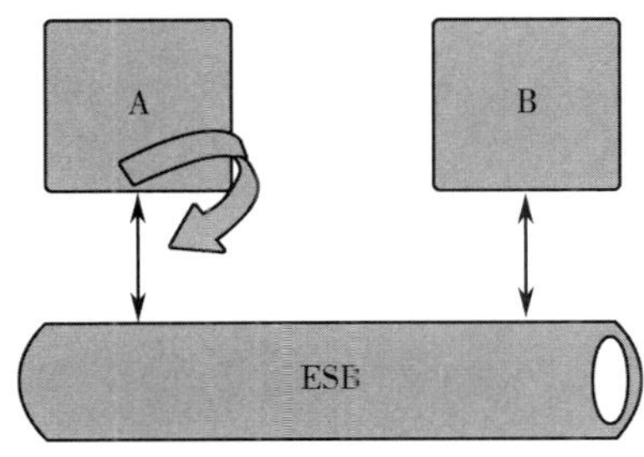

图 A.4 应用系统主动发起与被动响应集成，集成工具提供通道

A 与 B 都为集成的响应方，集成工具是集成的发起方，如图 A.5 所示。

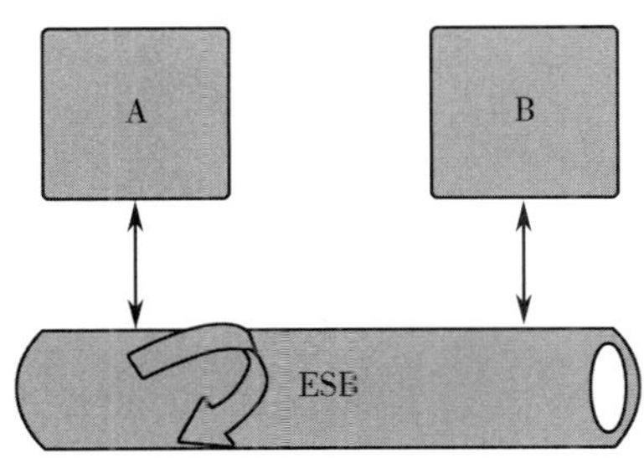

图 A.5 由集成工具主动发起集成，应用系统被动响应

本标准中的集成场景表示方法：箭头在应用图标右侧，表示应用是集成的主动发起方，如图 A.6 所示；箭头在应用图标左侧，表示应用是集成的被动响应方，如图 A.7 所示。

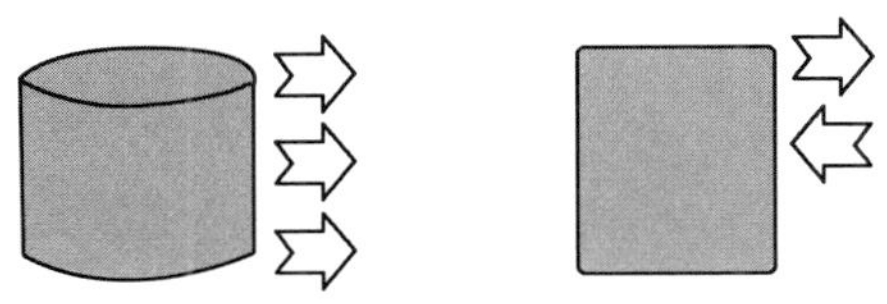

图 A.6 集成的主动发起方

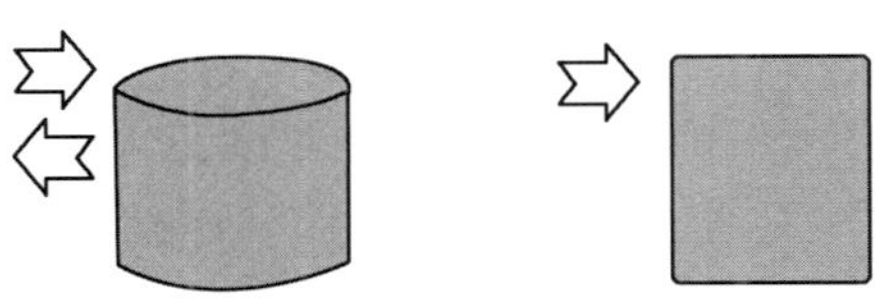

图 A.7 集成的被动响应方

A.2.4 集成的交互模式

A.2.4.1 概述

应用间集成的交互模式一般可以分为以下两类：

A.2.4.2 请求 / 应答模式

请求 / 应答交互模式实现一对一、单点对单点的应用通信，客户端发送请求到服务器端，然后服务器端返回结果给客户端，如图 A.8 所示。

图 A.8 请求 / 应答交互模式

A.2.4.3 发布 / 订阅模式

发布 / 订阅交互模式实现一对多、单点对多点的应用通信，订阅者向 ESB 订阅数据或服务，然后 ESB 推送数据或服务给订阅者，如图 A.9 所示。

图 A.9 发布 / 订阅交互模式

本标准中的集成场景表示方法：用两个方向相反的箭头表示请求 / 应答交互模式；用一个或多个同方向的箭头表示发布 / 订阅交互模式。结合集成的触发机制，如图 A.10 所示，两个方向相反的箭头在右侧，表示请求 / 应答的 Client（请求方）；两个方向相反的箭头在左侧，则表示请求 / 应答 Server（应答方），如图 A.11 所示，多个箭头在右侧，表示发布者，可以将数据或服务发布给一个或多个订阅者；单个箭头在左侧，表示订阅者，从发布者接收数据或服务。

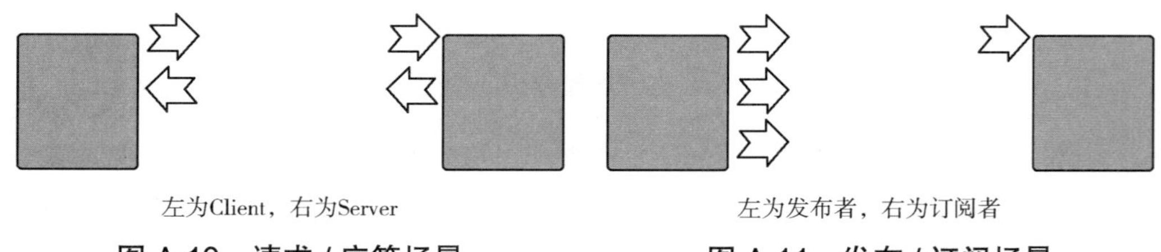

左为Client，右为Server
左为发布者，右为订阅者

图 A.10 请求 / 应答场景　　图 A.11 发布 / 订阅场景

A.3 集成场景概览

按照上述描述的场景划分标准，我们将常见的集成场景进行细化和抽象，得到如表 A.1 所示的集成场景。

表 A.1 集成场景汇总

集成的层次	技术场景名称	技术场景图示	技术场景描述	集成的触发机制	集成的交互模式
面向数据存储层的集成——数据库	发布数据	DB	数据库增、删、改等变化需要通知其他应用系统	主动发起	发布 / 订阅
	数据查询	DB	数据库接收数据 QUERY 请求，并将查询结果返回	被动响应	请求 / 应答
	数据更新	DB	数据库接收数据 UPDATE 或 INSERT 请求，并将更新结果返回	被动响应	请求 / 应答
	存储过程调用	DB	数据库接收存储过程调用请求，并将执行结果返回	被动响应	请求 / 应答
面向应用逻辑层的集成——基于 JMS	请求 / 应答 CLIENT	JMS	应用作为 CLIENT，向 SERVER 应用发送请求，并接收从 SERVER 应用返回的结果	主动发起	请求 / 应答
	请求 / 应答 SERVER	JMS	应用作为 SERVER，接收 CLIENT 应用的请求，并将处理结果返回给 CLIENT 应用	被动响应	请求 / 应答
	发布消息	JMS	应用发布事件通知其他应用	主动发起	发布 / 订阅
	订阅消息	JMS	应用订阅其他应用事件通知，并进行相应处理	被动响应	发布 / 订阅
面向应用逻辑层的集成——基于 WEBSERVICE	提供服务	WS	应用作为 SERVICE PROVIDER，接收并响应 SERVICE CONSUMER 的服务请求	被动响应	请求 / 应答
	消费服务	WS	应用作为 SERVICE CONSUMER，向其他应用发送服务请求并接收结果	主动发起	请求 / 应答

上述每个集成场景描述的是单个数据库或应用如何参与到“集成”中。在实际集成项目的技术解决方案设计中，需要将涉及的每个数据库或应用的集成场景组合在一起。

A.4 数据层间集成

A.4.1 数据库准实时集成

A.4.1.1 场景描述

特点：应用系统主动；发布 / 订阅。

此集成解决方案实现同构或异构数据库之间，如 Oracle 与 Oracle 数据库之间或者 Oracle 与 MySQL 数据库之间，单点对单点或单点对多点，准实时数据同步，即面向数据库的发布与订阅，如图 A.12 所示。

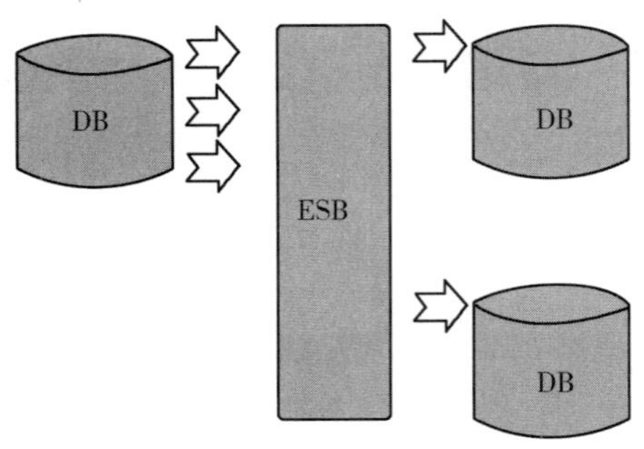

图 A.12 数据库准实时同步场景

A.4.1.2 解决方案

解决方案总体结构，如图 A.13 所示。从逻辑上看，主要分为三部分：源数据库、目标数据库和 ESB，ESB 与数据库的对接通过适配器进行。

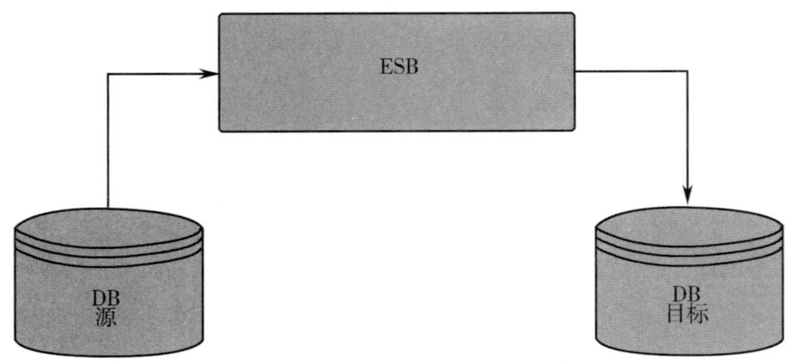

图 A.13 数据库准实时数据同步总体结构

A.4.1.3 方案收益

基于 ESB 的集成解决方案相比其他解决方案，有如下特点与收益：

——单点对多点的高效率数据同步与复制：通过消息的发布 / 订阅机制，源数据库的数据变化以消息的形式发布到消息总线，所有订阅了该消息的目的数据库都可以接收。

——实时程度高：其原理是由建立在数据表上的触发器实时捕获数据表发生的增、删、改等变化，然后通过 JMS 进行消息的发布与订阅。

——数据同步的高可靠性：其原理是能够充分利用 JMS 消息总线的各种服务质量保证机制。如 Durable（持久）订阅，即使目的数据库在源数据发布消息的时候不可用，也能保证消息不丢失，当目的数据库重启以后，仍然能接收到源数据库的消息。

——数据一致性有保障：消息发布时可以将多个具有主 / 从关系的数据表的变化组织成单一消息进行传递和处理，保证数据的一致性。

A.4.1.4 适用要求

该集成解决方案适用于实时性要求较高的数据库之间的同步与复制；适用于在不可靠网络条件下，需要确保数据的送达；适用于一个源数据库对多个目标数据库的数据同步与复制。不适用于解决全量、定时、大数据量的批量数据库之间的同步与复制。

A.4.1.5 参考应用

金融资讯中心证券主表可以采用发布的方式同步到需要使用的其他系统数据库中，来源表与目标表结构一致，一次发布，可多个系统同时接收。

A.4.2 数据库定时批量集成

A.4.2.1 场景描述

特点：主动；发布 / 订阅。

此集成解决方案实现数据库之间单点对多点定时、批量同步。与实时集成场景（见 A.4.1.1）的区别是，该场景是 ESB 主动发起从源数据库查询需要发布的消息，如图 A.14 所示。

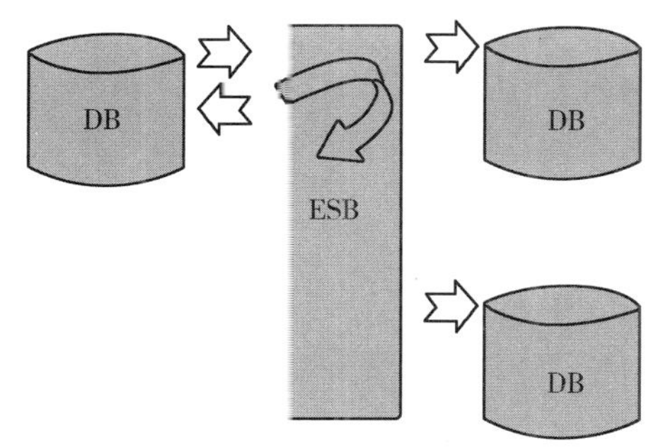

图 A.14 数据库之间单点对多点定时批量同步场景

A.4.2.2 解决方案

与实时集成方案（见 A.4.1.2）类似，只是由 ESB 主动发起，如图 A.15 所示。

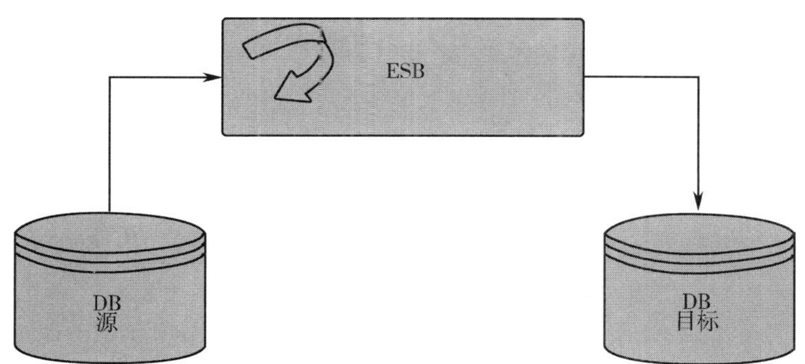

图 A.15 数据库之间单点对多点定时批量同步总体结构

A.4.2.3 方案收益

与实时集成方案（见 A.4.1.2）类似。

A.4.2.4 适用要求

此基于 EIP 的集成解决方案，适用于数据库之间单点对多点的定时、批量同步场景。若同步中涉及大数据量同步或者跨库多表关联等复杂的转换逻辑，建议采用专业的 ETL 工具。

设计约束：由于从源数据库查询获取的数据结果集中的每一条记录都需要转换成 JMS 消息，因此对于大数据量的情形，这可能形成性能瓶颈。因此，需要项目结合实际需求对此集成解决方案的性能提前做验证，或者通过增加集成同步频率的方法加以解决。

A.4.2.5 参考应用

基金净值等定时（基金净值公布时间点后）批量数据可通过本解决方案同步到各系统数据库中。

A.5 数据层与应用层集成

A.5.1 公共数据服务

A.5.1.1 场景描述

特点：应用系统主动；请求 / 应答。

此集成解决方案实现以 Web Service 的方式将数据库中的公共数据封装成服务，并提供给目标应用系统的集成场景。这个场景中，公共数据指的是变化频率不大、数据量不大、一处维护多处使用的基础数据或主数据，区别于数据量大、变化频繁的操作类业务数据。

此集成解决方案涉及的集成场景：面向数据库的数据查询、提供服务与消费服务，如图 A.16 所示。

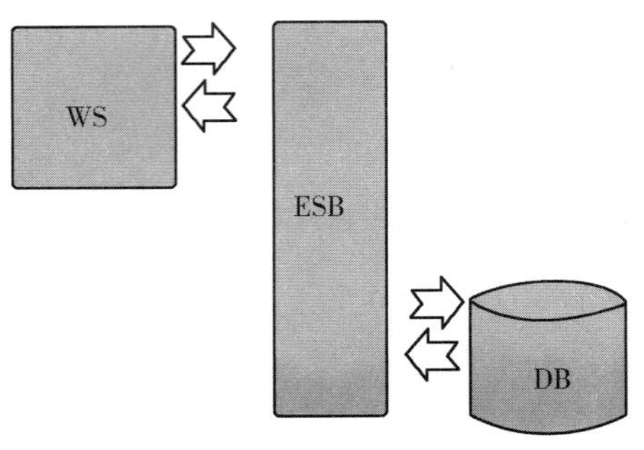

图 A.16 公共数据服务场景

A.5.1.2 解决方案

集成解决方案总体结构，如图 A.17 所示。从逻辑上看，主要分为三部分：源应用系统、目标数据库与 ESB。

图 A.17 公共数据服务总体结构

A.5.1.3 方案收益

长期以来，很多企业比较缺乏公共数据的意识，对数据的使用比较随意，数据没有可信的、一致的来源；各项目组单兵作战，数据集成架构缺乏规划，网状的集成关系错综复杂；数据同步技术也没有标准。基于 SOA 思想提出的公共数据服务是提升数据质量、统一可信数据源、规范数据使用、提升数据质量的重要途径。该解决方案，具有如下特点与收益：

——公共数据采用业界标准的 Web Service 提供服务，能适应目标应用技术平台的异构性；

——公共数据服务生产者与消费公共数据服务的目标应用之间的耦合性低，双方以服务接口描述为契约进行交互，各自的变动只要不涉及服务接口契约，其影响都只是局限在自身内部；

——区别于传统的采用DBLink或定时、批量的数据同步与复制，目标应用可以按需调用公共数据服务，实时性满足程度高。

A.5.1.4　适用要求

该集成解决方案，适用于将公共数据或基础数据封装成Web Service，其他应用系统通过调用Web Service获取公共数据。适用于对变化不频繁、数据量不大的基础数据或主数据进行Service封装并提供给目标应用系统。对于变化频繁、数据量大的操作型业务数据，此方案建议考虑Web Service性能方面的因素。

A.5.1.5　参考应用

理财报告查询服务可以采用本解决方案提供数据的请求/应答服务。

A.5.2　数据库与应用层准实时集成

A.5.2.1　场景描述

特点：数据库主动；发布/订阅。

此集成解决方案实现数据库与应用层的准实时同步，包括数据库的数据发布与业务逻辑层的订阅，如图A.18所示。

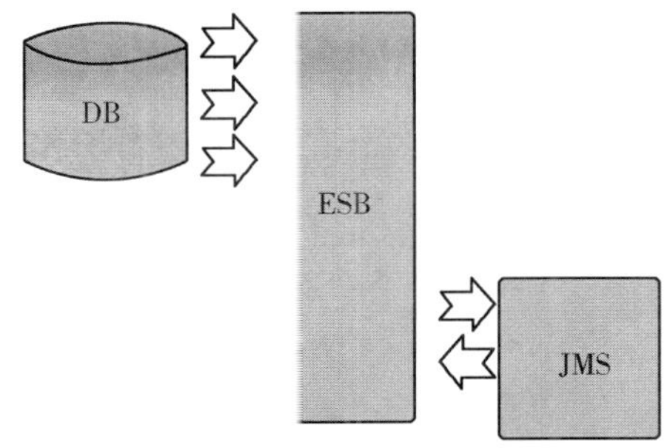

图A.18　数据库与应用层准实时同步场景

A.5.2.2　解决方案

该集成解决方案总体结构，如图A.19所示。从逻辑上看，主要分为三部分：源数据库、目标应用系统与ESB。

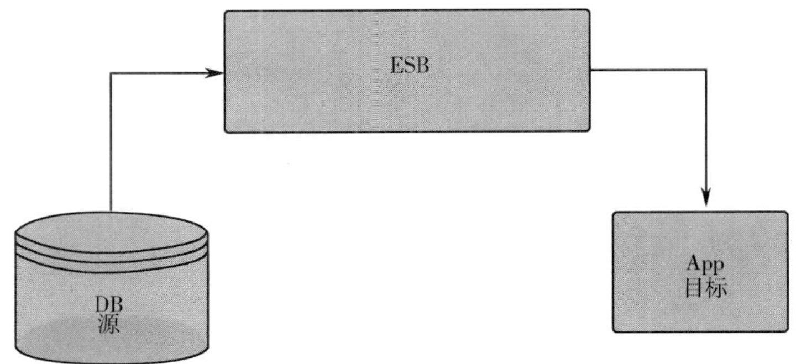

图A.19　数据库与应用层准实时同步总体结构

A.5.2.3　方案收益

该集成解决方案相比其他解决方案，有如下特点与收益：

——单点对多点的高效率数据同步与复制：通过消息的发布 / 订阅机制，源数据库的数据变化以消息的形式发布到消息总线，所有订阅了该消息的目标应用都可以接收；

——实时性满足程度高：其原理是由建立在数据表的触发器实时捕获数据表发生的增、删、改等变化，然后通过 JMS 进行消息的发布与订阅；

——数据同步的高可靠性：其原理是能够充分利用 JMS 消息总线的各种服务质量保证机制。如 Durable 订阅，即便目标应用在源数据库发布消息的时候不可用，也能保证消息不丢失。

A.5.2.4　适用要求

该集成解决方案适用于实时性要求高，数据量不大的场景；适用于对集成的可靠性与松耦合要求高的集成场景。不适用于数据库的定时、大批量数据同步与复制。

A.5.2.5　参考应用

金融资讯中心股票分红、配股等事件可以通过本解决方案发布事件，MOT 等系统接收到事件直接进行应用层处理，如给客户发送提醒短信等。

A.5.3　应用层与数据库实时集成

A.5.3.1　场景描述

特点：应用系统（App）主动；发布 / 订阅。

此集成解决方案实现应用层实时发布数据到数据库，包括面向业务逻辑层的请求 / 应答 Client 与面向数据库的数据更新，如图 A.20 所示。

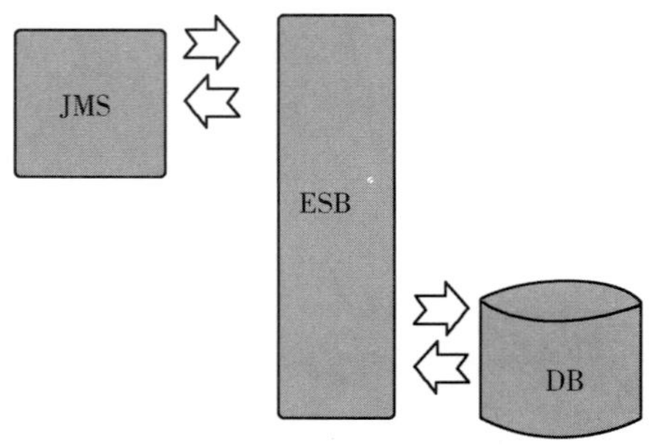

图 A.20　应用层与数据库实时集成场景

A.5.3.2　解决方案

该集成解决方案总体结构，如图 A.21 所示。从逻辑上看，主要分为三部分：源应用系统、目标数据库与 ESB。

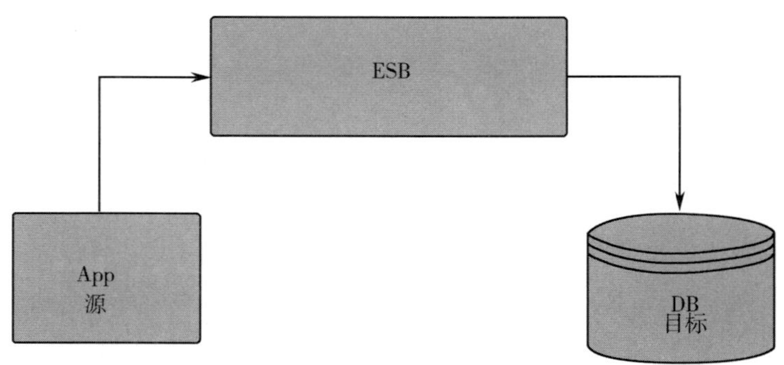

图 A.21　应用层与数据库实时同步总体结构

A.5.3.3 方案收益

该集成解决方案，基于 JMS API 在源应用实现消息的发布，ESB 接收并解析应用发布的消息，最后写入目的数据库。

与通过 JDBC API 进行二次开发实现与数据库同步的方案相比，此集成方案具有如下优势：

——利用 ESB 的数据转换能力，提升开发效率。开发人员只需要关注如何将源应用业务数据封装成消息并发布。

——利用 JMS 队列的 non-exclusive 特性，可以方便地实现多个 Process 监听同一个 JMS 队列，提升系统的可伸缩性以适应业务量的增长。

——利用 JMS 消息总线的各种服务质量保证机制，提升集成的可靠性。比如，利用 Persistent 的消息送达模式，消息在 JMS 进行缓存，确保消息的送达。

——数据库权限的集中管理。目的数据库的账号部署在 ESB 进行集中管理，而不是在各个应用管理。

A.5.3.4 适用要求

该集成解决方案，适用于实时性要求高、基于事件的集成场景，比如告警、通知或实时更新等；适用于对集成的可靠性要求高的集成场景。

A.5.3.5 参考应用

MOT 监控到市场重要资讯通过本解决方案直接将资讯发布出来，相关数据库订阅该资讯并写入数据供其他应用使用。

A.6 应用层间集成

A.6.1 应用层间 Web Service 访问

A.6.1.1 场景描述

特点：应用系统（App）主动；请求 / 应答。

此集成解决方案通过 Web Service 的方式将应用层中提供的功能封装成服务，并提供给目标应用系统的集成场景，包括应用层提供服务与消费服务，如图 A.22 所示。

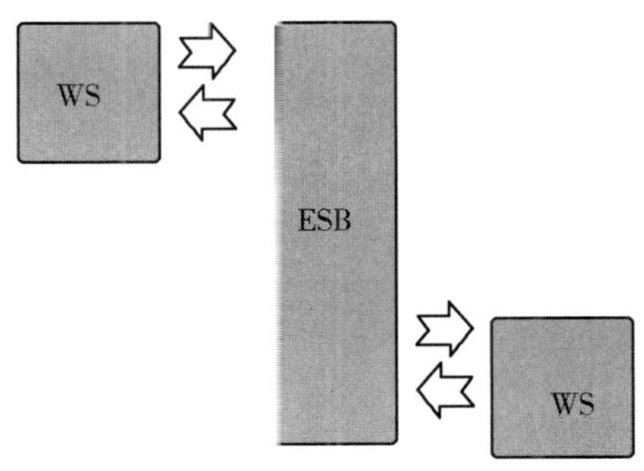

图 A.22 应用层之间实时同步场景

A.6.1.2 解决方案

该集成解决方案总体结构，如图 A.23 所示。从逻辑上看，主要分为三部分：源应用、目标应用与 ESB。

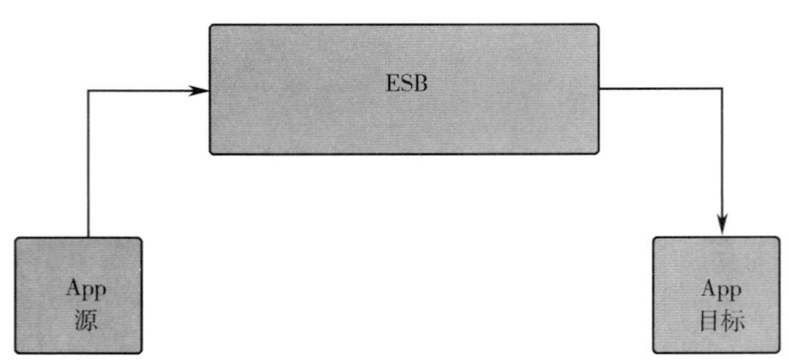

图 A.23　应用层之间服务访问总体结构

集成解决方案描述如下：

——源应用通过 ESB 将服务请求发送到目标应用；

——目标应用根据业务逻辑返回应答消息通过 ESB 到达源应用；

A.6.1.3　方案收益

该集成解决方案，具有如下优势与收益：

——采用业界标准的 Web Service 提供服务，能适应目标应用技术平台的异构性；

——服务生产者与服务消费者之间的耦合性低，双方以服务接口描述为契约进行交互，各自的变动只要不涉及服务接口契约，其影响都只是局限在自身内部。

A.6.1.4　适用要求

该集成解决方案，适用于将业务逻辑封装成 Web Service，其他应用系统通过调用 Web Service 获取相应数据。

A.6.1.5　参考应用

对于服务端已经提供 Web Service 接口的服务，如短信服务等，可以采用本解决方案将该服务包装成标准接口发布到 ESB 上，供其他系统调用。

A.6.2　应用层之间实时集成（Web Service）

A.6.2.1　场景描述

特点：应用系统（App）主动；发布 / 订阅。

此集成解决方案实现应用之间事件驱动的、单点对单点或单点对多点的实时数据发布，包括面向业务逻辑层的发布数据与订阅数据，如图 A.24 所示。

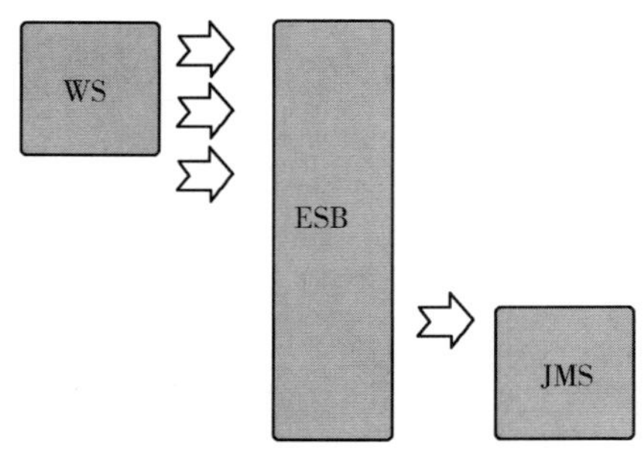

图 A.24　应用层之间实时同步场景

A.6.2.2　解决方案

该集成解决方案总体结构，如图 A.25 所示。从逻辑上看，主要分为三部分：源应用、目标应用与 ESB。

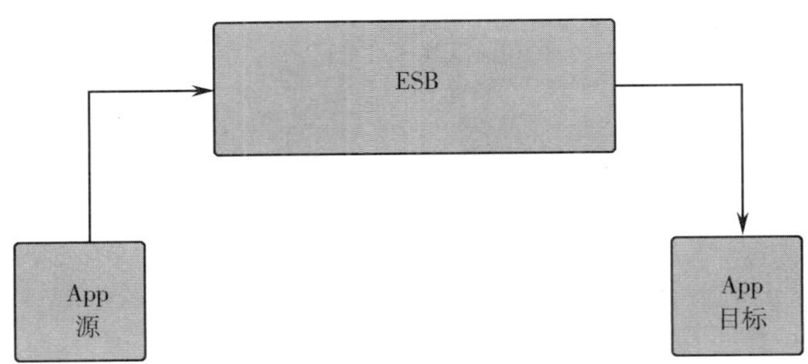

图 A.25 应用层之间实时同步总体结构

集成解决方案描述如下：

——源应用通过 Web Service 发布消息到 ESB；

——目标应用从 ESB 订阅接收消息。

A.6.2.3 方案收益

该集成解决方案，利用了 JMS 订阅 / 发布交互模式的集成特性，是事件驱动（Event–Driven）集成的标准方案，区别于需求驱动（Demand–Driven）的传统意义上基于 RPC（远程过程调用）的技术，具有如下优势与收益：

——对于高扇出（Fan–Out），即有多个订阅者的情形，此方案消息传送效率高，消息只需要发布一次；而基于 RPC 的传统技术，消息传送效率不高，需要做多次点对点的发送；

——此方案的消息订阅者可以动态地加入或撤销订阅，而不会对发布者有任何影响；而基于 RPC 的传统技术，在消息发布者与消费者之间的耦合性高，比如以 DNS 域名，IP 地址等进行绑定，不易于修改。

A.6.2.4 适用要求

该集成解决方案，适用于实时性要求高、基于事件的集成场景，比如告警、通知或实时更新等；适用于对集成的可靠性要求高的集成场景，比如，在 WAN 等网络条件不可靠的环境进行集成；适用于对集成松耦合程度要求高的集成场景，比如，实现源与目的应用在地址、时间方面的解耦合；适用于一对多、高扇出，消息送达要求高效率的集成场景。发布端通过 Web Service 的方式降低消息发布的开发难度，同时约束发布消息的规范化。

A.6.2.5 参考应用

理财报告发布时就可以采用本解决方案，在源系统中生成理财报告的同时，通过 ESB 上的接口将理财报告发布出来，其他需要的系统只要订阅该报告即可。

A.6.3 应用层之间实时集成（JMS）

A.6.3.1 场景描述

特点：应用系统（App）主动；发布 / 订阅。

此集成解决方案实现应用之间事件驱动的、单点对单点或单点对多点的实时数据发布，包括面向业务逻辑层的发布数据与订阅数据，如图 A.26 所示。

A.6.3.2 解决方案

该集成解决方案总体结构，如图 A.27 所示。从逻辑上看，主要分为三部分：源应用、目标应用与 ESB。

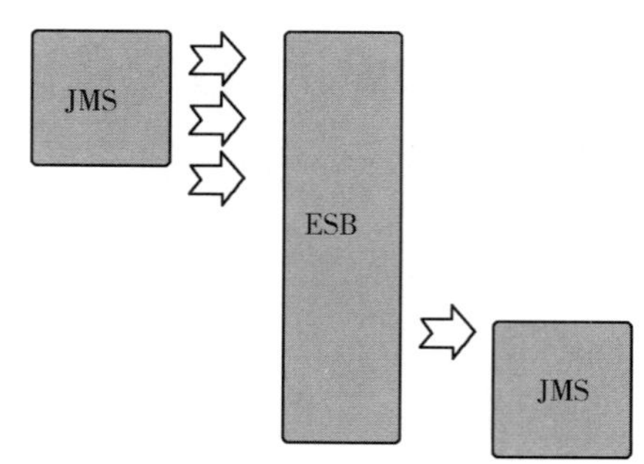

图 A.26　应用层之间实时同步场景

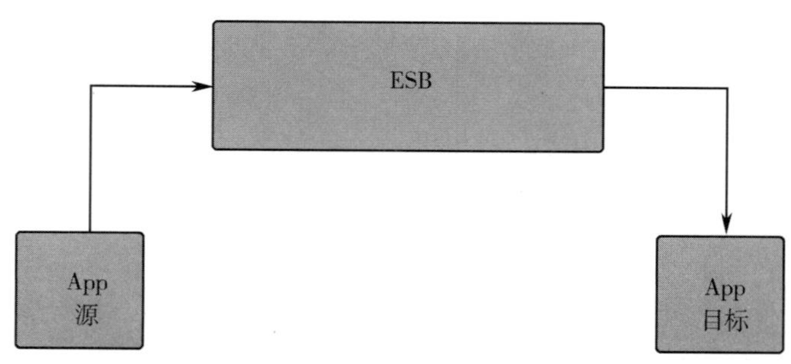

图 A.27　应用层之间实时同步总体结构

A.6.3.3　*方案收益*

该集成解决方案，利用了 JMS 订阅 / 发布交互模式的集成特性，是事件驱动（Event-Driven）集成的标准方案，区别于需求驱动（Demand-Driven）的传统意义上基于 RPC（远程过程调用）的技术，具有如下优势与收益：

——对于高扇出（Fan-Out），即有多个订阅者的情形，此方案消息传送效率高，消息只需要发布一次；而基于 RPC 的传统技术，消息传送效率不高，需要做多次点对点的发送；

——此方案的消息订阅者可以动态地加入或撤销订阅，而不会对发布者有任何影响；而基于 RPC 的传统技术，在消息发布者与消费者之间的耦合性高，比如以 DNS 域名，IP 地址等进行绑定，不易于修改。

A.6.3.4　*适用要求*

此基于 EIP 的集成解决方案，适用于实时性要求高、基于事件的集成场景，比如告警、通知或实时更新等；适用于对集成的可靠性要求高的集成场景，比如，在 WAN 等网络条件不可靠的环境进行集成；适用于对集成松耦合程度要求高的集成场景，比如，实现源与目的应用在地址与 / 或时间方面的解耦；适用于一对多、高扇出，消息送达要求高效率的集成场景。

A.6.3.5　*参考应用*

对性能有较高要求的发布场景，如行情发布等，可以采用本解决方案，在应用层直接将消息发布到 JMS，订阅端从 JMS 上接收对应的消息。

附录 B
（规范性附录）
证券公司 ESB 典型服务目录

证券公司常见的 ESB 服务如表 B.1 所示。

表 B.1 证券公司 ESB 典型服务目录

类别	服务名称	操作名称	服务类型
交易类	账户服务	修改个人客户预约开户信息	请求 – 应答
		客户端权限增加	请求 – 应答
		客户账户挂失	请求 – 应答
		机构客户预约开户	请求 – 应答
		查询客户风险等级	请求 – 应答
		成本价设置	请求 – 应答
		客户端权限取消	请求 – 应答
		客户限制信息增加	请求 – 应答
		客户限制信息取消	请求 – 应答
		查询个人预约开户信息	请求 – 应答
		客户委托方式取消	请求 – 应答
		客户公告信息获取	请求 – 应答
		客户权限信息查询	请求 – 应答
		取消客户限制	请求 – 应答
		客户限制信息查询	请求 – 应答
		设置客户风险等级	请求 – 应答
		查询客户限制	请求 – 应答
		客户股东信息查询	请求 – 应答
		预约客户适当性管理答卷提交	请求 – 应答
		查询机构预约开户信息	请求 – 应答
		预约开户数据增加	请求 – 应答
		客户委托方式查询	请求 – 应答
		证券成本价类型设置	请求 – 应答
		个人客户预约开户	请求 – 应答
		客户信息查询	请求 – 应答
		客户账户查询	请求 – 应答
		账号分支号查询	请求 – 应答
		客户信息更改	请求 – 应答
		离柜开户回访确认失败	请求 – 应答
		离柜开户回访确认成功	请求 – 应答

续表

类别	服务名称	操作名称	服务类型
交易类	账户服务	客户委托方式开通	请求 – 应答
		客户体外信息查询	请求 – 应答
		资产账户获取	请求 – 应答
		修改机构客户预约开户信息	请求 – 应答
		多账户查询银行账号	请求 – 应答
		多账户取资金信息	请求 – 应答
		增加客户预约信息	请求 – 应答
		修改客户预约信息	请求 – 应答
		客户登录	请求 – 应答
		客户佣金率查询	请求 – 应答
	交易系统通用服务	系统登录	请求 – 应答
		数据字典查询	请求 – 应答
		业务标志查询	请求 – 应答
		银行参数查询	请求 – 应答
		交易日查询	请求 – 应答
	交易系统股票类服务	查询股票信息	请求 – 应答
		查询基金信息	请求 – 应答
		查询用户信息	请求 – 应答
		查询股东信息	请求 – 应答
	交易系统基金类服务	基金份额查询	请求 – 应答
		基金账户信息查询	请求 – 应答
		基金行情信息查询	请求 – 应答
		基金客户风险等级查询	请求 – 应答
	交易系统多金融类服务	银行理财产品代码信息查询	请求 – 应答
	融资融券信息服务	查询客户负债汇总信息	请求 – 应答
		融资负债查询	请求 – 应答
		融券负债查询	请求 – 应答
		客户融资融券合约查询	请求 – 应答
		客户可融券券种查询	请求 – 应答
		取客户融资融券年利率	请求 – 应答
		客户额度授信	请求 – 应答
		合同额度强制修改	请求 – 应答
		合同信息查询	请求 – 应答
		客户首次交易日查询	请求 – 应答
	行情服务	发布最新股票行情	发布 – 订阅
		查询最新股票行情	请求 – 应答
		查询历史股票行情	请求 – 应答

续表

类别	服务名称	操作名称	服务类型
交易类	行情服务	查询指数信息	请求－应答
		查询三板行情信息	请求－应答
		查询证券信息	请求－应答
		H股、AB股指数	请求－应答
		发布证券信息	发布－订阅
		发布指数信息	发布－订阅
		发布安全信息	发布－订阅
	统一账户服务	用户关联认证情况验证	请求－应答
		校验动态口令	请求－应答
		校验通信密码	请求－应答
		证件号码查询客户账号	请求－应答
		理财账户换卡信息发布	发布－订阅
	场外交易服务	签署OTC柜台交易协议及风险揭示书	请求－应答
		查询OTC日终产品信息	请求－应答
		查询客户OTC签约信息	请求－应答
		OTC行情查询	请求－应答
		产品认购申购	请求－应答
		产品赎回	请求－应答
		查询产品基本信息	请求－应答
		查询产品历史净值信息	请求－应答
		查询客户产品收益	请求－应答
	创新业务服务	客户信用评估申请	请求－应答
		小额质押客户网上开户	请求－应答
		小额质押客户签约	请求－应答
		小额质押初始交易	请求－应答
		小额质押随借随还购回交易	请求－应答
		小额质押新股申购交易	请求－应答
		小额质押回购交易提前延期	请求－应答
		小额质押标的信息查询	请求－应答
		小额质押品种信息查询	请求－应答
		客户标的最大最低可融金额及数量查询	请求－应答
		小额质押当日委托信息查询	请求－应答
		小额质押历史委托信息查询	请求－应答
		客户小额质押合约基本信息查询	请求－应答
		客户小额质押需补充质押标的数量查询	请求－应答
		客户小额质押业务权限情况查询	请求－应答
		客户小额质押业务征信问卷查询	请求－应答
		客户小额质押业务提醒信息查询	请求－应答

续表

类别	服务名称	操作名称	服务类型
交易类	创新业务服务	客户小额质押标的证券可融资金查询	请求 – 应答
		小额质押业务参数查询	请求 – 应答
		小额质押查询应还资金	请求 – 应答
		小额质押查询客户标的信息	请求 – 应答
		小额质押查询客户打新资金	请求 – 应答
		查询小额质押网上开户问卷	请求 – 应答
		小额质押查询随借随还应还资金	请求 – 应答
		联名卡客户签约	请求 – 应答
		联名卡客户自动还款绑定 / 解绑申请	请求 – 应答
		联名卡绑定 / 解绑申请撤销	请求 – 应答
		联名卡客户签约绑定关系查询	请求 – 应答
		联名卡合作银行列表查询	请求 – 应答
		联名卡客户代赎回产品列表查询	请求 – 应答
		联名卡客户申请查询（证券端发起）	请求 – 应答
		联名卡客户还款历史查询	请求 – 应答
		联名卡客户自动赎回产品设置	请求 – 应答
	个股期权服务	查询客户个股期权可用资金	请求 – 应答
服务类	集中日志服务	发布登录日志	发布 – 订阅
		发布委托日志	发布 – 订阅
	客户回访服务	增加回访记录	请求 – 应答
		发布回访记录	发布 – 订阅
	客户信息视图服务	客户基本信息	请求 – 应答
		客户股东账号信息	请求 – 应答
		客户资金 / 银行账号信息	请求 – 应答
		客户回访信息	请求 – 应答
		客户风险信息	请求 – 应答
		客户资产信息	请求 – 应答
		昨日股票持仓信息	请求 – 应答
		昨日开放式基金份额	请求 – 应答
		昨日资金余额明细	请求 – 应答
		历史委托	请求 – 应答
		历史成交明细	请求 – 应答
		历史成交汇总	请求 – 应答
		历史资金流水明细	请求 – 应答
		盈亏情况（按月统计）	请求 – 应答
		责任权益关系操作流水	发布 – 订阅
		约定购回履约比例	发布 – 订阅
		融资融券维保比例	发布 – 订阅

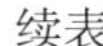

续表

类别	服务名称	操作名称	服务类型
服务类	客户信息视图服务	商城客户账号列表发布	发布－订阅
		产品订单委托状态发布	发布－订阅
	理财报告服务	理财报告发布	发布－订阅
		理财报告列表查询	请求－应答
		根据报告 ID 获取理财报告	请求－应答
		核心股票池信息发布	发布－订阅
	资讯报告类服务	研究报告－研究所报告列表	请求－应答
		研究报告－研究所报告单个报告详细信息	请求－应答
		研究报告－研究所报告单个报告对应附件明细信息	请求－应答
		研究报告－研究所报告附件详细内容	请求－应答
		研究报告－外购类报告列表	请求－应答
		研究报告－外购类单个报告详细信息	请求－应答
		研究报告－附件详细内容	请求－应答
		外购资讯类报告列表－新闻资讯市场资讯报告	请求－应答
		外购资讯类报告列表－新闻资讯市场资讯单个报告详细	请求－应答
		外购资讯报告列表－市场资讯报告列表	请求－应答
	研究所报告服务	研究所报告订阅－报告列表	发布－订阅
	客户账户服务	预约 / 修改见证开户新增	发布－订阅
		预约见证开户查询预约信息	请求－应答
		新增预约见证开户信息（Mobile）	发布－订阅
		个股期权模拟账户申请	请求－应答
		发布客户开户状态	发布－订阅
		个股期权模拟账户开户结果查询	请求－应答
		身份认证	请求－应答
		查询机构认证业务量统计	请求－应答
		发布客户信息变动流水	发布－订阅
		查询客户最新变动流水	请求－应答
	MOT 事件发布	发布用户资产预警	发布－订阅
		资讯中心 MOT 事件类型数据发布	发布－订阅
		资讯中心 MOT 事件数据发布	发布－订阅
		客户标的证券监控阈值信息发布	发布－订阅
		客户标的证券监控结果发布	发布－订阅
		客户资产监控阈值信息发布	发布－订阅
		客户资产监控结果数据发布	发布－订阅
		开户成功	发布－订阅
		开户当月无资金转入	发布－订阅
		生日祝福	发布－订阅
		证件有效期到期提醒	发布－订阅

续表

类别	服务名称	操作名称	服务类型
服务类	MOT 事件发布	交易提醒	发布 - 订阅
		新股中签	发布 - 订阅
		资产异动（大额存取款）	发布 - 订阅
		融资融券担保比例提醒	发布 - 订阅
		股票配股提示	发布 - 订阅
		增发提示	发布 - 订阅
		分红提示	发布 - 订阅
		退市提示	发布 - 订阅
		资产异动（大额存取款）	发布 - 订阅
		MOT 机密事件	发布 - 订阅
		约定式购回履约保障比例	发布 - 订阅
		MOT 中心事件发布	发布 - 订阅
		资管产品持仓资讯提醒	发布 - 订阅
		资讯订单发布	发布 - 订阅
		资讯订单匹配结果发布	发布 - 订阅
		大数据资讯附加信息发布	发布 - 订阅
		大数据资讯舆情信息发布	发布 - 订阅
		大数据资讯热词发布	发布 - 订阅
		大数据资讯新闻发布	发布 - 订阅
		MOT 中心事件发布通用	发布 - 订阅
		大数据资讯客户关注类发布	发布 - 订阅
	历史交割单对账单服务	历史交割单查询	请求 - 应答
		流水明细	请求 - 应答
		流水明细汇总	请求 - 应答
		流水合计	请求 - 应答
		收付金额汇总	请求 - 应答
		历史资产	请求 - 应答
		历史股票持仓	请求 - 应答
		历史基金持仓	请求 - 应答
		客户历史资产	请求 - 应答
		客户月指标查询	请求 - 应答
		客户日末资产查询	请求 - 应答
		客户实时资产查询	请求 - 应答
		客户净值查询	请求 - 应答
	见证开户客户回访服务	见证开户信息发布	发布 - 订阅
		核对功能查询（营业部汇总）	请求 - 应答
		核对功能查询（具体客户）	请求 - 应答
		私募客户待回访查询	请求 - 应答
		私募客户回访确认	请求 - 应答

续表

类别	服务名称	操作名称	服务类型
数据资讯类	产品信息服务	产品净值	请求－应答
		报价回购查询	请求－应答
		查询融资融券剩余券源	请求－应答
		发布融资融券剩余券源	发布－订阅
		产品盈亏查询	请求－应答
		合作产品列表查询	请求－应答
		产品主表发布	发布－订阅
		公墓基金信息查询	请求－应答
		信托（阳光私募）产品信息查询	请求－应答
		集合理财产品信息查询	请求－应答
		投资经理信息查询	请求－应答
		产品管理人信息查询	请求－应答
		产品历史净值查询	请求－应答
		产品购买状态发布	请求－应答
		公募基金产品信息发布	发布－订阅
		集合理财产品信息发布	发布－订阅
		信托 / 私募 / 专户理财产品信息发布	发布－订阅
		产品业绩情况信息发布	发布－订阅
		产品行业 / 资产配置信息	发布－订阅
		产品经理信息发布	发布－订阅
		产品管理人信息发布	发布－订阅
		产品历史净值发布	发布－订阅
		私募股权信息发布	发布－订阅
		银行理财产品信息发布	发布－订阅
		资讯产品信息发布	发布－订阅
		产品中心字典表发布	发布－订阅
		创设部门字表发布	发布－订阅
		产品评级信息发布	发布－订阅
		产品分红信息发布	发布－订阅
		OTC 产品信息发布	发布－订阅
		报价回购产品信息发布	发布－订阅
		查询产品 ID	请求－应答
		产品日历查询	发布－订阅
	金融资讯服务	发布优典资讯	发布－订阅
		新闻资讯（F10）	发布－订阅
		新闻资讯（各类新闻资讯	发布－订阅
		研究报告	发布－订阅
		数据修正提醒	发布－订阅

续表

类别	服务名称	操作名称	服务类型
数据资讯类	金融资讯服务	全球指数	发布－订阅
		外汇	发布－订阅
		贵金属	发布－订阅
		个股新闻	发布－订阅
		个股通知	发布－订阅
		板块数据	发布－订阅
		财务指标	发布－订阅
		股本数据	发布－订阅
		申万行业成份明细	发布－订阅
		手机证券 F10	发布－订阅
		手机资讯数据	发布－订阅
		资讯栏目	发布－订阅
		内部研发数据发布	发布－订阅
		期货交易日行情发布	发布－订阅
		研究报告创设发布需求	发布－订阅
	热销产品	基金经理	发布－订阅
		证券主表	发布－订阅
		开放式基金费率表	发布－订阅
		热销产品列表	发布－订阅
		热销产品广告	发布－订阅
		集合理财基本资料	发布－订阅
		集合理财投资经理及助理	发布－订阅
		集合理财分红	发布－订阅
		券商理财和阳光私募产品历史净值	发布－订阅
		证券增长率	发布－订阅
		热销产品附件	发布－订阅
		热销产品公告	发布－订阅
	基金信息服务	发布基金代码	发布－订阅
		发布基金公司	发布－订阅
		发布基金行情	发布－订阅
		发布基金基本资料	发布－订阅
		发布基金公司基本信息	发布－订阅
		发布基金分红信息	发布－订阅
经营管理类	经纪关系服务	发布经纪人关系变更通知	请求－应答
		网厅工作人员信息公示发布	发布－订阅
		客户征信信息修改	请求－应答
		兴新享融黑白名单信息发布	发布－订阅
		发布回访客户	发布－订阅

续表

类别	服务名称	操作名称	服务类型
经营管理类	经纪关系服务	贷款申请状态信息发送	发布－订阅
		兴享直通式开关控制发布	发布－订阅
		待办事务发布	发布－订阅
		查询客户合同	请求－应答
		查询客户征信	请求－应答
		查询问卷	请求－应答
		提交问卷结果	请求－应答
	HR 服务	根据员工代码查询员工详细信息	请求－应答
		发布员工信息变更通知	发布－订阅
		根据部门编号查询部门人员清单	请求－应答
		根据岗位编号查询岗位详细信息	请求－应答
		根据职务编号获取职务详细信息	请求－应答
		根据单位编号获取单位详细信息	请求－应答
		根据部门编号查询部门详细信息	请求－应答
		根据员工代码查询兼职详细信息	请求－应答
渠道类	短信服务	发送下行短信（无法取得批次号）	请求－应答
		发送下行短信（控制违禁词处理方式，无法取得批次号）	请求－应答
		发送下行短信（可以返回批次号用于查询）	请求－应答
		发送下行短信（控制违禁词处理方式，可以返回批次号用于查询）	请求－应答
		发送短信，含营业部编号（推荐）	请求－应答
		查询指定批次发送的短信中失败的短信	请求－应答
		查询指定批次发送的所有短信的发送状态	请求－应答
		上行短信查询	请求－应答
		查询短信账户余额	请求－应答
		短信平台批量发送	请求－应答
		按手机号码查询短信内容	请求－应答
		发送单条 MO 信息	请求－应答
		单条 MO 信息推送	发布－订阅
		短信发送（根据信鸽 ID）	请求－应答
	彩信服务	下行彩信发送	请求－应答
		下行彩信发送状态查询	请求－应答
		短信平台批量发送彩信	请求－应答
	邮件服务（公司邮箱）	发送邮件	请求－应答
	邮件服务（投递平台）	普通邮件发送任务建立	请求－应答
		邮件发送情况查询	请求－应答
		修改自动任务	请求－应答
		邮件发送（非文件）	请求－应答
		大发送量邮件任务建立	请求－应答

续表

类别	服务名称	操作名称	服务类型
渠道类	邮件服务（投递平台）	删除自动任务	请求－应答
		查找模版	请求－应答
		查找邮件发送状态	请求－应答
		上传模板	请求－应答
		邮件发送失败情况查询	请求－应答
	微信服务	微信平台发送状态查询	请求－应答
		微信平台批量发送	请求－应答
		微信公众号 Token 查询	请求－应答
		微信客户绑定关系发布	发布－订阅
		TOP　X 股票发布	发布－订阅
		相似 K 线股票发布	发布－订阅
		大盘变盘信号发布	发布－订阅
		历史预警大盘指数表现发布	发布－订阅

附录 C
（规范性附录）
期货公司 ESB 典型服务目录

期货公司常见的 ESB 服务如表 C.1 所示：

表 C.1　期货公司 ESB 典型服务目录

类别	服务名称	操作名称	服务类型
交易类	账户服务	手机修改客户密码	请求－应答
		手机客户登录	请求－应答
		手机密码重置	请求－应答
		手机 App 客户资料实时修改	请求－应答
		手机开户	请求－应答
		手机客户资料修改	请求－应答
		手机基金认申购	请求－应答
		用户行为日志记录	请求－应答
		交易撤单	请求－应答
		分红方式变更	请求－应答
		柜台托收购买	请求－应答
		定期定额申购开通	请求－应答
		手机赎回转认申购	请求－应答
	基金类服务	基金赎回（包含快速赎回）	请求－应答
		基金转换	请求－应答
		基金产品文章列表查询	请求－应答
		基金产品文章详情	请求－应答
		手机货基支付（余额）购买基金	请求－应答
		手机货基支付（银行卡）购买基金	请求－应答
	风险测评类服务	风险等级测试查询 / 投资知识问卷问题及答案查询	请求－应答
		获取风险测评试题	请求－应答
		风险测评结果查询	请求－应答
		风险测评答题	请求－应答
		风险等级测试	请求－应答
		风险等级查询	请求－应答
		网上客户风险查询	请求－应答
	适当性服务	适当性资产情况判断	请求－应答
		客户专业投资者信息录入	请求－应答
		投资者类型转换	请求－应答
		增加客户文件路径	请求－应答

续表

类别	服务名称	操作名称	服务类型
交易类	适当性服务	查询文件资料	请求－应答
		客户专业性信息查询	请求－应答
		投资者准入	请求－应答
		投资者主动查询高风险产品状态修改	请求－应答
		投资者风险等级变更处理 / 登录后查询投资者风险等级变更产生的未处理协议	请求－应答
		风险等级变更的协议处理（协议继续交易，或接受预警（处理 402620 查询出来的交易信息））	请求－应答
		业务协议配置查询	请求－应答
		协议查询	请求－应答
		评级结果确认	请求－应答
		产品评级查询	请求－应答
		协议签署	请求－应答
		风险等级变更的协议处理（协议停止交易（处理 402620 查询出来的交易信息））	请求－应答
		记录行为日志	请求－应答
	电子合同类服务	查询电子合同	请求－应答
		查询是否签署电子合同	请求－应答
		网上交易电子合同签署	请求－应答
		网上交易客户电子合同补正	请求－应答
	查询类服务	累计收益查询	请求－应答
		区间收益查询	请求－应答
		开户行模糊查询	请求－应答
		查询用户信息	请求－应答
		查询基金信息	请求－应答
		手机查询折扣率	请求－应答
		查询基金列表	请求－应答
		手机购买信息查询	请求－应答
		查询客户银行卡账户信息	请求－应答
		手机可赎回资产查询	请求－应答
		数据字典查询	请求－应答
		查询历史交易申请	请求－应答
		查询历史交易确认	请求－应答
		查询历史账户申请	请求－应答
		查询历史账户确认	请求－应答
		查询基金转换表	请求－应答
		查询经办人信息	请求－应答
		查询允许相应业务的基金信息	请求－应答
		取客户信息	请求－应答

续表

类别	服务名称	操作名称	服务类型
交易类	查询类服务	查询银行卡信息	请求－应答
		可以通过手机交易的支付渠道查询	请求－应答
		可以通过手机交易的基金信息	请求－应答
		查询通过手机进行的交易	请求－应答
		客户资产查询	请求－应答
		查询客户确认交易	请求－应答
		查询客户分红数据	请求－应答
		查询客户银行卡与交易账号的关系	请求－应答
		查询可以撤单的交易	请求－应答
		可分红方式变更查询	请求－应答
		手机查询对应帐号的份额	请求－应答
		手机查询基金限额信息	请求－应答
		手机查询划款参数信息	请求－应答
		折扣率方案查询	请求－应答
		查询费率设置	请求－应答
		查询认、申购、赎回费用	请求－应答
		手机查询受邀开户客户	请求－应答
		手机查询邀请码是否存在	请求－应答
		手机查询受邀开户客户详情资料	请求－应答
		查询客户总累计收益	请求－应答
		查询手机号码是否已注册	请求－应答
		根据证件类型和证件号码查询手机号	请求－应答
		查询产品历史净值	请求－应答
		查询全客户历史交易申请	请求－应答
		查询全客户历史交易确认	请求－应答
		查询全量客户信息	请求－应答
		查询省市信息	请求－应答
		查询支付委托	请求－应答
		查询还款委托	请求－应答
		查询客户历史持仓信息	请求－应答
		查询委托是否已经支付	请求－应答
交易类	银行类服务	增卡	请求－应答
		换卡	请求－应答
服务类	产品类服务	查询产品列表	请求－应答
		查询产品详情	请求－应答
		产品搜索，模糊查询	请求－应答
		资管产品密码校验	请求－应答
		资管产品预约购买	请求－应答

续表

类别	服务名称	操作名称	服务类型
服务类	产品类服务	更新产品风险等级	请求－应答
		查询最新系统公告	请求－应答
		获取软件版本信息，区分原生和 H5	请求－应答
		获取应用地址配置数据	请求－应答
		获取广告图片信息	请求－应答
		App 启动广告页	请求－应答
		快捷菜单管理	请求－应答
		获取分享参数	请求－应答
		获取机房站点地址配置	请求－应答
		查询 https 证书更新	请求－应答
		应用动态配置信息	请求－应答
		手机短信发送	请求－应答
		查询用户自定义菜单	请求－应答
		保存用户自定义菜单	请求－应答
数据资讯类	网站资讯类服务	资讯策略搜索栏	请求－应答
		按条件查询资讯列表，填写查询条件（标题，开始时间，结束时间）	请求－应答
		查询资讯页面初始化数据以及列表页面推荐文章	请求－应答
		文章详情	请求－应答
		查询用户收藏列表	请求－应答
		查询商旅助手列表信息	请求－应答
		查询机构产业、创新业务栏目信息	请求－应答
		查询文章详情	请求－应答
		文章评分	请求－应答
		查询交易日历列表	请求－应答
		查询客户经理	请求－应答
		查询文章对应的评分	请求－应答
	微信资讯类服务	资讯策略搜索栏	请求－应答
		按条件查询资讯列表，填写查询条件（标题，开始时间，结束时间）	请求－应答
		查询资讯页面初始化数据以及列表页面推荐文章	请求－应答
		文章详情	请求－应答
		文章评分	请求－应答
		查询文章对应的评分	请求－应答
	统一账户数据服务	查询用户资料	请求－应答
		查询客户账户列表信息	请求－应答
		查询账户是否存在	请求－应答
		查询用户交易账号存在及绑定情况	请求－应答
		检测用户注册情况	请求－应答
		创建财富号	请求－应答

续表

类别	服务名称	操作名称	服务类型
数据资讯类	统一账户数据服务	通过证件号校验是否已经开过某种账户	请求－应答
		查询用户账户资产	请求－应答
		判断用户是否存量用户	请求－应答
		验证证件号与账户中的证件号码是否匹配	请求－应答
		财富号开通接口	请求－应答
		查询财富号信息	请求－应答
		合并财富号到用户	请求－应答
		校验财富号密码	请求－应答
		手机校验获取交易账号列表	请求－应答
		新增游客信息	请求－应答
		账户分析	请求－应答
		查询客户经理	请求－应答
	资管数据服务	添加银行卡信息	请求－应答
		证件开户校验	请求－应答
		银行卡开户校验	请求－应答
		完善用户信息	请求－应答
		设置交易密码	请求－应答
		密码校验	请求－应答
		获取用户资管开户流程	请求－应答
		修改资管开户流程	请求－应答
		客户图片上传	请求－应答
		电话预约	请求－应答
		电话预约查询	请求－应答
	网站数据服务	用户注册	请求－应答
		开通财富账号－验证期货账号	请求－应答
		查询产品列表	请求－应答
		开通财富账号－验证期货账号	请求－应答
		开通财富账号－提交开通信息	请求－应答
		查询交易日历列表	请求－应答
		短信发送接口	请求－应答
		绑定校验资管账号	请求－应答
		仿真开户	请求－应答
		关联数据字典查询数据字典	请求－应答
		账户激活、身份证有效期变更、升位 业务办理申请	请求－应答
		绑定校验基金账号	请求－应答
		查询开户手机号	请求－应答
		查询产品详情	请求－应答
		查询产品历史净值	请求－应答

续表

类别	服务名称	操作名称	服务类型
数据资讯类	网站数据服务	查询问卷	请求－应答
		提交问卷	请求－应答
		资管产品预约购买	请求－应答
		预约购买产品列表	请求－应答
		上次测评结果	请求－应答
	统一账户登录服务	登录	请求－应答
		用户注册	请求－应答
		用户资料修改	请求－应答
		账户绑定	请求－应答
		验证登录密码	请求－应答
		找回登录密码	请求－应答
		账户解除绑定	请求－应答
		重置登录密码	请求－应答
		子账户解绑	请求－应答
		验证账户密码	请求－应答
		注册公司信息	请求－应答
		注册应用信息	请求－应答
		发送短信验证码	请求－应答
		校验短信验证码	请求－应答
经营管理类	活动类服务	查询活动列表	请求－应答
		查询单个活动信息	请求－应答
		查询活动预约报名表单项目	请求－应答
		添加活动预约报名订单	请求－应答
		取消预约	请求－应答
		查询活动反馈问题与答案	请求－应答
		保存用户反馈信息	请求－应答
		查询用户反馈信息	请求－应答
	IM 客服	根据 ID 查询常见问题	请求－应答
	用户反馈服务	用户添加收藏	请求－应答
		用户取消收藏	请求－应答
		查询问卷配置信息	请求－应答
		用户提交意见反馈信息	请求－应答
		查询意见反馈信息和回复信息	请求－应答
		提交当前用户的菜单收藏情况	请求－应答
		提交当前用户的菜单收藏情况	请求－应答

参考文献

[1] GB/T 27926.1-2011 金融服务 金融业通用报文方案 第1部分：库输入输出方法和格式规范。

[2] JR/T 0022-2014 证券交易数据交换协议。

[3] SOA实践指南：分布式系统设计的艺术。

[4] Nicolai M. Josuttis. SOA in Practice: The Art of Distributed System Design [M]. O'Reilly Media，2007.

[5] Paul C. Brown. Implementing SOA: Total Architecture in Practice [M]. Addison-Wesley Professional，2008.

[6] Thomas Erl. SOA Design Patterns [M]. Prentice Hall PTR，2009.

[7] Eben Hewitt. Java SOA Cookbook [M]. O'Reilly Media，2009.

[8] Kent Ka Iok Tong. Developing Web Services with Apache CXF and Axis2 [M]. lulu.com，2010.

三、技术管理类

◆ 证券期货业软件测试规范　JR/T 0175—2019

ICS 03.060
A11

JR

中华人民共和国金融行业标准

JR/T 0175—2019

证券期货业软件测试规范

Specification for securities and futures industry software test

2019-09-30 发布　　　　2019-09-30 实施

中国证券监督管理委员会　发布

目　次

前　言

本标准按照 GB/T 1.1—2009 给出的规则起草。

本标准由全国金融标准化技术委员会证券分技术委员会（SAC/TC180/SC4）提出。

本标准由全国金融标准化技术委员会（SAC/TC180）归口。

本标准起草单位：中国证券监督管理委员会信息中心、中国证券监督管理委员会证券基金机构监管部、大连商品交易所、上海证券交易所、深圳证券交易所、上海期货交易所、郑州商品交易所、中国金融期货交易所、证券期货业信息技术测试中心（大连）、中国银河证券股份有限公司、南方基金管理有限公司。

本标准主要起草人：张野、刘铁斌、蒋东兴、周云晖、马晨、高红洁、王恺、郭郛、陈楠、王凤海、许强、胥海涛、刘军、孙瑞超、陆素源、蒋凯、陈彦、喻华丽、万春波、顾军妹、陈亮、邹杏忠、徐玲、于三禄、刘相富、鲁继东、戴鹏、刘进、汪璇璇、董琳、徐艳、刘洁如、韩秀玲、邓志远、刘丹、唐沛来、邓廷勋、邱星、牛云峰。

引　　言

证券期货业市场的发展和平稳运行高度依赖行业信息系统。规范统一行业信息系统的测试标准，有助于规范行业信息系统的测试管理，提高行业软件测试过程的规范化程度，促进行业软件测试水平整体提升，从而降低行业信息系统运行风险，促进证券期货业的可持续性健康发展。

本标准具有鲜明的行业特征，将行业经验、实践与测试理论紧密结合，使标准更加易于落实和实施，能够有效指导行业软件测试活动、提高测试质量，其中：

a）测试管理与测试流程基于《CMMI 软件能力成熟度集成模型》和《TMMI 测试成熟度模型》编制，并在此基础上提供以下适应行业特点的内容：

1）提供各测试阶段的工作要求，更细致地指导测试工作开展，见 4.2.1；

2）明确各测试文档规范、基本内容并提供参考模板，见 4.2.2 及附录 B；

3）提供测试管理细则，明确各项管理工作具体要求和实施内容，以便测试管理工作切实开展，见 4.6；

4）针对行业特点细化测试流程中各阶段工作内容及要求，见附录 A；

5）细化各测试类型及测试级别的测试准入 / 准出要求，用于更加细致地指导测试具体工作，见 4.5、5.5、6.5、7.5、8.5、9.5。

b）系统内容与测试类型、测试级别与测试类型的基本要求遵循 GB/T 15532—2008《计算机软件测试规范》并根据行业特点明确以下关系：

1）系统内容与测试类型之间的关系，便于行业机构根据软件产品可能涉及的测试内容选择适合的测试类型，同时增加应急演练、联网测试、全市场测试及选型测试四个测试类型。

2）测试级别与测试类型的对应关系，便于行业机构根据其角色、软件产品特点等实际情况，选择适合的测试级别和测试类型，确保行业机构履行测试工作职责、保证软件产品质量。

c）本标准内容符合 JR/T 0146—2016（所有部分）《证券期货业信息系统审计指南》系列标准中与软件测试相关的审计要求。

证券期货业软件测试规范

1 范围

本标准规定了证券期货业信息系统建设过程中的总体要求、单元测试、集成测试、系统测试、系统集成测试、验收测试等测试活动的内容。

本标准适用于证券期货业市场核心机构（以下简称市场核心机构）、证券期货基金经营机构（以下简称市场经营机构）、证券期货信息技术服务机构（以下简称市场服务机构）开展证券期货业计算机软件和外部信息系统测试工作。

注 1：市场核心机构，如证券期货交易所、证券登记结算机构、期货市场监控中心等；

注 2：市场经营机构，如证券公司、期货公司、基金公司等；

注 3：市场服务机构，如软件开发商、信息商、服务商等。

2 规范性引用文件

下列文件对于本文件的应用是必不可少的。凡是注日期的引用文件，仅所注日期的版本适用于本文件。凡是不注日期的引用文件，其最新版本（包括所有的修改单）适用于本文件。

GB/T 11457—2006　信息技术软件工程术语。

GB/T 15532—2008　计算机软件测试规范。

GB/T 29834.3—2013　系统与软件维护性 第 3 部分：测试方法。

JR/T 0145—2016　资本市场交易结算系统核心技术指标。

3 术语和定义

GB/T 11457—2006 界定的以及下列术语和定义适用于本文件。为了便于使用，以下重复列出了 GB/T 11457—2006 中的某些术语和定义。

3.1

测试级别 test level

根据软件开发的生命周期、测试对象及测试人员的不同，将软件生命周期中的测试活动分为不同的级别。

3.2

测试流程 test process

一个完整的测试任务按顺序经历的过程。

3.3

测试用例 test case

为特定目标编写的测试输入、执行操作及期望结果的集合。

注：改写 GB/T 11457—2006，定义 2.1695

3.4

测试轮次 test cycles

项目中在一个完整、全量发布版本上将项目计划的所有可执行用例执行一遍的次数。

3.5

通关测试 production readiness test

新系统、新业务、新产品上线启用前，由市场核心机构组织并由全市场参与者共同参与，在生产环境上模拟系统 / 业务 / 产品上线首日行为的测试。

3.6

第三方测试机构 the third party testing institute

处于用户和产品开发商利益之外、根据有关标准或规范对产品进行客观质量检验的专业测试机构。

3.7

裁剪 tailor

对相关测试活动、测试方法、测试内容、测试类型、测试输出文档等进行调整、增加、删除、替换、顺序变更等。

4 总体要求

4.1 测试目的

验证软件满足软件开发合同、系统 / 子系统设计文档、系统需求规格说明书、系统设计说明书、产品说明书、运维手册和操作手册等软件质量要求。

通过测试发现软件缺陷，为软件产品的质量评价提供依据。

4.2 测试流程

4.2.1 测试阶段的工作要求

各测试级别、测试类型的测试应遵循此测试流程。此测试流程分为测试估计、测试计划、测试设计、测试执行、测试报告五个阶段，各阶段的活动、输入输出见附录 A。

各测试阶段应遵守的工作要求如表 1 所示。

表 1 工作要求

测试阶段	工作要求
测试估计	a）功能测试和非功能测试的测试范围合理、覆盖全面、无冗余 b）估计工作量时，测试策略选择合理、有效 c）功能测试及非功能测试均完成测试工作量估计，且有充分的估计依据 d）如有测试工具开发、验收测试支持、测试管理等其他工作，均完成测试工作量估计，且有充分的估计依据
测试计划	a）明确功能与非功能的测试范围、测试策略、测试执行的准入 / 准出要求 b）测试策略与测试工作量估计书中的测试策略存在明显差异时，应有合理的解释说明 c）详细测试进度安排合理、里程碑时间点明确，避免测试不足或过度测试 d）测试环境部署策略符合系统规划要求，使用的测试工具名称、版本和用途描述清晰 e）明确在测试活动中可能发生的风险及其影响和应急措施 f）明确测试过程中的问题管理流程、变更管理流程、进度管理流程、缺陷管理流程
测试设计	a）测试需求：应 100% 覆盖业务需求和系统需求规格说明书，并适当参考相关开发设计文档 b）测试用例：应 100% 覆盖测试需求或按照测试级别不同 100% 覆盖相关设计、需求文档，如单元测试、集成测试覆盖相关开发设计文档，系统测试覆盖系统需求规格说明书等 c）非功能测试场景的设计中充分考虑可能产生影响的业务数据量，且在真实生产环境下有效、在测试环境下可测
测试执行	a）明确记录每条测试用例的执行结果，未执行的用例应写明未执行原因 b）对于核心、重要的系统及功能应对测试执行过程以截图或者保留日志的方式进行留痕 c）执行过程中发现的缺陷及问题，应及时记录在缺陷管理工具或者缺陷列表中，并进行及时处理，测试结束后无非最终状态的缺陷
测试报告	a）明确功能及非功能的测试范围，如与测试计划中存在差异，可进行解释说明 b）明确测试结论，从功能及非功能角度分别描述具体的通过标准及实际测试结果，给出是否通过的结论 c）写明测试环境部署情况，测试环境与生产环境的差异分析 d）明确测试版本、测试执行情况、对缺陷进行汇总及分析 e）进行改善建议、经验教训总结，为后续工作提供参考

4.2.2 测试文档规范

各测试阶段的输出文档，宜包括的基本内容如表 2 所示，可根据实际需要适当裁剪，具体模板参见附录 B。

表 2 文档的基本内容

阶段	输出文档	文档的基本内容
测试估计	测试工作量估计书	各系统模块的测试设计复杂度、测试执行复杂度、测试用例估计个数、测试设计工作量、测试执行工作量、非功能测试工作量等
测试计划	测试计划	测试目标、测试范围、测试策略、测试进度计划、测试环境、测试方法、测试管理、测试报告等
测试设计	测试需求	需求功能、验证点、验证方式等
	测试用例	测试用例 ID、优先级、场景说明、方法 / 函数、正常系 / 异常系、前提条件、测试目的、测试步骤、测试数据、期望结果等

续表

阶段	输出文档	文档的基本内容
测试执行	测试缺陷列表	缺陷 ID、缺陷描述、再现步骤、期望结果、实际结果、测试轮次、测试类型、发现版本、发现日期、缺陷负责人、缺陷提交人、严重度、优先级、缺陷状态、根本原因、解决方案、关闭日期等
	测试执行结果	测试用例的实际执行结果、通过或不通过、对应的缺陷 ID、测试人员、实际测试日期、测试步骤截图等
测试报告	测试总结报告	测试范围、测试结论、测试环境与生产环境的差异分析、功能测试 / 非功能测试执行情况、缺陷汇总及遗留问题分析、测试结果分析、经验教训、改善建议等
测试管理	管理者报告	进度情况、工作量偏差、质量目标达成情况、风险与问题等
	里程碑总结报告	里程碑的进度、成本和质量情况、风险与问题、经验教训、改善建议等

4.3 测试类型

4.3.1 功能测试

功能测试的主要目的、测试内容及测试技术如下：

a）目的。以系统需求规格说明书为依据对其中要求的功能实现、业务操作等系统功能特性进行验证，目的是确保系统在指定的条件下满足客户的功能性和易用性要求。

b）测试内容 / 关注点。测试内容 / 关注点包含实现的功能正确、不存在无用的功能和不存在功能的遗漏，具体如下：

1）实现的功能正确：与系统需求规格说明书上要求的功能一致；

2）不存在无用的功能：实现的功能范围未超出系统需求规格说明书描述的范围；

3）不存在功能的遗漏：实现的功能范围能完全覆盖系统需求规格说明书描述的范围。

c）测试技术。以黑盒测试技术为主，灰盒测试技术为辅。

本标准中提及的黑盒测试技术、白盒测试技术及灰盒测试技术见附录 C。

4.3.2 性能测试

性能测试的主要目的、测试内容及测试技术如下：

a）目的。通过模拟真实、高压力等各种负载条件的业务场景，对系统的各项性能指标进行评估，通常包括负载测试、压力测试、容量测试、业务响应时间测试等。

b）测试内容 / 关注点。测试内容 / 关注点包含负载测试、压力测试、容量测试和业务响应时间测试，具体如下：

1）负载测试：对系统不断地增加压力或持续保持最大安全负载，直到系统的某项或者多项性能指标达到安全临界值（例如某种资源已经达到饱和状态等），获得系统在不同负载条件下的性能指标；

2）压力测试：超过安全负载的情况下，对系统不断地施加压力，通过确定一个系统的瓶颈或不能接收用户请求的性能点，来获得系统可提供的最大服务级别的测试；

3）容量测试：使用反映系统容量特征的极限值（如最大并发用户数、数据库记录数等）对系统施加压力，通过观察系统在极限容量状态下没有出现任何软件故障或还能保持主要功能正常运行来检测系统的容量指标；

4） 业务响应时间测试：被测系统在稳定压力持续运行过程中或达到一定容量后进行业务操作，记录系统处理所花费的时间，以此检测业务响应时间符合性能需求。

c） 测试技术。具体如下：

1） 负载测试、压力测试和业务响应时间测试的测试方法是通过模拟单用户和多用户并发的场景，获取软件系统功能处理的延时、吞吐率及处理时间。利用自动化测试工具进行数据构造、负载压力构造，通常选择具有代表性或者核心业务的模块、访问量较高的业务构造各种性能测试场景，从而进行单机性能测试或并发性能测试。测试指标包括订单峰值吞吐速率、成交峰值吞吐速率、订单持续吞吐速率、成交持续吞吐速率、订单处理延时、日结算处理能力等；

2） 容量测试的测试方法是在不同的系统配置以及不同的业务场景下构造相应的容量数据，评估系统的极限容量和硬件资源占用率。其中，极限容量包括最大用户数、最大处理量、最大事务数（执行单元）、最大吞吐率、最大文件容量等；硬件资源占用率包括内存、CPU、硬盘、网络带宽、设备等。测试指标包括日订单处理容量、日成交处理容量等。

4.3.3 可靠性测试

可靠性测试的主要目的、测试内容及测试技术如下：

a） 目的。可靠性测试是通过模拟系统可能出现的各种异常或故障等场景，来验证系统在异常处理、故障容错、数据恢复及容灾等方面的能力，并对系统的可靠性进行评估，目的是确保系统在特定的环境部署条件下满足高可用性要求，通常包括成熟性测试、容错性测试、稳定性测试和可恢复性测试。

b） 测试内容 / 关注点。测试内容 / 关注点包含成熟性测试、容错性测试、稳定性测试和可恢复性测试，具体如下：

1） 成熟性测试：当软件系统中出现代码判断错误、集成中的接口错误、通信报文错误、系统中业务逻辑错误以及其他在设计、开发等环节中造成的错误时，验证系统能消除错误造成的影响并仍可正常工作；

2） 容错性测试：当引入外部错误，如违规操作、删除数据、强行终止等严重的行为使系统（包括硬件、软件及附属程序）发生异常时，验证系统在异常情况下应具有防护性措施（处理异常的方法包括：系统自动处理和人工干预处理）；

3） 稳定性测试：通过持续性测试的方法验证系统在一定压力下长时间运行的稳定性；

4） 可恢复性测试：系统在失效状态下，恢复至正常状态的能力。失效状态应是系统崩溃或者宕机停止所有功能，而不是带故障的运行状态；正常状态应是至少保证系统的主要功能可全部运行。获取系统恢复时间（RTO）、数据恢复时间（RPO），RTO、RPO 定义见 JR/T 0145—2016。

c） 测试技术。具体如下：

1） 成熟性测试、容错性测试的测试方法是通过人工模拟故障场景，如进程崩溃及挂起、网络断开及延迟、服务器宕机等场景，或通过工具或手工制造异常操作或异常数据输入等，验证系统或组件在出现故障时进行有效处理的能力；

2） 稳定性测试的测试方法是 7*24 小时压力测试，即仿照生产的业务配比关系，根据实际生产需要，保持不同倍数下单压力，每天运行被测系统 24 小时，连续运行 7 天。在测试期间可通过查看系统进程状态、执行功能操作、查看运行日志信息的方式来验证系统运行状态的正确性；

3）可恢复性测试的测试方法是模拟在出现故障或灾难导致系统失效时，通过分析系统日志或流水计算得到系统恢复时间（RTO）和数据恢复时间（RPO）指标。

4.3.4 安全性测试

安全性测试的主要目的、测试内容及测试技术如下：

a）目的。通过安全测试手段和方法，验证软件的安全特性实现与预期一致、检验软件产品对各种攻击情况的防范能力，从而保障产品的安全质量。

b）测试内容 / 关注点。具体如下：

1）配置管理：按照信息安全等级保护要求对操作系统、应用程序、数据库、网络设备等进行安全配置；

2）资源利用：应用程序内存使用和资源竞合问题，如变量未初始化、数组越界、内存溢出、资源泄露、进程线程异常等；

3）身份鉴别：对登录操作系统、数据库系统和应用系统的用户进行了身份标识和鉴别，如应使用强密码策略、限定连续登录尝试次数、使用有效验证码等；

4）访问控制：用户应根据自己的权限大小来访问系统资源（如服务器、目录、文件等），不得越权访问；

5）数据保护：应用程序存储敏感信息的情况，存储的敏感信息应进行加密，包含但不限于密码、密钥等敏感信息应加密写入缓存、文件系统、数据库中等；

6）通信安全：应用程序使用安全通信协议（如 SSL、TLS）的情况，对敏感信息的传输应进行加密等；

7）会话管理：本地及服务器端对会话超时的设置，会话结束后应用程序使用过的敏感信息应从内存中删除，合法用户的会话不被劫持等；

8）数据验证：应用程序在使用前正确验证来自客户端或外界输入数据的情况，避免发生如跨站脚本攻击、命令注入、文件注入、SQL 注入等漏洞；

9）安全审计：对网络系统中的网络设备运行状况、网络流量、用户行为等进行日志记录；审计记录应包括事件的日期和时间、用户、事件类型、事件成功及其他审计相关的信息等。

c）测试技术。常见的安全性测试技术有安全功能检查、代码安全测试、漏洞扫描、渗透测试和模糊测试，具体如下：

1）安全功能检查是指测试人员通过对相关系统管理人员进行访谈和对测试对象（如相关系统、各类设备、基线标准、开发设计文档）进行观察、验证、分析以确认测试对象符合信息安全等级保护、相关信息安全要求以及安全功能需求的过程；

2）代码安全测试分为静态检测和动态检测。静态检测是使用代码检测软件进行代码静态扫描，并对扫描后结果进行人工分析来发现定位漏洞的过程；动态检测即在运行时进行错误检查，主要通过将已经写好的程序转换成一个新程序（其功能与原程序是等价的），新程序包含有一些额外的代码，它们的作用是在程序执行期间检查错误；

3）漏洞扫描是指利用专业的漏洞扫描工具，基于公共漏洞和暴露（CVE）漏洞数据库或特征库，通过扫描、探测等方法对目标系统的安全情况进行检测，发现可利用的漏洞；

4）渗透测试是通过模拟恶意黑客的攻击方法对目标系统进行模拟入侵，以找出系统中的脆弱点、技术缺陷和漏洞；

5） 模糊测试是一种通过提供非预期的输入并监视异常结果来发现软件故障的方法，是一个自动的或半自动的过程，通常包括识别目标、识别输入、生成模糊测试数据、执行模糊测试、监视异常、确定可利用性等阶段。

4.3.5 可移植性测试

可移植性测试的主要目的、测试内容及测试技术如下：

a） 目的。通过模拟部署在不同的运行平台来验证系统运行的适应性，目的是确保系统在运行环境发生变化时运行及处理可满足预期要求，通常包括可安装性测试、兼容性测试、适应性测试和可替换性测试。

b） 测试内容 / 关注点。测试内容 / 关注点包含可安装性测试、兼容性测试、适应性测试和可替换性测试，具体如下：

1） 可安装性测试：在目标环境对软件安装程序所进行的测试，包括操作系统安装软件或在客户个人电脑上安装软件产品的安装向导软件。主要关注：安装文档应齐全、软件安装的程序文件应齐全、文件格式应与安装指导中要求的文件格式相同；所有预置的数据应齐全；软硬件环境的配置应合理；所有文件应正确产生并确有所需要的内容等；

2） 兼容性测试：如果不存在相互依赖关系的计算机系统可在同一环境（例如：同一个硬件平台）中运行，而不影响彼此的行为（如资源冲突），则称之为兼容，包括应用软件与硬件平台、应用软件与操作系统、操作系统与硬件平台间的兼容性，例如：当新的或升级之后的软件被大量装入已经安装了应用程序的环境（例如：服务器）时 应执行兼容性测试；

3） 适应性测试：软件系统能在所有特定的目标环境（硬件、软件、中间件、操作系统等）中正确运行，包括软件系统在不同处理器配置下的适应性、在台式机与专业服务器下的适应性、在不同操作系统下的适应性、在不同网络环境下的适应性；

4） 可替换性测试：软件系统中组件能被替换的能力以及软件升级引起的新旧版本的可替换性。

c） 测试技术。可安装性测试、兼容性测试、适用性测试和可替换性测试的测试方法如下：

1） 可安装性测试的测试方法：模拟软件系统在目标环境中进行安装、升级及卸载等操作，验证其正常运行能力；

2） 兼容性测试的测试方法：模拟软件系统在目标环境中与其他应用程序、升级后操作系统等软硬件共存的场景，验证其正常运行能力；

3） 适应性测试的测试方法：模拟软件系统在不同的特定目标环境下运行的场景，验证其正常运行能力；

4） 可替换性测试的测试方法：模拟系统在不同软件组件或者版本上运行的场景，验证其正常运行能力，尤其对于以第三方商业软件为特定组件的软件系统。

4.3.6 可维护性测试

可维护性测试的主要目的、测试内容及测试技术如下：

a） 目的。通过评审系统设计结构、开发语言、系统文档及用户文档来评估系统后续易于修改、优化及能满足新需求的开发，目的是确保系统在交付后直至到期被淘汰的整个时期内易于理解和改进。

b） 测试内容 / 关注点。具体如下：

1） 软件系统具有错误的易分析性，内部：检验设计、文档、代码的书写规格，代码注释和错误标注规范性和充分性等，外部：检验错误发生时系统的响应结果，便于发现和准确定位问题；

2） 软件系统具有使指定的修改可被实现的能力，包括编码、设计和文档的更改，实现参数文件、数据库、表、操作方式、个性化配置；

3） 修改后的软件系统仍然能达到所需功能要求和运行指标。

c） 测试技术。常见的维护性测试技术有：专家评审法、技术测试法和用户调查法，具体见 GB/T 29834.3—2013。

1） 专家评审法是一种主观的评审方法。评审时，应根据被评审对象和评审目的，设计评审项目表，列出栏目、分值、权重和打分规则。专家根据自身的经验与认知，进行判断打分，然后根据专家的权重和统计规则计算最终评分；

2） 技术测试法是一种客观的评分方法。技术测试时，可依据被测对象和测试目的，选择适用的自动化测试工具，也可人工进行手动测试。技术测试获得的结果是一种量化的测量结果；

3） 用户调查法是一种面向用户群的问卷征询方法。用户调查时，应根据调查的目的和特定的用户群，设计调查表，让被调查对象填写并反馈，调查表回收数应达到一定的数量，并不低于发出的适当比例。然后对回收的调查表进行汇总计算，其计算值作为用户调查的结果。

4.3.7 应急演练

应急演练的主要目的、测试内容及测试技术如下：

a） 目的。充分分析可能出现的各种突发事件并对其制定相应应急预案，通过评审及演练，检验预案的实用性、可用性、可靠性，相关人员应急行动实施的有效性以及避免事故、防止事故、抵抗事故的能力，目的是确保在上线过程或上线后突发重大事故、设备故障等情况下，相关人员可及时反应、妥善处理，从而使事故造成的影响和损失降到最低。

b） 测试内容 / 关注点。具体如下：

1） 应急预案具有完整性、正确性、一致性及易理解性，符合应急要求；

2） 突发事件场景考虑全面，应急过程所用工具、脚本可用，按照应急预案中描述的操作步骤可将系统恢复至正常运行状态；

3） 系统恢复时间（RTO）、数据恢复时间（RPO）符合应急要求。与可靠性测试的区别在于测试环境不同，且测试场景更贴近于生产已经发生过的或者可能发生的紧急情况。

c） 测试技术。以黑盒测试为主，通过应急预案静态检查、应急预案模拟演练、分析系统日志或流水等方法，保证应急预案的有效性和正确性。

4.3.8 联网测试

联网测试的主要目的、测试内容及测试技术如下：

a） 目的。市场核心机构组织部分或全部市场参与方，在测试环境或准生产环境开展的接口处理及业务流程测试，目的是验证交易所和各参与方的接口处理及业务流程的正确性，以及网络的连通性。此测试类型可根据实际情况进行裁剪。

b） 测试内容 / 关注点。具体如下：

1） 验证机构间接口含义理解及处理的一致性、正确性；

2） 验证机构间业务及数据交互流程的正确性。

c） 测试技术。以黑盒测试为主，参测各方通过场景设计对测试关注点进行验证。

4.3.9 全市场测试

全市场测试也称为全网测试，其主要目的、测试内容及测试技术如下：

a） 目的。利用非交易日，市场核心机构组织部分或全部市场参与方，利用生产环境进行联网测试，目的是通过模拟真实的市场行为来验证交易所和各参与方的系统功能、性能、可靠性以及整体业务流程等功能测试和非功能测试与需求规格说明书的一致性，确定系统具备上线条件。

b） 测试内容 / 关注点。具体如下：

1） 各参与者系统和具体业务的功能及流程应正确，性能、可靠性等非功能测试应满足需求规格说明书；

2） 系统上线所需线路等技术条件应完备并可正常使用；

3） 参与市场业务各方上线条件应已完备；

4） 新程序或系统上线后，相关系统能正常适应；

5） 可根据实际情况需要，增加通关测试。

c） 测试技术。以黑盒测试为主，参测各方通过场景设计对测试关注点进行验证。

4.3.10 选型测试

选型测试的主要目的、测试内容及测试技术如下：

a） 目的。在软件竞品选择的过程中，使用测试理论和方法对软件竞品进行多种技术指标的评测，通过多个维度对软件竞品进行评测对比，为软件竞品选择提供参考指标数据。

b） 测试内容 / 关注点。测试内容 / 关注点包含软件可靠性选型、软件性能选型、安全选型和软件功能选型，具体如下：

1） 软件可靠性选型：使用相同的可靠性测试方法针对不同软件竞品进行可靠性测试，检测不同竞品的可靠性指标差异；

2） 软件性能选型：使用相同硬件环境和相同的性能测试方法针对不同的软件竞品进行性能测试，检测不同竞品的性能指标差异；

3） 安全选型：使用相同的安全测试方法针对不同的软件竞品进行安全测试，检测不同竞品的安全指标差异；

4） 软件功能选型：根据产品需求对软件功能进行功能测试，检测不同竞品在满足相同需求条件下功能实现的差异性。

c） 测试技术。根据选型目的选择一种或多种测试方法进行选型测试，具体测试方法见 4.3.1、4.3.2、4.3.3、4.3.4。

4.3.11 选择原则

行业机构根据软件产品可能涉及的测试内容需选择适合的测试类型，具体选择原则如表 3 所示，其中【类别】不可裁剪，【内容】可根据行业特点进行裁剪，相关的测试内容宜使用画圈的测试类型。

表 3 各测试类型的测试内容

类别	内容	测试类型									
		功能测试	性能测试	可靠性测试	安全性测试	可移植性测试	可维护性测试	应急演练	联网测试	全市场测试	选型测试
基础架构	通信线路	○	○	○	○					○	○
	网络结构	○	○	○	○						○
	主机硬件	○	○	○	○	○	○				○
	操作系统及编译环境	○	○	○	○	○	○				○
	存储设备	○	○	○	○	○	○				○
	灾备架构	○	○	○			○	○			○
应用软件	数据交换接口	○	○	○	○				○	○	○
	数据存储方式	○	○	○	○						○
	应用程序	○	○	○	○	○	○				○
	数据库等第三方应用	○	○	○	○	○	○				○
业务规则	根据实际业务情况填写，如交易规则、清算业务	○								○	
上线运维	上线步骤						○	○		○	
	应急方案						○	○			
	数据迁移	○						○		○	
	运维管理						○	○		○	
注："○"表示选取											

4.4 测试级别

4.4.1 工作目标

根据软件生命周期和测试周期自然形成的阶段，测试级别包含单元测试、集成测试、系统测试、系统集成测试、验收测试。

待上线系统应经过五个测试级别及全市场测试之后，才能达到上线要求，允许上线。

每个测试级别的测试应根据 4.2 的要求展开相关工作。

各测试级别的工作目标如表 4 所示。

表 4 测试级别的工作目标

测试级别	目标
单元测试	验证程序及模块内部逻辑符合系统设计说明书，又称为模块测试，是动态测试的最早期阶段
集成测试	将应用内部的模块组合在一起进行测试，测试接口，各类集成以确保接口数据不会丢失，一个模块的功能不会影响其他模块的功能，各模块组合起来能达到预期要求等
系统测试	针对单一被测系统以及系统内部组件间接口进行的测试，通过功能测试和非功能测试相结合的方式验证该系统应正确运行、满足项目需求规格说明书，从而确保系统功能及操作性上的成熟度和健康度
系统集成测试	针对多个被测系统之间数据交互以及系统间接口进行的测试，验证整个系统承载的业务流程实现正确及系统整体与外界的硬件、网络间合作运行正确，从而确保整个系统在生产环境中的运行可达到客户预期
验收测试	在模拟的客户环境中，验证产品能满足客户的需求

4.4.2 选择原则

根据行业机构角色及软件产品来源的不同，明确各机构的测试职责范围，以指导行业机构履行职责、把控软件质量，具体如下：

a） 市场核心机构与市场经营机构：

1） 对于完全外购的软件产品，因其需经过配置、联调才可与其他系统整体协同工作，故应对外购软件产品进行系统集成测试及验收测试；

2） 对于部分模块或组件为外购的软件产品，因其外购模块或组件需与自主研发或其他产品集成，故应对外购模块或组件进行集成测试、系统测试、系统集成测试及验收测试；

3） 对于完全自主研发的软件产品，应进行单元测试、集成测试、系统测试及验收测试；

4） 对于接入期货公司信息系统的外部信息系统，期货公司要对其进行必要的系统集成测试及验收测试，保证外部信息系统的合规性和安全性。

b） 市场服务机构：对于向行业提供的软件产品，应至少进行单元测试、集成测试及系统测试。各证券期货业机构可委托第三方测试机构完成所需的验收测试工作，但是应遵循以下原则：

1） 市场服务机构不能代替用户对本机构研发或代理销售的软件产品进行验收测试。

2） 对于完全外购或部分外购软件产品的验收测试应由用户或其委托的第三方测试机构完成。

3） 第三方测试机构的测试过程均需符合本标准要求。

4） 市场监管机构可依据本标准要求，监督、检查相关机构执行情况。

测试级别和测试类型的对应关系如表 5 所示。

表 5　测试级别与测试类型的对应关系

测试类型	测试级别					备注
	单元测试	集成测试	系统测试	系统集成测试	验收测试	
功能测试	○	○	○	○	○	
性能测试	○	○	○		○	
可靠性测试	○	○	○		○	
安全性测试	○		○		○	
可移植性测试			○		○	
可维护性测试			○		○	
应急演练			○		○	
联网测试				○	○	
全市场测试						验收测试完成后，进入上线准备阶段，应和系统的关联方进行全市场测试。在采购前期或采购过程中实施，不对应任何测试级别

各个测试级别的具体描述见第 5~9 章。

4.5 测试准入 / 准出要求

4.5.1 准入要求

在测试执行前，应达到准入要求后，才可展开测试执行。测试准入要求如下：

a） 上一个测试级别达到准出要求；

b） 测试计划已经通过审核；

c） 测试用例设计完成并通过审阅；

d） 测试用例已完全 100% 覆盖测试需求；

e） 阻碍进一步测试的问题已经解决，如冒烟测试通过；

f） 测试环境（软件、硬件）搭建完成、测试工具已安装配置完成，发布的程序代码已经被安装到测试环境中。

4.5.2 准出要求

测试执行阶段的准出将标志着整个测试实施过程的结束，故该阶段的准出要求主要关注以下三个方面：

a） 用例执行情况；

b） 缺陷解决情况；

c） 系统质量情况。

具体的测试准出要求见表 6，可根据不同的测试级别进行调整。

表 6 测试执行准出要求

测试类型	准出要求
功能测试	a）计划实施的测试范围 100% 覆盖 b）计划执行的测试用例 100% 执行完成，未执行的用例已写明原因 c）所有提交的缺陷都被记录并有最终状态，测试执行结束后仍未修复完成的缺陷作为遗留缺陷在测试报告中记录说明未修复原因及修复计划 d）缺陷整体呈收敛；经过讨论确认应修改的缺陷均已修复
性能测试	a）测试执行情况：可执行场景 100% 执行完毕，未执行场景均有相关说明并评审通过 b）缺陷解决情况：无非最终状态缺陷 c）监控指标情况：监控并收集了用户关注的关键的资源指标和系统指标，其中资源指标包括 CPU、内存、I/O、带宽等，系统指标包括并发用户数、响应时间、事务成功率、超时错误率等 d）测试报告情况：清晰的评价系统当前性能，判断系统满足预期性能需求的情况；指出系统可能存在的性能问题，定位性能瓶颈；判定系统性能表现，预见系统负载压力承受力 e）测试工具情况：使用既有工具的，需确保测试脚本在当前系统版本条件下可反复稳定运行；自行研发工具的，需确保测试工具至少可产生系统最大承载力 1 倍及以上的压力，在常规压力条件下至少可稳定加压 1 小时以上，至少具备响应时间和事务成功率等指标的监控能力
可靠性测试	a）测试执行情况：可执行的测试场景全部执行完毕，未执行场景均有相关说明并评审通过 b）缺陷解决情况：无非最终状态缺陷 c）系统及组件的容错、恢复能力和成熟性指标满足需求 d）系统灾备处理能力满足需求
安全性测试	a）安全性测试整体要求：应完成代码级安全漏洞扫描、系统级安全漏洞扫描，可选完成拒绝服务式攻击测试 b）代码级安全漏洞扫描：至少覆盖 OWASP Top 10、CWE、SANS 等安全静态标准，并给出不合规代码的修复建议 c）系统级安全漏洞扫描：至少覆盖了 CVE 已发现的安全漏洞以及隐患漏洞，对于关键性的严重级别漏洞应通过渗透测试验证 d）拒绝服务式攻击测试：至少完成资源比拼型（ICMP Flood、ACK Flood、Connection Flood）、软件缺陷利用型（SYN Flood、ARP Spoof、Ping of Death）等类型的拒绝服务式攻击测试，并针对被测系统表现情况给出改善建议
可移植性测试	a）测试执行情况：可执行的测试场景全部执行完毕，未执行场景均有相关说明并评审通过 b）缺陷解决情况：无非最终状态缺陷 c）软件的安装 / 升级程序、安装 / 升级文档齐全，按照安装文档的指导能正确安装 / 升级程序 d）软件能在其支持的所有硬件平台、操作系统、网络环境中安装 / 升级、使用

续表

测试类型	准出要求
可维护性测试	a）软件系统的需求、设计等过程文档清晰规范，不存在引起歧义的描述；相应的专家评审意见均需确认且不存在遗留未修改的问题 b）软件的代码实现规范，注释描述清晰，注释率不低于 20%，函数、类、全局变量以及逻辑复杂的代码段、算法等应有相应注释 c）每个函数最大代码行不超过 1000 行（非空、非注释行）；圈复杂度不超 10，如有必要超过的情况应经相关专家评审通过
应急演练	a）应急方案演练成功 b）未发现重大缺陷或发现缺陷已经处理完成
联网测试	a）接口联网测试成功 b）未发现重大缺陷或发现缺陷已经处理完成
全市场测试	a）全市场联网测试成功 b）未发现重大缺陷或发现缺陷已经处理完成
选型测试	a）测试执行情况：所有测试场景全部执行完毕，每个测试场景在不同备选竞品上均执行完毕且不存在测试场景只运行在某个或某几个备选竞品的情况，未执行场景均有相关说明并评审通过 b）测试报告情况：竞品评定指标数据均采集完成，未填写项均有相关说明并评审通过；清晰地阐述竞品指标执行步骤和指标结果，对相同指标项应明确写出不同备选竞品的测试数据差异

4.6 测试管理

4.6.1 角色职责

从测试级别和测试类型的角度，描述在相关测试活动中的责任主体和参与者，如表 7、表 8 所示。

表 7 测试级别参与团队

<table>
<tr><th>测试级别</th><th>责任主体</th></tr>
<tr><td>单元测试</td><td rowspan="2">开发团队</td></tr>
<tr><td>集成测试</td></tr>
<tr><td>系统测试</td><td rowspan="2">测试团队</td></tr>
<tr><td>系统集成测试</td></tr>
<tr><td>验收测试</td><td>需求提出方、市场服务机构</td></tr>
</table>

表 8 测试类型参与团队

<table>
<tr><th>测试类型</th><th>责任主体</th><th>参与者</th></tr>
<tr><td>功能测试</td><td rowspan="6">需求提出方、开发团队、测试团队</td><td rowspan="6">需求提出方、开发团队、测试团队、运维团队及供应商等干系人</td></tr>
<tr><td>性能测试</td></tr>
<tr><td>可靠性测试</td></tr>
<tr><td>安全性测试</td></tr>
<tr><td>可移植性测试</td></tr>
<tr><td>可维护性测试</td></tr>
<tr><td>应急演练</td><td rowspan="3">需求提出方、运维团队</td><td rowspan="3">测试发起方或组织方应根据实际的业务需求和测试需求选择必要的关联方参与测试。关联方主要包括但不限于市场核心机构、市场经营机构、市场服务机构等市场各参与方</td></tr>
<tr><td>联网测试</td></tr>
<tr><td>全市场测试</td></tr>
<tr><td>选型测试</td><td>需求提出方、运维团队</td><td>需求提出方、开发团队、测试团队、运维团队及供应商等干系人</td></tr>
</table>

参与测试的团队中，各角色的职责如表 9 所示。

表 9　各角色的职责

团队	角色	职责
需求提出方	客户	提出业务需求，对系统需求规格说明书进行确认，对出现分歧的业务需求进行确认，完成验收测试
开发团队	项目经理	制定项目整体日程安排，协助测试环境准备
	需求分析人员	对业务需求进行分析并完成可测的系统需求规格说明书
	开发人员	根据业务需求文件及系统设计文档进行编码；对代码引起的缺陷进行分析及修正等
测试团队	测试经理	组建和管理测试团队，把控项目测试整体质量、进度、资源 / 成本、风险，协调过程中各种问题等
	测试人员	参与业务需求调研，对系统需求规格说明书进行静态测试（见附录 D）；测试需求的编写和维护；测试用例编写、执行、记录测试结果、完成对发现的缺陷进行提交、验证等；负责测试环境部署与维护 参与测试框架设计，分析测试工具需求，完成测试工具开发和维护
支持团队	配置管理人员	制定配置管理计划、配置库，进行配置管理 对由修正缺陷所引起的应用系统 / 文档的变更等进行版本控制及发布 对其他原因引起的需求变更、技术变更等进行配置管理
	质量保证人员	策划质量保证工作，参考组织级要求对项目过程和工作产品进行评审和审计，跟踪发现不符合问题直至关闭
运维团队	运维经理	协调和安排整个项目的运维工作 负责项目非功能需求的提出和验收等 负责项目上线计划编写及与相关方沟通上线相关工作
注：开发团队和测试团队需为相互独立的两个团队，在项目实施过程中需保证两个团队人员的分离		

4.6.2　质量管理

在测试项目实施过程中，应建立相应的测试质量管理体系，对测试目标、流程、各角色的职责以及实施过程进行规范和监控，保证测试项目实施过程中的文档、过程的规范性，最终保证测试项目的质量。

测试项目质量控制管理包括测试过程控制管理，质量，成本，进度（QCD）数据监控等。质量保证工作涉及测试项目实施各个阶段的活动，在测试项目实施过程中，通过独立的第三方质量保证负责人对测试项目过程质量进行监控，客观地检查和监控“过程及产品的质量”。

测试项目各测试阶段的输出文档主要包括：测试估计、测试计划、测试需求、测试用例 / 方案、测试数据 / 脚本、缺陷列表、测试结果及测试报告。在测试项目过程中，通过测试团队内、外专家或者客户评审控制各文档的质量，保证文档内容的可行性、可操作性、完整性、准确性，并保留相关的评审记录。

在测试项目实施的过程中，通过定期例会、周月报等机制，测试经理向所有干系人汇报测试进展情况，对于出现的异常情况，重点分析并制定纠正措施；并监控缺陷的状态、趋势，跟踪缺陷消除措施的制定并跟踪措施的执行结果。

4.6.3　进度管理

依据测试计划进行进度跟踪与监控，对测试任务进行分析，找到关键路径，并分析此关键路径上的关键点，控制好这些关键点，保证任务最终达成。

在进度管理过程中向相关方及时汇报进度情况：

a） 定期汇报。

1） 测试人员定期向测试经理汇报任务完成的进度情况，并更新进度管理表；

2） 测试经理定期根据测试项目整体的进度情况，整理定期报告，标注每项计划任务的进行状态、完成百分比、计划完成日期、后续计划安排，以及测试项目的风险和问题，通过邮件等方式汇报给项目干系人。

b） 管理者报告。定期向项目管理者汇报测试项目的进度、风险、问题以及应对解决措施，管理者在测试过程中推进过程中对重大问题和风险进行决策、解决项目难题、协调项目资源，监控测试项目运行状况。

c） 里程碑报告。在测试项目的里程碑或关键点时，可组织测试项目相关人员进行会议方式沟通，主要汇报测试项目进度、完成情况及风险问题等，并将会议记录发送给测试项目相关人员。

4.6.4 资源管理

在测试计划阶段根据资源管理要求，识别并管理测试过程中所需的人员资源、软/硬件资源和测试环境，宜包括下面几项工作：

a） 在测试计划中策划测试团队成员数量、软件和硬件的需求，过程中跟踪各项资源的变动情况；

b） 定期评价测试团队成员的知识和技能，必要时安排培训；

c） 定期跟踪测试项目软件及硬件环境的变化，评价环境的变化对测试项目的影响；

d） 当发现问题时，及时协调并跟踪解决。

4.6.5 风险管理

风险管理的目的是避免或降低由于风险给组织和测试项目带来的损失。

a） 风险管理流程。风险管理流程包含风险识别、风险分析、制定措施和风险跟踪，具体如下：

1） 风险识别：在进行风险识别前应尽可能收集测试项目的相关资料，测试经理组织测试团队成员和其他利益共同者参与风险识别活动，风险识别活动贯穿测试项目全生命周期；

2） 风险分析：对识别出来的风险进行分析，包括风险的类型、严重性、可能性及生存期，确定风险优先级；

3） 制定措施：依据风险优先级，制定风险的缓解措施、应急措施及跟踪频率；

4） 风险跟踪：依据风险的跟踪频率，定期对风险进行跟踪，直至其发生或消失。

b） 风险分类。根据风险的影响内容区分风险分类，具体分类如表10所示。

表10 风险分类

类别	影响
质量	该类风险主要影响测试项目的产品质量
工作量	该类风险主要影响测试项目的工作量和成本
进度	该类风险主要影响测试项目的进度
所有	该类风险对进度、工作量、质量都有影响

c） 风险优先级确定方法。

1） 严重性：代表风险一旦发生对测试项目造成的威胁程度，严重性分为“致命”“严重”“一般”“轻微”四个级别；

2）可能性：风险发生的概率，分为“高”“中”“低”三个级别；

3）优先级：风险的优先级，分为“A”“B”“C”“D”四个级别；

4）风险优先级确定方法如表 11 所示。

表 11　风险优先级确定方法

严重性	可能性		
	高	中	低
致命	A	B	C
严重	B	C	D
一般	C	C	D
轻微	D	D	D

d）风险管理要求如表 12 所示。

表 12　风险管理要求

风险优先级	是否应制定风险缓解措施	是否应制定风险应急方案	跟踪频率
A	是	是	每天或者每周
B	是	是	每周
C	是	否	每双周
D	否	否	每月

5　单元测试

5.1　测试对象

单元测试是针对软件设计的最小单位——程序模块进行的测试，在面向对象的软件开发中，以 Class（类）作为测试的最小单元；在结构化的软件开发中，以模块（函数、过程）作为测试的最小单元。

“单元”具有明确的功能、规格说明、与其他部分的明确的接口说明，可清晰地与同一程序的其他单元划分开来。

在概要设计中应进行识别。

5.2　测试目的

能发现各模块内部可能存在的各种错误，保证模块功能符合设计需求。由于单元测试是动态测试的最早期阶段，所以有助于早期识别和修复缺陷，消除单元模块的不确定性。

5.3　测试内容 / 关注点

由编码人员在实现相应的模块后进行测试执行。

测试内容及关注点应按照 GB/T 15532—2008，5.4。

5.4 测试方法

测试者应依据详细设计说明书和源程序清单，了解该模块的 I/O 条件和模块的逻辑结构。

主要采用白盒测试技术，辅助于黑盒测试技术。

5.5 测试准入 / 准出要求

测试准入要求见 4.5.1，准出要求在 4.5.2 基础上，应根据附录 E 中业务分类，A 类语句覆盖率宜达到 100%；B 类、C 类语句覆盖宜达到 90%。

6 集成测试

6.1 测试对象

待测试系统的模块间接口；

软件单元集成到软件系统的组装过程。

6.2 测试目的

验证各模块之间、模块与已集成的软件系统之间的接口关系，保证将所有模块按照设计要求组装成为系统后能正常运行。

6.3 测试内容 / 关注点

测试各模块间接口，保证接口数据传递正常，接口数据不会丢失。

一个模块的功能不会影响其他模块的功能。

各模块组合起来能达到预期要求的父功能。

分析单个模块的误差累积起来的放大情况，应在可接受的程度内。

6.4 测试方法

测试者应依据概要设计说明书和系统设计说明书，了解各模块的接口关系。

主要采用灰盒测试技术。

有三种集成测试方法，分别如下：

a） 自顶向下的方法，如图 1 所示。

策略一：按照软件的控制层次结构，以深度优先的策略（首先确认一条主控路径）。

示例：首先把 M1、M2、M5 和 M8 集成在一起，再将 M6 集成起来，然后考虑中间和右边的路径。

策略二：按照软件的控制层次结构，以广度优先的策略（水平地向下移动）。

示例：首先把 M1、M2、M3 和 M4 与主控模块集成在一起，再将 M5 和 M6 和其他模块集成起来。

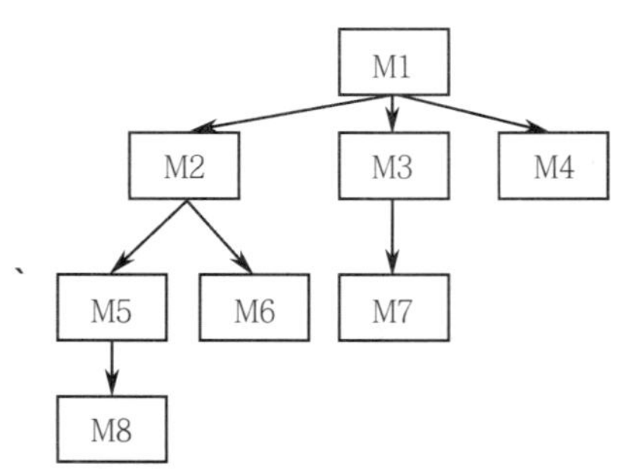

图 1　集成测试方法 - 自顶向下

分析：

1） 这种组装方式将模块按软件的控制层次结构，从主控模块开始，以深度优先或广度优先的策略，逐步把各个模块集成在一起；

2） 优点：在测试过程中可首先实现和验证一个完整的软件功能，能较早地发现主要控制和决策中的缺陷；

3） 缺点：桩模块——用以代替所测模块调用的子模块；

4） 很难维护一个纯粹的自顶向下的策略。

b） 自底向上的方法，如图 2 所示。

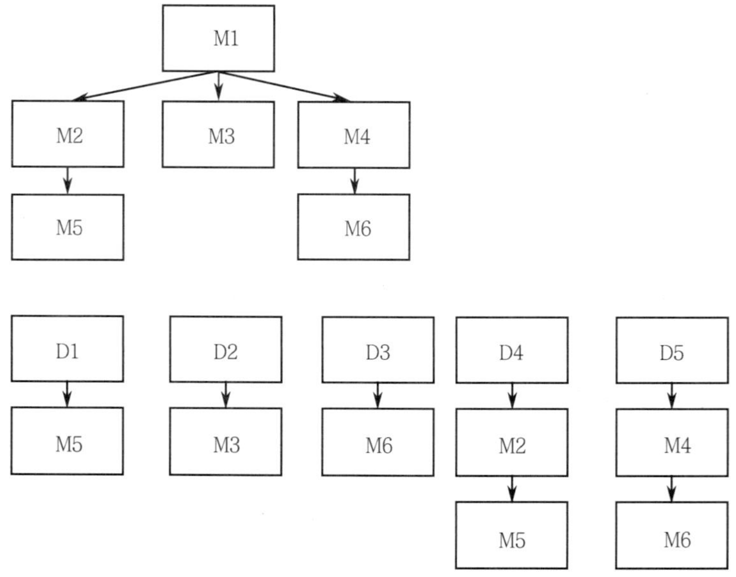

图 2　集成测试方法 - 自底向上

分析：

1） 这种组装的方式是从程序模块结构的最底层的模块开始组装和测试；

2） 优点：测试用例的设计相对简单；

3） 缺点：软件的整体形象到最后才会形成；

4） 驱动模块—相当于所测模块的主程序。它接收测试数据，把这些数据传送给所测模块，最后再输出实测结果；

5） 这是一种更本能的测试方法。

c） 一次性组装方法。

1） 它是一种非增殖式组装方式。把所有通过测试的模块组装在一起进行测试，最终得到要求的系统。是最普通和效果最差的方法；

2） 如果每个模块只进行草率的测试，整个系统发生灾难的可能性将是巨大的。系统越大这种可能性越大；

3） 对于高质量的简单的系统来说，这种方法就很有意义。

对于高质量的简单的系统来说，通常采用一次性的集成方法，快捷有效；对于相对复杂的系统来说，应根据软件的特点和工程的进度，选用适当的测试策略，可混合使用两种策略，上层模块用自顶向下的方法，下层模块用自底向上的方法。

6.5 测试准入 / 准出要求

测试准入要求见 4.5.1，准出要求在 4.5.2 基础上，系统组件单元之间的所有调用宜达到 100% 测试覆盖率。

7 系统测试

7.1 测试对象

系统此时以完整的形象展现出来，针对整个产品系统进行测试。

7.2 测试目的

验证系统满足系统需求规格说明书，找出与系统需求规格说明书不符或与之矛盾的地方；保证系统功能及非功能按照系统需求规格说明书要求工作。

7.3 测试内容 / 关注点

7.3.1 功能测试

验证被测试系统符合系统需求规格说明书规定的每一项功能、校验。

详细内容见 4.3.1。

7.3.2 性能测试

验证被测试系统符合系统需求规格说明书规定的性能指标。

详细内容见 4.3.2。

7.3.3 可靠性测试

验证被测试系统符合系统需求规格说明书规定的可靠性指标。

详细内容见 4.3.3。

7.3.4 安全性测试

验证被测试系统符合系统安全性要求。

详细内容见 4.3.4。

7.3.5 可移植性测试

验证被测试系统符合系统需求规格说明书规定的可移植性指标。

详细内容见 4.3.5。

7.3.6 可维护性测试

验证被测试系统符合系统需求规格说明书规定的可维护性指标。

详细内容见 4.3.6。

7.3.7 应急演练

验证被测试系统符合系统需求规格说明书规定的应急演练要求。

详细内容见 4.3.7。

7.4 测试方法

测试者应依据系统需求规格说明书。

主要采用黑盒测试、灰盒测试技术。

7.5 测试准入 / 准出要求

测试准入要求在 4.5.1 基础上，应根据附录 E 中的业务分类，确保在测试设计方面符合以下要求：

a） 针对 A 类业务，应充分识别可能产生的输出结果以及影响输出结果的各种输入条件，全面梳理和校验输入条件及输出结果的逻辑关系，同时应覆盖全部业务场景下被测系统的数据流及业务流并进行校验。

b） 针对 B 类业务，应充分识别可能产生的输出结果以及影响输出结果的各种输入条件，梳理和校验输入条件及输出结果的关键逻辑关系，同时应覆盖关键业务场景下被测系统的数据流及业务流并进行校验。

c） 针对 C 类业务，应覆盖关键业务场景下被测系统的数据流及业务流并进行校验。

d） 测试设计应考虑正向和反向用例、边界值场景。

e） 新增 / 修改功能应重点关注功能实现正确性，包括正常及异常处理等，还应关注对非功能的影响；回归范围主要根据被测系统的修改方案从技术和业务层面进行影响分析、确定回归范围。

准出要求在 4.5.2 基础上应确保测试用例至少执行一轮，并且对测试执行关键步骤留痕，便于确认、核对测试结果。

8 系统集成测试

8.1 测试对象

系统间的接口及数据传输。

8.2 测试目的

对由多个系统构成的整体系统进行验证，确保系统间业务交互、数据联通的正确性和完整性，宜在类生产环境中或者与生产环境有可比性的环境中进行。

关键缺陷被识别并修复，避免在用户验收测试阶段进行昂贵的返工。

8.3 测试内容 / 关注点

测试系统间接口，保证系统间接口数据传递正常、不会丢失。

一个系统的功能不会影响其他系统的功能。

各系统组合起来能达到系统整体目标。

单个系统的误差累积起来会放大，从而达到不能接受的程度。

8.4 测试方法

测试者应依据系统架构说明书。

主要采用黑盒测试、灰盒测试技术。

8.5 测试准入 / 准出要求

测试准入要求在 4.5.1 基础上，确保在测试设计方面符合以下要求：

a） 系统之间数据接口的测试设计应覆盖所有接口及接口间传送的数据类型和数据流向。

b） 梳理系统间业务依赖关系，覆盖相关业务场景下被测系统的数据流及业务流并进行校验。

c） 测试设计应考虑正向和反向用例、边界值场景。

准出要求在 4.5.2 基础上应确保测试用例至少执行一轮。

9 验收测试

9.1 测试对象

验收测试的参与者应是用户、需求提出方或其他授权人员，验收测试人员应具备很强的业务或技术背景，他们从业务及技术需求的角度，决定是否接受这个系统 / 产品，依据技术指标对软件功能、性能、可靠性、安全性等方面进行验收测试。

验收测试团队需区别于项目开发团队、系统测试团队及运维团队，验收测试可委托第三方测试机构完成，遵循的原则见 4.4.2。

9.2 测试目的

有助于确保业务及技术需求得到满足，确保软件产品或者产品组件在用户环境下，实现了用户的需求。

9.3 测试内容 / 关注点

9.3.1 功能测试

确认被测试系统符合客户业务需求规定的每一项功能、校验。

详细内容见 4.3.1。

9.3.2 性能测试

确认被测试系统符合客户业务需求规定的性能指标。

详细内容见 4.3.2。

9.3.3 可靠性测试

确认被测试系统符合客户业务需求规定的可靠性指标。

详细内容见 4.3.3。

9.3.4 安全性测试

确认被测试系统符合系统安全性要求。

详细内容见 4.3.4。

9.3.5 可移植性测试

确认被测试系统符合客户业务需求规定的可移植指标。

详细内容见 4.3.5。

9.3.6 可维护性测试

确认被测试系统符合客户业务需求规定的可维护性指标。

详细内容见 4.3.6。

9.3.7 应急演练

确认被测试系统符合客户业务需求规定的应急演练要求。

详细内容见 4.3.7。

9.3.8 联网测试

确认被测试系统符合客户业务需求规定的联网测试要求。

详细内容见 4.3.8。

9.4 测试方法

测试者应依据客户业务需求。

主要采用黑盒测试技术。

9.5 测试准入 / 准出要求

测试准入要求在 4.5.1 基础上，确保在测试设计方面符合以下要求：

a） 明确被测系统上线使用时的业务场景，并将受测试数据或其他因素影响可能存在的业务场景分支进一步拆分，形成完整的业务场景库，业务场景应覆盖到关键处理流程分支，包括正常、异常以及系统特殊处理。

b） 针对各业务场景，应充分识别和校验该业务场景所涉及的功能操作、测试数据及逻辑关系。准出要求在 4.5.2 基础上应确保测试用例至少执行一轮。

附录 A
（规范性附录）
测试流程

A.1 测试估计

目标：

估算测试的工作量，预分配测试资源及测试活动时间。

作业活动：

a） 根据项目整体日程规划及应用系统质量要求选择适当的测试级别（见 4.4）；

b） 分析业务需求，估计测试工作量；

c） 根据项目整体日程规划及测试工作量估计结果，制定项目测试里程碑、周期；

d） 对测试工作量估计书，项目测试里程碑、周期进行评审。

输入输出（见表 A.1）：

表 A.1 输入输出 – 测试估计

活动	输入	输出
测试估计	– 业务需求 – 系统质量要求 – 项目整体日程规划	– 测试工作量估计书 – 项目测试里程碑、周期

A.2 测试计划

目标：

a） 策划所有测试活动，便于后续监控与跟踪；

b） 在项目初期尽早确定测试策略。

作业活动：

a） 对业务需求进行进一步分析，拟定测试计划；

b） 对测试计划进行评审。

输入输出（见表 A.2）：

表 A.2 输入输出 – 测试计划

活动	输入	输出
测试计划	– 业务需求 – 项目整体日程规划及里程碑	– 测试计划（或称测试方案）

A.3 测试设计

A.3.1 测试需求分析

目标：

a）以业务需求、系统需求规格说明书等所有与被测功能相关的资料为基础，以系统设计、缺陷修复方案等相关文档为参考，确定应测试的内容、测试方法，形成完整、准确、清晰的测试需求；

b）测试需求 100% 覆盖业务需求及系统需求规格说明书。

作业活动：

a）根据业务需求及系统需求规格说明书，进行测试需求分析；

b）根据分析结果，进行测试需求整理；

c）对测试需求进行评审；

d）可根据实际需要进行裁剪，如无此活动，可直接进行测试用例设计。

输入输出（见表 A.3）：

表 A.3　输入输出 – 测试需求分析

活动	输入	输出
测试设计	– 业务需求 – 系统需求规格说明书	– 测试需求

A.3.2 测试用例设计

目标：

a）依据测试需求或系统需求规格说明书，进行测试设计，要求明确测试数据需求，为测试执行做好准备；

b）测试用例 100% 覆盖需求。

作业活动：

a）有测试需求分析活动时，根据测试需求撰写测试用例；

b）无测试需求分析活动时，根据系统需求规格说明书撰写测试用例；

c）对测试用例进行评审。

输入输出（见表 A.4）：

表 A.4　输入输出 – 测试用例设计

活动	输入	输出
测试设计	– 测试需求 – 系统需求规格说明书	– 测试用例
测试用例设计原则及要素见 [GB/T 15532—2008，4.5]		

A.3.3 测试数据

目标：

为测试执行准备测试数据，便于测试执行快速、有效开展。

作业活动：

a） 依据测试需求及测试用例要求，准备测试数据；

b） 验证测试数据；

c） 可根据实际需要进行裁剪。

输入输出（见表 A.5）：

表 A.5 输入输出 – 测试数据

活动	输入	输出
测试设计	– 测试需求 – 测试用例 – 原始数据	– 测试数据

A.3.4 测试环境

目标：

a） 确保测试环境与开发环境分离；

b） 依据测试计划中的测试环境搭建策略，部署、维护测试环境。

作业活动：

a） 依据测试环境搭建策略，申请搭建测试环境需要的软件、硬件；

b） 根据部署要求，部署测试环境，并在测试过程中，维护测试环境，确保系统测试环境可用。

A.4 测试执行

目标：

a） 根据测试计划，按照测试用例描述在测试环境中完成执行操作；

b） 尽可能多地发现缺陷，并进行缺陷管理。

作业活动：

a） 执行测试用例，并记录测试结果；

b） 分析测试结果，提交问题 / 缺陷（缺陷管理见附录 F）；

c） 对问题 / 缺陷进行分析、处理、验证；

d） 过程中若发生需求变更，或者发现用例设计不足之处，应更新、完善测试需求和测试用例；

e） 执行结束后，对测试通过的版本做好记录。

输入输出（见表 A.6）：

表 A.6 输入输出 – 测试执行

活动	输入	输出
测试执行	– 测试计划 – 测试用例 – 测试数据	– 测试结果 – 缺陷列表 – 测试通过的版本

A.5 测试报告

目标：

总结测试过程，为下一测试级别的测试过程改进提供参考。

作业活动：

a） 对测试过程（包括测试环境部署情况、功能 / 非功能测试执行情况、测试轮次 / 内容、测试用例汇总等）、测试结果及问题 / 缺陷进行收集、整理、分析，得出测试结论，编写测试总结报告；

b） 遗留缺陷已经给出后续处理计划；

c） 对测试报告进行评审。

输入输出（见表 A.7）。

表 A.7 输入输出 - 测试报告

活动	输入	输出
测试报告	- 测试过程 - 测试结果 - 缺陷列表	- 测试总结报告

附录 B
（资料性附录）
软件测试模板

B.1 测试工作量估计书

测试工作量估计书如表 B.1 所示。

表 B.1 测试工作量估计

测试工作量估计																	
序号	测试级别	系统分类	系统	模块 / 功能		系统类型 / 功能特点	功能类型	回归力度	标准执行轮次	计划执行轮次	设计复杂度	执行复杂度	需求分析与设计静态测试（人 / 日）	预估用例数（个）	预估测试设计工作量（人 / 日）	测试数据构造工作量（人 / 日）	预估测试执行工作量（人 / 日）	工作量合计（人 / 日）

B.2 测试计划

测试计划如图 B.1 所示。

1 简介
  1.1 项目概述
  1.2 基本假设
  1.3 参考资料
2 测试目标
3 测试范围
4 测试策略
  4.1 测试级别
  4.2 业务功能
  4.3 非功能
  4.4 测试依据版本
  4.5 风险评估
  4.6 测试方法
5 测试计划
  5.1 角色及职责
  5.2 测试工作里程碑
  5.3 测试组人员需求
6 测试环境
  6.1 测试系统
  6.2 测试数据
  6.3 测试工具
7 测试管理与报告程序
  7.1 测试管理
    7.1.1 问题追踪管理流程
    7.1.2 变更管理流程
    7.1.3 进度追踪流程
  7.2 测试报告

图 B.1 测试计划

B.3 测试需求

测试需求如表 B.2 所示。

表 B.2 测试需求

交易类型	一级功能	二级功能	三级功能	验证点	验证方式	函数 / 存储过程	数据库表	备注
期货				从业务角度描述各功能需要验证关注点和重点	从系统角度描述如何操作验证该功能的业务关注点，若有多种验证方式会选择易于验证的一种或全部描述	从代码角度列出该功能实现所涉及的函数 / 存储过程	从数据表角度列出该功能相关的内存 / 物理数据库表	
期权								
期货 / 期权								

B.4 测试用例

测试用例如表 B.3 所示。

表 B.3 测试用例

项目名称		测试用例总数	
测试功能描述		通过个数	
测试用例版本		失败个数	
准备人		未执行个数	
准备日期			
参考			
前提条件 / 测试设置： 1. 2.			

测试用例 ID	需求对应	优先级	前提条件	测试目的描述	测试步骤概述	测试数据	期望结果	实际结果	Pass/Fail/NT	Build 版本	缺陷 ID	测试人员	测试日期	备注

B.5 测试缺陷列表

测试缺陷列表如表 B.4 所示。

表 B.4 测试缺陷列表

缺陷ID	缺陷标题	缺陷描述	测试轮次	发现日期	识别时机	测试类型	交易类型	模块	缺陷发现版本	缺陷负责人	缺陷提交人	缺陷状态	是否核心缺陷	严重度	业务领域顶	优先级	子系统	根本原因	解决方案描述	可测版本	缺陷关闭版本	关闭日期

B.6 评审记录

评审记录如表 B.5 所示。

表 B.5　评审记录

评审内容									
评审日期		文档版本				文档页数			
项目阶段		准备阶段		工作量（人/时）		总工时（人/时）			
评审负责人				问题个数		缺陷总数			
记录人		正式评审时		工作量（人/时）		问题总数			
评审人员				问题个数		剩余问题总数			
		准备阶段工时投入比率				评审效率（页/人时）			
		准备阶段问题发现比率				文档缺陷密度（个/页）			
NO.	问题位置	问题描述	提出者	是否项目外专家	提出时期	问题类型	解决措施	责任人	状态

B.7　测试总结报告

测试总结报告如图 B.2 所示。

××××项目

测试总结报告

1 简介
- 1.1 概述
- 1.2 涉及范围

2 测试结论

3 测试执行汇总
- 3.1 环境部署
  - 3.1.1 功能测试
  - 3.1.2 非功能测试
    - 3.1.2.1 系统框架图
    - 3.1.2.2 环境部署图
    - 3.1.2.3 软/硬件环境
- 3.2 功能测试情况概述
  - 3.2.1 冒烟测试情况
  - 3.2.2 测试执行情况
  - 3.2.3 测试用例汇总
- 3.3 非功能测试情况概述
  - 3.3.1 测试版本说明
  - 3.3.2 测试执行情况
    - 3.3.2.1 代码检测与分析

图 B.2　测试总结报告

续图

3.3.2.1.1 静态检测
3.3.2.1.2 动态检测
3.3.2.2 可靠性
3.3.2.2.1 测试目标完成情况
3.3.2.2.2 测试技术及方法总结
3.3.2.2.3 测试场景统计
3.3.2.3 性能
3.3.2.3.1 测试目标完成情况
3.3.2.3.2 测试技术及方法总结
3.3.2.3.3 测试场景统计
3.3.2.4 可移植性
3.3.2.4.1 测试目标完成情况
3.3.2.4.2 测试技术及方法总结
3.3.2.4.3 测试场景统计
3.3.2.5 可维护性
3.3.2.5.1 测试目标完成情况
3.3.2.5.2 测试技术及方法总结
3.3.2.5.3 测试场景统计
3.3.2.6 安全性
3.3.2.6.1 测试目标完成情况
3.3.2.6.2 测试技术及方法总结
3.3.2.6.3 测试场景统计
3.3.2.7 生产流水反演
4 测试结果汇总
4.1 功能测试结果
4.1.1 测试用例执行结果
4.1.2 测试用例执行详情
4.2 非功能测试结果
4.2.1 代码检测与分析结果
4.2.2 可靠性测试结果
4.2.3 性能测试结果
4.2.4 可移植性测试结果
4.2.5 可维护性测试结果
4.2.6 安全性测试结果
4.2.7 生产流水反演结果
4.3 缺陷汇总
5 测试结果分析
5.1 缺陷统计与分析
5.1.1 按缺陷严重度
5.1.1.1 冒烟测试
5.1.1.2 正式执行
5.1.2 按测试周期缺陷分布情况
5.1.3 按测试版本缺陷分布情况
5.1.4 按缺陷根本原因
5.1.5 按模块缺陷分布情况
5.1.6 按业务领域分布情况
5.1.7 是否核心业务缺陷分析
5.1.8 无效缺陷分析
5.2 遗留问题及解决计划
6 经验教训 & 改善建议
6.1 经验教训
6.2 改善建议

B.8　管理者报告

管理者报告如图 B.3 所示。

<table>
<tr><td rowspan="2">进度</td><td>当前阶段</td><td colspan="2"></td><td colspan="2">延迟情况</td><td colspan="3"></td></tr>
<tr><td>详细进度</td><td colspan="7"></td></tr>
<tr><td rowspan="5">成本</td><td>活动类型</td><td>需求</td><td>设计</td><td>实现</td><td>测试</td><td>项目管理</td><td>其他</td><td>合计</td></tr>
<tr><td>计划人月</td><td></td><td></td><td></td><td></td><td></td><td></td><td></td></tr>
<tr><td>实际人月</td><td></td><td></td><td></td><td></td><td></td><td></td><td></td></tr>
<tr><td>使用率实际 / 计划</td><td></td><td></td><td></td><td></td><td></td><td></td><td></td></tr>
<tr><td colspan="8">偏差原因分析：</td></tr>
<tr><td rowspan="3">质量</td><td>活动类型</td><td>需求</td><td>架构设计</td><td>概要设计</td><td>系统测试</td><td>验收测试</td></tr>
<tr><td>缺陷密度</td><td></td><td></td><td></td><td></td><td></td></tr>
<tr><td colspan="6">分析：</td></tr>
<tr><td rowspan="5">风险与问题</td><td>风险描述</td><td>优先级</td><td>跟踪描述</td></tr>
<tr><td></td><td></td><td></td></tr>
<tr><td></td><td></td><td></td></tr>
<tr><td></td><td></td><td></td></tr>
<tr><td></td><td></td><td></td></tr>
</table>

图 B.3　管理者报告

B.9　里程碑总结报告

里程碑总结报告如图 B.4 所示。

题目	×××× 项目 ×× 里程碑总结报告
日期	年　月　日 ~ 年　月　日
作者	
发送	

1 里程碑情况概述

里程碑名称：

计划开始日期		计划结束日期	
实际开始日期		实际结束日期	

里程碑任务：

图 B.4　里程碑总结报告

续图

计划完成任务及工作产品	完成情况

备注：如有必要进行项目计划变更，请在此处记录原因。

2.6 评审过程

本里程碑过程性能分析：

活动	评审效率 / 评审规模	缺陷密度 / 缺陷个数	异常情况分析
需求评审			是否正常。如果存在异常，分析原因及采取的针对性措施
设计评审			
代码评审			
测试用例评审			

· 经验教训小结：有什么需要改进的、杜绝的、推广的。

2.7 测试过程

基于过程异常率的数据，分析测试过程性能。

2.8 项目资源

分析项目中使用的资源（人力、环境等）是否满足项目的要求。

2.9 风险

等级	总数	未关闭数	发生数	未关闭 or 发生风险的列举
A				
B				
C				
D				

· 风险措施效果的总结：

2.10 成本

对照项目计划总结项目成本的使用情况。

2.11 质量保证

说明检查项数量，不符合的数量和不符合问题的分布状况及延期解决状况等，分析不符合问题产生的原因。

2.12 配置管理

· 基线建立及升级、产品发布活动：

· 配置审计活动：

3 下里程碑工作安排

里程碑名称：

里程碑任务：

附录 C
（规范性附录）
测试技术

C.1　黑盒测试

C.1.1　等价类划分

等价类划分是把所有可能的输入数据，即程序的输入域划分成若干部分，然后从每一部分中选取少数有代表性的数据作为测试用例。

等价类是指某个输入域的子集合，在该子集合中，各个输入数据对于揭露程序中的错误都是等效的，测试某等价类的代表值就等价于对这一类其他值的测试：

a）有效等价类：是指对于程序的规格说明来说，是合理的，有意义的输入数据构成的集合；

b）无效等价类：是指对于程序的规格说明来说，是不合理的，无意义的输入数据构成的集合。

划分等价类的原则：

a）如果输入条件规定了取值范围或值的个数，则可确立一个有效等价类和两个无效等价类所有可能的输入数据，例：0<A<10；

b）如果输入条件规定了输入值的集合或者规定了“应如何”的条件，这时可确立一个有效等价类和一个无效等价类，例：A=1，3，5 或者 A>10；

c）如果输入条件是一个布尔量，则可确定一个有效等价类和一个无效等价类，例：A=0 or 1；

d）在规定了输入数据的一组值（假设 n 个），并且程序要对每个输入值分别进行处理的情况下，可确立 n 个有效的等价类和一个无效的等价类，例：CASE 语句；

e）如果规定了输入数据应遵守的规则，则可确立一个有效等价类（符合规则）和若干个无效等价类（从不同角度违反规则），例：文本框中应输入数字；

f）在确知已划分的等价类中各元素在程序处理中的方式不同的情况下，则应再将该等价类进一步划分为更小的等价类，例：三角形问题。

在确立了等价类后，可建立等价类表，列出所有划分出的等价类输入条件：有效等价类、无效等价类，然后从划分出的等价类中按以下三个原则设计测试用例：

a）为每一个等价类规定一个唯一的编号；

b）设计一个新的测试用例，使其尽可能多地覆盖尚未被覆盖的有效等价类，重复这一步，直到所有的有效等价类都被覆盖为止；

c）设计一个新的测试用例，使其仅覆盖一个尚未被覆盖的无效等价类，重复这一步，直到所有的无效等价类都被覆盖为止。

C.1.2　边界值分析

边界值分析就是对输入或输出的边界值进行测试的一种方法。

边界值分析是对等价类划分方法的补充，人们从长期的测试工作经验得知，大量的错误是发生在输入或输出范围的边界上，而不是在输入范围的内部。因此针对各种边界情况设计测试用例，可更有效地查出更多的错误。

边界分析的原则：

a） 边界值分析不是从某等价类中随便挑一个作为代表，而是使这个等价类的每个边界都要作为测试条件，因此在等价类的边界上以及两侧的情况设计测试用例；

b） 首先应确定边界情况，通常输入和输出等价类的边界，就是应着重测试的边界情况；

c） 在边界上，选取正好等于、刚刚大于或刚刚小于边界的值作为测试数据，不能选取等价类中的典型值或任意值作为测试数据。

C.1.3 错误推测法

错误推测法是基于经验和直觉推测程序中所有可能存在的各种错误，从而有针对性地设计测试用例的方法。

基本思想：

a） 列举出程序中所有可能有的错误和容易发生错误的特殊情况，根据他们选择测试用例；

b） 根据以往模块或者产品中经常出现的错误或者经验。

C.1.4 因果图

因果图是一种利用图解法分析输入的各种组合情况，从而设计测试用例的方法，它适合于检查程序输入条件的各种组合情况，最终生成判定表（decision table）。

能帮助我们按一定步骤，高效率地选择测试用例，同时还能为我们指出，系统需求规格说明书描述中存在的问题。

a） 基本步骤。

1） 分析系统需求规格说明书描述中，哪些是原因（即输入条件或输入条件的等价类），哪些是结果（即输出条件），并给每个原因和结果赋予一个标识符；

2） 分析系统需求规格说明书描述中的语义，找出原因与结果之间、原因与原因之间的对应关系并根据这些关系，画出因果图；

3） 由于语法或环境限制，有些原因与原因之间、原因与结果之间的组合情况不可能出现，为表明这些特殊情况，在因果图中用一些记号标明约束或限制条件；

4） 把因果图转换成判定表；

5） 判定表的每一列拿出来作为依据，设计测试用例。

b） 基本符号。

通常在因果图中用ci表示原因，通常置于图的左部；用ei表示结果，通常在图的右部；ci和ei均可取值“0”或“1”，“0”表示某状态不出现，“1”表示某状态出现。如图C.1所示。

1） 恒等：若ci是1，则ei也是1；否则ei为0；

2） 非：若ci是1，则ei是0；否则ei是1；

3） 或：若c1或c2或c3是1，则ei是1；否则ei为0。“或”可有任意个输入；

4） 与：若c1和c2都是1，则ei为1；否则ei为0。“与”也可有任意个输入。

c） 约束符号。

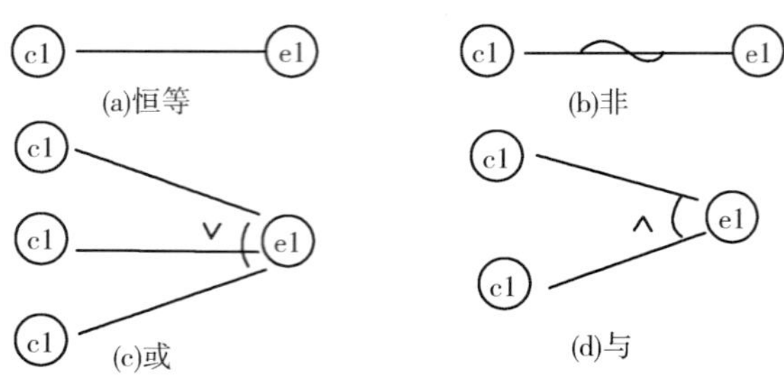

图 C.1 因果图

输入状态相互之间还可能存在某些依赖关系，称为约束。

为了表示原因与原因之间，结果与结果之间可能存在的约束条件，在因果图中可附加一些表示约束条件的符号。如图 C.2 所示。

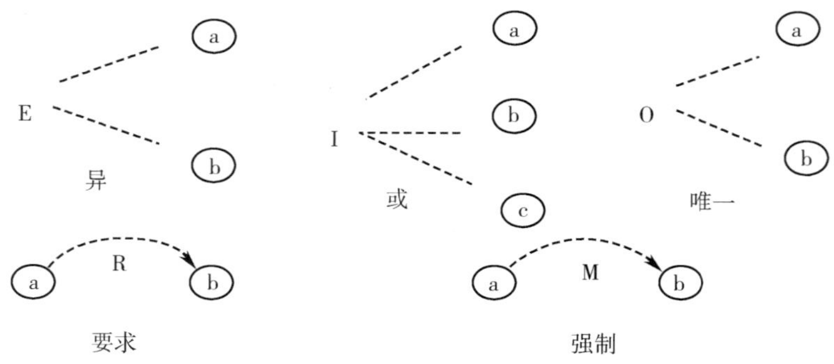

图 C.2 约束符号

输入条件的约束有以下 4 类：

1） E 约束（异）：a 和 b 中至多有一个可能为 1，即 a 和 b 不能同时为 1；

2） I 约束（或）：a、b 和 c 中至少有一个应是 1，即 a、b 和 c 不能同时为 0；

3） O 约束（唯一）：a 和 b 应有一个，且仅有一个为 1；

4） R 约束（要求）：a 是 1 时，b 应是 1，即不可能 a 是 1 时 b 是 0。

输出条件约束类型：

输出条件的约束只有 M 约束（强制）：若结果 a 是 1，则结果 b 强制为 0。

d） 实战举例。

某个软件的系统需求规格说明书中包含下面的要求：

第一列字符应是 A 或 B，第二列字符应是一个数字，在此情况下进行文件的修改。但如果第一列字符不正确，则给出信息 L；如果第二列字符不是数字，则给出信息 M。

设计步骤 1

根据规格说明画出因果关系表和因果图，如表 C.1、图 C.3 所示。

表 C.1 实战举例 – 因果关系表

编号	原因（条件）	编号	结果（动作）
1	第一列是字符 A	21	修改文件
2	第一列是字符 B	22	给出信息 L
3	第二列字符是一数字	23	给出信息 M
11	中间原因		

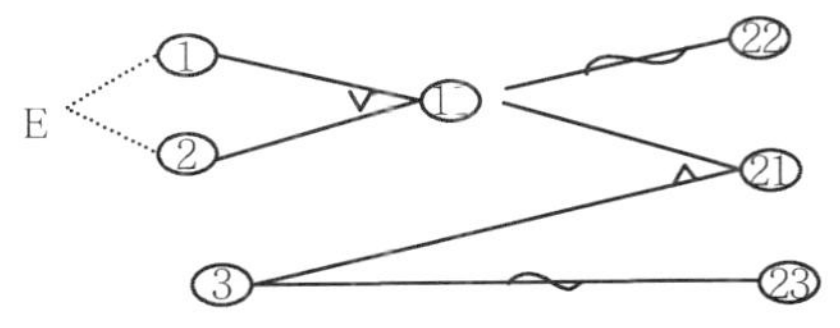

图 C.3 实战举例－因果关系图

设计步骤 2

根据因果图建立判定表（如表 C.2 所示的条件和动作部分），即按条件的各种组合情况产生对应的动作。原因 1 与原因 2 不可能同时成立，故可排除这种情况。

设计步骤 3

从判定表可设计出 6 个测试用例（如表 C.2 所示的测试用例部分）。

表 C.2 实战举例－测试设计

	1	2	3	4	5	6	7	8
条件（原因）	1	1	1	1	1	0	0	0
	2	1	1	0	0	1	1	0
	3	1	0	1	0	1	0	1
	11			1	1	1	1	0
动作（结果）	22			0	0	0	0	1
	21			1	0	1	0	0
	23			0	1	0	1	0
测试用例			A3 A8	AB A?	B5 B4	BN B!	C2 X6	SD P$

C.1.5 场景法

软件用事件触发来控制流程，事件触发时的情景便形成了场景，而同一事件不同的触发顺序和处理结果就形成事件流。这种在软件设计方面的思想引入到软件测试中，可比较生动地描绘出事件触发时的情景，有利于测试设计者设计测试用例，同时使测试用例更容易理解和执行。

场景法分析测试用例如图 C.4 所示。

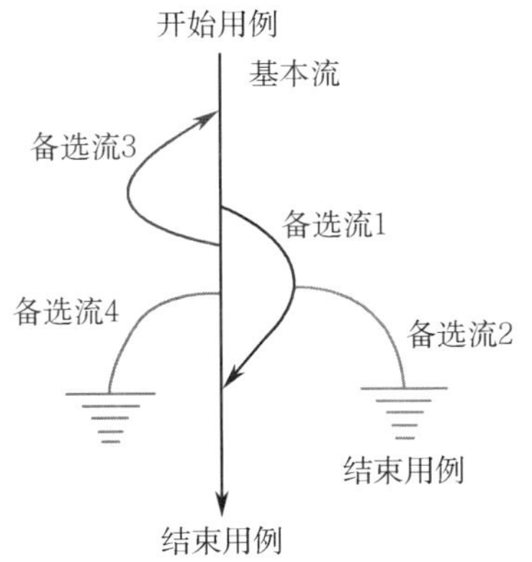

图 C.4 场景法分析测试用例

可分为基本流和备选流：图中经过用例的每条路径都用基本流和备选流来表示，直黑线表示基本流，是经过用例的最简单的路径。备选流用不同的色彩表示，一个备选流可能从基本流开始，在某个特定条件下执行，然后重新加入基本流中（如备选流 1 和 3）；也可能起源于另一个备选流（如备选流 2），或者终止用例而不再重新加入到某个流（如备选流 2 和 4）。

实战举例：

图 C.5 所示是定单请求的流程示意图。

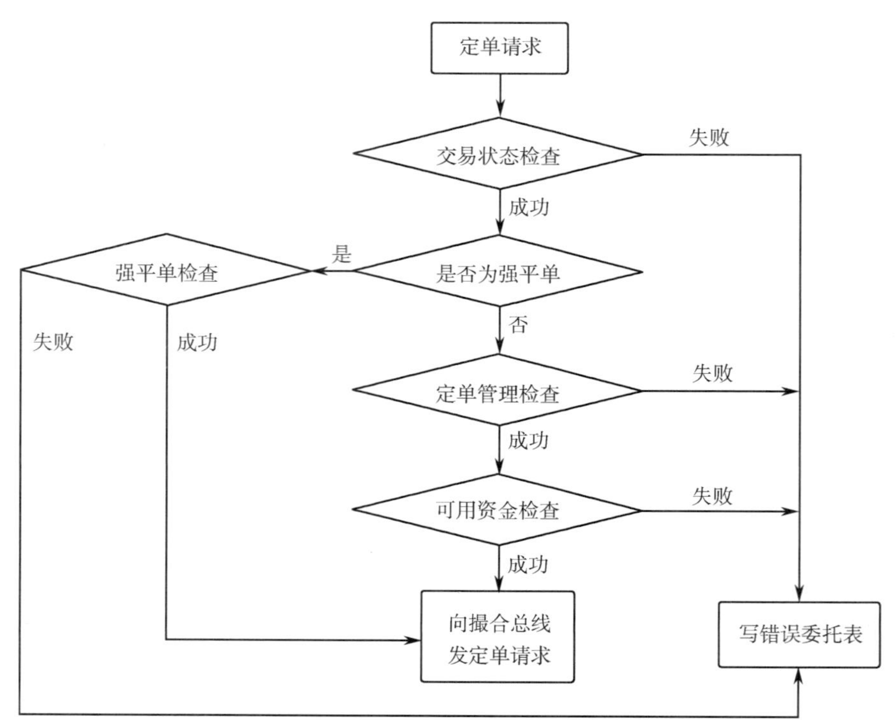

图 C.5　定单请求流程示意图

设计步骤 1

确定基本流和备选流，进行场景设计，表 C.3 所示为定单请求功能生成的场景。

表 C.3　测试场景表

场景名称	所属流	
场景 1——向撮合总线发定单请求	基本流	
场景 2——是强平定单且强平单检查成功	基本流	备选流 1
场景 3——是强平定单且强平单检查失败	基本流	备选流 1　备选流 2
场景 4——交易状态检查失败	基本流	备选流 3
场景 5——定单管理检查失败	基本流	备选流 4
场景 6——可用资金检查失败	基本流	备选流 5

设计步骤 2

进行用例设计，对于这 5 个场景中的每一个场景应确定测试用例。可采用矩阵或决策表来确定和管理测试用例。表 C.4 所示，每行代表一条测试用例，而每列则代表测试用例的信息。本示例中，对于每个测试用例，存在一个测试用例 ID、场景 / 条件（或说明）、测试用例中涉及的所有数据元素（作为输入或已经存在于数据库中）以及预期结果。

表 C.4　测试用例表

测试用例 ID	场景 / 条件	交易状态检查	是否为强平单	强平单检查	定单管理检查	可用资金检查	预期结果
CW1	场景 1：向撮合总线发定单请求	V	V	n/a	V	V	定单请求成功
CW2	场景 2：是强平定单且强平单检查成功	V	I	V	n/a	n/a	定单请求成功

续表

测试用例 ID	场景 / 条件	交易状态检查	是否为强平单	强平单检查	定单管理检查	可用资金检查	预期结果
CW3	场景 3：是强平定单且强平单检查失败	V	I	I	n/a	n/a	定单请求失败，写错误委托表
CW4	场景 4：交易状态检查失败（交易状态为初始化）	I	n/a	n/a	n/a	n/a	定单请求失败，写错误委托表
CW5	场景 4：交易状态检查失败（交易状态为连续交易暂停）	I	n/a	n/a	n/a	n/a	定单请求失败，写错误委托表
CW6	场景 4：交易状态检查失败（交易状态为闭市）	I	n/a	n/a	n/a	n/a	定单请求失败，写错误委托表
CW7	场景 5：定单管理检查失败	V	V	n/a	I	n/a	定单请求失败，写错误委托表
CW8	场景 6：可用资金检查失败	V	V	n/a	V	I	定单请求失败，写错误委托表
注 1：V（有效）用于表明此条件应是 VALID（有效的）才可执行基本流 注 2：I（无效）用于表明此条件下将激活所需备选流 注 3：n/a（不适用）表明此条件不适用于测试用例							

设计步骤 3

进行数据设计，一旦确定了所有的测试用例，就可确定实际数据值（在测试用例实施矩阵中）并且设计测试数据。

C.1.6 正交实验法

正交实验法是依据 Galois 理论，从大量的（实验）数据（测试例）中挑选适量的，有代表性的点（例），从而合理地安排实验（测试）的一种科学实验设计方法。

利用正交实验设计测试用例的步骤：

a） 提取功能说明，构造因子——状态表。把影响实验指标的条件称为因子，而影响实验因子的条件叫因子的状态，利用正交实验设计方法来设计测试用例时，首先应根据被测试软件的系统需求规格说明书找出影响其功能实现的操作对象和外部因素，把他们当作因子，而把各个因子的取值当作状态。对系统需求规格说明中的功能要求进行划分，把整体的概要性的功能要求进行层层分解与展开，分解成具体的有相对独立性的基本的功能要求。这样就可把被测试软件中所有的因子都确定下来，并为确定各个因子的权值提供参考的依据。确定因子与状态是设计测试用例的关键。因此要求尽可能全面的正确的确定取值，以确保测试用例的设计做到完整与有效。

b） 加权筛选，生成因素分析表。对因子与状态的选择可按其重要程度分别加权。可根据各个因子及状态的作用大小，出现频率的大小以及测试的需要，确定权值的大小。

c） 利用正交表构造测试数据集。正交表的推导依据 Galois 理论（这里省略，需要时可查数理统计方面的教材）。

C.1.7 组合测试法

组合测试法（Combinatorial Test）是一种测试用例生成方法。它是将被测系统抽象出来的变量的取值进行组合并生成一组测试用例的过程，它将被测试应用抽象为一个受到多个因素影响的系统，其中每个因素的取值是离散且有限的。多因素（N– way，N>2）组合测试可覆盖任意 N 个因素的所有取值组合，在理论上可发现由 N 个因素共同作用引发的缺陷。组合测试法包含正交矩阵法、结对组合法等多种具体实施方法。证券期货业内推荐采用结对组合法（即 AllPair 或者 Pairwise）进行测试用例的生成，结对组合法可根据设定的条件自动组合生成高覆盖、低冗余的测试用例，善于发现每两个因素同时作用时引发的缺陷，在测试质量和测试效率上达到了较好的平衡。

C.2 白盒测试

C.2.1 语句覆盖

设计若干个测试用例，运行所测程序，使得每一可执行语句至少执行一次。

C.2.2 判定覆盖

设计若干个测试用例，运行所测程序，使得程序中每个判断的取真分支和取假分支至少经历一次（又叫分支覆盖）。

C.2.3 条件覆盖

设计若干个测试用例，运行所测程序，使得程序中每个判断的每个条件的可能取值至少执行一次。

C.2.4 判定－条件覆盖

设计足够的测试用例，使得判断中每个判定的所有可能取值至少执行一次，同时每个判断的所有可能结果也至少执行一次。

C.2.5 条件组合覆盖

设计足够的测试用例，运行所测程序，使得每个判断的所有可能的条件取值组合至少执行一次。

C.2.6 路径覆盖

设计足够的测试用例，覆盖程序中所有可能的路径。

C.2.7 基本路径

在程序控制流图的基础上，通过分析控制构造的环路复杂性，导出基本可执行路径集合，从而设计测试用例的方法，应保证测试中程序的每个可执行语句至少执行一次。

C.3 灰盒测试

介于黑盒测试和白盒测试之间的一种测试技术。

附录 D
（规范性附录）
静态测试方法

D.1 概述

静态测试是指不运行被测系统本身，仅通过分析或检查等来保证程序正确性的方法。

静态测试对象包括代码和软件开发生命周期中的各种文档，如：系统需求规格说明书、系统架构设计、数据库设计、概要设计、详细设计、原型、测试计划、测试用例、用户手册、接口设计规范等。接口设计规范的评审应考虑机构内接口和机构间接口两类规范。针对代码的静态测试有评审，主要关注逻辑正确性、功能正确性及编码规范等，还可使用专业工具进行代码静态检查，主要关注程序结构及逻辑正确性、表达式正确性、编码规范及安全漏洞等。

静态测试贯穿于整个软件开发生命周期，好的静态测试可保证尽早地发现缺陷，并对缺陷进行修改及验证，从而降低项目成本，是早期缺陷预防的一个重要手段。

静态测试方法主要是评审，详细说明见 D.2。

D.2 评审

D.2.1 审查

审查是最系统化，也是最严谨的一种评审方式。审查的特性和作用如表 D.1 所示。

表 D.1 审查的特性和作用

特性	作用
主持评审的是评审负责人，而不是工作产品生产者	能客观地对待工作产品的评审
读者（材料陈述者）对要评审的资料进行宣读及阅读	通过读者（材料陈述者）对要评审的资料的宣读及阅读可审查可理解性和可读性
多个评审人员	不同的审查者会发现不同的问题，3 到 7 个评审人员为最佳

D.2.2 技术复审

技术复审是一种非正式的评审，是由一组技术专家对重点内容进行评审的方式。技术复审的特性和作用如表 D.2 所示。

表 D.2 技术复审的特性和作用

特性	作用
可不召开会议	1） 生产率高 2） 对评审人员自身的知识、技能、自律要求比较高

续表

特性	作用
应事先确定评审重点，比如工作产品需满足的标准、接口或依赖关系等	使得评审的目的更有针对性，更能集中资源发现问题

D.2.3　走查

走查是一种非正式的评审，是由工作产品生产者将该工作产品向一组评审人员介绍，并希望他们给出意见。当评审的首要目的是使别人了解工作产品时，走查是比较适合的。走查的特性和作用如表 D.3 所示。

表 D.3　走查的特性和作用

特性	作用
省略多个角色和多个步骤（总体的会议和跟踪审查的步骤可省略）	节省时间和成本
工作产品生产者直接将工作产品向一组评审人员介绍	1）工作产品生产者处于主导地位，主要是为了满足工作产品生产者的需要 2）可能导致评审人员忽略某些没有被重点提到的部分
允许一组有资历的人来评审工作产品	专门的评审人员在评审的技巧、能力，流程掌握上更加专业

D.2.4　评审方法的区别

不同的评审方式评审的内容和过程也不同，主要区别如表 D.4、表 D.5 所示。

表 D.4　内容区别

特性	审查	技术复审	走查
主持	评审负责人	技术负责人	工作产品生产者
材料陈述者	读者	作者或组员	工作产品生产者
使用记录员	是	是	可能
文档化的评审记录	是	是	可能
设置专门的评审角色	是	否	否
使用评审检查表	是	可能	可能
评审问题的跟踪	评审负责人	技术负责人	无
数据收集与分析	是	可能	可能

表 D.5　过程区别

方法	策划	准备	开会	纠错	验证
审查	○	○	○	○	○
技术复审	○	○		○	○
走查	○			○	
注：“○”表示选取					

D.2.5　评审方法的选择

选择适合的评审方法主要考虑：组织评审的有效性和效率。技术复审在技术文档和重要的管理文档方面有效性突出；走查能增加对代码评审的覆盖率；审查更适合于将要成为基准的工作产品。根据评审的侧重点不同，选择表 D.6 中不同的评审方法。

表 D.6　评审方法选择表

工作产品	走查	技术复审	审查
测试工作量估计书		○	
测试计划		○	○
单元测试用例	○		
集成测试用例	○	○（重点部分）	
系统测试用例	○	○（重点部分）	
系统集成测试月例	○	○（重点部分）	
验收测试用例		○	
测试总结报告		○	
注："○"表示选取			

附录 E
（规范性附录）
业务分类

按照被测系统（含传统终端及移动端）所涉及业务的影响范围和重要程度，可将被测试系统的业务划分为不同的业务分类，如表 E.1 所示。

表 E.1　业务分类

序号	业务分类	说明
1	A 类	发生故障后，对资本市场实时交易活动产生直接影响的业务，包括但不限于交易、行情、风控、初始化、资金及持仓结算等相关业务，涉及实时通信平台类的基础组件等
2	B 类	发生故障后，对资本市场非实时交易活动产生影响的业务，包括但不限于交割、监察、会员 / 客户管理、投资管理、业务配置管理、TA、估值、场外业务等相关业务
3	C 类	仅利用交易或业务数据进行查询或进行自身逻辑计算的非核心业务，包括但不限于数据查询、互联网信息、内部办公、运维监控、营销服务等相关业务

附录 F
（规范性附录）
缺陷管理

F.1 缺陷管理目的

缺陷管理的目的：

a） 对测试执行过程中所发现缺陷的记录及解决方案实施流程化管理；

b） 对所发现缺陷的根本原因进行分析。

缺陷管理是用来度量测试流程及测试品质的一个重要指标。

一个稳健的缺陷追踪流程有助于应用系统整体项目达到最终的成功。

F.2 缺陷管理的生命周期

缺陷状态描述见表 F.1，并不是全部的缺陷都要经历以下所有的状态，并且由于在整个开发生命周期中存在迭代，所以有些缺陷可能要多次经历相同的状态。

表 F.1 缺陷状态描述

序号	状态	描述
1	新建	发现并新建缺陷
2	打开	缺陷被分析审阅确认为真实的缺陷
3	分配	缺陷被指定给适当开发人员进行分析
4	修复	确定是缺陷 / 问题：且根本原因已确定；开发已修正并在开发环境验证通过
5	可测	确定是缺陷 / 问题：修正方案已被正式发布，可进行复测、验证
6	解决	缺陷确认已被解决
7	关闭	被解决的缺陷可被关闭
8	取消	系统设计及功能符合业务需求
9	重复	已有类似缺陷存在
10	拒绝	缺陷不可重现或并不是问题或与现系统无关
11	重新打开	缺陷没有被解决、已解决的问题又重新出现或原来遗留的缺陷可进行修复
12	延迟修复	确定是缺陷 / 问题：但由于各种局限性（系统、架构、项目进度等），缺陷暂时不修复，遗留到后期

表 F.2 为状态转换矩阵，描述了各个缺陷状态的转换关系。

表 F.2　缺陷状态转换矩阵

结束状态	开始状态									
	新建	打开 / 重新打开	分配	修复	可测	解决	延迟修复	取消	拒绝	关闭
打开	●									
分配		●								
修复			●							
可测				●						
解决					●					
重新打开					●	●	●	●	●	●
取消	●									
重复	●	●	●							
拒绝		●	●							
延迟修复		●	●							
关闭						●				
注：“●”表示选取										

F.3　缺陷管理流程

缺陷管理的流程如图 F.1 所示。

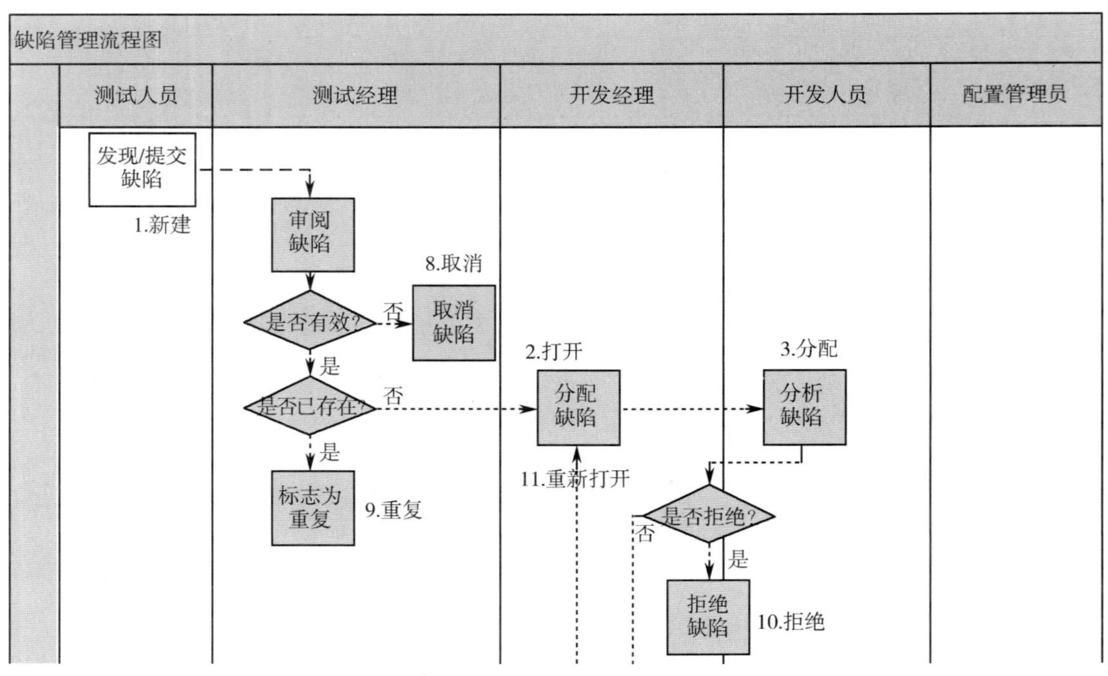

图 F.1　缺陷管理流程

续图

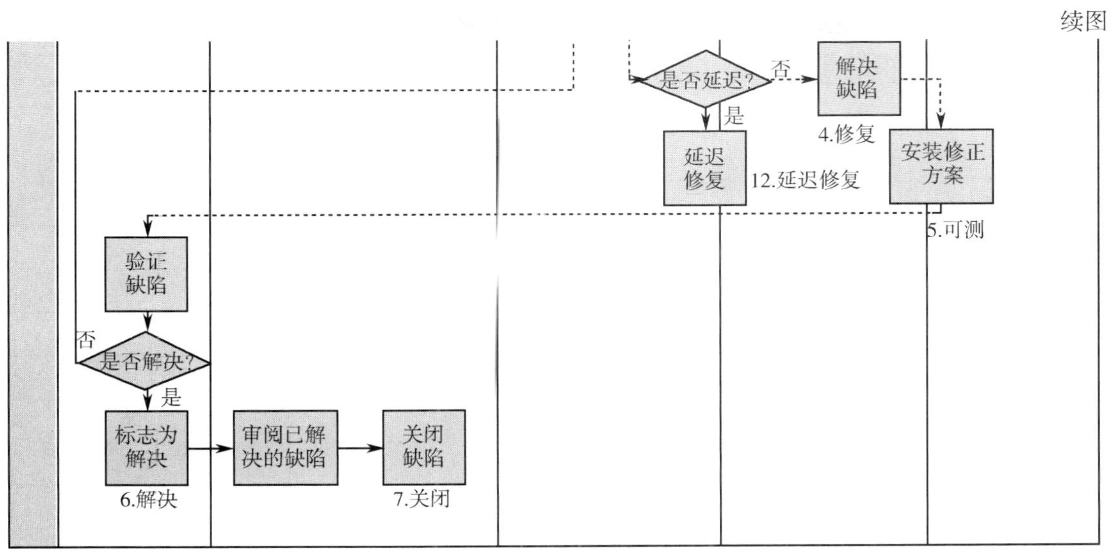

F.4　缺陷严重度划分

缺陷严重度划分如表 F.3 所示。

表 F.3　缺陷严重度

严重度	对业务的影响程度	应用系统是否可用	描述
致命问题	致命	否	系统宕机，崩溃，不可用
严重问题	严重	是	功能失效、缺失；计算，逻辑错误等
一般问题	高	是	功能可用，但功能处理存在错误
轻微问题	中	是	不影响功能运行，GUI 问题，提示信息等
改善建议	低	是	改善建议

F.5　缺陷优先级划分

优先级划分如表 F.4 所示。

表 F.4　缺陷优先级

优先级	对业务的影响程度	描述
5- 紧急	致命	缺陷对系统引起重大问题，应尽快解决 在没有提供修正方案前，测试不能继续执行
4- 极高	严重	在下个交付之前应解决 有变通方法可使用，但是缺陷应在进行下一轮测试前被解决
3- 高	高	在下个交付之前应解决 有变通方法可使用，但是缺陷应在进行下一轮测试前被解决
2- 中	中	在下个交付之前可选择的解决 有变通方法可使用，可选择推后解决，但本测试级别完成前应被解决

续表

优先级	对业务的影响程度	描述
1- 低	低	在下个交付之前可不解决 有变通方法可使用，且在没有提供修正方案前应用系统可进行下一测试级别

F.6 根本原因举例

测试执行过程中提出的缺陷或问题可能由多种原因引起，表 F.5 列出的根本原因可作为参考，也可将根本原因描述为更接近编码级别的原因，如日志问题、精度问题、命名规则问题、死循环等，具体以实际情况及缺陷管理工具为主。

表 F.5　根本原因示例

根本原因	对应缺陷状态	描述
历史遗留	修复 / 延迟修复	原有系统或其他系统遗留缺陷，非本项目引起
架构		由于系统构架问题引起的缺陷
设计		由于系统详细设计问题引起的缺陷
代码		由于编码问题引起的缺陷
集成	修复	由于系统集成问题引起的缺陷
环境	修复	由于测试环境配置问题引起的缺陷
发布		由于版本发布环节引起的缺陷
需求		由于项目相关方对需求理解有歧义引起的既修改需求又改代码 明显的需求编写错误
数据	拒绝	由于基础原始数据准备引起的缺陷
测试		由于错误的测试执行引起的缺陷
非缺陷		功能与需求及设计相符或缺陷不可重现或与现系统无关

参考文献

［1］ GB/T 25000.10—2016 系统与软件工程 系统与软件质量要求和评价（SQuaRE）第 10 部分：系统与软件质量模型。

［2］ GB/T 25000.51—2016 系统与软件工程 系统与软件质量要求和评价（SQuaRE）第 51 部分：就绪可用软件产品（RUSP）的质量要求和测试细则。

［3］ JR/T 0060—2010 证券期货业信息系统安全等级保护基本要求（试行）。

［4］ JR/T 0146.1—2016 证券期货业信息系统审计指南第 1 部分：证券交易所。

［5］ JR/T 0146.2—2016 证券期货业信息系统审计指南第 2 部分：期货交易所。

［6］ JR/T 0146.3—2016 证券期货业信息系统审计指南第 3 部分：证券登记结算机构。

［7］ JR/T 0146.4—2016 证券期货业信息系统审计指南第 4 部分：其他核心机构。

［8］ JR/T 0146.5—2016 证券期货业信息系统审计指南第 5 部分：证券公司。

［9］ JR/T 0146.6—2016 证券期货业信息系统审计指南第 6 部分：基金管理公司。

［10］ JR/T 0146.7—2016 证券期货业信息系统审计指南第 7 部分：期货公司。

［11］ ISO/IEC 17025 检测和校准实验室能力的通用要求（General Requirements for the Competence of Testing and Calibration Laboratories）。

［12］ CMMI 软件能力成熟度集成模型 SEI（Software Engineering Institute）发布，美国卡内基梅隆大学的软件工程研究所（SEI）。

［13］ TMMI 测试成熟度模型模型 TMMI 基金会发布。

四、信息安全类

◆ 证券期货业数据分类分级指引　JR/T 0158—2018

ICS 03.060
A11

JR

中华人民共和国金融行业标准

JR/T 0158—2018

证券期货业数据分类分级指引

Data classification guidelines for securities and futures industry

2018-09-27 发布　　　　2018-09-27 实施

中国证券监督管理委员会　发布

目　次

前　言

本标准按照 GB/T 1.1—2009 给出的规则起草。

本标准由全国金融标准化技术委员会证券分技术委员会（SAC/TC180/SC4）提出。

本标准由全国金融标准化技术委员会（SAC/TC180）归口。

本标准起草单位：中国证券监督管理委员会信息中心、中国证券监督管理委员会证券基金机构监管部、中国金融期货交易所、上海证券交易所、深圳证券交易所、上海期货交易所、大连商品交易所、郑州商品交易所、中国证券投资者保护基金有限责任公司、中证信息技术服务有限责任公司、中国证券金融股份有限公司、全国中小企业股份转让系统有限责任公司、中国证券登记结算有限责任公司、中国期货市场监控中心有限责任公司、中证资本市场运行统计监测中心有限责任公司、中国证券业协会、中国期货业协会、中国证券投资基金业协会、上海金融期货信息技术有限公司、中国银河证券股份有限公司、海通证券股份有限公司、中信证券股份有限公司、华泰证券股份有限公司、兴业证券股份有限公司、国泰君安期货有限公司、华泰期货有限公司、中信保诚基金管理有限公司、交银施罗德基金管理有限公司。

本标准主要起草人：张野、刘铁斌、周云晖、王东明、毛嘉伟、王恺、高红洁、朱翔、郭郛、祁博、曹雷、许凯文、史光伟、鲁继东、戴鹏、张千里、吕德旭、于培言、朱明康、翁念龙、林林、谢冉、王欣、邵辰、丛日权、周桉、吴忠华、林鹏、向春丞、和冲宇、张婧妍、崔慧阳、陈明、张诗潮、周常顺、艾青、郑文天、邓廷勋、王东、吴保杰、李琛、张嵩、王玥、倪韬雍、胡卫宁、吴福文、陈逸辛、董明余、唐华。

引　言

我国证券期货市场信息化程度起点较高，随着近年来信息技术进步与行业内应用程度进一步加深，包括行业主管部门（或监管机构）直接管理的行业机构（简称“会管单位”）及证券期货基金经营机构在内的各类市场主体都沉淀了大量数据。一方面，需要有效甄别合理化的数据使用需求，明确关键环节的技术标准，确定使用新型技术的范围；另一方面需要结合行业发展变化，有效识别新增风险隐患，持续加强数据安全管理，建立健全数据管理制度，采取必要的数据安全防护措施，切实维护市场安全运行，切实维护投资者合法权益。

证券期货行业业务种类繁多，数据呈现出复杂性高，多样性强的特点。采用规范的数据分类、分级方法，有助于行业机构厘清数据资产、确定数据重要性或敏感度，并针对性地采取适当、合理的管理措施和安全防护措施，形成一套科学、规范的数据资产管理与保护机制，从而在保证数据安全的基础上促进数据开放共享。

数据分类是数据保护工作中的一个关键部分，是建立统一、准确、完善的数据架构的基础，是实现集中化、专业化、标准化数据管理的基础。行业机构按照统一的数据分类方法，依据自身业务特点对产生、采集、加工、使用或管理的数据进行分类，可以全面清晰地厘清数据资产，对数据资产实现规范化管理，并有利于数据的维护和扩充。数据分类为数据分级管理奠定基础。

数据分级是以数据分类为基础，采用规范、明确的方法区分数据的重要性和敏感度差异，并确定数据级别。数据分级有助于行业机构根据数据不同级别，确定数据在其生命周期的各个环节应采取的数据安全防护策略和管控措施，进而提高机构的数据管理和安全防护水平，确保数据的完整性、保密性和可用性。

本标准为数据分类分级工作提供指导性原则，并以《证券期货行业数据模型》的业务条线划分为基础，结合行业特点提出一种从业务到数据逐级划分的数据分类分级方法，同时提供数据分类分级管理的相关建议，供证券期货行业相关机构参考。此外，可供行业制定数据管理、数据安全防护等相关标准时参考。

证券期货业数据分类分级指引

1 范围

本标准给出了证券期货业数据分类分级方法概述及数据分类分级方法的具体描述，并就数据分类分级中的关键问题处理给出建议。

本标准适用于证券期货行业机构、相关专项业务服务机构、相关信息技术服务机构开展数据分类分级工作时使用。

注：专项业务服务机构和信息技术服务机构在开展涉及证券期货业相关数据的业务服务和技术服务时适用。

行业其他相关机构可参照本标准进行数据分类分级。

本标准不适用于涉及国家秘密的数据。

2 规范性引用文件

下列文件对于本文件的应用是必不可少的。凡是注日期的引用文件，仅所注日期的版本适用于本文件。凡是不注日期的引用文件，其最新版本适用于本文件。

GB/T 10113—2003　分类与编码通用术语

GB/T 22240—2008　信息安全技术 信息系统安全等级保护定级指南

中国证券监督管理委员会公告〔2012〕46号《证券期货业信息安全事件报告与调查处理办法》

3 术语和定义

下列术语和定义适用于本文件。

3.1

数据 data

信息的可再解释的形式化表示，以适用于通信、解释或处理。

注：可以通过人工或自动手段处理数据。

［GB/T 5271.1—2000. 定义 01.01.02］

3.2

保密性 confidentiality

信息不能被未授权的个人、实体或者过程利用或知悉的特性。

[GB/T 29246—2012. 术语和定义 2.9]

3.3

可用性 availability

根据授权实体的要求可访问和使用的特性。

[GB/T 29246—2012. 术语和定义 2.7]

3.4

完整性 integrity

保护资产的准确和完整的特性。

[GB/T 29246—2012. 术语和定义 2.25]

3.5

网络 network

由计算机或者其他信息终端及相关设备组成的按照一定的规则和程序对信息进行收集、存储、传输、交换、处理的系统。

3.6

网络安全 network security

通过采取必要措施，防范对网络的攻击、侵入、干扰、破坏和非法使用以及意外事故，使网络处于稳定可靠运行的状态，以及保障网络数据的完整性、保密性、可用性的能力。

3.7

网络运营者 network operator

网络的所有者、管理者和网络服务提供者。

3.8

网络数据 network data

通过网络收集、存储、传输、处理和产生的各种电子数据。

3.9

个人信息 personal information

以电子或者其他方式记录的能够单独或者与其他信息结合识别自然人个人身份的各种信息。

注：包括但不限于自然人的姓名、出生日期、身份证件号码、个人生物识别信息、住址、电话号码等。

4 适用的数据范围

指证券期货行业经营和管理活动中产生、采集、加工、使用或管理的网络数据或非网络数据（指非经网络收集、存储、传输、处理和产生的各种电子或非电子数据），包括但不限于以下：

a） 行业机构通过开展业务或经其他渠道获取的投资者个人信息，如，个人身份信息、财产信息、账户信息、信用信息、交易信息及其他反映特定个人某些情况的信息；

b） 机构投资者相关信息，如，机构投资者基本信息、机构投资者财产信息、机构投资者账户信息、机构投资者信用信息、机构投资者交易信息、相关衍生信息等；

c） 证券期货市场交易信息，如，证券市场交易信息、期货市场交易信息、基金交易信息、其他衍生品交易信息等；

d） 业务管理相关信息，如，监管信息、统计信息、公告信息等。此处“监管信息”，特指证券期货行业机构收到的来自监管部门的信息或按照监管部门要求报送的信息；

e） 经营管理数据，如，客户管理信息、渠道管理信息、经营状况信息、人力管理信息、财务管理信息、技术管理信息等；

f） 通过购买或数据共享等方式获得的外部数据，如，研究报告、指数信息等；

g） 其数据完整性、保密性和可用性遭到破坏，可能严重危害国家安全、国计民生、公共利益的其他各类数据。

5 数据分类分级前提条件

5.1 建立数据分类分级组织保障

数据分类分级工作的开展需要有组织保障，明确：

a） 数据分类分级的管理部门；

b） 数据分类分级的最高责任人；

c） 数据分类分级相关的管理角色和职能；

d） 数据分类分级相关的授权机制。

5.2 建立数据分类分级管理制度

数据分类分级工作的开展需要有制度保障，明确：

a） 数据分类分级的具体要求；

b） 数据分类分级工作中涉及的角色及职责；

c） 数据分类分级的相关制度和操作流程的制定、发布、维护和更新的机制以及评审和修订周期；

d） 数据分类分级管理相关绩效考评和评价机制；

e） 数据分类分级的原则、方法；

f） 数据级别的相关变更原则及变更后的通知原则；

g） 数据资产分类分级清单的审核与修订周期和原则；

h） 数据分类分级保护的总体原则和目标；

i） 数据分类分级的日常管理流程；

j） 操作人员的操作规程。

5.3 建立数据资产分类分级清单

至少采取以下措施，有效管理数据资产：

a） 收集所有产生、采集、加工、使用或管理的数据，对数据进行明确的定义，并根据数据分类分级方法对数据进行分类分级并标识，建立数据资产分类分级清单；

b） 数据资产分类分级清单的内容宜经数据管理相关方评审确认；

c） 对数据资产分类分级清单进行定期修订。

6 数据分类分级方法概述

6.1 分类分级方法的来源

数据分类是按照 GB/T 10113—2003 中的线分类法为基础进行分类。

数据分级是按照 GB/T 22240—2008 中的定级方法为基础进行分类。

在数据分类基础上，对已分类数据按照数据泄露或损坏造成的影响进行分级，形成统一的分类分级方法。

6.2 主要用语说明

分类分级方法中使用到的主要用语说明如下：

a） 业务条线：

1） 泛指机构内部广义概念的业务，可能包含一系列相关业务内容和业务范围。例如某机构的“交易业务”“信息披露业务”等；

2） 业务条线可参考《证券期货行业数据模型》的定义，并可根据本机构业务情况增补；

3） 业务条线在分类分级方法中作为“业务一级子类”。

b） 业务管理：

1） 指业务条线下，根据管理主体、管理范围（或称管理内容）的不同，细分出的不同业务类别。例如“交易管理”“结算管理（或清算管理）”“风险监控”等，具体名称，各机构可能有所不同。

2） 业务管理在分类分级方法中作为“业务二级子类”。

c） 管理主体（Management Subject，MS）指对某类具体业务的管理工作负责的组织、部门、岗位、人员等。例如在某机构中结算部负责“结算管理”业务。根据机构规模，可能在某些机构中仅存在“结算岗”。

d）管理范围（Management Scope，MS）指某类具体业务涉及的，与其他业务之间有明显区别的管理内容，例如在机构内部所指的“结算操作”“结算查询”“结算文件发布”一般属于“结算管理”的业务范围。

e）管理对象（Management Object，MO）在本标准中，特指某类具体业务，其管理范围内涉及的数据。例如“结算管理”涉及“结算参数数据”“结算文件”“结算日志”等数据。

6.3 数据分类分级的前提

数据分类分级要做好两个前提工作：

a）全面梳理本机构业务条线：

1）数据一般因业务而产生，供业务需要使用；无业务需求，也无数据的产生和消费；

2）首先需要厘清业务，才能区分业务涉及的具体数据。

b）收集、整理全部数据资产：

1）数据资产包含以物理或电子形式记录的数据表、数据项、数据文件等；

2）数据资产梳理方法可参考《证券期货行业数据模型》的方法。

6.4 数据分类层级

本标准推荐的分类分级方法，从业务条线出发，首先对业务细分，其次对数据细分，形成从总到分的树形逻辑体系结构，最后对分类后的数据确定级别。同时，推荐考虑确定数据形态，见图1。

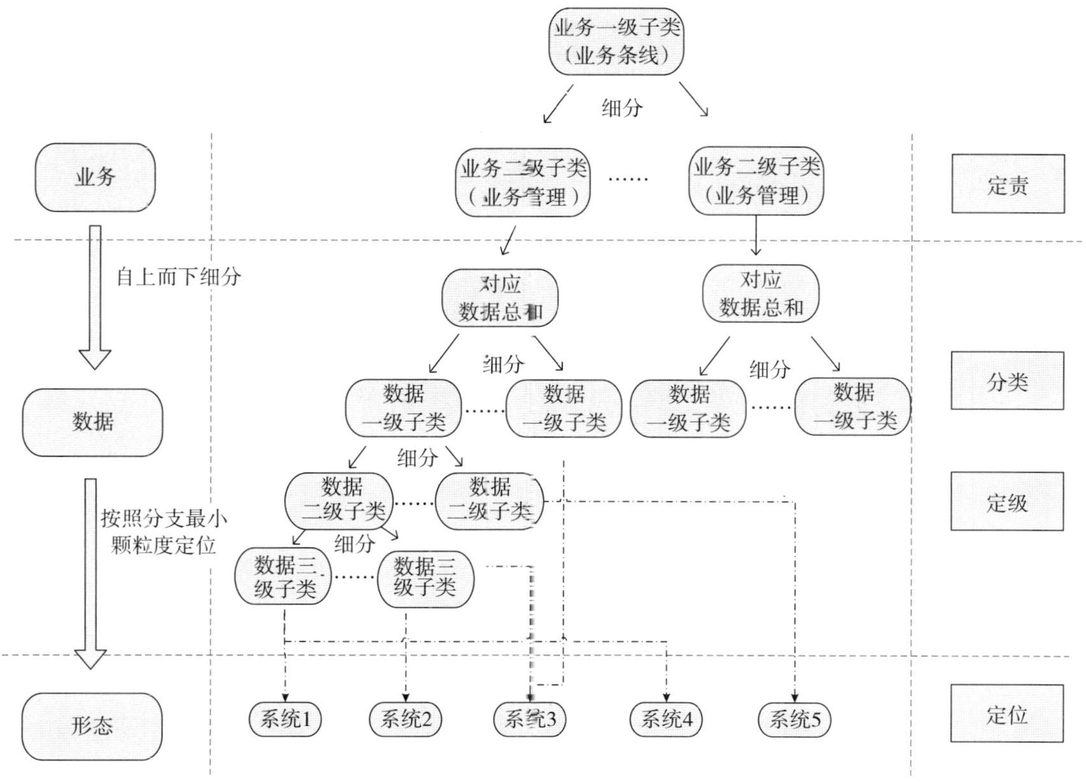

图1 数据层级体系示意图

6.5 三个基本流程阶段

6.5.1 总体说明

本标准提供的数据分类分级方法，分为三个阶段，见图 2。

a） 第一阶段：业务细分。解决业务分类问题，同时确定数据的管理主体。数据管理主体的确定是数据分类准确性和定级准确性的基本保证。

b） 第二阶段：数据归类。在明确数据管理主体和业务分类的基础上，重点解决数据分类问题。

c） 第三阶段：级别判定。在数据分类基础上，进行数据定级。

数据分类后，宜同时明确数据的具体“数据形态”，即所处的系统、存储的媒介、物理位置等。

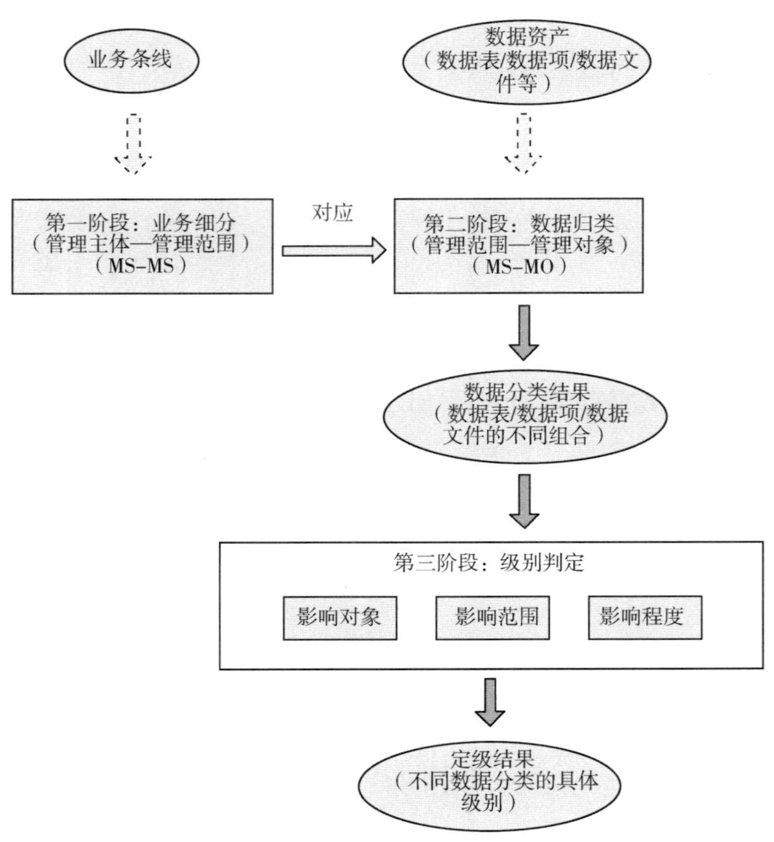

图 2 数据分类分级的基本流程

6.5.2 业务细分阶段

业务细分阶段的简要说明如下：

a） 目标，对业务条线（业务一级子类）细分后，得到一系列有较清晰界限的业务二级子类（一般可以视为“业务管理”子类）。

b） 方法，依据具体业务的管理主体对应管理范围（MS–MS）对业务一级子类细分。

c） 过程说明：

1） 根据本机构实际情况，按照推荐的方法，将“业务条线”（业务一级子类）细分为不同的“业务管理”（业务二级子类）；

2） 除特殊情况，一般将业务条线仅细分到二级。

6.5.3 数据归类阶段

数据归类阶段的简要说明如下：

a） 目标，如下：

1） 确定业务二级子类对应的“单类业务数据总和”；

2） 对“单类业务数据总和”细分得到数据一级子类；

3） 如有必要，对数据一级子类进行细分。

b） 方法，如下：

1） 依据第一阶段划分的每个业务二级子类的“管理范围”对应的“管理对象”（MS-MO），对数据进行归类、确定对应某业务的“单类业务数据总和”。这是一个过渡性成果。

2） 按照数据性质、重要程度、管理需要、使用需要等要素，将“单类业务数据总和”细分为不同的数据一级子类。

3） 如有必要，按照细分方法，进一步细分为数据二级子类、三级子类等。

c） 过程说明：

1） 先确定各个业务二级子类下的全部数据（各种数据表、数据项、数据文件等），称为“单类业务数据总和”。这个过程用于确定某类业务下存在的数据。例如先确定“结算管理”业务下的各类数据表、数据项、数据文件等。

2） 之后对“单类业务数据总和”按照“细分方法”细分后得到数据一级子类。通常一个“业务管理”子类下，有多个不同的数据一级子类。例如，“结算管理”下的数据一级子类可能有“账户信息”“持仓信息”等。

3） 数据一级子类可根据需要，按照细分方法再细分，得到数据二级子类。（详见 7.2.2.5）

4） 数据分类层级过少，不利于定级；过多，不利于管理。一般划分到适合本机构定级需要即可，宜不超过三个层级。

6.5.4 级别判定阶段

级别判定阶段的简要说明如下：

a） 目标，对已完成分类的数据子类进行定级。

b） 方法，采用基于影响的判定方法。由影响对象、影响范围、影响程度三要素按照表 4 判定。

c） 过程说明：

1） 将已划分完，可定级的数据子类（一级、二级、三级等），按照“基于影响的判定方法”进行定级。

2） 分类后的数据，均应有明确的级别。例如“结算管理”下的数据一级子类有“持仓信息”“账户信息”。“持仓信息”如不再细分，应定级。“账户信息”如进一步细分为二级子类如“机构账户信息”“个人账户信息”等，则一级子类、二级子类均应定级。

7 数据分类

7.1 数据分类原则

数据分类宜遵循以下原则：

a）系统性原则：数据分类宜基于对机构所有数据的考量，建立一个层层划分、层层隶属的、从总到分的分类体系，每一次划分应有单一、明确的依据。数据类目的排列宜依据数据类目主题之间的内在联系，遵循概念逻辑，遵循最大效用原则，将全部类目系统地组织起来，形成具有隶属和并列关系的分类体系，以揭示出机构数据不同类别之间的联系和区别。

b）规范性原则：所使用的词语或短语能确切表达数据类目的实际内容范围，内涵、外延清楚；在表达相同的概念时，保证用语一致性；在不影响数据类目含义表达的情况下，保证用语简洁性。在证券期货行业已有统一数据用语的情况下，使用统一数据用语。

c）稳定性原则：宜选择分类对象的最稳定的本质特性作为数据分类的基础和依据。

d）明确性原则：同一层级的数据类目间宜界限分明。当数据类目名称不能明确各自界限时，可以用注释来加以明确。

e）扩展性原则：在数据类目的设置或层级的划分上，宜保留适当余地，利于分类数据增加时的扩展。

7.2 数据分类方法

7.2.1 第一阶段：业务细分阶段

7.2.1.1 阶段工作说明

本阶段，将业务条线作为业务一级子类进行细分，确定业务二级子类（业务管理），并对其命名。

7.2.1.2 业务细分的原因

对业务进行细分的原因如下：

a）业务条线一般是逻辑划分，范围广，业务内容涵盖多，无法直接与具体数据对应；

b）业务条线下存在不同管理主体，各自管理的范围、内容不同，对应的数据也有区别；

c）明确不同业务的管理主体，才能确定数据管理的基本责任主体。

7.2.1.3 业务细分步骤

业务细分的主要步骤如下，见图3：

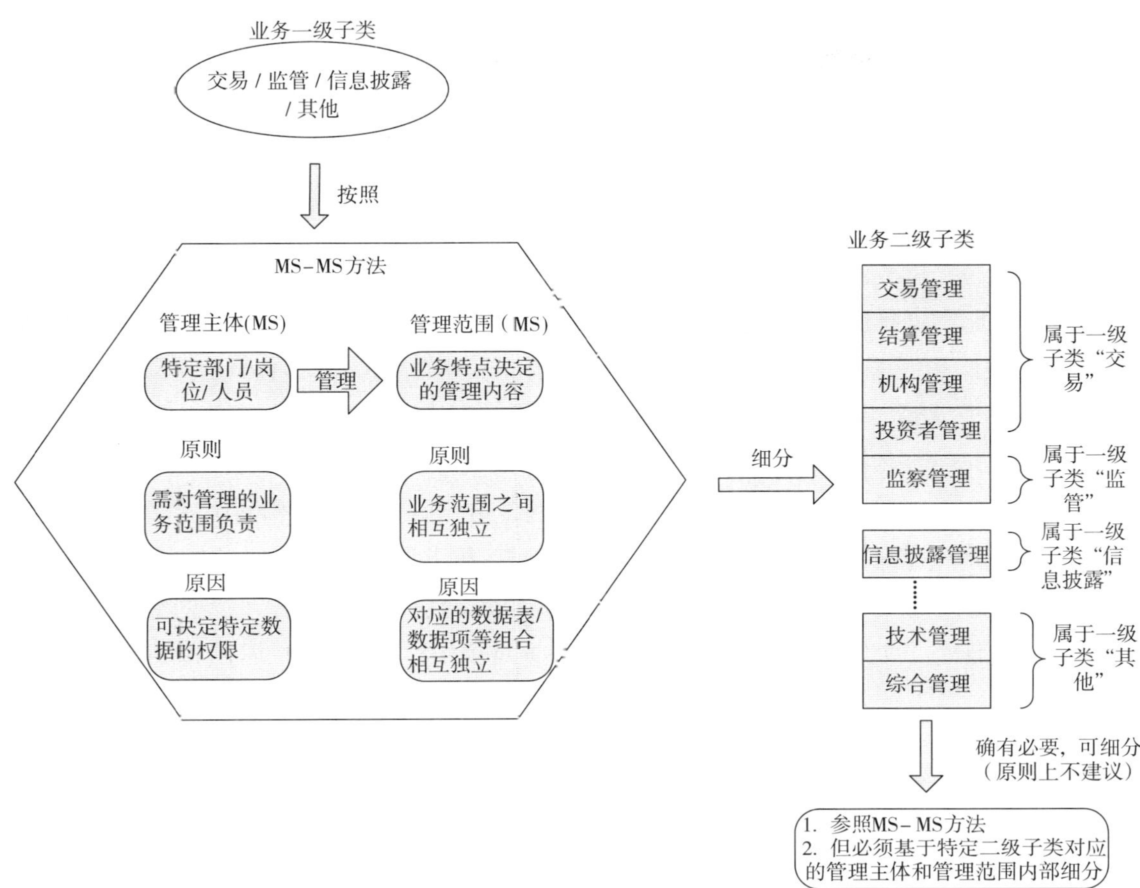

图 3　业务细分方法（MS-MS）

a）步骤一：确定业务一级子类——基本业务条线。

1）参考《证券期货行业数据模型》确定的业务条线作为基础；

2）一般划分为交易、监管、信息披露、其他。

b）步骤二：确定每个业务条线下所有的业务管理主体（MS）。

1）管理主体一般是特定的管理组织、部门、岗位、人员；

2）管理主体需对管理的业务范围负责；

3）管理主体应可决定业务管理范围内涉及的数据的权限；

4）管理主体的确定宜适当，范围过小可能导致对应业务划分颗粒度过细；范围过大可能导致对应业务划分颗粒度过粗，无法区分不同业务。

示例：

某机构中“结算部”负责管理“结算”相关业务。在另外一些机构中“结算岗”管理“结算”相关业务。“结算部”“结算岗”就是管理主体。

c）步骤三：确定每个业务管理主体对应的管理范围，明确对应关系（MS-MS）。

1）管理范围一般指由业务特点决定的管理内容；

2）业务管理范围之间应相互独立；

3）每个管理主体及其对应的管理范围，形成一一映射关系；

4） 一般情况下，一组映射关系即是一个业务二级子类；

5） 多个管理主体对应的管理范围相同，应视为一个业务二级子类；

6） 一个管理主体对应的不同管理范围，应视为多个映射，即多个业务二级子类。

示例 1：

某机构中“结算部”负责管理“结算”相关业务，其中“结算操作”“结算查询”“结算文件发布”等是“结算部”的业务管理范围。

“交易部”负责管理的“交易启停”“交易参数设置”等是“交易部”的业务管理范围。

“交易部”和“结算部”对应的业务管理范围之间相互独立。

“交易部”和“结算部”和其对应的业务管理范围之间形成一一映射。这些映射，前者可以称为“交易管理”，后者可以称为“结算管理”。

示例 2：

某机构内部有“交易操作岗”“交易复核岗”“交易监控岗”，三个岗位虽然都可以是管理主体，但对应的管理范围都在“交易启停”“交易参数设置”“交易运行监控”内，如无必要，则应统一视为“交易管理”子类。

示例 3：

某机构内部有“业务管理员”岗位，该岗位分别管理“交易启停”和“风险监控”，则“业务管理员－交易启停”和“业务管理员－风险监控”视为两个不同映射，前者作为“交易管理”子类，后者作为“风险管理”子类。

d） 步骤四：命名映射关系——业务二级子类。即对步骤三完成后确定的各类业务“管理主体－管理范围”映射关系进行命名，得到业务二级子类的命名。

7.2.1.4 细分说明

业务细分，一般仅在业务一级子类基础上按照“MS-MS”方法划分一次。过度划分可能导致第二阶段划分后层级过多，不利于管理。如需细分，要在业务二级子类基础上进一步细分，以确保层级体系唯一性。

业务一级子类的两个细分举例如下：

a） 业务一级子类——“交易”：细分后，得到业务二级子类包含“交易管理”“结算管理”“机构管理”等。

b） 业务一级子类——“其他”：细分后，得到业务二级子类包含“技术管理”“综合管理”等。

7.2.2 第二阶段：数据归类阶段

7.2.2.1 阶段工作说明

在第一阶段对业务细分基础上，找到数据与业务二级子类之间对应关系，经归类后，确定数据一级子类。

7.2.2.2 数据归类的原因

对数据归类主要基于以下原因：

a） 数据（数据表、数据项、数据文件等）是已存在的或已设计准备使用的；

b） 数据（数据表、数据项、数据文件等）是具体业务的“管理对象”；

c） 数据表或数据项内容多而庞杂，无法直接定级，且定级的意义不大。

7.2.2.3 数据归类步骤

数据可按照以下步骤进行归类，见图 4：

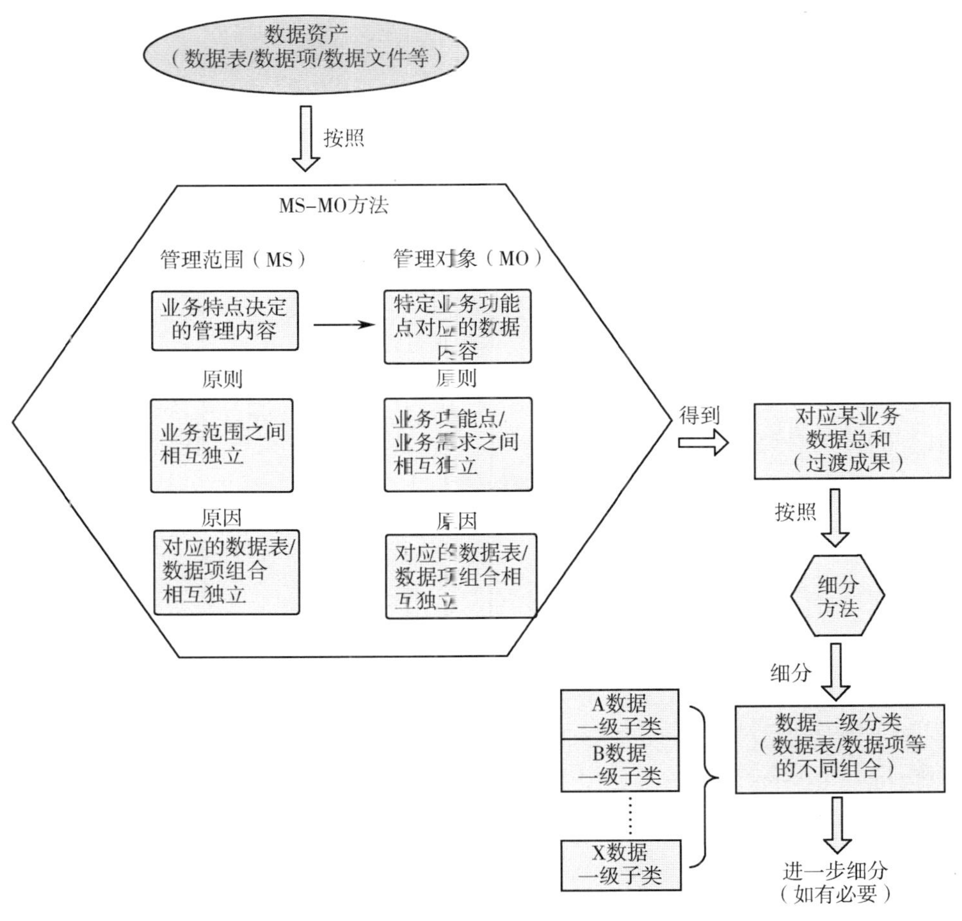

图 4 数据归类方法（MS-MO）

a） 步骤一：明确各个业务二级子类的管理范围（MS）。

第一阶段已完成此项工作。

b） 步骤二：确定业务二级子类的管理范围对应的管理对象（MS-MO），即找到业务二级子类下的全部数据。说明如下：

1） 管理对象在本标准中指特定业务管理范围内对应的数据，由一系列数据表、数据项或数据文件等组成；

2） 本步骤即针对每个业务子类，找到其对应的一系列数据总和。这些“数据总和”是全部数据的一个个子集；

3） 部分数据表、数据项和数据文件可能出现在多个“数据总和”中；

4） 本步骤的结果：得到每个业务子类对应的数据总和，称为“单类业务数据总和”。

示例：

“结算管理”业务下的各类数据表、数据项、数据文件等构成“结算管理”对应的“单类业务数据总和”，包括客户信息、结算参数表、结算价、持仓明细表、交割明细表等。其中客户信息可能出现在多个不同业务对应的“单类业务数据总和”中。

c） 步骤三：按照数据细分方法对各个“单类业务数据总和”分别细分，得到数据一级子类，见图5。细分规则如下：

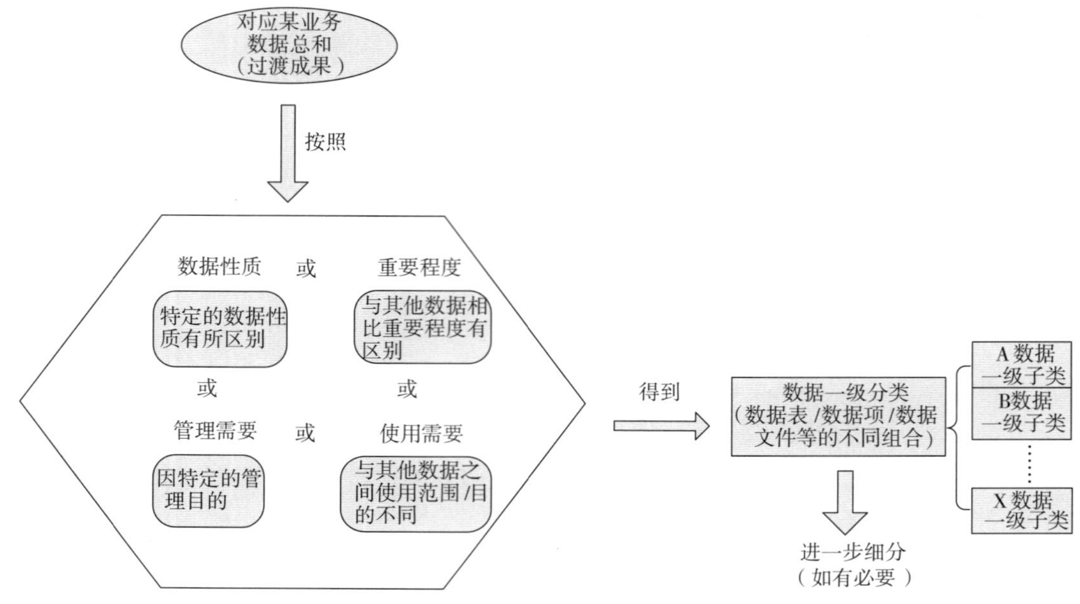

图5 数据细分方法

1） 按照数据性质、重要程度、管理需要、使用需要进行细分；

2） 按照数据性质细分，一般指划分后的子类之间，数据性质之间有所差异；

3） 按照重要程度细分，一般指划分后的子类之间，重要程度之间有所差异；

4） 按照管理需要细分，一般指因不同的管理目的划分不同子类；

5） 按照使用需要细分，一般指划分后的子类之间，使用范围之间有所差异；

6） 机构可参照此方法，选择适当的要素进行细分。

示例：

“交易管理”对应数据中，可以分为“成交信息”“委托信息”“交易参数信息”“交易日志信息”等。其中“成交信息”“委托信息”可以视为是数据性质不同而作的划分。“交易参数信息”“交易日志信息”等可以视为是因管理需要不同而作的划分。

d） 步骤四：命名数据一级子类。即对步骤三完成后确定的数据一级子类命名。

7.2.2.4 *数据归类说明*

在数据归类过程中，需注意以下内容：

a） 每个业务二级子类具有一组数据（数据表、数据项、数据文件等）总和；

b） 全部数据可以多个不同组合方式分别隶属于不同的业务二级子类；

c） 如有数据无法确定对应业务二级子类，说明业务二级子类划分不完全，需对第一阶段工作进行检验；

d） 如有业务二级子类下不存在数据，说明可能存在冗余的业务二级子类或数据资产未厘清；

e） 根据实际业务需要、管理需要，按照数据细分方法可以对数据一级子类进一步细分。细分层级宜不超过三级。

7.2.2.5 数据一级子类的细分

对已划分明确的数据一级子类进一步细分，细分后产生一个或者多个数据子集（见图6）。参照以下规则进行细分：

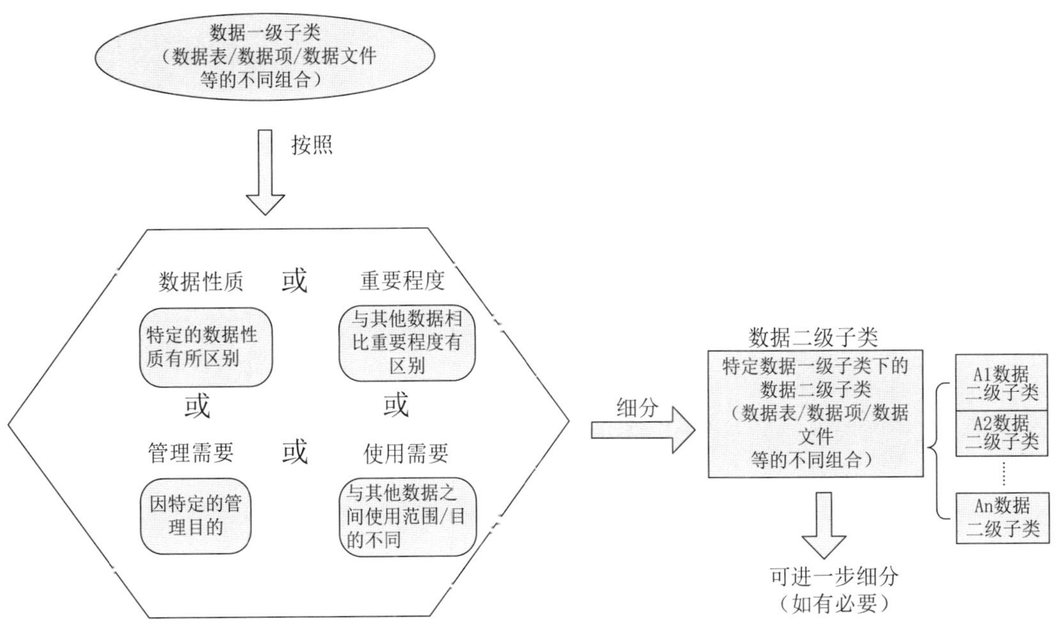

图6 数据一级子类细分方法

a）按照数据性质划分：对某数据一级分类进一步细分，细分后的数据二级子类之间数据性质有所区别。

b）按照重要程度划分：对某数据一级分类进一步细分，细分后的数据二级子类之间重要程度有所区别。细分后的数据级别一般会不同。

c）按照管理需要划分：对某数据一级分类进一步细分，细分后的数据二级子类之间需要进行有区别的管理。

d）按照使用需要划分：对某数据一级分类进一步细分，细分后的数据二级子类之间使用范围/目的不同。

7.2.2.6 数据分类示例

经过一阶段、二阶段工作后，得到的数据分类示例如表1所示。

表1 数据分类示例表

业务条线		数据	
一级子类	二级子类	一级子类	二级子类
交易	交易管理	成交信息	
		委托信息	
		交易业务参数信息	
		交易日志信息	订单日志
			成交日志

续表

业务条线		数据	
一级子类	二级子类	一级子类	二级子类
监管	监察与评价管理	监察参考信息	
		监管统计及预警信息	监管统计分析结果
			监管预警信息
		评价、处罚与违规信息	
	上报信息	上报信息	
信息披露	信息披露管理	产品发行信息（公开）	
		产品发行信息（未公开）	
其他	业务管理	统计信息	
		其他业务管理	
	技术管理	规划类数据	
	技术管理	运行管理	配置信息数据
			信息资产管理
			数据字典类
			日志类数据

8　数据分级

8.1　数据分级原则

数据分级宜遵循以下原则：

a） 依从性原则：数据级别划分应满足相关法律、法规及监管要求。

b） 可执行性原则：宜避免对数据进行过于复杂的分级规划，保证数据分级使用和执行的可行性。

c） 时效性原则：数据的分级具有一定的有效期。数据的级别可能因时间变化按照一些预定的安全策略发生改变。

d） 自主性原则：机构可根据自身的数据管理需要，例如战略需要、业务需要、对风险的接受程度等，按照数据分类原则进行分类之后，按照数据分级方法自主确定更多的数据层级，并为数据定级，但不宜将高敏感度数据定为低敏感度级别。

e） 合理性原则：数据级别宜具有合理性，不能将所有数据集中划分一两个级别中，而另外一些没有数据。级别划定过低可能导致数据不能得到有效保护；级别划定过高可能导致不必要的业务开支。

f） 客观性原则：数据的分级规则是客观并可以被校验的，即通过数据自身的属性和分级规则就可以判定其分级，已经分级的数据是可以复核和检查的。

8.2　数据分级要点

数据分级工作中，注意以下方面：

a）对数据泄露或损坏影响宜基于数据完全泄露或损坏来考虑，而不宜基于已有任何技术的防护措施来考虑。

b）《中国人民共和国网络安全法》已明确要对个人信息保护，要高度重视投资者或业务相关的个人信息保护，在数据分级中从高考虑。

c）一般而言，数据体量大，涉及的客户（包含机构或个人投资者）多、涉及客户（包含机构或个人投资者）的资金量大的情况，影响程度宜考虑从高确定。

d）安全属性（完整性、保密性、可用性）是信息安全风险评估中的重要参考属性，针对数据分级，数据安全属性遭到破坏后可能造成的影响，是确定数据级别的重要判断依据，推荐采用。

e）在本标准附录A中，提供行业典型的数据类型和最低参考数据级别，可供机构在数据分类分级过程中参照。

8.3 数据分级方法

8.3.1 数据定级要素

8.3.1.1 数据定级的影响三要素

数据定级三要素如下：

a）影响对象，划分为：行业、机构、客户。

b）影响范围，划分为：多个行业、行业内多机构、本机构。

c）影响程度，一般指数据安全属性（完整性、保密性、可用性）遭到破坏后带来的影响大小。划分为：严重、中等、轻微、无。

8.3.1.2 关于影响对象的说明

关于影响对象的说明如下：

a）影响对象为行业的情形：一般指数据的安全属性（完整性、保密性、可用性）遭到破坏后，可能对本行业及其他行业中一个或多个行业的经济活动秩序、生产经营秩序等造成影响。

b）影响对象为机构的情形：一般指数据的安全属性（完整性、保密性、可用性）遭到破坏后，可能对证券期货行业内一家或多家机构的经济活动秩序、生产经营秩序等造成影响。

c）影响对象为客户的情形：一般指数据的安全属性（完整性、保密性、可用性）遭到破坏后，可能对公民、法人、组织的社会权益、经济利益等造成影响。

8.3.1.3 关于影响程度的说明

影响程度，是一个定性的说明方式。在事件没有实际发生并产生影响的情况下，无法以具体量化指标或者参数来衡量。即便在实践中，由各类事件、事故引发的直接和间接后果也难以简单衡量或者量化。

影响程度的判定，宜综合考虑数据类型特征。数据类型根据业务条线划分并确定，不同业务对应不同的数据类型，体现不同的业务特点，因此，结合数据类型分析，有利于更加准确地判断影响程度。例如：交易类业务数据安全属性遭到破坏产生的影响程度通常要高于信息披露类数据；涉及个人信息的数据安全属性（保密性）遭到破坏产生的影响程度通常要高于已公开披露信息；交易、结算类型的数据安全属性遭到破坏产生的影响程度通常要高于非实时的行情信息类数据等。为便于确定“影响程度”，表2中提供影响程度的参考说明，供判定影响程度时参考。

表 2 影响程度分类

影响程度	参考说明
严重	1. 可能导致全部业务无法开展，造成重大经济损失 2. 可能引发或导致《证券期货业信息安全事件报告与调查处理办法》确定的特别重大、重大事件 3. 可能引发公众广泛诉讼或集体诉讼，甚至引发群体性事件 4. 可能导致监管部门严重处罚（包括取消经营资格、长期暂停相关业务等）的情况
中等	1. 可能导致部分业务无法开展，造成较大经济损失 2. 可能引发或导致《证券期货业信息安全事件报告与调查处理办法》确定的较大事件 3. 可能引发一定数量投资者对本机构诉讼 4. 可能导致监管部门较严重处罚（包括一段时间内暂停经营资格或业务等）的情况
轻微	1. 可能导致个别业务短时间无法开展，造成轻微的经济损失 2. 可能引发或导致《证券期货业信息安全事件报告与调查处理办法》确定的一般事件 3. 可能导致至监管部门轻微处罚（包括罚款、公开批评等）的情况 4. 可能对本机构声誉造成一定程度损害
无	不造成任何影响

8.3.1.4 数据等级描述标识

数据定级一般使用等级描述标识进行描述。

本标准中的数据等级分为四级，描述标识分为数据级别标识和数据重要程度标识两类，相互一一对应。

a） 数据级别标识，从高到低划分为：4、3、2、1。

b） 数据重要程度标识，与数据级别标识相对应，从高到低划分为：极高、高、中、低。

8.3.1.5 数据特征描述

数据级别从高到低，一般具有如下数据特征：

a） 4 级（极高）：数据主要用于行业内大型或特大型机构中的重要业务使用，一般针对特定人员公开，且仅为必须知悉的对象访问或使用。

b） 3 级（高）：数据用于重要业务使用，一般针对特定人员公开，且仅为必须知悉的对象访问或使用。

c） 2 级（中）：数据用于一般业务使用，一般针对受限对象公开；一般指内部管理且不宜广泛公开的数据。

d） 1 级（低）：数据一般可被公开或可被公众获知、使用。

注：“必须知悉”是指对数据确定知悉范围，只有对数据知悉有明确的必要性时，该对象才能对数据知悉。一般情况下遵循工作需要原则和最小化原则，前者指因工作需要才可知悉，后者指知悉的范围尽可能小。

关于数据特征的说明：

a） 数据特征中所指的数据内容可公开的范围、对象需由各机构自行指定。

b） 数据级别确定中，需综合考虑数据安全属性（完整性、保密性、可用性）因素。在完整性和可用性要求基本一致情况下，宜重点以保密性为定级依据。此外，经综合分析后，允许存在数据内容面向公众公开，但完整性或可用性要求高，而最终确定的数据级别较高的情况。

数据级别标识、数据重要程度标识、数据特征对应关系，如表 3 所示。

表 3　数据级别标识表

数据级别标识	数据重要程度标识	数据特征
4	极高	1. 数据的安全属性（完整性、保密性、可用性）遭到破坏后数据损失后，影响范围大（跨行业或跨机构），影响程度一般是“严重” 2. 一般特征：数据主要用于行业内大型或特大型机构中的重要业务使用，一般针对特定人员公开，且仅为必须知悉的对象访问或使用
3	高	1. 数据的安全属性（完整性、保密性、可用性）遭到破坏后数据损失后，影响范围中等（一般局限在本机构），影响程度一般是“严重” 2. 一般特征：数据用于重要业务使用，一般针对特定人员公开，且仅为必须知悉的对象访问或使用
2	中	1. 数据的安全属性（完整性、保密性、可用性）遭到破坏后数据损失后，影响范围较小（一般局限在本机构），影响程度一般是“中等”或“轻微” 2. 一般特征：数据用于一般业务使用，一般针对受限对象公开；一般指内部管理且不宜广泛公开的数据
1	低	1. 数据的安全属性（完整性、保密性、可用性）遭到破坏后数据损失后，影响范围较小（一般局限在本机构），影响程度一般是“轻微”或“无” 2. 一般特征：数据可被公开或可被公众获知、使用

8.3.2　数据定级方法

数据定级一般按照如下四个步骤执行：

a）步骤一：确定影响对象。确定需定级的某类数据的安全属性（完整性、保密性、可用性）遭到破坏后可能影响的对象，包括行业、机构、客户。

b）步骤二：确定影响范围。确定该类数据安全属性（完整性、保密性、可用性）遭到破坏后可能影响的范围，包括多个行业、行业内多个机构、本机构。

c）步骤三：确定影响程度。确定该类数据安全属性（完整性、保密性、可用性）遭到破坏后可能影响程度，包括严重、中等、轻微、无。

d）步骤四：综合上述三要素，对数据定级。综合上述步骤确定的该类数据安全属性（完整性、保密性、可用性）遭到破坏后的影响对象、影响范围、影响程度，对数据进行定级如下：

1）影响对象为“行业”的，且影响范围是“多个行业”的，该类数据定为 4 级，其影响程度默认为“严重”；

2）其他根据影响对象、影响范围、影响程度的组合确定数据级别，具体可按照以下表 4 定级。

表 4　数据定级规则表

<table>
<tr><th>影响对象</th><th>影响范围</th><th>影响程度</th><th>数据一般特征</th><th>数据重要程度标识</th><th>数据级别标识</th></tr>
<tr><td>行业</td><td>多个行业</td><td>严重</td><td rowspan="3">数据主要用于行业内大型或特大型机构中的重要业务使用，一般针对特定人员公开，且仅为必须知悉的对象访问或使用</td><td>极高</td><td>4</td></tr>
<tr><td>机构</td><td>行业内多机构</td><td>严重</td><td>极高</td><td>4</td></tr>
<tr><td>客户</td><td>行业内多机构</td><td>严重</td><td>极高</td><td>4</td></tr>
<tr><td>机构</td><td>本机构</td><td>严重</td><td rowspan="2">数据用于重要业务使用，针对特定人员公开，且仅为必须知悉的对象访问或使用</td><td>高</td><td>3</td></tr>
<tr><td>客户</td><td>本机构</td><td>严重</td><td>高</td><td>3</td></tr>
<tr><td>机构</td><td>本机构</td><td>中等、轻微</td><td rowspan="2">数据用于一般业务使用，针对受限对象公开；一般指内部管理、办公类且不宜广泛公开的数据</td><td>中</td><td>2</td></tr>
<tr><td>客户</td><td>本机构</td><td>中等</td><td>中</td><td>2</td></tr>
</table>

续表

影响对象	影响范围	影响程度	数据一般特征	数据重要程度标识	数据级别标识
机构	本机构	无	数据可被公开或可被公众获知、使用	低	1
客户	本机构	轻微		低	1

8.3.3　数据定级规则表

数据定级规则表，用于统一描述影响对象、影响范围、影响程度及数据级别之间的关系，并帮助快速定级。

影响对象与影响范围之间构成映射关系，并依据该映射关系区分不同的影响程度，进而确定数据级别。

8.3.4　数据级别判定参考规则表

结合数据定级规则表，补充“数据示例”和“升降级因素处理”，形成表5，供定级参考。

表5　数据级别判定参考规则表

影响对象	影响范围	影响程度	数据一般特征	数据重要程度标识	数据级别标识	数据示例	升降级因素处理
行业	多个行业	严重	数据主要用于行业内大型或特大型机构中的重要业务使用，一般针对特定人员公开，且仅为必须知悉的对象访问或使用	极高	4	注：一般此类数据在证券期货行业极少出现	1. 从聚合性考虑，聚合了多家证券期货行业机构的数据宜从高定级 2. 大量数据聚合宜升级，机构内的数据仓库、大数据分析用的数据，宜专门划分类别，且考虑升级 3. 国家、行业主管部门或监管机构定义的大型、特大型机构，宜参照附录A所列模板中的最低参考数据级别从高定级 4. 从时效性考虑，历史交易数据、历史结算数据可以考虑降1级处理，但需有明确历史数据的定义，并标明某时段之间数据 5. 信息经公开披露后，可降级。根据信息内容重要性，信息在披露前，可以将特定数据类型在披露前确定的数据级别高于附录A所列模板中的最低参考数据级别 6. 脱敏数据宜单独定级。经有效脱敏后的数据，可降1–2级，但宜视情况处理，不宜将3级或4级数据脱敏后直接定级为1级
机构	行业内多家机构			极高	4	1. 汇集了全市场多家机构的交易数据、结算数据，泄露或损坏，影响面大，波及面广 2. 行业主管部门（或监管机构）直接管理的行业机构交易数据、结算数据，泄露或损坏，可能对本机构及行业其他机构造成严重影响 3. 监察参考信息，为了监管目的获取到的各类信息，宜从严保护	
客户	行业内多机构	严重		极高	4		
机构	本机构	严重	数据用于重要业务使用，针对特定人员公开，且仅为必须知悉的对象访问或使用	高	3	1. 经营机构交易数据、结算数据，泄露或损坏，可能对本机构造成严重影响 2. 投资者基本信息、财务信息等个人信息，投资者相关个人信息需从高定级，最低为3级 3. 本机构内部工作人员个人信息（非公开）也需要保护，宜定3级	
客户	本机构	严重		高	3		
机构	本机构	中等、轻微	数据用于一般业务使用，针对受限对象公开；一般指内部管理、办公类且不宜广泛公开的数据	中	2	1. 研究报告（公开前），公开前其保密性遭到破坏可能会带来经济损失。研究报告（公开前）可根据内容重要性升级 2. 上市信息披露（披露前），披露前宜保持其保密性不遭到破坏	
客户	本机构	中等		中	2		
机构	本机构	无	数据可被公开或可被公众获知、使用	低	1	1. 网站公告、新闻、通知等 2. 研究报告（公开后） 3. 上市信息披露后其保密性降低 4. 一般公开渠道均可获取的行情数据	
客户	本机构	轻微		低	1		

9 数据分类分级中的关键问题处理

9.1 数据体量与数据级别的确定

在进行数据分级时，根据企业规模、数据分类情况、影响范围和影响程度等多个因素，综合判定数据级别。对数据体量，宜注意以下几点：

a） 数据涉及客户量大的，影响范围、影响程度宜从高考虑；

b） 数据涉及客户资金量大或者交易规模大的，影响程度宜从高考虑；

c） 数据经汇聚后体量变大的，按照 9.2 节指出的情形进行处理；

d） 涉及投资者个人信息的数据，不考虑数据体量大小，均从高定级，一般不低于本标准中确定的 3 级。

9.2 数据聚合与数据分类分级的变更

数据在流转、传递、使用过程中，因各类业务需要，可能需要将相同或不同级别的数据汇聚在一起进行分析、处理。对数据聚合，宜注意以下几点：

a） 因业务需要，将来自不同途径或不同系统的数据汇聚在一起，数据的原始用途或所在系统发生改变，需要对数据进行重新确定类别并定级；

b） 需要深入分析汇聚后数据是否可能较原始数据获得更多的信息，并判断汇聚后的数据安全属性（完整性、保密性、可用性）遭到破坏后的影响，以准确定级；

c） 汇聚后数据级别一般不低于所汇聚的原始数据的最高级别。

9.3 数据时效性与数据分类分级的变更

数据在流转、传递、使用过程中，由于业务需要，可能在特定的时间，数据的级别需要调整，以利于数据的公开、共享和应用。针对数据时效性的处理，宜注意以下几点：

a） 数据在分类分级之初即考虑数据的时效性，对数据级别进行评估，合理确定数据的级别；

b） 将明显具有不同时效性的数据分不同的类别确定级别；

c） 同一类数据，在某时间点前后具有不同的级别，宜清楚地说明时间点前后的级别，并说明时间点的触发条件。触发条件可以是某一具体时间，也可以是某一特定事项；

d） 数据时效性要素和类别、级别宜准确标识，并通知相关人员知悉。

9.4 数据的获取与提供

因业务需要，从外部机构获取数据或将本机构数据提供给相关方，宜注意以下几点：

a） 数据提供方宜明确数据的级别和安全保护要求，并明确告知数据接收方；

b） 数据提供方说明数据级别的确定是否参照本标准确定，如未参照本标准的方法确定，要说明数据定级的方法；

c） 数据接收方根据数据提供方确定的数据级别和安全保护要求，对接收到的数据在本机构内重新分类、分级，数据级别宜不低于数据提供方确定的级别；

d） 数据接收方对于获取的不同机构的数据进行汇聚，按照 9.2 节指出的情形进行处理。

9.5 数据的汇总、统计、分析、加工

因业务需要，需对数据进行汇总、统计、分析、加工，宜注意以下几点：

a） 对于汇总、统计、分析、加工而产生的数据，且与原始数据之间存在较大差异，数据信息的含义发生较大变化，宜对新产生的数据重新定级，定级的结果可能高于、等于、低于原始数据；

b） 对于汇总、统计、分析、加工而产生的数据，如已采用技术手段抹去或替换个人信息、账户信息等敏感字段，可以等于、低于原始数据级别；

c） 对于汇总、统计、分析、加工而产生的数据，因数据级别、适用场景发生变化，可以采取与原始数据不同的管理手段、防护措施。

在数据汇总、统计、分析、加工过程中，同样需要对原始数据、临时数据进行保护。原始数据、临时数据使用后宜在中间存储环节有效清除。

附录 A
（规范性附录）
证券期货行业典型数据分类分级模板

A.1 关于数据分类分级模板的说明

A.1.1 总体说明

本附录内容以行业各类机构的典型数据为基础，形成典型数据分类分级模板。

表 A.1 ~ A.7 分别给出行业主管部门（或监管机构）直接管理的行业机构（简称“会管单位”）、行业协会、证券期货经营机构（分别包括证券公司、期货公司、基金管理公司）的典型数据的分类分级模板，并在表中列出了典型数据的“最低参考数据级别”，供行业机构在数据分类分级中参考。

本附录所指“数据汇集型会管单位”指因业务需要，汇集了涉及行业某一个或多个业务的全部或大部分数据的行业会管单位。一般会管单位指除“数据汇集型会管单位”以外的其他会管单位。

A.1.2 基本原则

在使用本附录时宜考虑以下方面：

a） 附录所列数据分类和定级不能穷举行业各机构的数据并细分，所列数据类型颗粒度可能不足以满足机构的使用、管理等需要。可根据实际情况变化，使用本标准正文所述的分类分级方法并结合自身实际和业务需要进行参考分类、分级，同时合理扩展。

b） 与附录内所列相同含义的数据，定级应不低于本附录所列的最低参考数据级别。

c） 不同类型机构，因其机构属性、经营范围、经营规模、管理模式等方面都存在差异，同一名称的数据在不同机构被定为不同级别，属于合理现象。且各机构具体使用的名称也允许与模板有所区别，但各机构需要明确该名称所指的具体数据的详细信息。附录中“数据一级子类”“数据二级子类”不能满足实际需要的，可以根据需要再次细分和定级。细分后的数据级别可能存在等于或低于附录所列“最低参考数据级别”的情况。例如“机构投资者信息”（定级为 2），根据业务需要进一步细分后，分为可公开的信息（定级为 1 级，级别降低）、需严格保护的信息（定级为 2 级，与未细分前相同或更高）。

d） 行业内已有或在未来统一确定规范性数据类型、名称、含义的，以已有或未来确定的规范性数据类型、名称、含义为准。

A.1.3 分类与定级的细分说明

机构在数据分类和定级过程中，对于数据的细分，宜注意以下几点：

a） 附录示例中，当机构规模大、数据量大，数据（完全）丢失或损毁造成影响范围、影响程度均较大时，宜从高定级。

b） 在数据定级过程中，在多类数据中均出现的某些数据（字段），可视为“公共数据”。宜将“公共数据”（字段）进行独立定级。具体的级别可以根据实际内容确定。例如，在“个人投资者账户”“银证转账”信息中，会存在部分相同数据（字段）。这些数据（字段）可能属于“个人投资者信息”的一个子集，可将这些相同数据（字段）独立作为一个分类定级，定级可能等于或低于“个人投资者信息”。今后使用这一“公共数据”的其他数据级别，不宜低于“公共数据”的级别。

A.1.4 定级与安全保护说明

机构在考虑数据定级和数据的安全保护环节时，可关注以下说明：

a） 使用本标准中的定级方法对数据定级时，宜综合考虑安全属性（完整性、保密性、可用性），并根据不同的安全属性侧重，采取相适应的保护措施。例如，对可用性要求高，但保密性要求不高的数据，宜考虑加强可用性安全防护措施，而不一定要采取加密措施。

b） 数据的定级虽然与数据体量的大小有关，但对于已定级的数据，数据级别则是统一且确定的。在实际使用中，可针对实际情况，采取适当的、合理的安全防护措施。例如，对于“个人投资者基本信息”，单一客户信息和多个客户的信息，在定级方面是作为同一类级别来确定级别的。但在使用中，可以结合实际采取不同的安全措施，例如，对单个客户信息查询采取基本的访问控制手段，对批量客户信息查询增加更严格的访问控制手段，且对查询行为进行审计。

A.2 数据汇集型会管单位典型数据分类分级模板

表 A.1 数据汇集型会管单位典型数据分类分级模板

业务细分		数据归类和细分				最低参考数据级别	备注
业务条线一级子类	业务条线二级子类	数据一级子类	数据类型说明	数据二级子类	数据类型说明		
交易	交易管理	成交信息	一般指证券期货行业会管单位产品的成交相关信息，包含证券代码、成交金额、成交数量、成交时间、成交价格、成交日期、委托编号、会员编码、账户编码、品种合约等			4	
		委托信息	一般指证券期货行业会管单位产品的委托相关信息，包含申请编号、证券代码、委托价格、委托数量、委托方向、委托类型、委托时间、委托价格、委托日期、会员编码、账户编码、品种合约等			4	
		交易业务参数信息	一般指证券期货行业会管单位产品业务规则中定义的，完成交易所需的参数，如交易时段、涨跌幅、交易单元等			4	
		交易日志信息	一般指证券期货行业会管单位产品订单及成交的流水和错误信息，可分为订单日志、成交日志等多类，包含订单编号、日期、时间、价格、会员编码、账户编码等信息	订单日志	一般指证券期货行业会管单位产品订单流水和错误信息，包含订单编号、订单日期、订单时间、委托价格、会员编码、账户编码等信息	4	
				成交日志	一般指证券期货行业会管单位产品订单成交流水和错误信息，包含订单编号、成交编号、成交日期、成交时间、成交价格、会员编码、账户编码等信息	4	
	结算管理	持仓信息	一般指投资者持有某一证券、期货、基金等品种的信息，包含账户编码、证券代码、持仓数量、持仓日期、会员编码、投机套保标志、期权类型、品种合约等			4	
		清算交收信息	一般指证券行业会管单位的清算交收相关信息：证券账户、证券代码、成交数量、成交金额等成交信息，经手费、印花税等费用信息，结算账户，清算金额、清算日期、交收金额、交收日期等信息			4	

续表

业务细分		数据归类和细分				最低参考数据级别	备注
业务条线一级子类	业务条线二级子类	数据一级子类	数据类型说明	数据二级子类	数据类型说明		
交易	结算管理	账户信息	一般指证券期货行业会管单位交易、结算业务相关联的交易账户、资金账户、银行账户信息，包含会管单位下属会员或机构账户，投资者账户等信息	会员/机构账户信息	一般指会员或相关机构开立的用于与会管单位进行资金结算、清算的账户信息，包含开户人姓名、开户网点信息、资金账户类型代码、资金账户类型描述、保证金账户编码、存管银行归属地等信息	4	
				投资者账户信息	一般指各类投资者的账户基本资料以及新开、注销账户变动情况	4	
		资金划转信息	一般指证券期货行业会管单位产品交易、结算相关的资金划转信息，包含申请编号、申请日期、币种代码、资金划转方向代码、出入金额等			3	
		银行账务信息	一般指证券期货行业会管单位开立的用于交易、结算业务的银行账户信息，包含专用结算账户编码、开户网点信息			4	
		交割业务信息	一般指证券期货行业会管单位产品交割相关，包含交割信息、仓单信息、仓库信息等	交割信息	一般指证券期货行业会管单位产品交割相关基本信息，包含交割方式、交割类型、交割明细、品种合约、买卖标志等	4	
				仓单信息	一般指证券期货行业会管单位产品仓单相关信息，包含仓单类型、仓单流水类型、品种合约、买卖标志等	4	
				仓库信息	一般指证券期货行业会管单位产品仓库相关信息，包含交割仓库名称、交割仓库简称、库存量、库容量	3	

续表

业务细分		数据归类和细分				最低参考数据级别	备注
业务条线一级子类	业务条线二级子类	数据一级子类	数据类型说明	数据二级子类	数据类型说明		
交易	行情管理	行情数据	一般指交易所公布的交易行情，包括证券即时行情、证券收市行情、期货交易行情、期货实时行情、期货合约日交易参数、期货升贴水、期货现货价格等	普通行情数据	一般包含成交金额、成交时间、成交数量、当前价格、交易日期、今日开盘价格、申买价、申买量、申卖价、申卖量、市盈率、收盘价格、证券代码、最低成交价格、最高成交价格、昨日收盘价格、期货合约代码、前收盘价格、开盘价格、持仓数量、结算价格、前结算价格、最新价格、最高买价格、最高买数量、最低卖价格、最低卖数量、当日平均价格、币种代码、期货合约日交易参数等	1	
				明细行情数据	一般包含普通行情数据中的信息，但数据内容揭示了逐笔成交行情信息	2	
				高频行情数据	一般包含普通行情数据中的信息，但数据采样区别于普通行情，以间隔 1 秒或 3 秒甚至更少的时间间隔形式采样的“切片”行情信息	2	
				意向行情数据	一般包含普通行情数据中的多数信息，但并非实际成交行情，实际揭示了买卖双方意向的报价行情	1	

续表

业务细分		数据归类和细分				最低参考数据级别	备注
业务条线一级子类	业务条线二级子类	数据一级子类	数据类型说明	数据二级子类	数据类型说明		
交易	发行管理	发行人信息	一般指为筹措资金而发行产品的政府及其机构、金融机构、公司和企业等主体的基本信息	上市公司信息	一般指上市公司、拟上市公司等主体的基本信息，包含发行人标识、交易场所代码、股票发行机构、上市日期、法律顾问律师事务所标志、经办律师名称、海外市场上市标志等	2	
				基金管理公司信息	一般指基金发行人等主体的基本信息，包含发行人标识、境内发行人、产品标识、产品等	2	
				其他发行人信息	一般指债券发行人、其他发行人等主体的基本信息，包含发行人标识、境内发行人等	2	
	会员管理/机构管理	基本信息	一般指交易所会员/中介服务机构的基本信息，包含机构标识、境内中介机构、境内机构投资者、营业部数量、公司 Logo 等			2	
		财务信息	一般指交易所会员/中介服务机构的财务信息，包含净资本、净资产等			2	
		席位信息	一般指交易所会员/中介服务机构的席位信息，包含交易场所代码、证券营业部编码、席位代码、期货席位代码、期货营业部编码等			2	
		执业信息	一般指交易所会员/中介服务机构的执业信息，包含机构业务资格类型代码、资格证书编号、批准文号、批准日期、批准单位等			2	

续表

业务细分		数据归类和细分				最低参考数据级别	备注
业务条线一级子类	业务条线二级子类	数据一级子类	数据类型说明	数据二级子类	数据类型说明		
交易	投资者管理	投资者基本信息	一般指参与证券期货市场交易活动的自然人或法人机构的基本信息	个人投资者基本信息	一般指参与证券期货市场交易活动的自然人基本信息，包含姓名、证件类型、证件号码、出生日期、联系地址、移动电话、国籍、个人标识等信息	4	
				机构投资者基本信息	一般指参与证券期货市场交易活动的社会单位基本信息，包含机构全称、机构简称、工商注册登记号、组织机构类别代码、注册国家、注册地址、注册登记机关、成立日期、法人代表、注册资本金额、机构标识等信息	3	
		投资者开户/账户信息	一般指投资者与交易活动相关的识别信息，包括账户名称、投资者标识、账户类别、账户用途、账户状态代码等信息			3	
		投资者鉴别信息	一般指投资者的账户认证信息，包含账户编码、账户类别、密码、UKEY、证书等信息			3	
		投资者服务信息	一般指机构为投资者提供各类与投资者相关的服务信息，包括投资者来电信息、投资者接受风险教育信息、投资者咨询信息、投资者回访等信息			2	
	产品管理	股票信息	一般指证券期货行业中与股票属性相关信息，包含股票代码、行业类别代码、证券简称、交易场所代码、首次发行日期、发行人标识等信息			1	
		基金信息	一般指证券期货行业中与基金属性相关信息，包含基金代码、募集方式代码、发行人标识、发行日期、基金管理公司标识、基金托管机构编码、基金状态代码等信息			1	
		债券信息	一般指证券期货行业中与债券属性相关信息，包含债券代码、募集方式代码、债券面值、债券发行主体类别代码、担保方式代码、付息方式代码、计息方式代码、发行日期、到期日期、期限等信息			1	

续表

业务细分		数据归类和细分				最低参考数据级别	备注
业务条线一级子类	业务条线二级子类	数据一级子类	数据类型说明	数据二级子类	数据类型说明		
交易	产品管理	期货合约信息	一般指证券期货行业中与期货合约属性相关信息，包含期货合约代码、期货品种代码、期货交割方式代码、期货合约状态代码、合约交割月份、最小变动价位等信息			1	
		期权合约信息	一般指证券期货行业中与期权属性相关信息，包含期权合约代码、基础资产类别代码、行权方式代码、交割方式代码、期权系列代码、执行价格等信息			1	
		指数及指数成分信息	一般指证券期货行业中构成指数的样本成分相关信息，包含证券代码、加权方式代码、成分证券代码、生效日期、权重等信息			1	
		其他产品信息	一般指不属于上述产品的其他产品，其相关信息根据产品的具体属性自行定义			1	
监管	监察与评价管理	监察参考信息	一般指因监管需要而来自外部的具有参考性质的数据，包含成交信息、委托信息、账户信息、资金数据、清算与交收 / 交割数据等			4	
		监管统计及预警信息	一般指因监管需要，对相关数据统计、分析、汇总、组合而成的统计信息和具有预警性质的数据	监管统计分析结果	一般指监察部门对相关数据进行汇总、统计、分析、比对、组合而成的结果性数据。如证券公司、商业银行、中国结算报送数据比对；套保信息、套利信息；对会员交易、结算、交割等进行统计、分析、监测的结果数据	4	
				监管预警信息	一般指监察部门对相关数据进行汇总、统计、分析、比对、组合而成的具有预警性质的数据。如转融通及融资融券数据报表（中证金融）、简称变更、除权除息、新增股份挂牌等业务操作数据（全国股转）	4	

续表

业务细分		数据归类和细分				最低参考数据级别	备注
业务条线一级子类	业务条线二级子类	数据一级子类	数据类型说明	数据二级子类	数据类型说明		
监管	监察与评价管理	评价、处罚与违规信息	一般指对市场参与者的评价、处罚和违规信息数据。如异常交易行为、违规交易行为、投资者诉求数据等			2	
信息披露	研究报告	研究报告（已公开）	一般指已通过公司网站等渠道公开发布的研究报告。如国外同业机构或市场考察报告、国外同业机构风险框架研究报告等			1	
		研究报告（未公开）	一般指需要上报但尚未公开的证监会及有关单位的研究报告。如系统性风险度量模型市场类指数监测月报、中国债券市场统计月报、境内外资本市场统计月报等			2	
	信息披露管理	其他公告信息（公开）	一般指证券、期货及衍生品市场公开发布的其他非产品的公告信息；如信息挂牌公司定期公告/临时报告、券商加入做市/退出做市公告、券商意见书、股转公司公告、同意挂牌函、处罚决定书、问询函等			1	
		统计公示信息（公开）	一般指证券、期货及衍生品市场公开发布的统计类信息；如股票品种行情等数据；基金品种行情、申赎等数据；债券品种行情回购付息兑付等数据；期权行情数据；指数的行情；期货持仓排名等数据			1	
		持有人名册信息（未公开）	一般指尚未公开的证券市场向发行人提供的用于信息披露的证券持有人名册信息，包含持有人名称、持有人证件号码、证券账户、持有证券代码、股份性质、流通类型、持有数量、托管单元等			4	
		其他公告信息（未公开）	一般指证券、期货及衍生品市场待公开但尚未公开的其他公告信息			2	
		统计公示信息（未公开）	一般指证券、期货及衍生品市场待公开但尚未公开的统计类公示信息			2	
其他	标准化管理	行业编码信息	一般指 ISIN 编码、CFI 编码、基金参与方编码、基金编码、非公募产品编码等证券期货业相关产品编码、机构编码信息			1	
	业务管理	统计信息	一般指机构的各项业务统计信息，例如业务报表类信息			2	
	技术管理	规划类数据	一般指证券期货行业会管单位进行项目、系统、平台等技术系统建设中预计的规划信息，包括短期规划和长期规划			2	

续表

业务细分		数据归类和细分				最低参考数据级别	备注
业务条线一级子类	业务条线二级子类	数据一级子类	数据类型说明	数据二级子类	数据类型说明		
其他	技术管理	质量管理类数据	一般指证券期货行业会管单位管理类、制度类、质量管控类的数据			2	
		开发类数据	一般指证券期货行业会管单位开发过程中的数据，包括开发代码、过程管理、验收等数据			3	
		测试类数据	一般指证券期货行业会管单位测试中的数据，包括测试用例、测试方案、测试计划、测试结果、测试方法、测试环境等数据			2	
		安全管理数据	一般指证券期货行业会管单位与安全管理相关的数据，包括安全策略、升级策略、安全相关配置等数据			2	
		运行管理	一般指证券期货行业会管单位信息系统运行过程中产生、使用和保存的数据，包括配置信息、资产信息、数据字典、日志等数据	配置信息数据	一般指证券期货行业会管单位中和信息系统配置相关的信息，包括关键配置信息、存放位置、重要参数等	2	
				信息资产管理	一般指证券期货行业会管单位中和信息资产相关的信息，包括资产类型、资产价值、资产折旧、资产生命周期、拓扑关系等	2	
				数据字典类	一般指证券期货行业会管单位各个信息系统平台中的数据字典，包括数据符号、数据示意、说明解释等	2	
				日志类数据	一般指证券期货行业会管单位各个信息系统平台中的日志，包括系统日志、应用日志、网络日志等	2	

续表

业务细分		数据归类和细分				最低参考数据级别	备注
业务条线一级子类	业务条线二级子类	数据一级子类	数据类型说明	数据二级子类	数据类型说明		
其他	综合管理	人力数据	一般指证券期货行业会管单位人员信息，包括员工数量、年龄结构、部门结构、职级结构、司龄结构、人员流动、人员薪酬等	一般人员信息（公开）	一般指可公开的人员基本情况、包括姓名、籍贯、教育背景、学习经历、个人实践及成果获奖情况、个人特长及性格评价等	1	
				人员信息（非公开）	一般指人员信息中不宜向他人（一定范围以外的人）广泛公开或知悉的信息。包括手机信息、身份证信息、邮箱信息等	3	
				档案管理	一般指证券期货行业会管单位员工个人的人事档案、履历、自传、鉴定（考评）、政治历史、入党入团、奖励、处分、任免、工资等信息	2	
				薪酬、考核等信息	一般指证券期货行业会管单位员工的薪酬待遇、考核情况以及岗位级别等信息包括工资、津贴、奖金、福利、工作业绩、工作能力、工作态度、奖惩记录、岗位级别等	2	
		财务数据	一般指证券期货行业会管单位的财产和债务，即资产和负债，主要包括变现能力比率、资产管理比率、负债比率、盈利能力比率、现金流量分析等			2	

续表

业务细分		数据归类和细分				最低参考数据级别	备注
业务条线一级子类	业务条线二级子类	数据一级子类	数据类型说明	数据二级子类	数据类型说明		
其他	综合管理	办公数据	一般指证券期货行业会管单位处理公事的信息，包括文档管理、考勤管理、审批管理、资产管理、邮件管理、党务纪检管理等	党务纪检数据	一般指政党内部有关组织建设、事务和维护党的纪律的活动的信息，包括党的组织建设情况、党风廉政建设情况、纪律监督、违纪问题调查处理、受理党员和群众的来信来访等	2	
				非涉密公文数据	一般指证券期货行业会管单位按照特定的体式、经过一定的处理程序形成和使用的书面材料，包括份号、紧急程度、发文机关标志、发文字号、签发人、标题、主送机关、正文、附件说明、发文机关署名、成文日期、印章、附注、附件、抄送机关、印发机关和印发日期、页码等	2	
				邮件数据	一般指经邮件传递方式处理的文件信息，包括邮件发送时间、邮件接收时间、邮件标题、邮件内容、邮件附件和图片等关键信息	2	
		企业经营数据	一般指企业经营活动所产生的数据，如信息技术投入数据、经营状况评价数据、绩效考核数据、合规风控数据、内部审计数据等			2	
		合同信息	一般指企业取得各类货物、工程和服务所签订的合同信息，如IT设备采购合同、电脑软件采购合同、办公用品及各类配件采购合同、建设工程合同、服务采购合同等			2	
		供应商数据	一般指已经或有可能通过企业的采购行为，为企业提供物资或服务等资源的企业或机构的数据，如供应商管理流程、供应商评价信息、供应商名册、供应商档案等			2	

续表

业务细分		数据归类和细分				最低参考数据级别	备注
业务条线一级子类	业务条线二级子类	数据一级子类	数据类型说明	数据二级子类	数据类型说明		
其他	综合管理	项目管理数据	一般指因企业发展需要建立的各类包含基建、信息系统建设等项目相关管理数据、文档，如调研报告、需求分析文档、建设方案、IT 项目立项报告、项目实施配置文档、测试验收文档、交付文档等			2	
		企业战略规划	一般指企业为提高核心竞争力、获取竞争优势所产生的相关数据、文档，如营销、发展、品牌、融资、技术开发、人才开发、资源开发等战略信息			2	
		新产品研发	一般指企业研究选择适应市场需要的产品从产品设计到投入正常生产的一系列决策过程所产生的数据或文档，如调查研究报告、开发新产品的构思或创意、新产品或品种设计信息、新产品或品种研发报告及数据、新产品测试评估报告及数据等			2	
		章程制度	一般指为了维护正常的工作、劳动、学习、生活的秩序，保证各项工作的正常开展，依照法律、法令、政策而制订的具有法规性或指导性与约束力的章程制度，如公司章程、公司财务管理制度、公司资产管理制度、IT 治理制度、IT 信息技术管理制度等			2	

注：“数据汇集型会管单位”指因业务需要，汇集了涉及行业某一个或多个业务的全部或大部分数据的行业会管单位。在本标准起草阶段“数据汇集型会管单位”指中国证券登记结算有限责任公司、中国期货市场监控中心有限责任公司、中证资本市场运行统计监测中心有限责任公司。标准发布后，由行业监管机构具体确定

A.3 一般会管单位典型数据分类分级模板

表 A.2 一般会管单位典型数据分类分级模板

业务细分		数据归类和细分				最低参考数据级别	备注
业务条线一级子类	业务条线二级子类	数据一级子类	数据类型说明	数据二级子类	数据类型说明		
交易	交易管理	成交信息	一般指证券期货行业会管单位产品的成交相关信息，包含证券代码、成交金额、成交数量、成交时间、成交价格、成交日期、委托编号、会员编码、账户编码等			4	
		委托信息	一般指证券期货行业会管单位产品的委托相关信息，包含申请编号、证券代码、委托价格、委托数量、委托方向、委托类型、委托时间、委托价格、委托日期、会员编码、账户编码等			4	
		交易业务参数信息	一般指证券期货行业会管单位产品业务规则中定义的，完成交易所需的参数，如交易时段、涨跌幅、交易单元等			4	
		交易日志信息	一般指证券期货行业会管单位产品订单及成交的流水和错误信息，可分为订单日志、成交日志等多类，包含订单编号、日期、时间、价格、会员编码、账户编码等信息	订单日志	一般指证券期货行业会管单位产品订单流水和错误信息，包含订单编号、订单日期、订单时间、委托价格、会员编码、账户编码等信息	4	
				成交日志	一般指证券期货行业会管单位产品订单成交流水和错误信息，包含订单编号、成交编号、成交日期、成交时间、成交价格、会员编码、账户编码等信息	4	
	结算管理	持仓信息	一般指投资者持有某一证券、期货、基金等品种的信息，包含账户编码、证券代码、持仓数量、持仓日期、会员编码等			4	
		账户信息	一般指证券期货行业会管单位交易、结算业务相关联的交易账户、资金账户、银行账户信息，包含会管单位下属会员或机构账户，投资者账户等信息	会员 / 机构账户信息	一般指会员或相关机构开立的用于与会管单位进行资金结算、清算的账户信息，包含开户人姓名、开户网点信息、资金账户类型代码、资金账户类型描述、保证金账户编码、存管银行归属地等信息	4	
				投资者账户信息	一般指各类投资者的账户基本资料以及新开、注销账户变动情况	4	

续表

业务细分		数据归类和细分				最低参考数据级别	备注
业务条线一级子类	业务条线二级子类	数据一级子类	数据类型说明	数据二级子类	数据类型说明		
交易	结算管理	资金划转信息	一般指证券期货行业会管单位产品交易、结算相关的资金划转信息，包含申请编号、申请日期、币种代码、资金划转方向代码、出入金额等			3	
		银行账务信息	一般指证券期货行业会管单位开立的用于交易、结算业务的账户信息，包含专用结算账户编码、开户网点信息			4	
		交割业务信息	一般指证券期货行业会管单位产品交割相关，包含交割信息、仓单信息、仓库信息等	交割信息	一般指证券期货行业会管单位产品交割相关基本信息，包含交割方式、交割类型、交割明细等	4	
				仓单信息	一般指证券期货行业会管单位产品仓单相关信息，包含仓单类型、仓单流水等	4	
				仓库信息	一般指证券期货行业会管单位产品仓库相关信息，包含交割仓库名称、交割仓库简称、库存量、库容量等	3	
		结算业务参数信息	一般指证券期货行业会管单位产品结算业务参数，包含结算日期、结算价格、保证金率等			4	
		结算日志信息	一般指证券期货行业会管单位产品结算相关日志信息，包含结算日期、结算状态、报错信息等			3	
	行情管理	行情数据	一般指交易所公布的交易行情，包括证券即时行情、证券收市行情、期货交易行情、期货实时行情、期货合约日交易参数、期货升贴水、期货现货价格等	普通行情数据	一般包含成交金额、成交时间、成交数量、当前价格、交易日期、今日开盘价格、申买价、申买量、申卖价、申卖量、市盈率、收盘价格、证券代码、最低成交价格、最高成交价格、昨日收盘价格、期货合约代码、前收盘价格、开盘价格、持仓数量、结算价格、前结算价格、最新价格、最高买价格、最高买数量、最低卖价格、最低卖数量、当日平均价格、币种代码等	1	
				明细行情数据	一般包含普通行情数据中的信息，但数据内容揭示了逐笔成交行情信息	2	

续表

业务细分		数据归类和细分				最低参考数据级别	备注
业务条线一级子类	业务条线二级子类	数据一级子类	数据类型说明	数据二级子类	数据类型说明		
交易	行情管理	行情数据	一般指交易所公布的交易行情，包括证券即时行情、证券收市行情、期货交易行情、期货实时行情、期货合约日交易参数、期货升贴水、期货现货价格等	高频行情数据	一般包含普通行情数据中的信息，但数据采样区别于普通行情，以间隔 1 秒或 3 秒甚至更少的时间间隔形式采样的“切片”行情信息	2	
				意向行情数据	一般包含普通行情数据中的多数信息，但并非实际成交行情，实际揭示了买卖双方意向的报价行情	1	
	发行管理	发行人信息	一般指为筹措资金而发行产品的政府及其机构、金融机构、公司和企业等主体的基本信息	上市公司信息	一般指上市公司、拟上市公司等主体的基本信息，包含发行人标识、交易场所代码、股票发行机构、上市日期、法律顾问律师事务所标志、经办律师名称、海外市场上市标志等	2	
				基金管理公司信息	一般指基金发行人等主体的基本信息，包含发行人标识、境内发行人、产品标识、产品等	2	
				其他发行人信息	一般指债券发行人、其他发行人等主体的基本信息，包含发行人标识、境内发行人等	2	
	会员管理/机构管理	基本信息	一般指交易所会员 / 中介服务机构的基本信息，包含机构标识、境内中介机构、境内机构投资者、营业部数量、公司 Logo 等			2	
		财务信息	一般指交易所会员 / 中介服务机构的财务信息，包含净资本、净资产等			2	
		席位信息	一般指交易所会员 / 中介服务机构的席位信息，包含交易场所代码、证券营业部编码、席位代码、期货席位代码、期货营业部编码等			2	
		执业信息	一般指交易所会员 / 中介服务机构的执业信息，包含机构业务资格类型代码、资格证书编号、批准文号、批准日期、批准单位等			2	

续表

业务细分		数据归类和细分				最低参考数据级别	备注
业务条线一级子类	业务条线二级子类	数据一级子类	数据类型说明	数据二级子类	数据类型说明		
交易	投资者管理	投资者基本信息	一般指参与证券期货市场交易活动的自然人或法人机构的基本信息	个人投资者基本信息	一般指参与证券期货市场交易活动的自然人基本信息，包含姓名、证件类型、证件号码、出生日期、联系地址、移动电话、国籍、个人标识等信息	4	
				机构投资者基本信息	一般指参与证券期货市场交易活动的社会单位基本信息，包含机构全称、机构简称、工商注册登记号、组织机构类别代码、注册国家、注册地址、注册登记机关、成立日期、法人代表、注册资本金额、机构标识等信息	3	
		投资者开户/账户信息	一般指投资者与交易活动相关的识别信息，包含账户名称、投资者标识、账户类别、账户用途、账户状态代码等信息			3	
		投资者服务信息	一般指机构为投资者提供各类与投资者相关的服务信息，包含投资者来电信息、投资者接受风险教育信息、投资者咨询信息、投资者回访等信息			2	
	产品管理	股票信息	一般指证券期货行业中与股票属性相关信息，包含股票代码、行业类别代码、证券简称、交易场所代码、首次发行日期、发行人标识等信息			1	
		基金信息	一般指证券期货行业中与基金属性相关信息，包含基金代码、募集方式代码、发行人标识、发行日期、基金管理公司标识、基金托管机构编码、基金状态代码等信息			1	
		债券信息	一般指证券期货行业中与债券属性相关信息，包含债券代码、募集方式代码、债券面值、债券发行主体类别代码、担保方式代码、付息方式代码、计息方式代码、发行日期、到期日期、期限等信息			1	
		期货合约信息	一般指证券期货行业中与期货合约属性相关信息，包含期货合约代码、期货品种代码、期货交割方式代码、期货合约状态代码、合约交割月份、最小变动价位等信息			1	

续表

业务细分		数据归类和细分				最低参考数据级别	备注
业务条线一级子类	业务条线二级子类	数据一级子类	数据类型说明	数据二级子类	数据类型说明		
交易	产品管理	期权合约信息	一般指证券期货行业中与期权属性相关信息，包含期权合约代码、基础资产类别代码、行权方式代码、交割方式代码、期权系列代码、执行价格等信息			1	
		指数及指数成分信息	一般指证券期货行业中构成指数的样本成分相关信息，包含证券代码、加权方式代码、成分证券代码、生效日期、权重等信息			1	
		其他产品信息	一般指不属于上述产品的其他产品，其相关信息根据产品的具体属性自行定义			1	
监管	监察与评价管理	监察参考信息	一般指因监管需要而来自外部的具有参考性质的数据，包含成交信息、委托信息、账户信息、资金数据、清算与交收 / 交割数据等			4	
		监管统计及预警信息	一般指因监管需要，对相关数据统计、分析、汇总、组合而成的统计信息和具有预警性质的数据	监管统计分析结果	一般指监察部门对相关数据进行汇总、统计、分析、比对、组合而成的结果性数据。如证券公司、商业银行、中国结算报送数据比对；套保信息、套利信息；对会员交易、结算、交割等进行统计、分析、监测的结果数据	4	
		评价、处罚与违规信息	一般指对市场参与者的评价、处罚和违规信息数据。如异常交易行为、违规交易行为、投资者诉求数据等			2	
信息披露	信息披露管理	产品发行信息（公开）	一般指证券、期货及衍生品市场产品的公开发布信息。如股票、优先股基本信息（代码、简称、转让、停复牌）；品种、合约基本定义信息；股票品种、规模；基金品种、规模；债券品种、规模等			1	
		产品状态信息（公开）	一般指证券、期货及衍生品市场公开发布的产品状态信息；如股票品种的申报成交持有数据；基金品种的申报成交持有、申赎等数据；债券品种申报成交持有、托管数据；期权申报成交持仓挂牌行权等数据；融资融券、约定购回等相关数据；指数的样本规模等数据			1	

续表

业务细分		数据归类和细分				最低参考数据级别	备注
业务条线一级子类	业务条线二级子类	数据一级子类	数据类型说明	数据二级子类	数据类型说明		
信息披露	信息披露管理	其他公告信息（公开）	一般指证券、期货及衍生品市场公开发布的其他非产品的公告信息；如信息挂牌公司定期公告 / 临时报告、券商加入做市 / 退出做市公告、券商意见书、股转公司公告、同意挂牌函、处罚决定书、问询函等			1	
		统计公示信息（公开）	一般指证券、期货及衍生品市场公开发布的统计类信息；如股票品种行情等数据；基金品种行情、申赎等数据；债券品种行情回购付息兑付等数据；期权行情数据；指数的行情等数据			1	
		产品发行信息（未公开）	一般指证券、期货及衍生品市场产品待公开但尚未公开的产品发行信息			2	
		产品状态信息（未公开）	一般指证券、期货及衍生品市场待公开但尚未公开的产品状态信息			2	
		其他公告信息（未公开）	一般指证券、期货及衍生品市场待公开但尚未公开的其他公告信息			2	
		统计公示信息（未公开）	一般指证券、期货及衍生品市场待公开但尚未公开的统计类公示信息			2	
其他	标准化管理	行业编码信息	一般指 ISIN 编码、CFI 编码、基金参与方编码、基金编码、非公募产品编码等证券期货业相关产品编码、机构编码信息			1	
	营销服务	客户关系信息	一般指机构与会员 / 客户之间在销售、营销和服务上的交互信息数据			2	
		客户服务信息	一般指机构开发新会员及维护老会员形成的对客户的联系、服务、售后等信息定期管理的记录			2	
		客户经营分析	一般指机构对会员经营情况的分析数据，例如对会员的盈利、市场等情况的汇总数据			2	

续表

业务细分		数据归类和细分				最低参考数据级别	备注
业务条线一级子类	业务条线二级子类	数据一级子类	数据类型说明	数据二级子类	数据类型说明		
其他	营销服务	渠道信息	一般指机构对会员进行营销、客户服务等活动中所使用的信息渠道信息			2	
		市场营销推广信息	一般指机构对会员进行营销推广活动中产生的数据信息			2	
		服务机构信息	一般指机构提供会员服务的部门基本信息			1	
		服务人员信息	一般指机构提供会员服务的人员开展业务服务所需的基本信息			1	
	业务管理	统计信息	一般指机构的各项业务统计信息，例如业务报表类信息			2	
		其他业务管理	一般指机构各项业务的其他信息，如管理信息、营销方案等			2	
	技术管理	规划类数据	一般指证券期货行业会管单位进行项目、系统、平台等技术系统建设中预计的规划信息，包括短期规划和长期规划			2	
		质量管理类数据	一般指证券期货行业会管单位管理类、制度类、质量管控类的数据			2	
		开发类数据	一般指证券期货行业会管单位开发过程中的数据，包括开发代码、过程管理、验收等数据			3	
		测试类数据	一般指证券期货行业会管单位测试中的数据，包括测试用例、测试方案、测试计划、测试结果、测试方法、测试环境等数据			2	
		安全管理数据	一般指证券期货行业会管单位与安全管理相关的数据，包括安全策略、升级策略、安全相关配置等数据			2	

续表

业务细分		数据归类和细分				最低参考数据级别	备注
业务条线一级子类	业务条线二级子类	数据一级子类	数据类型说明	数据二级子类	数据类型说明		
其他	技术管理	运行管理	一般指证券期货行业会管单位信息系统运行过程中产生、使用和保存的数据，包括配置信息、资产信息、数据字典、日志等数据	配置信息数据	一般指证券期货行业会管单位中和信息系统配置相关的信息，包括关键配置信息、存放位置、重要参数等	2	
				信息资产管理	一般指证券期货行业会管单位中和信息资产相关的信息，包括资产类型、资产价值、资产折旧、资产生命周期、拓扑关系等	2	
				数据字典类	一般指证券期货行业会管单位各个信息系统平台中的数据字典，包括数据符号、数据示意、说明解释等	2	
				日志类数据	一般指证券期货行业会管单位各个信息系统平台中的日志，包括系统日志、应用日志、网络日志等	2	
	综合管理	人力数据	一般指证券期货行业会管单位人员信息，包括员工数量、年龄结构、部门结构、职级结构、司龄结构、人员流动、人员薪酬等	一般人员信息（公开）	一般指可公开的人员基本情况、包括姓名、籍贯、教育背景、学习经历、个人实践及成果获奖情况、个人特长及性格评价等	1	
				人员信息（非公开）	一般指人员信息中不宜向他人（一定范围以外的人）广泛公开或知悉的信息。包括手机信息、身份证信息、邮箱信息等	3	
				档案管理	一般指证券期货行业会管单位员工个人的人事档案、履历、自传、鉴定（考评）、政治历史、入党入团、奖励、处分、任免、工资等信息	2	
				薪酬、考核等信息	一般指证券期货行业会管单位员工的薪酬待遇、考核情况以及岗位级别等信息包括工资、津贴、奖金、福利、工作业绩、工作能力、工作态度、奖惩记录、岗位级别等	2	
		财务数据	一般指证券期货行业会管单位的财产和债务，即资产和负债，主要包括变现能力比率、资产管理比率、负债比率、盈利能力比率、现金流量分析等			2	

续表

业务细分		数据归类和细分				最低参考数据级别	备注
业务条线一级子类	业务条线二级子类	数据一级子类	数据类型说明	数据二级子类	数据类型说明		
其他	综合管理	办公数据	一般指证券期货行业会管单位处理公事的信息，包括文档管理、考勤管理、审批管理、资产管理、邮件管理、党务纪检管理等	党务纪检数据	一般指政党内部有关组织建设、事务和维护党的纪律的活动的信息，包括党的组织建设情况、党风廉政建设情况、纪律监督、违纪问题调查处理、受理党员和群众的来信来访等	2	
				非涉密公文数据	一般指证券期货行业会管单位按照特定的体式、经过一定的处理程序形成和使用的书面材料，包括份号、紧急程度、发文机关标志、发文字号、签发人、标题、主送机关、正文、附件说明、发文机关署名、成文日期、印章、附注、附件、抄送机关、印发机关和印发日期、页码等	2	
				邮件数据	一般指经邮件传递方式处理的文件信息，包括邮件发送时间、邮件接收时间、邮件标题、邮件内容、邮件附件和图片等关键信息	2	
		企业经营数据	一般指企业经营活动所产生的数据，如信息技术投入数据、经营状况评价数据、绩效考核数据、合规风控数据、内部审计数据等			2	
		合同信息	一般指企业取得各类货物、工程和服务所签订的合同信息，如IT设备采购合同、电脑软件采购合同、办公用品及各类配件采购合同、建设工程合同、服务采购合同等			2	
		供应商数据	一般指已经或有可能通过企业的采购行为，为企业提供物资或服务等资源的企业或机构的数据，如供应商管理流程、供应商评价信息、供应商名册、供应商档案等			2	
		项目管理数据	一般指因企业发展需要建立的各类包含基建、信息系统建设等项目相关管理数据、文档，如调研报告、需求分析文档、建设方案、IT项目立项报告、项目实施配置文档、测试验收文档、交付文档等			2	

续表

业务细分		数据归类和细分				最低参考数据级别	备注
业务条线一级子类	业务条线二级子类	数据一级子类	数据类型说明	数据二级子类	数据类型说明		
其他	综合管理	企业战略规划	一般指企业为提高核心竞争力、获取竞争优势所产生的相关数据、文档，如营销、发展、品牌、融资、技术开发、人才开发、资源开发等战略信息			2	
		新产品研发	一般指企业研究选择适应市场需要的产品从产品设计到投入正常生产的一系列决策过程所产生的数据或文档，如调查研究报告、开发新产品的构思或创意、新产品或品种设计信息、新产品或品种研发报告及数据、新产品测试评估报告及数据等			2	
		章程制度	一般指为了维护正常的工作、劳动、学习、生活的秩序，保证各项工作的正常开展，依照法律、法令、政策而制订的具有法规性或指导性与约束力的章程制度，如公司章程、公司财务管理制度、公司资产管理制度、IT 治理制度、IT 信息技术管理制度等			2	
注：“一般会管单位”指“数据汇集型会管单位”以外的其他会管单位							

A.4 行业协会典型数据分类分级模板

表 A.3 行业协会典型数据分类分级模板

业务细分		数据归类和细分				最低参考数据级别	备注
业务条线一级子类	业务条线二级子类	数据一级子类	数据类型说明	数据二级子类	数据类型说明		
交易	产品管理	产品基本信息	一般指证券期货行业中与证券产品属性相关信息，包含证券代码、类别代码、证券简称、交易场所代码、首次发行日期等信息			2	
		产品相关信息	一般指不属于上述产品的其他产品，其相关信息根据产品的具体属性自行定义			2	

续表

业务细分		数据归类和细分				最低参考数据级别	备注
业务条线一级子类	业务条线二级子类	数据一级子类	数据类型说明	数据二级子类	数据类型说明		
交易	产品管理	配售对象产品信息	一般指相关会员／机构向行业协会报送的配售对象产品数据，产品名称、类型、沪深证券账号等信息			2	
	交易管理	托管数据	一般指相关会员／机构向行业协会报送的托管数据，会员基金托管业务的规模、收入等信息			3	
		销售数据	一般指相关会员／机构向行业协会报送的销售数据，包含会员基金销售业务的规模、收入等信息			3	
	投资者管理	网下投资者信息	网下投资者名称、类型、证件号码等基本信息			3	
监管	会员／机构管理	会员／机构基本信息	一般指行业协会管理的会员／机构的基本信息，包含会员号、名称、类型、注册地址等基本信息等			2	
		会员／机构财务信息	一般指行业协会管理的会员／机构的财务信息，包含净资本、净资产等			3	
		会员／机构人员信息	一般指行业协会管理的会员／机构的人员信息，包含会员代表、高管、联系人等信息			3	
	从业人员管理	从业人员基本信息	一般指行业协会管理的行业从业人员基本信息，包含姓名、年龄、身份证号、证书编号等信息			3	
		从业人员诚信信息	一般指协会管理的行业从业人员诚信记录类信息，包含从业人员获奖、处罚相关信息			2	
		从业人员考试数据信息	一般指行业协会管理的行业从业人员考试信息，包含从业人员考试成绩、准考证号等相关信息			2	
信息披露	通知公告	通知公告	一般指行业协会发布的各类通知、公告信息，包含从业考试通知等			1	
其他	业务管理	行业人才信息	一般指行业协会获取或管理的行业人才信息，包含上市公司独立董事、董秘求职信息及上市公司对独立董事、董秘招聘需求的信息			2	
		培训信息	一般指行业协会组织的各类行业培训管理信息，包含学员的姓名、性别、工作单位、培训资料等信息			2	

续表

业务细分		数据归类和细分				最低参考数据级别	备注
业务条线一级子类	业务条线二级子类	数据一级子类	数据类型说明	数据二级子类	数据类型说明		
其他	业务管理	统计信息	一般指机构的各项业务统计信息，例如业务报表类信息			2	
		其他业务管理	一般指机构各项业务的其他信息，如管理信息、营销方案等			2	
	技术管理	规划类数据	一般指行业协会进行项目、系统、平台等技术系统建设中预计的规划信息，包括短期规划和长期规划			2	
		质量管理类数据	一般指行业协会管理类、制度类、质量管控类的数据			2	
		开发类数据	一般指行业协会开发过程中的数据，包括开发代码、过程管理、验收等数据			3	
		测试类数据	一般指行业协会测试中的数据，包括测试用例、测试方案、测试计划、测试结果、测试方法、测试环境等数据			2	
		安全管理数据	一般指行业协会与安全管理相关的数据，包括安全策略、升级策略、安全相关配置等数据			2	
		运行管理	一般指行业协会信息系统运行过程中产生、使用和保存的数据，包括配置信息、资产信息、数据字典、日志等数据	配置信息数据	一般指行业协会中和信息系统配置相关的信息，包括关键配置信息、存放位置、重要参数等	2	
				信息资产管理	一般指行业协会中和信息资产相关的信息，包括资产类型、资产价值、资产折旧、资产生命周期、拓扑关系等	2	
				数据字典类	一般指行业协会各个信息系统平台中的数据字典，包括数据符号、数据示意、说明解释等	2	
				日志类数据	一般指行业协会各个信息系统平台中的日志，包括系统日志、应用日志、网络日志等	2	

续表

业务细分		数据归类和细分				最低参考数据级别	备注
业务条线一级子类	业务条线二级子类	数据一级子类	数据类型说明	数据二级子类	数据类型说明		
其他	综合管理	人力数据	一般指行业协会人员信息，包括员工数量、年龄结构、部门结构、职级结构、司龄结构、人员流动、人员薪酬等	一般人员信息（公开）	一般指可公开的人员基本情况、包括姓名、籍贯、教育背景、学习经历、个人实践及成果获奖情况、个人特长及性格评价等	1	
				人员信息（非公开）	一般指人员信息中不宜向他人（一定范围以外的人）广泛公开或知悉的信息。包括手机信息、身份证信息、邮箱信息等	3	
				档案管理	一般指行业协会员工个人的人事档案、履历、自传、鉴定（考评）、政治历史、入党入团、奖励、处分、任免、工资等信息	2	
			一般指行业协会人员信息，包括员工数量、年龄结构、部门结构、职级结构、司龄结构、人员流动、人员薪酬等	薪酬、考核等信息	一般指行业协会员工的薪酬待遇、考核情况以及岗位级别等信息包括工资、津贴、奖金、福利、工作业绩、工作能力、工作态度、奖惩记录、岗位级别等	2	
		财务数据	一般指行业协会的财产和债务，即资产和负债，主要包括变现能力比率、资产管理比率、负债比率、盈利能力比率、现金流量分析等			2	
		办公数据	一般指行业协会处理公事的信息，包括文档管理、考勤管理、审批管理、资产管理、邮件管理、党务纪检管理等	党务纪检数据	一般指政党内部有关组织建设、事务和维护党的纪律的活动的信息，包括党的组织建设情况、党风廉政建设情况、纪律监督、违纪问题调查处理、受理党员和群众的来信来访等	2	
				非涉密公文数据	一般指行业协会按照特定的体式、经过一定的处理程序形成和使用的书面材料，包括份号、紧急程度、发文机关标志、发文字号、签发人、标题、主送机关、正文、附件说明、发文机关署名、成文日期、印章、附注、附件、抄送机关、印发机关和印发日期、页码等	2	
				邮件数据	一般指经邮件传递方式处理的文件信息，包括邮件发送时间、邮件接收时间、邮件标题、邮件内容、邮件附件和图片等关键信息	2	

续表

业务细分		数据归类和细分				最低参考数据级别	备注
业务条线一级子类	业务条线二级子类	数据一级子类	数据类型说明	数据二级子类	数据类型说明		
其他	综合管理	企业经营数据	一般指企业经营活动所产生的数据，如信息技术投入数据、经营状况评价数据、绩效考核数据、合规风控数据、内部审计数据等			2	
		合同信息	一般指企业取得各类货物、工程和服务所签订的合同信息，如 IT 设备采购合同、电脑软件采购合同、办公用品及各类配件采购合同、建设工程合同、服务采购合同等			2	
		供应商数据	一般指已经或有可能通过企业的采购行为，为企业提供物资或服务等资源的企业或机构的数据，如供应商管理流程、供应商评价信息、供应商名册、供应商档案等			2	
		项目管理数据	一般指因企业发展需要建立的各类包含基建、信息系统建设等项目相关管理数据、文档，如调研报告、需求分析文档、建设方案、IT 项目立项报告、项目实施配置文档、测试验收文档、交付文档等			2	
		企业战略规划	一般指企业为提高核心竞争力、获取竞争优势所产生的相关数据、文档，如营销、发展、品牌、融资、技术开发、人才开发、资源开发等战略信息			2	
		新产品研发	一般指企业研究选择适应市场需要的产品从产品设计到投入正常生产的一系列决策过程所产生的数据或文档，如调查研究报告、开发新产品的构思或创意、新产品或品种设计信息、新产品或品种研发报告及数据、新产品测试评估报告及数据等			2	
		章程制度	一般指为了维护正常的工作、劳动、学习、生活的秩序，保证各项工作的正常开展，依照法律、法令、政策而制订的具有法规性或指导性与约束力的章程制度，如公司章程、公司财务管理制度、公司资产管理制度、IT 治理制度、IT 信息技术管理制度等			2	

A.5 证券公司典型数据分类分组模板

表 A.4 证券公司典型数据分类分级模板

业务细分		数据归类和细分				最低参考数据级别	备注
业务条线一级子类	业务条线二级子类	数据一级子类	数据类型说明	数据二级子类	数据类型说明		
交易	交易管理	成交信息	一般指投资者买卖证券产品的成交相关信息，包含营业部编码、账户编码、证券账户编码、银行账户编码、市场代码、证券代码、成交金额、成交数量、成交时间、成交价格、成交日期、委托编号、席位代码、经手费、证管费、印花税、佣金等			3	
		委托信息	一般指投资者买卖证券产品的委托相关信息，包含营业部编码、账户编码、证券账户编码、市场代码、证券代码、委托价格、委托数量、委托方向、委托类型、委托时间、委托日期、委托渠道、席位代码等			3	
		银证转账	一般指投资者通过三方存管账户进行的资金划转相关信息，包含营业部编码、账户编码、银行代码、银行账户编码、发生金额、发生日期、发生时间、渠道代码等			2	
		交易业务参数信息	一般指证券产品业务规则中定义的，完成交易所需的参数，如交易时段、涨跌幅、交易单元等			2	
		交易日志信息	一般指投资者行为相关信息，可分为注册登录日志、信息变更日志等多类，包含营业部编码、账户编码、发生日期、发生时间、来源等信息	注册登录日志	一般指投资者设备注册、登录等，包含营业部编码、账户编码、设备类型、手机号、发生日期、发生时间、来源等信息	3	
				信息变更	一般指投资者信息变更，如开通权限、修改密码等，包含营业部编码、账户编码、变更内容、发生日期、发生时间、来源等信息	3	
	结算管理	持仓信息	一般指投资者持有某一证券、期货、基金等品种的信息，包含营业部编码、账户编码、证券账户编码、市场代码、证券代码、持仓数量、持仓日期、市值等			3	

续表

业务细分		数据归类和细分				最低参考数据级别	备注
业务条线一级子类	业务条线二级子类	数据一级子类	数据类型说明	数据二级子类	数据类型说明		
交易	结算管理	资金划转信息	一般指证券期货行业证券产品交易、结算相关的资金划转信息，包含营业部编码、账户编码、银行账户编码、发生日期、发生时间、币种代码、资金划转方向代码、出入金额等			2	
		银行账务信息	一般指投资者开立的用于交易、结算业务的账户信息，包含营业部编码、账户编码、开户网点信息、银行账户、币种代码等			3	
		资金状况信息	一般指投资者资金账户余额信息，包含营业部编码、账户编码、币种代码、银行账户、资金余额等			3	
		结算台账信息	一般指证券期货行业证券产品结算台账信息			2	
		结算业务参数信息	一般指证券期货行业证券产品结算业务参数，包含结算日期、结算价格、保证金率等			2	
		结算日志信息	一般指证券期货行业证券产品结算相关日志信息，包含结算日期、结算状态、报错信息等			2	
	行情、资讯	行情数据	一般指交易所公布的交易行情，包括证券即时行情、证券收市行情、期货交易行情、期货实时行情、期货合约日交易参数、期货升贴水、期货现货价格等	普通行情数据	一般包含成交金额、成交时间、成交数量、当前价格、交易日期、今日开盘价格、申买价、申买量、申卖价、申卖量、市盈率、收盘价格、证券代码、最低成交价格、最高成交价格、昨日收盘价格、期货合约代码、前收盘价格、开盘价格、持仓数量、结算价格、前结算价格、最新价格、最高买价格、最高买数量、最低卖价格、最低卖数量、当日平均价格、币种代码等	1	
		行情数据	一般指交易所公布的交易行情，包括证券即时行情、证券收市行情、期货交易行情、期货实时行情、期货合约日交易参数、期货升贴水、期货现货价格等	明细行情数据	一般包含普通行情数据中的信息，但数据内容揭示了逐笔成交行情信息	1	

续表

业务细分		数据归类和细分				最低参考数据级别	备注
业务条线一级子类	业务条线二级子类	数据一级子类	数据类型说明	数据二级子类	数据类型说明		
交易	行情、资讯	行情数据	一般指交易所公布的交易行情，包括证券即时行情、证券收市行情、期货交易行情、期货实时行情、期货合约日交易参数、期货升贴水、期货现货价格等	高频行情数据	一般包含普通行情数据中的信息，但数据采样区别于普通行情，以间隔1秒或3秒甚至更少的时间间隔形式采样的“切片”行情信息	1	
			一般指交易所公布的交易行情，包括证券即时行情、证券收市行情、期货交易行情、期货实时行情、期货合约日交易参数、期货升贴水、期货现货价格等	意向行情数据	一般包含普通行情数据中的多数信息，但并非实际成交行情，实际揭示了买卖双方意向的报价行情	1	
		资讯信息	一般指国家政策、财经新闻、公司与证券产品相关的信息			1	
	投资者管理	投资者基本信息	一般指参与证券期货市场交易活动的自然人或法人机构的基本信息	个人投资者基本信息	一般指参与证券期货市场交易活动的自然人基本信息，包含姓名、证件类型代码、证件号码、出生日期、联系地址、移动电话、国籍、个人标识等信息	3	
		投资者基本信息	一般指参与证券期货市场交易活动的自然人或法人机构的基本信息	机构投资者基本信息	一般指参与证券期货市场交易活动的社会单位基本信息，包含机构全称、机构简称、工商注册登记号、组织机构类别代码、注册国家、注册地址、注册登记机关、成立日期、法人代表、注册资本金额、机构标识等信息	2	
		投资者开户/账户信息	一般指投资者与交易活动相关的识别信息，包括账户名称、投资者标识、账户类别、账户编码、账户用途、账户状态代码等信息			3	
		投资者编码信息	一般指投资者在证券公司的内部统一编码			2	
		投资者鉴别信息	一般指投资者的账户认证信息，包含投资者用于身份认证的账户编码、密码等			3	

续表

业务细分		数据归类和细分				最低参考数据级别	备注
业务条线一级子类	业务条线二级子类	数据一级子类	数据类型说明	数据二级子类	数据类型说明		
交易	投资者管理	投资者衍生信息	一般指对投资者交易及行为数据进行处理、分析所形成的反映特定投资者某些情况的信息，包含：投资者分类、投资能力、投资意愿等			2	
		投资者信用信息	一般指投资者的信用相关信息，包含账户编码、信用等级、信用额度、融资融券偿还情况以及投资者在交易活动中形成的，能够反映其信用状况的其他信息			3	
		投资者合约合同信息	一般指参与交易活动所产生的契约信息。包含账户编码、流水号、合同号、市场代码、证券代码、证券数量、发生金额、归还日期等			3	
	产品管理	产品信息	一般指证券期货行业中与证券产品属性相关信息，包含证券代码、类别代码、证券简称、交易场所代码、首次发行日期等信息			1	
		合约信息	一般指证券期货行业中与合约属性相关信息，如期货、期权，包含合约代码、品种代码、交割方式代码、合约状态代码、合约交割月份、最小变动价位等信息			1	
		其他产品信息	一般指不属于上述产品的其他产品，其相关信息根据产品的具体属性自行定义			1	
监管	监管报送	监管信息	一般指证券公司按照监管部门的要求，定期上报的业务开展情况、公司净资本等信息			2	
	合规风控	合规类信息	一般指证券公司参照国家法律法规明文规定和要求，产生的合规信息，如信息隔离、反洗钱、数据保密等信息			2	
		风控类信息	一般指因监管要求和证券公司发展需要，通过一些模型对相关数据进行统计、分析、汇总、组合而成的统计信息和具有预警性质的数据			2	
	稽核	审计信息	一般指证券公司在业务开展或业务管理的过程中对是否符合监管、合规和内控相关的要求或规定而产生的审计评估信息			2	

续表

业务细分		数据归类和细分				最低参考数据级别	备注
业务条线一级子类	业务条线二级子类	数据一级子类	数据类型说明	数据二级子类	数据类型说明		
信息披露	信息披露管理	产品发行信息（公开）	一般指证券、期货及衍生品市场产品的公开发布信息。如股票、优先股基本信息（代码、简称、转让、停复牌）；品种、合约基本定义信息；股票品种、规模；基金品种、规模；债券品种、规模等			1	
		产品状态信息（公开）	一般指证券、期货及衍生品市场公开发布的产品状态信息；如股票品种的申报成交持有数据；基金品种的申报成交持有、申赎等数据；债券品种申报成交持有、托管数据；期权申报成交持仓挂牌行权等数据；融资融券、约定购回等相关数据；指数的样本规模等数据			1	
		其他公告信息（公开）	一般指证券、期货及衍生品市场公开发布的其他非产品的公告信息；如信息挂牌公司定期公告 / 临时报告、券商加入做市 / 退出做市公告、券商意见书、股转公司公告、同意挂牌函、处罚决定书、问询函等			1	
		统计公示信息（公开）	一般指证券、期货及衍生品市场公开发布的统计类信息；如股票品种行情等数据；基金品种行情、申赎等数据；债券品种行情回购付息兑付等数据；期权行情数据；指数的行情等数据			1	
		产品发行信息（未公开）	一般指证券、期货及衍生品市场产品待公开但尚未公开的产品发行信息			2	
		产品状态信息（未公开）	一般指证券、期货及衍生品市场待公开但尚未公开的产品状态信息			2	
		其他公告信息（未公开）	一般指证券、期货及衍生品市场待公开但尚未公开的其他公告信息			2	

续表

业务细分		数据归类和细分				最低参考数据级别	备注
业务条线一级子类	业务条线二级子类	数据一级子类	数据类型说明	数据二级子类	数据类型说明		
信息披露	信息披露管理	统计公示信息（未公开）	一般指证券、期货及衍生品市场待公开但尚未公开的统计类公示信息			2	
	研究报告	研究报告（已公开）	一般指证券、期货及衍生品市场公开发布的研究报告信息。如行业、估值、建议卖买方向等信息			1	
		研究报告（未公开）	一般指证券、期货及衍生品市场待公开但尚未公开的研究报告信息			2	
其他	营销服务	客户关系信息	一般指证券公司与投资者之间在销售、营销和服务上的交互信息数据			3	
		客户服务信息	一般指证券公司开发新投资者及维护老投资者形成的对客户的联系、服务、售后等信息定期管理的记录			3	
		客户经营分析	一般指证券公司对投资者交易、持仓和资金情况的分析数据，例如对投资者的盈利、交易量、资产等情况的汇总数据			2	
		渠道信息	一般指证券公司对投资者进行营销、客户服务等活动中所使用的信息渠道信息			2	
		市场营销推广信息	一般指证券公司对投资者进行营销推广活动中产生的数据信息			2	
		服务机构信息	一般指证券公司提供投资者服务的部门基本信息			1	
		服务人员信息	一般指证券公司提供投资者服务的人员开展业务服务所需的基本信息			1	
	业务管理	统计信息	一般指证券公司的各项业务统计信息，例如业务报表类信息			2	
		其他业务管理	一般指证券公司各项业务的其他信息，如管理信息、营销方案等			2	

续表

业务细分		数据归类和细分				最低参考数据级别	备注
业务条线一级子类	业务条线二级子类	数据一级子类	数据类型说明	数据二级子类	数据类型说明		
其他	技术管理	规划类数据	一般指证券公司进行项目、系统、平台等技术系统建设中预计的规划信息，包括短期规划和长期规划			2	
		质量管理类数据	一般指证券公司管理类、制度类、质量管控类的数据			2	
		开发类数据	一般指证券公司开发过程中的数据，包括开发代码、过程管理、验收等数据			3	
		测试类数据	一般指证券公司测试中的数据，包括测试用例、测试方案、测试计划、测试结果、测试方法、测试环境等数据			2	
		安全管理数据	一般指证券公司与安全管理相关的数据，包括安全策略、升级策略、安全相关配置等数据			2	
		运行管理	一般指证券公司信息系统运行过程中产生、使用和保存的数据，包括配置信息、资产信息、数据字典、日志等数据	配置信息数据	一般指证券公司中和信息系统配置相关的信息，包括关键配置信息、存放位置、重要参数等	2	
				信息资产管理	一般指证券公司中和信息资产相关的信息，包括资产类型、资产价值、资产折旧、资产生命周期、拓扑关系等	2	
				数据字典类	一般指证券公司各个信息系统平台中的数据字典，包括数据符号、数据示意、说明解释等	2	
				日志类数据	一般指证券公司各个信息系统平台中的日志，包括系统日志、应用日志、网络日志等	2	

续表

业务细分		数据归类和细分				最低参考数据级别	备注
业务条线一级子类	业务条线二级子类	数据一级子类	数据类型说明	数据二级子类	数据类型说明		
其他	综合管理	人力数据	一般指公司人员信息，包括员工数量、年龄结构、部门结构、职级结构、司龄结构、人员流动、人员薪酬等	一般人员信息（公开）	一般指可公开的人员基本情况、包括姓名、籍贯、教育背景、学习经历、个人实践及成果获奖情况、个人特长及性格评价等	1	
				人员信息（非公开）	一般指人员信息中不宜向他人（一定范围以外的人）广泛公开或知悉的信息。包括手机信息、身份证信息、邮箱信息等	3	
				档案管理	一般指证券公司员工个人的人事档案、履历、自传、鉴定（考评）、政治历史、入党入团、奖励、处分、任免、工资等信息	2	
				薪酬、考核等信息	一般指证券公司员工的薪酬待遇、考核情况以及岗位级别等信息包括工资、津贴、奖金、福利、工作业绩、工作能力、工作态度、奖惩记录、岗位级别等	2	
		财务数据	一般指证券公司的财产和债务，即资产和负债，主要包括变现能力比率、资产管理比率、负债比率、盈利能力比率、现金流量分析等			2	
		办公数据	一般指证券公司处理公事的信息，包括文档管理、考勤管理、审批管理、资产管理、邮件管理、党务纪检管理等	党务纪检数据	一般指政党内部有关组织建设、事务和维护党的纪律的活动的信息，包括党的组织建设情况、党风廉政建设情况、纪律监督、违纪问题调查处理、受理党员和群众的来信来访等	2	
				非涉密公文数据	一般指证券公司按照特定的体式、经过一定的处理程序形成和使用的书面材料，包括份号、紧急程度、发文机关标志、发文字号、签发人、标题、主送机关、正文、附件说明、发文机关署名、成文日期、印章、附注、附件、抄送机关、印发机关和印发日期、页码等	2	
				邮件数据	一般指经邮件传递方式处理的文件信息，包括邮件发送时间、邮件接收时间、邮件标题、邮件内容、邮件附件和图片等关键信息	2	

续表

业务细分		数据归类和细分				最低参考数据级别	备注
业务条线一级子类	业务条线二级子类	数据一级子类	数据类型说明	数据二级子类	数据类型说明		
其他	综合管理	企业经营数据	一般指企业经营活动所产生的数据，如信息技术投入数据、经营状况评价数据、绩效考核数据、合规风控数据、内部审计数据等			2	
		合同信息	一般指企业取得各类货物、工程和服务所签订的合同信息，如IT设备采购合同、电脑软件采购合同、办公用品及各类配件采购合同、建设工程合同、服务采购合同等			2	
		供应商数据	一般指已经或有可能通过企业的采购行为，为企业提供物资或服务等资源的企业或机构的数据，如供应商管理流程、供应商评价信息、供应商名册、供应商档案等			2	
		项目管理数据	一般指因企业发展需要建立的各类包含基建、信息系统建设等项目相关管理数据、文档，如调研报告、需求分析文档、建设方案、IT项目立项报告、项目实施配置文档、测试验收文档、交付文档等			2	
		企业战略规划	一般指企业为提高核心竞争力、获取竞争优势所产生的相关数据、文档，如营销、发展、品牌、融资、技术开发、人才开发、资源开发等战略信息			2	
		新产品研发	一般指企业研究选择适应市场需要的产品从产品设计到投入正常生产的一系列决策过程所产生的数据或文档，如调查研究报告、开发新产品的构思或创意、新产品或品种设计信息、新产品或品种研发报告及数据、新产品测试评估报告及数据等			2	
		章程制度	一般指为了维护正常的工作、劳动、学习、生活的秩序，保证各项工作的正常开展，依照法律、法令、政策而制订的具有法规性或指导性与约束力的章程制度，如公司章程、公司财务管理制度、公司资产管理制度、IT治理制度、IT信息技术管理制度等			2	

A.6 期货公司典型数据分类分级模板

表 A.5 期货公司典型数据分类分级模板

业务细分		数据归类和细分				最低参考数据级别	备注
业务条线一级子类	业务条线二级子类	数据一级子类	数据类型说明	数据二级子类	数据类型说明		
交易	交易管理	成交信息	一般指期货合约成交相关信息，包含合约代码、成交金额、成交数量、成交时间、成交价格、成交日期、成交编号、交易编码、账户编码等			3	
		委托信息	一般指期货合约的委托相关信息，包含委托编号、合约代码、委托价格、委托数量、委托方向、委托类型、委托时间、委托日期、交易编码、账户编码等			3	
		银期转账	一般指期货开立的用于交易、结算业务的账户信息、出入金记录，包含期货客户结算账户、期货出入金类型代码、出入金金额、出入金日期、币种代码、银行编码等			2	
		交易业务参数信息	一般指期货行业业务规则中定义的，完成交易所需的参数，如交易时段、涨跌幅、交易席位等			2	
		交易日志信息	一般指期货行业委托及成交的流水和错误信息，可分为委托日志、成交日志等多类，包含委托编号、日期、时间、价格、交易编码、账户编码等信息			3	
	结算管理	持仓信息	一般指投资者持有期货合约的信息，包含账户编码、合约代码、持仓数量、持仓日期、交易编码等			3	
		交割信息	一般指投资者持有期货合约交割的信息，包含期货合约代码、期货投保标志、数量单位、交割违约金、交割配对号、升贴水等			3	
		资金划转信息	一般指交易、结算相关的资金划转信息，包含申请编号、申请日期、币种代码、资金划转方向代码、出入金额等			2	

续表

业务细分		数据归类和细分				最低参考数据级别	备注
业务条线一级子类	业务条线二级子类	数据一级子类	数据类型说明	数据二级子类	数据类型说明		
交易	结算管理	银行账务信息	一般指期货经营机构开立的用于交易、结算业务的账户信息，包含专用结算账户编码、开户网点信息			3	
		投资者质押	一般指投资者质押信息，包含仓单质押登记编号、质押数量、质入日期、到期日期、质出日期等			3	
		资金状况信息	一般指结算后投资者的资金状况信息，包含资金金额、币种代码、结算日期、平仓盈亏、持仓盈亏、保证金、当日入金、当日出金、质押金额等			3	
		仓单信息	一般指投资者仓单信息，包含仓单数量、充抵冻结数量、质押冻结数量、交易场所代码、其他冻结数量等			3	
		结算业务参数信息	一般指期货结算业务参数，包含结算日期、结算价格、保证金率、手续费率等			2	
		结算日志信息	一般指期货结算相关日志信息，包含结算日期、结算状态、报错信息等			2	
	行情、资讯	行情数据	一般指交易所公布的交易行情，包括期货历史行情、期货实时行情	普通行情数据	一般包含成交金额、成交时间、成交数量、当前价格、交易日期、今日开盘价格、申买价、申买量、申卖价、申卖量、收盘价格、最低成交价格、最高成交价格、昨日收盘价格、期货合约代码、持仓数量、结算价格、昨结算价格、最新价格、最高买价格、最高买数量、最低卖价格、最低卖数量、当日平均价格、币种代码等	1	
				明细行情数据	一般包含普通行情数据中的信息，但数据内容揭示了逐笔成交行情信息	1	
				高频行情数据	一般包含普通行情数据中的信息，但数据采样区别于普通行情，以间隔 1 秒或 3 秒甚至更少的时间间隔形式采样的“切片”行情信息	1	
				意向行情数据	一般包含普通行情数据中的多数信息，但并非实际成交行情，实际揭示了买卖双方意向的报价行情	1	

续表

业务细分		数据归类和细分				最低参考数据级别	备注
业务条线一级子类	业务条线二级子类	数据一级子类	数据类型说明	数据二级子类	数据类型说明		
交易	行情、资讯	资讯信息	一般指期货相关的一些新闻、资讯、数据发布等信息			1	
	投资者管理	投资者基本信息	一般指参与期货市场交易活动的自然人或法人机构的基本信息	个人投资者基本信息	一般指参与期货市场交易活动的自然人基本信息，包含姓名、证件类型、证件号码、出生日期、联系地址、移动电话、国籍、个人标识等信息	3	
				机构投资者基本信息	一般指参与期货市场交易活动的社会单位基本信息，包含机构全称、机构简称、工商注册登记号、组织机构类别代码、注册国家、注册地址、注册登记机关、成立日期、法人代表、注册资本金额、机构标识等信息	2	
		投资者开户/账户信息	一般指投资者与交易活动相关的识别信息，包括账户名称、投资者标识、账户类别、账户用途、账户状态代码等信息			3	
		投资者鉴别信息	一般指投资者身份识别信息，包含交易账户、交易密码、签名证书等			3	
		投资者合同信息	一般指投资者签订的合同信息，包含合同编码、签订日期、审核人、审核日期等			3	
	产品管理	产品信息	一般指期货市场交易品种信息，包含产品代码、产品名称、交易所代码等			1	
		期货合约信息	一般指证券期货行业中与期货合约属性相关信息，包含期货合约代码、期货品种代码、期货交割方式代码、期货合约状态代码、合约交割月份、最小变动价位等信息			1	
		其他产品信息	一般指资管产品、代销基金产品信息，包含资管产品代码、资管产品名称、资管产品成立日期、代销基金产品代码、代销基金产品名称等			1	
监管	监管报送	监管信息	一般指反洗钱信息。如客户风险级别、反洗钱黑名单、风险评分等			2	

续表

业务细分		数据归类和细分				最低参考数据级别	备注
业务条线一级子类	业务条线二级子类	数据一级子类	数据类型说明	数据二级子类	数据类型说明		
监管	合规风控	合规类信息	一般指期货合规类信息。如：合规文档、开户适当性调查、客户交易合规统计等			2	
		风控类信息	一般指期货风控相关信息，如强平记录、追保记录、风险试算等			2	
	稽核	审计信息	一般指期货公司内外部审计所产生的信息，包括审计报告等			2	
信息披露	信息披露管理	已公开披露信息	一般指期货经营机构已公开的公告信息、通知信息等			1	
		未公开披露信息	一般指期货经营机构待公开的公告信息、通知信息等			2	
	研究报告	研究报告（已公开）	一般指期货经营机构已公开的日报、周报、月报、年报、品种报告、策略报告、套利报告等研究报告			1	
		研究报告（未公开）	一般指期货经营机构待公开的日报、周报、月报、年报、品种报告、策略报告、套利报告等研究报告			2	
其他	营销服务	客户关系信息	一般指客户经理与客户的经纪关系，包含开发关系、关系开始日期、关系结束日期、提成比例、提成方式等			3	
		客户服务信息	一般指期货经营机构开发新客户及维护老客户形成的对客户的联系、服务、售后等信息定期管理的记录			3	
		客户经营分析	一般指期货经营机构对投资者交易、持仓和资金情况的分析数据，例如对客户的盈利、交易量、权益或资产等情况的汇总数据			2	
		渠道信息	一般指期货经营机构对客户进行营销、客户服务等活动中所使用的信息渠道信息			2	
		市场营销推广信息	一般指期货经营机构对客户进行营销推广活动中产生的数据信息			2	
		服务机构信息	一般指期货经营机构提供客户服务的部门基本信息			1	

续表

业务细分		数据归类和细分				最低参考数据级别	备注
业务条线一级子类	业务条线二级子类	数据一级子类	数据类型说明	数据二级子类	数据类型说明		
其他	营销服务	服务人员信息	一般指期货经营机构提供客户服务的人员开展业务服务所需的基本信息			1	
	业务管理	统计信息	一般指期货经营机构的各项业务统计信息，例如业务报表类信息			2	
		其他业务管理	一般指期货经营机构各项业务的其他信息，如管理信息、营销方案等			2	
	技术管理	规划类数据	一般指期货经营机构进行项目、系统、平台等技术系统建设中预计的规划信息，包括短期规划和长期规划			2	
		质量管理类数据	一般指期货经营机构管理类、制度类、质量管控类的数据			2	
		开发类数据	一般指期货经营机构开发过程中的数据，包括开发代码、过程管理、验收等数据			3	
		测试类数据	一般指期货经营机构测试中的数据，包括测试用例、测试方案、测试计划、测试结果、测试方法、测试环境等数据			2	
		安全管理数据	一般指期货经营机构与安全管理相关的数据，包括安全策略、升级策略、安全相关配置等数据			2	
		运行管理	一般指期货经营机构信息系统运行过程中产生、使用和保存的数据，包括配置信息、资产信息、数据字典、日志等数据	配置信息数据	一般指期货经营机构中和信息系统配置相关的信息，包括关键配置信息、存放位置、重要参数等	2	
				信息资产管理	一般指期货经营机构中和信息资产相关的信息，包括资产类型、资产价值、资产折旧、资产生命周期、拓扑关系等	2	
				数据字典类	一般指期货经营机构各个信息系统平台中的数据字典，包括数据符号、数据示意、说明解释等	2	
				日志类数据	一般指期货经营机构各个信息系统平台中的日志，包括系统日志、应用日志、网络日志等	2	

续表

业务细分		数据归类和细分				最低参考数据级别	备注
业务条线一级子类	业务条线二级子类	数据一级子类	数据类型说明	数据二级子类	数据类型说明		
其他	综合管理	人力数据	一般指期货经营机构人员信息，包括员工数量、年龄结构、部门结构、职级结构、司龄结构、人员流动、人员薪酬等	一般人员信息（公开）	一般指可公开的人员基本情况、包括姓名、籍贯、教育背景、学习经历、个人实践及成果获奖情况、个人特长及性格评价等	1	
				人员信息（非公开）	一般指人员信息中不宜向他人（一定范围以外的人）广泛公开或知悉的信息。包括手机信息、身份证信息、邮箱信息等	3	
		人力数据	一般指期货经营机构人员信息，包括员工数量、年龄结构、部门结构、职级结构、司龄结构、人员流动、人员薪酬等	档案管理	一般指期货经营机构员工个人的人事档案、履历、自传、鉴定（考评）、政治历史、入党入团、奖励、处分、任免、工资等信息	2	
				薪酬、考核等信息	一般指期货经营机构员工的薪酬待遇、考核情况以及岗位级别等信息包括工资、津贴、奖金、福利、工作业绩、工作能力、工作态度、奖惩记录、岗位级别等	2	
		财务数据	一般指期货经营机构的财产和债务，即资产和负债，主要包括变现能力比率、资产管理比率、负债比率、盈利能力比率、现金流量分析等			2	
		办公数据	一般指期货经营机构处理公事的信息，包括文档管理、考勤管理、审批管理、资产管理、邮件管理、党务纪检管理等	党务纪检数据	一般指政党内部有关组织建设、事务和维护党的纪律的活动的信息，包括党的组织建设情况、党风廉政建设情况、纪律监督、违纪问题调查处理、受理党员和群众的来信来访等	2	
				非涉密公文数据	一般指期货经营机构按照特定的体式、经过一定的处理程序形成和使用的书面材料，包括份号、紧急程度、发文机关标志、发文字号、签发人、标题、主送机关、正文、附件说明、发文机关署名、成文日期、印章、附注、附件、抄送机关、印发机关和印发日期、页码等	2	
			一般指期货经营机构处理公事的信息，包括文档管理、考勤管理、审批管理、资产管理、邮件管理、党务纪检管理等	邮件数据	一般指经邮件传递方式处理的文件信息，包括邮件发送时间、邮件接收时间、邮件标题、邮件内容、邮件附件和图片等关键信息	2	

续表

业务细分		数据归类和细分				最低参考数据级别	备注
业务条线一级子类	业务条线二级子类	数据一级子类	数据类型说明	数据二级子类	数据类型说明		
其他	综合管理	企业经营数据	一般指企业经营活动所产生的数据，如信息技术投入数据、经营状况评价数据、绩效考核数据、合规风控数据、内部审计数据等			2	
		合同信息	一般指企业取得各类货物、工程和服务所签订的合同信息，如IT设备采购合同、电脑软件采购合同、办公用品及各类配件采购合同、建设工程合同、服务采购合同等			2	
		其他	一般指已经或有可能通过企业的采购行为，为企业提供物资或服务等资源的企业或机构的数据，如供应商管理流程、供应商评价信息、供应商名册、供应商档案等			2	
		项目管理数据	一般指因企业发展需要建立的各类包含基建、信息系统建设等项目相关管理数据、文档，如调研报告、需求分析文档、建设方案、IT项目立项报告、项目实施配置文档、测试验收文档、交付文档等			2	
		企业战略规划	一般指企业为提高核心竞争力、获取竞争优势所产生的相关数据、文档，如营销、发展、品牌、融资、技术开发、人才开发、资源开发等战略信息			2	
		新产品研发	一般指企业研究选择适应市场需要的产品从产品设计到投入正常生产的一系列决策过程所产生的数据或文档，如调查研究报告、开发新产品的构思或创意、新产品或品种设计信息、新产品或品种研发报告及数据、新产品测试评估报告及数据等			2	
		章程制度	一般指为了维护正常的工作、劳动、学习、生活的秩序，保证各项工作的正常开展，依照法律、法令、政策而制订的具有法规性或指导性与约束力的章程制度，如公司章程、公司财务管理制度、公司资产管理制度、IT治理制度、IT信息技术管理制度等			2	

A.7 基金管理公司典型数据分类分级模板

表 A.6 基金管理公司典型数据分类分级模板

业务细分		数据归类和细分				最低参考数据级别	备注
业务条线一级子类	业务条线二级子类	数据一级子类	数据类型说明	数据二级子类	数据类型说明		
交易	交易管理	基金投资成交信息	一般指基金进行投资时的成交相关信息，包含证券代码、成交金额、成交数量、成交时间、成交价格、成交日期、委托编号、交易编码、账户编码等			3	
		基金投资委托信息	一般指基金进行投资时的委托相关信息，包含申请编号、证券代码、委托价格、委托数量、委托方向、委托类型、委托时间、委托价格、委托日期、交易编码、账户编码等			3	
		基金投资组合信息	一般指基金投资组合的相关信息，包含基金编号、基金代码、基金名称等			3	
		投资者交易信息	一般指投资者进行的基金申赎信息，包含基金账号、交易账号、交易类型、申请份额、申请金额、确认份额、确认金额、销售机构等			3	
		交易基础信息	一般指基金进行投资时的交易基础信息，包含托管行、账户信息、席位、权限、费率等			2	
		交易业务参数信息	一般指基金进行投资时的交易业务参数信息，包含基金类型字典、交易类型字典、交易日等			2	
		交易日志信息	一般指基金进行投资时的日志信息，包含系统运行日志、参数变更日志等			3	
	结算管理	估值清算	一般指基金产品结算估值业务的信息，包含估值日期、基金代码、证券代码、估值价格等	基金净值	一般指基金产品的净值信息	1	
				持仓信息	一般指基金投资组合持有某一证券、期货、基金等品种的信息，包含基金代码、证券代码、持仓数量、持仓日期等	3	

续表

业务细分		数据归类和细分				最低参考数据级别	备注
业务条线一级子类	业务条线二级子类	数据一级子类	数据类型说明	数据二级子类	数据类型说明		
交易	结算管理	资金划转信息	一般指基金投资组合交易、结算相关的资金划转信息，包含申请编号、申请日期、币种代码、资金划转方向代码、出入金额等			2	
		银行账务信息	一般指基金投资组合开立的用于交易、结算业务的账户信息，包含专用结算账户编码、开户网点信息			3	
		结算业务参数信息	一般指基金投资组合结算业务参数，包含结算日期、结算价格、保证金率等			2	
		结算日志信息	一般指基金投资组合结算相关日志信息，包含结算日期、结算状态、报错信息等			2	
	行情、资讯	行情数据	一般指交易所公布的交易行情，包括证券即时行情、证券收市行情、期货交易行情、期货实时行情、期货合约日交易参数、期货升贴水、期货现货价格等	普通行情数据	一般包含成交金额、成交时间、成交数量、当前价格、交易日期、今日开盘价格、申买价、申买量、申卖价、申卖量、市盈率、收盘价格、证券代码、最低成交价格、最高成交价格、昨日收盘价格、期货合约代码、前收盘价格、开盘价格、持仓数量、结算价格、前结算价格、最新价格、最高买价格、最高买数量、最低卖价格、最低卖数量、当日平均价格、币种代码等	1	
				明细行情数据	一般包含普通行情数据中的信息，但数据内容揭示了逐笔成交行情信息	1	
				高频行情数据	一般包含普通行情数据中的信息，但数据采样区别于普通行情，以间隔1秒或3秒甚至更少的时间间隔形式采样的“切片”行情信息	1	
				意向行情数据	一般包含普通行情数据中的多数信息，但并非实际成交行情，实际揭示了买卖双方意向的报价行情	1	
		资讯信息	一般指第三方提供的市场资讯信息，包含市场新闻、分析统计、公开研究信息等			1	

续表

业务细分		数据归类和细分				最低参考数据级别	备注
业务条线一级子类	业务条线二级子类	数据一级子类	数据类型说明	数据二级子类	数据类型说明		
交易	投资者管理	投资者基本信息	一般指参与基金投资活动的自然人或法人机构的基本信息	个人投资者基本信息	一般指参与证券期货市场交易活动的自然人基本信息，包含姓名、证件类型、证件号码、出生日期、联系地址、移动电话、国籍、个人标识等信息	3	
				机构投资者基本信息	一般指参与证券期货市场交易活动的社会单位基本信息，包含机构全称、机构简称、工商注册登记号、组织机构类别代码、注册国家、注册地址、注册登记机关、成立日期、法人代表、注册资本金额、机构标识等信息	2	
		投资者开户/账户信息	一般指基金投资者与交易活动相关的识别信息，包括账户名称、投资者标识、账户类别、账户用途、账户状态代码等信息			3	
		投资者衍生信息	一般指基金投资者与交易活动相关的衍生信息，包括投资者风险等级、资产等级、风险偏好、营销参与等信息			2	
		投资者合约合同信息	一般指基金投资者与交易活动相关的合约合同信息，包括合同的投资范围、投资标的、投资目标等信息			3	
	产品管理	产品信息	一般指基金发行产品属性相关信息，包含基金代码、募集方式代码、发行人标识、发行日期、发行日期、基金管理公司标识、基金托管机构编码、基金状态代码等信息			1	
		合约信息	一般指基金产品合约相关信息，包含基金募集说明书、摘要等信息			1	
		其他产品信息	一般指不属于上述产品的其他产品，其相关信息根据产品的具体属性自行定义			1	
监管	监管报送	监管信息	一般指因监管需要，对相关数据统计、分析、汇总、组合而成的具有预警性质的数据			2	

续表

业务细分		数据归类和细分				最低参考数据级别	备注
业务条线一级子类	业务条线二级子类	数据一级子类	数据类型说明	数据二级子类	数据类型说明		
监管	合规风控	合规类信息	一般指机构为了保证机构及其工作人员的经营管理和执业行为符合法律、法规、规章及其他规范性文件、行业规范和自律规则、公司内部规章制度，以及行业公认并普遍遵守的职业道德和行为准则所产生的相关数据			2	
		风控类信息	一般指机构为了避免或降低风险、降低风险损失、加强公司内部控制所建立的风险控制制度、实时监控机制、授权管理制度以及事后评价机制等相关的数据			2	
	稽核	审计信息	一般指机构为了防范内部风险，改善经营管理，提高经济利益，通过应用系统的、规范的方法，评价并改善风险管理、控制和治理过程的效果所产生的相关数据			2	
信息披露	信息披露管理	披露信息（已公开）	一般指因法律法规、监管需要或合同要求，按照规定的格式，定期或不定期的，通过指定的渠道已公示或已披露的相关数据			1	
		披露信息（未公开）	一般指因法律法规、监管需要或合同要求，按照规定的格式，需要通过指定的渠道公示或披露，但还未到披露时间的相关数据			2	
	研究报告	研究报告（已公开）	一般指已公开的机构内部的或外部的行业和上市公司的研究报告			1	
		研究报告（未公开）	一般指待公开的机构内部的或外部的行业和上市公司的研究报告			2	
其他	营销服务	客户关系信息	一般指机构与客户之间在销售、营销和服务上的交互信息数据			3	
		客户服务信息	一般指机构开发新客户及维护老客户形成的对客户的联系、服务、售后等信息定期管理的记录			3	
		客户经营分析	一般指机构对投资者交易、持仓和资金情况的分析数据，例如对投资者的盈利、交易量、资产等情况的汇总数据			2	

续表

业务细分		数据归类和细分				最低参考数据级别	备注
业务条线一级子类	业务条线二级子类	数据一级子类	数据类型说明	数据二级子类	数据类型说明		
其他	营销服务	渠道信息	一般指机构对客户进行营销、客户服务等活动中所使用的信息渠道信息			2	
		市场营销推广信息	一般指机构对客户进行营销推广活动中产生的数据信息			2	
		服务机构信息	一般指机构提供客户服务的部门基本信息			1	
		服务人员信息	一般指机构提供客户服务的人员开展业务服务所需的基本信息			1	
	业务管理	统计信息	一般指机构的各项业务统计信息，例如业务报表类信息			2	
		其他业务管理	一般指机构各项业务的其他信息，如管理信息、营销方案等			2	
	技术管理	规划类数据	一般指机构进行项目、系统、平台等技术系统建设中预计的规划信息，包括短期规划和长期规划			2	
		质量管理类数据	一般指机构管理类、制度类、质量管控类的数据			2	
		开发类数据	一般指机构开发过程中的数据，包括开发代码、过程管理、验收等数据			3	
		测试类数据	一般指机构测试中的数据，包括测试用例、测试方案、测试计划、测试结果、测试方法、测试环境等数据			2	
		安全管理数据	一般指机构与安全管理相关的数据，包括安全策略、升级策略、安全相关配置等数据			2	

续表

业务细分		数据归类和细分				最低参考数据级别	备注
业务条线一级子类	业务条线二级子类	数据一级子类	数据类型说明	数据二级子类	数据类型说明		
其他	技术管理	运行管理	一般指机构信息系统运行过程中产生、使用和保存的数据，包括配置信息、资产信息、数据字典、日志等数据	配置信息数据	一般指机构中和信息系统配置相关的信息，包括关键配置信息、存放位置、重要参数等	2	
				信息资产管理	一般指机构中和信息资产相关的信息，包括资产类型、资产价值、资产折旧、资产生命周期、拓扑关系等	2	
				数据字典类	一般指机构各个信息系统平台中的数据字典，包括数据符号、数据示意、说明解释等	2	
				日志类数据	一般指机构各个信息系统平台中的日志，包括系统日志、应用日志、网络日志等	2	
	综合管理	人力数据	一般指机构人员信息，包括员工数量、年龄结构、部门结构、职级结构、司龄结构、人员流动、人员薪酬等	一般人员信息（公开）	一般指可公开的人员基本情况、包括姓名、籍贯、教育背景、学习经历、个人实践及成果获奖情况、个人特长及性格评价等	1	
				人员信息（非公开）	一般指人员信息中不宜向他人（一定范围以外的人）广泛公开或知悉的信息。包括手机信息、身份证信息、邮箱信息等	3	
		人力数据	一般指机构人员信息，包括员工数量、年龄结构、部门结构、职级结构、司龄结构、人员流动、人员薪酬等	档案管理	一般指机构员工个人的人事档案、履历、自传、鉴定（考评）、政治历史、入党入团、奖励、处分、任免、工资等信息	2	
				薪酬、考核等信息	一般指机构员工的薪酬待遇、考核情况以及岗位级别等信息包括工资、津贴、奖金、福利、工作业绩、工作能力、工作态度、奖惩记录、岗位级别等	2	
		财务数据	一般指机构的财产和债务，即资产和负债，主要包括变现能力比率、资产管理比率、负债比率、盈利能力比率、现金流量分析等			2	
		办公数据	一般指机构处理公事的信息，包括文档管理、考勤管理、审批管理、资产管理、邮件管理、党务纪检管理等	党务纪检数据	一般指政党内部有关组织建设、事务和维护党的纪律的活动的信息，包括党的组织建设情况、党风廉政建设情况、纪律监督、违纪问题调查处理、受理党员和群众的来信来访等	2	

续表

业务细分		数据归类和细分				最低参考数据级别	备注
业务条线一级子类	业务条线二级子类	数据一级子类	数据类型说明	数据二级子类	数据类型说明		
其他	综合管理	办公数据	一般指机构处理公事的信息，包括文档管理、考勤管理、审批管理、资产管理、邮件管理、党务纪检管理等	非涉密公文数据	一般指机构按照特定的体式、经过一定的处理程序形成和使用的书面材料，包括份号、紧急程度、发文机关标志、发文字号、签发人、标题、主送机关、正文、附件说明、发文机关署名、成文日期、印章、附注、附件、抄送机关、印发机关和印发日期、页码等	2	
			一般指机构处理公事的信息，包括文档管理、考勤管理、审批管理、资产管理、邮件管理、党务纪检管理等	邮件数据	一般指经邮件传递方式处理的文件信息，包括邮件发送时间、邮件接收时间、邮件标题、邮件内容、邮件附件和图片等关键信息	2	
		企业经营数据	一般指企业经营活动所产生的数据，如信息技术投入数据、经营状况评价数据、绩效考核数据、合规风控数据、内部审计数据等			2	
		合同信息	一般指企业取得各类货物、工程和服务所签订的合同信息，如IT设备采购合同、电脑软件采购合同、办公用品及各类配件采购合同、建设工程合同、服务采购合同等			2	
		供应商数据	一般指已经或有可能通过企业的采购行为，为企业提供物资或服务等资源的企业或机构的数据，如供应商管理流程、供应商评价信息、供应商名册、供应商档案等			2	
		项目管理数据	一般指因企业发展需要建立的各类包含基建、信息系统建设等项目相关管理数据、文档，如调研报告、需求分析文档、建设方案、IT项目立项报告、项目实施配置文档、测试验收文档、交付文档等			2	
		企业战略规划	一般指企业为提高核心竞争力、获取竞争优势所产生的相关数据、文档，如营销、发展、品牌、融资、技术开发、人才开发、资源开发等战略信息			2	

续表

业务细分		数据归类和细分				最低参考数据级别	备注
业务条线一级子类	业务条线二级子类	数据一级子类	数据类型说明	数据二级子类	数据类型说明		
其他	综合管理	新产品研发	一般指企业研究选择适应市场需要的产品从产品设计到投入正常生产的一系列决策过程所产生的数据或文档，如调查研究报告、开发新产品的构思或创意、新产品或品种设计信息、新产品或品种研发报告及数据、新产品测试评估报告及数据等			2	
		章程制度	一般指为了维护正常的工作、劳动、学习、生活的秩序，保证各项工作的正常开展，依照法律、法令、政策而制订的具有法规性或指导性与约束力的章程制度，如公司章程、公司财务管理制度、公司资产管理制度、IT治理制度、IT信息技术管理制度等			2	

参考文献

[1] GB/T 5271.1—2000　信息技术 词汇 第1部分：基本术语。

[2] GB/T 29246—2012　信息技术 安全技术 信息安全管理体系　概述和词汇。

[3] JR/T 0060—2010　证券期货业信息系统安全等级保护基本要求（试行）。

[4] JR/T 0085—2012　证券投资基金编码规范。

[5] JR/T 0110—2014　证券公司客户资料管理规范。

[6] SDS/T 2121—2004　数据分类与编码的基本原则与方法。

[7] 证券期货业信息安全事件报告与调查处理办法（中国证监会，2012年12月24日发）。

[8] 银行数据资产安全分级标准与安全管理体系建设方法（赵鹏，马泽君，乐嘉伟）。

[9] 电信运营商企业级数据分类体系介绍（彭宇，马又良，董旭）。

[10] 证券期货业基础编码标准规划（2015年10月26日，证标委秘书处印发）。

[11] 证券期货业数据安全标准规划（2015年10月26日，证标委秘书处印发）。

[12] 科学数据分类规范与分类词表，中国科学院数据应用环境建设与服务 项目组，2009年9月征求意见稿。

[13] 证券期货行业数据模型，中证信息和中国期货监控起草组，2017年1月金融行业标准送审稿。

[14] ISO/IEC 27001—2013　信息技术　安全技术　信息安全管理体系。要求（Information Technology–Security Techniques–Information Security Management Systems–Requirements）。

[15] ISO/IEC 27002—2013　信息技术　安全技术　信息安全管理实用规则（Information Technology–Security Techniques–Code of Practice for Information Security Management）。

全国金融标准化技术委员会
证券分技术委员会

全国金融标准化技术委员会证券分技术委员会（以下简称“证标委”，国内编号SAC/TC180/SC4）成立于2003年12月，由国家标准化管理委员会（以下简称“国家标准委”）批准组建，在证券期货领域从事全国性标准化工作的技术组织，负责中国证券期货业标准化技术归口工作。

第三届证标委成立于2015年6月1日，共有来自监管机构、交易所、证券期货经营机构、银行、保险及标准化研究机构的委员55名。2018年8月21日，经国家标准委批准，证标委委员调整为61名。

证标委下设证标委秘书处、行业编码和标准服务中心及专业工作组。证标委秘书处是证标委常设机构，本届秘书处承担单位是中证信息技术服务有限责任公司（以下简称“中证技术公司”），主要负责标准制修订、会议组织等证标委日常事务性工作。

行业编码和标准服务中心是证标委的业务执行机构，设在中证技术公司，主要负责行业编码的分配与管理、中国资本市场标准网的建设和运维、国内外标准化动态的跟踪和分析、行业标准化科研，以及为市场机构提供与标准相关的服务等工作。

本届证标委建立了专业领域首席专家制度，成立了11个领域的专业工作组（详见下表），主要负责证券期货行业细分领域内标准的研究、评估、认证等工作，并为标准的起草工作提供指导与建议。

专业工作组领域分类表

<table>
<tr><th colspan="2">工作组编号</th><th colspan="2">领域分类</th></tr>
<tr><td colspan="2">WG1</td><td colspan="2">基础编码</td></tr>
<tr><td rowspan="3">WG2</td><td>WG21</td><td rowspan="3">接口标准</td><td>数据模型</td></tr>
<tr><td>WG22</td><td>机构间接口</td></tr>
<tr><td>WG23</td><td>机构内部接口</td></tr>
<tr><td colspan="2">WG3</td><td colspan="2">信息披露</td></tr>
<tr><td colspan="2">WG4</td><td colspan="2">技术管理</td></tr>
<tr><td rowspan="2">WG5</td><td>WG51</td><td rowspan="2">信息安全</td><td>系统安全</td></tr>
<tr><td>WG52</td><td>数据安全</td></tr>
<tr><td rowspan="3">WG6</td><td>WG61</td><td rowspan="3">业务规范</td><td>证券业务</td></tr>
<tr><td>WG62</td><td>期货业务</td></tr>
<tr><td>WG63</td><td>基金业务</td></tr>
</table>

中证信息技术服务有限责任公司

中证信息技术服务有限责任公司（以下简称“中证技术公司”）是2013年由证监会批准设立并直接管理的证券类金融机构，主要职责是为资本市场提供基础性信息与技术服务，业务范围包括证联网建设与运营管理、监管信息系统建设与运维、信息安全服务、行业编码和标准服务、行业技术研究与交流以及公共基础设施的建设和运营等。目前正在推进以下业务：

证联网建设与运营管理。证联网是行业统一规划新建的行业重要信息化公共基础设施，提供资本市场各参与主体间全面的网络覆盖、高效的网络互联，承载跨行业、跨市场数据交接和监管数据报送等重要业务。中证技术公司承担证联网运营管理职责，履行集中监控和应急协调等职能。

监管信息系统建设与运维。中证技术公司为证监会监管信息系统的建设、运行、升级、整合等提供贴身支持服务，充分利用信息技术手段服务监管，支持证监会实现监管转型，以适应市场发展快、创新多、监管任务重的形势，走向科技监管、效能监管。

信息安全服务。中证技术公司为证券期货行业机构提供重要信息系统的安全监测服务；建立行业安全态势感知系统，及时发布预警信息；探索为行业机构提供信息安全审计、信息安全等级保护测评等服务。

行业编码和标准服务。承担证标委秘书处的工作，建立证券期货业编码和标准服务中心，承担行业标准制修订过程管理、中国资本市场标准网的建设和运维、行业相关编码分配和管理、行业数据模型的研发和推广、行业标准化科研、国际标准跟踪研究等职能。

根据证监会授权，中证技术公司未来还将承担更多的信息化公共基础设施建设任务和公益性技术服务，将努力为投资者、行业机构和监管部门提供优质的信息和技术服务。